Abraham H. du Perron

Historische und chronologische Abhandlungen von Indien

nebst Beschreibung des Laufes der Ströhme Ganges und Gagra

Abraham H. du Perron

Historische und chronologische Abhandlungen von Indien
nebst Beschreibung des Laufes der Ströhme Ganges und Gagra

ISBN/EAN: 9783742894878

Hergestellt in Europa, USA, Kanada, Australien, Japan

Cover: Foto ©ninafisch / pixelio.de

Manufactured and distributed by brebook publishing software (www.brebook.com)

Abraham H. du Perron

Historische und chronologische Abhandlungen von Indien

Des Pater
Joseph Tieffenthaler's
d. G. J. und apostol. Missionarius in Indien

historisch-geographische
Beschreibung von Hindustan.

Ferner
des Herrn Anquetil du Perron
Mitglied der Königl. Akad. der Inschriften und K. Translator der oriental. Sprachen zu Paris

historische und chronologische Abhandlungen von Indien, und dessen Beschreibung des Laufes der Ströhme Ganges und Gagra, mit einer sehr großen Charte.

Wie auch
des Herrn Jacob Rennell
ehmaligen Ober-Ingenieur im Engl. Dienste zu Calcutta

General-Charte von Indien, und dessen Charten von dem Laufe des Strohmes Burramputer und von der einländischen Schiffahrt in Bengalen, sammt dahin gehörenden Abhandlungen.

Endlich noch
verschiedene andere Zusätze und viele Anmerkungen des Herausgebers.
Aus den lateinischen, französischen und englischen größtentheils ungedruckten Urschriften in Ordnung gebracht, und in deutscher Sprache
an das Licht gestellt
von
Johann Bernoulli
Königl. Astronom und ordentl. Mitgliede der Königl. Akademie der Wissenschaften zu Berlin, auch der Kaiserl. Akad. zu S. Petersburg und mehreren Königl. und anderen gelehrten Gesellschaften Ehren-Mitglied.

Erster Band
mit 39 Kupfertafeln.

Berlin, bey dem Herausgeber.
Gotha, bey C. W. Ettinger. 1785.

An

Se. Königl. Hoheit

den

Kron-Prinzen Friederich

von Dänemark und Norwegen ꝛc. ꝛc.

Durchlauchtigster Kron-Prinz,
Gnädigster Herr!

Eine Dreistigkeit wie die, welche ich mir erlaube, indem ich gegenwärtigen Band zu Ew. Königl. Hoheit Füßen lege, bedarf allemal großer Nachsicht: nicht wenig aber kann ich zu meiner Entschuldigung anführen. Seit bald einem Jahrhundert, hat Dänemark mehr als irgend ein Land, durch seinen Handel, vorzüglich aber durch seine löblichen Mißions-Anstalten, zur genauen Kenntniß von Hindustan, insonderheit des südlichen Theiles dieses weitläuftigen Reiches beygetragen; die hiedurch erhaltenen Aufschlüsse liegen der gelehrten Welt vor Augen, und durch die Vereinigung derselben mit den unverdrossenen Untersuchungen des Pater Tieffenthalers und der Gelehrten, welche an den Zusätzen zu dessen Beschreibung von Hindustan Theil nehmen, erreichet die Kunde dieses ganzen, großen und wichtigen, aber von jeher mehr berühmten als bekannten asiatischen Reiches einen hohen Grad von Vollständigkeit. Der Pater Tieffenthaler ist zwar kein Mitglied der Königl. Dänischen Mißion gewesen: allein durch die Besorgung eines gelehrten Arztes in den Königl. Dänischen Besitzungen und auf einem Dänischen

Schif-

Schiffe, ist sein Werk nach Europa gekommen, und, bis ich zum Besitze desselben gelanget bin, hat es bey einem berühmten Gelehrten in der Königl. Dänischen Haupt- und Residenzstadt in Verwahrung gelegen: alles Gründe, um Ew. Königl. Hoheit ferneren Schutz für dasselbe erflehen zu dürfen.

Ich werde gewahr, Durchlauchtigster Kron-Prinz, daß ich mich von dem gewöhnlichen Dedications-Styl sehr entferne: sollte aber nicht auch hierin einem Schriftsteller etwas zu verzeihen seyn, der die besten Jahre seines Lebens zurückgelegt, und zwar mehrere Bücher, aber noch keine Zueignungsschrift geschrieben hat. Wenn ich so weit noch nichts zu Ew. Königl. Hoheit Lob und Ruhm gesagt habe: so ist es doch wahrlich nicht aus Mangel an Empfindung für Geistes- und Urtheils-Gaben, ausgebreitete Kenntnisse, moralische und heroische Tugenden, die ein großes Reich beglücken, die ganz Europa, und viele weit entfernte Länder in Erstaunen setzen, und die mir, um nichts zu verheelen, die erste Stimmung gegeben haben, an Ew. Königl. Hoheit eine Zueignung als ein geringes Denkmal meiner eigenen Bewunderung, demüthigst zu richten.

Ich bin mit allertiefster Ehrfurcht

Ew. Königl. Hoheit

Berlin, den 4ten May 1775.

unterthänigster
Johann Bernoulli,
der Königl. Gesellschaften zu Kopenhagen, Berlin
und anderer Mitglied.

Borerinnerungen des Herausgebers.

Das Werk, aus welchem der vor uns liegende Band bestehet, ist eine vieljährige und mühsame Arbeit des Herrn Pater Joseph Tieffenthalers, von der erloschenen Gesellschaft Jesu, und apostolischer Mißionär in Indien; welcher, zu Bolzano in der Grafschaft Tyrol geboren, schon im Jahr 1743 von Portugal nach Goa abgesegelt ist, seit der Zeit jenes entfernte Land nicht verlassen hat, und so viel als man weiß, noch izt zu Agra am Leben sich befindet.

Es zeigt sich sowohl aus seinen nach Europa geschriebenen Briefen als aus dem Werke selbst, daß er, sobald als er Indien betreten hatte, sein möglichstes gethan hat, die Kunde dieses Landes in jeder Absicht zu erweitern. Er suchte auf seinen Reisen, und durch eingezogene Nachrichten die Ortslagen zu bestimmen, und nahm selbst mit einem astronomischen Quadranten sehr viele Polhöhen. Er beobachtete alle Veränderungen der Witterung, alle Produkte der Natur und des Erdreichs, die Sitten und Religionen der Einwohner. Insonderheit legte er sich zugleich auf die in Hindustan gangbarsten Sprachen: das Hindustanische, das Persische und das Arabische, als die wirksamsten Mittel seinen Zweck zu erreichen; und diesen hat er 30 oder mehr Jahre hindurch, bey jeder Muße die ihm seine Mißionsarbeiten gestatteten, ohne Unterlaß verfolget. Aus diesen anhaltenden Bemühungen sind ausser einigen kleineren Schriften vier Hauptwerke entstanden. 1) Die gegenwärtige Geographie, mit sehr vielen eingestreuten Nachrichten, die man nicht ganz eigentlich darin zu erwarten berechtigt ist.

ist. 2) Eine Naturgeschichte von Indien. 3) Ein Werk von der Religion der Brahmanen. 4) Drey überaus große Charten des Laufes der Flüsse Ganges und Gagra, mit anderen dazu gehörigen Rissen und einigen handschriftlichen Nachrichten. Das zweyte und dritte Werk sind, so viel man weiß, nicht nach Europa gekommen, und ich glaube, daß sie eher als die übrigen können vermißt werden: von der Religion der Brahmanen läßt sich wenig neues sagen, obschon zwar der Pater Tieffenthaler die Herren Dow und Holwell widerlegt, und nach sorgfältiger Durchlesung der indischen und persischen von dieser Religion handelnden Bücher, das vorgebliche Alterthum derselben ungegründet findet. Was das Werk von der Naturgeschichte betrift: so kann ich nicht umhin zu vermuthen, daß es Kenner dieser Wissenschaft nicht würde befriediget, sondern viel Ungewißheit würde übrig gelassen haben: denn wie sehr hat sich nicht das System, die Nomenclatur ꝛc. in der Naturgeschichte seit vierzig Jahren geändert, und von einem Tyrolischen Geistlichen ist wohl eben so wenig zu vermuthen, daß er vor seiner Abreise mit dem damaligen Umfang und Zustand dieser Wissenschaft ganz bekannt gewesen sey, als daß er in seiner Lage und großen Entfernung, mit den Fortschritten derselben habe bekannt werden können. Eine Bestätigung meines Verdachts findet sich in dieser Geographie, als wo die Naturgeschichte zwar nicht leer ausgehet, aber durch die sie betreffenden Stellen wenig Erläuterung erhält. Zwar hat der würdige Pater jenem Werke viele Zeichnungen beygefügt: allein da man, ohne ihm zu nahe zu treten, aus den seiner Geographie beygefügten Rissen, wohl schließen und sagen darf, daß er und seine Mitarbeiter nicht die Geschicklichkeit eines Zeichners von Profeßion besitzen, so würde vielleicht aus jenen Zeichnungen mehr Verwirrung als Aufklärung entstehen.

    Es ist demnach ein Glück, daß gerade diejenigen Werke, in welchen der Pater Tieffenthaler vorzüglich etwas wichtiges zu leisten im Stande war, uns Europäern übermacht worden. Seine Geographie gelangte schon vor ohngefähr 12 Jahren durch Vermittelung des bey der Dänischen Colonie in Indien befindlichen Hrn. Doktor Flor an den Hrn. Doktor und Professor Kratzenstein in Copenhagen. Seine großen Charten aber und die dazu gehörenden Stücke erhielt im Jahr 1776 Hr. Anquetil du Perron zu Paris, der schon von Surat aus, im Jahr 1759 mit dem Pater Tieffenthaler correspondiret hatte. Eine Abhandlung über diese Charten,

des Herausgebers.

ten, im Journ. des Scavans 1777. Janv. Ed. de Hollande, gab mir die erste Nachricht von dem in Dänemark befindlichen geographischen Werke, und obschon nicht gesagt war, bey wem es in Verwahrung liege, so hatte ich doch bald das Vergnügen, es bey meinem schon damaligen Gönner und Freund, dem Hrn. Prof. Kratzenstein zu entdecken. Ich gab mir von der Zeit an Mühe, die Herausgabe desselben zu bewirken; allein diese Versuche und diejenigen die Hr. Kratzenstein für sich anstellte, liefen fruchtlos ab: in Copenhagen, weil die lateinische Sprache, in welcher es geschrieben, die vielen fremden Wörter, die innere nicht ganz ordentliche Einrichtung, die Größe, Menge und zum Theil übel gerathene Zeichnung der Risse, die dortigen Buchhandlungen abschreckte: an andern Orten, weil man das Manuscript nicht ohne es zu sehen, erhandeln wollte. Endlich entschloß ich mich selbst, ein so merkwürdiges Werk der Gefahr in Vergessenheit zu veraltern, zu entreißen und in einer doppelten deutschen Ausgabe, mit und ohne Risse an das Licht zu stellen. Es haben sich zwar, seitdem ich es angekündiget habe, neue Hindernisse, der Bekanntmachung desselben entgegengesetzt; nun erscheint es aber so vollständig als ich es selbst erhalten habe. Die Uebersetzung ist unter meinen Augen von einem in beiden Sprachen wohlgeübten Gehülfen verfertiget, und von mir, in dem Manuscripte sowohl als in den Correkturbogen des Druckes, sorgfältig verglichen und revidiret worden. In der Ordnung der Materien habe ich wenig Aenderungen vorgenommen: sie bestehen in nichts anderm, als: 1) daß ich die vorläufigen Abhandlungen in einer etwas verschiedenen und wie mich dünkte schicklicheren Ordnung, auf einander habe folgen lassen. 2) Daß hin und wieder einige zusammenpassende Stellen die getrennt waren, zusammengezogen worden. 3) Daß die unzähligen Namen der Ortschaften jeder Provinz und ihrer Distrikte zur bequemern Uebersicht in alphabetische Ordnung gebracht worden. Mehr habe ich mir nicht beykommen lassen daran zu ändern, etwan in der Absicht dem Werk eine regelmäßigere und zierlichere Form zu geben; noch weniger, es abzukürzen. Leser, die nur zum Vergnügen in müßigen Stunden ein Buch in die Hand nehmen, werden freylich bey diesem ihre Rechnung nicht finden, und weit mehr als die Hälfte wegwünschen: es ist aber für Kenner und Gelehrte bestimmt: diese werden mir für meine wahrlich mit mancher langweiligen Stunde belohnte Pünktlichkeit Dank wissen, und noch größeren Dank, wenn sie vernehmen und einsehen werden,

b daß

Vorerinnerungen

daß das Tieffenthalersche Werk großentheils aus dem berühmten Ayin Akbari gezogen ist, auf welches wichtige Werk der gültigste Zeuge und Richter über eine Geographie von Indien: Hr. Professor Sprengel, noch neulich in seinem Leben Hyder Allys (S. 2) die deutschen Gelehrten aufmerksam gemacht hat. Ausser diesem hat der Pater Tieffenthaler viel andere der bewährtesten Geographen und Geschichtschreiber von Indien benutzt, und seine eigenen auf Reisen gesammleten Bemerkungen in seine Auszüge eingewebt. Aus dem allen ist nun ein für Europäische Erdbeschreiber und Geschichtforscher höchst brauchbares und claßisches Werk entstanden, das aber an sich, ich leugne dies nicht, noch eine ziemlich rudis et indigesta moles ist: allein wer wollte mit dem wackern Verfasser, der uns so viel unbekanntes und lange gewünschtes in die Hände liefert, über die Form zanken; wer kann fordern, daß ein seit mehr als 40 Jahren dem gelehrten Europa halb abgestorbener Tyroler die Bibliopee ganz in seiner Macht soll gehabt haben, da sie noch anitzt in seinem Vaterlande noch ziemlich zurück ist.

Der gegründeteste Vorwurf, den man userm Verfasser dürfte zu machen haben, ist dieser, daß er seine Quellen nicht umständlich und sorgfältig genug angezeigt, und an manchen Orten Dunkelheiten gelassen hat, die ihm vielleicht keine zu seyn schienen, ohne zu bedenken, daß wir in Europa mit Indien nicht so bekannt sind, um mit halben Worten zu verstehen. Da nun überdies durch Uebertragung aus der lateinischen in die deutsche Sprache zum öfteren neue Zweifel und Dunkelheiten entstehen mußten, so habe ich, um wenigstens diesem Uebel vorzubeugen, an vielen Orten den lateinischen Ausdruck, bisweilen auch eine deutsch ausgedruckte Muthmaaßung, in Klammern beygefügt. Ausführliche Erörterungen aber, die in Noten hätten können angebracht werden, wird man hier nicht finden; obschon ich bereits eine ziemliche Anzahl derselben theils durch eigene Untersuchung, theils mit Hülfe des Herrn Anquetil gesammlet habe: denn mein Vorsatz ist nunmehr, nach vollendetem Abdruck, das Werk mit mehr Muße und Bedacht wieder durchzulesen, und alle Erläuterungen und Anmerkungen die sich darbieten werden, auf einander folgend niederzuschreiben, und in den dritten Band einzurücken. Was den Lesern also für itzt davon entgehet, werden sie, so viel als bey mir stehen wird, mit desto mehr Gründlichkeit und Ordnung in der Folge zu erwarten haben.

Einige

des Herausgebers.

Einige allgemeine Bemerkungen will ich inzwischen hier vorangehen lassen, weil sie zum Theil Wörter und andere Dinge betreffen, die gar oft vorkommen: man wird dabey einen Beweis finden, daß die Revision des Manuscriptes und der Correkturbogen Schwierigkeiten hatte, wegen deren ich um so weniger mich zu gleicher Zeit in einen Commentar einlassen konnte.

In Absicht des Titels ist gleich anfangs zuerinnern, daß der Verfasser sein Werk Descriptio Indiae betitelt, und India hier in doppeltem Verstande durch Hindustan konnte übersetzt werden: einmal, weil der englische Ingenieur-Major, Hr. Rennell, seine neue vortrefliche Charte über ganz Indien, von welcher ich einen guten und genauen Nachstich dem zweyten Theil beyfügen werde, Hindoostan betitelt hat, obschon man gewöhnlich unter diesem Namen nur ohngefähr die nördlicher als der Krischna liegenden Länder verstehet. Zweytens, weil die Beschreibung des Pater Tieffenthaler zwar über ganz Indien sich erstreckt, jedoch bey dem eigentlichen Hindustan oder dem mogolischen Reiche viel umständlicher ist als bey den übrigen Provinzen: insonderheit bey denjenigen Ländern der Halbinsel, die niemals dem mogolischen Zepter unterworfen gewesen, und über welche daher keine so ausführliche geographische und historische Werke in der Landessprache vorhanden sind, wie die, welche unter dem Kaiser Akbar und einigen andern zusammengetragen worden.

Historisch-geographisch habe ich diese Beschreibung genannt: der Kürze wegen, weil das Werk eigentlich eine mit historischen Untersuchungen, chronologischen Folgen der Regenten u. a. m. begleitete Geographie oder Erdbeschreibung ist.

Es wäre zu wünschen, der Pater Tieffenthaler hätte für die Eintheilungen und Unterabtheilungen der Provinzen die im Lande üblichen Namen beybehalten. Man weiß z. B. schon genug, daß die Provinzen in Circars eingetheilt werden, und diese wieder in Purgunnahs; für jene hat unser Verfasser mehrentheils das Wort Ditio gebraucht, und für diese das Wort praefectura; er ist sich aber in diesen Benennungen nicht immer gleich geblieben, und ausserdem giebt es auch andere Eintheilungen, je nachdem von einer oder einer andern Provinz die Rede ist; es giebt ferner Purgunnahs, die ganze Distrikte, andere, die nur einzelne Oerter sind, (welches man auch in Hrn. Sprengels Leben Hyder Allys S. 14 bestätiget findet,) so daß mir nicht möglich war, ganz beständige und gleichförmige Benennungen im Deutschen anzunehmen. Ich habe auch bald angefangen zu zweifeln, ob Gebiet für Ditio, und Vogtey für Praefectura die passendsten sind; allein da ich diese Ausdrücke in den ersten Bogen hatte gelten lassen, so wollte ich nun, die Verwirrung nicht zu vergrößern, keine neuen einführen.

In der Claßification einzelner Oerter sind ebenfalls Schwierigkeiten. Oppidum ist durch Stadt übersetzt worden; man darf sich aber wohl nur einen Marktflecken dabey denken und der Zusammenhang giebt genug zu erkennen, wann von einer wirklichen und beträchtlichen Stadt: (Urbs) die Rede ist. Für Pagus hat man Flecken, bisweilen auch Dorf gesetzt: letzteres aber lieber für Vicus. Man muß sich dabey des indischen Wortes Aldee erinnern, und daß es deren große und kleine giebt.

Erstaunen würde man über die große Verschiedenheit der Ortsnamen bey unserem Verfasser und wie man dieselben Oerter in englischen und französischen Büchern und Charten findet, wenn man nicht schon wüßte, daß nicht allein die Franzosen von den Engländern, sondern sogar die Geographen jeder Nation für sich betrachtet, sehr von einander abweichen. Ich getraue mir aber zu behaupten, daß mit diesem Werke auch in Absicht der geographischen Rechtschreibung indischer Namen für uns Deutsche viel gewonnen ist. Man findet zwar Spuren des fehlerhaften Tyrolischen Provinzial-Dialekts: als, Tibbet für Tibet oder Thibet, und seinen eigenen Namen schreibt der Verfasser Tieffentaller: (beides habe ich zu verbessern gewagt); allein ich glaube, daß ein Deutscher, seine Mundart möge seyn welche sie wolle, doch gewiß große Vorzüge vor Engländern und Franzosen haben, um uns mit der richtigen Aussprache der indischen geographischen und Geschlechter-Namen bekannt zu machen.

Ein schlimmer Umstand war indessen, daß der Verfasser die Endungen so oft latinisirt, und manchmal vergessen hat die Landesübliche Aussprache beyzusetzen. Hierin konnte ich mich selten Raths erholen, theils wegen der erwähnten Verschiedenheit der Aussprache bey andern Europäern, theils weil das Werk unzählige Namen enthält, die weder in den großen Charten von Jefferys und Rennel, noch in andern uns bekannten Charten und Schriften vorkommen: auch wär es ausserordentlich ermüdend und zeitverderbend gewesen, so viele Oerter ängstlich aufzusuchen, wie ich doch nicht selten gethan habe. Ich kann also nicht dafür stehen, daß nicht bisweilen eine lateinische Endung, fürnemlich in a oder i, stehen geblieben, oder daß

ein

ein für eine solche Endung gehaltener Buchstabe unrichtig weggelassen worden, u. dgl. Da ich von Endungen rede, so wäre vielleicht hier auch der Ort, etwas von oft vorkommenden Sylben und Wörtern zu sagen, mit denen sich viele Namen endigen; man weiß aber schon manches davon aus andern Büchern, z. B. aus Yves Reisen, übersetzt von Hrn. Dohm; aus der vorgedachten Sprengelschen Uebersetzung u. a. m.; auch erräth man bald, was die mehresten bedeuten: allenfalls kann ein ausführlicheres Verzeichniß darüber und über die Endungen der Geschlechts-Namen in der Folge gegeben werden: hier will ich nur von einigen wenigen etwas bemerken.

Por bedeutet eine Stadt, und so schreibt unser Verfasser: ich bin ihm gefolgt, glaube aber, daß Pur nach der englischen und französischen Aussprache besser wäre.

Gans ist, kaum sollte man es glauben, das Gunge der Engländer und bedeutet einen Handels- oder in engerem Verstande einen Kornmarkt.

Gam. Der Verfasser schreibt Gaum, das ich anfangs für eine lateinische Endigung von Gao angesehen habe, zumal da wirklich einige Geographen Gao schreiben; allein ich habe mich überzeugt, daß Gaum ein ächt indisches Wort ist, und wahrscheinlich wie Baum (Arbor) ausgesprochen wird; indessen habe ich mich nach den Engländern, vorzüglich nach Jefferys gerichtet, wo Gam sehr oft vorkommt. Die Franzosen schreiben Gâon und zuweilen nur Gan: wie in Chatigan. Nach Herrn Anquetil wird dies Gâon zweysylbig ausgesprochen und bedeutet nur einen Weiler: wirklich findet man diese Endung selten bey beträchtlichen Oertern.

Mao soll von den Portugiesen eingeführt worden seyn, und keine bestimmte Bedeutung haben: sie sprechen es aber Man oder Mang aus, und so, daß man wenig mehr als Ma höret.

Ueber viele Buchstaben wäre auch eine Erläuterung nicht unnütze. Von den Vocalen ist überhaupt anzumerken, daß sie im Schreiben oft ausgelassen, aber von den Einheimischen, des Wohlklanges halben in der Aussprache eingeschoben werden: daher entstehet bey unserem Verfasser eine nicht beständig gleiche Schreibart für einen und denselben Namen: und eben diese Bewandniß hat es mit dem H, das er bald gebraucht, bald wegläßt.

C und K braucht er fast ohne Unterschied in den Fällen, wo C wie K ausgesprochen wird: allein da die Indier dieses C nicht haben, so hätte es füglich wegbleiben können.

i kommt oft zu Ende eines Wortes vor und zeigt zuweilen das Adjectif an: daher schreibt man z. B. Ayin Akbari, d. h. die Akbarischen Gebräuche, oder wie unser Autor dies Buch nennet: die Akbarische Methode, oder nach Herrn Rennels Uebersetzung: der Akbarische Spiegel.

ß ist im deutschen Druck oft gebraucht worden: eigentlich aber sollte ſſ stehen.

Das so häufig vorkommende z ist der Buchstabe, der vielleicht die größte Verschiedenheit der deutschen Aussprache von der Englischen und Französischen verursacht: fast in allen Fällen, wo unser Verfasser das z gebraucht, schreiben die Franzosen und Engländer j, oder dj, oder g, wie sh, oder sch, oder dsch auszusprechen: ich will die Möglichkeit oder sogar die Wahrscheinlichkeit zugeben, daß Tieffenthaler den Laut etwas zu scharf angiebt, und dies kann wohl von der Nachbarschaft seines Vaterlandes mit dem Venetianischen herrühren: allein da im Deutschen j und dj und g, anders als bey jenen Nationen lautet, so habe ich mich doch lieber an meines Autors einfaches z gehalten, als so ofte vier Consonanten für einen: nämlich dsch zu schreiben, zumal da er diese vier, oder auch tsch, genug in andern Wörtern gebraucht hat, wo sie ihm passender schienen. Ueberdies so habe ich bey einem, und zwar nördlichen Deutschen, der in englischem Sold lange in Indien gewesen ist, und den ich selbst gesprochen habe, bemerkt, daß er bey den Namen, wo Tieffenthaler das z gebraucht, nur wenig zischte.

Die zahlreichen auf den eigenen Namen liegende Accente werden gewiß vielen Lesern eben so lieb seyn als sie mir beschwerlich waren: sie haben sogar, nebst der vielen unvermeidlich gewesenen Schwabacher-Schrift den Druck gar sehr aufgehalten. Der Pater Tieffenthaler erwähnet zu Ende seiner Vorrede nur zweyer Accente, und vergißt den schweren, den er doch häufig auch gebraucht hat. Freylich aber hat er mit eilender Feder nicht selten den schweren mit dem scharfen verwechselt, oder auch das Strichgen so gerade gesetzt, daß die Wahl nur aufs ungewisse zu treffen war. Auch er hat sich nicht die Mühe gegeben, bey einem Worte, so oft als es vorkommt, die Accentuation zu wiederholen: man muß es demnach so ganz genau in diesem

Punk

des Herausgebers.

Punkte nicht nehmen, sondern zufrieden seyn, daß man Sylben-Länge und Kürze doch mehrentheils viel richtiger treffen wird als wenn keine Accente vorhanden wären. Eine andere Nachläßigkeit, die oft vorkommt, ist: daß zusammengesetzte Namen bald zusammenhängend, bald getrennt erscheinen. Mir ist nicht möglich gewesen, eine bestimmte Rechtschreibung dafür einzuführen: besonders da ich die Sprache, aus welchen viele (bald mit großen, bald mit kleinen Anfangsbuchstaben geschriebene) Beynamen entlehnet sind, nicht verstehe; doch hoffe ich, nicht allein im Fall einer zweyten Ausgabe, bey weniger Zerstreuung von anderer Art etwas mehr hierin zu leisten, sondern auch schon in den künftigen Anmerkungen manche Erläuterung wie die zusammengesetzten Namen müssen geschrieben werden, und was die Beynamen bedeuten, zu geben.

Wiederholungen, und zwar von doppelter Art, werden ein und anderm Leser anstößig seyn. Eine Art ist, wann ein Ortsname in derselben Provinz oder in verschiedenen einigemal vorkommt: es kann wohl seyn, daß die Bücher, welche der Pater Tieffenthaler benutzt hat, ihn hierin irre geleitet haben; es ist aber auch möglich und glaublich, daß, so wie in Europa, also auch in Indien, manche Oerter einerley Namen haben: und bisweilen macht wenigstens die Accentuation einen Unterschied, wie bey Aoranghar a. d. 260. S. Andere aber seltene Wiederholungen sind solche von Sachen, die aus verschiedenen Büchern und zu verschiedenen Zeiten bald gleichlautend, bald verschieden erzählt werden: dies dünkt mich aber in Dingen, wo wir noch so wenig Quellen zum vergleichen haben, eher nützlich als entbehrlich. Aus eben dem Grunde muß man unserm Verfasser nicht übel auslegen, wenn seine chronologischen Folgen, und Einkünfte-Angaben mit den wenigen ähnlichen Angaben, die in Europa bekannt worden, und vielleicht selten die ächtesten sind, nicht allemal übereinstimmen.

Daß der würdige Mißionär in dem Geiste seines Standes redet, und daß ich ihm diese Sprache nicht benommen habe, werden billige Männer uns auch nicht verargen.

Obschon endlich die vorläufigen Abhandlungen nicht eben die gründlichsten sind, so habe ich doch nicht unterlassen, bey den Untersuchungen über das alte Indien viele Citationen aus der Bibel und andern alten Schriftstellern, die von dem Herrn Uebersetzer aufgesucht worden bestimmter als von dem Verfasser geschehen, anzugeben, und

ein

ein Chärtchen des alten Indiens darzu in Kupfer stechen zu lassen. Die Skizze von diesem befand sich bey dem Manuscripte; Hr. Anquetil du Perron hat entdeckt, daß sie aus einer Charte, deren Titel ist: Theatrum historicum ad Annum Christi 400, in quo tum Imperii Romani tum Barbaror. circum incolent. status ob oculos ponitur P. Oriental. Aut. Guillelmo de Lisle etc. Paris 1705 genommen worden, und da ich diese Charte hier nicht anschaffen konnte, so hatte er die Gewogenheit, einen neuen, größern und besser gezeichneten Abriß aus seinem Exemplar mir mitzutheilen.

Von den sämmtlichen Kupfertafeln, die diesem Bande beygefügt worden, wird der Inhalt nach dem Inhalte des Textes ausführlich angezeigt werden.

Wider meine erste Absicht wird dies Werk zu drey Quartbänden anwachsen: allein ich hoffe, es werde kein Gelehrter etwas darinn überflüßig finden. Der zweyte Band wird ganz aus den wichtigen und ungedruckten Arbeiten des berühmten und großen Kenners von Indien, Herrn Anquetil bestehen, die auf dem Titel schon in Kürze angezeigt sind. Das übrige wird den dritten Band ausmachen.

Berlin, den 5ten May 1785.

Joh. Bernoulli.

Inhalt dieses ersten Bandes.

Vorbericht des Verfassers . . . . . . Seite 3
Vorläufige Abhandlungen:
I. Woher Indien (oder Hinduſtan, oder wie T. a. d. 7. S. ſchreibt: Hindoſtan) den Namen erhalten 7
II. Ueber den Ursprung der Indier 8
III. Ueber das alte Indien 9
IV. Ob Indien auch in der Bibel vorkömmt . . . 19
V. Ob man einige Spuren der chriſtlichen Religion fand, als die Portugieſen in Indien landeten 24
VI. Von Indiens Gröſſe, nach der geographiſchen Länge und Breite . 26
VII. Indiens Länge und Breite, und Angabe der Orts-Entfernungen, aus einem Perſiſchen Buche, genannt: Ayn Akbari, oder die Akbariſche Methode . 31
VIII. Von den Indiſchen Meilen und deren Ungleichheit . . 35
IX. Die Eintheilung Indiens in Provinzen, und von den Bergen dieſes Landes . 39
X. Einige Bemerkungen über die Einkünfte, die aus den Provinzen gezogen werden 41
Geographiſche Beſchreibung von Hinduſtan.
1. Die Provinz Kabul 43
Meilenzahl der Entfernung verſchiedener Oerter dieſer Provinz . 46
2. Die Provinz Kandhar 48
3. Die Provinz Caſchmir 49
Anhang einiger Nachrichten von Caſchgar, Tibet und andern umliegenden Gegenden 55
Meilenzahl der Reiſewege 56
Folge der heidniſchen Könige von Caſchmir, aus einer Perſiſchen Beſchreibung dieſer Provinz 59
— der mahometaniſchen Könige von Caſchmir, die nach der mahometaniſchen Zeitrechnung vom J. 748 bis 995 regiert haben . . . 65
4. Die Provinz Lahor 67
Salzwerke dieſſrits und jenſeits des Behat, und Beſchreibung anderer zu Lahor gehör. Oerter 72
Die auch zu dieſer Provinz gehörigen Zambuiſchen Berge . 74
Verſchiedene Reiſewege durch dieſe Provinz . . 77
5. Die Provinz Multan 79
6. Die Provinz Tatta 81
Ihre heidniſche und mahometaniſche Regenten . . 85
7. Die Provinz Dehli und Hauptſtadt gleiches Namens . 86
Eintheilung der Provinz Dehli 91
Kurze Beſchreibung einiger zu dieſer Provinz gehörigen Oerter und Diſtrikte 95
Reiſerouten durch dieſe Provinz 102

Anhang

Inhalt des ersten Theils.

Anhang von der Gegend um Badrinath, dem Lande Badricasram, und dem Wasserfall des Ganges . . . . . . S. 105
Folge der heidnischen Könige von der Provinz Dehli, nach Indischen Geschichtsbüchern . 107
Desgleichen nach Persischen Geschichtsbüchern . . . 111
Folge der mahometanischen Könige von Dehli . . . —
8. Die Provinz und Hauptstadt Agra 114
 Eintheilung dieser Provinz 118
 Beschreibung der merkwürdigsten Oerter und Distrikte: als; Satepor, Caroli, Mabrail ꝛc. 122
 Ferner von Narwar, Dattia ꝛc. 126
  — Gualiar 132
  — Badaur 135
  — Anterbed und Hauptstadt Canoz . . 137
 Beschreibung ferner von den Städten Mathra und Bindroban . 143
  — von andern in Anterbed gelegenen Ortschaften . 147
  — von Dig, Narnol, Untsch ꝛc. . . . 149
 Folge der heidnischen Rajahs von Gualiar . . . 154
9. Die Provinz Elahbad 157
 Beschreibung der Hauptstadt gleiches Namens . . 159
  — der Städte Banares, Zonpor und viel anderer Oerter . 163
  — der Landschaft Dangaya oder Bundelcand, und ihrer merkwürdigsten Oerter, unter andern Zetpor, Câlinzar, Azeghar, Tschetercot ꝛc. . 172
 Folge der östlichen oder Zonporischen mahometanischen Könige . 177
10. Die Provinz Avad 178
 Ihre vornehmsten Städte: Avad, Lacno oder Lacnau, Bangla, Gorecpor, Beverz u. Cherabad 180
 Andere Oerter dieser Provinz 185
 Zuerst Balrampor und andere in der Gegend des Rabti . 186
 Sodann, die im Distrikte von Lacnau 190
 Die Gegend am Gumati 194
 Die Gegend des Gagra oder Renar 203
 Folge der heidnischen Könige, die ehmals zu Azudea (oder Avad) und über den dies- und jenseit des Ghagra gelegenen Strich Landes herrschten, itzt aber Amber, Jenagar und die ganze Provinz unter sich haben 215
11. Die Provinz Azmer : 217
 Nähere Beschreibung einiger Oerter: Azmer, Sambhar, Zepor . 220
 Ferner: Amber, Scherpor, Rantambor, Schahabad, Odepor, Tschitor, u. a. m. 225
 Der Distrikt Marvar und darinn Sanzor, Zaloar, Zodepor, Nagor, u. a. m. 234
 Folge der Fürsten von Odepor 239
 Kurze Geschichte der itzigen Regenten von Marvar . . 241
           S. 241

Inhalt des ersten Theils.

12. Die Provinz Malwa (oder Malwa) . . . . . S. 241
 Nähere Beschreibung einiger Oerter: Uzen, Saronz, Sarangpor, u. a. m. 245
 Folge der heidnischen Könige von Malwa . . . 252
13. Die Provinz Barar 254
 Nähere Beschreibung einiger Oerter 258
 Folge der Könige von Barar, mit dem Beynamen Omadscha . . 259
14. Die Provinz Chandeß 260
 Nähere Beschreibung einiger Oerter: Borhanpor, Vestung Asserghar u. a. m. 261
 Folge der Bramporschen oder Chandeßschen Rajahs, mit dem Beynamen Jaruk 263
15. Die Provinz Gujarat 265
 Nähere Beschreib. einiger Oerter: Gujarat oder Ahmababad; Cambaya ob. Cambahat, u.a.m. 269
 Beschreibung der Oerter, die auf dem Striche von Surat bis Barontsch, Brodara und
  Gudara, und auf der Königsstraße vorkommen . . . 279
 Oerter der Provinz Soreth und deren Halbinsel: Diu; die Insel Doarca; Junaghar u. a. m. 283
 Ferner: Surat, Daman, Bassain, Tana auf der Halbinsel Salsette ꝛc. . 289
 Die Insel Bombay 293
 Folge der heidnischen Könige von Gujarat . . . 295
 — der mahometanischen 296
16. Die Provinz Behar 297
 Nähere Beschreibung einiger Oerter: Patna, Behar, Zenacpor, Gea, Dithia . 301
 Reiserouten aus Behar, nach den Ländern Nepal, und Tibet oder Butant . 304
 Andere Oerter in Behar, als: Mongher, Sithacund, Bejnar, Distrikt und Stadt Pa-
  laun, Rotasghar, u. a. m. 306
17. Die Provinz Bengalen 313
 Die zur Provinz Oressa gehörenden Vogteyen . . . 320
 Nähere Beschreibung einiger Oerter (in Bengalen): zuerst etwas von den successiven Statt-
  haltern die daselbst residirt haben 321
 Die vornehmsten Orte längs den Ufern des Ganges bis an die Gränzen: als der Paß von
  Sacrigali; Razmahal, Purania, Gor, Maxudabad, Hugli, Tschunzura, Tschan-
  dernagor, Calcotta, u. a. m. mit Erläuterungen über die Arme des Ganges 323
 Bardban mit ihrem Distrikte; Daka, Tschatigam, Rangamati ꝛc. . 330
18. Die Provinz Oressa: Einwohner, Einkünfte, kurze Beschreib. einiger Oerter: Balessor, Catak ꝛc. 332
 Der Distrikt Camrup oder Cuzbahar 333
 Das Land (oder Reich) Ascham: die Hauptstadt Rargaum; der Strohm Brehmaputar ꝛc. 335
 Nähere Beschreibung einiger Oerter dieses Landes . . . 337
 Folge der ehemaligen heidnischen Könige von Bengalen . . 339
 Folge der mahometanischen Könige von Bengalen . . . 341

19. Die

19. Die Provinz Aorangabad und Hauptstadt gleiches Namens — S. 343
Kastelle und Vestungen dieser Provinz — 344
Nähere Beschreibung einiger Oerter: Dolatabad, Azenta, u. a. m. — 346
Das Land Kokan, und einige Oerter darin — 348
Desgleichen vom Distrikte Baglana — 349
— — Zavar — 350
Folge der mahometanischen Könige von Decan, die zu Calbarga residirten — 351
20. Die Provinz Balaghat oder Ahmadnagar und Hauptstadt letzteren Namens — 352
Folge der Könige von Ahmadnagar — 353
21. Die Provinz Safarabad oder Bedor, und ihre vornehmsten Plätze — 354
Folge der Könige von Bedor, mit dem Beynamen Borid — 354
22. Die Provinz Hederabad: Hauptstadt gleiches Namens; Golconda, und andere Oerter — 355
Folge der Mahometanischen Könige von Talangana — 356
23. Die Provinz Bezapor, Kastelle und Vestungen; Hauptstadt Bezapor ꝛc. — 357
Veste Plätze dieser Provinz, jenseit des Flusses Kischna, als, Gabak, Catschandar, Sadanand, Sirimastgar, Lacnor, Nagarcot, Carot, Cunbal u. a. m. — 360
Städte und Flecken im Distrikte Cocan die vor Aorangseb, dem Nisam moluk zuständig waren, nebst Anzeige der Einkünfte — 363
Dergleichen in diesem Distrikte, die ehmals dem König von Bezapor zugehörten — 364
Einige Nachrichten von Goa, der südlichen Halbinsel Salsete, Alorna, Tschapora, Sataren, Aari, Neuti, Molendi, und Tiracol (im Texte steht dafür Vingoria) sämtlich zur Provinz Bezapor gehörend, und zum Theil in Canara liegend — 364
Erwähnung der Reiche Canara, Masuria (Mayssur), und Maderi (Madure); der Inseln Manar, und Ramanacor; der Meerenge Ubolatu oder Pambuaru; des Reiches Carnatak oder Carnate, und der großen Stadt Bezanagar oder Carnatak, (oder nach der heutigen Benennung: Bassapatnam) — 368
Folge der Könige von Bezapor — 370

Inhalt

Inhalt der 39 Kupfertafeln dieses Bandes.

Diese 39 Kupfer enthalten alle Originalrisse des P. Tieffenthaler die mir von dem Herrn Professor Kratzenstein übersandt worden, ausser zweyen: der eine ist ein Prospekt des Mausoleums der Gemalin des Kaisers Aorangsib bey Aorangabad, dessen an der 344. S. gedacht wird. Ich habe ihn schon zu dem 8ten Bande meiner Sammlung kurzer Reisebeschreibungen in Kupfer stechen lassen, und werde dafür in dem zweyten Bande dieses Werkes von Hindustan einen neuen Kupferstich nach einer besseren Zeichnung die ich aus Paris erhalten habe, liefern. Zweytens, da unser Verfasser 2 von einander etwas verschiedene Pläne von Ehlabad nach Europa geschickt hat, so werde ich diesen Unterschied in der Folge auch vor Augen legen und einen kleinen Grundriß von derselben Stadt, aus des Hrn. Rennell Bengal Atlas zur Vergleichung beyfügen.

Voran gehet bey den Kupfern des gegenwärtigen Bandes die schon erwähnte kleine Charte vom alten Indien, die bey der III. vorläufigen Abhandlung, S. 9 u. ff. gut zu gebrauchen ist. Sie war anfangs bestimmt, auf der versprochenen Rennellschen Charte von Hindustan, den Raum eines großen, für Deutsche ganz entbehrlichen Zierbildes auszufüllen; nach einer veränderten Einrichtung aber wird sie viel schicklicher mit diesem ersten Bande geliefert, und kann zu S. 19 gebunden werden.

Die nun folgenden 38 Platten sind zum Theil nach weit größeren Zeichnungen verjüngt worden; man hat aber alle Sorgfalt angewandt, um sich nicht vom Original zu entfernen; und höchstens habe ich meinem Zeichner nur erlaubt, einige Bäume und andere ähnliche Nebensachen, und dies auch etwa nur im Vorgrunde zu einiger Hebung des Stücks anzubringen. Die Fehler der Perspektiv, und andere Eigenheiten, als: die Häuser ganzer Straßen verkehrt oder seitwärts u. dgl. zu zeichnen, waren ihm anstößig, und wem sind sie es nicht beym ersten Anblick? Ich gieng aber nicht davon ab: denn der Verfasser hat offenbar die Absicht gehabt, so viel möglich, recht viele Gegenstände darzustellen. So scheint, zum Beyspiel, bey den Rissen von Lacno, Schazahanpor, Razmahal, Maxubabad, Tschandernagor, Cassembasar ꝛc. als gienge man gleichsam in den Indischen Städten herum, und sehe die Häuser gerade so, wie sie sich von beiden Seiten der Straße darstellen. Man wird (oder sollte) mit also Dank wissen, daß ich hierin die Darstellungsart des Verfassers beybehalten habe, und wenn man ja noch einige kleine Abweichungen antrift, so sind sie blos wider meine Absicht, und weil ich sie nicht bey Zeiten bemerkt habe, stehen geblieben.

Alle Inschriften (bis auf 2) sind lateinisch: ich habe sie nothwendig beybehalten müssen, da die Kupfer schon itzt sowohl dieser deutschen als einer französischen, und einst auch einer lateinischen Quartausgabe beygefügt werden, um bey sehr schwachen Auflagen eine Schadloshaltung hoffen zu dürfen.

Taf. I. N. 1. Porte d'Agra app. Diese eigenhändige Ueberschrift des Verfassers ist französisch, ohngeachtet aller übrigen, eine einzige ausgenommen, lateinisch sind, wenn sie mehr als einzelne Namen enthalten. Was das abgekürzte Wort app. bedeuten soll, weiß ich nicht.
— N. 2. Palatium &c. Pallast im Garten des Schlosses zu Dehli. Diese Tafel gehöret zu S. 88 u. 115.

Taf. II. Bangbar, ein Fort der Provinz Dehli, dessen sich der Kaiser Muhammad im Junius 1746 bemächtigte. Zu S. 99.

Taf. III. Almora, die Residenz des Raja von Camaun. Die Afganen bemächtigten sich desselben im J. 1744, behielten es aber nicht. Man bemerkt hier einige Noten in persischer Sprache, deren

Inhalt der 39 Kupfertafeln dieses Bandes.

Lesart und Uebersetzung Herr Anquetil mir mitgetheilt hat; 1) wird gelesen: Mozzée Latouri az kelaa don parrab ür, und heißet: das Dorf Laturi, zwey Pfeilenschüsse vom Fort (Almora). 2) Mozzée Ata az kelaa pao kerch: das Dorf Ata, eine Viertel-Cosse (ind. Meile) vom Fort. 3) Abadi Lamaiun az kelaa si kerch: Niederlassung (Peuplade) von Lamaiun, 30 Cossen vom Fort. 4) Mozzée Sehura az kelaa iek kerch: Dorf Sehura, eine Cosse vom Fort. 5) Mozzée Nurangui nim keroh: Dorf Nurangui, eine halbe Cosse entfernt. 6) Kelaa Almora az sang: das Fort Almora von Stein. NB. Um 2, 3, 4 und 5 zu lesen, muß man das Kupfer umkehren, wegen eines mit selbigem vorgegangenen Versehens. Zu S. 101.

Taf. IV. Narvar, eine ansehnliche Stadt und Vestung der Provinz Agra. Unser Verfasser giebt eine weitläuftige Beschreibung davon. Zu S. 126.

Taf. V. N. 1. Dig, auch genannt Dig oder lat. Digam, Residenz des Raja der Jaten: eine veste, bevölkerte Stadt der Provinz Agra.

— N. 2. Baratpor, oder Bhartpor, eine andere Residenz desselben Fürsten. Es ist eine neue Stadt, die schnell anwuchs und ein prächtiges Schloß hat. Beide zu S. 149.

Taf. VI. Elahbas, deutsch Elahbad, Hauptstadt der Provinz gleiches Namens; eine sehr schön gebauete und in vieler Absicht merkwürdige Stadt. Zu S. 160.

Taf. VII. N. 1. Banares, oder Benares, auch in Ehlabad, eine der größten Städte in Indien, wo Gelehrte, Priester und Kaufleute in großem Ansehen stehen.

— N. 2. Agra, Hauptstadt der Provinz gleiches Namens und ehmals des ganzen Reichs. Das Thor war in der Original-Zeichnung ein wenig verschieden und undeutlich; wir haben uns, vielleicht mit Unrecht, nach dem auf der Platte I. N. 1. gerichtet. Zu S. 114 und 163.

Taf. VIII. N. 1. Gaspor, eine große Stadt am Ganges in der Provinz Ehlabad. a) Eine Moschee. b) Ein Fort von Erde, ein wenig verfallen. c) Ein neues Schloß, wo der Statthalter residirt. d) Im Felsen gehauene Stuffen.

— N. 1. Ein Gebäude, nicht weit von Sithacund.

— N. 3. Sithacund, in der Provinz Bahar, ein wegen der heissen mineralischen Wasser merkwürdiger Ort. Zu S. 165 und 307.

Taf. IX. N. 1. Eine prächtige Brücke, ohnweit Corra, über den Kend, der nur ein kleiner Fluß ist, der aber vielleicht zu Zeiten austritt.

— N. 2. Corra, ist eine alte, große, bevestigte aber heruntergekommene Stadt der Provinz Elahbad. Diese Nummer zeigt aber bloß die Vestung derselben. Zu S. 167.

Taf. X. N. 1. Colles qui, cet. Hügel um den Distrikt von Mirsapor.

— N. 2. Oppidum, cet. Groß-Mirsapor, eine Handelsstadt der Provinz Elahbad am Ganges. Omnes gradus, cet. Alle Stufen sind in Felsen gehauen. Ad Circium: nordnordöstlich. Arx, cet. Ein Fort von Leimen.

— N. 3. Arx Ramnagarina: das Kastell Ramnagar. Porta major: das große Thor; minor, das kleine. Ad Vulturnum: Ostsüdöstlich. Ad Caecium: Ostnordöstlich. Sedes Reguli: Residenz des Raja. Omnes turres, cet. Alle Thürme sind von Leimen, und mit einem Graben versehen, nur die am Ganges nicht.

— N. 4. Ramnagar, eine Stadt der Provinz Elahbad, 1 Meile von Banares, . Mirsapor minor: Klein-Mirsapor, zum Unterschiede von jenem N. 2. Zu S. 165. u. 171.

Taf. XI.

Inhalt der 39 Kupfertafeln dieses Bandes. XXIII

Taf. XI. N. 1 u. 2. Calinzar, eine ansehnliche Vestung in derselbigen Provinz, nach 2 verschiedenen Ansichten: die eine von dem Flecken unten am Berge, die andere, wenn man schon eine Strecke den Berg hinauf ist.

Taf. XII. N. 1 u. 2. Datia oder Dathia, auch Dattia. Beide Risse zeigen den Grund= und Aufriß einer großen volkreichen Stadt der Pr. Agra, östl. von Narvar, mit einem schönen Schlosse des Raja.

— N. 3. Gualiar, eine große schön gebauete Stadt, und die Hauptstadt eines großen Distrikts gleiches Namens, die ehmals eine besondere Provinz ausmachte, itzt aber mit der Provinz Agra verbunden ist. Die Vestung auf dem Berge ist eine der vornehmsten von ganz Hindustan; die Stadt aber ist sehr verfallen.

— N. 4. Azegbar, ein Kastell der Provinz Dangaya, oder vielmehr des Distriktes dieses Namens der auch Bundelcand heisset und einen Theil der Pr. Elahbad ausmacht. Zu S. 131. 132 u. 175.

Taf. XIII. N. 1. Aedes cujusdam, cet. Wohnhaus eines der heidnischen Mönche, die in Aoad oder Oud, Hauptstadt der Provinz gleiches Namens, wohnen.

— N. 2. Scheint zu dem nemlichen Gebäude zu gehören. a) bedeutet einen Behälter zum Bade, genannt Mancancund oder richtiger Kankankand: der Brunn der Ohrgehänge. b) Kanal unter der Erde, durch welchen das Wasser in den Behälter rinnt. c) eine Ableitung des Wassers in den Ganges. Zu S. 180.

Taf. XIV. Goptar ghalt, oder richtiger Goptar ghat, der Ort, wo Ramtschand verschwunden seyn soll: ein neues Denkmal dieser Begebenheit. a) Ein Loch, eine Palme hoch und 4 Finger breit, in welches Ramtschand hineingedrungen seyn soll, um nie wieder zu erscheinen. b) Erster Vorhof, 2¼ Palme lang und 3½ breit. c) zweyter Hof, 23 Palme lang und 11 breit. d) dritter Hof, 16 Palme lang und 6½ breit. — Lauf des Ghagra vom Morgen gen Abend. — Pons &c. eine aus Bögen bestehende Brücke nach dem Flusse hin (oder über den Fluß). Dieser berühmte Ort liegt in der Provinz Aoad, nicht weit von Bangla. Zu S. 182.

Taf. XV. N. 1. Facies, cet. Aussenseite des fünffachen Pallastes zu Lacno, am westlichen Theile.

— N. 2. Aufriß des Thores des Pallastes, (wahrscheinlich des von N. 1.) Die Stadt Lacno ist auf der Platte xxxv abgebildet. Zu S. 183.

Taf. XVI. N. 1. Ein neuerbaueter Pallast zu Bangla oder Jesabad, am südlichen Ufer des Gagra.

— N. 2. Pallast zu Lacno am Gumati. Nach dem Texte scheint es ein anderer als der auf der Platte xv zu seyn. Zu S. 182 u. 183.

Taf. XVII. Gorecpor, eine große alte Stadt in derselben Provinz; das Blatt ist unmittelbar nach dem Original von gleicher Größe und von einer ohnehin Alters halben schwachen Hnd, nur zu getreu mit den Fehlern der Zeichnung nachgestochen. Zu S. 183.

Taf. XVIII. N. 1. Nimcar, eine fast ganz verfallene Vestung in derselben Provinz.

— N. 2. Ray Bareli, das Fort einer kleinen Stadt in der Provinz Elahbad; der Hauptname ist Bareli; den Beynamen Ray hat es zum Unterschiede eines andern, Namens Bhane Bareli. Zu S. 169 u. 196.

Taf. XIX. Concurfus, cet. Zusammenfluß des Gagra und des Sarzu, wie er im J. 1768 angetroffen wurde. Tota haec, cet. Diese Halbinsel ist zur Regenzeit ganz überschwemmet. Hic loci, cet. Hier haben die Indier die Gewohnheit sich zu waschen. Aqua exundans, cet. Das austretende Gewässer vermischt sich fast ganz mit dem Ganges. Ostium Sarzu: die Mündung des Sarzu. Cuspis terrae, cet. Die Erdspitze, an welcher der Zusammenfluß geschiehet, liegt gegen Südwest.

Zur

Zur Regenzeit aber ereignet sich der Zusammenfluß mehr gegen N. N. West. Der Sarzu kommt von Nord ¼ Nordwest her; der Gagra macht von Camjari her, welcher Ort 3 Meilen N. W. ¼ Nord von Bojpor liegt, einen Bogen gen Nordwest, bespühlt östlich den Flecken Ghari, krümmet sich von West-Südwest gen Ost-Nordost, und nach dem Zusammenflusse nimmt der Strohm seinen Lauf gen Südost, jedoch etwas östlicher. Uebrigens geschieht dieser Zusammenfluß in der Provinz Avad. Zu S. 206.

Taf. XX. N. 1. Die Brücke von Narwar über den Sind. Diese Brücke, die nach dem Text 24 Bögen hat, deren 3 bis 4 verfallen sind, befindet sich in einiger Entfernung von Narwar (s. Taf. IV.)

— N. 2. Rantambor, eine in ganz Indien berühmte Vestung zwischen fast unzugänglichen Gebirgen in der Provinz Azmer. Zu S. 128 u. 226.

Taf. XXI. Parnala, eine Vestung auf einem Berge in der Provinz Barar. Zu S. 239. 240 u. 258.

Taf. XXII. Borhanpor, oder Brahmpor, eine sehr große, volkreiche Handels- und Hauptstadt der Provinz Candeish. Die Vestung Asser rechts, 5 Cossen davon, ist eine der vornehmsten in Indien. Zu S. 262.

Taf. XXIII. N. 1. Bithia, eine Vestung der Provinz Bahar, 4 Tagereisen Nordnordwestlich von Patna. Man sieht auf dem Plan unter andern auch Basteyen (Propugnacula) nach europäischer Art.

— N. 2. Das Schloß Putala oder Butala, Residenz des großen Lama (in Tibet). Das Original hat eine französische Ueberschrift. Zu S. 304 u. 306.

Taf. XXIV. N. 1. Weiße Berge mit Schnee bedeckt, auf Indisch Dolaghir genannt, über 100 Meilen nördl. von Balrampor (eine Stadt der Pr. Avad). Man sieht sie von dieser Stadt aus, (daher aber ihre Entfernung wohl viel zu groß angegeben wird) und sie erstrecken sich über 20 Meilen weit.

— N. 2. Klippen, die fast mitten im Ganges liegen, doch dem westlichen Ufer näher; ohngefähr Nordost nach Südwest, 1 Meile von Mongher gen Patna. Sie erstrecken sich auf 150 Schritt und zur Regenzeit sieht man nur die höchste derselben. Zu S. 186 u. 306.

Taf. XXV. N. 1. Sultangans, oder der Kornmarkt des Königes; eine Stadt der Pr. Bahar. Man sieht aber hier nicht die Stadt selbst, sondern nur einige benachbarte Gebäude im Ganges, nemlich: a) eine Moschee, nördlich; b) eine heidnische Einsiedeley, nordwestlich; c) ein Thurm, genannt Jahangira.

— N. 2. Einige neue Gebäude zu Avad, vom Navalray, Geheimschreiber eines Statthalters der Provinz dieses Namens aufgeführet; ohnweit dem alten Gebäude, genannt Sargodoari, dem ehmaligen gewöhnlichen Aufenthalt des Ramtschand und nahe am Ghagra, der hier eine andere Richtung nimmt. Zu S. 181 und 308.

Taf. XXVI. Dies ist der berühmte Paß von Sacrigali, eine Bergenge von Bahar nach Bengalen, die in der Geschichte der Kriege in Bengalen öfters vorkommt. A. Hoc montium &c. Diese Bergkette erstreckt sich auf ohngefähr 7 Meilen in in die Länge; nach dem Anfang macht sie eine Krümmung und entfernt sich etwas weiter vom Ufer des Flusses; in der Mitte und am Ende kommt sie ihm am nächsten, wie an einem andern Orte zu ersehen. Da man aber nicht weiß, welche Gebirge sich bis zu der kleinen Brücke erstrecken, so hat man die ganze Bergkette wie sie sich bis Gangaparschand erstreckt, angezeigt. NB. Aditus &c. Der Zugang des engen Fußweges ist mit einer von Heckenreisern geflochtenen Thür verschlossen. — B. Mons &c. Dieser Berg ist eine halbe indische Meile von dem Dorfe entfernt. — C. Vicus &c. Das Dorf Sacriguli genannt. — D. Ein altes Thor. — E. Ein enger Fußweg. Zu S. 323.

Taf. XXVII.

Inhalt der 39 Kupfertafeln dieses Bandes.

Taf. XXVII. Kasmahal, eine große alte Stadt in Bengalen, am Gangeß; a) der Sitz des Statthalters; b) eine öffentliche Herberge; c) eine Moschee; d) verfallene Häuser; e) eine verfallene Kuppel; f) Kaufläden; g) Wohnhaus des Banquier Nagarset. Zu S. 323.

Taf. XXVIII. N. 1. Lage von Penti, einer kleinen Stadt in Bengalen, auf einer Anhöhe, an einer Krümmung des Ganges. a) Entfernung vom Ganges, 1 Meile S. S. westlich. b) Entfernung vom Ganges, 5 Meilen Ostnordöstlich. c) Entfernung vom Ganges, 5 Meilen nordwestlich.

— **N. 2.** Zeigt a) die Entstehung des kleinen Ganges (Ganga minor) durch den Zusammenfluß von zwey Armen des großen Ganges (Ganga major). Sabigans, ein Dorf an 2½ oder 3 Meilen von der Stadt Mohana Gori. b) Hoc &c. Dieser Arm kommt von Südost her. — Aqua stagnans: ein stehendes Wasser. Zu S. 311 und 325.

Taf. XXIX. N. 1. Maxudabad, eine sehr große volkreiche Stadt und die gegenwärtige Hauptstadt von Bengalen. Sie wird von dem kleinen Ganges, der auch Baghirti oder Baghirat heißet, beflossen, und gegenüber liegt die große Stadt Muhinagar.

— **N. 2.** Tschinarghar, eine wichtige Vestung der Pr. Elahbad; die englische Flagge bezeichnet, wenn sie gehöret. Das Gebirge, auf welchem sie liegt, hat 1 Meile im Umkreise. Zu S. 165 u. 326.

Taf. XXX. Motizil. Dieser Riß gehöret zu N. 1. der vorhergehenden Tafel und zeigt den Plan von einem großen und prächtigen Landsitz bey Maxudabad; er ist mit einem langen schmalen Weiher, genannt Zil, nach der Landessprache, umgeben. Zu S. 327.

NB. Alle Eckbögen der vierecktten Bogengänge sollten wie a) nach dem Platze hin stehen.

Taf. XXXI. Diese Platte zeigt 3 nahe zusammenliegende in Europa sehr bekannte Orte, Cassembasar, Calcapor und Saibabad. Ersteres ist ein berühmter Handelsmarkt, wo die Engländer ein Fort haben (Castellum Anglicanum). Im 2ten Orte haben die Holländer einen Sitz (sedes Batavorum); und im 3ten haben sich die Franzosen niedergelassen, wo man auch viele Armenische Kaufleute antrift, deren Tempel rechts angemerkt ist. Zu S. 327.

Taf. XXXII. N. 1. Zeigt den Zusammenfluß des Caria mit dem großen und kleinen Ganges, bey der Stadt Nabia, ohnweit Cassembasar. Brachium &c. Ein Arm des großen Ganges, welcher Arm Calcali genannt wird.

— **N. 2.** Eine Skizze des Cambayischen Meerbusens in Guzarate; unten die Lage dieser Stadt; links das östliche Ufer, und rechts das westliche. Die innere Schrift sagt, daß die ganze Fläche zur Zeit der Fluth überschwemmt sey; daß aber, zur Zeit der Ebbe, die Schiffe auf trocknem Grunde stehen.

— **N. 3.** Zeigt die Lage von Dacra und Dhumbri an einem großen See, der wegen seiner schmackhaften Fische berühmt ist; so wie die umliegende Gegend wegen der Menge Bambus-Rohre. Zu S. 189, 275 und 328.

Taf. XXXIII. N. 1. Hugli Bander; d. h. der Haven oder die Schifstände von Hugli (in Bengalen). A. Der Tempel. B. Das Augustiner-Kloster. C. Das verfallene Jesuiter-Gebäude. D. Das Fort von Backsteinen. Rechts liegt auch der Flecken Schahgans oder der Kornboden des Königs, 1 indische Meile N. N. W. von Hugli, nebst einem Götzentempel mit einer Kuppel.

— **N. 2.** Schazahanpor, eine große von Afganen bewohnte Stadt in der Provinz Dehli, am Zusammenfluß des Garra und Candot; nebst dem Pallast des Asterkhan, oder (wahrscheinlich) des Scha Estatkhan, Oheim des Aorangzeb von mütterlicher Seite. Zu S. 329.

b Taf. XXXIV.

Inhalt der 39 Kupfertafeln dieses Bandes.

Taf. XXXIV. Tschunzura, eine holländische Colonie, nahe bey Hugli an dem Ganges. Man sieht daselbst ein Kastell und viele Häuser nach Europäischer Art. Der Holländische Commandant hat einen prächtigen Pallast und Garten. Zu S. 329.

Taf. XXXV. N. 1. Laknao, oder besser Lakno oder Lacnau, am Gumati, eine der vornehmsten Städte der Provinz Avad. Sie ist alt und volkreich und zeichnet sich durch viele ansehnliche Gebäude aus. s. Taf. XV. und XVI.

— N. 2. Tschandarnagor, oder nach dem wahren Bengalischen Namen, Tschandnagar, eine ehmals ansehnliche französische Colonie. Zu S. 182 und 329.

Taf. XXXVI. Dolatabad oder Doltabad, nach dem alten Namen Deughir, oder Daraghar, die vornehmste Vestung der Provinz Aorangabad. Sie ist, wie man sieht, ihres Baues wegen äusserst merkwürdig; überdies ist sie größtentheils von schwarzen Steinen aufgeführt. Der Text enthält eine umständliche Beschreibung davon. Zu S. 346.

Taf. XXXVII. Setara, in derselben Provinz: die Residenz des Oberhaupts der Marhaten vom Geschlechte der Sisodiaschen Rajputen. Die in Felsenstücken aufgeführten Mauern gleichen einem Berge, auf welchem noch eine 6 Ellen hohe Mauer von Steinen aufgeführt ist: es war nicht möglich, eine deutlichere Vorstellung aus der Originalzeichnung herauszubringen. Zu S. 350.

Taf. XXXVIII. N. 1. Das Haus des Oberherrn von Muhamabi, einer Stadt der Provinz Avad; es hat die Figur eines Kastells. Oben sollte der See 1) seyn; dann der Wall 2) mit 5 Basteyen; hiernächst der Compaß 3) und endlich das Schloß. Durch ein Versehen des Kupferstechers sind die Figuren versetzt worden.

— N. 2. A. Hederabad und B. Golconda. Erstere ist die Hauptstadt der Provinz gleiches Namens. Golconda, 3 Cossen von Hederabad, ist eine Vestung auf einem Felsen: Ihr Umfang, ihre Stärke und die Höhe ihrer Mauern macht sie merkwürdig. Sie soll 84 Thürme und 5 Cossen im Umfange haben. Zu S. 198 und 356.

Seite 131 soll bey Datria am Rande stehen: Taf. XII. n. 1, 2.
— 131 soll bey Gualiar — — Taf. XII. n. 3.
— 323 soll am Rande stehen: Taf. XXVI. für XXV.

Joseph

Joseph Tieffenthalers

Erdbeschreibung

von

Indien oder Hindustan.

Vorbericht des Verfassers.

Man hat bereits eine nicht geringe Anzahl von Schriften und gelehrten Abhandlungen über Indien, über dessen Größe und Umfang, und über Sitten, Religion und Gewohnheiten seiner Einwohner: demohngeachtet giebt dies weitläuftige Reich immer noch reichen Stof zu neuen Arbeiten. Auch ich habe daher den Entschluß gefaßt, meine dreyßigjährigen, theils eignen Beobachtungen, theils Forschungen in persischen Schriften über die Länder und Thaten der Könige Indiens, und mündliche Berichte erfahrner Männer, zusammenzutragen, und diese Aufsätze dem nach indischen Waaren begierigen Europa zu übersenden.

Verschiedne Gegenden Indiens habe ich selbst durchwandert und das Merkwürdige derselben aufgezeichnet.

Im December des Jahrs 1743 bin ich zu Wasser nach Dämän, einer portugiesischen Kolonie, und von da nach der berühmten indischen Handelsstadt Surate, gereiset.

Im März 1744 gieng ich auch zu Wasser, den Kometen beobachtend, nach Daman wieder zurück, und verblieb daselbst bis zu Ende des Septembers; worauf ich mich wieder nach Surate begab.

Von da reisete ich zu Lande nach Barontsch, Brodara, Gudara, Lunavara, Sagvara, Odepor, dem Sitz des Rana, von da nach Jepor, sonst auch Jénägar genannt, eine neu erbaute zierliche, weitläuftige Stadt; von da laufte ich gen Morgen, besah des Jaten Residenzstadt Dik, und kam bis Agra, die ehmalige Hauptstadt von Indien.

1745 sah ich die uralte Stadt Mathra, die wegen der Geburt des Krischen berühmt ist, unter dessen Gestalt, wie die Indier glauben, das höchste Wesen erschienen seyn soll. Hierauf besuchte ich den Wald Bindroban, woselbst jener erdichtete Gott, der Satyr der Alten, Ochsen und Kühe geweidet haben soll. An diesem Ort, der für das vorzüglichste Heiligthum des heidnischen

Vorbericht des Verfassers.

schen Aberglaubens gehalten wird, sieht man einen Zusammenfluß von Menschen aus den entferntesten Gegenden.

Im Jahr 1747, im Monat May, reisete ich nach Dehli, die gegenwärtige Hauptstadt von Indien und die Residenz des Großmogols, (Regum Mogolum sedes).

In eben dem Jahr, im Julius, machte ich eine Reise nach Narvàr, woselbst eine christliche Kolonie sich befindet, und blieb daselbst bis 1750.

In diesem Jahr gieng ich nach Goa zurück. Denn von Narvar aus reisete ich südwärts, kam durch das Maluanische Gebiet, in welchem Saronz und Uzen liegen, setzte über den Fluß Narbad ins Nevarische und erreichte Brahmpor. Von hier kam ich durch das Côcänische auf Tana, Bombay, und Sifardàn; und endlich am 20sten April nach Goa, von da ich aber, nach Verlauf eines halben Jahres, wieder nach Surate gieng.

Gegen das Ende des Octobers begab ich mich von Surate nach Barontsch, Cambaya, Guzarate und Radanpor; von da durch die Provinz Marvàr, nach Jalor, Jodepor und Mertha bis in die Provinz Azmer, woselbst ich die Stadt Azmer, und das wegen der Salzwerke berühmte Sambhar besaß, hiernächst endlich Jepor erreichte. Von da besah ich die vortrefliche Festung Rantambor und kam über dem Fluß Tschambal nach Sopor, Caráil und Pori. Endlich erreichte ich im April 1751 meine alte Station Narvar wieder, von da ich, nach einem kurzen Aufenthalt, auf die Stadt Gualiar, welche mit einer aus Felsstein erbaueten Festung versehen ist; ferner auf Gohad, Atter, Bind, und endlich auf Agra reisete.

Gegen das Ende des Novembers, desselbigen Jahres, gieng ich nach Narvar zurück; hierauf machte ich eine Reise von Agra nach Satepor, Beana, Sicandra, Caróli, Madrael, Bezapor und Gopalpor.

Bey meinem zwölfjährigen Aufenthalt zu Narvar habe ich drey bis viermal zu Agra und Dehli den würdigen Pater Andreas Strobel besucht, den der Jeporische König Jesing, ein großer Liebhaber der Astronomie, nebst noch einem andern Manne aus Deutschland berufen hatte. Zugleich habe ich in diesem ruhigen Zeitraum einige Abhandlungen gegen die mahometanische Sekte in persischer Sprache geschrieben, und andere, zur Erbauung und zur Erläuterung der Geheimnisse der christlichen Religion abzweckende Schriften abgefaßt.

Zu

Vorbericht des Verfassers.

Zu Anfange des Jahrs 1765 aber sah ich mich aus Mangel des nothdürftigen Unterhalts genöthigt, Narvar zu verlassen, und beschloß nach Bengalen zu gehen, um bey der berühmten englischen Nation, die wegen ihrer Freygebigkeit und Menschenliebe gegen Elende und Dürftige bekannt ist, einige Unterstützung zu suchen.

Ich reisete also auf Datia, Zánsi, Untscha, und durch die Provinz Dangaya, in welcher Mohobba, Cálinzär, Tschettercòt, ein heidnischer Andachtsort, Tschatarpor, Zirna, Parna, woselbst man viele Diamanten antrift, Zehtpor und Azeghar merkwürdig sind, nach Thóroa, und endlich über den Fluß Zemna nach Elahbad.

Von hier gieng ich im April nach Lacnao, Bängla oder Sesabad, Jonpor und Banares; hierauf zu Wasser nach Patna, Mongbér, Rázmähäl, Maxudabad, Cásembasár, Hugli, Tschandarnagor und Calcotta.

In eben dem Jahre, zu Ende des Octobers, gieng ich zu Wasser nach Elahbad zurück. Auf meiner Hin- und Herreise habe ich den Lauf des Ganges, des größten Stroms von Indien, mit Hülfe der Magnetnadel bemerkt, die mannigfachen Krümmungen desselben abgezeichnet, die an beiden Ufern gelegnen Ortschaften beschrieben, und die Mündungen der in den Ganges strömenden Flüsse aufgenommen.

Im Februar 1766 reisete ich nach Corra, woselbst damals das englische Lager stand. Von da gieng ich am Ende des Aprils nach Elahbad zurück und verweilte daselbst ein halbes Jahr.

Hierauf reisete ich nach Lacnao, und durchwanderte fünf Jahre die Provinz Avad, deren Städte und Flecken ich hier übergehe, da sie in der Beschreibung von Indien vorkommen. Ich habe nicht nur selbst diese Gegenden untersucht, sondern habe auch einen in geographischen Kenntnissen erfahrnen Menschen mit einem Compaß bis an das Camaunische Gebirge, an die Wasserfälle des Gagra, einer der wasserreichsten Ströme, bis Pethána und bis an die Deucarischen Wälder (Saltus Deucaranos) abgeschickt, die Entfernungen der Oerter nebst den Himmelsgegenden genau zu bemerken.

Ferner habe ich an erwähnten Orten, mit einem astronomischen Quadranten die mittägliche Sonnenhöhe beobachtet und daraus die Polhöhe bestimmt, um einst desto leichter eine Charte von Indien, wenn mich die Lust darzu ankommen sollte, darnach entwerfen zu können.

Vorbericht des Verfassers.

Außer der Beschreibung von Indien, habe ich noch ein anderes Werk in lateinischer Sprache, über die Religion, Sitten und Gebräuche der Heiden, und über die überall gerühmte Weisheit der Gymnosophisten, verfertigt, und es enthält allerdings merkwürdige, aus indischen Denkmalen gezogne Gegenstände, nebst Abbildungen von Götzenbildern, Tempeln und andern Dingen.

Noch ein anderes Werk handelt von den Thieren, Bäumen und Pflanzen, alle mit Farben gemalt. Ferner ein Buch über die Abwechselungen der Witterung, nebst andern Erscheinungen: als Finsternissen, Sonnenflecken, Nordlichtern ꝛc.

Endlich eine Abhandlung in lateinischer Sprache über den Ursprung der Flüsse, die Indien durchströmen.

Mit der Beschreibung von Indien habe ich zugleich eine Menge illuminirter Risse von Städten, Vestungen und Schlössern nach Europa übersandt, wodurch diese entfernten Gegenstände jedem, der sie nie gesehen, gleichsam gegenwärtig vor Augen gestellt werden; und diese Zeichnungen sind nicht etwa nach der Einbildung verfertigt, wie die meisten in Europa zerstreuten Blätter dieser Art, die man als zuverläßige Abbildungen verkauft; sondern sie sind fast alle in meiner Gegenwart und unter meinen Augen mit kunstreicher Feder aufgenommen: daher ich glaube, daß sie jedem einen angenehmen Anblick verschaffen werden.

Findet man in dieser Beschreibung irgend etwas Ruhms- und Bewundernswürdiges; so gereicht es jederzeit zum Lobe und Ruhm des Höchsten, der so ungeheure Länder von Völkern bewohnen läßt, die von der wahren Religion entfernt sind; und man bitte ihn inbrünstig, daß er den Blinden das Licht der Wahrheit zeige, und die in der Finsterniß des Aberglaubens und der Abgötterey herumirrenden Menschen, aus derselben herausziehe.

Anmerkungen.

1) Alle fremde Namen werden nach deutscher Mundart ausgesprochen. Die Buchstaben Z. X. Ch. wie griechische.

2) Ein gerader Strich (´) über einem Vocal bedeutet eine lange Sylbe, und ein krummer Strich oder halbe Zirkel (˘) eine kurze.

Vorläufige Abhandlungen.

I. Woher Indien den Namen erhalten?

Die Europäer sind der Meynung, Indien habe seinen Namen vom Fluß Indus; welches aber nicht ist. Man darf nur irgend die persischen Schriften, über die Feldzüge der Afganen und Mogoln in Indien, durchsehen und die Namen der Flüsse, welche diese weitläuftigen Länder durchströmen, aufsuchen: so wird man keinen mit dem Namen Indus bezeichneten antreffen; selbst den Einwohnern und angränzenden Völkern ist dieser Ausdruck fremde und ganz unbekannt. Ueberdies wird der Fluß, den die Europäer durch die Aehnlichkeit der Wörter verleitet, Indus nennen, und der Indien von Persien scheidet, von den Einwohnern Sindh genannt, von den Persern aber Ábá Sindh, das heißt, das Wasser des Sindh.

Es ist daher falsch, daß das Land vom Indus den Namen habe, indem es sonst Sindhia und nicht India heissen müßte; denn der Buchstabe S ist so schwer nicht auszusprechen, daß ihn die Griechen und übrigen Europäer aus dem Namen India würden ausgelassen haben.

Die Etymologie dieses Namens ist also weiter aufzusuchen, und von der Quelle selbst herzuleiten, nämlich von dem Worte Hind, womit nicht allein die Einwohner, denen man allerdings glauben muß, sondern auch Ausländer, als Perser und Araber, Indien benennen.

Die Perser nennen es Hindostan, welcher Ausdruck denen nicht unbekannt seyn wird, welche die indische, persische und arabische Sprache kennen. Die europäischen Geschicht- und Erdbeschreiber aber, um dies fremde Wort nach ihrer Sprache zu biegen, und die Aussprache desselben zu erleichtern, liessen das H weg, setzten ihre Endungsbuchstaben hinzu, und nannten das ganze Land India (oder wir Deutschen, Indien.) Dies ist ohne allen Zweifel die wahre Etymologie von dem Namen Indien; jene hingegen, die man vom Fluß Indus ableiten will, ist als irrig, gänzlich zu verwerfen.

Was aber den Ursprung des Wortes Hind betrift, welches man (im Deutschen) Indien ausspricht: so habe ich ihn nach langem und mühsamen Forschen nicht ausfindig machen können; selbst den Braminen ist die Bedeutung dieses Ausdrucks unbekannt.

In der Sanskertischen Sprache, deren sich die Gelehrten bedienen, heißt Indien Bhärt Cändd, von dem mächtigen König Bhärt, der ganz Indien beherrschte.

Dies

8　　　　　　　　　**Vorläufige Abhandlungen.**

Dies Land liegt auf der Insel Jammudip, die nach Angabe der indischen Erdbeschreiber sich auf zwey und funfzig Grade erstreckt: nämlich von der Insel Lánká, von den Europäern Ceylon genannt, bis an den mit Schnee bedeckten Berg Hèmátschèl. Doch ist das Land vom 48sten bis zum 52sten Grad, wegen der strengen Kälte, nicht so bewohnbar.

Jammudip aber ist eine von den sieben Hauptinseln der Erde, und hat diesen Namen von den Nachthunden (Canibus vespertinis) die im ganzen Indien häufig angetroffen werden, und die, sobald die Sonne untergegangen und der Abend einbricht, aus ihren Höhlen hervorgehen, vom Hunger gereizt, die Luft mit Bellen erfüllen, ihre Nahrung suchen und das Fleisch der Aeser fressen.

Da aber diese Insel nicht blos Indien, sondern noch andere große Länder in sich faßt, in welchen man keine Nachthunde antrift: so paßt diese Benennung nicht so recht auf die ganze Insel.

II. Ueber den Ursprung der Indier.

Der Ursprung der Indier, nach ihrer Landessprache genannt, Hindu, ist ungewiß: so viel ist gewiß, daß sie von den Nachkommen Noa's abstammen, indem man den Ursprung des ganzen Menschengeschlechts (nach der Sündfluth) auf die drey Söhne des Noa zurückführt.

Muthmaßlich stammen die Indier von Chus, dem Sohn Cham's, ab; denn Chus bedeutet einen Mohren oder einen Schwarzen. Die Indier aber haben die schwarze Farbe entweder unmittelbar von ihrem Stammvater erhalten, oder die Sonnenhitze, die gerade auf ihren Scheitel brennt, hat sie in der Folge geschwärzt.

Chus gab den Namen der persischen Provinz, die itzt Susistan oder Chusistan genannt wird. Sie liegt am östlichen Ufer des persischen Meerbusens, zwischen der Provinz Farsistan, oder dem eigentlichen Persien, und dem Meerbusen von Bassora.

Ich irre mich, oder ich habe irgendwo gelesen, die Indier sollten vom Hevila dem Sohn des Chus abstammen: welches aber unrichtig ist; denn das nach ihm genannte Land ist ein Theil des am westlichen Ufer des Euphrat gränzenden Arabiens, dessen im 1. B. M. Kap. 2, v. 11. 12. erwähnt wird:

„Der eine heißet Phison, der das ganze Land Hevilath umfließt, woselbst das schönste Gold „angetroffen wird; man findet auch daselbst Bdellium und Onychstein." *)　　　　Und

---

*) T. hatte vermuthlich irgend eine Ausgabe der Vulgata bey der Hand; nach Castellio's Uebersetzung heißt es: — — quorum vni nomen est *Phison,* quod Flumen totam obit *Hevilam,* vbi aurum est, (est autem ejus regionis aurum probatillimum) vbi etiam bdellium et onyx gemma.

Nach Luthers Uebersetzung: „Das erste heißt Pison, das fleußt um das ganze Land Hevila, und daselbst „findet man Gold. Und das Gold des Landes ist köstlich und da findet man Bedellion mit den Edelstein Onyx."

Und gewiß, man erhält den schönsten Onyx aus diesem Lande.

Einige wollen die Indier vom **Ophir**, dem Sohn Jectan's des jüngeren Sohns des Heber ableiten; indem sie unter dem ophiritischen Lande, wo Salomo's Flotte Gold holete, das Königreich **Pegu** oder **Siam**, verstehen; welches aber andere richtiger für das goldreiche **Malacca**, oder die sogenannte goldene Halbinsel (Chersonesus aurea) halten.

Dieser Meynung tritt der berühmte Geschichtskundige **Maffei** bey, indem er **Malacca** für die gedachte Goldinsel hält. Allein **Malacca** ist von dem eigentlichen Indien zu sehr entfernt, und der Name Ophir hat mit dem Namen Hind oder Indien nicht die geringste Verwandschaft.

Mir ist es daher wahrscheinlicher, daß das ophiritische Land die Insel **Ceylon** sey, welches die Indier **Selendip** und **Goldland** nennen; denn hier findet man eine Menge Gold; hier wächst die wohlriechende Zimmtrinde; hier findet man mancherley Arten Perlen, Papageyen, Elephanten, Affen, Elfenbein, Ebenholz und andere kostbare Waaren, die Salomon sich zu Wasser kommen ließ. Und warum hätte man aus entfernten Ländern holen sollen, was man in näheren antraf.

Fragt man die Brahmanen, so bekräftigen sie alle einstimmig, daß die indische Nation vom Brahma, dem ersten vom höchsten Wesen erschaffnen Engel abstamme. Aus dem Kopf des Brahma (gleich der poetischen Erdichtung von der Geburt der Minerva aus dem Gehirn des Jupiters) sind die Brahmanen entstanden, die Vornehmsten unter den Indiern; aus den Armen, die Rasputen, die dem Kriegswesen und der Landesregierung vorstehen; aus dem Bauch, die Kaufleute, die Waaren und Nahrung herbeyschaffen; aus den Füßen die Werkleute und das übrige Volk.

Den wahren Ursprung, oder den eigentlichen Stammvater der indischen Nation, wird man wohl nie entdecken, da man nicht die geringste Spur davon hat, und alle ihre Bücher mit Fabeln und Erdichtungen angefüllt sind.

III. Ueber das alte Indien.

Vergleicht man das heutige Indien mit dem alten, so wie es zu Alexander des Großen Zeit, oder vier hundert Jahr nach Christi Geburt auf der Charte erscheint; so sollte man Indien in Indien selbst suchen; indem alle alten Namen von Ländern, Völkern, Städten und Flüssen, ausser den verstümmelten Namen des Indus und Ganges, lange verschwunden sind, so daß nicht die geringste Spur davon übrig geblieben ist.

Demohngeachtet will ich es wagen, die alten Namen der Völker und Städte aus den Trümmern hervorzusuchen, so wenig auch dies Unternehmen der Erwartung entsprechen möchte. Denn Mela, Strabo, Ptolemäus, Plinius, Curtius und andere Schriftsteller, gehen so sehr in ihren Behauptungen von einander ab, daß man aus ihnen nichts zuverläßiges schöpfen kann.

Selbst der Verfasser der Charte vom alten Indien, stimmt mit dem Curtius, dem er doch zu folgen scheint, nicht überein.

Nach dem Strabo und andern alten Schriftstellern, liegt Indien, der Länge nach, zwischen dem Indus, der westlichen Gränze, wovon es den Namen führe, und Seres d. i. Sina, der östlichen; gegen Mittag gränzt es an das indische Meer, und gegen Mitternacht an die Emodischen und andere Gebirge, die es von Schythien scheiden. Der Ganges theilt es in das diesseitige und jenseitige Indien. Das diesseitige nennt Ptolemäus, Indien innerhalb dem Ganges, und das jenseitige, Indien ausserhalb dem Ganges.

Mela sagt, man umsegle die Küste von Indien innerhalb sechzig Tagen und Nächten.

Nach dem Aristoteles, Strabo und andern, ist der Indus der größte Fluß von Indien, der auf dem Berge Parapamisus, dem erhobensten Theil des Taurus entspringt, in einer langen Strecke gegen Mittag fließt, und sich, vermöge zweyer Mündungen, 13000 Stadien von der Quelle ab, ins Meer ergießt, wodurch er zugleich die Insel Baracene bildet. Vom Ganges ist er 978000 Schritt entfernt.

Der Ganges aber ist nach dem Strabo, Plinius, Ptolemäus und andern der größte Fluß des jenseitigen Indiens, das er von dem diesseitigen trennt; er entspringt aus den Emodischen Gebirgen.

Die nördliche Gränze Indiens bestimmen, nach der Charte, die comedischen Berge und das Land der Comeden.

Unter Comedische Berge versteht man das Tibetische Gebirge und die Caschcarischen Zweige des Taurus, der gegen Abend von Lycien an, bis an das äusserste Seres oder Sina, gegen Morgen, verschiedene andere Berge, gleichsam als Zweige oder Aerme nördlich und südlich durch Asien verbreitet.

Die südlichen erstrecken sich bis an die Caucasischen Berge, die nach dem Ptolemäus von dem zwischen dem schwarzen und Caspischen Meer liegenden Caucasus unterschieden sind, und aus welchen der Oxus und Indus hervorströmen.

Nordnordwestlich liegt Sogdiana, das heutige Reich Samarkanda; südwestlich, Bactriana oder Balch und Corassan; gegen Abend die Parapamisaden oder Einwohner

von

von **Kandhar** und **Sablustan**; west ¼ nordwestlich liegt das Land **Arachosia**, bewohnt von den rohen **Balotschen**, Anhängern des **Mahomets**; nordwestlich liegt **Gedrosia**, das heutige **Macrân**.

Nun einen Schritt in das eigentliche Land des alten Indien selbst, nebst einiger Vergleichung desselben mit dem gegenwärtigen; und zwar zuerst von Mitternacht her, woselbst sogleich der Felsen **Aornos**, den Curtius beschreibt, vorkömmt; was es aber für einer eigentlich sey, ist kaum zu muthmaßen, geschweige zu bestimmen.

Wahrscheinlich ist der Fels **Aornos** das Schloß **Temurcând**, das nordnordwestlich von **Ladak** oder **Latak**, einer Stadt in Groß-Tibet, 50 italienische Meilen entfernt, und am Flusse **Lasch**, zwischen Bergen gelegen ist.

Derdâ, sind die nach der Abendseite dieses hohen Felsens wohnende **Magnagischen Völker**.

Baziris, ist das heutige **Bazôr**; **Ora** oder **Nora**, das heutige **Dâmbôr**.

Massaga, das heutige **Kabul**, die Hauptstadt der Provinz **Kabul**; **Gorya**, das heutige **Tschâricàt**, eine schöne Stadt, zwey Tagereisen von **Kabul**.

Arigda, das heutige **Gôrband**; **Andecene**, **Gâsni** oder **Gâsna**, wovon unten mehr vorkömmt.

Acadeka, ist die Gegend zwischen **Gasni** und **Tarbacan**; **Dâdala**, das heutige **Tarbacan**.

Nysa, das heutige Schloß von **Kandhar**, welches ehemals zu Indien gehörte, liegt am Fuße des von den Einwohnern genannten Berges **Meros**.

Der Berg **Meros** liegt im diesseitigen Indien zwischen den Flüssen **Indus** und **Coph**; Plinius nennt ihn **Nysa**, nach der dabey gelegenen Stadt; Trogus nennt ihn **Sacer** und beym Polydnius heißt er **Tricoyphus**, wegen seiner drey Spitzen. Hier soll Bacchus erzogen seyn, daher man ihn **Pater Nysâus** nennt. Unter dem **Meros** versteht man auch die **Candharischen Gränz-Berge** von Indien.

Ecbolima, das heutige **Ascârdu**, eine Stadt in Klein-Tibet, acht Tagereisen von **Gursch**, einer Stadt der Provinz **Caschmir**.

Dyrte, das heutige **Manâ**, ein Gränzort der Provinz **Sirinagar**.

Magaris oder **Margara**, das heutige **Tschaparanga**, am westlichen Ufer des Ganges, genannt **Allâcnânda**.

Tabesii sind Tibetische Völker am Ursprunge des Ganges. **Bysari** sind die **Zambuischen** Bergbewohner.

Caspira, deren Ptolemäus erwähnt, ist die heutige Hauptstadt der Provinz **Caschmir**; und **Caspirda** ist der Caschmirische Distrikt zwischen den Flüssen **Behat** und **Indus**.

Taxila, das heutige Attak, am jenseitigen Ufer des Indus. Die Charte hat hier einen doppelten Fehler: denn von Lahor bis Attak kömmt erst der Behat, und weiterhin der Indus; der Behat aber ergießt sich in den Tschinab.

Die Emodischen Berge nennt man izt Jambu; Glauciana, ist die Jambuische Provinz, die durchgehends bergigt ist.

Jmaus, das heutige Camaun, ein bergigtes Land, am jenseitigen Ufer des Ganges. Es macht nichts, daß es bey den Alten eine andere Lage hat; denn sie haben diese Länder nicht gesehen, und irren gewöhnlich in der Bestimmung der Lage fremder Gegenden.

Die Arasocier und Thyrder sind Völker die gegen Abend des Choes, oder Nilab wohnten; die Aspier aber und Aspagorder wohnten gegen Morgen.

Peuceliotis, am Ursprung des Indus, wie Arrian sagt, ist vermuthlich die heutige Stadt Acóra, von Afganen, nach dem gemeinen Ausdruck Pattanen, bewohnt; sie liegt 12 Meilen von Attak. Plinius nennt eine Stadt Peukola in der Gegend des Indus.

Peukaleer sind, nach dem Dionysius und Ptolemäus, Völker des jenseitigen Indiens und des angränzenden Gangaridis.

Aspacóra, das heutige Resingan, eine Stadt an der Persischen Gränze.

Plaxira, die heutige Stadt Duke.

Die Selbi und Aseni, Völker zwischen dem Indus und Hydaspes, sind die heutigen Panzábier, das heißt, die Bewohner des Distriktes der fünf Flüsse.

Minagara, die heutige Burg Bäkär, welche der von fünf andern Flüssen angeschwollene Indus umfließt. Dies ist eben die Stadt, deren Curtius im neunten Buch erwähnt, wenn er sagt: „Drey der größten Flüsse Indiens, ausser dem Ganges, bespülen die Mauern „dieser Burg; von Mitternacht strömt der Indus hinan, und vom Mittage vereint sich „der Acesines mit dem Hydaspis."

Scabaru, das heutige Ambála, 85 Meilen von Dehli.

Sangala, das heutige Sárhind, 24 Meilen von Ambala.

Die Landschaft Sophitis jenseit des Acesines, welche, nach dem Strabo, ganz Indien mit Salz versah, und woher Alexander der Große viele Hunde erhielt.

Nach der Charte liegt Sophitis am jenseitigen Ufer der Quelle des Hyphasis; nach dem Curtius am diesseitigen: denn er sagt, Alexander sey, nachdem er Sophitis verlassen, an den Fluß Hyphasis gerückt.

Die Sophiten sind Völker am Hyphasis, dem heutigen Satluz.

Alexan-

Alexandri Arz, Alexanders Altäre standen bey Matschivara, ¼ Meile östlich vom Ufer des Satluz.

Noch andere *Alexandri Arz*, stehen am Persischen Meerbusen, an der Mündung des Flusses Arbis, woselbst ist die Stadt Araba (das ehemalige Arbis) liegt.

Die Cathetr, jetzt genannt Doáber, oder, zwischen zween Flüssen wohnende Völker, besitzen den Strich Landes zwischen dem Hyphasis und dem Hydraules, oder Satluz und Beha.

Die Stadt Brahmánum ist das heutige Tatta, wie aus der Beschreibung der Indischen Provinzen und aus alten Denkmälern erhellet. Die Unrichtigkeit der Charte, die diesen Ort an den Zusammenfluß des Hydraules und Acesines setzt, ist unerheblich, da es mit der Lage anderer Orte nicht besser gehet. Uebrigens ist jeder Versuch in einer so schweren Sache rühmlich, wenn gleich der Erfolg dem Unternehmen nicht entspricht. — Tatta ist eine uralte Stadt am Indus, war ehmals prächtig gebauet, und wegen unzähliger Götzentempel berühmt.

Das Land der Oxydracier liegt am Zusammenfluß des Hydaspis und Acesines; der Maller aber an dem des Hydraules nebst dem Hydaspes und Acesines. Nach dem Verfasser des geographischen Lexikons, der den Strabo anführt, wohnen diese Völker am Ursprunge des Indus. Aber hier entdeckt man bald den Irrthum, indem der Indus auf den Gebirgen von Tibet entspringt. Sollte etwa die Stadt der Oxydracier, woselbst Alexander in Lebensgefahr gerieth, das heutige Multan seyn?

Die Megaller, Parasanger, Cesier, Chrysder, Cetriboner, sind unbekannte Namen, nur der letzte nicht; denn Tschetri oder Kétri, sind die Kriegsleute, die man anderswo auch Razputen nennt, und welche in dem zwischen dem Jemna und dem Satluz gelegnen Distrikte wohnen.

Hesidrus, das heutige Cunzpora am diesseitigen Ufer des Jemna. Carsania, das heutige Sahâránpor.

Indabara, das heutige Narnól, die Hauptstadt des Mevatischen Distrikts.

Empelathra, das heutige Amber, die Residenz eines sehr reichen und mächtigen Raja (reguli.)

Die bereits genannten Maller, sind Gränzvölker des heutigen Distrikts Zesselmer.

Die Parasanger und Asanger sind vielleicht die heutigen Marwárer.

Die ehmals am Fluß Choes gelegnen Oerter Gorydala, Bandobena, Gandaritis, Ochirca, kann man nicht errathen; indem weder nach der alten, noch neuen Charte, etwas gewisses zu ergründen ist, da beide die Lage der Oerter, Städte und Völker nicht gehörig angeben.

Vorläufige Abhandlungen.

Auch findet man zwischen dem Zomanes und Zyphasis keine 635 Meilen lange Wüstenehen; man müßte denn die Tibetischen meinen: diese aber sind von den genannten Flüssen sehr entfernt, auch von keiner so großen Länge.

Die Apocopischen Berge, genannt die Federn der Götter (Deorum pennae), findet man in diesem Distrikt auch nicht; indem alles eben und gebauet ist; wenigstens sind die ungebaueten Gegenden wohl sandigt, aber nicht bergigt, wie die Provinz Marvar.

Diese Berge muß man entweder in der von Caschmir gen Tibet nördlich gelegnen bergigten Gegend suchen; oder auch unter den ebenfalls nördlich liegenden hohen Gebirgen von Nepal bis Lassa, die Hauptstadt von Tibet.

Der Berg Vindus gehört zum Mevarischen oder Odaporischen Gebirge, das sich bis an die Gränzen der Provinz Guzarate und Malva erstreckt.

Die Messae und Ordabiae sind die heutigen Einwohner der Provinz Sindh.

Das Musicanische Reich ist wohl gewiß die heutige Provinz Soreth, am Ausfluß des Indus.

Xylenopolis, die heutige Stadt Cätsch.

Arbis das heutige, Araba, westlich am Ausfluß des Indus; von andern genannt Bilbes; in den neuern Charten, Ilment.

Die Arabitae wohnten am diesseitigen Ufer des Indus.

Barca, das heutige Diul. Syala, das heutige Lahári, ein berühmter Haven.

Patala, ist nach dem Pinnerus die Stadt Patacal; die Patalenen, mitten im Indus entstandene Inseln; richtiger vielleicht Pakiári.

Barace, die Insel Piloleo.

Doch genug hievon. Man kann doch nur sehr wenig erhebliches, aus der alten sowol als aus der neuern Charte von Indien herausbringen. Ich schreite nun zur Untersuchung der Flüsse.

Der Ganges, von den Einwohnern genannt Gäng, oder Gänga, macht keine Schwierigkeit; indem die Griechen den Namen desselben beybehalten, und nur die Endung ihrer Sprache gemäß gebogen haben.

Der Indus, von den Einwohnern genannt Sindh, ist schon oben angeführt worden.

Der Name Jsmanes, der heutige Jemna oder Zawan scheint neuer zu seyn; indem Curtius dieses Flusses im geringsten nicht erwähnt. Ferner ist es irrig, daß dieser Fluß, der in einen See hinein- und herausfließt, bey Taxila, oder Attak, sich mit dem Indus vereinige. Man sehe, was bereits oben gesagt worden. Man kennt zwar einen kleinen Fluß, zehn Meilen von Hassanabdal, auf der Straße nach Attak, nicht weit von der Herberge

Begomsarai, welche 12 Meilen von Haſſanabdal und fünf von Attak entfernt iſt; er tritt aber nicht bey Attak in den Indus.

Man muß daher nothwendig irre geführt werden, wenn man die Ortslagen der alten Charte betrachtet, die mit der ächten, aber bis itzt noch nicht erſchienenen, im geringſten nicht übereinſtimmt; indem ſie weder die an den Flüſſen gelegnen Oerter noch ihre Lage gehörig anzeigt. Und wenn die neuern Charten voller Fehler ſind, was ſoll man denn von den alten ſagen? Evaſplus iſt vielleicht der röthliche Fluß Sorchab.

Cophes, nach einer neuern Charte ehmals Cophinus; nach der alten aber Choes, iſt der heutige Niláb, oder himmelblaue Fluß. Dieſes Fluſſes erwähnt auch das Buch vom Urſprunge der Afganen. Er kömmt aus Südweſt, und nimmt ſeinen Lauf gen Multan, woſelbſt er in den Indus fließt. Dies müßte aber doch noch beſſer unterſucht werden.

Strabo's Hyphaſis, oder des Propertius Hipanis, iſt, nach der alten Charte, kein anderer, als der Fluß Padder, der in den bey Catſch gelegnen Meerbuſen fließen ſoll. Nach der Lage der Gegend aber iſt es der Satluz, einer von den fünf Flüſſen der Provinz Lahor; er fließt nicht ins Meer, ſondern in den Beha.

Jene fünf Flüſſe findet man weder auf der alten, noch neuen Charte gehörig dargeſtellt. Wir können aber nun annehmen, daß der Hyphaſis der heutige Satluz iſt. — Hydraotes oder Hydraules, der heutige Beha; — Aceſines, der Rávi; — Hydaſpes, der Tſchináb. Der fünfte Jelam oder Behät, der weder auf der alten, noch neuern Charte zu finden: die Amſterdammer hat ihn zwar, ſetzt ihn aber jenſeit des Indus gegen Abend.

„Vom Dyerdenes, ſagt Curtius im 8ten B. (Kap. 9, §. 9,) hört man nicht viel, weil „er die entlegenſten Gegenden Indiens durchſtrömt. Uebrigens nährt er nicht nur Krokodile, „wie der Nil, ſondern auch Delphine, und andern Völkern unbekannte Seethiere," (z. B. ſehr große Eidexe und andere Ungeheuer mit einem ſehr langen ſpitzigen Schnabel.)

Alles dies ſtimmt völlig mit dem ſehr großen Fluß Ghágra überein; deſſen an einem andern Ort erwähnt worden.

„Von dem vielkrümmigen Erimanth, ſagt er, §. 10, leiten die Anwohner häufige Ka„näle ab; daher er nur als ein unbedeutender Ueberreſt ins Meer fließt." Dieſer Erimanth iſt aber nicht leicht zu errathen, indem wenige irgend beträchtliche Flüſſe von den Landleuten zum Wäſſern der Felder abgeſchnitten werden: noch wenigere aber fließen ins Meer, da die meiſten entweder in den Ganges oder in den Indus treten.

Man würde alſo nicht irren, wenn man den Gumati dafür annehmen wollte, der bey den berühmten Städten Lacano und Jonpor vorbeyfließt; denn dieſer Fluß wird an einigen Orten abgeſchnitgeschnitten: allein zu vielen andern irrigen Bemerkungen in der Geschichte Alexanders des Großen, gehört auch diese, daß der Erimanth ins Meer fließe, da der Gumati in den Ganges tritt; jene beiden Flüsse sind auf der alten Charte nicht angemerkt.

Nun ist noch die Beantwortung der Frage übrig, ob jene fünf Flüsse, deren Quintus Curtius in der Geschichte Alexanders erwähnt, gerade die sind, die man izt in der Provinz Lahor antrift.

Die Namen jener Flüsse sind diese: Indus, Hydaspes, Acesines, Hydraotes oder Hydraules, Hyphasis oder Hypanis.

Nach den Indischen Geschichtschreibern und Geographen sind diese Namen ganz anders, nemlich: Zéläm, Tschinab, Ravi, Beha, Satluz.

Der mehr gen Abend entfernte Indus kommt nicht in die Zahl der fünf Flüsse.

Der Fluß Zéläm, auch genannt Behat, fließt fünf Meilen von Aorangabad vorbey gen Abend.

Der Tschinab fließt die, 46 Meilen von Lahor entfernte neue Stadt Vasirabád vorbey und tritt oberhalb Multan in den Indus.

Der Ravi entspringt auf dem an die Provinz Caschmir gränzenden Berge Gulu, im Walde Razin, der sich bis an das Kelassische Gebirge erstreckt, woselbst die Indier die Quelle des Ganges angeben; und bespült die westliche Seite von Lahor.

Der Beha fließt an der Morgenseite der Stadt Gundval; der Satluz aber an der von Afganen bewohnten Stadt Lodiana.

Alle diese Flüsse vereinigen sich mit dem Indus, der daher bey dem befestigten Schloß Bakär so weit austritt, daß er einem See gleicht. Man sehe übrigens, was an einem andern Ort von dem Ursprunge der Flüsse aufgezeichnet worden.

Izt wollen wir untersuchen, was Curtius vom Ganges und jenen fünf Flüssen schreibt: „Der Ganges, sagt er, am angef. Ort, §. 5. fließt vom Mittage; beide Flüsse „aber, (nemlich Ganges und Indus) fließen ins rothe Meer."

Nun ist aber gewiß, daß der Ganges von Mitternacht her in den Gangetischen Busen fließt, der Indus aber in den Persischen, den Curtius, und nach ihm die alten Geographen, das rothe Meer nennen: man muß also, statt vom Mittage, lesen, gen Mittag.

„Der Acesines, sagt er §. 8, verstärkt den Ganges, der ihn von seinem Lauf ins Meer „abschneidet, und beide Flüsse strömen mit großer Gewalt zusammen."

Der Acesines kann also keiner von den fünf Flüssen der Provinz Lahor seyn, weil alle fünf sich in den Indus ergiessen.

Der

Vorläufige Abhandlungen.

Der Verfasser der alten Charte geht daher mit Recht vom Curtius ab, und läßt den Hydaspes und Hydraules in den Acesines fließen; diesen aber, durch jene beiden verstärkt, in den Indus.

„An diesem Fluß, sagt Plinius, wächst das Rohr so groß und dick, daß man es von einem „Knoten zum andern zu Kähnen brauchen kann; er führt auch Edelsteine oder Perlen (Gemmas)."
Jenes ist übertrieben, indem die Dicke des Rohrs in Indien nie über anderthalb Spannen geht: Edelsteine aber führt daselbst nur der kleine Fluß Goel, bey dem Flecken Sommelpor, 30 Meilen von Rotás.

„Der Hydaspes, sagt Curtius, (L. 8. c. 13. §. 8.) ist vier Stadien breit, hat ein so tiefes „Bette, daß man nirgends durchwaten kann, und gleicht einem weiten Meer."

Ferner, (Lib. 9. c. 4. §. 1:) „Man kam in die Gegend, wo der Hydaspes sich mit „dem Acesines vereinigt."

An einem andern, gleich nachher, sagt er, §. 4: „Man landete, und gieng 250 Stadia „fort. Ferner, §. 8: Alexander umschiffte das Schloß, das von drey der größten Flüsse, nach „dem Ganges, beströmt wird. Von Mitternacht fließt der Indus hinan und vom Mittage „her vereinen sich der Acesines und Hydaspis."

Cap. 4. §. 15: „Von da kam man, nach einer Strecke von dreyßig Stadien, in das „Land der Oxydraker und Maller. Schon war man 400 (L. 9. c. 9. §. 3. trecenta) Stadien „fortgerückt, als die Steuermänner dem König anzeigten, daß sie Seeluft spürten. (C. 9. §. 27:) „Alexander fuhr mit dem Strom hinab, und über die Mündung desselben vierhundert Sta„dien weit bis ins Meer fort."

Nach dieser Erzählung vereinigt sich der Acesines mit dem Hydaspes, und dieser mit dem Indus: folglich kann der Acesines nicht, wie Curtius kurz vorher sagte, sich in den Ganges ergießen.

Wahrscheinlich ist unter dem Hydaspes der Tschinab zu verstehen, der zur Regenzeit an vier bis fünf Indische Meilen anschwellt: unter dem Acesines aber der Fluß Ravi, der Lahor vorbeyfließt.

Da ferner der Acesines in den Indus fließt, so kam Alexander auf dem Indus ins Meer.

Nach einigen Schriftstellern wird der Hydaspes nun Rávi genannt, und ist die Gränze von Alexanders Kriegszuge. Er fließt in den Indus bey der Stadt Nysa, deren Einwohner vom Trogus die Hydasper genannt werden. Allein dies stimmt nicht mit Alexanders Geschichte überein; indem Curtius (L. 9. c. 1. §. 35.) den Hyphasis zur Gränze des Feldzuges macht, woselbst Alexander zwölf Altäre errichten lassen.

Tieffenth. Erdbeschreib. C Hydrau-

Hydraules, ist der heutige Beha.

Hyphasis, der heutige Satlug, auch Sätänēs.

Daß aber unter dem Hyphasis der Satluz zu verstehen, der erste der fünf Flüsse, die von Dehli nach Lahor fließen, gründet sich darauf, weil kein anderer irgend namhafter Fluß, als der Satluz, eilf Tagereisen vom Ganges entfernt ist; denn Curtius erzählt, (Lib. 9. c. 1. §. 9.) daß der Weltbezwinger Alexander, „nachdem er den Porus besiegt, (der jenseit des Hydaspes herrschte, und wahrscheinlich in der alten weitläuftigen Stadt Kánoje, nicht Tschitore, wie der englische Ritter Thomas Rho meynt, residirte,) „über den Fluß „gesetzt und in das Innere von Indien gedrungen sey; indem er (c. 2. §. 2.) von den Einwoh„nern vernommen, daß der Weg jenseit des Flusses durch große Einöden von eilf Tagereisen „gienge; worauf sodann, der größte aller Flüsse Indiens, der Ganges folge."

Zwölf Altäre wurden errichtet, (c. 3. §. 19.) als so viele Denkmale des Feldzuges (und als Beweise der Dankbarkeit gegen die Götter Griechenlandes, denen man die vielen Siege zuschrieb).

Fände man nur noch die geringsten Trümmer jener Altäre, so würde man eine merkwürdige Spur des Alterthums haben und den Ort, wo sie geweihet waren, genau anzeigen können.

Indeß ist der Hyphasis oder Satluz die wahre Gränze des Alexandrischen Feldzuges in Indien, und nicht der Acesines oder Hydaspes, wie andere wollen. Denn es heißt §. 20: „Alexander gieng wieder zurück und lagerte sich am Acesines." Und §. 23: „Er bauete „auch zwo Städte, Nicäa und Bucephalos; letztere zum Andenken seines in der Schlacht „gebliebnen Rosses."

Kann man nun den Acesines für den Ravi halten, so ist Bucephalos gar wohl das heutige Lahor, und Nicäa, die am westlichen Ufer des Ravi gelegne Stadt Schahdära; indem wahrscheinlich beide Städte auch an beiden Ufern erbauet worden. Und ohngeachtet Schahdära eine neue Stadt ist, so kann doch gar wohl eine andere vor ihr daselbst gewesen seyn, an deren Stelle die Mahometaner, nach Eroberung Indiens, eine andere erbauet, und ihr, wie gewöhnlich, einen anderen Namen gaben.

Was endlich noch den Hyphasis betrift: so ist es, wenn man ihn anders für den Satluz halten kann, unrichtig, daß er, wie die Charte anzeigt, ins Meer fließt.

Man kann übrigens, nachdem man die Fehler berichtiget, jene fünf Flüsse beybehalten; an die Stelle des Indus aber Zélam setzen und den Indus weiter gegen Abend rücken. — Ich füge jetzt noch eine Uebersicht des ganzen Alexandrischen Feldzuges in Indien bey.

Nach

Nach der Eroberung von Bactriana, dem heutigen Chorasan, und der Unterjochung der Bactrianer, der heutigen Osbägier, drang Alexander in Indien; erreichte Kobul, Peschaur, Attak; setzte über den Indus und Behat, der von Caschmir aus, in den Sindh oder Indus fließt, oder vielmehr die beide in eins fließen; zog gen Lahor, indem er über den Tschinab und hernach bey Lahor über den Ravi setzte; ferner über den Beha und Satluz, woselbst er, nemlich am Ufer des Satluz (Hyphasis) zwölf Altäre errichtete; darauf wieder zurück, an den Acesines (Ravi) wo er sein Lager aufschlug, auch daselbst die beiden Städte Bucephalia und Nicäa bauete, und hierauf bis an den Zusammenfluß des Hydaspis (Tschinab) und Acesines fortrückte. Von hier gieng er auf dem Indus fort, eroberte die Burg Bakar, woselbst der von den fünf Flüssen angeschwollne Indus eine Insel bildet, und schritt hierauf zur Fahrt ins Meer.

Uebrigens wird man bey einer genauen Rücksicht auf die Charte, auf den Curtius und auf die heutige Gestalt und Orts Lagen von Indien, leicht gewahr werden, daß die Charte fehlerhaft sey und Curtius in Beschreibung dieser Länder und Flüsse geirrt habe, und überhaupt keine Uebereinstimmung des alten und neuen Indiens zu treffen sey.

Dies ist nun alles was ich mit möglichster Unverdrossenheit und Fleiß, bey so vielen Widersprüchen der Schriftsteller, bey so großer Unwissenheit der Einwohner und ihrer Sorglosigkeit im Aufzeichnen, bey so großen durch Zeiten und Umstände erfolgten Veränderungen, vom alten Indien habe beybringen können. Wenn daher mein Bemühen nicht nach Wunsch ausgefallen ist: so wird es wenigstens, wie ich hoffe, Gelehrten und Liebhabern antiquarischer und neuerer Gegenstände nicht ganz mißfallen.

IV. Ob Indien auch in der Bibel vorkömmt.

Indien heißet im Hebräischen Hodú, ein Ausdruck der ein zierliches, oder schönes Lob oder Bekenntniß (laudatio, sive confessio, aut decora vel pulchra) bezeichnet. Man schreibt es mit drey Buchstaben: He, Daleth, Vau: man kann aber nicht durch die geringste Muthmaßung errathen, warum die Hebräer dem Lande diesen Namen beygelegt haben, da es weder wahre Religion noch Anmuth besitzt. Daher scheint mir die Behauptung des Samuel Bochart in seiner Geographia sacra gegründet: daß nämlich in dem Dagesch des Worts Hodu ein Nun verborgen liege; daß von dem eigentlichen Namen Hind nur der Vocal i in o verwandelt, am Ende aber der Buchstabe Vau hinzugesetzt worden, und demnach Hondu zu lesen sey.

Andere nennen es Ophir, welches aus vier Buchstaben besteht, nämlich Aleph, Pe, Jod, Resch. Das Wort selbst bedeutet Asche, oder Einäscherung, auch Fruchtbarmachung. Diesen Namen hatte der Sohn Jectan's. (S. 1 B. M. Kap. 10, v. 29:) „Jectan zeugte Ophir." Daher der Name des ophiritischen (goldbringenden) Landes entstanden, weil daselbst das feinste Gold wächst, genannt ophrizum oder obrizum.

Indien kömmt auch im Buch Hiob vor, der die mannigfachen und kostbaren indischen Farben rühmt.

Ferner heißet es im 1sten Buch der Könige, Kap. 9, v. 26-28: „Der König „Salomon bauete auch eine Flotte zu Asiongabar, bey Ajalath am Ufer des rothen Meers, „im Lande Idumäa. Mit dieser Flotte schickte Hiram seine Knechte, die gute Schiffsleute „und seekundige Männer waren, nebst den Knechten Salomons. Da diese nach Ophir kamen, „holeten sie daselbst vierhundert und zwanzig Talente (talenta) Goldes, und brachten es dem „König Salomou."

So auch im 2ten Buch der Chron. Kap. 9, v. 10. 11: „Die Knechte Hiram's, „nebst den Knechten Salomon's brachten aus Ophir Gold, Thynholz (ligna thyina) und „kostbare Edelsteine. Und der König machte aus dem Thynholz Stufen im Hause des Herrn „und im Pallast; auch Harfen (cythara) und Psalter für die Sänger. Man hatte noch nie „dergleichen Holz in Juda gesehen."

Und v. 31 heißet es: „Die Schiffe des Königs giengen nach Tharsis mit den Knechten „Hiram's, und kamen in drey Jahren einmal, und brachten von daher Gold, Silber, Elfen„bein, Affen und Pfauen."

Oder, im 1sten Buch der Könige, Kap. 10, v. 22: „Die Flotte des Königs gieng „mit der Flotte des Hiram in drey Jahren einmal nach Tharsis, und brachte von daher „Gold, Silber, Elephantenzähne, Affen und Pfauen."

Ferner im 2ten B. d. Chron. Kap. 8, v. 17 und 18: „Da begab sich Salomon „nach Asiongäbar und Ajalath, am Ufer des rothen Meers im Lande Edom. Hiram „aber sandte ihm durch seine Knechte Schiffe und Schiffsleute, die des Meers kundig waren; „und diese giengen mit den Knechten Salomon's nach Ophir, und holeten von dannen vierhun„dert und funfzig Talente Goldes und brachten es dem Könige Salomo."

David im 72sten Psalm v. 10. erwähnt Tharsis auf folgende Art: „Die Könige von „Tharsis und der Insel werden Schätze (munera) darbieten, und die Könige aus Arabien und „Saba werden Geschenke (dona) bringen."

Hieher gehört auch Esaias Kap. 2, v. 16: „Ueber alle Schiffe von Tharsis."

Die

Die Etymologie des Namens Ophir ist schon oben angezeigt worden. Hier folgt nun noch die des Worts Tharschisch oder Tharsis, welches aus fünf Buchstaben, Thau, Resch, Schin, Jod, Schin besteht. Der Sohn Javans hatte eben diesen Namen, der verschiedne Begriffe ausdrückt, als: das Anschauen der Freude (contemplatio gaudii), die Turteltaube der Freude, das Ausgraben des Marmors, der Chrysolith, das Meer.

Es erhellet nirgends, welche Länder oder Inseln Ophir und Tharsis gewesen sind; sondern alles beruhet auf Muthmaßung. Am meisten irren diejenigen, die unter Tharsis Tartessus verstehen wollen, eine Stadt und Haven des südlichen Spaniens (Hispaniae Baeticae) itzt Algesiras genannt; oder wie einige wollen, Tarifa: denn von da ist der Weg nach Ophir, das sie für Peru oder eine Insel des Atlantischen Meers halten, kürzer.

Doch, dieser ganzen Meynung fehlt alle Wahrscheinlichkeit und sie gränzt sehr an Erdichtung; denn Tharsis ist nicht Tartessus, wenn es gleich einige Aehnlichkeit mit dem Namen hat.

Auch ist Ophir nicht Peru, oder irgend eine Insel des Atlantischen Meers; weil Amerika damals noch nicht entdeckt war, und weil weder die Schiffahrt die nöthige Vollkommenheit erreicht hatte, noch die Menschen selbst in dieser Kunst so geübt waren, daß sie es hätten wagen können, sich dem gränzenlosen Ocean zu überlassen: sie waren vielmehr nur gewohnt Ufer und Küsten mit sehr mittelmäßig großen Schiffen zu umsegeln. Hiezu kömmt noch, daß Salomons Flotte innerhalb drey Jahren hin und her segelte: dahingegen mehr als drey Jahre erfordert seyn würden, wenn man von dem innersten Haven des rothen Meers bis Peru reisen, und von da wieder zurück den Haven zu Asiongäbär hätte erreichen wollen; indem man wegen der Landenge zwischen dem mittländischen und rothen Meer ganz Afrika hätte umsegeln müssen; wovon man sich durch die Charte überzeugen kann. Und wenn endlich die Alten auch die Landenge von Panama erreicht gehabt hätten, so hätten sie doch die übrige Reise zu Lande machen müssen, da die Provinz Peru am jenseitigen Ufer des Oceans liegt, und die Magellanische und le Mairische Meerenge noch nicht entdeckt waren.

Ueberdies ist es falsch, daß der Weg vom rothen Meer an bis Tartessus, und von da bis Amerika kürzer sey; denn man müßte erst vom rothen Meer bis an das Vorgebirge der guten Hofnung schiffen, und so die ganze weite Küste von Afrika umsegeln, um den Haven von Tartessus zu erreichen; und von da war immer noch die Reise nach Amerika durch den unbekannten Ocean zu machen.

Ein kürzerer Weg vom rothen Meer an bis Peru, wäre wohl durch die Malakkische Meerenge ins stille Meer anzustellen, an dessen Ufer Peru liegt. Der kürzeste aber, vom rothen Meer bis Peru, geht durch das Aethiopische Meer und durch die Magellanische Meerenge.

Was brauchte man aber so ungeheure, nie befahrne Meere zu durchsegeln, um aus Peru Gold, Affen und Pfauen zu holen, da man diese Waaren in benachbarten Ländern erhalten konnte?

Andere sind mit dem Ortelius der Meynung, das ophiritische Land sey da zu suchen, wo itzt die africanische Stadt Sophála liegt, nämlich am Ufer des äthiopischen Meers, zwischen der Spitze von Africa, oder dem Vorgebirge der guten Hofnung und dem Praßischen Vorgebirge; eine Stadt die goldreich ist, und wohin man vom rothem Meer absegelt.

Diese Meynung aber kann nicht wohl Beyfall finden, weil man damals keinen Verkehr mit diesen rohen und ungesitteten Völkern hatte, indem man auch nicht die durch das äthiopische Meer getrennten Gestade kannte. Ueberdies wird der Weg nach der Küste durch Sandbänke und Untiefen erschweret; man findet auch daselbst weder kostbare Edelsteine noch Ebenholz, ob man gleich sonst Elephanten, Pfauen und Affen daselbst antrift.

Indien aber, zumal da es an Persien gränzt, war, nebst seinen kostbaren Waaren, den Alten nicht unbekannt. Man muß also wohl hier eine Gegend aufsuchen, wo die Flotte Salomons jene kostbaren Waaren herholete.

Aus der heil. Schrift erhellet nicht undeutlich, daß Ophir und Tharsis einerley Land sey; oder daß Ophir das Land selbst, Tharsis aber eine daneben liegende Insel sey. Derjenige würde also nicht sehr irren, der Taprobane, das heutige Ceylon, von den Indiern genannt Selendip oder Serendip, dafür angeben würde; denn auf dieser reichen Insel werden alle die Waaren, deren die heil. Schrift erwähnt, angetroffen.

Ob aber das Thyinholz, wie einige Ausleger wollen, Cypressenholz gewesen sey, oder welches sonst, ist nicht bekannt. Andere halten es für die wohlriechende Cypresse. Da aber Palästina keinen Mangel an Cypressen hat: so ist diese Meynung allerdings zu verwerfen.

Wenn man jedoch einmal muthmaßen darf: so kann es immer Zimmtholz gewesen seyn, dessen Rinde zugleich wohlriechend und wohlschmeckend ist, welches man zu den Harfen und Stuffen nutzte.

Wem aber alles dies noch nicht gefällt, der könnte unter Ophir die goldreiche Halbinsel oder das Reich Malakka; unter Tharsis aber die Insel Sumatra oder Borneo verstehen, deren eine häufiges Gold, die andere aber das Aloes und Sandelholz liefert. Wer also das gedachte Holz lieber für Aloes Agallochen, oder Sandelholz halten will, der kann dazu die Insel Borneo oder Celebes; zum Golde aber, die Insel Sumatra annehmen. Ich glaube aber, es sey vielmehr die erstere Meynung beyzubehalten, daß nämlich unter Ophir die Insel Ceylon zu verstehen sey, da sie Palästina näher liegt. Den Namen Indien findet man auch

auch ausdrücklich im Buch Esther, Kap. 1, v. 1. „Zu den Zeiten Ahasveros der da König „war von Indien bis an Aethiopien über (hundert und) sieben und zwanzig Länder."

Da ich die hebräische Bibel nicht bey der Hand habe, so weiß ich nicht mit welchen Ausdrücken sie in dieser Stelle Indien und Aethiopien bezeichne. Wahrscheinlich steht entweder Hodù, Ophir, Hevila oder Chusi; denn diese Benennungen Indiens finde ich bey den Alten.

Bald nachdem ich dies geschrieben, gerieth ich über ein weitläuftiges Werk, welches Anmerkungen über die chaldäische, syrische, arabische und äthiopische Bibelübersetzung enthielt, und fand den Namen Hindia mit vier chaldäischen Buchstaben ausgedrückt, nämlich, dem kleinen He, Nun, Daleth, Jod, Aleph. Diese Benennung rührt von dem Ausdruck Hind her, dessen sich die Indier, Araber und Perser bedienen, und ist nachher nach griechischer oder römischer Mundart geformt worden; denn einer von beiden sieht es ähnlich: die Schreibart aber des Buchs Esther kömmt der arabischen nahe.

Doch die Wörter mögen seyn welche sie wollen: so haben doch wenigstens die angeführten Worte folgenden Sinn: Assverus, (im Persischen Arda Schir genannt) der von dem Fluß Indus, oder Indiens Gränze, an, gen Abend bis Aethiopien herrschte, oder das Land, das itzt die Perser Chusistan oder Cusistan, mit Auslassung des Buchstaben H, oder Schuster nennen.

Im Hebräischen heißt es Cus oder Cusch und bedeutet schwarz oder Schwärze. Diesen Namen führte der Sohn Hams, 1 B. M. 10, v. 6. wegen seiner Schwärze.

Daher heißt dasjenige Land Cusistan, welches am östlichen Ufer des Tigris liegt und sich bis an den Persischen Meerbusen erstreckt.

Man muß also ein zweyfaches Aethiopien annehmen: ein oberes, oder Abyssinien, oder vielmehr Habeschia, von dem arabischen Wort Häbesch. Das andere Aethiopien ist dasjenige, dessen die heil. Schrift öfters erwähnt.

Es ist also nicht dasjenige Aethiopien zu verstehen, welches die Portugiesen Abischinia nennen; sondern die persische Provinz Chusistan. Denn es ist gewiß, daß Assverus das Reich Abischinia nicht im Besitz gehabt habe, da dies Aethiopien von denjenigen Provinzen, die er beherrschte, zu sehr entfernt ist.

Ueberdies würde Assverus auch das angränzende Aegypten besessen haben, sobald er das obere Aethiopien gehabt hätte. Nun aber hat er Aegypten nicht gehabt, folglich auch das obere Aethiopien nicht.

Mehr findet man über den Namen Aethiopien, in meiner Abhandlung über den Fluß Ganges.

V. D6

V. Ob man einige Spuren der christlichen Religion fand, als die Portugiesen in Indien landeten?

Juan de Barros, ein portugiesischer Geschichtschreiber, sagt von den Indiern, daß die, vom Vorgebirge Zagate bis Mandoa, in den Gebirgen wohnende Kriegs- und Ackerleute einen wahren Gott erkennen und drey Personen annehmen, auch die Jungfrau Maria verehren. Dies scheint auch Franz Sousa, von der Gesellschaft Jesu, in seiner indischen, in portugiesischer Sprache geschriebenen Geschichte, zu bestätigen; ohngeachtet er, wegen einiger Zweifel darüber, nichts zuverläßiges zu behaupten wagt. Denn aus dem auf einer ehernen Platte entdeckten Namen des Königs Mantrassar von Goa, der eine mit der Einheit verknüpfte Dreyeinigkeit zu bekennen schien, kann man nur die bekannte heidnische Verehrung dreyer Gottheiten schließen, nämlich des Brahma, des Beschan und des Mahadeo, welche drey völlig gleich von Gott hervorgebracht worden; jedoch halten sie den Beschan für das höchste Wesen, ohne gleichwohl den Brahma und den Mahadeo von dem höchsten Gipfel der Gottheit auszuschließen.

Im Betracht der Jungfrau hat sich de Barros ebenfalls geirret, indem die Indier ein Weibsbild Anzlm verehren, die von dem unzüchtigen Mahadeo auf eine, keuschen Ohren nicht vorzutragende Art geschwängert worden; die Frucht dieser lasterhaften Handlung war Hanumann, eine abscheuliche Mißgeburt, mit Kopf und Schwanz eines Affen.

Wahrscheinlicher aber ist unter der Jungfrau die Sitha, die Gemalin Ram's zu verstehen, die sie als eine Göttin verehren.

Aus diesen und andern Umständen, so wie aus den blutigen und andern Opfern, die den Götzen gewöhnlich gebracht werden; aus der strengen Lebensart der heidnischen Einsiedler, Verlassung der Güter, klösterlichem Leben, Peinigung des Körpers und andern Gebräuchen, will man eine ehmalige Bekanntschaft der Indier mit den Geheimnissen der christlichen Religion muthmaßen (wie aus dem Folgenden weiter erhellen wird); vorzüglich aber behauptet man aus den wiederholten Verwandelungen des Beschan einige Kenntniß von der vom göttlichen Wort angenommenen Menschheit. Allein alles dies, was mit den göttlichen Geheimnissen einige Aehnlichkeit hat, ist von den Helden durch die abgeschmacktesten Fabeln entstellt und sogar zur Verehrung böser Geister verkehrt worden.

Und wenn gleich die heiligen Apostel Bartholomäus und Thomas, auf Anregung des heil. Geistes in Indien hineingewandert; indem jener bis an die Gränze von Indien und bis an das jenseitige Ufer des Indus, Thomas aber, (nach uralter Tradition, und nach dem Zeugniß geheiligter Denkmale) bis an die Malabarische und Carnatische Küste gedrungen ist, daselbst die christliche Religion verbreitet, und den unfruchtbaren dornichten Boden mit seinem Blute befeuchtet hat: so ist doch in der Folge, bey dem Mangel der Arbeiter, dieser Weinberg so verwildert, daß die Völker in laster verfallen, wie unvernünftige Thiere gelebt haben, und zu ihrer vorigen Abgötterey zurück gekehrt sind: so daß nicht die geringste Spur der christlichen Religion, als nur noch an der Malabarischen Küste, und in den dortigen Gebirgen zurück geblieben ist.

Daß man aber nicht nur in Malabar, sondern auch in Carnate offenbare Merkmale der christlichen Religion antreffe, bezeugen Cranganor und Ambalacatta, auch die am östlichen Meer gelegene, berühmte Stadt Maliapor in der Provinz Carnate; redende Zeugen aber sind die Malabaren selbst, die bis auf den heutigen Tag den Namen des heil. Thomas erheben, der sie mit den Geheimnißen der christlichen Religion bekannt gemacht und ihnen das heilige Sacrament der Taufe ertheilet hat.

Die Sache verhält sich folgendermaßen: Als Christus gen Himmel fuhr, und den Aposteln das Evangelium aller Welt zu predigen befahl, so wurde Thomas Indien angewiesen. Er bauete zu Cranganor den ersten Tempel, nach dem Zeugniß der christlichen Völker, vom heil. Thomas genannt die Thomaschristen. Hierauf ist er über die höchsten Gebirge an die jenseitige Küste nach Maliapor gekommen, woselbst er die Heiden, und sogar den König Sangans zum christlichen Glauben bekehrte, sich aber dadurch den Haß der Brahmanen zuzog, die ihn denn, da er vor einem steinernen Kreuz betete, mit einem Speer durchbohrt haben; worauf ihn seine Schüler in einer Kapelle begruben. Dies Grab wurde, nach ohngefähr tausend vierhundert Jahren, von den Portugiesen entdeckt, denen es die Armenischen Kaufleute, die es vorher schon kannten, anzeigten, damit es auch den Europäern bekannt würde. Der Vicekönig von Indien befahl nun dem Statthalter der Coromandelschen Küste, daselbst eine Kapelle zu bauen. Als man hierauf die alten Fundamente ausgrub, so fand man erst zwey Gräber einiger Schüler, und endlich das Grab des heil. Thomas selbst, dessen schneeweiße Gebeine in einer Hölung lagen, nebst einem Theil des Stabes an der Seite, der Spitze des Speers und einer mit blutigem Sande gefüllten Flasche. Da man ferner auf dem benachbarten Berge, woselbst er getödtet worden, den Grund zu der neuen Kapelle legte, so fand man ein drey Spannen langes und breites Kreuz, oben mit einer geschnitzten Taube geziert, den Rand aber mit einer alten indischen Inschrift versehen.

Jtzt ist von den Reliquien nichts weiter übrig, als das Kreuz, die Flasche, die Leinewand, die er um den Kopf zu tragen pflegte, und die Spitze des Stabes.

Tieffenth. Erdbeschreib.

Die Stadt hat unterschiedene Schickfale gehabt. 1624 wurde sie mit Mauern versehen. 1662 fiel sie den Mahometanern in die Hände. 1672 wurde sie von den Franzosen erobert; kam aber nach einem Jahr wieder in die Hände der Mahometaner, die sie zerstöhrten, so daß nur vier Mauern stehen blieben. In der Folge hat sie vom König zu Golconda die Freyheit erhalten, den Tempel wieder herzustellen.

VI. Von Indiens Größe, nach der geographischen Länge und Breite.

Indien diesseit und jenseit des Ganges ist ein weitläufiges Land; es erstreckt sich aber nicht so sehr in die Breite als in die Länge. Die südlichen Gegenden kommen in einer Spitze zusammen, die nördlichen dehnen sich mehr aus. In Absicht der geographischen Länge und Breite aber, übertrift die Breite die Länge: denn vom Comorinschen Vorgebirge an bis an die Gränzen der Provinz Kabul zählt man ohngefähr dreyßig Grad; dies macht, funfzehn deutsche Meilen auf einen Grad gerechnet, vierhundert funfzig Meilen für die geographische Breite von Mittag gen Mitternacht. Die Länge aber, vom Morgen gen Abend, oder von den Gränzen von Tibet bis an den Indus ist nicht so bekannt und zuverläßig, da sie weder von Astronomen noch Feldmessern bis itzt untersucht und gemessen worden. Um aber doch in einer so ungewissen Sache nur etwas festzusetzen: so zählt man von der Gränze der am Indus gelegnen Provinz Sindh an, ohngefähr drey und zwanzig Grad, oder dreyhundert und fünf und vierzig deutsche Meilen.

Da aber diese geographische Breite und Länge nicht astronomisch genommen worden, so kann die Zahl der Meilen nicht bestimmt werden; und wenn gleich die geographische Breite von Agra, Dehli, Goa, Daman, Surate, Barotsch, Baroda, Saguára, Odepor, Zépor, oder Zénagär, Orangabad, Bombay, Brahmpor, Uzen, Saróns, Narvär, Schödepor, Azmér, Dathia, Zansi, Untscha, Cálinzär, Thoroa, Cotra, Elahbad, Banáres, Lacno, Bängla oder Jesabad, Beraez, Gorikpor, Muhammad, Sarokhabád beobachtet worden: so hat man doch die Polhöhe der meisten Städte und Oerter weder mit einem Astrolabium, noch anderem astronomischen Instrumente bisher gesucht; sie kann daher nur nach der Entfernung der Oerter, der Meilenzahl und der Weltgegend angenommen werden. Demohngeachtet ist es sehr wahrscheinlich, daß die Gränze von Indien, genannt Hinducoh oder Indienberg (Indiae Mons) nicht über acht und dreyßig Grad nach Norden sich erstrecke.

Mehr Schwierigkeit macht die Bestimmung der Grade der Länge; denn wenn gleich die Länge der Städte Agra, Narvar und Jesabad durch Beobachtungen von Mondfinsternissen

Vorläufige Abhandlungen.

-niffen herausgebracht worden, so weiß man doch damit noch nicht die Entfernung der äussersten Gränze Indiens vom ersten Meridian gen Morgen; indem man dies nur aus der Meilenzahl und den Ortslagen, vermöge des Kompasses herausbringen kann.

Eben so wenig kann etwas zuverläßiges nach derjenigen Länge von Surate bestimmt werden, die man von dem Ein= und Austritt des Jupiters hinter dem Mond am 2ten Febr. 1744 angenommen; da bis itzt noch die Entfernung der Stadt Surate von Tatta oder Sindh, nämlich den Gränzen Indiens gen Abend, unbekannt ist.

So ist es auch mit der Länge von Tschandarnagor, einer französischen Colonie in Bengalen beschaffen, die vom Claudius Boudier aus der Gesellschaft Jesu, zum öftern beobachtet worden, und von der Insel Ferro gen Morgen hundert und fünf Grad und drey und funfzig Minuten beträgt; denn bis itzt weiß man noch nicht, wie viel Grade die Entfernung von da bis Tschatigan, oder Indiens Gränze gen Morgen, enthalte.

Nach dem lateinischen geographischen Lexikon fließt der Ganges durch zwey Mündungen, die achtzig spanische Meilen von einander entfernt sind, in den indischen Ocean. Eine spanische Meile aber hält beynahe 4000 Schritt, daher machen 17½ Meile einen Grad; folglich 80 Meilen vier und ¼ Grad.

Nach einer General=Charte von Asien, die in England neulich herausgekommen, ist die westliche Gränze von Indien, vom ersten Meridian fünf und sechzig Grad, Tschatigan aber, die östliche, neunzig entfernt. Zieht man nun 65 von 90 ab; so bleiben 25 Grad für die Länge von Indien.

Auf einer andern Charte, von Indien allein, findet man die westliche Gränze desselben unterm sieben und sechzigsten Grad; die östliche unterm ein und neunzigsten; folglich nur 24 Grad für die Länge.

Nach einer Amsterdammer Charte beträgt die Länge von Indien sechs und zwanzig Grad; nach einer Nürnbergischen vier und zwanzig.

Bey einer so großen Verschiedenheit, und nach angestellter Vergleichung der Orts=Entfernungen, hat man für gut befunden, Indiens Länge auf fünf und zwanzig Grad, oder dreyhundert fünf und siebenzig deutsche Meilen festzusetzen.

Die Sache könnte leicht durch zwey Astronomen ganz erörtert werden: wenn nämlich einer zu Tatta und der andere zu Tschatigan eine Sonnen= oder Mondfinsterniß beobachtete; indem daraus die geographische Länge erhellen würde. Die Breite aber würde man genau aus einer zu Kabul anzustellenden Beobachtung der Mittagshöhe der Sonne ersehen, da man die Breite des Comoriulschen Vorgebirges schon kennt.

D 2
Die

Die Indischen Chorographen bestimmen die Länge und Breite dieses Landes, weder jene nach Sonn- und Mondfinsternissen, noch diese nach der Mittagshöhe der Sonne; sondern beide nach Angaben der Reisenden.

Die Länge von Morgen gen Abend, oder von Behár, (einer uralten Stadt und Hauptstadt der Provinz Behar, ohngefähr sechszehn indische Meilen von Patna südsüdöstlich, sechs aber vom Ganges, südlich,) bis an die Gränzen der Stadt Gäsnin, oder Gäsna, vier Tagereisen von Kabul, beträgt tausend fünfhundert und eilf indische Meilen.

Die Breite von Mittag gen Mitternacht, oder von der berühmten Festung Scholapor, unter dem siebenzehnten Grad nach Norden, bis Klein=Tibet, beträgt eilfhundert und sechs und siebenzig Meilen.

Andere gehen mit ihren Bestimmungen von Dehli aus, der Hauptstadt von Indien, und zählen von dieser bis an die südöstliche Gränze, nach Angabe der in der Oerterkenntniß erfahrnen Männer neunhundert fünf und siebenzig Meilen: bis an die südwestliche Gränze, oder bis an die Mündung des Indus, fünfhundert fünf und dreyßig: bis an die mittägliche Gränze, oder bis an die Festung Scholapor sechshundert, und bis an die nördliche Gränze, oder bis Klein=Tibet, fünfhundert sieben und siebenzig Meilen.

Hieher gehört nun billig auch diejenige Länge und Breite einiger Oerter, welche von einländischen persischen und arabischen Geographen, die die Sternkunde von den Griechen erlernt und in ihre Sprache übertragen haben, angemerkt worden; in wie fern aber diese mit der ächten, nach astronomischer Methode beobachteten Länge und Breite übereinstimme, wird unten gezeigt werden.

Der erste Meridian aber, oder der Anfang der Ortslängen, nach Angabe des Ptolemäus, dem die Araber und Perser folgen, geht durch die sogenannte Regen=Insel, (Ombrios, Pluvialia, Pluitana insula).

Die Canarischen Inseln (fortunatae) die sich auf fünf Grade erstrecken, setzt Ptolemäus unter einen und denselben Meridian.

Namen der Oerter.	Breite.	Länge.	Namen der Oerter.	Breite.	Länge.
Lahòr	31° 51′	— —	Gualiar	26° 29′	— —
Agra	26- 43-	115° —	Multán	28- 40-	107° 35′
Dehli	28- 39-	113- 25′	Kábúl	34- 30-	114- 40-
Azmèr	26- —	111- 5-	Caschmir	35- —	108- —

Namen

Vorläufige Abhandlungen.

Namen der Oerter.	Breite.	Länge.	Namen der Oerter.	Breite.	Länge.
Pánipát	28 - 52 -	113 - 20 -	Parĕnda	18 - 25 -	— —
Kandhár	33 - —	107 - 40 -	Ahmádnágár	19 - 34 -	— —
Bézapor	17 - 20 -	— —	Aorangabad	20 - 8 -	— —

Obgleich diese Breite einiger Oerter mit der ächten ziemlich genau übereinstimmt, so ist sie doch in Absicht der meisten davon verschieden, indem sie entweder größer oder kleiner ist. Noch mehr aber weicht die Länge jener Oerter ab. So kann z. B. die Länge von Dehli nicht 113° 25′ oder die von Kabul 114° 40′ betragen, indem jene Stadt weiter gen Morgen liegt, als diese. Eben so ist es mit der Länge von Caschmir beschaffen, welche Stadt ebenfalls weiter vom Abend, als Kabul, entfernt ist. So haben auch Multan und Kandhar hier einerley Länge, da doch jene Stadt einige Grade weiter gen Morgen liegt, als diese.

Noch mehr hat sich Manuzzi, ein Venetianer, ich weiß nicht von wem verleitet, geirrt, in seinem in portugiesischer Sprache geschriebenen Chronicon Mogolischer Könige, welches Franz Catrou, von der Gesellschaft Jesu, im Jahr 1708 ins Französische übersetzt hat. Seine Angabe ist folgende:

Namen der Oerter.	Nördl. Breite.	Länge.	Namen der Oerter.	Nördl. Breite.	Länge.
Dehli	31° 45′	123° —	Bákár	28° 30′	112° 25′
Agra	29 - 10 -	123 - —	Bánáres	29 - 25 -	129 - 15 -
Lahor	33 - —	119 - 40′	Aorangabad	19 - 25 -	120 - 25 -
Azmér	30 - —	120 - 30 -	Borhánpor	23 - —	113 - 30 -
Guzarate	23 - —	116 - 30 -	Rázmähäl	24 - 20 -	132 —
Uzen	28 - —	122 - —	Dáka	23 - 30 -	133 - 40 -
Patna	25 - 30	132 - —	Bezapor	17 - 25 -	118 - 50 -
Multan	33 - 40 -	115 - 20	Golconda	19 - 40 -	124 - 40 -
Kabul	36 - 20 -	113 - 15 -			

Mich wundert, daß Manuzzi ein Europäer sich so sehr in Angaben geirrt habe, welche die einländischen Chorographen, wo nicht ganz genau, doch weit besser erreichen. Er war aber ein besserer Arzt, als Geograph und Astronom, und man kann ihm in so fern verzeihen. Die dem Buch vorgesetzte geographische Charte enthält ein ganz anderes Maaß der Breite und Länge.

Außer diesen sehr merklichen Irrthümern giebt er die Provinzen Malua, Baglána und Uressa, als Städte an.

Auch diejenigen irren sehr, welche die Breite von Maxudabad auf $25\frac{1}{2}°$;
von Patna auf 28° 40'; — Cássembásár — 25° 6'
— Mongér — 27 28; sehen.
— Rázmáhál — 26 —

Näher kömmt der Wahrheit folgende Angabe des französischen Geographen Danet:

Namen der Oerter.	Breite.	Länge.	Namen der Oerter.	Breite.	Länge.
Camaun	30° 20'	98° 30'	Caschmir	35° —	87° 30'
Agra	27 - 15 -	94 - 40 -	Kabul	33 - 40 -	85 - —
Sirinagar	31 - 30 -	96 - 20 -	Kandhar	33 - 30 -	83 - 40 -
Tschaparang	32 - —	96 - 40 -	Multan	30 - —	89 - 40 -
Ladak oder Latak	34 - 50 -	97 - 30 -	Azmer	25 - 40 -	92 - —
Lahassa in Tibet	28 - 30 -	113 - 50 -	Merta	25 - 30 -	90 - 30 -
Potala, der Sitz des Lama	30 - 30 -	115 - —	Tschitor	23 - 30 -	92 - 30 -
			Lahor	32 - —	91 - 30 -

Die Provinz Nepal setzt Danet zwischen den 25sten und 30sten Grad der Breite, und zwischen den 101. und 105ten ° der Länge; worinn er aber gar sehr irret: denn Nepal liegt von Patna nordnordwestlich, oder nord ¼ nordwestlich; auch ist Nepal nicht von solchem Umfange als Danet angiebt. Der Jesuit Grüber setzt Nepal unter den 27sten Grad.

Auch ist die Lage von Lahassa und Potala nicht um zwey Grad verschieden. Grüber und Cyfat, zween Jesuiten, die aus China zurück, durch Tibet nach Patna giengen, geben Lahassa, oder Barantola, 29 Grad Norder Breite.

Auch ist die Breite von Latak und Tschaparang nicht blos um 30' verschieden; indem jenes, nach der neuern Charte fast drey Grad weiter nach Norden liegt. Hieraus erhellet also, wie unvollkommen die bisher erschienenen Charten sind.

Nach Anführung dieser so sehr verschiedenen Angaben der geographischen Länge und Breite der Oerter, komme ich wieder auf die von Indien selbst zurück, um noch einiger anderen Angaben zu erwähnen, damit nichts in diesem Stück unberührt bleibe.

Andere bezeichnen Indiens Länge folgendermaßen: Sie zählen nämlich vom Berge Hinducoh an, oder vom Indienberge, der auch Cōtāltúl heißt, 40 Meilen von Kabul entfernt

entfernt und die Gränze der Provinz Badäkschan ist, bis an die Provinz Uressa, tausend zwey hundert Meilen, nach Indischen Ellen, deren jede 4 Spannen hält.

Die Breite aber nehmen sie von der äussersten Gränze der Provinz Caschmir bis an den Berg Bäräraḥ, die Gränze der Provinz Surate und Guzarate, und geben ihr achthundert Meilen.

Eine andere Breite ziehen sie vom Camaunischen Berge bis an die Gränze der südlichen Provinz Dekan, und zählen tausend Meilen.

Da aber dies Meilenmaaß nicht auf irgend einem geometrischen Instrument, sondern auf dem bloßen Wanderstab beruhet; noch Behàr der Stadt Gasna in der länge gegenüber liegt, so wenig als Scholapor dem Kleinen Tibet in der Breite (wie oben bereits erwähnt worden); auch der Indienberg nicht der Provinz Uressa, noch Caschmir dem Berge Bäräraḥ gegenüber liegt: so ist diese Art zu messen äusserst mangelhaft.

Ueberdies kann die länge und Breite der Oerter nach dem Meilenmaaß unmöglich genau seyn, da die Wege von einem Ort zum andern durch viele Krümmungen führen und die Meilen in diesen ländern ungleich sind.

VII. Indiens Länge und Breite, und Angabe der Orts-Entfernungen, aus einem Persischen Buche, genannt: Ayn Akbari, oder, die Akbarinische Methode.

Genauer ist vielleicht die länge und Breite von Indien, und die Entfernung der Oerter von einander, so wie sie auf Befehl des großen Mogolischen Kaisers Akbärs, gemessen worden; denn eine der rühmlichen Thaten dieses Kaisers ist wohl diese, daß er das in seine Gewalt gebrachte Indien in Provinzen getheilt, die länder durch geschickte Feldmesser vermessen, und die länge und Breite derselben genau hat anmerken lassen; worüber das angeführte schätzbare Persische Buch vorhanden ist.

Nach diesem zählt man:
Von Bandanil 30 Meilen über Silhèt hinaus, an der Gränze von Cätschàr, gen Morgen bis Karábág, jenseits Gasnin hinaus, — — — 863 1511 *Kön. Meilen. Ger. meine Meil.*

Von Scholapor bis an die Gränze von Klein-Tibet — 672 1172 *Kön. Meilen. Ger. meine Meil.*

Diese Breite kömmt zwar mit der weiter oben erwähnten Meilenzahl überein; da aber die Burg oder

oder Veſtung Scholapor nicht an der äuſſerſten ſüdlichen Gränze liegt, (indem von da, bis an das Comoriniſche Vorgebirge, noch an neun Grade fehlen) ſo iſt die Breite gewiß nicht genau genommen.

Von Dehli, der Hauptſtadt von Indien, bis Silhet oder viel-

	Meilen.
Von Sarhind bis Cótcangra	49
— Lahor bis Sarhind	53
— — bis Attak	82
— — bis Kabul	161
Von Attak bis Peſchaur	15
— — bis Kabul	64
Von Kabul bis Gäsnin	30
— Lahor bis Multan	70
— Multan bis Bakär	106
— Bakar bis Sevhán	55
— Sevhan bis Tättà	75
— Lahor bis Caſchmir	76
— — bis Tembär	32
Von Bembar bis Caſchmir	42
— Dehli bis Agra	44
— Agra bis Elahbad	95
— Elahbad bis Banáres	29
— Banares bis Seſraum	26
— Seſramm bis Patna	41
— Patna bis Monger	37
— Monger bis Ghäri	31
— Ghäri, oder Tiliagbär, bis Raz-mähäl	12

mehr bis an die, 30 Meilen weiter gen Morgen liegende, Gränze   557 975

Von Dehli bis Karabag gen Abend	380	535
— — bis Scholapor	342	597
— — bis Klein-Tibet	330	575
— — bis Lahor	105	—
— — bis Sarhind (verm. Königl.)	52	—

	Meilen.
— Razmahal bis Daka	110
— — — bis Ureſſa	133
— — — bis Bardván	50
Von Silhet bis Bandanil, die Gränze von Bengalen	30
— Dehli bis Nürnägär	43
— Nurnagar bis Mochleſpor	21
— Mochlespor bis Cäugra	68
— Dehli bis Morádabád	39
— — bis Hardóar	44
— — bis Canoz	96
— — bis Heſſär	83
Von Agra bis Aorangabad	210
— — bis Gualiar	28
Von Gualiar bis Saronz	58
— Dehli bis Räntämbór	94
— Agra bis Rantambor	50
— Saronz bis an das Ufer des Närbad	51
Von dem Ufer des Narbad bis Borhanpor	41
— Borhanpor bis Aorangabad	42
— Agra bis Azmér	84

Von

Vorläufige Abhandlungen. 33

	Meilen.
Von Dehli bis Aymer	84
— Agra bis Zindon	27
— Zindon bis Törke	32
— Dehli bis Córputli	34
— Córputli bis Monoarpor	12
— Torke bis Aymer	25
— Córputli bis Aymer	37
— Dehli bis Súrate	311
— Borhanpor bis Súrate	90
— Surate bis Guzarate	51
— Dehli bis Guzarate	253
— — bis Chesirabad oder Purnia	12
— — bis Elahbad	136
— — bis Manecpor	133
Von Agra bis Sorûn	24
— Avad bis Lakno	27
— Dehli bis Zéderabad	371
— — bis Aorangabad	265
Von Zederabad bis Aorangabad	106
— Aorangabad bis Nandér	50
— Zederabad bis Nandér	56
Von Dehli bis Carnâl	26
— Carnal bis Ambála	18
— Ambala bis Särhind	19
— Sarhind bis an die Ueberfahrt (commeatus) des Satluz	14
Von da bis Gundvála	19
— Gundvala bis Lahor	17
— Dehli bis Bfzapor	357
— Aorangabad bis Ahmadnägar	25

Nach einem andern Buch sind es 29 (königl. oder) Feldmesser-Meil. (milliaria jugeralia.)

Tieffenth. Erdbeschreib.

	Meilen.
Von Ahmadnagar bis Parenda	27
— Parenda bis Bezapor	39
— Aorangabad bis Scholapor	72
— — — bis Puna	53
Von Aorangabad bis Bédör	70

Gemeine, 105. Man zählt aber von Aorangabad bis Randhar 76 Meilen, und von Randhar bis Bedor, 31; welches 107 Meilen beträgt.

Von Aorangabad bis an die Burg Odegir	63
— Aorangabad bis Calián	120
— Dehli bis Caschmir	200

Wenn nämlich der Weg über Púnz geht; denn über Pirpanzál sind es nur 180 Meilen.

Von Dehli bis Bēmbár	139
— Bembar bis Caschmir	45
— Caschmir bis Klein-Tibet	60

Denn von Caschmir bis Cutz sind 20 Meilen, und von da bis Tibet 40.

Von Dehli bis Bochára	447

Denn von Dehli bis Kabul sind 260, von Kabul bis Bálch 98, von Balch bis Bochár 77.

Diese Meilen sind vielleicht die in diesen Gegenden gewöhnlichen Parasangen.

Von Dehli bis Randhar über Kabul	368

Denn von Dehli bis Kabul sind 260, und von da bis Randhar 108 Meil.

E

	Meilen.		Meilen.
Von Kandhar bis Hispahan	466	Von Haffanabdal bis Attak	17
Denn von Kandhar bis an die Burg Bost sind	30	— Dehli bis Narnol — — bis Dhámóni	27 119
von da bis Kórat	57	Von Caschmir bis Peschaur	97
— — bis Herat	50	— Caschmir bis Peschaur	24
— — bis Maschad	70	Von Dehli bis Schergbar	118
— — bis Hispahan	249	— Sámbhar bis Borhanpor	198
Man sehe hievon was bereits anders wo angemerkt worden.		— Dehli bis Affèr — — bis Guzarate, der gerade	217
Von Dehli bis Hispahan	466	Weg	209
— Kabul bis Gasnin	30	Von Guzarate bis Sóreth	125
von da bis Karabag	11	— Agra bis Ujen	126
— — bis Bäzär	11	— Dehli bis Beráth	gem. 113
— — bis Aholáb	25	— — bis Morádabád	42
— — bis Kandhar	29	— Hardoar bis Moradabad	43
Von Dehli bis Haffanabdal	176	— Dehli bis Mertha	118

In der Geschichte des Schahzahan findet man die länge Indiens von dem am Sindh gelegnen Haven Láhri an, bis Silhèt fast auf zweytausend königliche Meilen gesetzt; die Breite aber von der, 30 Meilen von Kandhar gelegenen Veste Bost an, fast auf 1500 Meilen.

Die in vorstehende Tabelle allenfalls eingeschlichene Schreib- oder andere Fehler (Librariorum ac Scribarum incuria errores commissi) können durch eine genaue Vergleichung anderer Bücher verbessert werden.

Man findet in jener Angabe der Orts-Entfernungen bey genauerer Durchsicht, nicht wenig Fehler; auch ist die Anzahl der Meilen oft zu geringe angegeben. Man kann auch nicht immer errathen, welche Art von Meilen angenommen worden, indem oft die Anzahl weder der königlichen noch der gemeinen Meilen mit den Orts-Entfernungen so übereinstimmet, wie sie sich aus der mit einem astronomischen Instrumente beobachteten länge und Breite, und aus der Beschreibung der Indischen Meilen (Milliarium Indicorum defcriptione) ergiebet.

Vergleicht man diese Orts-Entfernungen mit denen in der Folge angegebenen, so wird man keinen geringen Unterschied antreffen: man möchte ihn denn der Ungleichheit der Meilen anrechnen, wovon ich bald reden werde.

Ueber-

Vorläufige Abhandlungen.   35

Ueberhaupt aber wird man nicht eher etwas gewisses in Ansehung der Länge und Breite von Indien festsetzen können, als bis man an irgend einem gen Norden oder Nord-Nordwest gelegenen Gränzort, die Polhöhe wird genommen haben. Die Länge aber würde sich finden, wenn einer am Ganges und ein anderer am Ausfluß des Indus (ad aestuaria Indi) eine Finsterniß- oder irgend eine andere solche Erscheinung am Himmel beobachten würde; wie schon oben angemerkt worden.

VIII. Von den Indischen Meilen und deren Ungleichheit.

Die Meilen mißt man mit einem Seil, das funfzig große, oder Königs-Ellen lang ist. Ein solches Seil hundertmal genommen, macht eine Indische Meile.

Eine andere Art die Meilen zu messen, geschieht mit einem langen Rohr von zwölf und einer halben Elle, vierhundertmal genommen. Beide Arten laufen auf eins hinaus; indem jedesmal 5000 Ellen auf eine Meile gehen.

Der König Scherscha zu Dehli, vom Geschlecht der Afgauen, gab einer Meile sechzig Morgen, jeder zu sechzig Sicandrische Ellen gerechnet, welche vom Sicander, König zu Dehli, erfunden, und kleiner wie die Königs-Ellen sind. Dies Maaß findet man daher in der Provinz Dehli.

In der Provinz Malua braucht man ein Seil von sechzig Ellen, welches, neunzigmal genommen, eine Meile macht.

In der Provinz Guzarate enthält eine Meile funfzig Morgen.

Eine Königs-Meile hält 200 Morgen, die man Zerib nennt. Ein solcher Morgen aber hält 25 Königs-Ellen, und eine Elle, vier Spannen; fünftausend Ellen aber eine Indische Meile.

Eine gemeine Meile hält nur 2857 Ellen; daher eine Königs-Meile fast um die Hälfte größer ist; denn sie enthält 2143 Ellen mehr.

Der Verfasser des Lebens Schahjahan's, zählt einmal eine und eine halbe gemeine Meile; ein andermal zwey auf eine Königs-Meile.

Hier wird man also den Grund der so sehr verschiednen Angaben der Orts-Entfernungen einsehen können.

Eine Parasange, oder persische Meile, kömmt fast mit einer spanischen überein; denn 17 und ½ Parasange gehen auf einen Grad. Die mahometanischen Feldmesser haben, zur Zeit des babylonischen Königes Mamun, von Mosul an gen Norden und Süden die Erde gemes-

gemessen, und haben 19 Parasangen auf einen Grad des Aequators gerechnet; die älteren aber rechneten 22⅔ Parasangen, jede zu zwölftausend arabische Ellen gerechnet.

Ein anderes Maaß indischer Meilen, das zugleich mit dem Maaß anderer Länder übereinstimmt, ist folgendes:

Drey Gerstenkörner machen eine Daumbreite; vier Daumen eine Faustbreite; sechs Faustbreiten eine Elle, genannt Hát; vier Ellen gehen auf eine Ruthe, genannt Dánḋk oder Dánoḋ; zweytausend Ruthen gehen auf eine Meile; vier Meilen nennt man Zózän; zweytausend Zozane nennt man Déß oder einen Distrikt (tractus); vier solche Distrikte, Mändel, oder ein Land (regio); zweytausend Länder nennt man Cändḋ, oder den neunten Theil des Erdbodens.

Die Frage, wie viele indische Meilen auf einen Grad des Aequators gehen, kann fast nicht mit der geringsten Gewißheit beantwortet werden; indem die Meilen jener Länder ungleich sind.

In den westlichen, südwestlichen und nordwestlichen Distrikten sind die Meilen kleiner; größer aber in den südlichen und östlichen Gegenden. Gleiche Bewandniß hat es mit der Provinz Bengalen. — Eine Meile des Gundvanischen Gebietes (tractus) hält zwey gemeine Meilen.

Im Jahr 1772 den 26sten Septembr. ließ ich zu Lacno die Länge einer Meile messen, und man fand sie von 3854 Ellen, die Elle zu vier Spannen gerechnet.

Mißt man aber von der Mitte eines Dorfs bis in die Mitte eines andern*): so erhält man viertausend Ellen, womit die Indier eine große Meile bezeichnen; indem, nach ihrer Angabe, zweytausend Ruthen, jede zu acht und einen halben Spann, viertausend und zwey und sechzig Ellen betragen; welches sie eine große Meile nennen. Der Unterschied von 62 Ellen kömmt bey einer so großen Verschiedenheit der Angaben nicht in Betracht; daher man eine indische Meile auf viertausend Ellen bestimmen kann.

Die größten Meilen findet man in der diesseits des Zemna gelegenen Provinz Dangaya; woselbst eine Tagereise, oder ein Marsch von ohngefähr neun Stunden, sieben oder acht Meilen ausmachen: ein Zeitraum, in welchem man, in andern Gegenden, zwölf Meilen zurück legt; in den östlichen Ländern rechnet man zehn Meilen auf eine Tagereise. Folglich gehen in einigen Gegenden mehr, in anderen wenigere Meilen auf einen Grad.

Erwägt man also die Ungleichheit der Meilen und die Krümmungen der Wege, so weiß man in der That nicht, wie viele Meilen man für einen Grad bestimmen soll.

Diese

---

*) Sed si inde meditullio unius pagi usque ad umbilicum alterius mensura sumatur.

Vorläufige Abhandlungen.

Diese Bestimmung kann aber nach einer genau beobachteten Länge und Breite geschehen; indem, sobald diese gefunden, die bestimmte Zahl für jede Gegend und jede Orts-Entfernung sich ergiebt.

Wenn nämlich die Entfernung zweyer, nördlich oder östlich entgegengelegner Oerter, das heißt, die Breite, nach der Mittagshöhe der Sonne beobachtet; die Länge aber nach Finsternissen, oder Eintritten der Jupiterstrabanten gefunden; und zugleich die, von Sachkundigen nach Reise-Meilen gemessene Entfernung dieser Oerter in Betracht gezogen worden: so wird genau erhellen, wie viele Meilen, nach Maaßgabe der Krümmungen einem Grade des Aequators entsprechen.

Alles also, auch die mannigfache Ungleichheit der indischen Meilen, wohl erwogen, kann man in den Ländern jenseit des Ganges, zwey und dreyßig dort gewöhnliche Meilen auf einen Grad rechnen; kleinere und ungleiche Meilen auf einerley Maaß zurückgeführt: und so kann eine Charte entstehen, die so verschiedne Länder Indiens frey von allen Mängeln der Ungleichheit darstelle.

Die Frage, wie viele Königs-Meilen auf einen Grad gehen, ist nicht so leicht bestimmt zu beantworten. Wenn man aber annimmt, daß zwey und dreyßig in östlichen Gegenden gewöhnliche Meilen einen Grad ausmachen, so kann man auf folgende Art schließen: Wenn sieben und zwanzig Königs-Meilen auf vierzig gemeine gehen, wie obige Tabelle S. 54 anzeigt; (indem von Lakno bis Avad 27 Königs-Meilen angesetzt werden, da nach gemeiner Angabe diese Entfernung 40 Meilen oder vier Tagereisen von Abend gen Morgen beträgt): so erhellet aus dem angestellten Verhältniß, daß 21⅗ oder beynahe 22 Königs-Meilen auf einen Grad gehen.

Dies Resultat stimmt auch genau mit der Distanz zwischen Agra und Gualiár überein; denn, nach der angeführten Tabelle sind von Agra bis Gualiar 28 Meilen, nach der gemeinen Angabe, 42: nach der Beobachtung aber findet sich, daß Agra 1 Grad und ohngefähr 20 Minuten weiter gen Norden liegt als Gualiar. Wenn man daher 32 Meilen auf einen Grad annimmt, so erhält man 1 Grad und 20 Min. für den Zwischenraum beider Oerter. Rechnet man aber 22 Meilen oder 21⅗ auf einen Grad, so erhält man fast dieselbe Summe.

Ich weiß übrigens nicht, ob dies bey allen, in obiger Tabelle angezeigten Oertern, eintrift, wenn ich es gleich von diesen beiden, deren Entfernung ich oft gemessen habe, behaupten kann. Es ist hier auch nicht der Ort, sie alle auf ein so pünktliches Maaß zurückzuführen.

Die Gymnosophisten rechnen auf einen Grad 56 Meilen 436 Ruthen (perticas), in der Landessprache Dändd genannt, 2 Cubit-Ellen (cubitus) und 4 Daumbreiten. Ein Dandd aber

aber hält 8 und ⅞ Spann (spithamas) oder 4 Cubit-Ellen; folglich machen 436 Ruthen 1744 Ellen.

Man könnte daher deutlicher so setzen, daß, nach den Gymnosophisten (oder Brahmanen), ein Grad enthalte: 56 Meilen, 1746 Cubit-Ellen und 4 Zoll.

Dies Maaß stimmt fast mit italienischen Meilen überein, deren sechzig auf einen Grad gehen. In Absicht der kleinen Uebertheilchen aber, sollte man die indischen Geometer für sehr genaue und fast gar zu pünktliche Messer halten; und doch findet man ihre Angabe, in Vergleich mit dem Meilenmaaß, viel zu hoch.

Denn auf große Meile rechnen einige 5000, andere 4000 Ellen: auf eine gemeine aber, 2857; allemal aber wird man eine Meile größer als eine kalienische finden.

Wenn also, nach den Brahmanen, eine Meile zweytausend Ruthen hält: so irren diejenigen offenbar, die so viele Meilen auf einen Grad rechnen; man müßte denn annehmen, daß die indischen Astronomen das Maaß einer Meile, so weit das Brüllen eines Ochsen oder einer Kuh gehört wird, angenommen hätten. Allein da, nach ihrer obigen Angabe und einer wirklichen Messung, eine Meile 2000 Ruthen hält, so bleibt ihnen hier keine Ausflucht.

Zum Beschluß noch etwas über die Frage: Wie viel Quadrat-Morgen Indien enthalte?

Multiplicirt man die Länge, nämlich 863 große Meilen mit der Breite 672; so erhält man 579936 Quadrat-Meilen, deren jede 25,000000 indische (Quadrat-) Ellen beträgt.

Theilt man letztere Summe durch 3600 (denn so viele Ellen gehen auf einen Quadrat-Morgen) so erhält man 6945 Morgen für eine Quadrat-Meile.

Vermehrt man aber 579936 mit 6945, so erhält man 4027,655520 Quadrat-Morgen; und dies ist der ganze Morgen-Inhalt von den 22 Provinzen.

Macht man aber diese Berechnung mit der Länge und Breite aus der Geschichte des Schahzahan (s. oben S. 59) nämlich 2000 Meilen der Länge, mit 1500 Meilen der Breite vermehrt; und das Produkt von 3000000 Quadrat-Meilen durch 6945 getheilt: so entsteht eine Summe von 20835,000000 Quadrat Morgen.

Da aber diese Länge und Breite nicht ganz; indem die geographische Länge vom Ufer des Sind-Flusses bis an die äusserste Gränze von Bengalen genommen werden muß; die geographische Breite aber vom Comorinischen Vorgebirge bis an den Berg Hinducoh: so sieht man leicht, daß weit mehr Morgen herauskommen würden.

IX. Die

Vorläufige Abhandlungen. 39

IX. **Die Eintheilung Indiens in Provinzen, und von den Bergen dieses Landes.**

Ehmals theilte man dies weitläuftige Reich in sieben und dreyßig Provinzen: dies sagt uns Johann de Laet von Antwerpen, ein emsiger und zierlicher Geschichtschreiber. Die Namen der Provinzen drückt er in folgender Ordnung aus:

1. Candhàr.	10. Panzàb.	19. Guzaràt.	29. Rakares.
2. Càbul.	11. Caschmir.	20. Khandèß.	30. Gor.
3. Multàn.	12. Bängäsch od. Peschaur.	21. Beràr.	31. Pitan.
4. Hàzican.		22. Nevàr.	32. Canduana.
5. Bucor oder Bàkàr.	13. Zengpor.	23. Gualiar.	33. Patna.
	14. Tschampa	24. Agra.	34. Zeßvàl.
6. Tatta.	15. Dehli.	25. Sambàl.	35. Mevàr.
7. Soret.	16. Bando.	26. Bikanèr.	36. Ureßa.
8. Zesselmèr.	17. Malua.	27. Nagarcott.	37. Bengàla.
9. Attàk.	18. Tschitor.	28. Siba.	

Was Canduana, Rakares, Pitan, Zeßvàl, für Länder sind, ist nicht bekannt; vielleicht sind die Namen selbst unrichtig: wenigstens zählt man diese und andere nicht unter die Provinzen.

Die Zahl der Provinzen ist gegenwärtig kleiner, indem man deren nur eins oder zwey und zwanzig zählt; denn die bergigten Provinzen, als: Zambu oder Tschampa, Nagarcott, Siba, Rakares, Gor, Pitan, Canduana, wie auch Hazikhan, Soret, Zesselmer, Peschaur, Zengapor, Bando, Tschitor, Nevar, Gualiar, Sambal, Bicaner, Zeßvàl, Mevar, sind ausgemerzt, und mit den größern unter einerley Namen gebracht worden.

Zu den gegenwärtigen zwey und zwanzig Provinzen rechnen einige Guallar, welche sonst zu Agra gezogen wird; andere, Candhar, welche vom Mogolischen Reiche getrennt und aus der Zahl der Provinzen ausgeschlossen worden.

Ihre Namen sind, (wenn wir Kandhar noch mitnehmen:)

1. Kàbul.	5. Multàn.	9. Elahbad.	13. Oreßa.
2. Candhàr.	6. Tatta.	10. Avad.	14. Guzarate.
3. Lahòr.	7. Dehli.	11. Behàr.	15. Azmèr.
4. Caschmir.	8. Agra.	12. Bengàla.	16. Malua.
			17. Ba-

17. Barâr.
18. Chandèß.
19. Aorangabad.
20. Säsarabâd, oder Bédôr.
21. Hederabâd.
22. Balagatt, ob. Ahmâdnagar.
23. Bezapor.

Die fünf letzten Provinzen hat Aorangseb durch die Macht der Waffen erobert und mit dem Mogolischen Reiche verbunden.

Einige Bemerkungen über die Berge in Indien mögen hier nicht am unrechten Orte stehen. Indien ist fast allenthalben mit Bergen umgeben; gen Morgen liegen die Moganischen und Aracanischen Berge; Nordöstlich die Camaunischen und Tibetischen, die sich bis Sina erstrecken; gen Abend die Sisestanischen; Nordwestlich der Parapomisus, und gen Norden gränzen die Cascharanischen Berge; Südost und Südwest sind wie der Mittag vom Meer umflossen.

Die nächsten Gränzen von Indien sind mit verschiednen Gebirgen besetzt: nämlich, mit denen von Kabul, Caschmir, Nagarcot, Zambu, Sirinagar, Camaun, Nepal.

Im Lande selbst fehlt es nicht an Bergen. Die Provinzen Mevat, Marva oder Odopor, Cocan, Malabar, Gundvan, Oressa, Balagat, Talanga, Dangaya; die Distrikte Rantambor, Sambarol, Razapor, Narvar, Atschent, Tschinar, Monger, Râzmahal, Morang, Aschâm und andere nördliche Gegenden, sind voller Berge und Hügel.

Aus der Höhe der Berge und Hügel, dem Lauf der Flüsse und den Tagereisen, ist zu schließen, daß die Länder jenseit des Ganges bis Tschatigän, ferner von Kabul bis an den Indus, Zemna, Ganges, gen Norden, Nordost und Nordnordwest höher liegen als die ihnen entgegengesetzten gen Mittag, Morgen und Abend; und daß eben so auch die bergigten Distrikte Mevat, Rantambor, Candâr, Odepor, Gudara, Zalor, Mandoa, Balagat, Cotta, das an Uzen gränzende Sambarol, das zwischen Borhanpor und Aorangabad liegende Atschent, und endlich Cocan, eine höhere Lage als die anderen haben.

Niedrig liegen auch die unterhalb den Bergen sich erstreckende Provinzen Lahor, Dehli, Avad und Patan.

Auch die Provinzen Marvar und Guzarat sind sehr flach.

Daß Cotta aber schon höher liege, merkt man auf der Reise; denn die Straße von Narvar bis Schopor geht Bergan über Berge und Hügel; bey der Stadt Schahabad muß man über einen steilen Berg; am Fluß Kâlisindh und bey dem Dorfe Aerli geht es ebenfalls in die Höhe.

Daß

Daß aber die benachbarten Gegenden niedriger sind als die Stadt Cotta, beweisen die Flüsse, Wildströme und Bäche, die aus den östlichen Provinzen her, woselbst sie entspringen, gen Norden strömen und fast alle in den Tschambal fließen.

Daß die Landschaft Narvar niedriger liege als der Distrikt von Gualiar bis Agra, beweisen die steilen Landstraßen (ardua viarum) bey Anteri und die hohen Hügel bey Daulpor.

Daß ferner die zwischen Bergen gelegne und an zehn Meilen von Borhanpor entfernte Stadt Dulcott, so wie die 32 Meilen von Aorangabad gelegne Stadt Arschent, höher liege, als die gen Norden gelegnen Länder, beweisen die steilen Klippen und Berge.

Daß aber Narvar, Saronz, Uzen, Borhanpor, Aorangabad im Thal liegen, zeigen die von Bergen und Hügeln herabgehenden Straßen.

Eben diese Gründe beweisen auch die höhere Lage von Gudara und Lunavera gegen der von Brodara, von welchen Oertern in der Folge mehr gesagt werden wird.

X. Einige Bemerkungen über die Einkünfte, die aus den Provinzen gezogen werden.

Ehe ich die Beschreibung der obgedachten Provinzen unternehme, wird nicht undienlich seyn, damit man einiges besser verstehe, von den **Einkünften** dieser Provinzen folgende allgemeine Bemerkungen beyzubringen.

Ehmals wurden die Einkünfte der Länder nach einer Kupfermünze berechnet, genannt Dám, welche Scher-Schah, König zu Dehli hatte schlagen lassen; sie wog zwanzig Mascha, wovon ich an einem andern Ort rede.

Vierzig Dam machten eine Rupie. Ohngeachtet aber jene Münze zur Zeit des gedachten Königs wirklich gangbar war: so hat man sie doch in der Folge nicht gebraucht, und gegenwärtig gilt sie nur als eine erdichtete Münze.

Wenn bey den heutigen Einkünften ein Unterschied bemerkt wird: so muß man ihn entweder dem Unterschiede der Zeit, oder der Dürre, der unzuträglichen Witterung und dem unfruchtbaren Boden zuschreiben; denn der Ackerbau wurde in vorigen Zeiten besser betrieben, als in der Folge, und die Ländereyen sind in Abnahme gerathen.

Die Art zu zählen bis tausend, stimmt mit der Europäischen überein; nachher aber geht sie ab; denn Hunderttausend bezeichnet man mit dem Namen Lak: hundert Lak machen einen Coror: hundert Coror, einen Aräb, oder, nach der Sanscret-Sprache, Abáz.

Ein Lák bedeutet demnach : : : 100000
— Coror , , , , , 10000000
— Aráb , , , , , 1000000000

Die Hauptsumme aller Einkünfte der Provinzen steigt auf 1333991871 Dám, oder nach der Königl. Canzley-Rechnung (Tabularium regium): 261772040 Rupien.

Stellt man aber die Rechnung selbst an und theilt man jene Summe durch 40: so erhält man 333499796 Rupien.

Einen solchen Unterschied findet man bey allen Provinzen, wovon sich jeder selbst überführen kann. Wie aber solche Fehler in die Königl. Berechnung gekommen, kann man sich nicht anders erklären als wenn man zwo verschiedene, bald eine größeste, bald eine kleineste Summe annimmt (nisi summa adstruatur alia maxima alia minima), wenn gleich jene nicht mit der Berechnung der Dams übereinkömmt.

Diese Verschiedenheit der Einkünfte, oder ihre bald größere bald kleinere Summe, die man bey jeder Provinz antrift, rührt entweder (wie bereits angemerkt worden) von dem unfruchtbaren Boden oder von der Dürre her; denn wenn das Land gut bestellt würde, und die Witterung günstig wäre: so würde die erstere Summe der Einkünfte erfolgen.

Aus den Geschichtsbüchern erhellet, daß die Summe der Einkünfte anders zu Acbars Zeiten, anders unter Schahzahan und anders unter Aorangseb gewesen; noch anders aber gegenwärtig, nachdem das Reich verheert worden, ausfalle.

Endlich kömmt noch eine andere Summe heraus, wenn alle Distrikte gut bestellt worden und keine Dürre gelitten haben: eine kleinere hingegen, wenn diese geherrscht hat, oder ein anderer Zufall eingetreten ist.

Unter der Regierung des Schahzahan zählte man nachstehende 23 Provinzen, deren Einkünfte sich auf folgende Summen beliefen:

	Dám.			Dám.
1. Dehli	1000000000	13. Avad		300000000
2. Agra	900000000	14. Talanga		300000000
3. Lahor	900000000	15. Multan		280000000
4. Azmer.	600000000	16. Oressa		200000000
5. Dolatabad	550000000	17. Kabul		150000000
6. Barar	550000000	18. Caschmir		150000000
7. Guzarate	530000000	19. Tatta		80000000
8. Bengala	500000000	20. Balch		80000000
9. Elahbad	400000000	21. Candhar		70000000
10. Bahar	400000000	22. Badachschan		40000000
11. Malua	400000000	23. Baglana		20000000
12. Chandeß	400000000			

Zusammen 8800000000 Dam.

Geographische Beschreibung von Hindustan.

1. Die Provinz Kabul.

Diese Provinz wird in Indischen Schriften genannt Kekádéß, von Kéke, Tochter des Chan's (Dynastae) von Kábul, Gemalin des Königs Däfrät von Avad, und Stieftochter des Rámtschand. Unter allen Provinzen liegt diese am meisten nach Nordnordwest. Ihre Länge erstreckt sich von der Stadt Attak, am Ufer des Indus, bis an den Berg Hinducoh oder Indienberg, und enthält 150 Meilen; die Breite aber, von Karabág, an der Gränze der Provinz Kandhar, bis Tschogán, eine öffentliche Herberge, hundert. Gen Ost und Südost liegt Caschmir; gen Nordwest sind die Gorischen Gebirge; gen Norden, Endĕráb, Badachschan und der Indienberg; gen Südwest Jörmöl und Nár.

Kabul, die Hauptstadt dieser Provinz, war der Sitz des Mogolischen Königs Bábor, der aus seinem Erbreich Maurunnahar vertrieben, nach Indien kam, Kabul erweiterte und ein Schloß bauete. Nach den Indischen Geographen liegt sie unter dem 34. Gr. 35. Min. N. Breite: nach der Meilenzahl aber, welche die Reiseroute enthält, ist es der 37. Gr. und nach der alten Amsterdammer Charte der 39ste; mehr darüber wird weiter unten vorkommen. Der Länge, von den Canarischen Inseln an, giebt man zu viel, nämlich 104°, 40'; andere zählen 94°, 40': man darf aber nicht mehr als 85° für die Länge annehmen. Sie hat drey Meilen im Umfange, ist mit Mauern von Leimen umgeben und mit Bergen umschlossen, deren einige 2 Meilen, andere eine ½ Meile von der Stadt entfernt sind.

Durch die Stadt geht ein kleiner Fluß, und wegen der benachbarten Berge gehn Bäche durch alle Straßen, aus welchen man Wasser in die Häuser der Einwohner leitet. Die Erde bringt hier alle den Europäischen ähnliche Arten Früchte und Blumen hervor. Eine den Botanikern bekannte Art Myrobolanen, hat von dieser Stadt den Namen Kábúli.

Die Witterung ist hier wie in Europa: in den Winter-Monaten fällt Schnee, und das Wasser friert zu Eiß.

Von hier bis Kandhar geht ein schmaler Paß durch die Engen der Gebirge Górbánd, woselbst mit wenig Mannschaft der Eingang in Indien leicht gesperrt werden kann.

Die Stadt hat zwey Schlösser: das eine, genannt Arkkabul, oder das innere, welches Schahzahan von Kalk und Steinen auffübren lassen; das andere von Leimen, dessen Mauern 5 Ellen dick, 8 hoch sind, und 6600 im Umfange haben.

Die Provinz Kabul.

Die vorzüglichsten Städte der Provinz sind, von Kabul aus:
1) Gegen Morgen, Begràm und Nécnâhál.
2) Gegen Mitternacht, Tscharicàr, Mandrau, Alischek, Nazràd, Locahàr, Badran, Alsa, Nachmir.
3) Gegen Mittag, der Distrikt Bängäsch, Nàr, Schloß Gardeß, und Mandàn.
4) Gegen Abend, Gasnin, Jörmöl, Górbänd, Sähäk, ein altes festes Schloß; Bamian, ein ehmaliges starkes Fort, das aber itzt verfallen ist.

Gasni oder Gasnin, auch Sábul genannt, war ehmals der Sitz der Könige und die Hauptstadt der Provinz Sábulestan, aus welcher Muhammad, der König von Gasni, und Mähmúd einen Feldzug in Indien unternahmen.

Nach einigen Schriftstellern ist die Breite dieses Orts 34°, 40′, die Länge 94°, 30′; nach dem Canon, einem Persischen Buch, 92°, 52′ die Länge, und 33°, 54′ die Breite.

Von Kabul bis Gasnin sind vier Tagereisen, (oder 46 Meilen.) Den ersten Tag reiset man 12 Meilen bis Argàndi. Den 2ten, 12 Meilen bis Jadassi; hernach 12 Meilen bis Scheschgao, und zuletzt 10 Meilen bis Gasnin.

Die vornehmste Stadt nach Kabul ist Peschauar oder Peschaur; sie ist größer und weitläuftiger als jene, und hat sechs Meilen im Umfange: sie liegt 15 Tagereisen von Lahor und 14 von Kabul; sie war ehmals mit einem Wall umgeben, der aber itzt verfallen ist; sie hat eine beträchtliche Anzahl Häuser, theils von Backsteinen, theils von Thon aufgeführt und mit Stroh gedeckt. Sie hat vier Thore, das Lahorische, das Kabulsche, das Thor Nälbändi, gegen Norden, und das Thor Satuhi, gegen Süden. Bey letzterem steht ein altes Castell mit Mauern von Leimen umgeben, ein ehmaliger Wohnsitz des Stadtrichters (praetoris).

Ahmad, mit dem Beynamen Abdáli, Fürst der Afganen, zerstörte das alte Schloß nebst den Häusern vor dem Thore Satuhi, und bauete ein neues von Backsteinen auf einer Anhöhe, wobey der Gouverneur (illius administer) einen Garten anlegte.

Eine Viertelmeile von der Stadt fließt ein kleiner Fluß, der aus unterschiednen Quellen entspringt.

Die Ackerleute sind Afganen und Anhänger Mahomets. Die heidnischen Kaufleute und andere von gleicher Art und Religion, halten sich der Handlung und ihres Betriebes wegen in den Städten und Flecken auf.

Der Boden trägt allerley Früchte, Getreide und Gartengewächs oder Pflanzen, ausgenommen das sogenannte Tambòl, ein Kraut von beissendem Geschmack.

Die Sprache der Einwohner hält den Pastischen Dialekt, die Vornehmeren reden Persisch.

Cohàt,

Die Provinz Kabul.

Cohàt, eine Stadt, 12 Meilen nordwestlich von Peschoar. Von hier kömmt man ins Gebirge Bángásch, welches nach der Amsterdammer Charte östlich von Caschmir liegt: wie richtig dies sey, erhellet aus dem gesagten.

Klein-Kabul, 12 Meilen südlich von Kabul.

Gorbänd ist eine bergigte Gegend, 14 Meilen von Kabul gen Kandhar; sie soll 160 enge Fußsteige zwischen den Bergklüften enthalten.

Tscharicàr, eine Stadt mit einem Schloß, 15 Meilen von Kabul, in deren Gegend man alle Arten Früchte antrift.

Aheber und Aheberi sind zwey Gebirge, wodurch ein 22 Meilen langer Weg so beengt wird, daß man auf der einen Seite lauter Berge und auf der andern Thäler und steile Abgründe antrift.

Zalalabad, eine große Stadt (Oppidum) in der Ebne, an einem Fluß, der in den Indus fließt.

Gandüma verdient auch erwähnt zu werden, weil daselbst Schnee fällt; denn sowohl hier als in dem nördlicher gelegenen Distrikt ist die Luft in den Winter-Monaten so strenge und kalt, daß statt des häufigen Regens in den südlichen Gegenden, hier lauter Schnee fällt.

Die jährlichen Einkünfte der Provinz sind nach dem Manuzzi 3207250 Rupien. Nach dem Königl. Register 161039156 Dam; diese zu Rupien gerechnet machen nicht die oben erwähnte Summe, welchen Unterschied man der Verschiedenheit der Zeit beymessen muß. Denn nach dem Register kommen 4025981 Rupien, welches die größte Summe ist, heraus: die kleinste Summe ist 1600000 Rupien.

Die Einwohner dieser Provinz, zumal die Afganen, gemeinhin genannt Pattánen, bedienen sich der sogenannten Sprache Pasto, die von dem Panzabischen und Indischen Idiom unterschieden ist, dennoch aber persische und indische Wörter enthält. Die Kabuler sind der persischen Mundart gewohnt.

Der Distrikt von Attak bis Kabul hat wenig Regen, auch keine bestimmte Regenzeit, wie die südlichen und östlichen Gegenden.

Die mit Getreide und Reiß besäeten Felder wässert man durch abgeleitete Kanäle, Bäche und Flüsse.

Das Kabulische ist reich an sehr fetten Schaafen und Hammeln, deren Schwanz über eine Spanne lang, breit und dick ist, und wie in eine Schnecke gedreht scheint, aus welchem ein anderer dünnerer in der Länge eines Fingers heraushängt. Er enthält überdies ein weißes

Fett, das man geschmolzen aufbewahrt und statt Butter zu den Speisen und Fleisch zu braten gebraucht.

Man findet Hammel von solcher Größe, daß ihr Schwanz oft 12 indische Pfund wiegt: eine Last, die ihren Gang sehr schwer macht, so daß sie noch weniger zum Laufen geschickt sind. Ihr Fleisch ist weich und vom besten Geschmack. Man hat dergleichen Hammel auch von Kabul nach Peschoar gebracht, und daselbst gezogen.

Meilenzahl der Entfernung verschiedener Oerter dieser Provinz.

Von Attak bis Peschaur rechnet man drey Tagereisen oder 30 Meilen.

Am 1sten Tage, 12 Meilen bis Akóra, eine von Afganen bewohnte Stadt.
Am 2ten Tage, 12 Meilen von Akora bis Schahabad.
Am 3ten Tage, 6 Meilen bis Peschaur.

Andere geben die Route und die Orts-Entfernungen besser auf folgende Art an:

Von dem am Ufer des Indus, über den man von Attak aus setzt, gelegenen Orte Aherabad bis Neri 3 Meil.
Von Neri bis Akóra . . 4 —
— Akora bis Girdab . . 4 —
— Girdab bis Nohschchra 4 —
— Nohschchra bis Schahabad 8 —
— Schahabad bis Zuigusar 4 —
— Zuigusar bis Peschaur 3 —

Folglich hat man von Attak bis Peschaur eine Reise von . 30 Meil. die man in drey Tagen zurücklegt.

Es stimmt auch diese Meilenzahl mit jener überein, wenn gleich die Stationen anders angesetzt sind.

Will man nun von hier bis Kabul, so geschieht die Reise wie folget:
Von Peschaur bis Zämrod, in einem Tage . . . . 7 Meil.
Von da bis Alimäzsäd, eine Moschee, ... 8 —
— — bis Lendikhana . 8 —
— — bis Hafttschah . . 8 —
— — bis Degá . . . 5 —
— — bis Báricáb . . 6 —
— — bis Zalalabad . . 10 —

Zusammen 52 Meil.

Khébĕr und Khébĕri sind Berge, die man zu besteigen hat. Ohngefähr 24 Meilen ist der Weg enge, so daß wenige Leute ein ganzes Heer daselbst

Andere zählen von Haftschaha bis Khébĕr . . . . 8 Meil.
Von Khébĕr bis Khébĕri . 8 —
— Khĕbĕri bis Zalalabad . 8 —

Die Provinz Kabul.

daselbst abhalten können. Man nennt ihn daher den **Kheberischen Paß** (Fauces Kheberinae).		
Von Jalalabad geht eine breite Straße bis Jateabad	6 Meil.	
— Jateabad bis **Nimbula**	6 —	
Von da bis **Gandüma**	6 —	
— — bis **Sorchab**, so genannt nach einem kleinen rothen Fluß	6 —	
Von **Sorchab** bis **Jägdäli**	6 —	
Von da bis **Scherdahàn**	5 —	
Von da bis **Tést**		8 Meil.
— — bis **Chordkabul** oder **Klein-Kabul**		5 —
Von **Chordkabul** geht ein sehr schlimmer holprichter Weg bis **Kabul**, die Hauptstadt der Provinz. Die ganze Strecke beträgt		12 —
Denn von **Chordkabul** bis **Büdacák** sind		5 Meil.
Von da bis **Cótälyeclàng**		4 —
— — bis **Kabul**		3 —
	In allem	**60 Meil.**

Hiezu obige 52 Meilen von Peschaur bis Jalalabad, machen zusammen 112 Meilen. Man sieht hieraus, daß die Strecke von Peschaur bis Jalalabad kleiner ist, als die von Jalalabad bis Kabul.

Der Grad der Breite von Kabul ist schwer zu bestimmen; man kann sie nur nach der Meilenzahl der Orts-Entfernungen angeben, indem sie bisher, so viel mir bekannt ist, noch von niemanden astronomisch gesucht worden; damit ich aber auch hierinn nichts übergehe, noch die Erwartung meiner Leser täusche: so habe ich lieber etwas ungewisses hersetzen, als gar nichts davon berühren wollen.

Man bemerke also, daß eine Tagereise in dortigen Gegenden gemeiniglich 12 Meilen betrage, die man in sieben Stunden zurücklegt: daß aber in den östlichen Ländern auf 12 Meilen, mehr als neun Stunden zugebracht werden.

Rechnet man also auf jeden Grad 38 oder 40 indische Meilen, welche in den nordöstlichen Ländern kleiner sind: so wird man finden, daß die Stadt Kabul von Dehli volle zehn Grade weiter gegen Norden entfernt sey; welches auch mit der zu Amsterdam bey Schenk und Valk gedruckten Charte, die der Stadt Kabul 39 Grad nördliche Breite giebt, übereinstimmt.

Da man aber nicht weiß, wie weit Lahor, Attak, Peschaur und Kabul sich gegen Norden zugleich Abendwärts wenden: so wird uns die Polhöhe dieser Oerter ebenfalls so lange unbekannt seyn, bis ein geübter Astronom jene Gegenden betritt, und nach der mittäglichen Sonnenhöhe die Polhöhe ausfindig macht.

In

48 Die Provinz Kabul.

In andern chorographischen Charten findet man keine geringere Polhöhe der Stadt Kabul angemerkt, als sechs und dreyßig Grad; setzt man nun hiezu noch zwey Grade; so wird man so ziemlich eine richtige Polhöhe erhalten.

Weiter aber läßt sich nichts, und auch dies noch sehr ungewiß, bestimmen, bis man zuverläßigere Angaben erhalten wird; indem die Europäer jene Polhöhe nur von andern angenommen und in die chorographischen Charten eingetragen haben, da sie selbst keine genaue Kenntniß der Oerter hatten, und mehr auf Muthmaßungen als Erfahrungen bauen mußten: wie viel Glauben aber vollends die in der Erdbeschreibung unwissenden Einwohner verdienen, kann man leicht erachten.

2. Die Provinz Kandhár.

Sie hat ihren Namen von der Stadt Kandhar und ist von großem Umfange. Der Großmogol hatte sie den Persern entrissen, die sie aber in der Folge wieder eroberten.

Ihre länge von Bochára bis an die Gor'schen Gebirge und Grizestan beträgt 300 Meilen: die Breite aber vom Sindh oder Indus an bis Sárrah, 260.

Gegen Morgen gränzt sie an den Indus; gegen Norden an das Gor'sche Gebirge und Grizestan; gegen Mittag an Sevi; gegen Abend an Sarrah; Nordöstlich an Gasni. Sie ist reich an mancherley Früchten.

Die geographische länge der Stadt Kandhar ist nach einheimischen Geographen 107 Grad, 40 Minuten.

Diese Angabe aber enthält einen offenbaren Fehler. Denn wenn die länge von Kabul, welches Nordöstlich gegen Kandhar liegt, nur 104 Grad 40 Min. beträgt; wie kann denn Kandhar 107° haben?

In Absicht der Meilenzahl durch Reiserouten finden sich nur 83° 40'.

Die Breite ist nach eben gedachten Geographen 33 Grad; nach anderen erfahrneten 35°.

Gegen Morgen hat die Stadt die Oerter Duki, Nastak, Schàl, Mastak, nebst den Tschehelcoh oder 40 Bergen, in welchen verschiedne Afganische Geschlechter wohnen, als die Pänner, die Abbáler, die Chamber, die Maluchánen.

Gegen Mittag liegt das sehr feste Schloß Kalát, und Schéräbäk, wo auch Afganische Völkerschaften wohnen, als die Saker, die Mirchánér, und die Masbáner.

Gegen Norden liegt das Schloß Barlùc, Hafára Dehla, Hafára Dize Pezio. Ueberdies noch der Landesdistrikt Tarin, in welchem ein sehr starkes Fort liegt.

Gegen

Die Provinz Kandhar.

Gegen Abend: Carrir, der Distrikt Dawwar, Syachana, das Schloß Caschäk.

Kandhar ist eine weitläuftige Stadt mit Mauern und Graben umgeben; sie hat vier Thore, Aschúri, Bauli, Chedári und Pascärn.

Zwey Forts dienen der Stadt zur Schutzwehr.

Der Mogolische Kaiser Schahzahan umzog sie mit einer Mauer von Leimen, führte auch um die Schlösser Dolatabad und Mandui eine Mauer und ließ noch eine andere Mauer auf einer Anhöhe errichten.

Durch die Stadt fließt der Hermend, der zwischen Balch und Kabul entspringt.

Von Kandhar bis Multan rechnet man 300 gemeine Meilen oder 160 Königs=Meilen.

Von Multan bis an den Indus sind 14 Meilen; von da bis Ursch 31; von da bis Mastani 28; von da bis Kóscház 46; von da bis Kandhar 41 Königs=Meilen.

Im Distrikt von Kandhar sind 60 Kastelle.

Das Kastell Soelád liegt 10 Parasangen von Koschäk.

Das Kastell Váttäk liegt 12 Parasangen von Bost, gegen Korát zu.

Dicht an dem Kastell Bóst fließt östlich der Hermend; dann ist Zinßi das nächste Kastell, nach richtigern Schriftstellern genannt Chansi.

Das Kastell Kólát liegt 5 Tagereisen von Kandhar.

Die mahometanischen Geographen zählen von Kandhar bis Aspahan 466 Meilen.

Von Kandhar bis Bost sind	31 Meil.	Von Herát bis Máschád	75 Mell.
— Bost bis Korát ,	58 —	— Maschad bis Aspahan	249 —
— Kórat bis Herát ,	50 —		463 Meil.

Der letzte Weg geht durch viele Umwege.

Von Kandhar bis Kabul sind 114 Königs=Meilen.

Die jährlichen Einkünfte dieser Provinz, (die aber itzt vom Mogollschen Reich getrennt ist) betrugen: 507500000 Dám.

3. Die Provinz Caschmir.

Die länge der Provinz Caschmir, welche die Indier das irdische Paradies nennen, beträgt von Kabrutär bis zum Kischängänga 120 M.; die Breite ist ungleich kleiner, indem sie nur fünf und zwanzig Meilen enthält.

Nach andern Geographen beträgt die länge von Caschmir, besonders genommen, von Morgen gen Abend, 40 Meilen; die Breite, von Norden gen Süden, 20: die größte Breite aber 25 Meilen.

Die Provinz Caschmir.

Nach dem Geschichtschreiber des Schahzahan, beträgt die Länge dieser Provinz von Süden nach Norden, oder von Vernäk bis Davaracótäl, ein Ort, der zur Vogtey Väzänkhára gehört, 100 gemeine Meilen: die Breite aber, von Morgen gen Abend, oder von Cócäbgir bis Seróspör, eine zur Vogtey Bálgöl gehörige Dorfschaft (pagus), 30 Meilen. Man muß jedoch das erstere Maaß der Länge und Breite beybehalten.

Oestlich dieser Provinz, liegt Parestan und der Fluß Tschinab; südöstlich, Mánbál und die Gebirge von Zambu; nordöstlich, Groß=Tibet; westlich, Pacli und der Fluß Kischenganga.

Südwestlich liegt der Distrikt der Gäkären, die um das Jahr 1200 den Mahometismus annahmen; nordwestlich, Klein=Tibet.

Diese Provinz hat 44 Vogteyen (praefecturae).

Die Städte und Flecken (oppida et pagi) dieser Provinz sind folgende:

Oestlich liegt Anz; Bärtäk; Bärnäk; Dehi.

Nordöstlich, Pehäk; Dätschänpora, an der Gränze von Groß=Tibet, am Fuß eines Berges; Kanvärpára; Cathàr; Mandadùn an der Gränze von Groß=Tibet; Mättän.

Südöstlich liegt Adon; Antschah; Pánhál; Bátu; Deussar; Syepor; Súrsämän; Schahdara; Schocaruda; Nagao (Nagaum); Vèr.

Nordwestlich, Rettenghar; Coyehamùn.

Südwestlich, Endergol; Bärspor; Pättän; Bángöl; Bárvi; Tilgàm; Danisso; Dätschäncauvra; Aboi; Gardähàr; Camráz, eine ehmalige große Stadt, die 74000000 *) Häuser gehabt haben soll; eine abgeschmackte Hyperbel, indem eine solche Anzahl Häuser allen Glauben übersteigt.

Einige zählen tausend Dörfer (pagos), die zu dieser Provinz gehören, andere zweytausend, noch andere dreytausend.

In diese Provinz führen 25 Wege, deren zwey Haupt=Wege sind, nämlich von Pácli und Bembhár.

In den Gebirgen gräbt man Onyr, aus welchem man kleine Gefäße macht.

Zu dieser Provinz gehören drey Herrschaften (Dynastiae): Pacli, Saváo, Bäzór.

Die Herrschaft Pacli ist 35 Meilen lang und 25 breit. In diesem Distrikt wachsen Erbsen und Gerste, Pfirschen und andere Früchte. Oestlich liegt Caschmir; nördlich Katùr; südlich, gegen Attak, der Distrikt der Ghakaren, die auch Dämtór und Pacli, und den Distrikt zwischen dem Sindh und dem Behar bewohnen.

Die

---

*) Septuaginta quatuor millies millia. (Not. Ant.)

Die Provinz Caschmir.

Die zwote Herrschaft, Savád, enthält auch den Distrikt Bembhar, der 16 Meilen lang und 12 breit ist.

Bēmbhär hat östlich Pacli, nördlich Katùr und das Königreich Caschgar; südlich Attak; westlich den Distrikt Savad, der 40 Meilen lang und 15 breit ist.

Die Herrschaft Savad selbst hat östlich Bhembär, nördlich Kátùr und Caschgàr; östlich Bicra und westlich Bazor. An dieser Gränze findet man eine Eisengrube.

Die dritte Herrschaft, Bazor, ist 15 Meilen lang, 15 breit; östlich hat sie Savad; nördlich Katùr und Caschgar; westlich Bicra.

Dānēschgòl ist ein zwischen Bergen und zwey Flüssen gelegner Wald, 30 Meilen lang und 25 breit. Die Flüsse sind der Indus und der Kabul, dieser so genannt, weil er von Kabul herfließt.

Das Gebiet Dúrbenùn und Ißachél hat gegen Westen Kabul; ehmals bewohnten dasselbe die Scharanischen, Caranischen, und Ritischen Afganen.

Panpor ist ein Ort ohnweit Caschmir, am Behat, woselbst Safran wächst.

Vatnipor und Panz Bātára sind auch am Behat gelegen.

Untsch, ein Ort, woselbst man zwey Brunnquellen antrift.

Matschibòn, ein wasserreicher Ort (Locus est aquis irriguus).

Bey Atschùl entspringt ein Fluß.

Vernàk ist ein sehr angenehmer Ort, woselbst aus dem Zusammenfluß verschiedner Bäche der Behät entsteht.

Die Volkssprache stimmt hier weder mit der Panzabischen noch mit der zu Dehli und Agra gebräuchlichen Indischen, noch mit der Sabulestanischen Sprache gänzlich überein. Man redet übrigens auch Persisch; man bedienet sich der Sanskretischen, den Gelehrten gewöhnlichen, Charaktere.

Die jährlichen Einkünfte dieser Provinz betragen: 3505000 Rupien; nach dem Ma-nuzzi, 229911987 Dam.

Die größte Summe ist:	,	,	,	2962594 Rupien.
Die kleinste	,	,	,	2404969 —
Nach andern	,	,	,	2500000 —

Nähere Beschreibung der Provinz und der Stadt Caschmir.

Auf der Reise von Lahor nach Caschmir kömmt man innerhalb zehn Tagen an einen sehr schroffen, schwarzen Felsen, genannt Bämbhär, der Paß, oder das Thor von Caschmir, das gleichsam den Zugang dahin eröfnet.

Sobald man dies überstiegen, so trift man nicht nur ein fast europäisches Klima an, sondern auch Pflanzen, Bäume und Früchte, die mit den europäischen viele Aehnlichkeit haben.

In der Geschichte, die auf Befehl des Mogolischen Kaisers Jahangir verfasset worden, lieset man, daß diese Provinz ehmals Sätiffär genannt worden, oder der See der Sati oder Párbáti, Gemalin des Mahadeo, deren Vater daselbst wohnte.

Man findet auch den Namen Cäschäpmér, von Caschap, einem Enkel des Brahma und mér, ein Berg oder Wohnort.

Der ächte Name dieser Provinz und der Stadt ist also Cäschäpmér, den die Mahometaner in Caschmir verdrehet haben.

Die Brahmanen versichern, daß diese ganze, mit Bergen und Felsen umgebne Provinz ehmals unter Wasser gestanden und ein See gewesen, der aber endlich durchgebrochen und abgelaufen sey, so daß der Boden wohnbar worden. Dies scheint aber daher kaum glaublich, weil die Felsen sehr hoch und weit ausgedehnt sind.

„Ich glaube vielmehr," sagt der gelehrte Bernier, der zu Aorangsebs Zeiten Caschmir durchreisete, „daß durch eine Erderschütterung, die man hier häufig verspürt, irgend ein „Schlund sich eröfnet, der den unermeßlichen See verschlungen habe."

Allein man braucht hier keine Erdbeben anzunehmen; denn wenn der Fluß Behat einen Weg fand, sich von steilen Höhen herabzustürzen: so hätte durch eben diesen Weg auch der See ablaufen können, der gleich einem Meer die Ebne von Caschmir bedeckte. Man weiß aber bis itzt noch nicht, welche Lage diese Provinz, ob diese oder eine andere, nach der Sündfluth gehabt hat.

Ferner ist diese Ebne mit Hügeln, Obstbäumen und allen Arten Getreide versehen. Die Berge von Gros- und Klein-Tibet umgeben sie; und nähere sind stark mit Bäumen bewachsen. Wilde und zahme Thiere findet man überall auf den Anhöhen der Berge.

Alle diese Berge aber sind mit noch höheren mit ewigem Schnee bedeckten Spitzen umgeben. Aus den Berghölen rinnen unzählige Bäche, die der Landmann ableitet, um Ebnen damit zu wässern, auf welchen er Reis bauet: die Bäche selbst aber fließen nach und nach zu einen ziemlich großen schiffbaren Fluß zusammen, der, sobald er die Hauptstadt der Provinz,

Die Provinz Caschmir. 53

vinz, mit gedachtem verstümmelten Namen Caschmir benannt, vorbeygeflossen, eilf Meilen davon, (zu Wasser bey nahe 15) am Berge Baramula durch enge und steile Klüfte hindurchströmt, in verschiedne Wildströme zertheilt, über Felsen herabstürzt (per scopulos devolvitur) und bey der Stadt (Opp.) Mähässän, 250 Meilen von Caschmir, sich mit dem Tschinab vereinigt.

Die vielen Bäche und Quellen machen das Land so reizend und fruchtbar, daß es einem völligen Garten ähnlich sieht. Alles ist mit Blumen, Pflanzen und Bäumen bedeckt, die ansehnliche Früchte tragen, wenn sie gleich von den europäischen an Geschmack, Mannigfaltigkeit und Menge übertroffen werden: übrigens findet man hier auch Europäern unbekannte Pflanzen und Kräuter.

Die Hauptstadt, (auch) Sirinägär genannt, ist ein offner Ort, eine gute halbe französische Meile lang, aber kaum eine halbe breit. Andere schätzen die Länge auf vier indische Meilen. Sie liegt in einer weiten Ebne am hohen Ufer (ad crepidinem) eines Sees, zwey indische Meilen vom Gebirge ab.

Der sehr große See, von ohngefähr vier Meilen im Umfange, entstehet von den, aus den Gebirgen rinnenden, Bächen und Quellen. Um die Ueberschwemmungen desselben zu verhüten, hat man ihn durch einen Kanal in den mitten durch die Stadt gehenden Fluß abgeleitet. Es fließen auch noch zwey andere kleine Flüsse, Mär und Lärsch durch die Stadt, von welchen ersterer auszutrocknen pflegt. Sieben hölzerne Brücken verbinden beide Theile der Stadt, deren ebenfalls hölzerne, an beiden Ufern des Flusses gebauete Häuser und Gärten den reizendsten Anblick verursachen.

Man darf sich eben nicht wundern, daß die Häuser von Holz erbauet sind, da das Land einen Ueberfluß an Bäumen hat, die von den Gebirgen herab durch Bäche und Flüsse sehr leicht in die Ebene gestößt werden. Am Ende der Stadt sieht man einen von den übrigen abgesonderten Berg, auf dessen Gipfel Häuser, eine Moschee und schattigte Bäume stehen; daher er auch Saripärbät, oder der grüne Berg genannt wird.

An dem andern Ende der Stadt erblickt man ebenfalls einen Berg mit einer Moschee und einigen Ruinen eines alten Tempels, den die Mahometaner den Thron Salomons nennen; indem diese unwissenden Leute (gens stolida) glauben, Salomon habe hier seinen Sitz gehabt, und habe zweyen Knechten, Cäschäf und Mir, befohlen, das Wasser aus dieser Gegend in eine andere abzuleiten; welches offenbar eine ungereimte Fabel ist.

Am See, der mit anmuthigen Inseln geschmückt ist, erblickt man unterschiedne Gärten, unter welchen der königliche Garten, genannt Schalimär, ohnstreitig der vornehmste ist.

G 3　　Man

Man geht dahin über einen gepflasterten an beiden Seiten eingeschlossenen Kanal, der mit gleich weit von einanderstehenden Bäumen besetzt ist, aus welchem verschiedne Springwasser mittelst bleyerner und steinerner Röhren aus kleinen Oefnungen hervorschießen. Diese Allee führt gerade auf das mitten im Garten stehende Gebäude, dem ein anderes in einiger Entfernung entspricht. Diese prächtigen Gebäude liegen mitten im Wasser, über welches zwey Brücken führen.

An der nördlichen Seite der Stadt liegt das Schloß, genannt Vetschärnäg, der Wohnsitz des Statthalters der Provinz; an der südlichen Seite liegt Alamär; an der östlichen die Brücke Kätcädäl; an der westlichen Zetschbäl.

Von der Herberge, welche von den 7 Ahornbäumen den Namen hat, bis Vetschärnäg zählt man sieben Meilen.

Von Dolatchän östlich, bis Jöga westlich, drey Meilen.

Vernag ist ein anmuthiger Ort, wohin sich die Einwohner zur Erholung begeben.

Die geographische Breite dieser Stadt beträgt 34 Grad 40 Min. Die Länge, von den Canarischen Inseln an 93°; nach andern richtiger 90°.

Die Einwohner sind weiß an Farbe: von sanftsamen Geist, schlau und listig; sie waren ehmals der Abgötterey ergeben; in der Folge aber haben die meisten die Lehre Mahomets angenommen. Sie sind vortrefliche Bildschnitzer, und wissen Holz sehr künstlich zu bearbeiten. Aus sehr weicher Wolle fertigen sie das feinste der Seide ähnliches Tuch, womit Reiche und Vornehme im Winter das Haupt bedecken: man nennt es Schäl, und verschickt es in verschiedene entlegene Länder.

Einige, und mit ihnen Bernier, wollen die Caschmirer von den Juden abstammen lassen, weil die Gestalt und Gesichtszüge beider Völker viele Aehnlichkeit mit einander haben. Dies ist aber eine irrige Meynung. Denn da die Caschmirer ursprünglich abgöttische Abkömmlinge von Caschap dem Enkel des Brahma sind, und ihre Gebräuche sehr von den jüdischen abgehen, (wenn sie gleich in einigen Stücken übereinstimmen); da sie ferner die Beschneidung verabscheuen und Schweinefleisch essen: so kann man sie ohnmöglich von den Juden, diesen Feinden der Abgötterey, ableiten. Diejenigen Caschmirer aber, die die Beschneidung halten, und das Schweinefleisch meiden, sind Mahometaner, und in so fern freylich den Juden ähnlich. Den Thron Salomons in Caschmir haben auch nicht die Heiden, sondern die einfältigen Mahometaner erdichtet.

Unter andern Wundern der Natur sieht man hier auch eine Quelle, drey Tagereisen von Caschmir, vier geometrische Fuß breit und hoch. Das wunderbare dabey ist, daß sie im

May,

Die Provinz Caschmir.

May, wenn die Sonnenhitze anhebt, vierzehn Tage durch dreymal des Tages kochet (ebulliat), nämlich früh, Mittags und Nachmittags. Die Ursache dieser merkwürdigen Erscheinung ist diese: die Sonnenhitze schmilzt den Schnee des Berges, das Wasser fließt durch die Bergritzen, oder unsichtbare Gänge herab, sammelt sich in eine Höle und quillt so hervor. Sobald nun die Sonne die Morgenseite verläßt, und sich zur mittäglichen wendet, so schmilzt sie auch den daselbst befindlichen Schnee, dessen Wasser sich denn gleichfalls durch die Bergritzen herab in jenes Behältniß ergießt. Mittags geht die Sache langsamer, entweder wegen der Schatten der Bäume, oder weil die Sonnenstrahlen nicht so sehr auf den Schnee wirken; daher auch die Quelle langsamer zu kochen pflegt.

Die Heiden nennen diese Quelle Barári Sindh, begeben sich haufenweiße dahin und baden sich mit dem Wasser, welches sie für gesund halten.

Auf dem Berge Mán, 25 Meilen östlich von Caschmir, entspringt der Fluß Lédèr, der durch andere Bäche verstärkt gegen die Stadt fließt.

Der kleine Fluß Patálgánga entspringt bey dem Garten Eschbär und fließt bey Anandissör in den Behat.

Der vornehmste Fluß ist der Behät, der auf dem Berge Zetschcara, 40 Meilen von der Stadt, entspringt, und von da gegen die Stadt, und mitten durch dieselbe fließt.

Anhang einiger Nachrichten von Caschgar, Tibet, und andern umliegenden Gegenden.

Der Provinz Caschmir liegt nordöstlich Caschgár. Der kürzeste Weg dahin geht durch Gros-Tibet; weil man aber nicht durchgelassen wird: so geht man durch Klein-Tibet in folgender Richtung:

Zuerst bis Gurtsch, eine kleine Stadt und Gränzort des Caschmirischen Gebiets, vier Tagereisen weit; von da acht Tagereisen bis Ascard, die Hauptstadt von Klein-Tibet; von da bis zur Stadt Schákár. Dann geht es 15 Tagereisen durch dicke Wälder bis an die Gränzen von Klein-Tibet; nach andern 15 Tagereisen bis Caschgár, die ehmalige Residenz des vorigen kleinen Königs; jzt ist es Yarcánd, zehn Tagereisen nördlicher.

Von Caschgar bis Chatay, oder die an Sina gränzende Tartarey, auch das nördliche Sina genannt, ist eine Reise von zwey Monaten, welche die Kaufleute in Gesellschaft machen. Sie holen daher das wider die Lustseuche dienende sinesische Holz, das augenstärkende Mamiron und die vortreflich abführende Rhabarber, und bringen diese Waaren nach Persien. Einige gehen von Chatay über Lassa nach Indien zurück.

In

In Tibet, welches fünf Monate mit Schnee bedeckt ist, trift man sehr weiche Wolle an, genannt Tuß; ferner Muskus und weiße Kuhschwänze, die wegen ihrer weichen Haare von den Vornehmen zu Fliegenwedel gebraucht werden, nachdem man sie vorher mit einem silbernen Heft versehen lassen. Man findet auch daselbst einen sehr harten Stein von grüner Farbe und weißen Streifen, den man mit Edelsteinstaub zu allerley Gefäßen und Heften formet.

Tibet steht unter einem eignen regierenden Herrn, genannt Lama Goru, oder der große Meister; er ist vom geistlichen Stande und vom Einsiedler-Orden und wird gleich einem Gott verehrt; er befiehlt in allen geistlichen und weltlichen Sachen der dortigen Völker; ein Beweis, sogar bey Heiden, daß Scepter und Hirtenstab sehr wohl mit einander vereinigt seyn können, ohne in Collision zu gerathen.

Als die Afganen unter der Regierung des Ulügbeg, der die Provinz Kabul beherrschte, aus derselben vertrieben wurden, so begaben sie sich in die Gebirge Estekär und Längánár.

Die Gebirge von Savad und Bajor sind 30 Meilen lang; ihre größte Breite enthält 20, ihre kleinste, 15 Meilen.

Zwey Striche dieses Distrikts werden von dem Fluß Nilab bewässert: ein anderer aber von einem Fluß, der von Kabul her, und nahe bey Noschchra vorbeyfließt. Die ganze Gegend ist nördlich mit Bergen umgeben.

Tschátschäl ist ein Fort an der Gränze von Pacli. Von dem Uebergange des Flusses, Sarga und Thúrmotáni genannt, bis Attak sind drey Meilen.

Bey der Vereinigung mit dem Harún theilt sich der Nilab in drey Aerme, und geht von da durch den Distrikt der Jssoffeischen Afganen.

Ohänd, ein Ort am Gebirge Dans (ad montana Dansa).

Noch gehören zu diesem Distrikt Panzpir und Mörgès; auch ist hier ein Fluß, Namens Panzpir, an dessen linken Seite der Flecken (pagus) Tschänd liegt.

Tschätschàr liegt an dem Savadischen Paß.

Schahbàsghàr, ist eine Vestung; Gîrmár, ein Berg; den Distrikt darzwischen bewohnen Jssoffeische Afganen.

Längàrcott, eine Veste in eben der Gegend.

Meilenzahl der Reisewege.

Von Lahor bis Caschmir gehen vier Wege: der erste ist der Paclische Weg, der längste und beschwerlichste, indem er beständig über Berg und Thal geht. Er erstreckt sich auf 154 Königs Meilen, jede zu 200 Morgen gerechnet. Der Schnee schmilzt hier so wie er fällt.

Die Provinz Caschmir.

Der zweyte geht auf Tschoniuk und von da nach Caschmir. Die ganze Reise beträgt 102 Meilen.

Der dritte, über Púnz, beträgt 100 Meilen.

Der vierte, über Pirpanzàl, ist der kürzeste, indem er nur 80 Königs-Meilen und 112 gemeine Meilen beträgt.

Nach folgender Reiseroute kommen für den Weg von Lahor bis Caschmir 165 gemeine Meilen heraus.

Von Lahor bis Altschisaray, oder die Gesandtschafts-Herberge (Diversorium Legati), sind , , , , 4 Meil.
Von da bis Sáselabad , , 8 —
— — bis Polschahdóla , 6 —
— — bis Emnabad , , 6 —
— — bis Gäkärtscheschma 12 —
— — bis Vasirabad , , 12 —
Ohnweit Vasirabad setzt man über den großen Fluß Tschinab und kommt nach Guzarat, von Vasirabad entfernt , , , , 5 —
Diese Entfernung muß mit andern verglichen und der Unterschied bemerkt werden.
Von Guzarat bis Dólǎtnagar 8 —
Von da bis Cathra, ein Kloster vom Essätyar Ahan erbauet, , 5 —
— — bis Bheinbar , , 5 —
Von hier bis Caschmir, den kürzesten Weg genommen, sind 33 Königs-Meilen, gemeine aber weit mehr; denn
Von Bhembar bis Sähätabad sind , , , , 12 —
Tieffenth. Erdbeschreib.

Unterweges kömmt man an einen hohen Berg, Alidak, von den Caschmirern Avadak genannt. Unten am Berge liegt das Dorf Sandi.
Von Sahatabad bis Noschchra sind , , , , , 10 K.M.
Zwischen beyden Oertern liegt der Berg Camàn Goscha.
Von Noschchra bis an die Herberge, welche den Namen des Tschanges führt , - , , , 10 —
Auf der Hälfte des Weges kömmt man an eine andere Herberge, Namens Orschäk.
Von Tschanges bis Razavar sind 10 —
Auf dem halben Wege liegt Morádpor.
Von Razavar bis Thána , 10 —
Von da bis Pärnigolá , , 7 —
Unterweges kömmt man an den sehr hohen Berg Rettenpinzär.
Von Behranigala bis Poschána sind nur , , , , 6 Meil.
Es ist zweifelhaft, welches der achte Name sey, da man sowohl Beh-
H   rani-

ramgala als Parmgola liefet; doch ist der letzte beyzubehalten.

Von Poschana bis Hirapor sind 12 —
Unterweges erreicht man zwo Herbergen, Eliabad und Saraisocta.

Von Hirapor bis an die wohlgebauete Herberge, Schazamarg genannt, sind   6 Meil.
Zwischen beiden Orten liegt Raniuabád.

Von Schazamarg bis Rhanpor sind   6 —
Von da bis Caschmir, nur   5 —

Zusammen 165 Meil.

Da man kleinere Meilen angenommen, so ist die Anzahl derselben ein wenig zu groß ausgefallen.

Nach dem Verfasser der Geschichte des Schahzahan sind die Ortsentfernungen so angegeben:

Königs-M.

Von Bhembar bis Tschokihäthi sind   4 —

Dieser Ort liegt sehr anmuthig an einem See, und führt den Namen von zweyen, in Felsen gehauenen Elephanten-Bildern.

Von hier bis Nohschchra sind   4 —
Dicht an diesem Orte fließt ein sehr klarer Fluß, an dessen Ufer Akbar ein Fort erbauet hat.

Von da bis Tschangeshathi sind 4¼ —
— — bis Razor oder Razavar 5¼ —
— — bis Thána   4¼ —
— — bis Parmgola   3¼ —

Rettenpinzàl, ist ein Berg, zwischen Thana und Parmgola, aus welchem sehr klare Bäche strömen.

Parmgola gleicht einem irdischen Paradiese, indem der Berg Rettënpinzàl, an dessen Fuß es liegt, mit mannigfarbnen Blumen geschmückt und mit blumenreichen Bergen umgeben ist. Die ganze Höhe desselben beträgt zwey Königs-Meilen. Durch das Thal schlängelt sich ein Fluß, der aus dem See Paria hervorströmt.

Von Parmgola bis Poschàna, das gleichsam den Fuß des Berges Rettënpinzal ausmacht, sind   2 Meil.

Von Poschana bis Sari Muhammadkuli, nämlich die von Muhammadkull erbauete Herberge   3¼ Meil.

Von Sari Muhammadkuli bis an die abgebrannte Herberge Saraysochta sind   3¼ —

Der

Die Provinz Caschmir.

Der Weg geht sehr beschwerlich und enge über den Gipfel (per umbilicum) eines Berges.	Von Herapor bis Schazamarg	4 Meil.
	Von da bis Canpor	3 —
	— — bis Caschmir	5 —
Von Sarayſochta bis Herpor ſind 3¾ Meil.	Zuſammen	50¼ Meil.

Eine andere ſehr bewanderte Straße, welche die Kaufleute von Nazibghar, einem von dem Afganen Nazib erbaueten Schloſſe, welches unten vorkömmt, bis Caſchmir nehmen, hat folgende Stationen:

Man geht nämlich auf Alämnägär, Därmpor, Sahäränpor, Täzpor, Gülär, Nähn; von da geht es in die Höhe aufs Gebirge. Sodann auf Belaspor, Zála, Zoáli, Haripor, Macróta, Baſſóli, Badroa, Caſchwár, und endlich bis Caſchmir. Die Entfernungen dieſer Oerter ſtehen andernswo angemerkt.

Folge der heidniſchen Könige von Caſchmir, aus einer Perſiſchen Beſchreibung der Provinz Caſchmir gezogen.

Cäſchäp, ein Sohn des Maritſch und Enkel des Brahma tödtete den Zäldew; leitete das Waſſer, auf welchem dieſer ſich aufgehalten hatte, anders wohin ab; machte das Land Caſchmir wohnbar; rief aus allen Gegenden die Brahmanen herbey, und ertheilte ihnen Wohnſitze.

Da nun Caſchmir von Brahmanen und ihren Nachkommen voll war, die einen Regenten und Beſchützer nöthig hatten: ſo hielt man beym König von Zanibu um einen der Regierung fähigen Mann an. Der König genehmigte die Bitte, und ſchickte ihnen ſeinen Sohn.

Die Nachkommen deſſelben beherrſchten die Provinz 653 Jahr, bis zu jener blutigen Schlacht zwiſchen den Corvánen und Pandvanen, in welcher der König von Caſchmir, Aknändän, das Leben einbüſſete.

Was ſich vor dem Aknandan zugetragen, haben die Geſchichtſchreiber nicht aufgezeichnet. Aknandan wurde von Bälbädär bey Mathra getödtet. Er regierte 17 Jahr.

Dämódär, ſein Sohn, regierte 10 Jahr; er wurde von den Anhängern des Kriſchen umgebracht, der die Regierung der Gemalin des Dämódär, Namens Zeovati übertrug, deren Sohn Diälcänd gleiches Schickſal mit dem Vater und Großvater hatte, indem er von den Pandvanen getödtet wurde.

Nach Dialcand herrſchten 37 andere über Caſchmir, deren Namen aber nicht bekannt ſind.

Nach dieſen folgte Lulu, der die Stadt Lulu bauete, in welcher 800400 Häuſer waren. Er regierte 14 Jahr.

Krischen, Sohn des Lulu, regierte nicht lange.

Kakändär, Sohn des Krischen, bauete Kakapor und Ahenamo und regierte 2 Jahr.

Nach ihm regierte sein Sohn Savändär oder Sevandar. Weiter hin heißet er Sarändär.

Dem Sarandar folgte Góbhär, aus einem andern Geschlecht. Er bauete Góbhar= por und Hästibēl.

Diesem folgte sein Sohn Súrnäk, der den Distrikt Adon bebauete.

Zēnäk, ein Sohn des Súrnäk bauete Zalor im Distrikte Camräz.

Säzibär, Sohn des vorigen, bauete Samálcáß im Distrikte Cothár, und Sonár im Distrikte Dehu.

Aschók, seines Bruders Säkvät Sohn, bauete die Stadt Sír, welche 600000 Häu= ser enthielt.

Zägvák, ein Sohn des Aschok, von andern genannt Zalok, hat verschiedene Länder Indiens bis Canóz erobert.

Dem Zagvak folgte Damóbär, von den Nachkommen des Aschok.

Nach Damóbar regierten drey Brüder, Namens Hēstäk, Késäk, Késsäk.

Diesen folgte Abémän, der 5 Jahr regierte und Abepor bauete.

Dem Abemän folgte Aknändän, von andern genannt Gopinand. Er regierte 30 Jahr.

Dem Aknand folgte sein Sohn Bikhän, der 50 Jahr regierte.

Enderzit, Sohn des vorigen, regierte 36 Jahr.

Bérávän, Sohn des vorigen, unterwarf sich viele Länder und regierte 30 Jahr.

Bikhan, Sohn des vorigen, regierte 35 Jahr.

Ender wurde wegen seiner Ausschweifungen (ob stupra commissa) von seinem Bru= der abgesetzt.

Diesem folgte När, ein Sohn des Bikhan, und Bruder des Ender. Er regierte 39 Jahr.

Dem När folgte sein Sohn Sühh, der 60 Jahr regierte.

Adätbelás, Sohn des Sudh, regierte 30 Jahr.

Hëräntás, Sohn des Adat, kauete Heranpor, und regierte 60 Jahr.

Mēhërkēl, Sohn des Herantaz, regierte 70 Jahr. Man sagt, er sey über das Meer in Siam eingedrungen und habe es unterjocht; da er krank zurückgekommen, habe er sich selbst in den Scheiterhaufen gestürzt. Andere nennen ihn Hërāncól.

Bikh, Sohn des vorigen, regierte 63 Jahr.

Nänd=

Nändkét, Sohn des Bikh, regierte 30 Jahr.
Daffänänd, der diesem folgte, 52 Jahr.
Nâr, Sohn des vorigen, 60 Jahr.
Az, Sohn des Nâr, 60 Jahr. Andere lassen ihn unmittelbar auf Daffanand folgen, ohne des Nâr zu erwähnen. Man sagt, er habe die Pagode (fanum), welche der Thron Salomons genannt wird, erbauet. Andere schreiben dies Gebäude dem Gopanand zu.
Gopanand, Sohn des Az, regierte 60 Jahr. Andere lassen Gócârân auf Az folgen.
Gócârân regierte 58 Jahr.
Dessen Sohn Nârândadât regierte 30 Jahr.
Andzódefchtâr war blind und regierte 40 Jahr; nach andern 48. Wegen seiner Tyrannen jagten ihn die Unterthanen aus dem Reich. Auf der Flucht ward er gefangen und mußte Hungers sterben. Die Vornehmsten von Caschmir wählten den Partábárth, oder, nach andern, Partábadât, einen von den Voreltern des Bikarmánzit, und setzten ihn auf den Thron. Er regierte 32 Jahr.

Ihm folgte sein Sohn Zäkvâk, der 10 Jahr regierte. Ein anderer Schriftsteller übergeht den Zägväk, und läßt den Tânzâr folgen, der 36 Jahr regierte.

Da Tanzar ohne Erben starb, so wählten die Großen des Reichs den Säzi, der 8 J. reg.

Dem Sazi folgte sein Sohn Bïtfchândâr, der 32 Jahr regierte. Dieser starb auch ohne Erben, und die Großen setzten den Sindmâr, einen Brahmanen, auf den Thron, der 27 Jahr regierte.

Andere sagen, der Sohn des Sindmat, Namens Arâm, sey in der Regierung gefolgt, und habe 58 Jahr regiert.

Nach Aram, ward Méghvähân, einer von den Nachkommen des Andzodeschter, König, und regierte 34 Jahr.

Ihm folgte sein Sohn Särpätfen, genannt der König der Könige; er regierte 30 Jahr. Herân folgte seinem Vater Sarpatsen und regierte 32 Jahr.

Nach Herân fand man keine schickliche Person zur Regierung. Die Caschmirer sandten daher den Mátärkét, einen Brahmanen, an Bikarmázit, König von Malua, mit der Bitte, ihnen einen tüchtigen König zu ernennen. Er ernannte den Gesandten, der nach 6 Jahren die Regierung niederlegte und sich nach Caschi begab.

Dem Mátärketi folgte Párvârfen, ein Sohn des Turvan, Heran's Bruder; und regierte 60 Jahr.

H 3 Zodesch=

Jodeſchtär, Sohn des Parvarſen, regierte 39 Jahr.
Latſchmän, Sohn des vorigen, reg. 13 Jahr.
Siábät, Bruder des vorigen, ſoll 300 Jahr gelebt haben, und in einer unterirdiſchen Kluft nebſt ſeiner Gemalin verſchwunden ſeyn.
Sein Sohn Bicarmádät folgte ihm und regierte 20 Jahr.
Balábät, Bruder des vorigen, reg. 36 Jahr.
Durläbdurdhan, Eidam des Baladat, reg. auch 36 Jahr.
Partabádät, Enkel des vorigen, reg. 50 Jahr.
Tſchandaranand, Sohn des vorigen, regierte 52 Jahr.
Rapábéd, Bruder des vorigen, regierte 4 Jahr.
Lálátádüt, Bruder des vorigen, unterwarf ſich viele Länder und regierte 36 Jahr.
Coliabéd, älteſter Sohn des vorigen, reg. 1 Jahr, 15 Tage.
Bäzärádat, jüngerer Bruder des vorigen, regierte 7 Jahr.
Närſäſſäb regierte 4 Jahr.
Lälätbéd, Sohn des vorigen, reg. 12 Jahr.
Sangrámbéd, Bruder des vorigen, reg. 7 Jahr.
Ziádät regierte 30 Jahr.
Ziabéd, Enkel des Ziadät, reg. 22 Jahr.
Parnobéd regierte 26 Jahr.
Andere laſſen dieſe drey letzteren weg, und ſetzen den Antakabed gleich nach Sangrámbéd.
Antakabed, Sohn des Sangrámbed, reg. 3 Jahr.
Es iſt zweifelhaft, ob jene drey regiert haben, und ob Antakabed ein Sohn oder ſonſt ein Nachkömmling vom Sangrambed geweſen.
Anandbed, Nachfolger des Antakabed, regiert 2 Jahr.
Avantbéd regierte 23 Jahr. Er war von niedrigſter Herkunft. Nach andern ſoll er 28 Jahr regiert haben.
Sûrdûrma, Bruder des vorigen, reg. 18 Jahr.
Pirthitſchänd, Schwiegerſohn des vorigen, reg. 2 Jahr.
Gopáldurma, Bruder des Surdurma, regierte 10 Jahr.
Sukhanda, Mutter des vorigen, reg. 2 Jahr, und ſtarb im Gefängniß.
När, Sohn des Vaſébdurma, der die Sukhanda gefangen nahm, und abſetzte, regierte 11 Jahr.
Nach andern folgt Bárēt auf Sukhanda, der 15 Jahr regierte.

Närzit

Die Provinz Caschmir.

Närzit regierte 1 Jahr und 8 Monate.

Jakärdurma, Sohn des Närzit, reg. nur 1 Jahr. Er wurde von den Großen abgesetzt.

Ihm folgte Sänkär, mit dem Beynamen Dürdän, der aber im Treffen blieb, worauf Jakärdurma wieder den Thron bestieg und 3 Jahr regierte.

Dänt, ein Sohn des Bhärt, von andern genannt Dänmät, regierte 2 Jahr.

An dessen Stelle setzten die Großen den Surdurma, der zum zweytenmal nur einen Monat regierte. Dieser war der letzte aus dem Töpfergeschlecht, deren 11 über Caschmir geherrscht hatten. Nachdem also diese Familie verloschen war, so wählte man den

Jassicardeu, der neun Jahr regierte. Er legte die Regierung nieder und begab sich in die Einsamkeit.

Singrámdeu, Sohn des vorigen, regierte nur 6 Monate. Er wurde vom Parvardeu umgebracht.

Parvardeu regierte nur 1 Jahr und 4 Monate.

Rhèm, mit dem Beynamen Rét, Sohn des vorigen, regierte 8 Jahr.

Abémän, Sohn des vorigen, reg. 14 Jahr.

Anändkèt, regierte 1 Jahr und 1 Monat.

Trebhún, Sohn des vorigen, reg. 11 Jahr.

Bhim lehnte sich gegen seinen Bruder Trebhun auf, setzte ihn ab, und dessen Gemalin Déva auf den Thron, welche 23 Jahr regierte.

Singráz, Sohn des Oberáz, reg. 24 Jahr.

Härráz, Sohn des Singraz, reg. 22 Jahr.

Anänd regierte 26 Jahr.

Cälänt regierte auch 26 Jahr.

Angrèn, jüngster Sohn des vorigen, reg. 20 Jahr.

Härsèn, ältester Sohn des Calant, reg. 12 Jahr.

Atschèl reg. 2 Jahr. Er wurde von seinem Geheimschreiber (Scriba) Ro umgebracht, der nur 1 Tag regierte.

Sälhän, Atschel's jüngster Bruder, reg. 3 Monate und 20 Tage.

Schèl, Bruder des Salhän, reg. 7 Jahr.

Bäkbazär, Sohn des Harsèn, blieb im Treffen.

Zésing, Sohn des Schel.

Zessammdeu, regierte 26 Jahr, 11 Monate.

Përimát, Sohn des Zessammdeu, reg. 9 Jahr, 6 Monate.

Siadeu, Sohn des Perimat, reg. 9 Jahr.
Bopadeu, reg. 9 Jahr und 4 Monate.
Sesadeu, Sohn des Bopadeu, reg. 18 Jahr und 13 Tage.
Jägdeu, vom Geschlecht Patru, reg. 14 Jahr, 2 Monate. Man hat ihn mit Gift umgebracht.
Rasadeu, Sohn des Jägdeu.
Prelådtschånd, Sohn des Raktschand, Sohn des Målrschand, des Rajah von Nagårcótt, setzte den Rasadeu ab.
Prelådtschand regierte 23 Jahr und 3 Monate.
Sangrammdeu, Sohn des Rasadeu, reg. 16 Jahr.
Rámdeu, Sohn des Sangram, reg. 21 Jahr.

Dem Rámdeu folgte Lårschmåndeu, Sohn eines gewissen Brahmanen, den Ramdeu an Sohnes Statt angenommen hatte.

Indessen zog der Giftmischer (veneficus) Catschel durch Hinterlist (fraudem) die Regierung an sich und behielt sie 13 Jahr.

Nach dem Tode desselben wählten die Großen den Sahdeu, Sohn des Lårschmåndeu, der 14 Jahr regierte.

Siadeu, Sohn des Sahdeu, regierte 19 Jahr.

Råntschu von Tibet, zog die Regierung mit Gewalt an sich und regierte 2 Jahr, 6 Monate. Er nahm die Mahometanische Religion an.

Allein Schahmir, Sohn des Thábèv, Enkel des Vofûr, dem der König von Caschmir die oberste Gewalt verliehen hatte, schlug die eindringenden Türken zurück, zog die Regierung an sich und nahm den Königl. Titel an.

In einem andern persischen Buch, wird die Veränderung auf folgende Art erzählt:

Nach Sahdeu Tode bestieg dessen Sohn Arzón den Thron, der dem Schahmir die Verwaltung des Reichs und die Erziehung seines Sohnes Tschandar übergab. Arzon starb, und nun kam Ardundeu, einer von den Seitenverwandten desselben und zog die Regierung an sich. Als dieser gestorben war, erwarb Schahmir sich die Zuneigung der Armee und bestieg den Thron.

Diese Folge der Könige von Caschmir enthält viele Fehler, sowohl in Absicht der Dauer der Regierung, als der Epoche, der Thronfolge und anderer die Thatsachen betreffenden Umstände, die nicht mit einander übereinstimmen; so wie die Geschichtsbücher selbst sehr von einander abgehen.

Man

Die Provinz Caschmir.

Man darf sich aber wohl nicht wundern, daß die indischen Schriften über die Thaten, Regierungsjahre und Folge der Könige, so fehlerhaft sind; da man selbst die Europäischen davon nicht freysprechen kann.

Folge der Mahometanischen Könige von Caschmir, die, nach Mahomets Zeitrechnung, vom 748sten Jahr an, bis 995, die Provinz Caschmir beherrscht haben.

1. Schahmirsa oder Schahmir, vom Geschlecht Arzon, eines der fünf Pandvánischen Brüder, gieng vom Heldenthum zum Mahometismus über und erhielt die Regierung durch List; nach dem Tode des Ardunden bestieg er sogar den Thron, mit Ausschließung des Tschandar, Arzon's Sohn, und nahm den Namen Schamsuddin an. Er regierte 3 Jahr und 5 Mon.

Hédär, Verfasser einer Geschichte von Caschmir, ein glaubwürdiger Schriftsteller, sagt, Schamsuddins Vater habe Táhér, sein Großvater aber Dofur gehessen; erwähnt aber weiter nichts von dessen heidnischen Voreltern.

2. Ihm folgte sein ältester Sohn Zämsched, der 1 Jahr und etliche Monate regierte.
3. Auf diesen folgte Alavuddin, jüngster Sohn des Schamsuddin. Er reg. 12 Jahr, 8 Monate und 16 Tage.
4. Auf diesen folgte Schahabuddin, ein anderer Sohn des Schamsuddin, mit dem Beynamen, Schérassamäl; er regierte 20 Jahr.
5. Kotobuddin, mit dem Beynamen Hindál, auch ein Sohn des Schamsuddin, folgte seinem Bruder in der Regierung, welche 15 Jahr währte.
6. Ihm folgte sein Sohn Sicándär, mit dem Beynamen Singa. Er reg. 20 Jahr, 9 Monate.
7. Alischa, Sohn des vorigen, reg. 6¼ Monat.
8. Sinolabedin, auch ein Sohn des Sicandar, entriß die Regierung seinem Bruder, und herrschte 52 Jahr.
9. Hédärscha, Sohn des vorigen; reg. 1 Jahr und 2 Monate.
10. Diesem folgte sein Sohn Hossen, der aber nur eine sehr kurze Zeit regierte.
11. Muhammad, Sohn des vorigen, regierte 2 Jahr und 7 Monate.
12. Satescha, Enkel des Sinalabedin, nahm den Muhammad gefangen, und bemächtigte sich des Reichs, wurde aber von jenem, der aus dem Gefängniß brach, wieder verjagt; welcher nun 9 Jahr regierte, bis Satescha von neuem den Muhammad angriff, ihn vom Thron warf und wiederum 9 Monate regierte; allein Muhammad kam nochmals zurück, vertrieb ihn wieder und übernahm zum drittenmal die Regierung. Da indessen die Großen

ihn wieder gefangen nahmen und seinen Sohn Ibrahim auf den Thron setzten; so betrug seine bisherige Regierungszeit in allem 11 Jahr und 11 Monate.

13. Ibrahim regierte nur 8 Monate und 25 Tage. Er floh in das Gebirge, da er vom Báríkscha, Sohn des Satescha überwunden worden.

14. Báríkscha bestieg den Thron und reg. 20 Jahr. Nach Verlauf dieser Zeit kam Muhammad wieder zur Regierung, die in allem 50 Jahr betrug.

15. Diesem folgte Schamsuddin der Zweyte, von dem man nichts weiter anzuführen weiß.

16. Ihm folgte sein Sohn Báríkscha der Zweyte; er regierte kaum 6 Monate, indem Humayon, Kaiser der Mogolen sich der Provinz Caschmir bemächtigte.

17. Mirsa Hédär, ein Mogol, dem Humayon die Eroberung von Caschmir aufgetragen hatte, verjagte die Thron-Erben, nahm Besitz von der Provinz und regierte 10 Jahre lang.

Nach Hedar's Tode entzogen sich die Caschmirer der Herrschaft der Mogolen und theilten die Provinz unter sich, indem vier Factionen entstanden.

Die stärkste Parthey war die des Abdiabna, der den Tárék zum König annahm, welcher aber nur den bloßen Namen eines Königs erhielt.

Die zweyte war die Hoffen Nágärische Parthey.

Die dritte war die Caschtwarische, von welcher Behrám, mit dem Beynamen Tschek und Joseph Tschek, die vornehmsten waren.

Die vierte unterhielten Cárschi Tschek, Dolättschek und Gasikhan.

Abdiabna Muhammad mit dem Beynamen Barik, der nur den Namen geführt hatte, wurde zum zweytenmal König von Caschmir.

18. Ibrahim, Sohn des Muhammad, Bruders des Muhammad, mit dem Beynamen Barik, regierte bey diesen innerlichen Unruhen nur 5 Monate; indeß Dolättschek die oberste Gewalt hatte.

19. Dolättschek wurde umgebracht und Gasikhan setzte Ibrahims Sohn Ismael auf den Thron, der aber auch nur den Namen führte, indem Gasikhan Regent war. Sein Werk war es auch, daß

20. Habib, Ismaels Sohn, den Königl. Titel erhielt; nach 5 Jahren aber von ihm wieder abgesetzt wurde, indem er sich selbst auf den Thron schwang, nachdem er die Nebenbuhler besiegt hatte.

21. Gasikhán Tschek, regierte 4 Jahr; worauf

22. Sein Bruder Hoffen ihn ins Gefängniß warf, ihm die Augen ausstechen ließ, sich aber auf den Thron setzte. Er regierte 2 Jahr.

23. Dies

Die Provinz Caschmir.

23. Diesem folgte sein Bruder Ali: er war aber nicht umschränkter Herr, indem die Münze im Namen des Mogolischen Kaisers Akbar geprägt wurde.

24. Der letzte war Ali Joseph, Sohn des vorigen, dem Akbar das Reich und den königlichen Titel nahm, ihn zum Reichsstand machte und die Provinz Caschmir dem Mogolischen Reich beyfügte *).

4. Die Provinz Lahor.

Diese ist von großem Umfange. Ihre länge beträgt, vom Satluz an bis an den Indus, 180 Meilen: die Breite, von Bembhar bis Tschokändi, 86.

Oestlich hat sie Nagarcott; nördlich Caschmir; südlich und südöstlich die Provinz Dehli; westlich, Multan.

Folgende sechs Flüsse bewässern, von Norden her, diese Provinz:

Der Satlüz, nach dem alten Namen Schätödär, entspringt auf den Gebirgen Camlür, fließt Beláspor, Rópär, Matschiváira und Lodiana vorbey; bey dem Dorfe Boah vereinigt er sich mit dem Fluß Beá, nach dem alten Namen, Beáscha; die Quellen desselben sind in der Nähe des Berges Gulu.

Der Rávi, vormals genannt Jrávati, quillt aus dem Berge Badrál, nach andern aus dem Berge Gulu; welche Angabe vorzuziehen sey, wird an einem andern Ort entschieden werden.

Der Tschinab, vormals genannt Tschändärbäg: sein Ursprung ist folgender. Vom Gipfel des Berges Aschtvar herab, fließt eine doppelte Quelle; die eine heißet Tschändär, die andere Bäga. Nicht weit vom Berge fließen beide in einander. Der Fluß selbst geht über Belólpor, Sudhára und Hesára.

Der Behät, dessen Name in den alten heidnischen Büchern Vetásta heißet, entspringt in dem zur Provinz Caschmir gehörigen Gebiete Vér, woselbst er aus einer gewissen Höhle oder Grube (fovea) hervorströmt. Man merke wohl, daß dieser Fluß zwey Namen hat; denn in dem Distrikt zwischen Aurangabad und Rotas heißet er Zelá.

Der Sindh oder Indus, dessen Quellen man zwischen Caschmir und Caschgár antrifft, fließt Attak und Tschupára vorbey. Mehr hievon in der Abhandlung über den Ursprung der Flüsse.

Zwischen dem Satluz und Bea ist eine Strecke von 50 Meilen: zwischen dem Bea und Ravi nur 17; nach den Reiserouten aber, muß diese Strecke größer seyn. Zwischen dem

*) Cui Akbar regnum et regium titulum eripuit, *inque ordinem redegit*, Provincia Caschmirina Mogolensi imperio adjecta.

Ravi und Tschinab rechnet man 30 Meilen; zwischen dem Tschinab und Behat 20; zwischen dem Behat und dem Indus 68.

Andere geben die Entfernungen der Flüsse ein wenig anders an.

Nach den Reiserouten sind zwischen dem Satluz und Bea 48 Meilen; zwischen dem Bea und Ravi 29; zwischen dem Ravi und Tschinab 46; zwischen dem Tschinab und Behat 27. Die Entfernung des Behat vom Sindh oder Indus stimmt mit der obigen überein.

Diese Verschiedenheit rührt theils von den verschiednen Reisewegen durch diese Gegenden, theils von der Unwissenheit der Reisenden und ihrer Unkunde in Absicht der Geometrie her. Daher man nur diejenige Weite der Flüsse von einander beybehalten kann, die sich aus den Ortsentfernungen ergiebt.

Der Anfang des Canals, durch welchen der Fluß Ravi in die Stadt Lahor abgeleitet wird, ist in der Nähe von Razpor, auf der Seite nach Nurpor, 48½ Königs-Meilen von Lahor.

Lahor, die Hauptstadt dieser Provinz, nach ihrem uralten Namen, Lahonòr, auch Lopor, hat den Namen von ihrem Erbauer Lo, Rams Sohn, dessen anderer Sohn Cüs die Stadt Cuspor, ijt Coschàb, gebauet hat. Jener Name wird anderswo auch Lahónár geschrieben.

Lahor ist eine sehr alte große Stadt, die mit den Vorstädten 7 Meilen im Umfange hat, mit Mauern von Backsteinen umgeben und mit Gebäuden und Gärten geschmückt ist. Sie hat zwölf Thore. Am Ufer des Flusses ist das Cheder-Thor, das Caschmirer- und das Rabuler-Thor; gegen Abend das Taxalische und Batische; gegen Süden das Moricer, Lóharier, Schahalamier und Motschier, und gegen Südost das Albarische, Dehlier- und Säker-Thor. Hauptthore sind das Dehlier- und Kabuler-Thor.

Vormals war sie der Sitz der Mogolischen Könige; jetzt hat sie viel von ihrem vorigem Glanze verlohren, indem die Vorstädte fast alle zerstört, und die Einwohner in die Gebirge geflüchtet sind.

Die Burg am östlichen Ufer des Ravi, ist von Backsteinen und hat prächtige Gebäude; ist aber nicht so groß und prächtig, wie die Burg zu Dehli. Der Erbauer derselben war Ayas, Freygelassener des Mahmúd Gásnávi.

Die geographische Länge von Lahor beträgt 93°, 30'; nach andern 91°, 30'. Die Breite hält 31° 40'; nach andern 31°, 50'.

Die Provinz Lahor.

In dieser Stadt war ehmals der Sitz (sedes erat) der Mitglieder der Gesellschaft Jesu, die eine so freye Religionsübung hatten, daß sie ihren heiligen Zug durch alle Straßen führten und an der festlichen Pracht Mahometanern und Heiden ein Schauspiel gaben.

Der Boden liefert alle Arten Früchte im Ueberfluß. In dem Strich zwischen Lahor und Attak geschieht die Saat der Hirse und anderer Hülsenfrüchte in gleicher Zeit mit den südlicher gelegenen indischen Distrikten; woraus zu schließen, daß auch die Regenzeit zu einer bestimmten Zeit, obgleich sparsam, einfällt.

Die Sprache geht ein wenig von der gemeinen indischen ab, doch stimmen die meisten Ausdrücke mit einander überein. Man trift sie unter den Einwohnern von Lahor bis Peschaur an. Die Dörfer sind größtentheils von Heiden bewohnt, doch leben auch Mahometaner unter ihnen.

Die Provinz enthält 234 Vogteyen (praefecturas) deren jede aus vielen Dörfern besteht. Das Gebiet zwischen dem Satluz und Bea nennt man Doába Zäländär; die Einwohner aber nennen es Bätäh. Das zwischen dem Bea und Ravi heißet Bári; das zwischen dem Ravi und Tschinab heißet Ratschnau. Der Distrikt zwischen dem Tschinab und Behat heiße Zhät; zwischen dem Behat und Indus: Sindh Ságär.

Das Gebiet Doába Zäländär enthält folgende Städte und Flecken, zu welchen viele Dörfer gehören:

Aßlimabád.
Bäzärpátu.
Bhalón.
Borda.
Dadiál.
Dárdän.
Darpára, eine Burg von Werkstücken.
Depal.
Deßua, eine Burg von Backsteinen.
Dunnagor.
Gäncott, ein Fort von Werkstücken.
Häripor.

Balsáni.
Bezvára.
Bhunga.
Dada.
Däkh.
Dádehir.

Haßün, eine Burg von Werkstücken.
Hazipor. Ißapor.
Kethün Kéra, eine Burg van Werkstücken.
Kóttamär.
Madón.
Micódär. Mócäl.
Palkvára.
Ráspor, eine Burg von Werkstücken.
Rehimabád.
Säcäthmandoi, Erz- und Eisen-Gruben.
Sariana.

Schatah, ein Fort von Werkstücken.
Schéhupor.
Schérghär.
Sórän.
Sultanpor, eine Burg von Backsteinen.
Súpär. Talón.
Tatárpor, eine Burg von Werkstücken.
Tschitor.
Zalandhär, eine Burg von Backsteinen.
Zevra.
Zoráßi.

Die Provinz Lahor.

Zum Distrikt Doábabári gehören:

Anóra. Aóbär.	Hebátpor.	Pehán, eine Burg von
Atschnéra.	Kaſſúr.	Backsteinen.
Bahádorpor.	Khánpor.	Sácáraväl.
Batála.	Kótla.	Schápor.
Cálánór.	Páläm.	Schérpor.
Cángra.	Palváta.	Sindván.
Cánúbhán.	Palvari.	Tandhór.
Cärcáraván.	Paniál.	Tschamári.
Damiſſóri.	Pathiár.	Tschandrau.
Elhipor.	Pathiárcariála.	Zalalabád.

Ferner gehören folgende Städte zum Distrikt Doaba Ratschau, zwischen dem Ravi und dem Tschinab:

Amrágl.	Katuha, am Ravi.	steilen Anhöhe, am Ufer
Badiál.	Kerli Kärli.	des kleinen Flusses Ayet.
Balóra.	Mahardr.	Sidhpor.
Bazinägär.	Máncótt besteht aus vier	Súdhära, am Fluß
Bhadrán.	Städten, deren jede mit	Tschinab, 10 Meilen
Bhalót.	einer Burg versehen ist.	von Sialcott.
Bhuniál.	Mängänvála.	Talóndi.
Cálapend. Càrèſſi.	Mangári.	Ternäli.
Dolatabád. Dürg.	Parſarúr.	Tschändán. Vän.
Emnabád, eine Burg von	Ratschna.	Zamún, eine Stadt am
Backsteinen.	Retna.	Fuß eines Berges, auf
Sâſâlabád.	Rupnagar.	welchem eine Burg steht.
Gobvandvál.	Schór.	Zänbót, eine Burg von
Háfeſabád.	Sialcott, ober Syálcott,	Backsteinen.
Hémnägar.	eine feste Burg auf einer	Zeritſchämpa. Zeſróra.

Zum Distrikt Zhat, zwischen dem Tschinab und Behat, gehören folgende Oerter:

Acandór.	Bhelólpor, am Tschinab.	Bihär, am steilen Ufer ei-
Anbarán.	Bhéra, am Flusse glei-	nes kleinen Flusses gleiches
Anderhēl. Bhádil.	ches Namens.	Namens.

Bólet,

Die Provinz Lahor.

Bólet. Búti.
Cärhálí, eine Stadt, bewohnt von Gäcären, ehmaligen Heiden, itzt Mahometanern.
Dadian.
Guzarát.

Haréo.
Hasára, eine Burg von Backsteinen.
Karí, am Behat.
Kókär, eine Burg von Backsteinen, bewohnt von den Kókären.

Lópor.
Malóttrai, auf dem Berge Kedar.
Manglí.
Sätlau.
Schäcärpor.
Schorpor.

Endlich gehören folgende Städte, Flecken und Ortschaften zu dem Distrikt zwischen dem Behat und Sindh, oder Indus:

Acbarád Tärkhärí.
Attäk Banáres.
Avän, woselbst schöne Pferde gezogen werden.
Bálá Cäthär.
Balúgidähän.
Bänicäthär.
Bélgásichán.
Cälbheläk. Cánpät.
Catschacótt.
Es ist eine Quelle in dieser Gegend, 1 Meile von Hässänabdäl.
Coschäb, vormals genannt Cuspor, von dem Erbauer Cuß, dem Sohn Ranı's. Die ganze Gegend ist sehr waldigt und ungebaut.
Dángärí.

Därbänd.
Dehcótt, am Ufer des Mehran oder Sindh, mit einem Salzwerk.
Dérát. Dúdótt.
Satepor Canurí.
Ghèp.
Hasáracuzrán.
Hasárakarak.
Káhuàn, eine Burg von Werkstücken.
Kerzäk.
Khárdardána.
Langahýra.
Makisála, eine Burg von Werkstücken auf einem Berge, nebst einem Salzwerk; hat aber wenig Wasser.
Malótt, ein Bergschloß.

Maráli, am Fuß eines Berges.
Mékicäthär.
Nändänpor, eine Burg von Backsteinen auf einem Berge.
Nárí.
Niláb, im Distrikt von Attak.
Nocoßräl.
Parhäca, eine Burg von Werkstücken, bespült vom Fluß Soi, gemeiniglich genannt So.
Patila.
Reschán.
Rotás, mit zwey Forts, am Fluß Canhán.
Schamsabád.
Tärzácdámí.

Noch ist ein Strich Landes, genannt Bärvän, zu merken, zu welchem Bélót, Cänhlót und Salór gehören.

Die Provinz Lahor.

Salzwerke diesseits und jenseits des Behat.

Im Distrikte dies, und jenseits des Flusses Behat trift man an beiden Seiten desselben verschiebne Salzwerke an. Das Steinsalz gräbt man aus Bergen von mäßiger Höhe. Der vornehmste Salzort heißet:

Miáni, 70 Meilen, die ich für gemeine halte, westlich von Lahor, und 1 Meile vom östlichen Ufer des Behat oder Zeläm. 3 Meilen südlich davon ist ein Wald.

Behéra, 6 Meilen westlich von Miani.

Sábivàl, eine Stadt und Salzmarkt am westlichen Ufer des Behat; 12 Meilen südlich von Coscháb: 17 aber südwestlich von Miani.

Coscháb oder Cúspor, am westlichen Ufer des Behat, 26 Meilen südwestlich von Miani.

Värtscha, eine Stadt, 10 Meilen westlich von Coscháb, hat einige Salzgruben; stößt an Wüstenen und Waldung.

Schämsabád, eine Stadt am westlichen Ufer des Behat, 1 Meile nördlich von Miani.

Khévära und Kuvära, am westlichen Ufer des Behat, 2 Meilen nördlich von Schamsabad, sind reich an Salzgruben.

Macrátsch, eine wegen Salzgruben berühmte Stadt, 10 Meilen nordnordwestlich von Miani, am westlichen Ufer des Behat.

Sahětti, eine Stadt (Opp.) 22 Meilen nordwestlich von Miani, am westlichen Ufer des Behat, woselbst ebenfalls Salz gegraben wird.

Die Salzwerke zu Khévära, Khuvära und Sahetti betragen jährlich 300000 Rup. Einkünfte.

Den ganzen Salz-Strich bewohnen die Khocärer, die das Salz aus den Bergen graben. Sie waren vormals Heiden, verließen aber den Bilderdienst und giengen zum Mahomet über.

Schörcott, ein neu erbauetes Kastell, zwischen dem Ravi und Tschinab: 50 Meilen von Multan, 100 von Lahor.

Kurze Beschreibung einiger zur Provinz Lahor gehörigen Oerter.

Attäk, in den alten Geschichtsbüchern genannt Attäk Banáres, eine berühmte uralte Stadt, am östlichen Ufer des Indus. Auf einem Berge, dem eben dieser Fluß vorbeyfließt, liegt ein Kastell auf einem Felsengrunde. Der Strom ist hier sehr reißend, indem er hie und da von Bergen beengt wird; daher auch die Schiffe hier sehr oft scheitern und versinken.

Die Provinz Lahor. 73

Am Ufer dieses Flusses bauete Náder Scha, von den Europäern genannt Thamas Kuliffhan, ein Fort, als er 1738 mit einer starken Armee aus Persien nach Indien gieng, und Dehli nebst dem Großmogol in seine Gewalt bekam.

Bey der Stadt Nohschchra, 1 Meile nordnordwestlich von Attak, am westlichen Ufer des Indus, fließt in denselben der sogenannte Lohána, der von Tir herabkömmt.

Fünf Meilen davon südöstlich ist die Herberge Bégumsarai, bey welcher der schnelle Fluß Sohán in den Indus strömt.

Rotasghär, eine Stadt mit einem Kastell, das auf einem Berge liegt und schwer einzunehmen ist, 5 Meilen vom westlichen Ufer des Behat oder Zélámi.

Cótcángra, auch genannt Nägärcott, eine Stadt mit einem Kastell, zwischen Bergen gelegen; das Kastell ist nicht sehr groß, denn es hat nur ¼ Meile im Umfange, ist aber sehr fest und von Steinen erbauet, mit einem 20 Ellen breiten Graben. Es liegt am Zusammenfluß der beyden kleinen Flüsse, Bánganga und Patálganga. Die Häuser liegen zerstreuet an den Abhängen der Hügel.

Am Ende der Stadt steht ein prächtiger, allenthalben mit Mauern umzogener Götzentempel mit einer Kuppel; in demselben verehrt man einen unförmlichen, zwey Spannen hohen und an drey Spannen breiten Stein, der den Untertheil der Göttin Dabání oder Debi vorstellt, deren Kopf zu Zuálamuki seyn soll. Alle Jahre, nach der Regenzeit, im Monat September und October ist hier ein Zusammenfluß von vielen tausend Menschen, die unsinnig dem unförmlichen Stein Opfer bringen.

In der Nähe dieses Tempels steht noch ein anderer, auch mit einer Kuppel, der Göttin Kálla gewidmet, deren Bild daselbst in scheußlicher Gestalt, gleich einer höllischen Furie, verehrt wird.

Der berühmteste Götzentempel, genannt Zóálamuki, liegt zwey Tagereisen von Cángra; eine Strecke von 14 bis 15 Meilen, über steile Berge und abschößige Thäler. In der Mitte des von allen Seiten mit Mauern umgebnen Tempels ist eine anderthalb Ellen lange, breite und tiefe Grube, aus welcher Flammen hervorlodern; in dieselbe wirft man Sandelholz, Reiß, Oel, Butter, Weingeist, Mandeln und dergl. welches von dem unterirdischen Feuer verzehrt und zu Asche verbrannt wird. Mit dieser Asche bestreicht man sich Augen und Stirne, und hebt sie zu Hause wie heilige Reliquien auf.

Aus dreyen andern ausgehöleten Orten der Wand leuchten Flammen hervor, bey deren Anblick das abergläubische Volk sich zur Erden wirft, und eine unter der Gestalt des Feuers verborgen geglaubte Gottheit, im Staube anbetet.

Tieffenth. Erdbeschreib. K Die

Diesem flammenspeyenden Gößen hat der Aberglaube vormals gewöhnlich einen mit einer Winßer-Sichel abgeschnittenen Kopf geopfert, welches ißt aber selten geschieht. Zu dem Tempel selbst steigt man ohngefähr 100 Stufen hinauf.

Von dem Gipfel des Berges fließt Wasser herab in einen ohnweit dem Tempel befindlichen Behälter (Concham). Das Loch, aus welchem die Quelle hervorbricht, wird Górĕcdebbi genannt, das heißt, die Büchse des Górĕcnat, weil er daselbst in Betrachtungen vertieft saß.

Der Distrikt, in welchem dieser Tempel liegt, heißet Ràzcobèr und der Ort, Tagróta.

Tschämba, der Name eines Berges und einer Stadt, eines heidnischen Raja, 7 bis 8 Meilen nordwestlich *) von Cottcangra, und gut 5 Meilen von Zambu. Auf diesen Gebirgen wachsen Nüsse.

Sialcótt, eine starke Bestung, erbauet von Mahmud Gäsnävi, der Lahor eroberte, von welcher Stadt sie 40 Meilen entfernt ist. Aÿèk, ein kleiner Fluß fließt ihr vorbey; auch geht hiedurch eine Straße nach Caschmir.

Amärsàr, von andern genannt Tschèk, welches die Sikèr bewohnen, (sedes Sicorum) liegt an einem See oder Teich (Stagnum); die Stadt heißet Ràmdáßpor, und ist 18 Meilen von Lahor, und 6 von Rànitiràt entfernt. Bey diesem See, der eine Einfassung hat, ist jährlich ein Zusammenfluß der Sikischen Nation, die hier vieles Geld als Allmosen austheilt, weil an diesem Orte ihr Stifter Nánèk als Einsiedler lebte, dem zu Ehren mitten im See ein Tempel erbauet ist.

Die zu dieser Provinz gehörigen Zambuischen Berge.

Die von den Einwohnern sogenannte Landschaft Zambu ist bergigt und erstreckt sich über fruchtbare Thäler, die den besten Weitzen und Reiß liefern, und wird von 22 Rajas beherrscht, unter welchen der von der Hauptstadt Zambu der vornehmste ist.

Die Stadt Zambu liegt auf einem Berge, auf dessen Gipfel aber ein steinernes Kastell, um welchem die Häuser herumstehen, eine Seite ausgenommen, die nicht zu betreten ist. Von der Ebne bis an das Kastell sind anderthalb Meilen. Oestlich ist der Fluß Toi, dessen Wasser, wegen des rothen Sandes, röthlich ist. Die Stadt selbst liegt 40 Meilen von Lahor und 50 von Cottcangra.

Eine indische Viertelmeile davon, auf einer Anhöhe, liegt das Kastell Bahu, gleich einer Warte von dem von Zambu.

Acnùr,

---

*) In occasum aestivum vel potius Borrolybicum.

Die Provinz Lahor. 75

Acnár, eine Stadt und steinernes Fort, 9 Meilen westlich von Jambu, unterhalb dem Jambuischen Berge, am westlichen Ufer des Tschinab.

Jesróta, ebenfalls ein Kastell auf einem Berge, dessen Höhe von der Ebne an eine Meile beträgt. Ein kleiner Fluß, Namens Oz, fließt östlich vorbey. Es liegt 10 Meilen von Jambu; indem der Weg erst 10 Meilen auf Samba geht, deren Abendseite der Beßondär vorbey fließt; von da ist es dann noch eben so weit bis Jesróta.

Bhadu, ein starkes Kastell auf einem Berge, 9 Meilen von Jambu. Die Stadt liegt an der Mittagsseite, welcher der Wildstrom (torrens) Jäbär vorbeyfließt.

Mancótt, ein steinernes Fort, 30 Meilen von Jambu. Westlich liegt ein großes Dorngebüsch (vepretum).

Bissóli, eine Stadt mit einem Kastell auf einem Berge, am Ende der Jambuischen Gebirge, 40 Meilen von Jambu. An die Stadt, die mit einer doppelten Mauer umzogen ist, fließt der Ravi, der von den Tschambaischen Gebirgen herkömmt, auf welchen eine sehr hochstämmige Art Tannen oder vielmehr Fichten wächst, gemeinhin genannt Tschir, zu Gebäuden sehr brauchbar. Angezündete Stücke davon dienen statt Fackeln (lucernae lumen praebent).

Schahpor, eine Stadt und Vestung auf einem Berge, 7 Meilen östlich von Bassóli; westlich fließt der Ravi vorbey.

Cotla, eine durch Natur und Kunst befestigte Stadt und Burg auf einem Berge. Der Weg hinan geht sehr steil und der Eingang führt durch drey Thore. Von der Ebne bis an das erste Thor ist ¼ Meile; von da bis an das zweyte auch ¼ Meile, und von hier bis an das dritte eben so weit. An der nördlichen Seite der Stadt fließt der Bach Bhága; ein anderer, genannt Bhèr, kömmt aus der Vestung, und fließt ihr westlich vorbey.

Nurpor, 10 Meilen von Schapor, erbauet von Nurzahán, Gemalin Jahangir's. Der Weg, von unten an bis zum Gipfel des Berges, geht sehr steil. Es ist hier auch ein großer tiefer Teich.

Zuáli, eine Stadt und Fort von Stein, 7 Meilen östlich von Cangra. Nördlich fließt der Wildstrom Sänkíni vorbey.

Háripor, eine Stadt mit einem Kastell auf einem Berge, 7 Meilen östlich von Zuáli. Sie wird allenthalben, eine Seite ausgenommmen, von jenem Wildstrohm bespült.

Rázpora, ein sehr starkes Kastell auf einem Berge, 10 Meilen von Haripor; man muß sehr beschwerlich hinaufsteigen, und zuletzt kömmt man auf einer Leiter durch ein enges Thor hinein. Umher sind allenthalben Berge und Wälder.

K 2　　　　　　　　　　　Jezván

Die Provinz Lahor.

Jezvàn, 10 Meilen östlich von Ráspor, ein steinernes Fort auf einem Berge, an dessen Fuß die Stadt liegt.

Rópär, 20 Meilen östlich von Jezvàn, eine Stadt ohne Kastell, in einer Ebene, am Satluz.

Siba, eine Stadt und Westung auf einem Berge, 7 Meilen nördlich von Haripor; 2 Meilen vom westlichen Ufer des Flusses Bea.

Nadòn, eine Stadt, nicht weit von den Bergen; 17 Meilen östlich von Cottcangra, am östlichen Ufer des Bea.

Belàspor, eine volkreiche Stadt, 48 Meilen westlich von Nadon, liegt zwischen Bergen; östlich, am Satluz.

Tárägbär, ein Kastell auf einem kleinen aber hohen Berge, von einem dichten unwegsamen Walde umgeben.

Nálagbär, ein Kastell und Städtchen, 2 Tagereisen, südlich aber etwas ostwärts von Belàspor. Es hat ein doppeltes Schloß, eines nach Osten, das andere nach Westen; in beiden ist ein Pallast des Raja. Unterhalb dem Schlosse liegt die Stadt, die mit einem Busche von Bambusrohren (arundinetum spineum) umgeben ist. In dieser Gegend wächst Reiß und Hirse; und von hier bis Rópar sind 12 Meilen, bis Nahn 80. Ueberhaupt aber läßt sich in diesen bergigten Gegenden keine gewisse Meilenzahl bestimmen, da es beständig über Berg und Thal geht.

Badról, eine Stadt in einer bergigten Gegend; gleichen Namen hat das Gebiet derselben, welches von einem heidnischen Raja beherrscht wird. Die Stadt liegt zwischen Bissoli und Caschtvar, 3 Tagereisen oder 25 Meilen nordnordwestlich von Bissoli.

Caschtvar, eine bergigte Gegend, mit einer Stadt gleiches Namens, einem heidnischen Raja gehörig, zwischen Badrol und Caschmir; von Badraul bis Caschtvar geht man nord ¼ nordwestlich; von Caschtvar bis Caschmir sind, nach eben der Richtung, zwey Tagereisen. Auf den Caschtvarischen Bergen wächst Safran, der jedoch dem von Caschmir nicht gleich kömmt; überdies trift man hier Aepfel, Birnen und Weintrauben an.

Die Einkünfte dieser Provinz.

Diese betragen, nach dem Manuzzi,	23305000 Rupien.
— — nach dem Kaiserlichen Register,	898132170 Dám.
Die größte Summe der Einkünfte beträgt	8704983 Rupien.
Die kleinste	3042327 Rupien.

Ver=

Die Provinz Lahor.

Verschiedene Reisewege durch diese Provinz.

Die Reise von Matschivára nach Zuálamúki, dem obgedachten, des unterirdischen Feuers wegen berühmten Tempel, geht über folgende Oerter, mehr nördlich als westlich:

Von Matschivara bis Rahon sind	8 Meil.	Von da bis Bezvára	12 Meil.
Hier werden von der besten Sorte baumwollener Zeuge (tela gossipina) verfertigt.		Von da bis Raspor	12 —
		— — bis Haripor	12 —
		— — bis Zualamuki	6 —
Von Rahon bis Patschangöla	12 —		

In allen 62 Meil.

Reiseroute von Matschivara nach Lahor.

Von Matschivara bis Rahon	8 Meil.	— — bis Patála	12 Meil.
Von da bis Razagau	10 —	— — bis Calanór, 1 Meile vom diesseitigen Ufer des Bea.	12 —
— bis an die Herberge Nurudding	10 —	Von Calanór bis Schahdára	15 —
— — bis Adinägär	15 —	Von da bis Lahor	2 —

In allen 84 Meil.

Dieser Weg aber von Calanor bis Lahor geht durch Umwege; indem man erst auf die Herberge Amánátkhan's kömmt, und nicht gerade auf Schahdára, welches, auf dem Wege nach Attak, jenseit Lahor liegt.

Der gerade (rectum) Weg von Lodiána bis Lahor:

Die Stadt Lodiána hat ihren Namen von den Lodianischen Afganen, die sie bewohnen; sie ist ohngefähr 2 Meilen vom östlichen Ufer des Satluz entfernt.

Von Lodiána bis Pulhoár sind Man muß aber erst über den Satluz.	12 Meil.	Unterweges kommt man, 7 Meilen von Sultanpor, an den Fluß Beha.	
Von da bis Nicöbar	12 —	Von da bis an die Herberge Amánátkhans	12 Meil.
— — bis Sultanpor	12 —	— — bis Lahor	12 —
— — bis Gundvál	12 —		

In allen 72 Meil.

Reiseroute von Lahor bis Attak.

Ueber den Fluß Ravi bis Schah-bára sind	2 Meil.
Von da bis Schahdolatpol	12 —
— — bis Emnabad, eine Stadt mit einer Vogtey (praefectura)	12 —
— — bis Vasirabad am Fluß Tschinab	12 —
Ueber den Fluß bis Guzarát	5 —
Von da bis Ravaspor	8 —
— — bis an das Ufer des Jélám	8 —
— — bis Rotas	5 —
— — bis Tschokuha	10 —
— — bis an die Herberge Jalalkháns	10 —
Von da bis Paka	10 Meil.
— — bis Ravát	10 —
— — bis Raulpendi oder Rauvalpendi	7 —
— — bis Kurza	5 —
— — bis Kálapani	5 —
— — bis Hássánabdál, ein angenehmes Städtchen	5 —
Von da bis an die Herberge Dingaronsarai	6 —
— — bis Marderót	5 —
— — bis Atták	4 —

In allen 141 Meil.

Andere geben die Entfernungen der Oerter von Lahor bis Vasirabad anders und besser an, nämlich:

Von Lahor bis Jerosabad	6 Meil.
Von da bis Polschahdola	6 —
— — bis Emnabad	6 —
— — bis an die Herberge Catschisarai	6 —
Von da bis Tschémängákár	6 Meil.
— — bis Vasirabad	6 —

Statt dieser 36 Meilen zwischen den Flüssen Ravi und Tschinab rechnen einige irrig ... 46 Meil.

Uebrigens läßt sich nach diesen Reisen und Meilenzahlen keine genaue Polhöhe von Lahor bestimmen, da die Richtung der Wege in Absicht der Himmelsgegend nicht hinlänglich bekannt ist, von den Reisenden auch nicht angezeigt werden kann; daher auch die oben angemerkte Polhöhe ungewiß ist.

5. Die

5. Die Provinz Multan.

Die länge dieser Provinz von Serospor bis Seweſtan, beträgt 43 Meilen: die Breite von Chátpor bis Zeſſelmér 108. Die Grånzen derſelben ſind: gegen Morgen, Sárhind; gegen Mitternacht, Schor; gegen Mittag, Azmér; gegen Abend, Rétſch und die Perſiſche Provinz Macrán.

Man zählt ſechs Flüſſe, unter welchen der Behat in der Vogtey Schor ſich mit dem Tſchinab vereinigt; beide aber nach einer zurückgelegten Strecke von 27 Meilen, bey Sáfárpór den Ravi aufnehmen; und alle drey vereint, nach einer Strecke von 60 Meilen, bey Utſch in den Sindh fließen; mit welchem ſich auch 12 Meilen davon der Satluz und Bea vermiſchen. Umſtändlicher wird von dieſen Flüſſen anderswo geredet.

Die Hauptſtadt Multan, nach ihrem alten Namen Mulatrán, iſt eine große uralte Stadt, mit einem auf einer Anhöhe gelegenen befeſtigten Schloß von Backſteinen, in welchem ein auf 16 ſteinernen Säulen ruhender Saal ſeyn ſoll, woſelbſt, nach der Volksmeynung, die Nárſing genannte Verwandlung des Beſchan, geſchehen iſt, indem er die Geſtalt eines Menſchen und eines Tigers angenommen; das Volk behauptet auch, man ſehe noch itzt die Säule, aus welcher dies Ungeheuer hervorgeſprungen, um ſeinen Feind mit den Klauen zu zerreiſſen. Man trifft auch daſelbſt ein ſehr hohes gewölbtes Grabmal eines Mahometaners an.

Die Stadt ſelbſt iſt vier Meilen im Umfange, von mit Thürmen verſehenen Mauern von Backſteinen umgeben. Sie hat ſechs Thore: das Dehliſche, durch welches man nach Dehli kömmt; das Thor Pák; das Tattáſche, welches nach Tatta führt; das Thor Hérán, und das Kabulſche, durch welches man nach Kabul geht; (und noch ein ſechſtes).

Das Klima iſt hier ſehr heiß, wegen des ſandigten Bodens, und aus Mangel ſchattigter Bäume und des Regens; indem es hier kaum drey oder viermal in einem Jahr zu regnen pflegt.

Die nördliche Polhöhe von Multan beträgt: 29° 50′. Der länge, von den Canariſchen Inſeln an, giebt man 108°, welches aber zu viel iſt; denn wenn die länge von Lahor 93° und 30′ beträgt: ſo kann das von Lahor 120 Meilen ſüdweſtlich entfernte Multan, nur ohngefähr 90° der länge haben.

Nach erfahrneren Männern beträgt die Breite von Multan 30°; die länge 88°, 40′: allein aus dem Reiſe-Regiſter oder Verhältniß ergiebt ſich, daß jene nicht unter 31 Grad haben könne.

Ein Arm des Ravi, genannt Monán, fließt 1 Meile von der Stadt, welche vom öſtlichen Ufer des Ravi 2, nach andern, 3 Meilen entfernt iſt; vom Tſchinab 4, vom Indus aber 12 oder, nach dem Verfaſſer der Geſchichte des Schahzahan, 14 Meilen.

Die Provinz Multan.

Nach eben diesem Verfasser ist zwischen Lahor und Multan eine Strecke von 77 Meilen; gemeine, 120.

Die ganze Provinz enthält 3273932 Morgen, sowohl in der Länge als in der Breite, jeder zu 20 indische Ellen gerechnet. Sie besteht aus verschiednen Gebieten, nämlich aus dem Gebiete Doábazalándár.   Doabaratschnau.   Bárvánnätscḥánd und
Doababári.   Sindsägär.   Bákär.

Zum ersten Gebiete, Doábazalándár, gehören folgende Städte und Dörfer:
Adámváhán.   Fatulaha, ein Kastell.   Pättän, nebst einem steiner-
Deunér.   Gärvär.   nen Fort (propugnaculum).
Dhangsá.   Kélukhárät.   Rehmätabád.
Dinápor.   Khayluldi.   Razpor.
Dipálpor.   Läkicorain.   Schérgbär.
Satepor.   Läki Josúf.   Zalálabád.

Zum zweyten Gebiete, Doababári, gehören:
Balbäri, die Vestung Eolampor, Jemailpor und der Distrikt Multan. Ferner die Herrschaft Tschocänd und Khätpor, in welcher Alampor zu merken ist. Ueberdies noch, die Vestung Babhoz; die Khayluldische Herrschaft und das darinn liegende Mitäla; ferner Medhäni, Palvara, Rehimabád, Schúni und Satghära, die Gränze der Provinz Lahor und Multan, 40 Meilen von Lahor.

Zum dritten Gebiete, Doabaratschnau, gehören:
Abédabád.   Eräzpor.   Mẽß.
Balótsch.   Fridabád.   Scheráva.
Calba. Chanpor.   Khätpor.   Tschocändi.
Diltschitschandär. Khärél.   Valibatti.

Zum vierten Gebiete, Sindsägär, gehören:
Eßlámpor; das Fort Kinki; Raipor und Rängpor.

Zu Bärvännätschänd gehören die Städte:
Bormidahmän.   Divárauval. Dodai.   Utsch.
Dandchán.   Obärúa.   Zämschér.

Ferner, die Herrschaft Räzpor, worinn Räpäri, Scheuräni und Sidhpor. Die Herrschaft Satepor und Gasipor, worinn Zänd, Máo und das Kastell Marvät.

Ueber-

Die Provinz Multan.

Ueberdies noch, Zalalabád; der Wald. von Alampor. Jerospor; die Herrschaft Setolá; Aharĕl; Tschändär.
Zu Bakär gehören:

Das Fort Alvar.	Aháeri.	Sängär.
Canhána. Därbéla.	Kháracacùn.	Sévi.
Satepor.	Manéla.	Zandólà. Zervi.

Der Distrikt Házicháncabéra, nebst der Stadt gleiches Namens, diesseits des Sindh, 3 Tagereisen von Multan, steht unter der Herrschaft der Balótschen.

Bakär, vormals genannt Mansúra, ist eine starke Vestung auf einer Insel, die durch den Zusammenfluß von 6 Flüssen enstanden ist. Ein Theil der Vestung liegt gen Norden; der andere gen Süden. Gegenüber am westlichen Ufer des Indus, liegt Sakär; am östlichen Kóri.

Bakär liegt unter dem 28° 40' der Breite, und unter dem 87sten der Länge. Zwischen Sevi und Bakar liegt eine große Wüste, und im Sommer wehet hier ein sehr heißer Wind. Regen ist hier sehr sparsam und fast gar keiner.

Mit dem Namen Utsch belegt man 7 Dörfer, die nicht sehr weit von einander liegen; in dem vornehmsten derselben befindet sich ein prächtiges Grabmal eines gewissen Mahometaners, Namens Sáeb Bochári. Utsch liegt diesseits des Galugára: so nennt man im benachbarten Distrikt Multan den durch den Bea verstärkten Satluz, der bey Utsch zu einem großen Fluß angewachsen ist.

Dies siebenfache Dorf liegt 3 Meilen von dem Zusammenfluß des Ravi und Galugára; zur Regenzeit aber kaum eine halbe. Nach dem Verfasser der Geschichte des Schahzahán liegt Utsch 31 Meilen südsüdwestlich von Multan; nach erfahrnen Reisenden, 20.

Utsch gegenüber, am westlichen Ufer des Indus, liegt Sitpor.

Zängstál, eine Stadt am jenseitigen Ufer des Tschinab, liegt 2 Meilen von den Zusammenflüssen.

Sultanpor, mit dem Beynamen Moschchra, liegt zwischen dem Tschinab und Ravi, eine halbe Meile von ihrer Vereinigung. Der Ravi, der bisher durch den Satluz und Bea, oder Galugara verstärkt war, verliehrt hier seinen Namen, da er mit dem Tschinab vereinigt wird, der seinen Namen behält, nachdem er vier Flüsse, den Behat, Ravi, Satluz und Bea, aufgenommen.

Tándra, mit dem Beynamen Alimorad, liegt am östlichen Ufer des Tschinab, 2 Meilen von dessen Einfluß in den Indus, und 20 von Utsch. Es gehört denjenigen Balotschen,

82　　　　　Die Provinz Multan.

die Dandpótáren genannt werden. In dieser Gegend verliehrt der Tschinab seinen Namen im Indus, der mit dieser Verstärkung von 5 Flüssen gen Bakar fortströmt, woselbst er sich in 2 Aerme theilt, die die Vestung umfließen, oder vielmehr eine Insel bilden, auf welcher Bakar durch Kunst und Natur bevestigt steht. Ein wenig unterhalb demselben, fließt der Strom wieder zusammen gen Tatta, indem er zugleich durch die engen Ufer sehr tief wird.

Gasichàncadéra liegt am diesseitigen Ufer des Sindh, 3 Tagereisen südlich von Multan. Schicárpor, eine Stadt, 12 Meilen nördlich von Rori, 8 vom östlichen Ufer des Sindh.

In dieser Gegend wächst ein Baum, genannt Adu, dessen Holz so hart wie Ebenholz ist; so daß man ihn mit Recht weißes Ebenholz nennen kann.

Von Lahor bis Multan sind 120 Meilen, wie schon oben bemerkt worden. Man reiset von Lahor über Kátpor, Gäzärsaray, Noschchra, Satghära, Zärpa, Maktinpor, Kanpor, bis Multan. Andere nehmen 160 Meilen an: allein jene Zahl ist zuverläßiger.

Das Gebiet Multan und Bakar hat viele Kameele, womit überhaupt die gütige Natur unfruchtbare und sandige Länder sehr gut versorgt hat; indem diese Thiere, vermöge ihrer langen Beine und breiten Füße bequem durch den Sand gehen, und vermöge ihres Höckers die schwersten Lasten zu tragen geschickt sind; überdies sind sie dabey so geduldig und so mäßig, daß sie in den dürren, sandigen und wasserleeren Gegenden, die weder Kraut noch Gras bedeckt, sich mit dem bittern Laube der Bäume begnügen und selbst die Dornen begierig abfressen, und zur Stillung des Durstes mit sehr wenigem Wasser zufrieden sind.

Die jährlichen Einkünfte der Provinz Multan sind: 214349893 Dam.

Nach dem Manuzzi　　　　　　　　　　　　　　5025000 Rupien.
Die größte Summe　　　　　　　　　　　　　　5159999 —
Die kleinste　　　　　　　　　　　　　　　　　2475649 —

Die Einkünfte der Provinz Bakar aber betragen: 1400000 Rupien.

Die Gegend am westlichen Ufer des Sindh bewohnen die Balotschen, deren es vorzüglich zwey Geschlechte giebt, Leth und Sindh. Es ist ein rohes und wildes Volk mit langen Haaren und Bärten, und sie sehen aus wie Bären und Faune. Der Boden ist sandig und wasserleer; die Brunnen sind selten und sehr tief, und Getraide wächst nur am Ufer des Sindh, aus dem man das Wasser in die Aecker ableitet.

Zur Regenzeit, die auch sehr sparsam eintritt, wächst Hirse, der Einwohner gewöhnliche Speise. Auſſer den wilden Palmen bringt der sandige Boden fast keine anderen Bäume hervor; dagegen aber trift man hier eine große Menge Kameele an; auch schätzt man die hiesigen Pferde, und besonders die Hammel mit dicken fetten Schwänzen.

　　　　　　　　　　　　　　　　　　　　　　　　　　　　Die

Die Provinz Multan.

Die Einwohner am jenseitigen Ufer des Sindh, sind von lenksamer Gemüthsart; auch ist der Boden milder und fruchtbarer.

Die ganze Provinz, samt der Hauptstadt, wurde vom Schahabuddin, mit dem Beynamen Gori, erobert, der darinn den Joseph Coresch mit dem Beynamen Langha, zum Statthalter setzte, welcher 18 Jahr regierte.

Nach dessen Tode folgte sein Sohn Hossen, der im Jahr der Hegira 908 starb.

Diesem folgte der Enkel Mahmud Langha, der nach einer Regierung von 28 Jahren starb.

Diesem nahm Hossen Argòn, Statthalter von Sind, die Provinz weg und brachte sie wieder an die Mogolischen Kaiser.

Diese Zeitrechnung enthält aber einen sehr merklichen Fehler; indem Schahabuddin im Jahr 606, der Mahometanischen Zeitrechnung Dehli eroberte; der Sohn des Joseph Coresch aber im 908ten Jahr starb: beide stehen also 300 Jahr von einander.

---

6. Die Provinz Tatta.

Diese Provinz liegt am Persischen Meere. Ihre Länge beträgt, von Bakar bis Kétsch und Macran 257 Meilen; die Breite von der Stadt Bädin an, bis an den Haven Lahári 100; von der Stadt Tschand und der Bakarischen Gränzgegend an, bis Bicanèr, zählt man 60 Meilen.

Die Gränzen derselben sind: gegen Morgen Guzarate; gegen Mitternacht Bäkär und Sévi; gegen Mittag das Meer; und gegen Abend Kétsch und Macran.

Tatta, ein großer Handelsplatz von Indien, wovon die Provinz den Namen hat, ist eine uralte Stadt, ehemals genannt der Sitz der Brahmanen; itzt aber Dobil. Ist aber Dobil einerley mit Dabül: so ist es doch nicht das am Ausflusse des Indus gelegene Dabul, ein Götzentempel; aber auch dieser Name ist verstümmelt, da die Indier ihn Diul nennen.

Die Vestung hat 1.400 Thürme, woraus man auf die Pracht derselben schliessen kann.

Die Stadt liegt unterm 86sten Gr. der Länge, und unter dem 25sten Gr. 20' der Breite: andere nehmen nur 24° an.

Gegen Mitternacht liegen Gebirge, von denen eine Kette sich bis Kandhàr erstrecket; eine andere bis an das Meer und an die Stadt Cohyàr, auch Ramghàr genannt, und die sich an den Gränzen von Sevistan endiget. Diese Reihe von Bergen nennt man daselbst Läkhi. Diese bergigte Gegend bewohnen die Balotschen, mit dem Beynamen Calmáti: ein rohes wildes Volk. Man zieht daselbst viele Kameele, die in andere Theile von Indien verführet werden. In den Gränzgegenden wohnt noch ein anderes Balotschisches Volk.

Die Provinz Tatta.

Es giebt noch eine Bergkette, genannt Cárah, die mit einem Ende an Retsch, mit dem andern an das Land der Calmatischen Balotschen reicht.

Der Sevanische Distrikt, mit einem Kastell gleiches Namens, erstreckt sich auf 2 Tagereisen, und heißet Mechùr.

Von den Gränzen von Multan und Utsch an, nördlich bis Tatta, giebt es hohe Gebirge und sehr harte Felsen: eine Gegend, in welcher ebenfalls Balotschen wohnen; südlich aber, von Utsch bis Guzaráte sind Sandberge, die sich auch von Bakar bis Nasirpor und Amärcót erstrecken, und von den Bäthen, starken Leuten mit langen Bärten, bewohnt werden.

Die Provinz Tatta enthält folgende 53 Vogteyen. Zum Gebiete von Tatta (ad ditionem Tattae) gehören:

Behrampor.	Durg.	Mánzár.
Bur.	Der Haven Lahar, der	Nisampor.
Cahirá Lákän.	für Schiffe sehr bequem	Retnah.
Carna.	liegt.	Sangúra. Scrizá.
Dangäri.	Malha.	Zára. Zêgär.

Hiezu gehört noch die Vogtey Zászchan, mit folgenden Oertern:

Bágfätä.	Gárdhi.	Mabul.
Bela.	Lubiár.	Mandêli.
Sariábmascur.	Lunda.	Rahpàn. Zûn.

Zum Gebiete Sevistan gehören folgende Dorfschaften: (pagi).

Báganán.	Cházá.	Lusigán.
Bàtär. Cáhän.	Chott. Läkhádät.	Páttän.

Zum Gebiete Nassirpor gehören:

Amärcótt.	Cassár.	Samaváni.
Bárcändän.	Ridál.	Talsara.

Zur Herrschaft Zägärhála gehören:

Arpor. Gasipor.	Khárizuna.	Syar. Tavári.

Auch rechnet man hieher Massauli und Barli.

Die jährlichen Einkünfte dieser Provinz sind, nach dem Manuzzi   6002000 Rupien.
    ,   ,   , nach dem Königl. Register 68816800 Dàm.
Die gröste Summe beträgt: ,   ,   , 5365397 Rupien.
Die kleinste Summe   ,   ,   , 3449657 Rupien.

Die Provinz Tatta.

Die Provinz Tatta wurde ehemals von einem heidnischen Raja beherrscht, dessen Gebiet sich von Alvar, einer im Bacarischen Gebiete gelegenen Burg, an, östlich bis Caschmir, westlich bis Macran, südlich bis ans Meer, und nördlich bis an den Berg Cohfärsi-lascári erstreckte.

Nach dem historischen Werke, betitelt Tarich Freschta, ist die Reihe der ehemaligen Regenten von Tatta folgende:

Vom Geschlechte Salcàn kam die Regierung von Tatta auf Schahbeg, mit dem Beynamen Argùn, der auch Candhàr besaß, und zwar im 918ten Jahr der Mahometanischen Zeitrechnung; er starb, 930.

Diesem folgte sein Sohn Hossén, der die Vestung Bäkär mit neuen Bollwerken versah, und die alten ausbesserte; Sehvàn bauete, und ein Kastell dabey aufführte. Er regierte 32 Jahr.

Auf ihn folgte Mirsa Jssa, ein Turcmàn von Geburt, der Argun's Nachkommen die Regierung entriß und sich selbst solche zueignete; er führte sie 13 Jahr.

Sein ältester Sohn, Muhammad Bäki, war sein Nachfolger, der 18 Jahr regierte.

Diesem folgte der letzte, Mirsa Zàni, dem Tatta, Sehvàn und die ganze Provinz von Akbär genommen wurde.

Nach einem andern Persischen Schriftsteller herrschten vor den Mahometanern die Súmarcánen und Súmcánen, ein ungesittetes Volk, über die Provinz Tatta und Sindh.

Von den Sumarcanen kam die Herrschaft an die Sumcanen, die vom persischen König Zám Schéd abstammen; daher sie auch den Vornamen Zám angenommen, welcher einen regierenden Landesherrn anzeigt.

Der erste heißet Atrauvàl, der anderswo auch Zám Ansàr genannt wird.

Ferner: Zám Zúnam; Zám Ali Bhensa;

Zám Tämiázi; Zám Alischer. Die übrigen siehe unten.

Mahometanische Regenten vom Geschlechte Tamim Ansari, welche zur Zeit der Mahometanischen Könige vom Stamme Beniumie über Tatta herrschten.

Vordem beherrschten Tatta die Sumcanen und Salcanen, ein Volk, das zwar menschliche Gestalt hatte, übrigens aber roh und ohne Religion war.

Man zählt deren 35, als Regenten von Tatta.

Zám Ansàr; regierte	3 Jahr.	Zám Sanic,	15 Jahr.
Zám Harna, des vorigen Bruders		Zám Schamáchi,	13 —
Sohn, reg.	4 Jahr.	Zám Sala Huddin,	11 —

Zàm Nesamuddin, Sohn des
vorigen , , , 2 Jahr.
Zàm Alischer Tamázi, , 6 —
Dessen Sohn Zàm Keran 1 Tag.
Fatechàn, Sicanders Sohn, 11 Jahr.
Sein Bruder Togläk, , 28 —
Mobárák, Bruder des vorigen, 3 Tage.
Sicandèr Fatechan's (Bruder
oder Sohn) (Sicander Fatechani) 1½ Jahr.

Sáuzär, gemeinhin Rábhan, 8 Jahr.
Zàm Nisamuddin, gemeinhin
Zámbánd, , , 60 —
Zàm Feros, Sohn des vorigen, 12 —
Zàm Salahuddin, mit dem Bey-
namen Feros, , , — —
Nach diesem kam Zàm Feros wieder zur
Regierung.

7. Die Provinz Dehli.

Die Länge dieser Provinz von Pälväl bis Lodiana beträgt 165 Meilen; die Breite von Ravàr bis an das Camausche Gebirge, 140. Von der westlich gelegenen Vestung Hefsárferosi bis Cheferabad gen Morgen, zählt man 130 Meilen.

Die Hauptstadt dieser Provinz und von ganz Indien, ist Dehli, und kommt in uralten Schriften unter dem Namen, Enderpät, vor. Die Perser nennen sie Schahjahanabàd, nach ihrem Erbauer Schahjahan, einem der mächtigsten Mogolischen Kaiser.

Roséna, ein heidnischer König, vom Geschlechte Taunvär, erbauete diese Stadt im Jahr 307, der Mahom. Zeitr. Den Namen erhielt sie von der so sehr weichen Erde, in welcher ein eingeschlagner Pfahl nicht fest hielt.

Diese königliche Stadt liegt in einer Ebene am westlichen Ufer des Zemna, und erstreckt sich in einer erstaunlichen Länge von Mittag gen Mitternacht; indem sie von einem Ende zum andern, oder vom Arabischen Thor bis zum Salzmarkt 8 Meilen beträgt. Die Breite ist nicht so groß, ob sie sich gleich an einigen Orten über 4 Meilen erstreckt; denn von dem Ufer des Flusses bis an die Vorstadt Zesingpor sind gute 4 Meilen.

Nach dem Verfasser der Geschichte des Schahjahan hat sie im Umfange 5 Parasangen, oder 10 Königsmeilen, oder 15 gemeine Meilen.

Die Polhöhe habe ich selbst den 16ten und 17ten May 1747 mit einem Astrolabium genommen, und sie auf $28°\ 25'$ befunden.

Nach dem Claudius Boudier beträgt die Länge: $94°\ 54'$; nach der Berechnung einer Sonnen-Finsterniß, $92°\ 25$ Min.; nach der Landcharte: $93°\ 29$ Min.

Das

Die Provinz Dehli.

Das äußerliche Ansehen der Häuser zeigt weder Pracht noch Zierde; das Innere aber, zumal der Vornehmen, ist desto schöner und prächtiger und dem Geschmack der Nation gemäß.

Der vornehmsten Straßen sind drey, davon eine sehr lang und geräumig, sich vom rothen Thor bis zum Lahorner Thor erstreckt; sie enthält die Wohnhäuser der Kaufleute, Wechsler und Jouvellier, die allenthalben gleichweit von einander stehen. Mitten durch die Straße geht ein Canal von Mauersteinen, der das Flußwasser ableitet.

Die andere Straße geht südlich, vom Schloßthor bis zum Dehlischen Thor.

Die dritte heißet Pahàrgans, ist sehr geräumig und mit schönen Häusern geziert.

Die übrigen Straßen sind mehrentheils enge, unregelmäßig, voller Koth und Unflath, so daß man Nase und Auge zuhalten möchte.

Moscheen sieht man eine Menge, die mit vielen Kosten erbauet worden. Zwey davon sind von rothen Fateporischen Steinen erbauet. Zwey andere haben vergoldete Kuppeln. Der kleineren ist eine unzählige Menge.

Die Stadt besteht ferner aus der Alten- und der Neustadt; jene rührt noch von den Heiden her; diese ist vom Kaiser Schahzahan erbauet. So sehr aber überhaupt das neue vom alten absticht, so übertreffen hier die neuen Gebäude die alten weit an Menge, Größe und Schönheit. Demohngeachtet kommen die Indischen Städte den Europäischen an Pracht, Höhe und Ebenmaaß der Gebäude, und Regelmäßigkeit der Straßen nicht gleich.

Sieben Städte, sagt man, sind in eine zusammengezogen worden. Denn erst stand Dehli südwestlich, wo itzt die nach dem Pethora genannte Burg (regia Pethorae) steht; darauf verlegte man die Stadt nach Toglakabàd, einem steinernen Fort, zwey und ½ Meile südlich. Eine andere bauete Seros, König von Indien, ein Mahometaner; eine andere, der Afganische Fürst Schèr; und noch eine andere stand da, wo itzt das Kastell Gádaicotla befindlich ist.

Der Umfang beider Städte, nemlich der alten und neuen Stadt, beträgt gute 12 Meilen.

Die gesammte Stadt hat verschiedene Thore, als: das rothe Thor, das Dehlische, das Turcmànsche, das Azmersche, das Lahorsche, das Caschmirsche, das Cabulsche, das Thor Mòri. Auffer diesen giebt es noch kleinere, als das Chalichànische, das Saraschkànische, und Bahúa.

Das Kaiserl. Residenzschloß ist sehr prächtig von rothen Quadersteinen, am Ufer des Flusses erbauet. Die Bauart ist wenig von der des Schlosses zu Agra unterschieden; sie übertrift dieses vielmehr in Ansehung des Ebenmaaßes und der Verzierung. Die Länge des Schlosses beträgt 1000 Ellen; die Breite 600; die Höhe der Mauern 25, der Umfang hält 6300, und die ganze Oberfläche 600000 Ellen. Die Kosten betragen an 10500000 Rupien.

Rupien. Ein sehenswürdiger sehr prächtiger doppelter Säulengang, woselbst öffentliche Audienz und Rechtspflege gehalten wird, besteht aus mehr als 30 rothen steinernen Säulen.

Ausser den Thoren nach dem Flusse hin, sind zwey andere vorzüglich merkwürdig, nemlich das Dehlische gen Süden und das Lahorische gen Nordwesten. Auf das Lahorische folgt ein sehr langes geribtes Gewölbe (fornix concameratus), an dessen Ende sich ein allenthalben offener Säulengang erhebt, unter welchem der Kaiser zu sitzen und Processe anzuhören und zu entscheiden pflegt. In einem noch schöneren Säulengange werden die geheimen Staatsgeschäfte betrieben.

I. Taf. n. 2. Das Innere des Schlosses enthält prächtige Gebäude, Gemächer, Spatziergänge und die anmuthigsten Gärten, die das Gemüth der Spatzierenden ergötzen.

Von dem Kaiserl. Schloß aus geht man über eine steinerne Brücke nach dem von Selim, König der Afganen, erbaueten Kastell, in welchem des Kaisers Brüder und Verwandte bewacht werden, damit sie nichts wider ihn unternehmen können. Auch erblickt man am südlichen Theil der Stadt ein altes vom Afganischen Fürsten Schér erbauetes Schloß; und noch ein anderes kleineres vom König Seros erbauetes am Kabulschen Thor; zuletzt noch eines genannt Godáicotla.

Unter den großen Märkten, (denn auf jeder irgend großen Kreuzstraße hat man Sachen feil) sind die vornehmsten: der Markt Tschandnitschók, der Sadullachánsche, der Markt am Lahorner Thor, der am Dehlischen Thor, und der in der Straße Pahárgans.

Staub und Rauch sieht man allenthalben in großer Menge: jenen, wegen der unzähligen Menge Menschen, diesen, wegen der großen Menge Küchen und Feuerheerde, indem man in allen Straßen Speisen feil hat; hiezu kömmt noch des Nachts der Oel-Dampf der Laternen.

Die Gesellschaft Jesu hat hier zwey Wohngebäude: eines bey dem Schlachthause (macellum), das andere im äußersten Winkel der Stadt, wo das schwere Geschütz steht und der Christen Kirchhof befindlich ist.

Südwestlich am Ende der Stadt sieht man eine Sternwarte, die Jesing, ein heidnischer Raja von Jepor, erbauet hat; sie ist wenig von der zu Jepor unterschieden, indem man auch hier eine Aequatorial-Axe (Axis mundi), einen Gnomon, sehr große Astrolabia und andere Instrumente antrift; nur sieht man auch zwey rund umher mit Fenstern versehene cirkelrunde Gebäude, in deren Mitte ein Cylinder bevestigt ist, der nach der Ewigkeit eingetheilt worden (in primi motoris horas divisus). Da aber diese Warte in einer Ebene steht: so hat man wegen der Gipfel der Bäume und Häuser keine freye Aussicht. Alle astronomische Instrumente,

ausser

Die Provinz Dehli.

auſſer den Aſtrolabien, ſind mit Kalk zuſammengefügt, daher ſich keine genaue Beobachtung damit anſtellen läßt.

Unter den prächtigen Grabmälern, welche die Aſche der alten Beherrſcher enthalten, iſt das des Humáyün, Kaiſer Akbars Vaters, ſehenswürdig; kömmt aber in kein Vergleich mit dem Mauſoleum des Sohns zu Sicandra.

Nicht weit von der auf 12 Bögen ruhenden Brücke ſieht man ein ſchönes, in Geſtalt eines großen Gewölbes, allenthalben verſchloſſenes Grabmal des Chánchan, Sohns des Beranıchán, der den nach Perſien flüchtenden Humayun wieder zurückbrachte und in ſein Reich wieder einſetzte.

Ferner ſind merkwürdig die Trümmer des Obeliskus des Aſgauiſchen Königes Jeros, der 150 Jahr vor Tamerlan lebte. Der Obelisk ſelbſt war rund und ſtand an einem hohen Ort, auf einem Würffel von ſehr großen Steinen. Er iſt von untergelegtem Pulver in die Luft geflogen und in Stücken geſprengt, von welchen nur noch fünf übrig ſind. Das eine Stück davon, nahe am Fuße, hält in der ſtärkſten Dicke 1¼ Indiſche Elle im Durchſchnitt; in der Länge aber 2¼ Ellen. Das zweyte Stück iſt faſt eben ſo dick, aber nur 1¼ Elle lang, mit einer Inſchrift, die aus Indiſchen, Sanskretiſchen, Gujaratiſchen und einigen Arabiſchen Buchſtaben beſteht. Das dritte Stück iſt eine Elle dick und zwey lang. Das fünfte endlich eine Elle dick, und 1¼ Elle lang. Dies macht zuſammen neun Ellen. Die Höhe aber des Obelisk ſoll zwanzig Ellen geweſen ſeyn. Auf dem vierten und fünften Stücke findet man folgende Karaktere: Λ 8 Ϭ Ν Ж Δ Ε Ε

Die Bedeutung dieſer Karaktere habe ich lange geſucht, und endlich gefunden, daß es theils Ziffern, theils Zeichen von Waffen ſind, deren ſich die Indier vormals bedienten. Hiernach iſt alſo:

Λ. Das Zeichen der Zahl acht; und 8, der Zahl vier.

Ϭ. Bezeichnet den Scepter des Ram, oder einen Stab, der in einer Kugel beveſtigt iſt.

Ν. Die Geſtalt eines Pfluges oder ehmaligen Krieges-Inſtruments bey den Indiſchen Völkern.

Ж. Dies Zeichen hat eine Aehnlichkeit mit dem Indiſchen C oder K; wahrſcheinlicher bezeichnet dieſe Römiſche Zehne, oder dies Griechiſche Ch, jene vierblättrige Blume, welche die Heiden zuweilen als Zwiſchenpunkte der Wörter ſetzen.

Δ. Das Zeichen der Göttin Vabáni.

Ε. Zeichen der Zahl ſechs.

Ε. Bedeutet die Hellepart, womit Ram den tauſendarmigten Rieſen erſchlug.

Die Aehnlichkeit dieser Karaktere mit den Griechischen Buchstaben hat einige Europäer zu der Meynung verleitet, daß Alexander der Große diesen Obelisk errichtet habe: allein Alexander ist nie in diese Gegend gekommen, und man weiß zuverläßig, daß ihn Feros auf seine Kosten, und zum ewigen Andenken seines Namens habe errichten lassen.

Nicht weit von diesen Trümmern sieht man ein anderes vierseitiges Denkmal, 1½ Elle dick und 10½ Elle hoch, welches ein gewisser sehr starker Mann, genannt Bim, ausgehauen und errichtet haben soll.

Vor allen aber ist hier ein Thurm merkwürdig, sowohl wegen seiner Höhe als seiner schönen Figur. Er steht 7 Meilen südwestlich von Dehli und soll vor 500 Jahren, also im 13ten Jahrhundert, von einem Afganischen Fürsten Schamsuddin, mit dem Beynamen Gori, Mahometanischer Religion, erbauet worden seyn. Vorher schon hatte der Oheim dieses Schamsuddin, von eben der Nation, Namens Schahabuddin, den damals zu Dehli regierenden sehr reichen und mächtigen heidnischen König Pethora besiegt und lebendig gefangen bekommen. Die Gorier kommen ursprünglich aus der Provinz Gor, welche man auf den Landcharten bey Ost-Chorasan, zwischen Herāt östlich, und der Persischen Provinz Sablustan westlich, antrifft.

Der gedachte Thurm nun hat fünf runde Absätze (contignationes). Der erste besteht aus halben Cylindern, zwischen welchen die Ecke eines Vierecks hervorsticht, und mit dem Cylinder bis an den Kranz gleichmäßig fortgeht. Zwischen jedem Absatz sind einige Queerbänder mit Arabischer Schrift oder kleinen Versen aus dem Koran. Der zweyte und kleinere Absatz besteht blos aus halben Cylindern; der dritte aus Quadrat-Ecken; der vierte und fünfte aus weissen rund gehauenen Steinen: der ganze Thurm aber endigt sich mit einem kleinen aus vier Bögen bestehenden Häusgen von rothen Steinen, mit einer steinernen Kuppel.

Jeder Absatz verjüngt sich, sowol in der Höhe als in der Dicke, und unterscheidet sich dabey mit einem mit besonderer Kunst und Zierde ausgearbeiteten Kranze. Die Höhe des Thurms beträgt 130 Indische Ellen; der Umfang am Fuß, 60. Man geht 384 Stuffen hinauf, jede von 1½ Spann, alle zu einer Wendeltreppe gehauen. Der ganze Bau besteht aus rothgelben Steinen von mäßiger Größe, die ohne allen Kalk mit eisernen Klammern verbunden sind.

Mit diesem mühsamen Steinhaufen hat man vierzig Jahr zugebracht, dessen ganzer Zweck dieser war, daß ein Mahometanischer Pope von da herab das Volk mit einer bey ihnen gewöhnlichen Formel zum Gottesdienst zusammenschreye. Diese Warte aber ist jetzt ein Aufenthalt der Fledermäuse, die daselbst in großer Menge nisten: ein recht passendes Bild der Mahometani-

schen

schen Priester, die nur für die Finsterniß des Korans Augen haben, vor dem Licht des Evangeliums aber dieselben verschließen.

Bey dem Thurme sieht man Ruinen einer Moschee, die eine alte aber schöne Bauart anzeigen. Ferner das Grabmal eines von dem Geschlechte des Mahomet, mit einer kunstreichen gewölbten Halle, die mit einer doppelten Thür versehen ist.

In eben der Nachbarschaft steht ein Götzentempel auf viereckigten Säulen von grauen roh gehauenen Steinen. Ferner, der Pallast des heidnischen Königes Pethora: dessen Bauart aber so wie der Tempel nichts vorzügliches hat, als das bloße Alterthum und kleine an den Säulen geschnitzte Götzenbilder.

Neben dem Götzentempel steht eine eiserne Stange, anderthalb Palmen im Durchmesser und an fünf Ellen hoch, oben mit zwey Kugeln, oder vielmehr eisernen Ringen statt einer Krone versehen. Man findet auch indische Karaktere an derselben, die aber nicht zu erklären sind. Die Heiden fabeln vieles von dieser eisernen Stange oder Säule, und sagen, es sey der Stab des eisenstarken Bhim's, eines von den fünf Pandvanischen Brüdern gewesen.

Dieser ziemlich volkreiche Ort ist überdies noch wegen eines marmornen mit drey niedrigen Gewölben versehenen Grabmals eines Mahometanischen Heuchlers, genannt Cōtōbsāheb, oder Vorsteher des Pols, berühmt. Nach diesem Grabe wallfahrtet nicht nur das gemeine Volk, sondern sogar Könige und Fürsten: dem Betrüger aber dichtet man viele Wunderwerke an; man giebt auch vor, er sey von Urtsch her in diese Gegend gekommen und habe dem Afganischen Fürsten Schahabuddin, die Herrschaft über Indien geweissagt.

Die Felder, die sich in einer großen Ebene von Dehli bis dahin erstrecken, sind fruchtbar, und allenthalben mit Gärten und Getraide angefüllt. Ueberhaupt würde ich ein ganzes Buch schreiben müssen, wenn ich alles merkwürdige der Stadt Dehli umständlich anführen wollte.

Eintheilung der Provinz Dehli.

Diese Provinz besteht aus folgenden acht weitläuftigen Vogteyen:

Die Vogtey Dehli, Badaun, Sambal, Canau, (heißet bald nachher Lacnor) Sabāränpor, Rewār, Sārhind und Heſſār Feróſi.

Die Vogtey Dehli enthält folgende Städte, zu welchen viele Dörfer gehören: (pagos et oppida).

Abhāna; Bārān, mit einem Kastell, von Backsteinen, am Fluß Cāhāndl.

Bāridobāldhān, nebst dessen Gebiet.

Barnauva; Bhágpáth, zwischen zwey Flüssen am Ufer des Zuli.
Candela; Carnàl, woselbst der kleine Fluß Sazóna entspringt.
Cáßna, am Ufer des Zemna; Cotana.
Dábáritàha, zwischen dem Ganges und Zemna.
Dáncòr, am Ufer des Zemna; Dáßna.
Eßlàmpor, mit dem Beynamen Báke, und einem steinernen Kastell.
Gharmuctèssor, am westlichen Ufer des Ganges, mit einem Kastell von Backsteinen; Gonòr, hat auch eins.
Hapor, zwischen zweyen Flüssen, am Ufer des Cálinaddi.
Haschtnapur, der ehmalige Sitz des Pandu, am Ufer des Ganges, ist aber davon entfernt.
Kärkhád; Kikárkhera, zwischen zwey Flüssen, nebst einem Kastell von Backsteinen.
Luni, zwischen dem Ganges und Zemna, mit einem Kastell von Backsteinen.
Mándothi, wobey eine starke Quelle befindlich ist.
Massáúdabád, mit einem Kastell von Backsteinen.
Méráth, zwischen zwey Flüssen, mit solchem Kastell.
Pálám; Palvál, mit einem auf einer Anhöhe gelegenen Kastell von Backsteinen.
Panipáth, Púth, beide mit einem dergleichen Kastell; so wie auch Rótál.
Safedon; Samána, zwischen zwen Flüssen.
Sánháta; Saráva, mit einem Kastell von Backsteinen.
Schacárpor; Sicandarabád; Sónpath, mit einem Kastell von Backsteinen.
Tánda Bhágbàn, am Zemna; Tilbégámpor;
Tilpáth, mit einem Kastell von Backsteinen.
Zalalabád, zwischen zwey Flüssen, so wie auch Zalálpor Seròt.
Zahárfa, mit einem steinernen Kastell.
Zaróli; Zazhána; Zazhár; Zévár.

Der Distrikt Badaun enthält folgende Städte, wozu ebenfalls viele Dörfer gehören, als:

Aunla.	Azaun.	Búnd.	Mandia, mit dem Beynamen Saniassi.
Badaun.		Cánt.	
Baréli.		Gála.	Senà; Sesvàn;
Barsepòr.		Kótt Salbahn.	Tehli.

Zum

Die Provinz Dehli.

Zum Distrikte (tractum) Sambal gehören folgende Ortschaften (praefecturae):

Acbârabâd.	Dabáti.	Sanopor.
Adòn.	Daka.	Satsi.
Amroa.	Davâracótt.	Sarsana.
Anzári.	Devâra.	Scháhí.
Asampor.	Dobíla.	Schércòtt.
Bägáti.	Eolamabâd Dârcü.	Seuhárar.
Bakändivár.	Eolampor Bheru.	Sizghir.
Balachórd.	Gonòr.	Sitachord.
Baróhi.	Kädärpor.	Tespor.
Batscharaun.	Kirätpor.	Tschandpor.
Bazótär.	Kankhári.	Tschopála.
Bessára.	Palvára.	Zädvár.
Bessva.	Käzâbpor.	Zägram.
Bhori.	Razpor.	Zahálu.
Bucaffi Bhacsa.	Retila.	Zalalabâd.
Cábĕr.	Sämbäl, mit einem Ka-	Závân.
Candòr.	stell von Backsteinen; ein	Zeria.
Cätsch.	ehemaliger Sitz des Pe-	Zuli.
Cündriki. Cüß.	thóra.	Zünghi.

Das Gebiet Lacnor (heißet oben Caniau) enthält folgende Städte:

Beßnéva.	Mogolpor.	Neudhána, woselbst man
Mandravar.	Nadina.	viele Maulbeerbäume an-
Mazóla.	Natòr. Naróli.	trift.

Zum Gebiete Saharanpor gehören: *)

Anbasta.	Bhócpor, mit einem Ka-	Católl.
Agärmáo.	stell von Backsteinen, ge-	Cahódi.
Bacra.	nannt: Hardear.	Deubând, mit einem Ka-
Batcatschaur.	Bhóna.	stell von Backsteinen.
Bedóli.	Bórzahár.	Enderi.
Bhetai.	Budhana.	Keräna Gangho.

*) In ditione Saharanporensi hae sunt praefecturae.

Die Provinz Dehli.

Lacnóti.
Malhipor, mit einem Kaſtell von Backſteinen.
Manglor.
Moſafarabad.
Nagòr.
Nanótta.
Raipor, mit dem Beynamen Tatàr.

Rámpor.
Rurkí.
Sahátanpor, mit einem Kaſtell von Backſteinen; hier verfertigt man vortreffliches Baumwollenzeug.
Sámältára.
Sardhána.
Satſava.

Sarvár, mit einem Kaſtell von Backſteinen.
Seläri pokär Siri.
Sorun Bilri.
Thana Bim.
Töglökpor.
Tſchertauval.
Tſchóli.
Tſchorai.

Zum Gebiete Revàr gehören folgende Herrſchaften (Dynaſtiae):

Bhumra.
Ghélot. Gohána.
Kottcáſſēmali.
Nimrána, mit einem ſteinernen Fort (munimentum) auf einem Berge.

Páväl.
Párôdí.
Reváti, mit einem Aussenwerk (propugnaculum) von Backſteinen.
Renai Zenai.

Sahána, mit einem ſteinernen Kaſtell auf einem Berge, wo auch ein Teich und ein Götzentempel befindlich.
Tádru.

Im Gebiete Särhind ſind folgende Vogteyen:

Ambála.
Benúr. Bhódar.
Cheſerabád, mit einem Kaſtell von Backſteinen.
Déhòta. Deutána.
Dorála.
Satepor.
Hápáti.
Khétèl, mit einem Kaſtell von Backſteinen und einem Tempel eines gewiſſen Götzen.
Khorám.
Lobhána, mit einem Kaſtell von Backſteinen.

Malnèr.
Manſûrpor.
Mäſingän.
Matſchivára, mit einem Kaſtell von Backſteinen.
Muſtafabad, am Ufer des Satluz, mit einem Kaſtell von Backſteinen.
Páil. Pundèri.
Rái Samu, aus einigen Dörfern beſtehend (pagi Rài Samu).
Ropär
Sadhóra, mit einem Kaſtell von Backſteinen.

Särhind, auch mit einem ſolchen Kaſtell.
Schahabàd.
Semána und Sonám, jedes mit einem Kaſtell von Backſteinen.
Sultanpor.
Tabānda.
Tahára, am Ufer des Satluz, mit einem Kaſtell von Backſteinen.
Thäneſſör, mit einem Fort von Backſteinen.
Zer, am Ufer des Ghäghär. Zerk.

Zum

Die Provinz Dehli.

Zum Gebiete Heſſárferds gehören die Herrſchaften:
Agroa; Abárvi; Angbára, mit einem Kaſtell von Backſteinen, und einem Götzentempel, genannt Góbardbán.
Babárangi; Barva; Barvála; Batnèr, mit einem Kaſtell von Backſteinen.
Bhangival; Bhatu; Dábátrát, mit einem Kaſtell von Backſteinen.
Sateabád, mit eben ſo einem Kaſtell.
Gobána; Hánſi, mit einem Fort von Backſteinen.
Heſſárferóſa, hat zwey Kaſtelle, eins von Werkſtücken, und eins von Backſteinen.
Abahánda, mit einem See, worinn ſich die Heiden waſchen.
Mèhm, mit einem Kaſtell von Backſteinen.
Punian; Serſa, mit einem Kaſtell von Backſteinen.
Sevání; Severán; Sydmükh, hat einen unfruchtbaren ſandigten Boden.
Tohána, mit einem Kaſtell von Backſteinen.
Zamálpor; Zind: 3 Meilen von Zind im Dorfe Bandára iſt ein Götzentempel.
Durch einige Oerter dieſes Gebiets fließt der kleine Fluß (rivus) Ghágbár.

Die Einkünfte dieſer Provinz betragen (nach Manuzzi) an   12550000 Rup.
Nach dem Kaiſerl. Regiſter: ,   ,   ,   1222950137 Dam.
Die größte Summe beträgt: ,   ,,   ,   9670430 Rup.
Die kleinſte Summe   ,   ,   ,   ,   6659100 Rup.

Kurze Beſchreibung einiger zu dieſer Provinz gehörigen Oerter.

Agäróa, ehmals eine volkreiche Stadt von 125000 Häuſern, voller Kaufleute und Wechsler, die ſo mächtig wurden, daß ſie mit dem König Seros von Dehli Krieg führten, liegt itzt wüſte. Ihren Urſprung holt man von einem gewiſſen Kaufmann her, Nameus Agár, daher deſſen Nachkommen Agärválen genannt werden, die erſt der Brahmaniſchen Secte anhiengen, nachher aber zu einer anderen, nämlich der Sarängiſchen, von welcher anderswo gehandelt wird, übergiengen. Itzt ſind ſie durch alle Provinzen Indiens, vorzüglich die weſtlichen und ſüdlichen, zerſtreuet.

Heſſárferóſa, ein ſteinernes Fort, 60 Meilen weſtlich von Dehli; der König Seros hat es auf ſeine Koſten erbauen laſſen. Inner- und auſſerhalb deſſelben ſind Häuſer.

Hánſi, eine Stadt, mit einem ſchadhaften auf einer Anhöhe gelegenen Kaſtell, 11 Meilen öſtlich von Heſſár. Zu beiden Städten gehören 26 Vogteyen. Wegen des ſandigten Bodens

und

und Mangels an Waſſer, iſt hier jährlich nur eine Erndte, nämlich nach der Regenzeit. Von Dehli liegt es ohngefähr 50 Meilen, und die Reiſe geht von da über Bahádorghar, Rotil, Mehe und Lohari nach Hánſi.

Báréli, eine Stadt, neun Tagereiſen oſtſüdöſtlich von Dehli, unter der Herrſchaft der Rohélaiſchen Afganen. Die Hauptſtraße, in welcher man allerley Waaren feil hat, ſchätzt man eine halbe Meile lang. Der Umfang der Stadt beträgt 2 Meilen. Die Häuſer der Reichen ſind von Backſteinen, und die der Geringen, von Leimen (luteac), wie gewöhnlich in allen Städten Indiens. Oeſtlich fließt der Nactia vorbey. Es hat auch ein feſtes anſehnliches Kaſtell von Backſteinen am Fluſſe Zua. Man prägt hier goldne und ſilberne Münzen mit des Mogoliſchen Kaiſers Namen.

Vier und eine halbe Meile von hier gen Aunla, kömmt man über den Fluß Rámgänga. Von Nánckmátha, einem berühmten Orte, liegt Bareli 30 Meilen, und von Pilibinth 18 kleinere entfernt.

Die Herrſchaft Bára enthält 12 Dörfer, in welchen Sáiden wohnen, die ſich aus Mahomets Geſchlechte entſproſſen zu ſeyn rühmen.

Senſót und Miranpor ſind die vornehmſten Oerter; jener liegt 40 Meilen von Dehli; beide aber liegen zwiſchen den Flüßen Zemna und Ganga.

Luni, eine ehmals volkreiche mit einer Schanze (propugnaculum) verſehene Stadt, 7 Meilen nordöſtlich von Dehli.

Méráth, eine ehmals ſtarke Stadt und Veſtung, wurde von Tamerlan erobert und geplündert. Sie liegt 24 Meilen von Dehli, und 8 von Sardana; eben ſo viel ſind's von hier bis Schämli, von wo bis Merath auch 8 Meilen ſind, welches vom Uſer des Ganges 12 Meilen entfernt ſeyn ſoll.

Pálvál, ein lebhafter Ort, 20 Meilen ſüdlich von Dehli; vier vom weſtlichen Uſer des Zemna, die aber kaum 3 Meilen betragen.

Fridabád, eine Stadt, mit einer ſchönen und geräumigen öffentlichen Herberge, welche gleich einem Schloß gebauet und an den vier Ecken mit Thürmen verſehen iſt. Sie liegt 10 Meilen ſüdlich von Dehli; 3½ Meile vom Zemna, die aber keine 3 betragen, indem die Meilen in dieſer Gegend vor andern kleiner ſind.

Tháneſſor, eine große volkreiche Stadt, 1 Meile lang, aber nicht ſo breit. Im öſtlichen Theil der Stadt liegt ein Teich, mit Häuſern umher; in dieſem Teich, ſagen die Heiden, vermehre ſich ein Stück Gold, das man hineinwürfe und werde viel ſchwerer: eine lächerliche Erdichtung, indem man nichts von dem, was man einmal hineingeworfen, wieder erhält. Die

Die Provinz Dehli.

Heiden verehren diesen Brunnen oder Teich auf eine religiöse Art, und glauben mit dem Wasser desselben ihre unreinen Seelen reinigen zu können.

Eine halbe Meile westlich von der Stadt liegt ein ziemlich großer See, in dessen Gegend die Corer und Panduer, Abkömmlinge des mächtigen heldnischen Königes Cór, auf Anstiften des Krischen, einander ein heftiges und blutiges Treffen gelifert haben; in welchem, auffer den 5 Brüdern Pandu und dem Krischen von einer Seite, und zween von der andern, alle das Leben eingebüßet haben: daher die Heiden diesen Ort als eine heilige Stätte verehren. Sie nennen ihn Córtschétter, das Gefilde des Cor, oder den Sonnenschirm des Cor, weil die Indischen Könige unter einem solchen Schirm (vmbella) einhergehen.

In dem Distrikte zwischen Tháné ssor und Lahor, lebt ein von den Razputen abstammendes Geschlecht Heiden, genannt Zeht. Einige Europäer, welche das Z mit einem G verwechseln, weil sie es, wann es mit einem L zusammensteht, unrichtig aussprechen, wollen diese Völker von den Geten ableiten, die sich hieher begeben hätten. Dies ruhet aber auf einem irrigen Grund; indem die Geten die heutigen Moldauer sind: die Zethen aber von den Razputen abstammen. Denn da die Indischen Völker sich mit keinen fremden vermischen, auch keinen Ausländer, von einer andern Religion, als der ihrigen, in ihre Gesellschaft aufnehmen: so erhellet, wie seicht und gewagt jene Meynung ist, die man doch für eine wichtige Entdeckung angesehen wissen will. Im Distrikte Hánsi heißet dies Volk Bhógèr; in dem von Agra und Dehli, Zát: sie mögen aber Namen haben, wie sie wollen, so kann man sie sicher alle von den Razputen ableiten.

Sarhind, eine große Stadt, auf der Straße nach Lahor, war ehmals ziemlich ansehnlich in Betracht der Gebäude und Gärten; itzt ist sie verfallen und fast von Einwohnern entblößet. Das ziegelsteinerne Kastell und die Mauern haben die Siken, die ehmals Lahor und andere Gegenden bezwangen, der Erde gleich gemacht. Sie liegt 106 Meilen nordwestlich von Dehli, und drey Tagereisen von Bezvára, woselbst baumwollenes Zeug verfertigt wird.

Carnàl, eine Stadt, vier Tagereisen nordwestlich von Dehli, an einem Arm des Zemna, von dessen Ufer sie westlich 4 Meilen entfernt ist. Bey dieser Stadt schlug Náder Scha, König in Persien, bekannt unter dem Namen Thamas Culichán, im Jahr 1738, den Groß-Mogol und nahm ihn gefangen.

Cunzpora, eine Stadt mit einem Kastell am westlichen Ufer des Zemna, ohngefähr drey Meilen östlich von Catnal. In dieser Nachbarschaft haben die Marhatten, südliche Völker, eine große Niederlage erlitten, so daß sie fast gänzlich aufgerieben worden.

Endèri, liegt zehn Meilen von Carnal.

Tieffenth. Erdbeschreib.　　　　　N　　　　　Matröl,

Matról, 9 Meilen von Endéri und 10 Meilen von Schahdóra.

Moklespor, acht Meilen von Schahdóra. Bey diesem Ort hat Alimärdän, ein Perser, mit vieler Arbeit und Kunst einen Kanal vom Jemna bis Dehli führen lassen. Vier Meilen davon liegt die Stadt und der Berg Nábn; man weiß aber noch nicht, wie viel Meilen von da die Quellen des Jemna entfernt sind, wenn gleich soviel gewiß ist, daß der Jemna durch jenes Gebirge in die Felder der Ebene herabfließt.

Nábn, eine stark bebauete und volkreiche Stadt mit Mauern und Bergen umgeben; 8 Tagereisen von Belaspor, die aber wegen der hohen Gebirge und tiefen Thäler nach gewöhnlicher Angabe 25 Meilen betragen. Von da bis zum Dorfe Reárdru sind 10 Meilen, und eben soviel von diesem Dorfe bis an den Jemna; und 13 bis Adipor.

Háschtnápur, ein ehmaliger Residenzort des Königs Schazefter, wovon ist noch die Trümmer übrig. Es lag vormals am diesseitigen Ufer des Ganges, der sich itzt anderthalb Meilen davon entfernt hat. Von hier bis Dehli sind 45 Meilen; bis Gharmuctessor 25.

Taf.
XXXIII.
n. 2.
Schábzahanpor hat den Namen vom Schabzehan, ob es gleich von einem gewissen Afganen, Namens Babadorchan erbauet worden. Es ist eine große von Afganen bewohnte Stadt, mit einem ziegelsteinernen Kastell und mit Thürmen besestigt, am Zusammenfluß des Garra und Candot: 7 Meilen nordwestlich von Schababád; 12 von Mubahemed, und 28 von Pilibinth.

Zalalabad, ein von Erde aufgeworfenes Fort am östlichen Ufer des Banganga, 12 Meilen von Schabzahanpor, 14 von Sarrochabad und 30 von Bareli.

Bhimtál, ein von Bhim, einem der 5 Brüder Pandu, gegrabener See, von fast einer Meile im Umfange, in der sogenannten Ebene Ghantidrula, 30 Meilen von Lamaun; aus dem südlichen Theil desselben fließt der Fluß Bhögöl heraus, 16 Meilen bis Nänilmärha fort, durch Lähifer, 30 Meilen von Pilibinth, 14 von Schabzahanpor; worauf er sich in den Garra ergießt.

Sámbál, eine uralte von den Brüdern Pandu erbauete Stadt, eine halbe Meile lang und ¼ breit, mit ziegelsteinernen Mauern und Thürmen bevestigt. Die meisten Häuser liegen innerhalb den Mauern. Mitten in der Stadt steht ein hoher Tempel auf einem gemauerten mit einer ziegelsteinernen Mauer umgebenen Platz; sie hat drey Kuppeln, nach mahometanischer Art, aus deren mittlerem (ex medio laquearis) eine eiserne Kette herabhängt. Die Heiden nennen diesen Tempel Härmändál, das heißt eine Wohnung Gottes, und geben vor, daß am Ende der Welt der Gott Beschan in menschlicher Gestalt erscheinen und an diesem Ort werde gebohren werden. Dieser Tempel war dem Necäläuc, das heißt dem Schlerfreyen,

Die Provinz Dehli

freyen, gewidmet, welchen Namen sie dem Beschan beylegen, womit er am Ende der Welt die menschliche Gestalt annehmen wird; von den zu Dehli regierenden mahometanischen Königen ist er aber in eine Moschee verwandelt worden, um das Andenken eines noch nicht erschienenen Menschen zu vertilgen. Sambal liegt von Hassanpor 10 Meilen östlich, von Bisoli 27 westlich.

Aunla, eine schön gebauete, große und volkreiche Stadt, mit einem prächtigen Pallast für den Ortsbesitzer (toparcha), das Haupt der Roheler, und einem nach den vier Weltgegenden gelegenen Handelsmarkt. Die Stadt ist eine halbe Meile lang und ⅓ breit. Sie liegt 9 Meilen von Baréli, 18 von Bissoli, 4½ östlich vom Ganganga, auch genannt Ramganga. Nánekmátha, ein wegen der in einen Baum geschnitzten Hand des Naneks berühmter Ort; 30 Meilen von Baréli; 18 kleinere von Pilibineh; 3 Meilen vom diesseitigen Ufer des Dehua oder Garra. Hieher wallfahrten die Siken, Anhänger des Nánek.

Pilibineh, eine ist volkreiche Stadt am jenseitigen Ufer des Dehua, 18 Meil. von Baréli; ein gewisser Roheler hat sie mit Mauern versehen und am Ufer des Flusses ein Kastell errichtet.

Cáschipor, eine große volkreiche Stadt, 42 Meilen nordwestlich von Baréli; denn bis zum Dorfe Sinreia, an welchem der Ramganga westlich vorbeyfließt, sind 10 Meilen; von da bis Schahabad, wobey eben dieser Fluß nordwestlich läuft, 6 Meilen; von da bis Rampor 10; von da bis Singhankhera, woselbst der Coffela nordwestlich vorbeyfließt, sind 3 Meilen, und von da bis Caschipor 11.

Bánghár, ein dreyecktes Fort von Erde, welches ein gewisser heidnischer Fürst hat bauen lassen; es liegt auf einem etwas erhabenen aber ungleichen Boden; hat drey Mauern und eben so viele Thürme an jeder Ecke. Zwey Seiten dieses Dreyecks sind länger; an der dritten und kürzeren ist das Thor. Umher ist dicker Wald und Gebüsche. Im Jahr 1746 im Junius wurde es von dem Mogolischen Kaiser Muhammad erobert. Es liegt 30 Meilen von Aunla; 40 von Baréli und 8 vom jenseitigen Ufer des Ganges.

Ghármucteffor, eine Stadt mit einem ziegelsteinernen Kastell auf einer Anhöhe, anderthalb Meilen vom westlichen Ufer des Ganges. Man setzt hier zu Schiffe über diesen Strohm. Von hier sind 4 Meilen westlich bis Putgáth; 4 bis Baxár, und 18 bis Dáranagár. Dieser Ort wird von den Heiden für heilig gehalten.

Hássánpor, in der Landessprache Cutschróla, 10 Meilen westlich von Sambal; 7 von Ghármucteffor; 5 von Puthgath; 7 von Amróa.

Baxár, eine Stadt am Ufer des Calinâddi, oder des schwarzen Flusses; 4 Meilen von Ghármucteffor; 13 Meilen östlich von Rampor.

Morabababad, eine Stadt aus vielen Häusern und Strohhütten bestehend. Der Sitz des Statthalters (praefecti) ist ein Kastell am Bangänga. Es liegt 12 Meilen nördlich von Sambal; 12 von Amróa; 20 von Caschipor, und 10 von Bissóli.

Badaun, eine uralte Stadt mit einem ansehnlichen Distrikt; ehmaliger Sitz eines heidnischen Fürsten. Sie hat eine Vestung; die Häuser aber liegen ausserhalb derselben. Es liegt 20 Meilen von Baréli, 10 von Aunla, 5 von Banghar.

Bissóli, eine von Rohelen bewohnte Stadt; östlich liegt ein Kastell, vor dessen Thor ein Handelsmarkt ist. Die Hauptstrase ist eine Meile lang; die Breite der Stadt beträgt eine halbe Meile. Einer von den Häuptern der Rohelen hat hier seinen Sitz.

Attartschēndi, eine Stadt mit einem vierekten Kastell, 10 Meilen von Aunla; 7 von Baréli; 12 von Bissóli.

Schocartál, nach dem eigentlichen (genuinum) Namen Sucabeutál, am westlichen Ufer des Ganga. Ein See bey diesem Orte ist rings umher eingefaßt und mit schattigten Bäumen besetzt; ihm gegenüber liegt das Dorf, wo man über den Ganga setzt. Es liegt 17 Meilen von Nasibghar; 40 von Hardoar. Diese Meilen aber sind kleiner wie die östlichen.

Nāsibghār, ein neues Fort mit einem Wall und Thürmen, ohngefähr eine halbe Meile im Umfange, an der Stelle des ehmaligen Kastells Säbelghär; der Erbauer desselben war ein gewisser Ruhelischer Fürst, von dem es auch den Namen hat. Die um dieses Fort gelegenen Bauerhäuser und Hütten heissen Nasibabad; es liegt 6 Meilen vom östlichen Ufer des Ganges; denn am Ufer selbst kömmt kein Dorf vor, wegen der Wälder und Abgründe. Von diesem Ort an erhebt sich ein dichter Wald voller hohen Bäume. Diese neue Stadt liegt an 5 Meilen nordnordwestlich von Zalalabad und 25 südöstlich von Hardoar.

In der Strecke von Hardoar bis Nasibghár wird der Ganga durch einige Felsen zertheilt, so daß er drey Ströhme ausmacht, die aber zwischen Nasibghar und Schocartal wieder in eins fliessen; nur weiß man die eigentliche Stelle nicht, wo dies geschieht, weil beide Ufer wegen des Sandes und der Abgründe unwohnbar sind.

Die Breite jener drey Ströhme beträgt 2 und eine halbe Meile, und enthält zugleich eine ansehnliche Strecke Landes darzwischen. Man kann zwar im Sommer hindurch waten, nur ist es wegen der auf dem Grunde befindlichen Felsen sehr schwer.

Bhenagátha heißt die Ueberfahrt des Ganga, 22 Meilen von Schocartal; 7 von Nasibghar; 18 von Hardoar.

Zalalabad, eine Stadt mit Strohhütten; 5 Meilen von Nasibghar; 20 von Amroa, und 3 vom östlichen Ufer des Ganga.

Die Provinz Dehli. 101

Mabauvär, eine große Stadt, 3 Meilen von Jalalabad; 2 von Nazibghär; eine halbe vom östl. Ufer des Ganges.

Däranägär, am jenseitigen Ufer des Ganga, woselbst man gewöhnlich hinübersetzt, 12 Meilen von Schocärtal.

Pätärghar, ein altes steinernes mit Zinnen versehenes Fort mit vier Thoren, 1 Meile von Nazibghar. Dies Kastell ist mit einem Wall und mit stets wasservollen Graben umgeben.

Ruddörpor, ein volkreiches Städtchen mit vielen ziegelsteinernen Häusern und einem Markte voller Kaufleute und Wechsler. Die Wohngebäude des Statthalters sind in einem Kastell von Thon, an welchem nördlich der Fluß Bhöghěl fließt, der von da bis Lahikera fortströhmt.

Die Reise von Baréli bis Ruddörpor geht über folgende Oerter:

Bis Schérghär, eine große wohl bewohnte Stadt, nord ¼ nordwestlich	14 Meil.
Von da, in derselben Richtung, bis Jtua, eine Stadt,	5 —
Von da bis Zézat, ein Flecken mit einem ziegelsteinernen Kastell, auf welchem der Befehlshaber (praefectus) wohnt,	12 —
Von da bis Ruddorpor	4 —
	In allen 35 Meil.

Man merke aber (wiederum), daß hier die Meilen kleiner sind, als die in den östlichen Ländern. Von Ruddorpor bis Caschipor, westlich, ein wenig west-nordwestlich sind 24 Meilen. Denn von Ruddorpor bis zum Dorfe Bazpor, am Fluße Coßéla sind 15 Meil.

Von da bis Sultanpor	4 —
Von da bis Caschipor	5 —
	24 Meil.

Auf dieser Reise trift man zwölf Bäche und Wildströhme an.

Das Gebiet Camau enthält 21 Vogteyen, deren Namen man aber nicht angezeigt findet. Die Camauschen Gebirge, jenseit des Ganges, erstrecken sich weitumher und sind der Aufenthalt heidnischer Rajahs.

Der vornehmste Ort, Almóra, der Sitz eines solchen kleinen Fürsten, liegt zwischen zwey Taf. Bergen. Das Wohngebäude des Raja ist gleich einem Schloß von Steinen erbauet. Im III. Jahr 1744 eroberten die Afganen diese Stadt, nachdem der Fürst die Flucht genommen; da aber bey ihrer Armee eine Seuche einriß, so verliessen sie die bergigte Gegend und kehrten nach Hause. Drey Meilen davon liegt ein schöner Garten voller Blumen und Bäume aller Art.

N 3

Doimáčá, ein Dorf, 5 Meilen nördlich von Almora; jenseit desselben liegen große Wälder, ein Aufenthalt unzähliger Affen und Bären.

Cámau, eine Stadt, von welcher die Provinz den Namen hat, drey Tagereisen nordöstlich von Almora. Sie war vormals der Sitz ihrer Fürsten: da aber einer von ihnen Almora, eine Stadt des Distrikts Catúr eroberte, so nahm er auch seinen Sitz daselbst.

Nordöstlich an diesem Gebirk liegt der Dôrische Distrikt: die Residenz seines Raja ist Dipael. In den dortigen Gebirgen entspringen unterschiedene Flüsse, unter welchen der Gagra der vornehmste ist. Die den Helden heilige Quellen des Sarzu sind bey Sardahen, 40 Meilen von Almora. Am Fuß der Gebirge entspringen der Dehua, Bhôgól und Sárda, von denen am gehörigen Orte mehr gesagt wird.

In dieser bergigten Gegend trift man zwar kleine, aber starke und muthige Pferde an; auch treflidhe Falken zur Vogeljagd, die man anderswo theuer verkauft, und andere seltene und bunte Vögel, die die Wälder beleben.

Es wächst hier auch eine Wurzel, welche die Perser Nerbessi, die Indier Zedwár, und die Europäer Zedvaria nennen. Sie ist klein und oben spitzig, unterwärts breit und rund, von schwarzer oder kastanien Farbe. Ein Pulver davon heilet Halsgeschwulste und Kröpfe; es soll auch Gift vertreiben.

Noch wächst hier ein safftanfarbner Stein mit mannigfachen schönen Streifen und Flecken.

Reiseroute von Ruddorpor bis Almora.

Man reiset nord ¼ nordwestlich durch eine 20 Meilen lange Wüste, worin man sehr hohe Bäume, genannt Sáku; Lerchenbäume, Myrobolanen, Carambolen (malus indica), die rund umher Stacheln haben; dickes stachlichtes Rohr, das zu Strohhütten sehr brauchbar ist, und anderes unbekanntes Rohr antrift. Nach der Wüste geht es über kleine Berge bis zu dem zwischen Bergen gelegenen Dorfe Imlizála, wo östlich der Fluß Gaura zwischen Felsen mit großem Geräusch vorbeyfließt. Hierauf kömmt man an den See Bhimtál, aus dessen südlichen Seite, wie schon oben bemerkt worden, der Gaura hervorquillt; westlich aber ein kleiner Tempel des Mahadeo sich erhebt.

Von dem Fuß der Berge bis Imlizala sind , , , 3 Meil.	tigter Ort mit Lerchenbäumen, die den Europäischen ähnlich sind, besetzt , , , , 10 Meil.
Von da bis an den See Bhimtal 3 —	Von da bis Almora , , 5 —
— — bis Deudevara, ein schat	In allen 41 Meil.

Die Provinz Dehli.

Auf dem halben Wege nach man über den Fluß Sauwāl, anderswo genannt Sirda, der in den Renáres fließt; wie solches am besten auf der Charte zu sehen ist.

Reiseroute von Schahzahanpor bis Dehli.

	Meil.		Meil.
Von Schahzahanpor bis Tilhār sind	7	Von da bis Sambal	6
Von da bis Cáttra	5	— — bis Haffanpor	11
— — bis Sridpor	7	— — bis Purhgát	5
— — bis Baréli	7	— — bis Palwára	3
— — bis Aunla	9	— — bis Sápas	14
— — bis Sesgäns	9	— — bis Daßna	12
— — bis Biffoli	6	— — bis Dehli	12

In allen 115 Meil.

Diese und andere, in den westlichen Gegenden gewöhnliche Meilen, sind kleinere Meilen.

Von Dehli bis Thāneffor sind 66 Meilen, als:

	Meil.		Meil.
Von Dehli bis Naréla	12	Von da bis Carnál	14
Von da bis Sónpät	6	— — bis Asamabad	7
— — bis Gondr	6	— — bis Thaneffor	9
— — bis Pánipät	13		

In allen 66 Meil.

Von Thāneffor bis Matschiwára sind 56 Meilen, als:

	Meil.		Meil.
Von Thāneffor bis Schahabad	10	Von da bis Matschiwara, am jen-	
Von da bis Ambála	12	seitigen Ufer des Sachu, der die	
— — bis an die vom Nilcanth		Provinz Dehli von der Lahor-	
erbauete Herberge	10	ischen trennt	14
— — bis Sarhind	10		

In allen 56 Meil.

Reiseroute von Bareli bis Saharanpor und von da bis Ambala.

	Meil.		Meil.
Von Bareli bis Mirgäns sind	11	Von da bis Tschandpor	10
Von da bis Rampor	8	— — bis Dáranagār	10
— — bis Moradabad	12	— — bis Ntranpor	8
— — bis Amroa	12	— — bis Bhópa	11

Von

Die Provinz Dehli.

Von da bis Déván	12 —	Von da bis Maſtabad	10 —
— — bis Saharanpor	14 —	— — bis Ambála	10 —
— — bis Bhuria	12 —		

In allen 140 Meil.

Reiſeroute von Dehli bis Hardoar, nach gemeinen Meilen und folgenden Krümmungen.

Von Dehli bis Daßna ſind	12 Meil.	Von Miranpor bis Dáranágar ſind 7 Meilen.	
Von da bis Rampor	9 —		
— — bis Baxar	13 —	Von Miranpor bis Murna, eine Meile vom dießſeitigen Ufer des Ganges	12 Meil.
— — bis Gharmucteſſor	4 —		
So weit geht es öſtlich.			
Von Baxar bis Paritſchät	12 —	Von Murna bis Abaythéra	10 —
Der Weg geht nördlich, nur weiß man nicht, wie weit er weſtlich oder öſtlich abweiche.		Von da bis an die Ueberfahrt, genannt Bhanſori	5 —
		— — bis Zualapor	12 —
Von Paritſchat bis Serzapor	18 —	— — bis Hardoar	3 —
Am jenſeit. Ufer des Ganges. Man muß aber erſt von Paritſchat 12 M. auf Miranpor.		Von Zoalapor bis Tſchandi, am jenſeitigen Ufer des Ganges	5 —

Ein anderer und kürzerer Weg von Dehli bis Hardoar geht über folgende Oerter.

Von Dehli bis Luni ſind	5 Meil.	— — bis Zalalabad	12 Meil.
Von da bis Bhagót	10 —	— — bis Seróa	12 —
— — bis Baróta	10 —	— — bis Saharanpor	12 —
— — bis Scheamli	12 —	— — bis Hardoar	24 —

In allen 97 Meil.

Von der Stadt Sicandra am jenſeitigen Ufer des Zemna ſind bis Dehli 22 Meilen, und zwar:

Von Sicandra bis Tilgóri 5 Meilen; von da bis Súräzpor 5; bis Bhangèr auch 5, und bis Dehli 7.

Zu

Die Provinz Dehli

Zu merken sind noch:

Der Berg Sarmór gegen Sirinagar und Garbun, der 30 Meilen in die Länge und 25 in die Breite sich erstreckt; ferner:

Der bergigte Strich zwischen dem Ganges und dem Zemna, in welchem die Stadt Bahádorpor mit einem Kastell, 220 Ellen lang und 150 breit, befindlich ist.

Endlich auch die Stadt Bassantpor, mit einer kleinen Weste von 130 Ellen Länge und 120 Breite.

Diesen Nachrichten will ich noch eine Beschreibung der Gegend von Hardoar bis Bhadrinath und Maná beyfügen.

Die Stadt Hardoar, auch genannt Bhógpor, am westlichen Ufer des Ganges, hat schöne Gebäude und Tempel. Hier ist aus ganz Indien ein Zusammenfluß von Leuten, die sich bemühen, ihre Seele im Ganges zu reinigen.

Zwölf Meilen davon an demselben Ufer, liegt Rikik, und 6 Meilen davon Scheupor; sodann folgt Deuprág am Zusammenfluß des Ganges und des Allácnanda. Von Hardoar bis Deuprag geht man nordnordöstlich; man hat dies aber noch nicht mit der Magnetnadel genau untersucht.

Zehn Meilen von Deuprag liegt Sirinägär, am westlichen Ufer des Allaknanda, worüber ein heidnischer Raja herrscht. Die Jesuiten hatten hier vormals eine Kirche erbauet, und der Fürst hatte ihrem dortigen Bekehrungsgeschäfte große Freyheit verstattet. Wenn man von da 14 Meilen am westl. Ufer des Allacnanda fortreiset, so erreicht man Caranprag am Zusammenfluß des Rebarganga und des Allacnanda. Fünf Meilen weiter liegt Béschänprag, am Zusammenfluß des Allacnanda und Görörganga. Von da bis Badrinath sind 27 Meilen.

Ueber den Allacnanda setzt man viermal, mittelst einer Brücke von zusammengeflochtenen Seilen, die über den Fluß gespannt wird: und zwar bey Deuprág, bey Cäränprag, Beschanprag und Ukimät.

Badrinath ist ein Tempel eines Götzen gleiches Namens, am östlichen Ufer des Allacnanda, wovon an einem andern Orte mehr vorkömmt: ohnweit demselben quillt heisses Wasser aus einer Grube.

Maná, ein Gränzort der Provinz Sirinagar, 6 Meilen von Badrinath. Man kömmt dahin auf dem Wege nach Tibet, mit welchem Namen große Bergstrecken von Caschmir bis Sina benannt sind: der gemeine Name ist Butänt.

Lieffenth. Erdbeschreib.   O   Einige

Einige Bemerkungen über denjenigen Strich der Provinz Badricasram, in welchem der Götze Badrinath verehrt wird.

Die Einwohner dieser Gegend sind häßlich, elend und dürftig, und schlecht bekleidet, indem ihnen blos ein Stück Leinewand oder anderes zottiges Gewand, welches am Halse bevestigt ist, über den Schultern herabhängt. Ochsen und Kühe sind klein, von rother und schwarzer Farbe. Unter den vierfüßigen Thieren ist die wilde Kuh zu merken, die ebenfalls schwarz und roth ist; die Haare an ihrem Schwanz sind sehr weich, daher ihr die gewinnsüchtigen Jäger sehr nachstellen, ihr nur den Schwanz abschneiden und sie wieder laufen lassen: sie verkaufen denselben an Vornehme, die ihn zu Fliegenwedel brauchen oder den Elephanten an die Ohren hängen.

Die Erde giebt Korn, Reiß und Linsen; man findet auch Kupfer- und Eisengruben. Wälder und Berge enthalten keine Tiger oder giftige Thiere, die nur in heißen Ländern zu Hause sind. Unter den Bäumen, die man auch in Europa antrift, ist die Birke; ferner die Tanne oder vielmehr die Fichte mit einem dünnen langen Stamm, gleich der wilden Palme, deren Holz die gütige Natur zur Fackel gab, die Nacht zu erleuchten; denn von Oel aus Sesam-Saamen weiß man hier nichts.

Es wächst hier auch eine Nuß mit einer sehr harten Schaale und mäßigem Kern. Der Baum, der im Lande Saku oder Coru genannt wird, ist auch von ansehnlicher Länge, und giebt schönes Zimmerholz. Es giebt noch einen anderen Baum, dessen Name nicht bekannt ist; die Frucht desselben vertreibt den Nierensteln. Die Blätter eines anderen beissen wie der Scorpion; gekocht aber dienen sie zur Speise. Die Rinde eines anderen wird gestoßen, gekocht und als ein Brey unter Muschelkalk gemischt, womit man die Schärfe der sehr herben Blätter, genannt Tämból, die man zu käuen pflegt, mildert.

Reiseroute von Sirinagar bis an das sogenannte Kuhmaul.

Von Sirinagar bis Rumrhambé führt eine ebene Straße von	12 Meil.
Von da bis Bherunnägär, in gleicher Ebene,	12 —
Von da bis Rämzivanpor	14 —
Man macht die Reise in zwey Tagen, und hat 7 Meilen aufwärts und 7 abwärts.	
Von da kommt man auf einen Ort, dessen Name unbekannt ist. Es geht beständig über Berg und Thal in einer Strecke von	9 Meil.
Von hier kömmt man nach einem andern Ort, gleichfalls bergauf, bergab, in einer Strecke von	12 —
Nun hat man noch eine Reise von die in 6 bis 7 Tagen, durch wüste und unbewohnte Gegenden zurückgelegt werden.	47 —
In allen	106 Meil.

Mit

Die Provinz Dehli.   107

Mit diesen erreicht man den Felsen, der nach der irrigen Vorstellung der Heiden einen Kuhkopf darstellt. Nach Angabe glaubwürdiger Männer besteht der Felsen aus zwey Stücken, aus deren Spalte, gleich einer Traufe, das Wasser drey Ellen tief (trium brachiorum altitudine) in die unten befindliche Grube rinnt, aus welcher man dasselbe mit gläsernen Flaschen schöpft, und in die entferntesten Länder führet.

Ueber diesen Felsen, oder den Wasserfall des Ganges hinaus ist kein Weg, um zur Quelle desselben selbst zu gelangen. Es giebt zwar einige, wiewohl sehr wenige, die auf gewisse Gefahr ihres Lebens, über diesen fürchterlichen Felsen wegklimmen, in Hoffnung, die Relaschischen Gebirge, die Wohnung des Mahadeo und hiermit die ewige Glückseligkeit zu erreichen: diese finden aber entweder im tiefen Schnee ihr Grab, oder müssen vor Kälte und Hunger umkommen.

Folge der heidnischen Könige von der Provinz Dehli, so wie man sie in Indischen Geschichtbüchern angemerkt findet.

Vorläufig ist anzumerken, daß nach dem Lehrbegriff der Indier die Razputen entweder von der Sonne oder vom Monde abstammen. Die Abkömmlinge der Sonne hatten ihren Sitz zu Azudea und Amber: die des Mondes aber sind theils Corvanen (Corva), welchen Beynamen sie vom Könige Cor haben; theils Pandvanen (Pandva), vom König Pando: jene herrschten über die Provinz Dehli im eisernen Zeitalter, auf Indisch genannt Cäljög.

	Jahre.	Mon.	Tage.		Jahre.	Mon.	Tage.
Jöděschtär regierte	30	8	25	Aséji regierte	55	10	4
· Seine Residenz war Haschtnapor.				Birtschäk reg.	64	7	21
Päritscät, sein Sohn, reg.	60	—	—	Sukmäl reg.	62	—	21
Zänběse, Sohn des vorigen, reg.	84	7	24	Nérhěrdu reg.	51	10	2
Aschmédh, Sohn des vor. reg.	82	8	22	Sozráth reg.	42	11	24
Obemän, Sohn des vor. reg.	88	2	8	Savéth reg.	58	2	—
Mäzlisi reg.	81	11	27	Savén reg.	55	8	10
Zéráth reg.	70	3	28	Sedávi reg.	52	7	—
Deschtädán reg.	75	10	28	Servanze reg.	65	8	21
Ogersen reg.	78	7	21	Bicäm reg.	47	9	20
Sürsen reg.	79	8	9	Närhärráth reg.	45	11	23
Sónět reg.	69	5	2	Disván reg.	44	8	7
				Ubé reg.	44	10	12

Die Provinz Dehli.

	Jahre.	Mon.	Tage.			Jahre.	Mon.	Tage.
Kammäni regierte ,	50	11	8	Zermäl regierte , ,	28	11	10
Dändpàl reg. , ,	38	9	7	Birjèn reg. , ,	24	4	3
Dürmäl reg. , ,	40	10	26	Seròn reg. : ,	8	11	12
Seámpàk reg. , ,	36	—	—	Bältèk reg. , ,	48	7	21
Kéni reg. , , ,	88	5	8	Sükdàn reg. , ,	17	2	18
Rákmän reg. , ,	48	11	21	Ziwenzàt reg. , ,	26	9	27
Er wurde mit Hinterlist umgebracht und Beßvara kam zur Regierung.				Cálagän reg. , ,	42	5	10
				Harizäg reg. , ,	13	10	19
				Birsen reg. , ,	35	2	2
Beßvara reg. , ,	14	3	29	Abhescht reg. , ,	23	11	24
Sursen reg. , ,	42	8	11	Ihm folgte,			
Birsa reg. , ,	52	10	7	Dhanidhèr, sein Mörder, der sich des Reichs bemächtigte. Er reg.	42	7	24
Orangsa reg. , ,	47	8	23				
Paritschat reg. , ,	35	9	13	Sendüs reg. , ,	52	10	19
Küddärgän reg. , ,	44	2	12	Manicänèk reg. , ,	41	2	8
Rassodhpàl reg. , ,	30	2	8	Mahazód reg. , ,	30	3	9
Górsàt reg. , ,	42	9	22	Hernáth reg. , ,	28	5	25
Rayzi reg. , ,	32	2	14	Zivenráz reg. , ,	45	2	25
Uzòd reg. , , ,	27	3	19	Odesen reg. , ,	36	4	29
Amipàl reg. , ,	22	11	25	Ananddit reg. , ,	52	10	8
Serohàni reg. , ,	47	—	—	Rázpàl reg. , ,	26	—	—
Padárot reg. , ,	25	4	12	Diesem folgte,			
Parmalsen reg. , ,	31	8	11	Säkvänt, der das unterhalb den Camauschen Gebirgen gelegene Land beherrschte. Da die Unterthanen Razpàl's der Regierung desselb. überdrüßig waren, u. dem Säkvänt anhiengen: so wurde jener von diesem im Treffen überwunden und des Reichs entsetzt. Säkvänt reg. , , 14 — —			
Diesem folgte Birba, der Parmalsen umbrachte und sich des Reichs bemächtigte.							
Birba reg. , , ,	35	10	18				
Zezátsingh reg. , ,	27	7	19				
Sätärgän reg. , ,	21	2	2				
Sozapät reg. , ,	55	4	20				
Mahábäl reg. , ,	40	8	7				
Särbädat reg. , ,	28	3	10				

Die Provinz Dehli.

	Jahre	Mon.	Tage
Ihn warf			
Bikarmazit, König von Uzen, vom Thron und regierte	90	—	—
Nach weſſen Tode Sämändärpàl, mit dem Beynamen Jógi, die Regierung durch Liſt erhielt. Er reg.	54	2	20
Welchen Thatſachen aber ziemlich bewährte Geſchichtſchreiber widerſprechen.			
Tſchandarpàl regierte	30	5	14
Banspàl reg.	21	4	11
Dakspàl reg.	41	1	18
Màrſingpàl reg.	18	7	11
Sukpal regierte	27	11	27
Làkpal reg.	22	3	25
Gobendpàl reg.	28	1	27
Thutpàl reg.	26	10	13
Bakhepàl reg.	12	5	7
Bhépàl reg.	14	9	20
Hàrpàl reg.	13	8	4
Pohimpàl reg.	11	10	13
Madanpàl reg.	17	6	21
Carmpàl reg.	15	2	2
Bicrämpàl reg.	24	11	3

Er ſuchte den in der Provinz Avad gelegnen Diſtrikt Beraez dem Teloktſchànd zu entreiſſen, wurde aber von dieſem geſchlagen und der Regierung entſetzt.

	Jahre	Mon.	Tage
Teloktſchànd regierte	2	—	—
Bicrämtſchand reg.	12	7	19
Gängtſchand reg.	1	—	2
Ramtſchand reg.	13	11	8
Abhirtſchand reg.	14	9	24
Calcantſchand reg.	10	5	40
Bhimtſchand reg.	16	2	29
Lotſchand reg.	26	3	1
Gobendtſchand reg.	21	7	12
Die Königin Pémvänti reg.	1	—	—

Ihr folgte Harpém, der in der Einſamkeit lebte, den aber die Großen aus derſelben hervorzogen, und auf den Thron ſetzten. Er reg.

	Jahre	Mon.	Tage
	7	5	16
Gobendprém reg.	20	2	17
Gopàlprém reg.	15	7	18
Mahapátär reg.	6	7	19

Der Regierung überdrüßig, zog er ſich in die Einöde zurück; worauf Diſén, König v. Bengalen anrückte, und das Dehliſche Reich in Beſitz nahm; jedoch wird unter den Bengaliſchen Königen der Name deſſelben nicht angetroffen.

	Jahre	Mon.	Tage
Diſén regierte	28	5	21
Carinaſen reg.	15	7	12
Bádèlſen reg.	12	4	2
Mahdoſen reg.	11	3	24
Surſen reg.	20	1	27
Bhimſen reg.	5	10	9
Gangſen reg.	4	8	21

	Jahre.	Mon.	Tage.
Harifen reg.	—	12	—	25
Ghänfen reg.	—	8	11	7
Narainfen reg.	—	2	2	19
Lacmänfen reg.	—	26	10	—
Damödärfen reg.	—	11	5	19
Diesem folgte:				
Dipfingh, ein Fürst der Gebirge Bádôrdéß, aus welchen er hervorrückte, und die Dehlische Provinz in seine Gewalt brachte. Er regierte	—	17	1	26
Ränfingh reg.	—	14	5	—
Rázfingh reg.	—	9	8	11
Birfingh reg.	—	45	—	15
Narfingh reg.	—	13	2	19
Zivánfingh reg.	—	8	—	19

Da dieser in sein Erbreich Bádordeß, aus bringender Noth zurückgieng: so rückte Pethóra aus Berathe, einer Stadt in Mewatheran, und nahm die offene Provinz Dehli in Besitz.

	Jahre.	Mon.	Tage.
Pethóra reg.	—	10	2	19
Seine Residenz war Azmer.				
Abémäl reg.	—	14	5	7
Derzänmäl reg.	—	11	4	14
Udémäl reg.	—	13	7	3
Uzémäl reg.	—	36	4	27

(Nach unserm Zeitmaaß beträgt die Summe dieser Regierungen — — —

4115 7 —
Jahre Mon. Tage.)

Diesen schlug Schahabuddin, mit dem Beynamen Gori, ein Afgàn; eroberte die Stadt und Festung Hansi, und brachte den Uzémäl in Gagàr um's Leben: er selbst aber bestieg in der Stadt Tschèr den Thron und gab Indien Gesetze.

Dies stimmt nicht mit demjenigen überein, was in Persischen Geschichtsbüchern davon aufgezeichnet worden; denn obgleich Pethóra den Schahabuddin zwey bis dreymal geschlagen hatte: so ist er doch von diesem bey dem Flecken Narain am Ufer des Sarsot, nicht weit von Tháneffor, an demselben Orte, wo er einst den Schahabuddin besieget hatte; überwunden und getödtet worden: eine gewöhnliche Wendung des Glücks, das den Sterblichen erst auf die Höhe führt, um ihn desto tiefer zu seinem gänzlichen Untergange herabzustürzen. Nach erhaltenem Siege eroberte Schahabuddin Hansi und Azmer, welches er aber Kola, dem Sohn des Pethóra wiedergab und nach Gasni zurück kehrte. So erzählt es die Persische Geschichte, welches (wie gesagt) mit dem oben angeführten nicht übereinkommt. Die Verschiedenheit des Namens bey dem Sohn des Pethóra rührt vielleicht daher, weil er einen doppelten Namen führte.

Folge

Die Provinz Dehli.

Folge der heidnischen Könige von Dehli nach einigen Persischen Geschichtsbüchern.

Aus dem Geschlechte Paunvàr regierten neun Könige zu Dehli.
1. Dádörnäbh.   4. Aobpät.   7. Mandàrpàl.
2. Bhúráj.   5. Ava Sänk. 8. Meksingh.
3. Bheráj.   6. Abtänk.   9. Salháhan.

Sechs vom Geschlechte Taunvàr.
1. Thácra.   3. Zaza.   5. Salbáhan.
2. Sänkpàl.   4. Bája.   6. Angpàl.

Sieben vom Geschlechte Tschohàn.
1. Mánikdeu.   4. Zahrdeu.   6. Baldeu.
2. Deuráj.   5. Seudeu.   7. Pethóra;
3. Rauvàl.

nach dessen Niederlage die Regierung an die Afganen kam.

Noch anders sind in einer Persisch geschriebenen Geschichte die Namen der heidnischen Könige von Dehli angesetzt:

Vom Geschlechte Taunrar.

Raséna, der im Jahr 307 der Mahometanischen Zeitrechnung Dehli erbauete.
1. Bhojráj.   3. Sapäd Sändän. 5. Abänkär Madanpàl.
2. Uohäran.   4. Rudék Abänkär. 6. Salbáhan.

Vom Geschlechte Tschohàn.
1. Manekdeu.   3. Rauval.   5. Scheudeu.
2. Deuráj.   4. Zahrdeu.   6. Pethora.

Folge der Mahometanischen Könige von Dehli.

Jahre. Mon. Tage.

Schahábuddin, mit dem Beynamen Gori, nahm seinen Sitz zu Dehll im 606ten Jahr der Mahometanischen Zeitrechnung; nach einer Regier. von 4 — —
kehrte er nach Bactriana, ist genannt Chorasàn, zurück. Ihm folgte
Cotobuddin, mit dem Beynamen Abyäk, türkischer Nation, und Freygelaßener des Schahabuddin. Er reg.   3   1 —
Diesem folgte
Schameuddin, mit dem Beynamen Alcämäs, ein Türke von Geburt. Er reg. 20 7 13

Die Provinz Dehli.

	Jahre	M. od.	Tage
Rokänuddin, mit dem Beynamen Jeroſcha, Sohn des Schamsuddin, regierte nur	—	6	—
Ihm folgte seine Schwester Kastauddina, Tochter des Schamsuddin. Sie reg.	3	6	—
Ihr folgte ihres Bruders Sohn Moasuddin Behräni Scha. Er reg.	3	u. einige Mon.	
Ihm folgte seines Bruders Sohn Allauvuddin, mit dem Beynamen Maſſaudſchah. Er reg.	22	—	—
Nasiruddin, mit dem Beynamen Gáſi, Sohn des Schamsuddin, reg.	20	6	—
Geasuddin, mit dem Beynamen Bälbän, Eidam des Schamsuddin, reg.	22	—	—
Moasuddin, mit dem Beynamen Kekabàd, Enkel des vorigen, reg.	2	3	—
Schamsuddin Keka, Sohn des Moasuddin, reg.	—	2	14
Jaláluddin, mit dem Beynamen Chälzi, vom Geſchlechte Sález-Chan's, der Tſchänges Chan's Eidam war, reg.	6	—	11
Alauvuddin Chalzi, Brudersſohn, und Eidam des Jaláluddin, reg.	19	3	—
Cotobuddin Chalzi, Sohn des vorigen, reg.	4	1	—
Geasuddin, mit dem Beynamen Tögläk, nach Bewährteren, Kotläg, ein Türke von Geburt, bauete das nicht weit von Dehli gelegene Kaſtell Togilakabad, und regierte	4	8	—
Muhammád, Sohn des vorigen, reg.	6	—	—
Jerôs Scha, regierte	40	8	—
Kadik Scha, reg.	3	—	—
Mühämmäd, Sohn des Jeròs, reg.	4	—	—
Nasiruddin, Sohn des vorigen, Enkel des Jeròs, reg.	5	—	—
Malú Chán, Schwesterſohn des Jeros, reg.	8	—	—
Chéſer Chan, vom Geſchlecht Sayd, reg.	7	—	—
Mobárak Scha, Sohn Chéſer's, reg.	14	—	—
Muhämmäd, mit dem Beynamen Srid, Sohn des Mobárak, reg.	18	—	—
Allauvuddin, Sohn des vorigen, reg.	8	—	—
Amänät Chan, Sohn des Mobárak, reg. nur	—	7	—
Bhélôl Scha, ein Afgan von Geburt, regierte	39	—	—
Sicandár, Sohn des vorigen, reg.	29	4	—

Ibra-

Die Provinz Dehli

	Jahre.	Mon.	Tage.
Ibrahim, Sohn Sicandar's, regierte	8	6	—
Bábär, vom Geschlechte Tamerlan's, reg.	5	—	—
Humayun, Sohn Bábär's, reg.	8	6	—
Schèr Scha, mit dem Beynamen Sûr, ein Afgan von Geburt, reg.	5	2	12
Salim Scha, Sohn des vorigen, reg.	8	9	—
Ferds Scha, Sohn Salim's, reg. nur	—	—	3
Adèl Scha, regierte	4	4	—
Sicandèr, gemeinhin Ahmäd Chan, regierte nur	—	6	—
Ibrahim Scha, starb da er kaum die Regierung angetreten hatte.			
Humayun, kam aus Persien zurück u. setzte sich wieder auf den Thron von Indien.			
Akbär, Nachfolger des Humayun, regierte	52	—	—
Jahängir, Sohn Akbar's, reg.	22	—	—
Schahzahan, Sohn Jahangir's, regierte	32	—	—
Aorangseb, Sohn Schahzahan's, regierte	51	—	7
Bahádör Scha, Sohn Aorangseb's, regierte	6 u. einige Mon.		
Moasuddin, Sohn Bahádör's, regierte nur	—	9	—
Er starb im Gefängniß.			
Farochsiär, regierte	7 u. einige Mon.		
Er wurde im Gefängniß erwürgt; war übrigens ein freygebiger Fürst und bey dem Volk beliebt.			
Rafidoddar, von der Nation der Jaten, regierte nur	—	6	—
Schahzahan der Zweyte, dem einige den Rafidoddolat unterschieben, reg. nur	—	4	—
Muhämmäd, Sohn Schazahan's, regierte fast	30	—	—
Er starb gegen das Ende des Aprils 1748.			
Ahmad, Sohn des vorigen, reg. beynahe	7	—	—
Er wurde im J. 1754, im Junius, vom Thron gesetzt und der Augen beraubt. Ihm folgte			
Alamgir der Zweyte, Sohn des Moasuddin, reg. kaum	7	—	—
Seine Regierung hieng von der Willkühr des Gásiuddin, seines ersten Ministers, ab, der ihn auch auf eine treulose Art im J. 1759 ums Leben brachte *).			

Ihm

---

*) Die Summe dieser mahometan. Regierungen ist ohngefähr 566 J. 8 M. Anm. d. Uebers.
Tieffenth. Erdbeschreib.   P

Ihm folgte sein Sohn Schahalām, der aber nur den Namen eines Kaisers erhielt, indem die Provinzen selbst unter verschiedene Große vertheilt worden.

8. Die Provinz Agra.

Diese Provinz erstreckt sich von Gátámpor bis Palvál in einer Länge von 175 Meilen; die Breite nimmt man von Kanóz bis Tschandéri.

Oestlich liegt der Distrikt Lacno; westlich die Provinz Jepor; nördlich und nordwestlich die Provinz Dehli; südlich Malua.

Vor dem Sicander Lodi, einem Afganischen Fürsten, soll Agra ein Dorf gewesen seyn; sobald aber dieser daselbst seinen Sitz genommen, ist es eine Stadt geworden; unter der Regierung des Mogolischen Kaisers Akbär, der sie Akbarabad nennen ließ, ist sie zu einer der größten Städte angewachsen. Ihre Länge erstreckt sich von Sicandra, wo Akbar's Grabmal ist, bis Tázgäns, wo Schahzahan's Mausoleum befindlich, an sieben Meilen: die Breite vom Ufer des Flusses bis Schahgäns wird drey Meilen betragen. Die Straßen, diejenige ausgenommen, die mitten durch die Stadt geht, sind enge und ungleich. Der Kauf- und Handelsmarkt liegt am Haupt-Eingange des Schlosses und ist rund umher eingeschlossen; gegen Süden geht man durch ein weites Thor hinein und gegen Norden durch drey sehr hohe Bögen: der ganze Markt hat 170 Königs-Ellen im Umfange.

Westlich dem Schloß gegenüber steht eine große prächtige Moschee, inwendig und auswendig mit Gold überzogen; sie ist von sehr großen rothen Steinen erbauet und ist wegen ihrer Größe und Bauart sehenswürdig. Ihre Länge beträgt 130 Ellen; die Breite 100; der Vorhof hält 70 Ellen, wohinauf eine hohe und breite Treppe führt. Das ganze Gebäude hat neun Kuppeln, deren drey vor den übrigen sich ausnehmen.

Die Häuser der Stadt sind hoch und vest auf einem Grunde von Werkstücken; ihr äusseres Ansehen ist nicht sehr erheblich, das innere dagegen ist ziemlich geschmückt; die Palläste der Großen sind durchgehends groß und prächtig.

Die Stadt selbst hat eine doppelte Mauer, mit deren Bau zuerst Schaestakhan, Mutterbruder des Kaisers Aorangseb, umgieng. Hernach hat Jesing, Raja von Jepor, die Stadt mit neuen Mauern umziehen und zugleich einen Graben aufwerfen lassen: die alten aber sind vester, indem sie von Kalk und Bruchsteinen aufgeführt und in gewisser Weite mit Thürmen versehen sind.

Von

Die Provinz Agra.

Von den Thoren der Stadt sind zwey gen Norden, nach Dehli zu, von rothen gehauenen Steinen erbauet; eins gen Süden führt nach Gualiar; ein anderes gen Abend, nach Satepor; das gen Morgen, geht nach dem Ufer des Flusses; ein anderes Thor innerhalb der Stadt selbst, heisset Tschahâr Su; ferner Madára, Nima und das Calikhansche, nebst einigen kleineren.

Das Königl. Kastell am diesseitigen Ufer des Flusses ist prächtig, von rothen Steinen erbauet und allenthalben mit hohen Mauern umgeben, an welchen zugleich dicke und veste Thürme aufgeführt sind; umher geht ein breiter und tiefer Graben. Die Figur ist weder ganz rund noch viereckt, sondern zieht sich in die Länge am Zemna. Der Haupteingang in das Kastell ist ein geräumiges Thor mit einem sehr dicken Thurm von rothen Steinen; er ist ausserordentlich vest und kunstreich gebauet. Auf dieses Haupthor folgt ein steiler, breiter, gepflasterter Weg; an dessen Ende ein wenig links steht ein anderer von Steinen künstlich zusammengefügter, mit Durchgängen versehener (utrinque pervia) Thurm, der nach der langen, bis an die Morgenseite des Kastells gehenden Straße führt. Au diesem Thurme stehen zwey andere fast von gleicher Höhe, aber nicht so dick. Der Umfang des Kastells beträgt 2500 Ellen: Johann de Laet giebt ihn, nach dem Bericht anderer, größer an. Ich bin mehr als einmal herumgegangen und habe es in Betracht genommen, mir hat aber der Umfang kaum von anderthalb Meilen zu seyn gedünkt.

Innerhalb dem Kastell sind prächtige Palläste und anmuthige Gärten. Die Gerichts-Halle (Praetorium), in welcher die Könige zu sitzen pflegten, ist von vorzüglicher Pracht, indem sie auf vielen steinernen Säulen ruhet. Die Königlichen Zimmer und die des Harams sind mit Gold überzogen; die Wände mit weissem Marmor bekleidet, und mit Blumen, Gefäßen und anderen in schwarzen rothen und gelben Stein künstlich geschnitzten Zierrathen, ausgelegt, so daß es einer völligen Malerey ähnlich sieht. Unter andern sehenswürdigen Gebäuden ragt auch eine Moschee von weissem Marmor hervor, deren geräumiger Vorhof mit weissen Steinen zierlich gepflastert ist.

Der Raum der Stadt zwischen den alten und neuen Mauern, und fast alle Vorstädte liegen itzt wüste; die Häuser sind theils von Alter, theils vom wiederholten Regen baufällig worden, und die Einwohner derselben sind theils verhungert, theils anderswohin gezogen. Alle diese Trümmer aber sind Zeugen der ehmaligen Pracht und Größe einer glänzenden Stadt. Fast alle Indische Städte haben ein gleiches Schicksal erfahren, als: Dehli, Lahor, Borhânpor, Guzarate, Cambáya, Rázmahâl, Canós, Tschandéri, Gualiar, Jtáva, Elahbâd, Uzén, deren voriger Glanz und Größe dahin sind.

Alle Brunnen innerhalb den Mauern der Stadt haben salziges und zum Trinken kaum zuträgliches Wasser, daher man dasselbe theils aus dem vorlaufenden Fluß, theils anderswoher

woher holet; indem man drey Brunnen ausserhalb den Ringmauern der Stadt gegraben, aus welchen man das Wasser mit Ochsen schöpft.

Das zwischen der alten und neuen Mauer gen Norden gelegene Jesuiter-Collegium ist ein nicht unerhebliches Gebäude, das mit zum Glanz der Stadt beyträgt. In so entfernte Länder ist die Fahne des heilbringenden Kreuzes gedrungen; ja noch in weit entlegenere Oerter, als, Sirinägar, eine zwischen Bergen nordnordöstlich gelegene Stadt; und bis Látäk und Tschaparang, Städte von Tibet; nie drangen Europäische Waffen so weit; daher erstreckt sich die Macht der christlichen Religion weiter als die Herrschaft der Europäer.

Noch verdient hier der Todtenacker der Christen erwähnt zu werden; er ist mit einer Mauer umgeben, und an der Mittagsseite erhebt sich ein geräumiges Gewölbe, dessen Inneres mit mannichfachen Blumen bemalt ist und einer Kapelle gleicht, wo die heiligen Gebeine der Väter ruhen, die nicht nur von Christen, sondern selbst von Mahometanern und Heiden verehrt werden: zumal die des verehrungswürdigen Pater Marcus Antonius Santucci aus Italien, dessen Grab sie, wegen seines rühmlich geführten heiligen und reinen Lebens, mit mancherley Geschenken schmücken und Gebete dabey verrichten (vota facta exsolvunt).

Ausserhalb diesem heiligen Gewölbe liegen die übrigen Todten. Nicht weit davon ist ein Brunnen mit wohlriechendem Wasser, welches nach Weihrauch und Myrrhensaft schmeckt.

Das Gebäude der holländischen Factorey ist ganz verfallen.

Die Regierung der Stadt hat der Mogolische Kaiser Muhämmäd dem Raja von Jepor, Jesing übergeben; die Vestung selbst aber für sich behalten, wo alles, was von Abend oder Mitternacht nach Bengalen will, durch muß, und von da über den Fluß weiter geht.

Beide Ufer des Jemna sind mit Gebäuden, Gärten und Mausoleen, von großen Kosten, gezieret; und vor allen ragt das Mausoleum des großen Mogolischen Kaisers Akbar hervor, wie auch das des Schahzahan, welche beide von erstaunlicher Pracht und Größe sind. In einiger Entfernung vom Flusse steht das Grabmal des Sicandar. Die Thür ist auswendig sehr prächtig mit mannichfarbnen Steinen ausgelegt, die sehr künstlich mancherley Figuren darstellen. Inwendig ist alles gewölbt und geräumig; auch sind an allen vier Seiten Durchgänge. Oben ist alles flach und mit kleinen Thürmen geschmückt. Von da geht man in einen großen mit einer Mauer umgebenen Garten, in dessen Mitte man das eines so großen Monarchen würdige Grabmal antrift.

Das Monument des Schahzahan erhebt sich am Ufer des Flusses; es ist von weissem Marmor erbauet, hat geräumige Plätze und ist an beiden Seiten mit einer Moschee versehen.

Beym

Die Provinz Agra.

Beym ersten Eingange kömmt man in einen weiten Vorhof mit steinernen Säulen und einer Menge Gemächer; sodann erhebt sich eine hohe Kuppel, auf welcher fünf kleinere stehen; die Aussenseite derselben ist mit schönem Marmor, Blumen und andern Zierrathen geschmückt. Das Gewölbe selbst hat einen Durchgang und gleicht einem Portal. Weiterhin kömmt man in einen mit Wasserkünsten versehenen und mit Quaderstücken gepflasterten Garten, und endlich auf das gewölbte marmorne mit baumwollenem Zeug (linteo gossypino) bedeckte Grabmal selbst. Alle übrige aber übertrift, zwar nicht an Größe, sondern an Kunst und Zierde, das von dem Vater der Gemahlin des Zahangir errichtete Mausoleum, jenseit des Zemna. Dies in allem Betracht zu bewundernde Werk ist mit allerley Arten von Geschirr und Gefäßen und mit Blumen in natürlichen Farben geschmückt. Wer dergleichen nicht mit Augen gesehen hat, der wird kaum glauben, daß man eine so große Summe Geldes hätte aufbringen, oder ein so kunstreiches Werk von so ungeheurer Größe und von hartem Marmor aufführen, und mit so künstlichen Figuren und mannichfarbnen Steinen hätte auslegen können. Vorzüglich scheint man sich in der Kunst, steinerne Geländer und Fenster auszuhauen, erschöpft zu haben: so wie man alle mögliche Sorgfalt und Schönheit, Persische Schrift in Stein zu graben, angewandt hat.

Was soll ich noch von den übrigen Mausoleen, Gärten und Gebäuden erwähnen? Am jenseitigen Ufer unterscheidet sich noch eines mit sinesisch glasirten Ziegeln (tegulis sinensi more incrustatis), an welchem die persische und arabische Schrift ebenfalls auf sinesische Art angebracht ist. Noch ein anderes am dießseitigen Ufer ist von weissem Marmor.

Gleich merkwürdig ist die vom Kaiser Aorangseb nicht weit vom Flusse erbauete gewölbte, auf mehr als hundert Säulen ruhende Moschee, an deren beiden Seiten doppelte dünne Thürme aufgeführt sind. Der weite Vorhof ist niedlich bepflastert.

Eine andere ebenfalls vom Aorangseb am westlichen Ende der Stadt erbauete Moschee, die an Festtagen besucht wird, ist inwendig und auswendig mit rothen Steinen bekleidet, und mit einer dreyfachen runden und oben zugespitzten Kuppel gedeckt: und so sind die Moscheen alle nach einer und ähnlichen Form; der vordere Theil ist enge, und das übrige dehnt sich größtentheils in die Breite.

Nach der gewöhnlichen Witterung von Agra, regnet es im Junius und August, wenn gleich Venus und die Sonne oder Jupiter in Conjunction stehen. Heiter ist es hingegen in den Monaten November, December, Januar, Februar, März, April, May, wenn gleich Mercur und Venus, oder die Sonne und Mercur zusammentreffen; doch ist diese Witterung nicht so anhaltend, daß nicht zuweilen einiger Regen fallen sollte. Der Wind ist auch fast immer derselbe, indem er im September, October, November, December, Januar, Februar,

Die Provinz Agra.

Tschandwâr, ist Sero-	Tschósáta.	Vasirpor.
sabâd.	Ubéhi.	Zeléssor.

Zum Gebiete Calpi gehören folgende Vogteyen (Praefecturae).

Adáli.	Derapor.	Muhammadabâd.
Belaspor.	Deucali.	Raipor.
Budnéta.	Hamirpor.	Ráth, m. e. K. v. B.
Candôt.	Kenâr.	Schägünpor.
Calpi.	Khandéla.	Schahpor.

Zum Gebiete Canoz gehören:

Balgaraúin.	Campela.	Sahaur.
Bára.	Deuha.	Sakèt.
Belhôr.	Khorauli.	Saror.
Berya.	Malgossa.	Schäkätpor.
Bethúr.	Nánamáo.	Schamsabâd, m. e. K.
Bhéngau, ein Flecken (pa-	Papúnd.	Seóli.
gus), m. e. K. v. B., wo-	Patialapor.	Sicandarpor-Attrezi.
bey ein Brunnen, den die	Patiari.	Sicandarpor-Ohu.
Indier Súmnáth nen-	Patinanäkät.	Soez.
nen.	Sacaraun.	Sonárka.
Bhozpor.	Sahar.	Zebrämao.

Zum Gebiete Kól gehören:

Ahâr. Akbarabâd.	Kól.	Sicandarpor, mit dem
Balrâm.	Malacpor.	Beynamen Raur.
Béla.	Márhära.	Sidupor. Sorûn.
Cancri.	Noh. Pahassu.	Tána Narânda.
Churza.	Patschlána.	Tschandôs.
Debhai.	Schicarpor.	Utroli. Zaláli.

Zum Gebiete Gualiar gehören:

Anhôn. Badarhätä.	Raipor.	Sarsëni.
Dandróli.	Samauli.	Tschetaur.
Khetóli, m. e. K.	Saronda, m. e. K.	Zalóda.

Saron-

Die Provinz Agra.

Zum Gebiete Krätsch gehören folgende Vogteyen:

Bandòr, m. e. K.
Bhandèr.
Büzpor.
Catschóba.
Kákfen, mit einer kleinen Schanze (munitiuncula).

Kántl.
Kedàr.
Khaera, mit einer Vorwehr von Backsteinen (propugnaculum).
Khetóli, m. e. K.

Kunz, m. e. K. v. B.
Maḥóli.
Parhàr.
Riamána.
Zethra, mit einer Vorwehr von Backst.

Zum Gebiete Beänbän gehören:

Abhëla.
Amvári.
Antërl.
Bädnūn.
Beänvän.
Bhafonda.
Dehala.
Jntva.

Kadvaḥa, m. e. stein. K.
auf einem Berge.
Kahód. Kandha.
Kanerschra.
Karhéra, m. e. st. Fort.
Katschára.
Kerihàt.
Khatóla.

Máo, m. e. K.
Panvàr.
Paraitscha.
Rettenghar, m. e. K.
Roida. Rozada.
Sumandi, m. e. K. v. B.
Tschindòr, m. e. st. Fort.
Zägäṫàn; Zerbéli.

Zum Gebiete Narvar gehören folgende Vogteyen:

Badói, mit einem Fort.
Koláres, mit zwey Vorwehren: eine davon liegt im Dorfe Barau.

Póri, mit einem großen und ansehnl. stein, Fort.
Scheupori.

Zum Gebiete Mandalayar gehören:

Bácróṅd.
Bálhär.
Balauli.
Camúcanda.
Dáng Bakreri.

Dungḥári.
Kalóli. Karnùn.
Mandayar, m. 2 KK. gen Norden, am Ufer des Tschambäl.

Odeghīr, m. e. K. auf einem Berge, an eben dem Ufer.
Rettenbalábär.
Samárthéla; Zakvàr.

Zum Gebiete Alvar gehören:

Alvar, ein ansehnl. Fort auf einem Berge.
Atalaharu.
Baduhär Ḥásfan.

Baḥádorpor.
Bahrcòl.
Bälhàr.
Bálſa.

Bamhär Ḥásfan.
Baráth.
Baroda meu.
Baßána.

Bataiu.

Die Provinz Agra.

Batain.	Härsóri.	Manbauvár, m. e. K.
Bazhéra.	Hássan.	Manvára.
Bherospor.	Hássänpor.	Mobáräcpor.
Bihuván.	Házipor, m. e. st. K.	Mongóna, m. e. st. K.
Budathäl.	Ismailpor.	Mozpor.
Daßra. Deúti.	Kissáru.	Nábärghär.
Duár.	Khelóhara.	Nogao.
Dúngär.	Khertéli.	Sakénrána.
Satekhán Robu.	Khohärí rána.	Súdänghär, m. e. K.
Härpor.	Khorana, m. e. K.	Umrän.
Harsána.	Kól. Kóri.	Zalalpor.

Zum Gebiete Tezara gehören:

Bancván.	nes Berges, wo eine	Mungrina.
Berumara, m. e. st. K.	Brunnquelle ist.	Orschana.
Bisru.	Khánpor.	Sancavári.
Bor.	Kärhéra.	Sákres.
Endor, m. e. K. auf ei-	Korkanhána.	Tezára, m. e. K.
nem Berge.	Kotla, m. e. K. auf einem	Umaraumari.
Satepor.	Berge.	Zamaravat, m. e. st. K.
Serospor, am Fuß ei-	Mäkänsan.	auf einem Berge.

Zum Gebiete Narnol gehören:

Babai; Bahanda, woselbst eine Erzgrube und ein Götzentempel ist.
Bärha, m. e. st. Fort und einer Erzgrube auf einem Berge.
Baróda rana; Cándéla; Cánóri, sind drey Wehrplätze (propugnacula).
Correputli, m. e. st. K. und einer Erzgrube.
Kanóda; Rudána; Lábóri, in dieser Vogten ist eine Erzgrube und eine Brunnquelle, genannt Koházra.
Nárnol, mit einem steinernen Kastell.
Odepor Singhána, mit einer Erzgrube; auch wird daselbst Kupfermünze geprägt.
Rópär, woselbst ein Götzentempel ist.
Zebál Caliana; Zórznún, m. e. st. K. am Fuß eines Berges.

Die Provinz Agra.

Zum Gebiete Sahàr gehören:

| Badùki. | Horèl. | Pahári- |
| Cohmázáhěd. | Kánia. | Sahàr. |

Nach Indischen Landmessern enthält diese Provinz 27762179 Morgen, genannt Bhiga, deren jeder 60 Ellen in der Länge und eben so viel in der Breite beträgt.

Die jährl. Einkünfte betragen nach dem Manutzzi . . 22203550 Rup.
Nach dem Register . . . . . . 1121760157 Dám.
Die größte Summe beträgt . . . . 16009771 Rup.
Die kleinste . . . . 6852897 Rup.

Beschreibung der merkwürdigsten Oerter.

Satepor, eine ehmalige von Acbar erbauete Residenz, ist itzt nur ein Steinhaufen; ausser einigen kleinen Häusern und einer viereckigten Moschee, von rothen Steinen, auf einer Anhöhe, ebenfalls auf Kosten des Kaisers Akbar erbauet, zufolge eines Gelübdes, wozu ihn ein Mahometanischer Heuchler bewog, der ihm den Aberglauben einflößte, als hätte er ihm durch seine Gebete einen männlichen Erben verschaft: weswegen auch die neue Stadt den Namen Satepor erhielt, da sie sonst nach der Landessprache Sicri genannt wurde. Sie hatte sechs Meilen im Umfange und lag auf einer Reihe Hügel, die sich von Mitternacht gen Mittag erstrecken. Von einem Hügel in die Ebene herab, waren von beiden Seiten viele Häuser; daher sich, wenn man vom Abend kommt, das königliche Schloß mit der Moschee darstellt, und das übrige versteckt bleibt; vom Morgen her aber erblickt man denjenigen Theil der Häuser, der gen Abend liegt: doch hat man von allen Seiten den Anblick des Kastells nebst der Moschee auf dem Gipfel des Hügels. Ohngeachtet aber das Schloß verfallen ist; so steht doch das Grabmal nebst dem sehr hohen Portal noch unverrückt; daher man aus den Trümmern auf die Pracht dieses Gebäudes schließen kann. Alle Gebäude sind theils von Alter, theils von Regengüssen verfallen. Die Mauern sind von dem besten Stein aufgeführt, und sind nur hie und da beschädigt. Wo ehmals ein ansehnlicher mit einer niedrigen Mauer eingefaßter Teich war, da ist itzt ein geräumiges Feld; und wo sonst Kaufläden und andere Wohnhäuser standen, welset sich itzt Getreide; kurz, alles ist Acker, was ehmals eine blühende Stadt war: eine einzige Straße ausgenommen, wo man Waaren feil hat. Ein solches Schicksal ist einer der schönsten Städte wiederfahren, nachdem Akbar seinen Sitz nach Agra verlegte. Sie ist in kurzer Zeit empor gestiegen, aber auch sogleich wieder gestürzt; sie glich einer Blume, die am frühen Morgen aufblühet und am Abend dahinwelkt.

Von

Die Provinz Agra.

Von hier bis Agra sind 12 Meilen östlich, oder ein wenig nordöstlich; zuweilen geht es auch südöstlich: doch ergiebt sich aus der ganzen Reiseroute, daß Agra ein wenig nördlich gelegen sey. Als Akbar hier noch residirte, kamen auf Sendung des Vice-Königs zu Goa und des Generals (Praefidis) der Gesellschaft Jesu drey thätige Arbeiter im Weinberge des Herren hieher, unter welchen der ehrwürdige Rudolph Aquaviva sich befand, der nachher auf der Halbinsel Salset für den Glauben an Christum den Tod erlitten. Das Licht des Evangeliums ist also zuerst dieser Stadt mitgetheilt, und in der Folge auch über andere Oerter verbreitet worden.

Die Häuser dieses Distrikts sind von ziemlich schönem rothen Stein erbauet, und die Felder mit Gartengewächs, Getreide, Erbsen und anderen Saaten bestellt.

Fünf Indische Meilen südlich von Satepor liegen Singauli und Rubàs, wohin Akbar gewöhnlich aufs Land und auf die Jagd zog. Man bricht daselbst rothe und weisse Steine, womit sowohl zu Agra, als anderswo, schöne Gebäude aufgeführt werden.

Canbën, ist ein ansehnlicher Flecken, zwischen zwey steilen Hügeln, fünf Meilen südwestlich von Satepor.

Beána, eine ehmals volkreiche Stadt, ist aber sehr in Abnahme, indem der dortige Raja vor einigen Jahren die Mahometanischen Afganen und Saiden, die sich vom Geschlechte Ali zu seyn rühmen, vertrieben hat. Der Ort liegt am Fuß der Gebirge, vierzehn gemeine Meilen südwestlich von Satepor.

Thorabhim, eine Stadt; drey Meilen davon ist eine Wassergrube, in welcher kein Grund zu finden ist; man trift daselbst eine Erzgrube und kleine Stücke von Türkissen an.

Sicándra oder Sicandarabád, ohngefähr drey Meilen südwestlich von Beána, eine ehmals sehr volkreiche Stadt, und wie ich glaube, die Residenz des Afganischen Fürsten Sicandar'o: von welcher itzt aber nur Trümmer und Steinhaufen übrig sind. Man sieht noch goldene Münzen mit dem Namen des Königs Sicandar, in dieser Stadt geprägt.

Jenseit Sicandarabád, zur Rechten, oder nördlich, sieht man ein Kastell auf einem Berge, von ansehnlichem Umfange und mit Mauern rund um den Berg umgeben; erbauet hat es ein gewisser Raja vom Geschlechte Jadón. In der Folge ist dies Kastell den Jadonischen Fürsten von einem Mahometaner, Namens Babuc Sácd, einem Candárier von Geburt, entrissen worden: itzt steht es von aller Besatzung und von allen Einwohnern verlassen. An der westlichen Seite stehen auch 2 steinerne Obelisken, ein dickerer und ein dünnerer, der auch nicht so hoch ist, wie jener; sie sind sehr wahrscheinlich von den Afganen errichtet, von denen ein noch weit grösserer Obelisk zu Dehli aufgeführt worden.

Dieses Kastell (claustrum hoc) heisset Dónmändär; gegenüber liegt noch eines demselben ähnliches auf dem Gebirge; es ragt aber nicht hervor. In dem anmuthigen Thal, das ein Bach durchschneidet, wachsen Getreide, Reiß und andere Hülsenfrüchte.

Hindòn, eine große volkreiche Stadt vom Gebiete des Raja von Jepor, 12 M. südsüdwestlich von Beána. In dieser Stadt, die (auch) Heranpor, oder die goldene Stadt genannt wird, soll Beschän die Gestalt eines Menschen und eines Tigers angenommen haben: Kopf und Hände zeigten den Tiger an; die Brust und das übrige den Menschen. Nach Sachkundigen aber gehört diese Wundergeschichte nach Multàn, worüber an einem andern Orte mehr gesagt wird.

Zu Beána, Hindòn, Canben und in der benachbarten Gegend wächst eine Art von Gesträuch, Nil genannt, aus welchem man, wenn es unter Wasser gebracht ist, eine himmelblaue Masse herauspresset, die sich zum Tuchfärben sehr gut brauchen lässet. Vor diesem haben die zu Agra handelnden Holländer und Armenier davon in großer Menge nach Surate ausgeführt.

Carôli, eine volkreiche Stadt, 12 Meilen südsüdöstlich von Hindon, unter einem Raja vom Jadonischen Geschlechte. Nach diesem Ort, den sich die ehmaligen Rajahs aussuchten, um sich vor den einbringenden Mahometanern zu verbergen, geht man auf einem beschwerlichen engen Fußweg, der sich an drey Meilen erstreckt, und an sandigten Hügeln und dem hohen Ufer eines reißenden Baches fortgeht, woselbst es von kleinen Fischen, Vögeln und größerem Gefieder wimmelt. Sodann aber geht es gegen rauhe Felsen hinan, und endlich kömmt man durch einen angenehmen Wald voller Rebhüner, Wachteln und anderer Vögel, die sich von den in der Nähe befindlichen wohlbestellten Aekern und Feldern, Weitzen- und Hirsekörner holen. Die Gebäude der Stadt stehen alle auf steinernen Fundamenten, und selbst die Mauern der Häuser sind von unten bis oben mit Werkstücken bekleidet, so wie man sie sonst mit Kalk bewirft. Die Häuser der gemeinen Leute, die sonst an andern Orten aus Leimen bestehen, sind hier von Bruchsteinen aufgeführt. Denn so wie man sonst zu dem Zaun eines Gartens oder Akers lange Pfähle in die Erde setzt, so schließt man hier den Umfang der Häuser mit solchen Steinen ein, und bestreicht die Fugen mit Leimen; auch die Dächer deckt man mit Steinen, die man auf die Dachsparren leget. Dies schöne Ansehen der Häuser aber wird durch die engen unflätigen Straßen sehr verdunkelt. Die Stadt liegt 12 Meilen südsüdöstlich von Hindon.

Das Fürstl. Schloß ist gewiß prächtig und mit sehr hohen Thürmen bevestigt; es liegt am äussersten Ende des oberen und östlichen Theils der Stadt: denn unterhalb dem Hügel steht noch ein anderes auf einem Nebenhügel. Die Mauern sind inwendig und auswendig mit rothen Steinen bekleidet, und die Fugen gehen sehr künstlich in einander, gleich einer verschränkt getäfelten

Die Provinz Agra.

selten glatt gehobelten Wand. Das Innere des Kastells pranget mit Spatziergängen, Pallästen und Gärten. Der Figur nach ist es nicht ganz regelmäßig. Die Stadtmauern sind von ganz besonderer zierlichen Bauart. Denn anstatt, daß die Mauern anderer Städte entweder von Quader- oder Ziegelsteinen aufgeführt sind: so bestehen diese gleichsam aus auf einander gelegten steinernen Tafeln; so wie die Mauern des Schlosses zu Dehli und Agra mit steinernen Tafeln bekleidet sind. Man hat auch einen Spatziergang an den Mauern von langen und breiten Steinen angebracht, die wiederum von steinernen Stützen getragen werden; man kann aber kein schweres Geschütz auf dies Geländer bringen, indem die Steine von dieser Last bersten würden; was also hier der Zierde beykömmt, geht der Vestigkeit wieder ab; denn eine Kanonenkugel kann die Steine sprengen, und dadurch die Vertheidigung am meisten beschädigen. Auch wird man eine ähnliche Bauart der Mauern und Häuser fast nirgends antreffen.

Mandalayer oder Madrail, zwölf Meilen südsüdöstlich von Caroli. Der Weg dahin geht über hohe Berge, rauhe Felsen und tiefe Thäler; über einen unfruchtbaren, dürren und wasserleeren Boden; durch die elendesten und weit von einander auf einem Hügel oder in einem Thal liegende Dörfer. Nicht weit vom Herabgange eines Berges kömmt man an einen großen Teich, der mit Regenwasser angefüllt ist. Vom Berge herab führt ein beschwerlicher steiler Weg, wo überdies sehr große Steine im Wege liegen, und der mit zwey oder vierspännigen Wagen fast nicht zu befahren ist, in ein anmuthiges Thal, in welchem das Dorf Nindur liegt, hiernächst man anderthalb Meilen davon Mandalayar oder Madrael an einem runden Berge antrift, der zwar von ziemlichem Umfange, aber nicht sehr hoch und von den übrigen rechtsgelegenen Bergen abgeschnitten und mit einem steinernen Wall umgeben ist. Aus dem Innersten des Fleckens steigt man über einen steilen Weg auf eine Burg, von wo man eine freye Aussicht in die umliegende Gegend hat. Madrael liegt zwey Meilen vom westlichen Ufer des Tschambal; der Weg dahin geht südöstlich über Krümmungen von Sandbergen.

Säbelghär, eine starke Vestung auf einem Berge, am Ufer des Tschambal, fünf Meilen nordöstlich von Madrael. Die Marhaten entrissen dieselbe den Sicärbárischen Razputen, und übergaben sie dem Raja von Caróli.

Bezapor, eine wohl angebauete Stadt. Das neue Kastell liegt auf einiger Anhöhe am jenseitigen Ufer des Coári, 12 Meilen südsüdöstlich von Madrael.

Gásbánio, ein stark bewohnter Flecken, mit einem fruchtbaren Boden, der aber in einiger Entfernung felsigt und unfruchtbar wird.

Buritscha, ein Flecken am jenseitigen Ufer des kleinen Flusses Para, 14 Meilen südsüdöstlich von Bezapor. Der Fluß ströhmt mit einem starken Geräusch über Felsen herab, und

Die Proving Agra.

nährt große Vögel, als Indische Ibise, Sackgänse, Kraniche und weisse Störche, mit seinen Fischen.

Gopàl, ein lebhafter Flecken mit einem Kastell, 3 Meilen südsüdöstlich von Buritscha, und 10 Meilen westnordwestl. von Narvar.

Taf. IV. Narvar ist eine Stadt von mäßigem Umfange, zumal wenn man die an der Norderseite gelegenen Vorstädte abrechnet: demohngeachtet wird die Länge doch wohl eine halbe Meile betragen; die Breite aber ist geringer. Itzt ist sie mit steinernen Mauern umgeben, indem sie vormals offen und unbevestigt war.

Ihre 1748 beobachtete nördliche Breite beträgt 25 Gr. 30′; die Länge von den Canarischen Inseln an, 93 Gr. 24′.

Sie hat vier Thore: eins gen Norden, eins gen Süden und zwey gen Osten. Die Häuser der Reichen sind schön und dauerhaft, indem sie von Steinen aufgeführt sind; auch die Dächer sind von langen Steinen gleich einem Gebälke verfertiget; die Fugen sind mit Kalk verstrichen, so daß kein Regen durchdringt. Diese Dächer sind platt, so daß man darauf umhergehen kann, und nicht schräge wie die Europäischen.

Von der Ebene steigt man allmählig zu den höhern Theilen der Vestung, wo es sehr steil über fast 360 steinerne Stufen hinangeht. Der Weg ist breit, und geht durch drey Thore, bis man auf die obere Ebene kömmt, die nicht nur mit dem ansehnlichen Pallast des Raja, sondern auch mit vielen andern zierlichen Gebäuden besetzt ist. Unter andern ragt der Pallast eines gewissen Christen hervor, der von Armenischen Vorfahren abstammt, von dem heidnischen Raja zur Regierung dieser Provinz gezogen, und von dem Mogolischen Kaiser mit vielen Gunst- und Ehrenbezeugungen überhäuft worden. Er hat seiner ganzen Familie Häuser bauen lassen und dem höchsten Wesen eine Kapelle aufgeführt, in welcher er und die übrigen Christen, sowohl seine Bediente als seine Verwandte, an Sonn- und Festtagen zusammen kommen, wo denn einer von der Gesellschaft Jesu den Gottesdienst verrichtet.

Der ganze Umfang des Berges ist mit steinernen Mauern eingeschlossen: eine sehr veste und bewundernswerthe Arbeit, indem sie von sehr großen Quadersteinen aufgeführt sind, die zugleich die Zinnen und das Geländer ausmachen (pinnacula et loricam). Der Umfang dieser dreyfachen Vestung mag anderthalb Meilen betragen; der unterste Umfang des Berges aber begreift an drey Meilen.

Der Berg selbst, auf welchem dies ansehnliche weitläuftige Werk steht, macht zwey Theile aus; einer erstreckt sich von Norden gen Süden; der andere desgleichen gegenüber, und beide werden von einem dritten, der sich von Morgen gen Abend ziehet, vereiniget: in der Mitte bleibt das Thal liegen. Man

Die Provinz Agra.

Man geht durch vier hohe und prächtige Thore in die Vestung: nämlich gen Morgen, wo ein Theil der Stadt liegt, gen Abend, gen Südwesten und gen Süden. Das östliche Thor führt nach der Stadt hinunter und ist am lebhaftesten; das andere gen Südwesten führt in das obgedachte Thal; die beiden übrigen sind verschlossen. Unten am Berge trifft man noch andere Mauern und Vorwehre an; so daß wahrlich nach Beschaffenheit des Landes und der Nation dieser Ort sehr ansehnlich befestigt scheint, ja in alten Zeiten unüberwindlich gewesen seyn mag, da man nämlich noch kein Schießpulver zum Ruin der Städte und des Menschengeschlechts anwandte. Ueberdies fehlt es hier nie an Wasser, indem daselbst ein großer mit Steinen gepflasterter, und mit Quaderstücken eingeschlossener See theils mit Regenwasser angefüllt ist, theils lebendige Quellen im Grunde hat: so daß, wenn das Wasser austrocknet, man aus den im See gegrabenen Brunnen Wasser erhält. Von oben herab, zumal wo die Stadt liegt, hat man die reizendste Aussicht auf die tiefer herumliegenden Felder, Seen und Berge. Der ganze hiesige Distrikt ist voller Berge und Felsen, und wenn man dieselben überstiegen hat, so kömmt man nördlich, westlich und nordwestlich auf eine große Ebene.

Es giebt hier eine Art von magnetischem Stein, der ins Kastanienbraune fällt, aus welchem man Eisen schmelzt, das man nachher unter mancherley Gestalt allenthalben versendet.

Man findet auch einen sehr harten weißlichen Kiesel, der Feuer giebt, an der südlichen Seite des Berges, worauf die Vestung steht. Besser aber ist derjenige Kiesel, den man 14 Meilen von Narvar südlich antrift; wenn er gleich weißlich und wenig ausgekocht, auch mit dem Europäischen nicht zu vergleichen ist. Mit Stahl geschlagen giebt er eine Menge Funken, daher man ihn auch zum Flintenstein braucht.

Der Boden ist sand- und steinartig und nicht allenthalben nach Wunsch; an einigen Orten ist die Erde schwarz und giebt die Aussaat reichlich wieder.

Ein Fluß, genannt Sindh, fließt eine Indische Meile weit von der Stadt, mit klarem Wasser über Felsen herab; im Julius und August schwillt er vom Regen sehr an: aber im April, May, Junius hat er ein mäßiges Bette; er nährt auch schmackhafte Fische. Die Seen und Sümpfe enthalten zur Regenzeit Frösche, und Krokodile; auch wachsen darinn Hermodatteln.

Zu Anfange der Regenzeit säet man Reiß an den Ufern der Sümpfe und ärndtet ihn im December. Der Reiß wächst wie Waizen an gehörig feuchten Orten, mit einem dünnen Halm und einer zarten Aehre. Sobald er eingeärndtet ist, so säet man in den ausgetrockneten Sümpfen Korn und schneidet es im März.

Der Boden trägt hier auch mancherley Hülsenfrüchte, Küchenkräuter und Bäume; auch eine dem Epheu ähnliche Staude, deren Blätter einen so beissenden Geschmack haben, wovon

anders-

anderswo mehr gesagt wird, und die in den südlichen Gegenden allenthalben in großer Menge wachsen: die nördlichen geben vermöge des veränderten Bodens und Klima's auch andere Arten Früchte.

Nach der Stadt Narvar ist Scheupori die vornehmste Stadt in diesem Distrikte, wohin man von Narvar aus südlich bald durch Ebenen, bald über Hügel geht. Felsen=rauh ist der Weg bis an die Sindh=Brücke, welche von Quadersteinen sehr schön erbauet ist, und auf 24 hohen und weiten Bögen ruhet. Drey bis vier Bögen sind ist von starken Regengüssen zerstöhrt worden.

<small>Taf. XX. n. 1.</small>

Der Boden ist rauh, felsigt und unbebauet, ausser einigen zerstreueten Hütten unten an den Bergen

Es wächst hier eine Art von Baum, dessen Frucht von einem angenehmen süßen Geschmack ist, aber Schwindel erregt, wovon anderswo mehr vorkommen wird.

Dungri, ein Flecken, 7 Meilen von Narvar, mit einer von Mauern eingeschlossenen Herberge; auf einem in der Ebene gelegenen Berge liegt ein kleines Fort.

Fünf Meilen weiter liegt (nun das gedachte) Scheupori, welches mit Mauern bevestigt ist, die aber keine Kalkverbindung haben. Die Stadt ist mit dem Pallaste des Raja und andern schönen Gebäuden und Gärten gezieret; sie hatte auch vormals viele Einwohner, so lange nemlich die Fürsten von Narvar daselbst residirten. Die Häuser sind nebst den Dächern von weissen Steinen aufgeführt und an der Norderseite der Stadt fließt ein angenehmer kleiner Fluß.

Der Boden ist fruchtbar und von schwarzer Farbe; er trägt Weißen, weiße und andere Erbsen, und Flachs: woraus man aber entweder aus Unwissenheit oder Nachläßigkeit nichts webet. Die schwarze Erde ist hier so beschaffen, daß der Weißen blos vermöge der Fettigkeit derselben wächst, da man ihn sonst in diesen Gegenden mit Brunnenwasser begießen muß, in dem zu der Zeit, wenn der Weißen wächst, kein Regen fällt. Die Stadt liegt 12 Indische Meilen südlich von Narvar.

Seshi, ein Flecken mit einer, gleich einem Schloß gebaueten und mit Mauern eingeschlossenen Herberge, drey Meilen südlich von Scheupori.

Coláres, eine mit steinernen Mauern umgebene und auf einem fruchtbaren Boden gelegene Stadt, sechs Meilen von Scheupori. Hier wird sehr feines baumwollenes Zeug verfertigt und in andere Länder verführt.

Burodängär, ein Flecken, sechs Meilen südlich von Coláres auf einem Hügel. Es ist hieselbst eine Herberge; das Gebäude zur Aufnahme der Fremden, gleicht einem Schloß: es ist viereckigt, von weißen mit Kalk verbundenen Steinen aufgeführt, und an den vier Ecken mit Thürmen versehen.

Der

Die Provinz Agra.

Der Boden dieses Distrikts ist eben; nur gen Abend erheben sich Hügel, auf welchen man Dörfer bemerkt.

Badarvàs, ein Flecken und Gränzort des Gebiets Narvar, auf dem Wege nach Sarunz; mit einem Kastell von Leimen, um plötzliche Einfälle abzuwehren.

Magróni, ein kleines Städtchen mit einem festen mit Mauern und Thürmen umgebenen Gebäude (Claustrum), wo vieles Eisen bearbeitet und ausgeführt wird. Der Ort liegt drey Meilen nordöstlich von Narvar.

Petschòr, ein großes steinernes Kastell mit Zinnen und Thürmen, auf einem felsigten Hügel. Es hat drey Thore und unterhalb liegt die Stadt; von Dattia liegt es 12 Meilen, und von Narvar 17, nordöstlich.

Palaitscha, ein Flecken am jenseitigen Ufer des kleinen Flusses Parbat, der vom Abend nordostwärts fließt; nebst einem vierecten etwas hoch gelegenen Kastell. Man sieht den Ort von Narvar aus nordnordöstlich, von wo er 6 Meilen entfernt ist und eben so viel von der Herberge Munkisaray, die vormals mit Mauern umgeben war, nachher aber zerstöhrt worden, damit die Marhaten sich nicht darinn setzten; daran aber haben sich diese von Süden herfliegenden Raubvögel nicht gekehrt, und haben den Ort seiner Zerstöhrung ohngeachtet in Besitz genommen.

Pittarbàr, ein vestes Kastell auf einem Hügel am Bache Parbati, ohngefähr drey Meilen nordöstlich von Palaitscha.

Bärkisarài, eine Herberge in Gestalt eines Kastells, zwey Meilen nordnordöstlich von der Herberge Munki.

Antri, eine alte, vormals ziemlich lebhafte, jetzt aber fast ganz verfallene Stadt. An der Abendseite hat sie ein Kastell mit vier sehr dicken Thürmen, worinn eine Besatzung des Raja von Narvar liegt; welches aber 1749 die Marhaten dem Raja entrissen haben. Die umliegende Gegend gen Abend, Morgen und Mittag ist fruchtbar, bringt auch das beissende Kraut, Tambòl, hervor. Gen Norden ist der Boden steinigt und unfruchtbar. Der Ort liegt 18 Meilen nordnordöstlich von Narvar.

Rora ist ein lebhafter Flecken mit einem vesten und schönen Kastell, in dessen Mitte ein prächtiger Pallast sich erhebt; 2 Meilen nordöstlich von Anteri.

Dhoa, 18 Meilen nördlich von Narvar. Bey diesem Flecken giebt es magnetische Berge, aus welchen man eine große Menge Eisen und Magnete zieht. Man macht daselbst Tiegel von Magnetsteinen oder von dem aus Magnetsteinen gezognen Eisen, in welchen keine Milch überkocht, sondern ohne sich zu ergiessen sich in die Höhe erhebt, welches die Versuche bestätigen:

Tieffenth. Erdbeschreib. R ein

ein Beweis, daß der Magnet ein aus Stein und Metall zusammengesetzter Körper sey, aus welchem vermöge des Feuers ein vortrefliches Eisen oder Stahl herausgetrieben wird.

Carael, ein weitläuftiger Flecken am Eingange eines dichten Waldes, nebst einem vesten steinernen Kastell. Der Wald besteht aus lauter Mahua-Bäumen, ist voller Steine und ohne Waffer. Zwo Meilen jenseit Carael, gen Pori, muß man über zwey Bergschlünde, von welchen man in eine steinigte unfruchtbare Ebene herab und in einen großen Wald kömmt, worinn zwar viele Bäume stehen, die aber wenig Blätter haben, so daß man in den Sommerreisen daselbst keinen Schatten, und überdies noch allenthalben Mangel an Waffer hat. Sonst wächst hier eben die Art Bäume die man in den Cocänischen Wäldern antrift, den Mahua- und den von den Einwohnern genannten Bil-Baum ausgenommen, der dem Mahadeo heilig ist, und eine dem Granat-Apfel nicht unähnliche Frucht trägt, mit einer harten Schaale, die den herrlichsten Saft enthält. Carael liegt 13 ziemlich starke Meilen von Echeopor, welches dem Raja von Gor gehört; 8 aber von Pori, den geraden Weg genommen: denn zu Wagen hat man zwölfe.

Nachdem man die Caraelischen Schlünde herüber, und in's Thal herabgekommen, stößt man auf den Flecken Catila, wo man kein Brunnenwaffer antrift, sondern alles Waffer aus dem kleinen Fluß Cuna geschöpft wird, der von Norden nach Süden fließt.

Von da nun kömmt man über steinigte fast unwegsame Straßen und durch fürchterliche, aber schattenlose Wälder nach der Stadt Póri, die mit hohen steinernen Mauern, Thürmen und Graben umgeben und mit einem schönen und prächtigen Pallaste geziert ist, den steinerne Säulen und Bögen tragen.

Cuárpor, ein weitläuftiger Flecken, 6 Meilen nordost ¼ östlich von Pori; von Narvar aber 13, wovon 10 nordost ¼ östlich bis an die Sindh-Brücke, und 3 nordnordwestlich gehen. Der Boden ist überaus fruchtbar und mit Bächen durchschnitten.

Lohghär, ein Flecken mit einem Kastell auf einem Hügel, den der Fluß Parbät umfließt; 14 Meneil von Dattia; 6 von Beanbän und 14 nordöstlich von Narvar.

Beanbän, von einigen genannt Schicárpor, ist eine Stadt mit einem von Natur und Kunst vesten Kastell, auf einem Hügel, östlich an dem durch den Parbäti bereits verstärkten Fluße Sindh; 7 Meilen von der Herberge Nunki, 10 von Dattia und 18 nordöstlich von Narvar.

Scherghär, ein Flecken mit einer starken Bevestigung umgeben, theils auf einem Hügel, theils in einer Ebene, an einem großen See gelegen. Die Mauer ist in gewissen Entfernungen mit Thürmen versehen. Der Ort liegt 3 Meilen südöstl. von Narvar.

Sal-

Die Provinz Agra.

Galbéhi, ein Flecken mit einem Kastell in einer Ebene, 12 Meilen nordöstlich von Narvar und 4 von Beanban.

Oeſtlich von Narvar liegt Dattia, eine Stadt, die faſt allenthalben mit dicker Waldung umgeben iſt, wo man aber niedrige Bäume ohne Blätter, und die nicht zu Aufholz zu gebrauchen ſind, antriſt. Die Stadt iſt gut bewohnt, hat aber keine Thore und iſt mit einer rohen Mauer (Maceria) umgeben, wo nur unförmliche große Steine ohne allen Kalk auf einander liegen. Die Häuſer der Reichen ſind gemauert und die Dächer nach Europäiſcher Art mit Ziegeln gedeckt. Das große und prächtige Schloß des Raja ragt vor den übrigen Gebäuden hervor, und iſt mit einer ſtarken, mit gehöriger Weite von einander abſtehenden Thürmen verſehenen Mauer beveſtigt. Zu dem Innern des Pallaſtes geht man durch drey ſehr hohe mit Eiſen beſchlagene Thore; in den Vorhöfen und Vorzimmern ſtehen Trabanten, die nur nach erhaltener Erlaubniß des Raja die Fremden einlaſſen. Beym Eingange erblickt man einen ſchönen Garten, und an den Seiten verſchiedene Gebäude mit einem Porticus; das übrige wird nicht ſehr von der Form anderer Palläſte abweichen. Der Dattiſche Raja ſtammt von dem Geſchlechte der ſogenannten Bundelen ab. Im Jahr 1749 haben ihm die Marhaten die Hälfte ſeines Landes entriſſen.

Dattia liegt 17, nach anderen 18 Meilen öſtlich von Narvar; 7 von Jánſi, und 12 von Carera. Die am 2ten Febr. 1765 beobachtete nördl. Breite beträgt 25 Gr. 22'.

Caréra, eine Stadt und Veſtung, ſieben Indiſche Meilen oſtſüdöſtlich von Narvar, auf einem unebenen Boden, hoch und niedrig gebauet; je nach der Lage der Felſen und des Berges. Am Fuße des Berges liegt die mit Mauern umgebene Stadt, nicht weit vom jenſeitigen Ufer des Mahuár. Dieſe ſehr ſtarke Veſtung wurde 1749 dem Dattiſchen Fürſten von den Marhaten weggenommen; der mahometaniſche Befehlshaber hatte ihm dieſelbe gegen eine gewiſſe Summe Geldes, und ein beſtimmtes Jahrgeld, übergeben, da es ihm an allen Vertheidigungs-Mitteln, auch an aller Hoffnung einiger Unterſtützung fehlte, indem die Macht des mogoliſchen Kaiſers zu ſehr entkräftet war.

Jánſi, eine ehmals volkreiche von den Marhaten erbauete Stadt, die nachher mit einem neuen Namen Bälbäntnägär belegt worden. Izt iſt ſie ganz zerſtöhrt, nachdem 1761 die Armee des Statthalters von Avad das Kaſtell eroberte und die Marhaten verjagte. Das Kaſtell liegt ſüdſüdweſtlich auf einem ungleichen Hügel und iſt mit Thürmen, die mit ſchwerem Geſchütze beſetzt ſind, verſehen. Es erſtreckt ſich in die Länge, welche die Breite weit übertrift. Nach dem äuſſerſten von der Stadt abgelegenen Thurme folgt ein anderes mit hohen und dicken Thürmen beveſtigtes Fort, das für eines der ſtärkſten gehalten wird, indem der Zugang dahin mit Wällen und andern Bevestigungs-Theilen tüchtig besetzt ist, so daß kaum eine Maus durch kann, indem der Hügel, auf welchem es steht, felsigt ist. Birzendeu, Raja von Untsch, hat es erbauet.

Von Narvar bis Jânsi geht man südöstlich. Von Dattia liegt Janfi 7 Meilen; von Karéra 12; von Narvar 19, die ein wenig größer sind, als die Agrauischen Meilen. Die umliegende Gegend erhebt sich zu hie und da zerstreuten Bergen von geringer Höhe.

Lamcāna, ein Flecken auf einem Hügel am jenseitigen Ufer des Mahoar, der nördlich fortlauft und sich mit dem Sindh vereiniget. Der Ort liegt 6 Meilen von Dattia und 4 von Debála.

Baróni, eine Stadt, 3 Meilen westlich von Dattia, an dem Eingang eines Waldes, mit zwey schönen Palläften.

Debála, ein Flecken, 10 Meilen westlich von Dattia. Es ist daselbst ein Teich von weitem Umfange, aus welchem Bäche in drey bis vier Fällen herabströhmen und die unterhalb liegende Ebene wässern, die eine große Menge Reiß hervorbringt. Am Ufer des Teiches und über demselben fliegen allerley Vögel umher, so daß das Auge durch das reizende Schauspiel der Natur und das Ohr durch den mannigfachen Gesang der Vögel ergötzt wird.

Ohngefähr 2 Meilen westlich von hier, ist die seichte Stelle des Sindh, genannt Dúmgát, wo der berühmte Abulfafal, Geheimschreiber des Kaisers Akbar, von Birzendeu, Raja von Untsch, hinterlistigerweise, und auf eine scheusliche Art, als er eben auf einer Reise nach Brampor begriffen war, wie ein mit Stricken gefangenes Wild, und auf Anstiften Jahangir's, Akbar's Sohn, ums Leben gebracht wurde; welchen Mord der Kaiser drey Tage lang mit Weinen und Fasten betrauert hat.

(Itzt folgt die Provinz Gualiar, die, wie oben erwähnt worden, nunmehro zu Agra gerechnet wird.) Die Hauptstadt derselben ist

Gualiar, eine sehr ansehnliche Stadt am Fuß eines Berges, deren Häuser von weissem und gelblichten Sandstein aufgeführt sind. Es giebt hier auch noch eine Menge andere prächtige Gebäude, zumal die mitten auf dem Markt errichtete Moschee, die an beiden Seiten mit hohen Thürmen, deren Spitzen aber dünne zulaufen, geziert ist. Ausserdem ist das auf einem steinernen Fundament erbauete Thor der öffentlichen Herberge sehenswürdig. Nördlich kommen noch andere Gebäude und Gärten vor, die aber größtentheils verfallen sind. Ein aus dem Berge, auf welchem das Kastell liegt, hervorströhmender Bach, theilt die Stadt in zwey Theile; der vornehmste stößt an das Kastell. Oestlich liegt die Stadt am Fuße des Berges, und erstreckt sich eine Meile lang, ist aber, nach Landes-Art, ungleich und voller Unflath. Die Thore der

der Stadt sind sehr hoch, prächtig und mit eben so vieler Kunst als Schönheit von weissem Stein aufgeführt; die Stadt selbst ist mit einer steinernen Mauer oder vielmehr einem rohen Steinwalle (maceria) umgeben; sie erstreckt sich mehr in die Länge als in die Breite, indem sie gegen Norden und Süden sich in die Enge zieht. Seitdem sie den Marhaten in die Hände gefallen, hat sie von ihrem vormaligen Glanze viel verlohren.

Das Kastell wird wegen seiner Größe und Vestigkeit unter die vornehmsten von Indien gerechnet. Den schönsten Anblik zeigt es von der Morgenseite, zumal wegen des auf dem Gipfel des Berges gelegenen ansehnlichen Gebäudes, das vor den übrigen noch am neuesten aussieht, und mit sechs sehr schönen Thürmen geziert ist; um die Mitte des Gebäudes läuft ein himmelblauer Streif, der nach sinesischer Art eingelegt ist, welches den Glanz und die Schönheit vermehrt. Auf das Kastell geht man von der Morgenseite, von dem Markte her, hinauf, durch ein großes Thor, vor welchem eine Kette gezogen ist; sodann zieht sich der Weg in die Enge, bis man an den engsten Gang kömmt, wo man auf im Felsen gehauenen Stufen zum Gipfel gelangt. Der Lage nach scheint dies Kastell in der That unüberwindlich, wenn es nur sonst nicht an Besatzung und Unterhalt fehlte; an Wasser mangelt es auch nicht, indem im Kastelle selbst verschiedene Teiche und Cisternen befindlich sind. Es steht auf sehr steilen Felsen, mit den stärksten Mauern umgeben, die den Rand des Berges einschliessen; den unteren Umfang umgeben andere Mauern, die zugleich den Zugang zum Fuße des Berges verwehren, wozu auch die Mauern der Stadt dienen, die unten am Berge fortgehen. Jtzt, da ich dies schreibe, ist zwar das Innere fast alles verfallen, das Aeussere aber ist immer noch haltbar genug. Der Aufgang ist allenthalben steil, doch nicht so sehr an der südlichen Seite, wo unterhalb ein dichter Wald und der Berg ein wenig abschößig ist. Ein aus den Felsenhölen rinneuder Bach umgiebt, gleich einem stehenden Wasser, die niedrigen Mauern der Stadt.

Von dieser berühmten Stadt und Vestung, welche 24 Meilen nördlich von Narvar entfernt ist, und so manches Schicksal erfahren, hat man ein persisch geschriebenes Büchlein, welches enthält, bey welcher Gelegenheit sie erbauet worden, und welche von den heidnischen Rajas sich daselbst aufgehalten, bis sie endlich von den Mahometanern verdrängt worden. Ich müßte daher auch ein kleines Buch schreiben, wenn ich alles umständlich anführen wollte.

Cotla, ein Flecken mit einer mit Mauern umgebenen Herberge, an einem kleinen Fluß, 2 indische Meilen südlich von Gualiar.

Auf dem Wege nach Anteri giebt es eine große Menge Magnete, die theils in Haufen zusammen liegen, theils in sehr großen Klumpen aus der Erde hervorragen. Hieben ist zu merken, daß der Magnetstein, indem er wächst und auskocht, eine rothe Farbe annimmt, und sodann nach und nach eisenähnlich schwarz wird; der schwarze und schwere also ist der beste; der rothe taugt nichts.

Murabad, eine schöne und veste mit Mauern umgebene Herberge, mit einer vestungsähnlichen Unterlage, mit großen Thoren und gewölbten Gemächern; am Flusse Pára, dessen hohe Ufer eine schöne steinerne Brücke verbindet: an beiden Seiten erheben sich zwey Pyramiden, von denen an das Geländer (repagula) von einem Ende zum andern geht, das noch mit zwey andern Pyramiden versehen ist. Auf der Mitte der Brücke sind einige Ruheplätze, zur Aussicht auf den Fluß, oder um kühle Luft zu athmen. Der Ort liegt 7 Meilennördlich von Gualiar.

Tschola, ein mit Mauern umgebener Ort (Claustrum) von Kalk und Backsteinen aufgeführt, anderthalb indische Meile vom jenseitigen Ufer des Tschambal, in einer fruchtbaren Feld-Ebene, von allen Dörfern abgesondert.

Sateabad, eine Stadt, wo die Afganen ziegelsteinerne Häuser, Gärten, Grabmäler und viele andere Gebäude besitzen. Südlich daneben liegt:

Daulpor, eine vormals lebhafte, itzt aber sehr zerstöhrte Stadt, mit einem sehr alten Kastell auf steilen Sandhügeln, die man nicht ohne Mühe erreicht. Das Kastell ist mit runden Thürmen und mit einem niedrigen Steinwall umgeben und steht auf einem unebenen thonigen Boden. Es hat aber kaum noch die Gestalt einer Burg, so sehr ist es durch Regengüsse und andere Stürme der Zeit verwüstet, die, ich weiß nicht auf wie viele Jahrhunderte hinausreicht, seitdem ein heidnischer Fürst, Namens Daula, vom Taunvarischen Geschlecht, es erbauet haben soll, von welchem denn auch die Stadt ihren Namen erhalten. Sie liegt anderthalb Meilen vom Ufer des Tschambal, der zur Regenzeit sehr anschwillt; das nördliche Ufer ist zwar sehr hoch und besteht aus Sandbergen; das südliche aber läßt dem Strohm freyen Lauf.

Jazdo, eine prächtige Herberge für Reisende; sie ist geräumig und dabey zierlich und fest, und mit Mauern umgeben; sie hat zwey hohe prächtige Thore nach Norden und Süden; in der Mitte erhebt sich eine mit großen Kosten erbauete Moschee. Der Ort liegt nicht weit von einem Wildstrohm, der zur Regenzeit so anschwillt, daß der Weg dadurch gesperrt wird, und man nirgends durchwaten kann. Man trift hier eine schöne Brücke an, die ich mit dem Wanderstab gemessen; ihre Länge beträgt an 280 indische Ellen; die Breite 11: sie ist von rothem Stein erbauet und hat 16 sehr große Bögen. An beiden Seiten geht längs der Brücke ein steinernes Geländer zur Sicherheit der Fußgänger; überhaupt giebt sie der Narvarischen Brücke an Vestigkeit, Kunst und Größe nichts nach.

Otila,

Die Provinz Agra. 135

Otila, ein weitläuftiger Flecken an den Halden einiger Magnetberge, mit einem Kastell auf einem Hügel, 5 Meilen nordöstlich von Anteri.

Beléti, ein Flecken mit einem kleinen Kastell auf einem Hügel, 5 Meilen nordöstl. von Otila.

Gohâd, eine große volkreiche Stadt in einer weiten von Wildströhmen durchfurchten Ebene, 4 indische Meilen nordöstlich von Beléti. Sie war ehmals von keiner Bedeutung, itzt aber ist sie mit Wall und Graben umgeben, in den man den kleinen Fluß Besseli abgeleitet hat; überdies ist sie mit einem Kastell, dem Sitz eines Raja geziert, welches mit Mauern und starken Thürmen versehen ist, inwendig aber geräumige Vorhöfe und Säle (receptacula) hat.

Der Herr dieser Stadt und deren sehr weitläuftigen Gebietes heißet Rana, und ist aus dem sogenannten Geschlechte Zat. Er verband seine ganze Macht mit den Marhaten, die viele Länder in ihre Gewalt brachten; solche aber 1761 wieder verlohren; sich nachher wieder erholten und in fremde Länder einfielen. Diese Stadt liegt 9 Meilen nördlich von Gualiar.

Behät, ein Kastell von Kalk und Steinen, in einer Ebene; der untere Theil desselben dehnt sich in die Breite, der obere macht einen Gipfel, und dicht am Kastell liegt die Stadt, welche 8 Meilen von Gohâd und eben so weit von Seonda und Petschor entfernt ist.

Catschana, ein Flecken, 9 etwas starke Meilen von Gohad, an der Straße nach Atter. Einige Meilen von diesem Flecken ist die Mündung des Flusses Coári, der sich, ohnweit der Ueberfahrt auf dem Wege nach Atter, in den Tschainbal ergießt.

Atter, eine weitläuftige stark bewohnte Stadt zwischen Sandschlünden und stickeln Hölen; daher auch der Weg dahin sehr beschwerlich ist; denn östlich macht der Fluß Tschambal gleichsam einen Wassergraben, wenn er gleich 2 indische Meilen weit davon liegt; westlich hat man Dämme, nämlich die tiefsten Schlünde und allenthalben jähe Sandhügel, so daß nur ein einziger enger schlackigter Weg übrig ist, der vom Fluß an zur Stadt führt. Diese Stadt, deren Häuser auf den Sandhügeln zerstreuet liegen, wird von einem Raja vom Tschohanischen Geschlechte beherrscht, so wie auch die ganze dazu gehörige Provinz Badaur. Der Sitz des Raja ist ausserhalb der Stadt, an der Abendseite, und bestehet in einem schönen, wohlbevestigten, nämlich mit Mauern umgebenen und an den vier Seiten mit Thürmen versehenen Kastell, 6 Meilen östlich von Bhind.

Nach der zur Provinz Badaur gehörigen Stadt Atter ist Bhind die vornehmste und volkreichste: sie ist mit Mauern umgeben und hat an der Mittagsseite einen großen Teich. Häuser von Ziegelsteinen giebt es nicht viele, indem die meisten aus Leimen bestehen. Oestlich liegt ein Kastell von mäßigem, obgleich aus einer doppelten Mauer bestehenden Umfange; die innere ist von Stein und Kalk, die äussere nach der Gestalt der inneren von Leimen aufgeführt. An den vier

Ecken erheben sich sehr hohe Thürme, die von unten auf immer enger werden; zwey stehen auch vor den Courtinen der Mauern hervor. Das Kastell besaß vordem ein Marhate, der 1749 die halbe Provinz eroberte: die Stadt aber gehörte dem Raja von Badaur, nebst dem ganzen fruchtbaren Distrikt, der ohne Steine und Felsen ist. Ohnweit der Stadt nördlich liegt ein einer mit Mauer umgebener Garten, in welchem man drey sehr prächtige und kunstreiche Gebäude antrift, die auf steinernen Säulen und Bögen ruhen.

Eine Tagereise von Bhind, oder 12 Meilen davon liegt Itava, eine alte Stadt östlich am Zemna; 9 Meilen nordnordwestlich vom Tschambal; 13 südöstlich von Schechonkimao, welchen Flecken die Marhaten den Mahometanern entrissen haben.

Zonbaffa, ein Flecken am diesseitigen Ufer des Coari, 3 Meilen von Bhind, 10 von Baha.

Berza, ein großer stark bewohnter Flecken am jenseitigen Ufer des Sindh, auf einer Anhöhe, ohngefähr 6 Meilen von Schechonkimao; 5 von Seonda; 18 nordnordwestlich von Dattia.

Ohngefähr 2 Meilen von Berza, am westlichen Ufer des Sindh, liegen auf zwey nicht weit von einander stehenden Bergen, zwey steinerne Kastelle: Deughär und Tschanda; eins davon, und zwar das größte, liegt wüste, das andere ist bewohnt. Von Berza bis Dattia erstreckt sich eine große Ebene voller Dörfer und Aecker.

Sikri, ein Flecken im Dattischen Gebiete, 12 Meilen nordnordwestlich von Dattia.

Codáli, ein großer Flecken, ohngefähr 14 Meilen gleichfalls nordnordwestlich von Dattia.

Seonda, eine Stadt, mit einem von Natur und Kunst vesten Kastell am Ufer des Sindh, der Sitz eines heidnischen Raja vom Geschlechte der Bundelen; 30 Meilen nordöstlich von Narvar und 23 von Dattia. Man macht in diesen Gegenden viele Butter, die zu Tschonkri, Bhind und Atter, als gewöhnlichen Handelsplätzen, verkauft und auf Kameelen und Wagen nach Agra und Dehli verführt wird.

Von Bhind bis Dattia ist das Erdreich schwarz und fett, wie in der Provinz Malva, wo das Getraide ohne alles Wässern wächst; welches nicht so im Agra und Dehlischen Gebiete bewerkstelliget wird.

Tschorang, ein Flecken, 4 Meilen nordnordwestlich von Atter; 2 vom Tschambal; 4½ westnordwestlich von Batéffor.

Bátéffor, ein berühmter schön gebaueter Ort am Zemna, 28 Meilen von Agra, woselbst eine unzählige Menge Volks zusammen kömmt, um sich im Zemna zu waschen und dem October-Markt beyzuwohnen. Am Zemna stehen eine Menge Tempel, wo dem Mahadeo

gedient

Die Provinz Agra. 137

gedient wird, dem alle Schwelger opfern; er ist der Priap der Alten, dem leider alle Völker Weihrauch streuen. Hier krümmt sich der Zemna zwischen zwey Sandhügeln, fließt 2 Meilen zurück, wo er herkam, wodurch er, um Bateſſor herum, eine Halbinsel bildet und dann wieder seinen gewöhnlichen Lauf fortlenkt.

Baha, eine volkreiche Stadt mit einer sehr langen Straße, 11 Meilen von Jateabad und 13 bis '14 von Bhind. Hier trift man viele Wagen beysammen an, die mit allerley Waaren beladen nach Agra gehen; denn von Anteri bis hieher kann wegen der höckrichten und morastigen Wege durch den ganzen Distrikt hin, wenig oder gar kein Gebrauch der Wagen statt finden.

Von Baha nach Hinota geht es sehr westlich, wegen der hohen und steilen Ufer des Flüßchens Gambir. Von Hinota nach Jateabad reiset man nordnordwestlich.

Jateabad ist ein Flecken mit einer Herberge, die gleich einem Schloß gebauet ist; 11 Meilen von Baha, und eben so weit nordwestlich von Agra. Der Boden von Atter bis Agra ist sandigt, trägt aber viel Getreide und allerley Feld- und Hülsenfrüchte.

Cálpi, eine ehmals stark bewohnte Stadt, am westlichen Ufer des Zemna, woselbst eine Münze ist und der beste Zucker gesotten wird. Am Ufer liegt ein altes Kastell. Der Ort liegt etwa 36 Meilen von Dattia; 9 von Oréhi; 18 von Cúnz; 23 von Simbtar; 29 östlich von Bahander; 20 westlich von Corra.

Bahander liegt 7 Meilen östlich von Dattia.

Simbtär, eine Vestung, 5 Meilen östlich, jedoch etwas nordwärts von Bahander.

Von Calpi bis Untsch west ¼ südwestlich sind 33 Meilen; bis Cotla ohngefähr 14 Meilen; 18 bis Elätsch; 22 (oder 23) bis Mott, von da bis Untsch, 10.

Cotla, eine Stadt, nicht weit vom Ufer des Berba, wo man dickes Tuch roth färbt.

Elätsch, eine auch am südlichen Ufer des Berba gelegene Stadt.

Mott, ein Fort am südlichen Ufer des Berba, 14 Meilen west ¼ südwestl. von Elätsch.

(Noch gehört hieher:)

Die Provinz Anterbéd oder zwischen den Flüssen. Die Hauptstadt derselben ist:

Canoz, in alten Schriften genannt Canniacúbäz, oder höckrichte Jungfer. Die Stadt ist sehr alt, ohne Mauern, und hat mit den Vorstädten an 6 Meilen im Umfange. Die eine Hälfte liegt westlich in einer Ebene; die andere östlich auf einer schrägen Anhöhe. Nach der Vorstadt kömmt man an ein hohes Thor und an die Hauptstraße, die vom Abend gen Morgen eine halbe Meile fortgeht. Am Eingange der Straße steht ein doppeltes Thor, wovon jedoch izt nur die Bogen übrig sind. Von diesem doppelten Thor aus geht noch eine andere

Tieffenth. Erdbeschreib. S Straße

Straße oder Vorstadt bis an das Ufer des Flusses Calina, die aber weit kleiner als jene ist, die sich gen Abend erstreckt: so daß diese beiden Vorstädte nebst der Hauptstraße noch keine ganze Meile betragen, wenn gleich die Einwohner ihnen zwey kleine Mellen anrechnen. Die Breite erstreckt sich über eine halbe Meile, nicht aber anderthalb, wie man hier will, indem man bis an die äussersten Hütten rechnet. An der Nordseite stehn nur wenige Häuser; an der südlichen mehrere; die meisten die in der Hauptstraße und sonst zerstreut liegen, sind von Ziegeln. Die Haupt- und Handelsstraße ist gerade und ziemlich breit, die übrigen Queerstraßen eng und schmutzig.

Die Stadt hat eigentlich 4 Namen, nach den 4 von den Indiern angenommenen Zeitaltern. In dem ersten hieß sie Cäpĕlastäl, vom Raja Capel; in dem 2ten Gádpor, von einem andern Fürsten; in dem 3ten Möhödpor, von Möhöd: oder wie andre wollen, Mängärpor, von Mangat; in dem 4ten Zeitalter endlich nannte man die Stadt Cáncöböz oder Canneacöböz, von einer höckrichten Prinzeßin eines Raja von Canoz, wovon man den heutigen Namen herleitet. Uebrigens stammten die Regenten dieser Provinz vom Geschlechte Rathóra ab, deren letzterer Zétschand vom Schahabuddin mit dem Beynamen Gori besiegt worden; wovon in den Geschichtsbüchern mehr vorkömmt.

Das Kastell ist von mäßigem Umfange und liegt auf einem Sandhügel, der westlich steil, östlich und südlich aber niedrig und abschüßig ist. Es ist mit ziegelsteinernen Manern von mäßiger Höhe versehen, an welchen dünne Thürme befindlich, die gen Abend in ungleicher Entfernung von einander stehen.

Ein Thor steht südlich, das andere östlich, beide aber auf einem abschüßigen Hügel; durch beide geht man weiter hinauf in die Höhe. Dies Kastell hat übrigens nichts erhebliches an sich, und die ganze Bauart desselben entspricht einer so berühmten Stadt auf keine Weise. Es liegt an dem westlichen hohen Ufer des Calina, woselbst eine Wasserfurt ist.

Oestlich giebt die Stadt den besten Anblick; man sieht das Kastell auf dem Hügel, und nicht weit davon das nördlich gelegene Gebäude und Grabmal eines gewissen Mahometaners, nebst noch einem anderen südlich, jedoch von keinem solchen Umfange und Größe. Westlich liegt ein großer Wald von fruchtreichen Ambarbäumen; östlich jenseit dem Fluß erstreckt sich eine Ebene von anderthalb Meilen bis an das Ufer des Ganges. Der Fluß Calina vereinigt sich bey Razgir, anderthalb Meilen von Canoz mit dem Ganga; er soll vom Distrikte Saharanpor herfließen. Razgir liegt am diesseitigen Ufer des Ganga.

Eine halbe Meile vom Kastell, am äussersten Ende der Stadt nördlich liegt Tschitarassöi, oder der Ort und Aufenthalt der Tschita oder Sitha, Gemalin des Rani, die von Brod (allein)

gelebt

Die Provinz Agra.

gelebt haben soll; es habe daselbst ein Pallast von rothen Steinen gestanden, in dessen Mitte ein Brunnen befindlich gewesen, den die Mahometaner verstopft und mit Kalk vermauert, dagegen eine Moschee, von drey Kuppeln und mit einer steinernen Mauer umgeben, aufgeführt haben.

Man verehrt hier das Bild des Azepàl, eines Canozischen Fürsten (Dynastae), der sehr gütig gegen seine Unterthanen gewesen, und Ziegen geweidet hat, daher man ihm eine Ehrensäule errichtet. Denn in jenem Zeitalter der Einfalt und Genügsamkeit wußte man nichts von Pracht und Stolz, und die Unterthanen führten ein ruhiges Leben. Sobald aber die üppige Lebensart einriß und der Stolz sich erhob, so wurden die Unterthanen gedrückt und mit Zöllen und Abgaben beschwert, um den Uebermuth und die Pracht der Fürsten zu unterhalten.

Von Canoz sind 4 Meilen bis an die Mündung des Garra, der bey Bahadorpor in den Ganga fließt.

Die Reiseroute von Canoz bis Jtava ist folgende: Von Canoz bis Talgao, 10 Meilen; von da bis Erua, 10; und von da bis Jtava, 16; in allen 36 Meilen.

Von Canoz bis Corra sind 30 Meilen; nemlich 10 Meilen bis Belór; 10 bis Pura, und 10 bis Corra.

Mácànpor liegt 5 Meilen von Canoz; 4 vom diesseitigen Ufer des Ganges und 4 von Nanamao.

Mendipor liegt 4 Meilen von Canoz; Daipor 5, so daß beide Orte 1 Meile weit von einander, auch beide Flecken am diesseitigen Ufer des Ganges liegen.

Jarrochabad, eine von einem Afganen Muhammad vom Geschlechte Bängásch neu erbauete Stadt, unter der Regierung des Königs Sarochsiar, zu dessen Andenken sie Sarrochabad genannt worden. Sie ist mit einer Mauer die nebst ihren Zinnen von Leimen ist, und mit einem Graben umgeben; sie hat 12 Thore, nach jeder Weltgegend drey; 4 davon sind Hauptthore; eins nach dem Ganges hin; eins nach Mao, eins nach Canoz und eins nach Agra. Die Häuser sind niedrig und von Leimen; andere wenige sind von Backsteinen, wenigstens von außen; das Innere ist ziemlich bequem und schön von Ziegeln aufgeführt. In der Hauptstraße wohnen die Kaufleute, Wechsler und andere; sie erstreckt sich über eine halbe Meile weit vom rothen Thor bis an das Kastell; eine andere Straße aber, vom rothen bis an das Maosche Thor, ist eine volle Meile lang. Der Umfang der Stadt beträgt an 6, nach andern an 9 Meilen. Sie ist der Handelsmarkt aller Arten von Waaren die von Dehli, Caschmir, Bengalen und Surate herbeykommen.

Das Kastell, in welchem der Pallast des Statthalters steht, ist von ziemlichem Umfange, nemlich einer deutschen Viertelmeile, und liegt nordnordwestlich oben an der Hauptstraße. Es ist mit einer mit Zinnen versehenen Erdmauer umgeben, liegt auf einer Anhöhe und ist überdies noch mit über die Mauer hervorragenden Thürmen von Leimen bevestigt, nebst einem trockenen ungleich ausgeworfenen Graben. Man geht durch zwey Thore in das Kastell. An den Ecken des äusseren stehen runde und dicke von Ziegeln gemauerte Thürme, und von da geht auch eine ziegelsteinerne Mauer vom Thor ab bis an die linke Seite des inneren Thors. Beide Thore sind hoch, und an beiden Seiten mit kleinen gewölbten Thürmchen geziert, nebst welchen man 6 andere kleinere antrift. Das innere Thor ist von aussen schöner, auch höher und mit Kalk beworfen.

Der sowohl alte als neue Pallast ist viereckt und an jeder Seite mit sechseckigten niedrigen Thürmen versehen. Er hat eine hohe mit einer Sommerlaube bedeckte Warte. Die nördliche Seite der Mauer hat keine Thürme, und bedarf keiner, weil sie steil ist.

Von Jarrochabad bis Baréli geht man über folgende Oerter:

Bis Hemiratpor 6 Meilen; bis Zalalabad, am jenseitigen Ufer des Ramganga, 9; bis Cathra 12; bis Fridpor 10; bis Bareli 8; in allen 45 Meilen.

Von Jarrochabad bis Itava über folgende:

Bis Nabbigans, am westlichen hohen Ufer des Calina, 9 Meilen; bis Schamàn 10; bis Itava 12, nach andern 10 Meilen.

Von Jarrochabad bis Dehli:

Zuerst nach Mao; von da bis Darlagans, 7 Meilen; bis Pathiári 5; bis Cansgans 12; bis Ságár, ein Flecken, 7; bis Hardua 7; bis Pahássu 7; bis Hátémabad 7; bis Sicándra 4; bis Tilgóri 5; bis Suraspor 5; bis Bangèr auch 5; bis Dehli 7.

Bhospor, eine vom Könige Bhoz von Usen erbauete Stadt, am diesseitigen Ufer des Ganges, 4 Meilen von Jarrochabad; ist itzt herunter gekommen.

Khiria, ein Flecken an der Mündung des Ramganga, 1 Meile südöstlich von Bhospor.

Chodagans, mit einer schönen von Ziegeln und Kalk erbaueten Herberge, mit gewölbten Gemächern. Es ist ein Viereck mit zwey hohen Thoren: eins derselben geht nach Jarrochabad, das andere nach Canoz.

Eine ¼ Meile davon setzt man zu Schiffe über den Calina, der hier sehr schmal ist; bey Canoz kann man zu Fuße durch.

Sateghar besteht aus zwey Kastellen: eines ist von Leimen mit dicken runden Thürmen, und liegt südöstlich am hohen Ufer des Ganga; das andere, dicht daneben östlich, an demselben Ufer, ist von Ziegeln; das hohe Thor desselben ist wie andere dieser Art gestaltet; südlich an demselben liegt ein Flecken. Dieser Ort ist 2 Meilen östlich von Jarrochabad entfernt.

Ohn-

Die Provinz Agra.

Ohnweit Sateghar gehet vom Ganga nordwestlich ein Arm aus, über welchen man zu Schiffe übersetzt. Der Ganga selbst fließt mit schnellem Strohm von Norden gen Süden; das diesseitige Ufer ist hoch und steil, das östliche niedriger.

Ferner gehören zur Provinz Anterbéd folgende Oerter:

Serosabad, ein Städtchen mit einem Wall von Erde, zwölf Meilen östlich, ohnweit dem vormaligen Tschandvàr.

Schocuabad, ein Städtchen, jedoch weit größer als Serosabad, mit Mauern umgeben, sechs Meilen von jenem, und drey vom östlichen Ufer des Zemna.

Mittepor, an 10 Meilen von Schocuabad und eine Tagereise von Jtáva.

Unter die vornehmsten Städte der Provinz Anterbéd gehört: Jtáva, eine sehr alte und berühmte, vormals stark bewohnte Stadt am jenseitigen Ufer des Zemna. Jtzt sind viele Häuser verfallen. Das Kastell liegt am Ufer des Zemna auf einer Höhe von Sandhügeln, hat ein ziegelsteinernes Fundament, und ist von ziemlichem Umfange; an der südlichen Seite desselben fließt der Zemna.

Dem Kastell gegenüber, am diesseitigen Ufer des Zemna liegt das Fort Camèt; östlich, die Herberge Jecoïl, drey Meilen von Jtáva; eine andere Azitmàl, fünf Meilen. Talgao liegt südöstlich 22 Meilen von Jtava.

Papund, liegt 14 Meilen südöstlich von Jtava. Diese Vogtey besteht aus einem großen Strich Landes von vielen Dörfern.

Nordöstlich liegt Münzbàra, 7 Meilen von Jtáva.

Die Herberge Deánátrai, 1 Meile von Jtava; von Jesullabad 4 Meilen; von Zesväntnagar 1 Meile; von Mittepor 4.

Menpöri, eine Stadt, 13 Meilen von Jtava und 24 von Sarrochabad; sie ist mit einem Wall umgeben, auf welchem man Brombeerstauden gepflanzt hat, so daß sie mit einer mauerähnlichen Dornhecke umzäunt ist; innerhalb dem Wall ist das Kastell, welches auch aus Erde (oder Thon) besteht, und mit Thürmen versehen ist. Es ist der Wohnsitz des heidnischen Ortsherrn; nicht weit davon fließt der Jssen.

Cangärpora nebst dessen Gebiet, 3 Meilen südlich von Jtava.

Ruru, eine Stadt, 15 Meilen von Jtava.

Béla, ein Städtchen, von Teichen gewässert, 9 Meilen von Ruru.

Macanpor, eine Stadt, die wegen des Grabes eines gewissen mahometanischen Heuchlers, Namens Madàr berühmt ist, und wohin jährlich die Mahometaner von verschiednen Orten her wallfahrten, dreymal um die Stadt gehen, und jeder nach seinem Vermögen opfert.

Um dem Grabe mehr Würde zu geben, sind dessen Arcaden mit steinernen Gittern umschlossen, und mit einem Dache gegen Wind und Wetter geschützt. Auch wascht man das Grab jährlich zwey bis dreymal mit Rosenwasser, welches man, mit Staub vermischt, wie eine Reliquie aufbewahrt. Der Ort liegt 10 Meilen von Bela und 8 von Bangermao.

Schamsabad oder die Sonnenstadt, von einem gewissen Afganen vom Geschlechte Bangäsch erbauet, und von Afganen bewohnt, liegt 7 Meilen westnordwestlich von Sarrochabad.

Mao, eine alte Stadt, 11 Meilen von Sarrochabad und anderthalb vom diesseitigen Ufer des Ganges.

Aligans, ein neugebaueter Marktflecken (conditorium), 16 Meilen von Sarrochabad; 25 von Zalessor. Von Aligans bis Cangans geht es erst 10 Meilen auf Dumbri, dann 4 bis Scherpor, von da 8 bis Cassana und 4 bis Canegans.

Zalessor, eine Stadt mit einem ziegelsteinernen Kastell, 14 Meilen von Schocuabad; 18 von Itava; 11 von Col; 18 von Agra.

Canegäns, eine Waaren-Faktorey und neue Stadt, 34 Meilen von Sarrochabad gen Dehli.

Cól, eine Stadt mit einer Vestung, welche Sábēsghar und Rámghar genannt wird, 3 Meilen von Hardua; 9 von Atroli; 17 von Gharmucteſſor; 20 von Mathra; 45 von Dehli; 30 bis 31 von Agra.

Von Agra bis Col geht man erst über den Zemna, 8 Meilen bis Saſāni; den zweyten Tag 12 bis Sadabad; den dritten 11 bis 12 Meilen nach Col.

Hardúa, eine Stadt und Kornniederlage, 3 Meilen von Cól; 5 von Atroli; 9 bis 10 von Canegans; 12 von Mathra.

Atróli, eine Stadt, 9 Meilen von Col; 11 von Pahaſſu; 12 von Canegans; 14 von Anubſcheber; 20 von Mathra.

Mendu, eine Stadt mit einem auf einer Anhöhe gelegenen Fort von Erde, fast 1 Meile von der Stadt; 18 Meilen von Agra, und eben so weit von Mathra.

Zoar, ein Marktflecken, 8 Meilen östlich von Mathra; 10 von Mendu.

Dariagans, ein Kastell von Tuffstein, 7 Meilen von Mao; 2 Meilen vom diesseitigen Ufer des Ganges, und 18 von Sarrochabad; auf dem Wege nach Canegans. Von Dariagano bis Pathiari sind 5 Meilen. Zwischen diesen Oertern liegt Compäla, ein durch den Aberglauben der Heiden berühmter Ort, 2 Meilen von Dariagans, 3 von Pathiari, und anderthalb Meilen vom diesseitigen Ufer des Ganges. Von Pathiari bis Canegans sind 12 Meilen.

Mathra

Die Provinz Agra.

Mathra gehört auch unter die alten und berühmten Städte dieser Provinz. Zwar sind die Straßen, wie gewöhnlich, eng und kothig, aber stark bewohnt und voller Kauf- und Handwerksleute, die von Dehli und der Provinz Guzarat her, sich hier niedergelassen haben. Auch sind hier zwey berühmte Moscheen: eine von rothen Steinen am Ende der Stadt, vom mogolischen Kaiser Aorangseb erbauet, um das Andenken des Krischen, der hier geboren seyn soll, zu verdrängen. Die andere zeichnet sich vor den übrigen Gebäuden dadurch aus, daß sie, gleich den deutschen Oefen, bunt bemalt und glasirt ist: alles auf Kosten des Abdulnabbi, der, um der Todesstrafe zu entgehen, den Götzendienst verließ und zum Mahomet übergieng. Ueberdies sind an den vier Seiten der Moschee vier Thürme, von drey bis vier Absätzen; sie sind dünne, aber hoch. Die Stadt selbst ist mit einem Wall umgeben und ist dem Zar unterthan; vormals beherrschte sie der Raja von Zepor, dem die Regierung derselben vom mogolischen Kaiser war übergeben worden. Sie liegt am diesseitigen Ufer des Zemna.

Unter den mehrentheils verfallenen Gebäuden ragt ein Schloß hervor, das ein gewisser sehr reicher Mahometaner erbauet hat; es liegt auf einem Hügel, von welchem man in eine unabsehbare Feld-Ebene hinabsieht. Oben auf dem Schlosse sieht man astronomische Werkzeuge, von dem berühmten Liebhaber der Sternkunde, Raja Zesing; vorzüglich ein Gnomon von Kalk, das die Weltaxe vorstellt und 12 Pariser Fuß hoch ist; ferner Aequinoctial-Uhren von 5 Spannen im Durchmesser, nebst andern kleineren zur Ortsbreite eingerichtet. Andere Instrumente stellen verschiedne Segmente der Sphäre vor. Ueberhaupt ist diese Sternwarte eine Art von Kopie von der zu Zepor: sie übertrift dieselbe aber in Absicht der Höhe des Orts und der weiten Ebene, die sie beherrscht, wenn sie gleich in andern Stücken nachsteht; denn auf jener zu Zepor, die auf der platten Erde steht, kann der Auf- und Untergang der Gestirne nur auf dem ungeheuer hohen von Kalk verfertigten Gnomon gesehen werden. Das Schloß selbst, welches von großem Umfange und fest mit Mauern umgeben ist, und östlich den Zemna zum Graben hat, gleicht einem von Stein künstlich aufgeführten Berge. In der Stadt führt eine Straße nach dem Zemna, woselbst der Krischen, als er seinen Mutter-Bruder getödtet, seine mit Blut befleckten Hände gewaschen haben soll: dieser den Heiden heilige Ort heißet Beskänt.

Bindroban, eine Stadt am Zemna, drey indische Meilen nördlich von Mathra. Man geht in einer Ebene dahin, und schon in weiter Ferne sieht man drey alte Thürme davon; sie sind zum Theil pyramidenförmig und haben zum Beweis des Alterthums das Ansehen eines heidnischen Tempels. Die Stadt hat eine lange Straße, die mit mancherley Gebäuden und schönen Häusern besetzt ist.

Ohnweit dem Ufer des Jemna halten sich heidnische Einsiedler, die ein strenges Leben führen, in kleinen Kapellen unter dem Schatten der Bäume auf, in welchen man eine große Menge Affen antrift.

Im Jemna selbst, nahe am Ufer, stehen achteckigte Thürme ohne Kuppel, wohin eine gepflasterte Brücke führt. Nach diesem als einem heiligen Orte rennt das abergläubische Volk über 500 indische Meilen von Bengalen her, um sich im Jemna von seinen Sünden zu waschen, und betet dabey einen Baum an, der gerade im Augenblick der Geburt des Krischen aus der Erde entsprossen seyn soll. Der Baum heißet Kâdäm, trägt Blüthe, aber keine Früchte, und ist sehr hoch; mit der Wurzel steht er im Flusse selbst an einer gewissen kleinen spitzzulaufenden Kapelle, die kaum drey oder vier Menschen fassen kann; in einer von solchen Kapellen die um den Baum herumstehen, soll der Krischen geboren seyn; ohngeachtet einige es von Mattra behaupten.

Arme und Einsiedler bitten im Namen des Krischen um Almosen; mich bat auch einer von den Brahmanen darum, in Beziehung auf den heiligen Fluß, der zur Abwaschung der Sünden diene; ich lächelte über die Behauptung desselben und wies ihn an den Fluß, den er aber trockener wie Bimsteln fand.

Es steht ferner ein großes Gebäude am Fluß, welches Jesing von Jepor erbauet hat; in demselben sind einige Götzenbilder und Altäre. Nahe dabey stehen Kapellen, die von Einsiedlern genannt Berági bewohnt werden. Diese Leute haben die Stirn mit drey gelben Streifen bemalt, tragen einen Gurt um die Lenden, sind aber übrigens nackend, und man sollte sie für Gespenster halten. Der Ort ist stark mit Bäumen besetzt und gleicht einem Hain der Alten: es herrscht daselbst eine traurige Stille, so angenehm auch der dichte Schatten der Bäume ist; einen Zweig oder nur ein Blatt davon abbrechen, ist eine Todsünde.

Zu dem, was man bereits von diesem in ganz Indien berühmten Orte erzählt hat, will ich nun auch noch dasjenige hinzufügen, was ich nach 7 Jahren, nemlich 1754, da ich ihn zum zweytenmal besah, davon angemerkt habe. Der ganze Ort ist mit schönen und prächtigen Gebäuden geschmückt, die von verschiednen Fürsten und Herren herrühren, und von künstlich gehauenen Steinen aufgeführt sind. Die Beweggründe davon waren wohl theils um bey den Wallfahrten hieher, einen bequemen Aufenthalt zu finden, theils um sich einen Namen dadurch zu erwerben; theils auch um dem Krischen, den sie anbeten, einen angenehmen Dienst zu leisten. Unter andern zeichnen sich aus die Gebäude des Martabanischen jenseit dem Ganges wohnenden Raja, die des Raja von Jepor und andere.

Die Provinz Agra.

In der Stadt wohnen eine Menge Beragier und Beragierinnen, die gleich den Nonnen das Haar abschneiden und den Beragiern wie ihren Männern anhängen. Diese aber scheeren sich nicht nur das Haupthaar, sondern auch, wider die Gewohnheit der Heiden, den Bart ab, zum Zeichen der Verachtung des Irdischen; sie gehen auch ohne alle Kleidung, indem nur ein kleiner Gürtel ihre Schaam deckt, zum Beweis, daß sie alles weggeworfen haben. Diese lächerlichen Leute zeigen ganz die Sitten der alten Anachoreten, indem sie ausserhalb der Stadt und der menschlichen Gesellschaft, in engen und dunkeln Zellen unter einem Strohdache leben; so daß sie in der That, wenn ein ächter Glaube und eine reine Religion mit dieser strengen Lebensart verknüpft wären, ein nicht gemeines Ansehen der Eremiten haben würden. Da sie aber dem schändlichen und abergläubischen Dienst des Krischen ergeben sind, so fällt jener Ruhm weg; denn Tag und Nacht schreyen sie in rohen Liedern die eckelhafte Liebesgeschichte des Krischen und seiner Beyschläferin Rada her, und betäuben die Ohren der zum Götzendienst herbeykommenden, mit dem wilden Getöse ihrer Klingbecken und Cymbeln. Wie weit der Unsinn dieser Leute gehe, kann man aus demjenigen abnehmen, was ich selbst von einem übrigens gesitteten Manne erforscht habe, da ich ihn fragte, womit sie denn ihrem so lieben Krischen, zu seiner Ehre dienten? Er stimmte ein Lied an voll der schmutzigen Scherze und Schäckereyen, womit ihr Krischen das ehrliebende und schamhafte Frauenzimmer empfangen hatte, das gekommen war aus dem Zemna Wasser zu schöpfen: ein solcher Dienst kann allerdings nur eines solchen Fauns würdig und ihm angenehm seyn.

Wenn Fürsten oder andere reiche und angeseheneleute zum Götzendienst herbeykommen; so geschicht derselbe auf folgende Art. Sie stellen sich vor den Götzen, schlagen sich mit gefalteten Händen vor die Stirn, neigen das Haupt zur Erde, und setzen dem Götzen ein Kränzchen von Blumen oder Perlen auf, und bringen ihm auch andere Kostbarkeiten dar. Dann stimmen die Priester einen Gesang an, den sie mit ihren Klingbecken begleiten, und nöthigen die Stehenden zum Sitzen, die dann nach einiger Weile aufstehen und sich zum Tempel hinaus nach Hause begeben.

Der vornehmste Götzentempel, dem das abergläubische Volk zuläuft, liegt am Ufer des Zemna; er hat ein hohes Alter; ist von rothen Steinen erbauet und wegen seiner Größe und Bauart sehenswürdig; auch ist er mit sehr hohen Mauern von Ziegeln gleich einem Kastell umgeben. Inwendig ist alles eng und dunkel, so daß es der Aufenthalt der Schatten und Geister des Tartarus zu seyn vollkommen würdig ist. Jesing, der reichste und mächtigste unter den heidnischen Fürsten, wollte einen neuen und höheren Aufsatz darauf bauen lassen; allein an einem Mittage, da die Werkleute eben Speise zu sich nahmen, stürzte fast alles ein, so daß nur noch etwas von den Thüren stehen blieb.

Tieffenth. Erdbeschreib.   T   Man

Man sieht noch einen anderen kleineren Tempel, der gleich einer Pyramide von unten auf immer enger wird und endlich eine Spitze macht, auf welcher Pfauen, gleich den Störchen in Europa, nisten.

Die Menge und Dreistigkeit der Affen setzt alle Fremde, die hieher kommen, in Verwunderung; denn sie gehen gerade auf die Zinnen der Häuser, in die Fenster und Gemächer, nehmen die Speisen vom Tisch und bringen sie ihren Jungen. Diese Dreistigkeit ist vielleicht die Folge eines Gesetzes (eo quod cautum sit), daß keiner den Affen ungestraft schaden darf; auch wenn dies ja geschicht, so kommen schon ganze Heerden zur Rache herbengerennt, mit Zischen und Zähneknirschen, und sie würden gewiß ihren Gegner mit den Klauen zerreissen, wenn er sich nicht in aller Eil aus dem Staube machte.

Täglich wirft man ihnen eine Menge Erbsen und Hirse unter die Bäume, auf deren Zweigen sie sitzen und hin und her laufen; und viele Leute, die auf den Tod liegen, lassen sich meilenweit hieher bringen, um in diesem Affensitz ihren Geist aufzugeben, weil sie so den Gipfel der Glückseligkeit erreicht zu haben glauben.

Von der Stadt aus gen Mattra, am Ufer des Zemna, kömmt man zu einem alten wüsten Gebäude, das zum Andenken des Krischen erbauet worden, weil er daselbst, gleich einem Viehhirten, die Flöte geblasen und seine Rada, die er so sehr liebte, gefunden haben soll. Den heidnischen Fabeln nach, scheint der Krischen ein muthwilliger Satyr oder Faun der Indier zu seyn; denn sie geben ihm ein Blaseinstrument von verschiedenen Röhren neben einander, malen ihn mit einem schwarzen Felle, und setzen ihm einen Kranz von Pfauenfedern auf, als welcher Vogel den Indiern heilig ist.

Gordhan, oder Gobardhän, ein eben so berühmter Ort, wie Bindroban; 6 Meilen von Dig und 18 von Mattra. Eine halbe Meile von der Stadt liegt ein kleiner Berg, den Krischen mit einem Finger aufgehoben haben soll, um die Heerden Ochsen und Kühe vor einem entsetzlichen Platzregen zu schützen; dies ist eine uralte heidnische Sage. Ohnweit dem Berge ist ein den Heiden heiliger Teich, genannt Mánsi-Ganga. In der Nachbarschaft dieses Orts steht ein ansehnlicher Tempel von rothem Stein, in welchem dem Krischen gedienet wird.

Von Mattra bis Agra sind 18 Meilen. Man geht über Sikandra und dann über Gangath am diesseitigen Ufer des Zemna. Gangath gegenüber liegt Renca, wo man noch einige Ueberreste von Gebäuden zum Andenken des Viehhütenden Krischen antrift.

Von da bis Runcta, ohngefähr 8 Meilen von Agra, ein berühmter Ort, in welchem Rám des Paras Rám Gestalt angenommen.

Die Proving Agra. 147

Von da bis Tschandipor, ein Flecken, 12 Meilen von Agra. Noch 3 Meilen weiter liegt Aorangabad, eine öffentliche mit Mauern umgebene Herberge am Flusse Jemna. Jenseit dem Flusse, Aorangabad gegenüber, amUfer desselben, liegt der Flecken Gököl, in welchem 16000 Weiber, die Krischen zur Ehe gehabt, gewohnt haben sollen; seine vornehmste Frau aber heißet Rāda oder Radea. Das weibliche Geschlecht dieses Fleckens hat das Eigenthümliche (praerogativam), nie aus demselben herauszugehen, noch sich anderswo zu verheirathen.

Eine halbe indische Meile weiter, östlich, liegt ein anderer Flecken, Mahában, welches Wort einen geräumigen Wald andeutet; daselbst soll Jósoda, Krischens Amme gebohren seyn. Auch sieht man hier in einem gewissen auf 80 Säulen ruhenden großen Gebäude ein Gemälde, wie Krischen Milch stiehlt, die Molken wegwirft, und mit andern spielt. Dies Gebäude ist theils in eine Moschee, theils in einen Göhentempel verwandelt worden.

Von Mattra bis Dehli geht es erst 6 Meilen über Tschaomao, eine schöne und bequeme Herberge.

Sodann über Tschāta, eine Herberge gleich einem Kastell, auf einem Hügel; eine halbe Meile vom westlichen Ufer des Jemna.

Ferner über Horel, eine schöne Stadt mit vielen ziegelsteinernen Häusern, 12 Meilen von Tschaomao.

Von da über Palvāl, eine stark bebauete und bewohnte Stadt, 12 Meilen von Horel und 3 vom westlichen Ufer des Jemna.

Endlich über Fridabad, eine Stadt mit einer schönen wohlbevestigten Herberge, in gleicher Weite von Palval und Dehli.

Von Agra bis Toglokabad, ein Kastell, ohngefähr 3 Meilen südlich von Dehli, erstreckt sich eine große Feld-Ebene, so daß das Auge, so weit es nur umher sehen kann, nicht den geringsten Berg noch Hügel von einiger Höhe antrifft. Der Weg ist eben und weich, so daß man kaum ein Steinchen bemerkt. Die Meilen sind hier kleiner als in anderen Gegenden, und mit Pyramiden bemerkt.

Sorun, ein Flecken, an anderthalb Meilen vom dießeitigen Ufer des Ganga. Nicht weit davon, südlich, ist ein den Helden ehrwürdiger Brunn, genannt Sorunca-cúa. Er ist zwar ohne Wasser, enthält aber die Gebeine der Voreltern des berühmten heidnischen Königes Baghireth, und ist oben vermauert. Er soll einst, wenn der Ganges die Oberfläche desselben erreicht, ihn verschlingen, und dann soll das Ende der Welt nahe seyn. Westlich ist ein Teich, 20 indische Ellen lang und breit; er lag ehmals dicht am Ufer des Ganga, ist aber ist er über eine Meile davon. Der Ort selbst liegt 36 Meilen von Sarrochabad; 4 von Cane-

T 2   gans

ganz und eine halbe von einem Götzentempel der Vabáni. In der Nachbarschaft östlich ist eine unterirdische Höle, in welcher der bey den Heiden so sehr berühmte Einsiedler Cäpel wohnte, der ein sehr strenges Leben führte.

Gegen Abend hat diese Provinz noch verschiedene andere merkwürdige Oerter, (als):

Atschenéra, eine Stadt mit Mauern von Leimen, 8 Meilen von Agra, auf dem Wege nach Bhartpor.

Déra, mit einem Wall umgeben, 12 Meilen von Atschenera.

Halénu, auch eine Stadt mit Leim-Mauern.

Bassauär, eine große ziemlich schöne Stadt mit vielen ziegelsteinernen Häusern.

Dorai, eine zwischen Bergen gelegene Stadt.

Karélo, ein Flecken, etwa 12 Meilen von Dorai.

Tschooscha, vier Meilen davon, eine am Fuß der Berge gelegene Stadt; eine mit Basteyen versehene Mauer erstreckt sich über diese Berge. Es ist ein sehr angenehmer schattigter Ort.

Bazai, eine mit Mauern versehene Stadt. Alle diese Oerter liegen auf dem Wege von Atschenera bis Zepor, jedesmal 12 Meilen von einander.

Zepor liegt 7 Meilen von Bazai. Von Agra aber bis Zepor geht es westsüdwestlich; wovon an einem andern Orte mehr.

Auf dem Wege nach Bazai kömmt man an einen sehr tiefen mit Mauern umgebenen Wasser-Behälter, wohin man auf 80 in Stein gehauenen Stufen hinabsteigt.

Von Agra bis Zepor ist der Boden fruchtbar und mit Waitzen, Linsen, Erbsen, Zuckerrohr und Hirse besetzt.

Von Zepor bis Dig geht man über folgende Oerter, nämlich:

13 Meilen ostnordöstlich bis zu dem Flecken Parasöll. Von nordwest bis nordost erstrecken sich Gebirge. Der Boden von Zepor bis hieher ist sandig und unfruchtbar; man sieht auch keinen einzigen fruchttragenden Baum; die Felder tragen hie und da Waitzen. Ferner

12 Meilen nordöstlich bis zum Flecken Godda, auf der Straße nach Dig; der Weg geht zwischen Felsen und mäßig hohen Bergen. Sodann ohngefähr

10 Meilen bis Pendain, eine stark bebauete und bewohnte Stadt. Von da

5 Meilen bis Thün, ein ehemaliger Sitz des Zar, 11 Meilen von Dig. Von da

2 Meilen bis Barodoi, 7 Meilen nordöstl. von Pendain. In diesem Distrikte liegen Berge von mäßiger Höhe. Von da endlich ohngefähr

10 Meilen bis Dig.

Die Provinz Agra.

Dig ist eine stark bewohnte Stadt, hat nebst den Thonhütten viele Häuser von Ziegel- Taf. V.
steinen, und nicht wenige, die mit Schieferstein (saxo scissili) gezieret sind. Sehenswürdig ist n. 1.
der Pallast, der verschiedene Säle und bedeckte, auf steinernen Säulen und Bögen ruhende,
Spatziergänge hat; auch ist daselbst ein groser von gehauenen Steinen erbaueter und mit schattigten Bäumen besetzter Teich, nach der südwestlichen Seite der Stadt. Die Westung ist nach
dortiger Art haltbar genug; denn sie hat bewundernswürdige 20 Fuß dicke Wälle mit runden
Thürmen, die gut 300 Mann fassen. Sie bestreicht die ganze Stadt, und in der Mitte ist der
(ehmalige) Wohnsitz des Raja, des vornehmsten unter den Zaten. Itzt hat er seinen Sitz in den
weitläuftigen und prächtigen am Teich gelegenen Gebäuden.

Cáma, eine kleine mit starken Mauern und Thürmen bevestigte Stadt, zum Gebiete des Raja
von Sepor gehörig; 7 Meilen von Dig.

Rehni, eine Stadt auf einem Berge, stark bebauet und bewohnt; 10 Meilen ostnordöstlich
von Godda.

Vier Meilen davon liegt Banaur, dessen Hütten theils auf einem unfruchtbaren rauhen
Berge, theils im tiefen Thal liegen. Mit Wagen kann man fast gar nicht hinkommen; indem
es über rauhe und spitzige Klippen hinan, und über Felsen wieder in die Tiefe herab geht.

Acht Meilen von Banaur liegt Akéghár, ein in einer Ebene gelegener Flecken.

Zwölf Meilen von Akeghar liegt Comèr, ein groser Flecken, oder, wenn man lieber
will ein Städtchen, mit Mauern von Thon und einem Graben versehen, in einer Ebene. Die
meisten Häuser sind von leimen; viele auch von Ziegeln und Bruchsteinen. Von letzterer Art
und mit Kalk beworfen ist der prächtige auf einer mäßigen Höhe gelegene Pallast des Fürsten;
er giebt von der ganzen Ebene umher einen recht schönen Anblick; und hat zugleich die Gestalt
eines besten Schlosses, indem er mit starken Mauern umgeben, obgleich die äussere nur ein Wall,
jedoch stärker wie die Ziegelmauer ist. Im Jahr 1754 belagerten die Marhaten diesen Ort
vergebens; der tapfere Widerstand sowohl, als die Westigkeit des Orts, nöthigte sie wieder ab-
zuziehen.

Sechs Meilen davon liegt Bhartpor, eine neue Stadt und Sitz des Jár's. Der ehe- Taf. V.
malige Flecken ist itzt zu einer volkreichen Stadt angewachsen; sie ist mit einem Wall und Gra- n. 2.
ben versehen. An der nordwestlichen Seite liegt ein Kastell, das mit starken Mauern, Graben
und Aussenwerken, und mit einer auf Pfählen gebaueten Brücke, versehen ist. Der Pallast
mitten im Kastell ist gleich schön und prächtig. Den ganzen Ort umschließt ein Wald, der aber
weder dicht ist, noch schattige hohe Bäume hat; er erstreckt sich sechs Meilen bis Satepor; nach
Aschenera hin ist er nicht so lang.

T 3   Unter

Unter andern vesten Oertern im Gebiete des Jat's ist auch das Kastell Vehr zu merken, dessen Aussenwerke von Erde und mit Thürmen versehen sind; das Kastell selbst aber, innerhalb dem Wall, ist von Stein und stark bevestigt; es liegt 12 Meilen südwestlich von Comet, und eben so weit von Bhartpor.

Cotpútli hat ein Kastell und eine Erzgrube, liegt 50 Meilen von Dehli und zehn von Monorpor.

Tezára, eine Stadt mit steinernen Mauern, und ehmaliger Sitz der Afganischen Könige von Dehli. In der Stadt selbst ist ein steinernes Kastell von grossem Umfange; nach ihrer Grösse ist sie itzt wenig bewohnt. Sie liegt 26 Meilen von Dig, 40 von Dehli, 5 von Nagina, 12 nordwestl. von Alvar.

Mevàt ist ein ansehnlicher Strich Landes und gränzt an die Provinzen Dehli und Azmer, und an die Statthalterschaften Zepor und Dig. Er erstreckt sich mehr in die Länge als in die Breite; denn diese betrágt von Norden gen Süden, oder von Badschahpor bis Harsana nur an 47 Meilen, als:

7 Meilen von Badschahpor bis Gaféra; 9 bis Jerospor; 12 bis Alinagar; 12 bis Mozpor, und 7 bis Harsana.

Die Reise von Morgen gen Abend, oder von Dig bis Narnól, beträgt 57 Meilen: náml. an 25 Meil. von Dig bis Alvar; 12 bis Mandauvar, und 20 bis Narnol.

Von Dehli bis Narnól sind 60 Meilen, als:

12 Meilen bis Badschahpor; 12 bis Sarochnagar; 18 bis Canór, und eben so weit bis Narnol.

Von Zepor bis Narnol sind 94 Meilen, als:

12 Meilen bis Dhulipahári; 12 bis Lohavéra; 12 bis Harsána; 10 bis Mozpor; 12 bis Alvar; 12 bis Mandauvar; 12 bis Schahzahanpor und 12 bis Narnol.

Diese Landschaft, worin viele Mahometaner wohnen, die vormals Heiden waren, gehörte ehedem den zu Dehli regierenden Afganischen Königen; von diesen kam die Herrschaft auf die Mogolen; itzt hat der Jat sich den grössten Theil davon zugeeignet, und einen Theil der Raja von Zepor, wobey viele Mahometaner vertrieben worden.

Kein Fluss wässert dies Land. Zur Regenzeit entsteht zwar ein Wildstrohm, genannt Sabi, der aber im Sommer wieder austrocknet und vom Sande verschlungen wird. Es wächst daselbst kleine und grosse Hirse und andere Hülsenfrucht; an sumpfigten Orten wächst auch Reiss. Getraide giebt es nur wenig, wegen Mangels am Wasser; dagegen sieht man eine grosse Menge Mend, ein Art von Gesträuch, von dessen Gebrauch an einem andern Orte mehr vorkömmt.

Die Provinz Agra.

Ulm, und Tschiffon-Bäume trifft man hier auch in großer Menge an: fruchttragende Bäume aber sind nicht so häufig; übrigens liefert dies steinigte und sandigte Land starke Ochsen und muthige Pferde.

Narnól, die Hauptstadt des Landes, ist stark bebauet und bewohnt; seitdem aber Fürst Zesing von Zepor sie den Mahometanern entrissen, und diese anderswohin gezogen, hat sie ziemlich abgenommen. Sie ist mit Mauern umgeben, gut bevestigt und hat 6 Thore. Der Boden umher ist fruchtbar.

Die Vestung Jatepor, ohngefähr eine Meile von Narnol, ist dem mogolischen Kaiser von den Schechavaten, einem Stamm der Rasputen, entrissen, die mit dem Raja von Zepor gleicher Herkunft sind.

Zum Gebiete Narnol gehören 300 und mehrere Oerter (pagi).

Die vornehmsten Städte (oppida) sind: Singána, wo eine Kupfergrube ist; Beráth; Candr; Ahori.

Am meisten aber verdient Alvar bemerkt zu werden, eine uralte von Riesen erbauete Vestung, auf Bergen, die in ein fruchtbares mit Mauern eingeschlossenes Thal herabgehen. Die Mauern der Vestung sind von Stein und Kalk um den Rand des Berges geführt. Der Umfang beträgt 4 Meilen, deren aber andere noch mehr, bis auf 12, angeben. Dieser ansehnliche durch Natur und Kunst bevestigte Ort gehörte vormals den Rasputen vom Stamme Necuni; die aber hinterlistiger Weise, zur Zeit des Afganischen Königes Ibrahim, ermordet wurden, nach dessen Niederlage der Ort den Mogoln in die Hände fiel. In den ältesten Zeiten hat man den Götzen in diesem Ort Menschenblut geopfert. Am Fuß des Berges liegt ein mit Mauern umgebener Flecken.

Zu Naugao, Ahori, Sikri, Tscholi wird Reiß gebauet. Mazroli liegt mitten im Lande.

Die Stadt und Vestung Gasera liegt 19 Meilen von Dehli. Der Weg geht über Malipor, 9 Meilen von Dehli, und von da bis Gasera sind 10.

Sona, eine Stadt mit einem ziegelsteinernen Kastell, am Fuß des Gebirges, ist wegen der warmen Teiche berühmt. In der Stadt selbst ist ein mit einer Mauer umgebenes Revier, in welchem man vier kleine Teiche sieht; zwey davon sind offen und zwey mit einem Dach versehen, jeder aber mit einem gemauerten Geländer eingeschlossen. Das Wasser quillt heiß hervor und die Heiden bedienen sich desselben als eines heiligen Wassers zum Reinigen. Man weiß bis itzt noch nicht, ob diese Hitze etwa von Schwefelgruben oder unterirrdischen Feuergängen herrühre.

Beráth,

Berâth, ein Städtchen zwischen niedrigen Bergen, an welchen man von beiden Seiten mit Thürmen versehene Mauern gezogen hat: so daß die Stadt gleichsam mit einem doppelten Walle, mit Bergen und Mauern beveftigt ist. Man prägte hier vordem eine Kupfermünze, weil es nicht weit davon Kupfergruben giebt.

Aus den Bergen, die dies Städtchen einschliessen, entspringen zwey kleine Flüsse, der Landóha und der Mánēs. Der Landóha fließt 17 Meilen von Dig an die Westung Scherpor, worauf er sich in Arme theilt und eine Lagune bildet. Der größere, Manes, geht auf Mogâna, 12 Meilen von Berâth; von da auf Ahori, dessen Distrikt er wässert und so fruchtbar macht, daß aus den zu dieser Stadt gehörigen dreyhundert und sechzig Dörfern 900000 Rupien Einkünfte gezogen werden. Der Fluß geht kaum noch über diese Stadt hinaus, indem durch die häufigen Ableitungen der Ackerleute das Bette desselben verschwindet.

Eben so wird auch der Sâbi bey Cotla gehemmt; er ströhmt ¼ Meile von Berath aus einem Berge hervor und geht nach jenem 25 Meilen von Dig gelegenen Orte fort, woselbst er, in verschiedene Kanäle getheilt, sich ganz verlieret.

Von Dig bis Berath geht es 9 Meilen bis Sicri; 12 bis Baroda; 12 bis Bahála und 12 bis Berath.

Aori ist eine kleine Stadt, 12 Meilen von Dig; 12 von Tezara; 3 von Sicri. Man sehe, was oben von Cotputli und Tezára angemerkt worden.

Nun ist noch die Stadt Untsch mit ihrem Distrikte übrig:

Untsch ist eine volkreiche Stadt unter einem heidnischen Raja von demjenigen Stamme der Rasputen, die man Bundelen nennt. Hier ist ein ansehnlicher Götzentempel, dem Ram mit dem Beynamen Tschatárbēs, oder der Vierarmigte, gewidmet. Von Birzendeu ist er auf einer ziemlichen Höhe erbauet, wohin man auf die in Felsen gehauenen Stuffen steil hinan geht. Das Gebäude ist gewölbt und hat drey Eingänge. Dem Haupteingange gegenüber steht der Götze. Aeusserlich scheint das Gebäude rund, vermöge der am Dache, worin sie beveftigt sind, hervorragenden, wie Planken gehauenen, Steine; inwendig aber ist es länglicht.

Die Stadt ist mit einem Wall von unförmlichen auf einander gelegten Steinen, ohne Kalkverbindung, umgeben; ausgenommen nach dem Flusse hin; welche Seite sich vom südlichen bis zum nördlichen Ufer erstreckt. Sie hat drey hohe Thore; eines, nach Jansi und Bandér hin, steht auf einer steilen Höhe, noch eine halbe Meile von den Häusern ab, so daß ein leeres Feld dazwischen liegt; das andere führt südlich nach Tschandéri; das dritte, welches

Die Provinz Agra.

welches zum Marktplatze führet, ist groß und steht an einem steilen gepflasterten Wege; überhaupt liegt die ganze Stadt auf einer felsenrauhen Anhöhe am westlichen Ufer des Betvänt, 3 Meilen südöstlich von Jansi, und an 20 von Tschandéri. Der Umfang der Stadt beträgt au 3 Meilen, mit Inbegriff des Kastells und des Bezirkes innerhalb dem Bandherischen Thore. Das Kastell ist ein ansehnliches Werk, und der Fürstl. Pallast ist in der That prächtig, rund um mit einer Mauer umgeben. Die Länge erstreckt sich von Süden nach Norden; die Breite ist geringer. Innerhalb dem Kastell nördlich, liegt noch ein gleich prächtiger und kostbarer für den mogolischen Kaiser Zahangir erbauter Pallast. Eine hölzerne Brücke verbindet das Kastell mit der Stadt; denn zur Regenzeit ist es, vermöge eines vom Flusse abgeleiteten Kanals, mit Wasser umflossen und gleicht einer Insel. Der Umfang des Kastells beträgt kaum eine viertel indische Meile. Die Nordpolhöhe ist nach einer den 11ten Febr. 1765 angestellten Mittags-Beobachtung der Sonne 25 Gr. 10 Min.

Der Betvänti oder Betvá, welches der gemeine Mann auch Betba ausspricht, fließt an der Morgenseite der Stadt, wonach er an große Felsen stößt, und mit einem großen Geräusch von Süden nach Norden herab, Elatschpor und Cotla vorbeyströhmt und sich zuletzt in den Zemna ergießt. Entstehen soll er ohnweit Bozpor, 2 Tagereisen östlich von Bonpal; das Wasser desselben ist ungesund und übel riechend; und der Grund voller Klippen. Um das jenseitige Ufer zu erreichen, hat man eine Meile weit und noch mehr über 7 Kanäle hin: denn in so viele Bäche theilt sich der Fluß; daher der Uebergang sehr beschwerlich, zur Axe aber zu fahren fast unmöglich ist, wegen der allenthalben im Flusse befindlichen großen Steine.

Barva Ságàr, ein Flecken nebst einem großen See, 2 etwas starke Meilen östlich von Untsch. Der See liegt nicht weit davon südlich mit Bergen umgeben. Seine Länge beträgt anderthalb Meilen, und die Breite mag wohl nicht kleiner seyn; der Umfang mag, wegen der ungleichen Biegung, an 5 Meilen betragen; hie und da ragen kleine Hügel aus dem Wasser hervor. Am oberen Theil des Sees steht ein vestes Kastell mit einem von sehr großen Steinen aufgeführten Damm, der das Wasser hemmt und die vom Winde erregten Wellen zurückstößt; dagegen aber ströhmt durch eine Oefnung des Dammes ein Bach heraus, der die daselbst befindlichen mit Getraide und Reiß bebaueten Aecker wässert. Fische hat man daselbst von ansehnlicher Größe und von gutem Geschmack. Im ganzen Bezirk dieses Sees liegen 12 Getraidereiche Dörfer.

Drey Meilen, oder 4 Agraische Meilen weiter, kömmt man an einen andern weit größeren See, genannt Arzàl, nach einem benachbarten auf einem Felsen gelegenen Flecken; er heisset auch der Sozanische See, nach dem Raja Sozan von Untsch. Er erstreckt sich 3 Mei-

Tieffenth. Erdbeschreib. U len

len in die Länge und anderthalb in die Breite; der Umfang beträgt an 9 Meilen und enthält 12 bebauete Dorfschaften (pagi). Zwey steinerne und mit Kalk beworfene von Sozan aufgeführte Dämme verhindern die Ueberschwemmungen des Sees, der sich nur durch drey Oefnungen erleichtert und die umliegenden Felder bewässert. Auf dem Damme steht ein in Stein gehauenes Denkmal dieses Baues. Der See kann sonst nirgends, als durch die drey erwähnten Oefnungen abfliessen, indem die Mittagsseite desselben von Bergen und Felsen eingeschlossen ist. Der Weg dahin geht ost-südöstlich.

Bozkimáo, ein ansehnlicher Ort am östlichen Ufer eines mittelmäßigen Flusses, genannt Safrár, zum Untschischen Gebiete gehörig, 9 Meilen von Barva-Sagar. Der Weg von Barva hieher geht ost-südöstlich. Vor der Stadt östlich, liegt eine viereckigte mit Thürmen versehene Vorwehr.

Cotla, ein Flecken, 4 Meilen ost-süd-östlich von Bozkimao, mit einem Kastell; an der Morgenseite fließt der Dessan, ein mäßiger aber klarer Fluß; er kömmt von Dhamoni; seinen eigentlichen Ursprung aber weiß man nicht; es verlohnt sich auch nicht der Mühe, ihn zu erforschen, da es ein unbeträchtlicher Fluß ist. Er bestimmt die Gränze der Provinz Untsch; denn gegen Morgen hebt sich die Provinz Dangaya an, deren Raja gleichfalls vom Geschlechte der Bundelen ist. Vom Flusse Dessan an bis Momohobba ist der Boden rauh und waldigt, und voller Dornhecken und anderem Gesträuch; nördlich und südlich liegen Berge.

Folge der heidnischen Rajahs von Gualiar, vom Geschlechte Catschva.

1. Surasſen, der erste derselben, der sich nachher Suraspàl nannte, erbauete die schöne Vestung Gualiar im Jahr 331 der indischen sogenannten Bikarmazitschen Zeitrechnung. Gualiar nannte er die Vestung nach dem Eremiten Gualipa, der ihn mit dem aus einem Brunnen geleiteten Wasser vom Aussatz heilete, und ihm zum Bau mit Rath und That behülflich war.
2. Ihm folgte sein Sohn Rêsopàl, der nur 1 Jahr regierte.
3. Dann folgte Resopal's Sohn, Nathálapal.
4. Nach diesem regierte Amärpàl. 10 Jahr.
5. Darauf Bhúmpàl,   25 —
6. Diesem folgte sein Sohn Gänpàl, reg.   21 —
7. Ráſapàl, Sohn des vorigen, reg.   10 —
8. Bhospàl, auch   10 —
9. Dessen Sohn Pädämpàl, 29 —
10. Dessen Sohn Anängpàl, 12 —
11. Enderpàl, reg.   3 —
12. Mahandarpal.   13 —

Die Provinz Agra.

13. Jenatpal, reg.	,	14 Jahr.	43. Mahespal, reg.	,	9 Jahr.
14. Baſſantpals	,	17 —	44. Ruddārpal.	,	13 —
15. Scheupal.	,	3 —	45. Madanpal.	,	20 —
16. Dhandpal.	,	11 —	46. Azepal.	,	14 —
17. Latſchmipàl.	,	4 —	47. Sadhānpal.	,	20 —
18. Lohenderpal.	,	2 —	48. Birbhādārpal.	,	13 —
19. Bhandhèrpal, Sohn des vorigen, bauete die Stadt und Veſtung Bhandèr.			49. Cāndārpal.	,	21 —
			50. Sèzpal.	,	21 —
			51. Deuèndèrpal.	,	25 —
20. Azepal, reg.	,	9 —	52. Ramtſchand-Jſſorpal.		30 —
Dieſe alle waren vom Stamme Surazpàl.			53. Hudpal.	,	6 —
21. Dem vorigen folgte Aſſapal.			54. Sarùzenpal.	,	9 —
22. Sehopal.			55. Paruzènpal.	,	2 —
23. Bhozpal.			56. Reckpal.	,	19 —
24. Bhetrunpal.			57. Anāngpal.	,	7 —
25. Cantpal.			58. Anāntpal.	,	5 —
26. Tſchandär Sukhpal.			59. Gāzpal.	,	7 —
27. Gùmnātpal.			60. Jāgdippàl	,	30 —
28. Nakèßpal.			61. Gangpàl	,	31 —
29. Sāgārpal.			Starb ohne Kinder.		
30. Mādhpal.			62. Ihm folgte Rāmdeupal und regierte	,	20 —
31. Ambārpal.					
32. Rantpàl.			63. Bhunıpal.	,	3 —
33. Airathpal, reg.	,	3 Jahr.	64. Hartſchandpal.	,	17 —
34. Danipal.	,	19 —	65. Birkhpal.	,	3 —
35. Bhippal.	,	4 —	66. Tilèkpal.	,	11 —
36. Hamirpal.	,	9 —	67. Bezèpal.	,	9 —
37. Tſchatārpal.	,	3 —	68. Danōhirpal.	,	6 —
38. Bhumenderpal.	,	10 —	69. Nilcanthpal.	,	5 —
39. Hirpal.	,	30 —	70. Partàb-ruddārpal.		10 —
40. Nakèndèrpal.	,	6 —	71. Mādhpal.	,	7 —
41. Sindhpal.	,	2 —	72. Bhopal.	,	3 —
42. Sindhupal.	,	7 —	73. Aſſupal.	,	30 —
					74. En-

Die Provinz Agra.

74. Enderpal, reg.	,	5 Jahr	80. Ságárpal.	,	16 Jahr.
75. Kèrpàl.	,	3 —	81. Ender Sehepal.	,	11 —
76. Ráränpal.	,	16 —	82. Renpal.	,	1 —
77. Agárpal.			83. Húmarpal.	,	19 —
78. Mánpál.	,	3 —	84. Budhpal.	,	27 —
79. Beschänpal.	,	21 —	85. Tezcärän, Sohn des vorigen.		

Da dieser den Beynamen Pál wegließ: so blieb er auch, nach der Weissagung eines Eremiten, nicht Herr von Gualiar. Denn da er nach Amber gieng, um sich mit der Tochter des Raja Renmäl von Amber zu vermählen: so gefiel es ihm daselbst zu bleiben, da dieser ihn zu seinem allgemeinen Erben einsetzte. Dagegen übergab Tezcaran dem Rámdeu, vom Geschlechte Paunvar, die Vestung, nebst dem ganzen Gebiete Gualiar.

Von diesem Stamme haben 7 über Gualiar geherrscht, als:

1. Ramdeu, regierte	,	19 Jahr.	5. Lunäkdeu.	, ,	15 Jahr.
2. Birmdeu, reg.	,	7 —	6. Barsingdeu.	,	17 —
3. Makherdeu.	,	13 —	7. Pärmäldeu.	,	21 —
4. Rettendeu.	, ,	11 —			

letzterem wurde Gualiar vom Schames uddin, König von Dehli, auf dessen Durchzug durch die südl. Gegenden nach Dehli, entrissen. Und nun blieb die Herrschaft von Gualiar bey den Königen von Dehli, bis die Taunvaren (ein Geschlecht der Razputen) die Vestung mit List wegnahmen, indem sie den Befehlshaber derselben zu einem verstellten freundschaftlichen Gastmal einluden und ihn nebst den Seinigen umbrachten.

Von diesem Geschlechte nun herrschten 10 über Gualiar. Der

1ste hieß Pärmáldeu; der			6te Dungärsen, reg.	,	30 Jahr.
2te Adhärändeu, Bruder des vor. regierte	, ,	5 Jahr.	7te Kiräthsing, Sohn des vorigen, reg.	, ,	25 —
3te Biramdeu, Sohn des Parmaldeu, reg.	,	19 —	8te Kaliánmäl, Sohn des vorigen, reg.	,	27 —
4te Alhändeu, reg.	,	15 —	9te Màn, reg.	,	50 —
5te Barsingdeu, reg.	,	25 —	10te, endlich Bikarmazit,		

Sohn des Màn war der letzte, unter dessen Regierung Asämhumayun, einer von den Heerführern des Königs Jbrahim von Dehli, diese starke Vestung eroberte, die folglich in Jbrahim's Gewalt kam. Da aber dieser dem mogolischen Kaiser Bábor bey Panipat

eine

Die Provinz Elahbad. 157

eine unglückliche Schlacht lieferte, in welcher sowohl er als Bikarmajit, der Regent von Gualiar, blieb, so kam die Herrschaft davon an Babör und nachher an dessen Sohn Humayun. Da auch dieser besiegt wurde, und nach Persien gieng, nahm Scherschu die Vestung in Besitz; worauf dessen Sohn Zalalkhan, der Eslàm Schá genannt seyn wollte, Gualiar besaß und daselbst starb. Der Sohn desselben, Mobáres Khan, der sich Adel Muhamad Schah nannte, übergab die Vestung nebst ihrem Gebiete dem Báhbel, einem Freygelassenen des Scherschah. Nach ohngefähr 4 Jahren hat Keakhan, auf Sendung Kaisers Akbar, Gualiar erobert und es den mogolischen Kaisern unterworfen.

9. Die Provinz Elahbad.

Die länge dieser Provinz, von Sanzóli, im Gebiete Zónpor, bis an die gen Süden sich erstreckenden Berge, beträgt 160 Meilen; die Breite, von Zoffa bis Ghátämpor, 120.

Oestlich liegt die Provinz Behar; nördlich, Avad; südlich das Gebiet Bandhoan, diesseits dem Ganges und Zemna; nordwestlich die Provinz Agra. Dieser ganze Strich Landes enthält 3967017 Morgen.

Die Flüsse, die es durchströhmen, sind: der Ganges, der Zemna, der Keän, der Gumátí; und andere kleinere, als: der Sei, Thone, Keno, Jssen und Pándo.

Die vornehmsten Städte dieser Provinz sind: Elahbad, Banáres, Zonpur; und die kleineren: Raybareli, Mánecpor, Corra, Cára, Schehzádpor, Satepor, Tschinár, Cálinzär, Gáspor.

Ferner besteht diese Provinz aus folgenden Vogteyen:

Zum Gebiete Elahbad gehören:

Anéla.	Käntär, m. e. stein. K. am Ganges.	Sangrór, m.e.K.v.B., am Ganges.
Bando.		
Bárvár.	Aheraghär, e. K. von Stein, auf einem Berge.	Sicandärpor.
Bhadohí.		Sobehe. Soraun.
Hádiabásch.		Zalalabád.

Zum Gebiete Gáspor gehören:

Báli.	Bäzótär.	Cärända.
Balia.	Bhalaes.	Dehaba.
Ballabäß.	Bherlabád.	Landha.

Die Provinz Elahbad.

Laßner.   Nāmādi.   Zóſſa.
Mādān Banáres.   Sedpor.   Zehtcopa, m. e. K. v. B.
Muhamadabad Parhári.   Sohurabád.

Zum Gebiete Banáres gehören:
Anſaraun.   Caspár.   Abatär, m. e. K. v. B.
Bhenſi.   Havaſſa.   Pándarha.

Zum Gebiete Zonpor gehören:
Aldemao.   Mandlahu, m. e. K. v.   Sākādi.
Anlāki.   Backſteinen.   Sanzóli.
Bādhār.   Mſao.   Schadiabád.
Belheti.   Matu.   Sicandarpor, m. e. K.
Bhadaun.   Bheteri.   Mazhóra.   von Backſt.
Chánpor.   Charid.   Muhammadabad.   Sörhörpor.
Cháspor.   Mungára.   Sotia.
Deugao.   Nátupor.   Tánoa.
Ghóſſi.   Nikón.   Tſchiriacott.
Góla.   Niſamiabád.   Tſchanda.
Ahabua.   Rári.   Tſchandipor.
Airacát.   Safarabad.   Zägátiſſor.

Zum Gebiete Manecpor gehören:
Ardi, m. e. K. v. B.   auf einer Anhöhe am   Salón.
Bhaldi.   Ganges.   Tálhándi.
Dálmao.   Naſirabád.   Záes.
Gáſára.   Paigha.   Zalálpor, mit dem Bey-
Ahatdt.   Ray Baréli, m. e. an-   namen Záláca.
Mánecpor, m. e. K. v. B.,   ſehnl. Fort v. Backſt.

Zum Gebiete Tſchinar gehören:
Aharvára.   Dhós.   Mahvári.
Bárſdi.   Mahanés.   Mazvára.
Bhóli.   Mahói.   Tanda, und

Tſchinárghär, mit einem weitläufigen ſteinernen Kaſtell auf einem Berge, am weſtlichen Ufer des Ganges.

Zum

Die Provinz Elahbad. 159

Zum Gebiete Calinzar gehören:
Agvâssi, m. e. K. v. B. Anighär, m. e. st. Fort.
Calinzar, mit einer treflichen Veste auf einem Berge.
Caréla, mit einer Vorwehr von Backsteinen.
Dämóni, m. e. K. v. B.
Mahóba, mit einer Veste auf einem Berge.
Móbaha, m. e. stein. Fort.
Rässein; Schadipor, m. e. stein. Fort.
Seonda, m. e. st. K. am Flusse Ken.

Zum Gebiete Corra gehört:
Zázmao, m. e. K. am Ganges. Corra hat ein Kastell v. Backst. am westl. Ufer des Rend. Davon hängen ab die Städte: Chatampor; Ghonèr; Käränpor; Rutia; Mashavan und Mohassanpor.

Zum Gebiete Cärä gehören:
Aizhi; Atharbän; Ayassa; Cärä, m. e. theils stein. theils ziegelst. Kastell am Ganges. Caräri, m. e. K. v. Backst. am Zemna. Satepor; Hansúa; Hätgao; Kotla; Kotra, auch Kärsôn genannt; Kári.

Die jährlichen Einkünfte betragen:
Nach dem Manuzzi: 7738000 Kup.
Nach dem Landregister: 4465432148 Dám.
Die größte Summe beträgt: 10578971 Kup.
Die kleinste: 6853898 Kup.

Nähere Beschreibung einiger Städte und Oerter.

Elahbad, von den Heiden genannt Péag oder Priag, auch Prág, ist eine weitläuftige Stadt, und besteht aus der alten und neuen. Diese erstreckt sich über eine Meile westnordwestlich, von dem prächtigen Grabmal des Chosroes, ältesten Sohn des Königs Zahangir an, oder von dem nach Corra gelegenen Thor, bis an das nach dem Kastell hin, nach Ostsüdost. Die größte Breite beträgt eine halbe Meile. Die Stadt hat viele schöne Gebäude und schön angelegte anmuthige Gärten. Am Markt, oder in der Mitte der Stadt wohnen die Kaufleute, und man sieht daselbst viele Laden mit allerley Waaren. Nicht weit vom Markte führen drey andere hohe und breite Thore nach Corra, und eben so viel nach dem Kastell

stell hin; so daß sie den Markt gleichsam von beiden Seiten verschließen. Diese sehr hohen Thore sind als zusammenstoßende Bögen gebauet, daß man sie für Triumphbögen halten sollte. Diese Neustadt liegt dem Zemna näher als dem Ganges. Zwischen der neuen und alten Stadt liegt ein großes Feld, ohne Häuser, aber voll von Grabmälern der Mahometaner, und in geraderer Linie gepflanzten Bäumen. Vom Thor an bis zum Kastell ist eine Meile. Von der Mitte des Feldes aus, geht eine Straße bis zum Kastell und zur alten Stadt fort. Diese liegt auf einem hohen Ufer des Ganges; sie erstreckt sich vom Kastell ab nordnordöstlich über eine halbe Meile in die Länge; ihre Breite ist geringer und ungleich.

Taf. VI. Das prächtige Kastell ist vom Kaiser Akbar mit großen Kosten erbauet; es ist von rothen Steinen und liegt am Zusammenflusse des Zemna und des Ganges. Es hat anderthalb Italienische Meilen im Umfange. An der nördlichen und westlichen Seite ist ein Graben, nemlich vom Thurm Beni an, bis an den hohen und dicken Thurm an der Krümmung des Zemna. Oestlich fließt zur Regenzeit der Ganges hinan; südsüdwestlich und südlich der Zemna, der immer dicht an fließt: der Ganges aber fließt im Herbst, Winter und Frühling in einer solchen Entfernung davon, daß ein geräumiges Feld, welches man mit Getreide besäet, darzwischen bleibt. Das westnordwestliche Thor des Kastells ist von ansehnlicher Bauart und Höhe; auch sind noch fünf andere Eingänge von eben der Art; und das Kastell selbst ist mit hohen, dicken und starken und mit Zinnen versehenen Mauern umgeben, und mit runden Thürmen von beträchtlicher Dicke und Höhe befestigt. Inwendig ist alles voller Zimmer und Gemächer, Säulengänge und Sommerlauben *). Die Dächer der Zimmer sind flach mit Kalk belegt, und zu Spatziergängen eingerichtet; dergleichen eines gen Morgen sehenswürdig, dessen Rand mit einem künstlich durchgebrochenen steinernen Geländer umgeben ist.

Die Kosten dieses prächtigen Kastells betragen nach der in dem Kaiserl. Register gefundenen Berechnung an 17585412 Rupien. Eine andere Summe steht auf einem in der Mitte des Kastells errichteten steinernen Obelisckus eingegraben, nemlich 20000255 Rupien.

Die Höhe des gedachten Obelisckus beträgt an 12 indische Ellen und besteht aus einem Stücke; an der Erde ist er zwey Ellen hoch, mit einer Einfassung von Ziegelsteinen versehen: so daß die ganze Höhe desselben an 14 Ellen, der Durchmesser aber eine Elle beträgt. Oben ist zur Verzierung ein großer steinerner Knopf mit einer Kegelspitze angebracht.

Südöstlich im Kastell ist eine Höle, oder ein mit Steinen bedeckter Gang unter der Erde; an dem Eingang desselben steht ein viereckter auf Säulen ruhendes Sommergebäude. In diesem

---

*) Interiora — Cubiculis, cameris, porticibus, pergulis, plena.

Die Provinz Elahbad.

sem unterirdischen Gange, der sich gleich einer Straße erstreckt, steigt man erst auf 6 oder 7 Stufen hinab; darauf folgen andere sieben ins Dreyeck gehauene Stufen; hiernächst kommt man durch einen engen dunklen Gang, so daß man eine Fackel nöthig hat; man geht zwischen zwey Wänden und unter einer Decke von Steinen. An den Wänden sieht man Blinden mit verschiednen Götzenbildern, des Ram, des Ganésch, der Parbäti und andere, und das schändliche Bild des Mahadeo erblickt man an drey bis vier Orten. Auch kömmt man an einen flachen Stein, in welchen die Fußsolen des Mahadeo eingegraben sind.

So sehr indessen diese Bilder von den Heiden verehrt werden; so geht doch die Verehrung eines gewissen Baums, nach indischer Sprache Akébär genannt, über alles. Er steht in eben diesem unterirdischen Gange; die Dicke seines Stammes gleicht der eines Olivenbaums; dabey theilt er sich in zwey gleiche Zweige, ist nakt und ohne Blätter, jedoch grün und voll Saftes, der, wenn man hineinschneidet, gleich einer Milch hervorbringet. Damit aber dieser, den Heiden über alles heilige Baum nicht verdorre, so begießen sie die Wurzel beständig mit Wasser, und behängen den Stamm mit wohlriechenden Blumen. Höher kann er nicht wachsen, da ihn die steinerne Decke daran verhindert. Um diesen Baum stehen viele viereckige Säulen im Viereck. Nicht weit davon zur linken sieht man ein viereckes Loch, oder einen unterirdischen Gang, der zum Flusse führt; auch kömmt man durch eben den engen Gang wieder zu dem am Eingange dieser unterirdischen Höle gelegenen Sommergebäude zurück.

Am Ende dieses unterirdischen Ganges, sagt man, oder wie andere wollen, hinter dem östlich gelegenen dicken Thurm, der zum Ganges führt, soll ein langes scharfes Beil an einem Seile gehangen haben, womit man den, den Götzen zum Opfer bestimmten Kopf abzuhauen pflegte. Andere erzählen es wieder anders; denn (sagen sie) die Geweiheten legten sich aufs Beil und schnitten sich die Kehle ab, oder schnitten sich den Leib in zwey Stücke; andere behaupten, es sey eine lange scharfe Säge gewesen, womit man den Leib in zwey Theile gesägt habe.

Zu den vorzüglichsten Gebäuden des Kastells, ausserhalb den Mauern desselben, gehört ein rundes Lustgebäude (pergula), welches von vierzig Säulen die in drey Reihen über einander stehen, getragen wird; es ist untenher mit einer niedrigen dreyseitigen Mauer umgeben, an zwey deren Ecken kleine Thürme stehen, nebst einem anderen höheren in ihrer Mitte.

Das Kastell ist ein Sechseck, aber von ungleichen Seiten; denn die nach Ost und Südost ist die längste, und die, nach dem Zemna hin, länger wie die übrigen. Das Hauptthor steht zwischen zwey andern, die vermauert sind, an welchen sich zwey Seitenmauern einwärts anschließen, die mit Thürmen und Zinnen versehen sind, und, gleich einer Vormauer, innerhalb einen Vorhof bilden. Zwey andere hohe und prächtige Thore stehen nach dem Zemna hin,

Tieffenth. Erdbeschreib. X eines

Die Provinz Elahbad.

eines unterhalb, das andere oberhalb, welche beide offen sind. Ein anderes ebenfalls hohes Thor führt zum Ganges; das westliche ist vermauert.

Unter die vornehmsten Thürme gehört der an der Ecke des Zemna. Er ist sehr hoch und dicke und stets vom Zemna beflossen; das Thor daneben ist vermauert. Dicht dabey ist ein viereckiger Wasserbehälter, genannt Sårsóti, den man für einen Fluß ausgiebt. Nicht weit davon am Zemna steht ein anderer Thurm von gleicher Höhe, nur nicht so dick, in welchem man schöne bequeme Zimmer antrift. Ferner ein eben so dicker Thurm, genannt Béni Burz, oben an der alten Stadt; von da geht ein gepflasterter Weg nach dem Zusammenfluß des Zemna und Ganges. Ein Thurm mit einer Kanone zwischen dem Hauptthor und dem am Zemna gelegenen Thurme macht einen Winkel nach dem freyen Felde hin. Die nördliche und kleinste Seite der Mauer, von dem westlichen vermauerten Thor an, geht nicht gerade fort, sondern macht in der Mitte einen Winkel und verbindet sich sodann mit der östlichen Seite. Vom Thurme Béniburz an zählt man sieben Thürme am Ganges fort, bis an den am Zemna südlich gelegenen Thurm; von denen aber einer und vielleicht mehr als einer einen Winkel nach dem Felde hin macht. Selbst die Mauer ist wegen der Ungleichheit des Bodens nicht allenthalben von gleicher Höhe. Doch wozu eine weitläuftigere Beschreibung, da man die ganze Gestalt dieses prächtigen Kastells im beygehenden Riß vor Augen hat.

Der Zusammenfluß des Zemna und des Ganges geschieht gen Süden, Arél gegenüber, ohnweit dem südlich gelegenen Eckthurm. Der Zemna fließt ostsüdöstlich von der neuen Stadt her am Kastell fort, in einem größeren Bette wie der Ganges. Dieser kommt ostnordöstlich von der dem Kastell gegenüber gelegenen Gegend von Zuß her; lenkt sich sodann südsüdöstlich und nimmt gen Süden den Zemna auf, der hiemit sogleich seinen Namen verlieret. Der durch so viele Flüsse angeschwollene Ganges setzt nun seinen Lauf gen Banares fort. Er ist so wasserreich, daß er zur Regenzeit auf eine Meile austritt.

Der Zusammenfluß heißt nach der Landessprache Trébéni, oder, eine Vereinigung dreyer Flüsse; indem man hieher noch den Sårsóti rechnet, ob man ihn gleich weder unter die Flüsse noch unter die kleinsten Bäche zählen kann; denn der Sårsóti quillt unter dem am Zemna gelegnen Eckthurm, aus einer zwey Spannen (Spithamas) langen und breiten viereckten Oefnung hervor, und die Indier glauben, es nehme seinen Weg unter der Erde fort, bis zu dem Orte jenes Zusammenflusses. Aus gedachter Oefnung schöpfen die Brahmanen Wasser und reinigen damit das abergläubige Volk. Ohnweit der Oefnung rinnt aus der Mauer des Kastells ein geringes Wasser hervor, das kaum die Erde netzt; drey Schritte davon trift man noch einige andere solche feuchte Stellen an; und das ist der ganze Fluß. Da also der Sarsoti we

der

Die Provinz Elahbad.

der ein Fluß noch der geringste Bach zu nennen ist; er auch weder mit dem Ganges noch dem Zemna vermischt wird: so kann jenes kein Zusammenfluß dreyer Flüsse genannt werden.

Die nördliche Breite von Elabbad ist nach dem P. Claudius Boudier von der Gesellschaft Jesu 25 Grad und 25 Min.; die Länge beträgt, von der PariserSternwarte an, 79 Grad 35 Min. Nach meiner im J. 1766 den 3ten Febr. angestellten Beobachtung, habe ich (für die Breite) nur 25 Gr. 9 Min. herausgebracht.

Die Beschreibung der zu dieser Provinz gehörigen Ortschaften an beiden Ufern des Ganges, findet man in der Abhandlung von dem Laufe desselben.

Banáres, eine der größten indischen Städte, größtentheils von Heiden bewohnt, hat fast durchgehends sehr enge unflätige Gassen, aber sehr hohe und, zumal am Ganges, mit vielen Kosten von Steinen erbauete Häuser. Der alte Name der Stadt ist Baranássi, auch Cáschi. Der erste Mahometaner, welcher diese Stadt eroberte, war Mahmud, König von Gasni. Sie erstreckt sich am Ufer des Flusses anderthalb Meilen in die Länge, und eine Meile in die Breite. Allenthalben gehen eine Menge steinerne Stuffen an das Ufer hinab, wo sich die Heiden waschen und ihre Stirn von den Brahmanen mit Mennig oder auch einer andern Farbe bemalen lassen. Die Stadt liegt eigentlich am jenseitigen Ufer des Ganges, der sie in einem halben Kreis umgiebt, und darauf nach Gasipor fortläuft. Sie ist ohne Mauern, und wird bloß von einem steinernen Damm gegen die Gewalt des Stromes geschützt. Die Einwohner sind Heiden und bestehen aus reichen Kaufleuten und Wechslern. Schön gebauete Götzentempel stehen längs dem Ufer des Flusses, und eine Menge schändlicher Götzenbilder des indischen Asmodeus, genannt Mahadeo, oder der große Gott, nebst dessen Gemalin Parbáti, denen das blinde Volk opfert: so daß man diese Stadt mit Recht den Sitz der Abgötterey nennen kann: wovon an einem andern Orte mehr vorkommen wird. Man hat hier übrigens keine öffentliche hohe Schule: aber die Jugend erhält in jeder Straße den ersten Unterricht in den Wissenschaften; nur in den Geheimnissen des heidnischen Aberglaubens muß man besonderen Unterricht im Hause des Lehrers nehmen.

An die Stadt soll ein Dorf, genannt Cáschipor, gränzen, wo ehmals ein sehr scharfes und schweres, an einem Seile herabhangendes Beil im Gebrauch gewesen, zum Behuf derer, die ihren Nacken demselben freywillig zu unterwerfen Verlangen trugen, und solches für eine sehr glückselige Todesart hielten, in dem Wahn, nachher in bessere Körper zu wandern und einen seegenvolleren Zustand zu erreichen. Welchem Verlangen gemäß sodann das Todesbeil herabfuhr und mit einem fürchterlich tönenden Hieb den Kopf vom Rumpf und hiemit zugleich alle Hofnung mehrerer Glücksgüter abschnitt: ein grausames Ende, zu welchem sich gleichwohl viele bereit fanden. Aorangseb hat zwar das Beil wegnehmen laſſen, aber damit den alten Aberglauben nicht aufgehoben; denn itzt hängt man ſich einen ſehr großen Stein an den Hals und ſtürzt ſich damit in den Ganges. Andere ſagen, am Ufer des Ganges ſey eine ſcharfe Säge befeſtiget geweſen, womit man den Körper in zwey Theile getrennt und in den Fluß geworfen habe.

Die nördliche Breite von Banáres beträgt 25 Gr. 14 M.; es liegt 1 Gr. 16 M. weiter nach Oſten, als Elahbad. Beide Orte aber liegen 40 indiſche Meilen von einander.

Zónpor, eine weitläuftige Stadt und ehmaliger Sitz der öſtlichen mahometaniſchen Könige, erſtreckt ſich von Süden gen Norden, am jenſeitigen Ufer des Gumáti, der bey der Stadt einen Bogen macht, und ſodann ſüdöſtlich fortſtrömt. Die Häuſer der Stadt ſind von Leimen, jedoch auch viele von Stein und Backſteinen. Ihre Benennung hat ſie von einer gewiſſen Viehhirtes-Frau, Namens Zona, erhalten, welche vor 700 Jahren die Stadt gegründet und ihren Namen berühmt gemacht hat. Es ſind eigentlich zwey Städte, die eine und die größte, liegt am jenſeitigen hohen, die andere am dießſeitigen niedrigen Ufer. Der Umfang der größeren beträgt drey italieniſche Meilen, auch erſtreckt ſie ſich mehr in die Länge als in die Breite. Die dießſeitige ſieht mehr einem Flecken, oder einer Vorſtadt, als einer Stadt ähnlich. An beiden Ufern ſind wohleingerichtete Gärten und ſchöne Häuſer.

Eine nicht geringe Zierde erhält die Stadt von einem Kaſtell, das auf einem hohen Erdhügel liegt. Es macht ein länglichtes Viereck, indem es nordweſtlich länger iſt als ſüdöſtlich, wo man auf einem ſehr hohen Thurm die feſten und ſchönen-Wohngebäude des Befehlshabers erblickt, von welchen eine Ausſicht über die ganze Stadt geht. Ferner iſt es von unten bis oben von Stein und ſowohl durch Natur als durch Kunſt feſt, indem es am Fluſſe liegt, wenn gleich die Seite nach der Stadt hin nicht ſo ſehr veſt iſt. Der Umfang deſſelben beträgt eine halbe italieniſche Meile; das Hauptthor führt nach der Stadt, das andere kleinere nach dem Fluſſe. Man ſagt, dies Kaſtell ſey vor 300 Jahren vom Mirſa Schecha erbauet worden.

An der Oſtſeite der Stadt ſteht eine anſehnliche prächtige Moſchee von rothen Steinen, mit drey hohen bogenförmigen Giebeln oder Kuppeln (fornicibus arcuatis) und einem ſehr geräumigen, mit Säulengängen umſchloſſenen Vorhofe. Die Auſſenſeite iſt 50 Ellen hoch und mit allerley kunſtreichen Verzierungen geſchmückt; das ganze in der That prächtige und koſtbare Gebäude ſoll von den öſtlichen Königen erbauet worden ſeyn.

Nicht weniger prächtig iſt die Brücke über den Gumáti, welche von Sahim, einem Freygelaſſenen des Ahankhan, der ein Sohn des Beramkhan, erſten Miniſters am Mogoliſchen Hofe war, erbauet worden. Sie hat zehn ſteinerne und mit vielen Koſten verzierte Bögen. An beiden Seiten ſtehen Luſtaltanen (pergulae) und Krambuden. Mit dieſer Brücke

ſteht

Die Provinz Elahbad.

fließt eine andere kleinere von sechs Bögen in Verbindung, welche auch zugleich mit dem großen hohen Thor zusammenhängt, durch welches man zu dem anderen Ufer übergeht. Unter dieser Brücke fließt ein Arm des Gumäti: der Hauptfluß aber wälzt sich nach dem jenseitigen Ufer unter der großen Brücke fort. Erweitert wurde Zonpor durch Ferds Scha, König zu Dehli, im Namen seines Vetters (patruelis) Sächäruddin. Die nördliche Breite der Stadt ist 25 Gr. 38 M.

Von Zonpor bis Elahbad sind 29 Meilen; nemlich bis Matschligao 9 Meilen; von da bis Pulpor, 12; und von da bis Elahbad 8.

Von Zonpor bis Asämghär sind 19 Meilen: als, 12 Meilen bis zum Flecken Ganispor, und von da noch 7 Meilen.

Von Zonpor bis Gasipor sind 29 Meilen: nemlich, 7 bis zum Flecken Keräkät, von da bis Sedpor 12, und von da bis Gasipor 10.

Seis ist ein Fluß, der 5 Meilen von Zonpor in den Gumäti tritt.

Gasipor, eine große Stadt, am jenseitigen Ufer des Ganges, 22 Meilen von Banáres. Das alte, auf einer Höhe gelegne und von Erde aufgeworfene Kastell, ist ganz verfallen: das neue, oder vielmehr der Pallast des Befehlshabers liegt an einer Ecke des Ufers. Es ist ein ansehnliches Gebäude gleich einem Schlosse oder Kastell, indem es am Ufer mit einer starken mit vier Thürmen versehenen Mauer umgeben ist. An den beiden äußersten Seiten ist ein mit vielen Säulen versehener Säulengang sammt einer schönen steinernen Gallerie mit künstlich gearbeiteten Oefnungen. Ein hohes Thor liegt gen Norden. *Ref. VIII. n. 1.*

Von hier bis Górěcpor sind 42 Meilen, nemlich: bis Cäffimabäd 7; bis Cópa 9; bis Dhórigath 9; bis Gäzpor 7; bis Gorecpor 10. Die Nordpolhöhe dieses Ortes ist 25 Gr. 28 Min.

Rämnägar, eine mit Mauern und Thürmen umgebene Vestung, der Sitz eines heidnischen Raja, mit einem prächtigen Pallast und andern Gebäuden geziert. Der obere auf einer Höhe gelegene Theil ist nach südsüdost gerichtet; der untere nach dem Ganges hin, ostnordöstlich. Der Ort liegt am diesseitigen Ufer über eine Meile von Banáres: die Gestalt dieser Vestung wird aus der Zeichnung besser zu ersehen seyn. *Ref. X. n. 3. 4.*

Tschinärghär ist eine ansehnliche Vestung auf einem mäßig hohen Berge, von einem gewissen heidnischen Könige erbauet und vom Scherscha, einem Afganischen Fürsten ausgebessert und erweitert. Sie liegt am diesseitigen Ufer des Ganges, und bedarf keiner weiteren Beschreibung, da sie im Risse zu sehen ist. Der Umfang des Berges, auf welchem sie liegt, beträgt über eine italienische Meile. Nicht weit davon fließt der kleine Fluß Zergo; er kömmt *Ref. XXIX. n. 2.*

von den südlich gelegenen Bergen herab und fließt, nach verschiedenen Krümmungen, gegen Sultanpor über, in den Ganges. Es gehet auch, gegen dem östlichen Thore der Vestung über, eine aus drey Bögen bestehende Brücke über denselben. Südlich liegen Häuser und Hütten zerstreuet, und der größte Theil der Stadt liegt von der Vestung ab. In den benachbarten Bergen ist ein sehr schöner Steinbruch zum Bau der Häuser.

Alämtschand, eine große Herberge, mit einer Ringmauer von Backsteinen, 9 Meilen N. W. ¼ westlich von Elahbad auf einem Hügel, der sie in weiter Ferne zeigt, kaum eine halbe Meile vom diesseitigen Ufer des Ganges.

Drey Meilen davon N. W. ¼ westlich gen Nordwest, liegt der weitläuftige Flecken Cancarábad, eine halbe Meile vom diesseitigen Ufer des Ganges.

Schahsádpor, ein Städtchen von einer langen, von beiden Seiten, bis zur öffentlichen Herberge bebaueten Straße; 6 Meilen nordwestlich von Alamtschand, eine halbe Meile vom diesseitigen Ufer des Ganges. Gegenüber liegt Máo. Die öffentliche Herberge ist schön und fest, gleich einem Kastell an den vier Ecken mit Thürmen versehen, und liegt nordwestlich am Ende des Städtchens.

Cära, eine (ehmals) volkreiche Stadt, mit vielen itzt verfallenen Häusern von Backsteinen, 3 Meilen nordwestlich von Schahsadpor. Sowohl aus den zerstörten Häusern als aus den vor der Stadt befindlichen Grabmälern kann man auf die ehemalige große Menge ihrer Einwohner schließen. Sie hat auch ein altes Kastell.

Eine halbe Meile südsüdöstlich von Cara und eine halbe vom Ufer des Ganges liegt Atálghär, eine feste mit Thürmen versehene Vorwehr von Backsteinen. Der Boden ist eben, mit Mahua= und Am=Bäumen besetzt, trägt Getreide, Erbsen, Linsen und anders Hülsenfrüchte.

- Sechs große oder 7 gemeine Meilen von Cara nordwestlich gen W. ¼ N. Westen gelenkt, liegt der weitläuftige Flecken Tschob, etwas über eine Meile vom diesseitigen Ufer des Ganges.

Haddgao, eine Stadt, 3 Meilen w. n. westlich von Tschób.

Nobásta, ein Flecken mit einer öffentlichen Herberge, 7 Meilen w. n. westlich von Tschób; drey Meilen vom diesseitigen Ufer des Ganges, und vom jenseitigen des Zemna, 7.

Bälända, eine ehmals stark bewohnte Stadt, wie man aus den verfallenen Häusern von Backsteinen und Kalk schließen kann; drey Meilen w. n. westlich von Nobasta.

Ohngefähr eine halbe Meile davon O. N. östlich liegt die Stadt Hansu. An derselben, nach dem Königswege hin, liegt ein vierecktes von Erde aufgeworfenes Kastell; das in der Stadt ist verfallen.

Sate-

Die Provinz Elahbad.

Jatepor, ein ehmals volkreiches Städtchen, das aber itzt sehr heruntergekommen ist; es hat eine lange Straße und eine Herberge von Backsteinen. Nordnordöstlich liegt ein von Erde aufgeworfenes Kastell von mäßigem Umfange im Viereck: an jeder Ecke ist ein runder Thurm; es liegt 2 Meilen W. N. westlich von Balanda.

An diesem Städtchen W. N. westlich liegt der schattigte Flecken Abunägar, dessen fast eine halbe Meile lange Straße mit Reihenweise gepflanzten Bäumen besetzt ist.

Cuarpor, eine Stadt 4 Meilen W. ¼ N. westlich von Jatepor, deren Häuser theils von Thon, theils von Backsteinen, gar erbärmlich verfallen sind.

Drey Meilen davon, nach eben der Richtung, liegt die Stadt Bentki.

Cajua, ein großer Flecken mit einer ansehnlichen Herberge von Backsteinen und Kalk, mit gewölbten Gemächern und an der Morgen- und Abendseite mit einem hohen prächtigen Portal. Nordöstlich liegt ein geräumiger mit Mauern und Thürmen umgebener Garten. Der Ort liegt 9 Meilen W. ¼ N. westlich von Jatepor; vier vom Ganges und fünf vom Zemna. In dieser Gegend hat Aorangseb seinen Bruder Schoja, der mit einem Heer aus Bengalen gegen ihn zu Felde zog, aufs Haupt geschlagen; er stürzte mit seinem Elephanten, der in eine Grube fiel, und nahm die Flucht. Zum Andenken dieses Sieges bauete Aorangseb die prächtige Herberge.

Fünf Meilen davon, westnordwestlich, liegt Corra, 7 Meilen vom diesseitigen Ufer des Ganges, und eben so weit von dem jenseits gelegenen Scheurajpor, vom Zemna aber fünf. Sie ist eine uralte Stadt, war stark bebauet und bewohnt; itzt aber ist sie sehr herunter gekommen. Es gehöret zu derselben ein großer Strich Landes, so daß die jährlichen Einkünfte an 2200000 Rup. betragen. Sie hat ein nicht sonderlich festes Kastell; Mauer und Thürme sind von Thon; nur gen Süden, S. ¼ S. östlich und S. S. östlich und gen Abend hat es Mauern und Thürme von Backsteinen. Es liegt an der Morgenseite der Stadt und hat bequeme Gebäude und bedeckte Gänge. Nach der am 26sten Febr. 1766 angestellten Beobachtung der Mittägl. Sonnenhöhe beträgt die N. Breite 25° 53′. Ohnweit dem Kastell fließt der Rend, ein kleiner Fluß, vorbey, über den eine trefliche Brücke gebauet ist, die an beiden Seiten ein hohes Geländer hat; er entspringt in einem an 74 Meilen N. W. ¼ westlich von Corra entfernten Sumpfe; und fällt bey dem Flecken Reh, 6 Meilen von Jatepor in den Zemna.

Taf. IX.

Taf. IX. n. 1.

Größer und schöner als Corra ist die dicht anliegende Stadt Schahjahanpor, die zum Andenken des Schahjahan erbauet worden. Sie hat schöne Gebäude und Gärten und ist gen Osten, Westen und Norden von Teichen umgeben.

Von

Die Provinz Elahbad.

Von Schahzahanabad bis Gótämpor sind 6 Meilen, und eben so viel von da bis Mussanägar oder Mussapolis; von da bis Calpi, 8.

Tschatschendi, eine volkreiche Stadt, 12 Meilen von Corra, 5 vom Ganges, gehört einem heidnischen Fürsten vom Stamme der Tschandélen.

Purvéhi, ein Flecken mit einem Kastell, drey Meilen von Corra.

Roméhipor, ein Flecken mit einer von Erde aufgeworfenen Vorwehr, 7 Meilen von Corra. Eine solche hat auch Canpor, am diesseitigen Ufer des Ganges, 4 Meilen N. W. ¼ W. von Bithur, und 7, O. S. östlich von Nánamáo.

Nágapor am diesseitigen Ufer des Ganges, 6 Meilen von Corra, und 4, o. s. östlich von Zazmao.

Alamgans, ein neuer Getreide-Marktflecken, drittehalb Meilen von Elahbad. Daselbst geht eine Schiffbrücke über den Ganges, der hier sehr schmal aber tief ist, und kleiner wie der Inn bey Insbruk, der Hauptstadt von Tyrol; weiter hinauf nordwestlich, gleicht er der Donau bey Ingolstadt, wenn er gleich nicht so wasserreich ist.

Papamao, auf einem Erdhügel, über eine Viertelmeile vom Ufer des Ganges, und drey w. n. westlich von Elahbad.

Mansürgans, ein weitläuftiger schattigter Flecken, nebst einem Teich mit einer Einfassung von Backsteinen, 2 Meilen w. n. westlich von Navabgans.

Tschetärgans, ein großer schattigter Flecken mit einer Herberge, fünftehalb Meilen w. n. westlich von Mansürnagar.

Baréhi, drittehalb Meilen von Tschetärgans und 9 w. n. westlich von Navabgans. Der Boden ist eben, ohne Hügel; die Dörfer sind schattigt, da hier viele Mahua- und Am-Bäume wachsen.

Mánecpor, drey Meilen w. n. westlich von Baréhi, ein großer Flecken, oder eine mittelmäßige Stadt am jenseitigen Ufer des Ganges; ist wenig bewohnt, indem viele Häuser verfallen sind. Ausserhalb der Stadt, N. N. westlich liegt ein länglichtes Fort auf einem Hügel; es ist von mäßigem Umfange, hat eine niedrige Mauer von Backsteinen und ist weder schön noch fest; N. N. westlich her fließt der Ganges hinan. Gegenüber liegt Cára, dessen oben gedacht worden.

Gotni, ein weitläuftiger wohlbebauter Flecken, drey Meilen von Manecpor; erst geht man über 2 Meilen S. ¼ S. östlich, und dann 1 Meile S. ¼ S. westlich; vom jenseitigen Ufer liegt es über eine halbe Meile.

Bey

Die Provinz Elahbab.

Bey Jahangirabad, am jenseitigen Ufer, setzt man über den Fluß. Von da geht es S. O. ¼ östlich, dann auch O. S. östlich bis Schahsadpor und Alaintschand. Von Manecpor bis Bossitpor sind 3 Meilen N. N. westlich.

In eben der Richtung, sind von da bis Mustafabad, eine Stadt mit einer Herberge, 3 Meilen; auch soll sie eben so weit vom jenseitigen Ufer abliegen.

Von Mustafabad bis Zägätpor, ein mit Sümpfen umgebener großer Flecken, sind 6 Meilen nördlich und nordwestlich. Man geht N. ⅓ N. westlich, und dann auch N. N. westlich. Vom jenseitigen Ufer des Ganges liegt der Ort 3 Meilen.

Von da bis Bohn, eine ehmals wohl bewohnte Stadt, sind 3 Meilen N. W. ⅓ Nördlich.

Von da, in eben der Richtung sind 3 Meilen bis Baréli, fünf Viertelmeilen vom dießseitigen Ufer des Sei und 7 Meilen vom jenseitigen des Ganges. Dies Städtchen heißet Raybaréli zum Unterschiede von Bhansbaréli. Es hat ein trefliches mit hohen Thürmen und Zinnen versehenes Fort auf einem hohen Hügel. Die Thürme und Mauern sind von oben bis auf die Mitte von kleinen Backsteinen, von da aber bis auf den Grund von sehr großen viereckigt gehauenen Tuffsteinen. Die Figur des Forts macht ein längliches aber beynahe vollkommenes Viereck. Der Umfang beträgt 1500 indische Ellen. Es hat 2 Thore: eines gen Abend, welches noch ein äusseres, an beiden Seiten mit einem Thurm, hat, der mit einer Mauer zusammenhängt, die bis ans innere Thor fortgeht: das andere steht südöstlich, einwärts, und ist vermauert. Im Kastell selbst ist ein sehr breiter und tiefer Brunnen, von welchem man viele Wunderdinge fabelt; denn er soll, wie man sagt und fest glaubt, seinen Ursprung im Meere haben. Aorangseb, ein starker Anhänger und Beförderer des Mahometismus hat ihn mit Schutt anfüllen und die Quelle mit eisernen Stangen verschließen lassen. Das Kastell hat der Jonporische König Sarúr oder Choazezahan, der zu Jonpor residirte, erbauet.

Taf. XVIII. n. 2.

Doléri, ein stark bebaueter Flecken mit einer Herberge, 8 Meilen N. N. westlich von Baréli. Das mit Thürmen versehene Kastell von Backsteinen, das sich in einer ungleichen Figur in die Länge erstreckt, ist itzt verfallen. Eine Meile davon kömmt man an einen Wald, der sich drittehalb Meilen östlich und westlich fast bis Sedóli erstreckt.

Sedóli liegt vier Meilen von Doléri; 1 Meile davon ist ein Bach, Nuni genannt, der Ametti vorbey in den Gumäti fließt.

Jaes, eine weitläuftige alte Stadt auf einem sanften Hügel (colli acclivi), mit vielen Häusern von Backsteinen, aber mehreren von Thon. Sie liegt 4 Meilen S. O. ¼ südlich bis S. S. Osten von Mohngans und 9 Meilen von Garametti.

Nasirabad, ein stark bewohnter Flecken, drittehalb Meilen S. ⅓ S. westlich von Jaes.

Tieffenth. Erdbeschreib.

Die Provinz Elahbad.

Von da bis Partábghar, an dessen nördlichen Seite der Sei fließt, zählt man 8 Meilen. In dem an 2 Meilen S. ¼ S. östlich von Nasirabad gelegenen Felde trift man Salzwerke an. Das Salz aber wird mit großer Mühe und Kunst auf folgende Art gemacht: man gräbt die salzreiche Erde aus, führt sie in sehr große und hohe Haufen zusammen, besprengt sie mit Wasser, und wenn sie wohl angefeuchtet ist, so fließt das mit Salz geschwängerte Wasser in eine mit Kalk beworfene Grube; sodann gießt man das Wasser auf ebenfalls mit Kalk belegte Bette, welches dann durch die Sonnenhitze zu Salz anschießt.

Parsúdepor, ein weitläuftiger Flecken, ohngefähr 6 Meilen S. ¼ S. östlich von Nasirabad, und an eine halbe Meile vom Ufer des Sei. Am diesseitigen Ufer liegt der Flecken Pirgao. Zwey etwas starke Meilen vom Ufer liegt:

Salón, eine Stadt auf einem sanften Hügel, 2 Meilen S. W. ¼ südlich von Pirgao, in einer von Sümpfen bewässerten Ebene. Die erste Meile geht theils S. S. westlich, theils S. westlich; die andere S. ¼ S. westlich.

Ascabad, ein großer Flecken, 2 Meilen S. ¼ S. westlich von Salon; denn der Weg geht 1 Meile S. S. westlich; die andere S. ¼ S. östlich.

Abdullagans, eine artige Stadt, 3 Meilen S. ¼ S. westlich von Ascabad, und 3 und ¼ S. ¼ S. östlich von Manecpor.

Der Erdstrich von Salon bis Abdullagans ist nicht sehr gebauet, sondern mit Gras bewachsen.

Garametti, eine itzt zerstöhrte Stadt und Vestung mit Wall und Graben, von 2 Meilen im Umfange, und ehmaliger Sitz eines heidnischen Raja; 9 Meilen von Zaes, 9 von Rámpor, 7 von Hässánpor, 4 von Sozákar, 10 von Partábghar.

Rámpor, eine Stadt von einer Meile im Umfange, mit einem Wall, Graben und Thürmen befestigt und mit vielen Häusern von Backsteinen versehen; der Sitz eines Raja. Die Westungswerke sind itzt verfallen. Der Ort liegt von Salon 5 Meilen; von Garametti 9; von Manecpor 6; von Sozákar 5.

Partábghár, eine Stadt mit einem Kastell, 18 Meilen nördlich von Elahbad, am nördlichen Ufer des Sei. In diesem Distrikte wird vieles Salz aus Salzerde bereitet.

Arèl, eine Stadt, wo ehmals ein Kastell war, um die Ueberfahrt des Ganges zu bestreichen; es liegt nicht weit davon, diesseits: wo der Ganges schon den Jemna aufgenommen.

Zuffi, eine Stadt, dem Kastell von Elahbad gegenüber, am jenseitigen hohen Ufer des Ganges, der 1765 noch hinaufloß, nach 4 Jahren aber sich von da ab nach der alten Stadt hinlenkte, so daß itzt ein Raum von einer Viertelmeile vom Wasser frey ist.

Die Provinz Elahbad.

Von Zuffi bis Handia sind 8 Meilen östlich und 1 Meile vom jenseitigen Ufer des Ganges.

Sedabad, ein großer Flecken in einer fruchtbaren Ebene, 6 Meilen von Zuffi und 3 westlich von Handia. Von Sedabad bis Handia ist der Boden sumpfigt und mit Riedgras und Wasser angefüllt. Der Weg dahin geht O. ¼ N. östlich, und lenkt sich nach Ost, zuweilen auch nach O. ¼ Südost.

Von Handia bis Zagadispor sind 7 Meilen; der Boden bis dahin ist sumpfigt und ungebaut; der Ort ist fast ganz zerstöhrt und liegt 2 Meilen jenseits dem Ganges.

Gopigäns, eine Stadt, 8 Meilen von Handia und 2 östlich von Zagadispor. Der Boden in der Gegend von Zagadispor und Gopigäns ist von der besten Art und sehr fruchtbar. Von Handia bis Gopigäns geht man erst 3 Meilen Ost S. östlich; hernach O. ¼ S. östlich bis Tamatschabad, 7 Meilen von Gopigans.

Maharázgans, ein Fruchtmarktflecken (Conditorium annonae), 5 Meilen von Gopigans, 2 von Tamatschabad, und anderthalb Meilen vom jenseitigen Ufer.

Tamatschabad, ein weitläuftiger größtentheils verfallener Flecken mit einer Herberge, 3 Meilen W. ¼ S. westlich von Mirsamorad; denn der Weg geht O ¼ N. östlich.

Mirsamorád, ein weitläuftiger Flecken mit einer Herberge, 3 Meilen W. ¼ N. westlich von Mohngans; denn der Weg dahin geht O. ¼ S. östlich.

Mohngans, ein Frucht-Marktflecken, 5 starke Meilen von Banáres, W. ¼ S. westlich; denn der Weg geht O. ¼ N. östlich, ob er gleich durch verschiedne Krümmungen zuweilen östlich, zuweilen O. S. östlich führet.

Ueberhaupt sind, von der neuen Stadt Elahbad bis Banáres, an vierzig Meilen, nemlich: bis Handia 12; bis Gopians 9; bis Mirsamorad 10, die die man für 11 rechnen kann; und bis Banáres 8.

Sedráz, eine Stadt, 10 Meilen von Banares, und 2 Meilen von da bis an das Ufer des Carmnaßa, ein Gränzfluß der Provinzen Elahbad und Behar.

Bhinobássēni, ein stark bebaueter und bewohnter Flecken, anderthalb Meilen von Mirsapor; er ist vorzüglich wegen eines Tempels der vornehmsten Göttin, der Débi, berühmt. Es ist eine stehende weibliche Figur, hat die eine Hand flach ausgestreckt, und die andere an der Brust. Im Januar ist hier ein großer Zusammenfluß von Heiden, die am Ufer des Ganges alle ihre Haare am Leibe abscheeren. Von dem Tempel gehen Stufen, zwischen zwey Mauern, bis an den Ganges hinab, dessen Ufer mit weißen Korall-Steinen besäet ist.

Mirsapor, oder Groß-Mirsapor, zum Unterschiede eines anderen gleichnamigen Ortes, ein Handelsplatz an dem diesseitigen hohen Ufer des Ganges, 16 Meilen von Banares.

Die Provinz Elahbad.

Die Ortslage ist zwischen Ost, und Nordost, und dem entgegenstehenden Striche; auch gehen zwey steinerne Treppen bis an den Ganges hinab.

Bezeghar, ein Kastell mit einem steinernen Damm, auf einem sehr hohen Berge; man hat 3 Meilen, ehe man hinauf kömmt, und der Zugang ist mit 2 sehr hohen Thürmen besetzt. Auf der Ebene des Berges ist ein großer Teich. Umher sind Berge, Abgründe und Wälder, so daß für eine Reuterey nicht beyzukommen ist. Zu diesem Orte flüchtet der Raja von Banares bey eindringender Noth. Es liegt 40 Meilen S. S. westlich von Banares und 30 von Latifghar.

Bhird, ein zwischen Bergen gelegener Flecken, 8 Meilen von Bezeghar, 10 von Macrico gegen Banares. Von hier an geht der Weg nach Bezeghar hinan.

Mácricó oder das Spinnennest (Crypta Araneae), ein nicht sonderlich geräumiger Ort, der aber wegen der Berge, Felsen, Abgründe, Graben und Hölen vor allem feindlichen Angriff gesichert ist. Es hat keine andere Vorwehr, als seine schroffen Klippen; liegt 12 Meilen von Latifghar und 22 von Banares.

Latifghar, ein steinernes Fort mit einigen Hütten; es liegt zwischen Bergen, 14 Meilen von Rámnägar und eben so weit von Tschinàr.

Tschätärghär, ein Kastell von Leimen am nördlichen Ufer des Thons. Ein anderes von Stein, steht mitten im Flusse, 15 Meilen S. westlich von Elahbad.

Bándo, ist ein zwischen Bergen gelegener Strich Landes, mit einer Stadt und einem Fort auf einem Berge, gleiches Namens; welcher von einem Fürsten vom Geschlechte der Bhagelen beherrscht wird. Er, (oder, die Stadt) liegt am Thons, 18 Meilen S. S. westlich von Elahbad.

Hier kann nun schicklich beygefüget werden, eine

Kurze Beschreibung der Landschaft Dangaya, auch genannt Bundelcánd.

Diese erstreckt sich von der westlich gelegenen Stadt Bhoskimao, dem Gränzorte der Herrschaft Untsch an, bis östlich an das Ufer des Zemna; und von Belèr, dem Gränzort von Gharamandel am Narbada, vier Tagereisen südlich von Tschätärpor, bis Corla, nördlich am diesseitigen Ufer des Zemna. Das Land ist bergigt, steinigt und voller Waldung, nur nicht von Tschetercót an bis an das Ufer des Zemna. Wo der Boden nicht steinigt ist, da wächst allerley Getreide, nur kein Reis und kein Zuckerrohr; auch der Am-Baum ist selten. Baumwolle wächst häufig, auch viele Mahua- und solche Bäume, von denen man die schwarze Caffia erhält. Zu den übrigen Bäumen, von welchen die Wälder voll sind, gehört auch der von den Einwohnern genannte Sagòn mit über 2 Spaunen breiten Blättern. Aus dem unförmlichen Stamm von geringer Dicke, wachsen andere kleinere nebst den Zweigen. Das Holz

Die Provinz Elahbad.

Holz ist zwar gut und dauerhaft, aber zu keinem großen Zimmerwerk tauglich, da der Stamm weder hoch noch dick ist.

Der Kèn oder Keàn durchströhmt diese Provinz; es ist ein großer Fluß, der aus einem See bey Gharamandel entspringen soll. Er läuft zwischen Felsenfort, wird aber an manchen Orten gehemmet, wo nemlich weite Felsenschlünde ihn aufnehmen. Seine Richtung geht von Mittag gen Mitternacht, und zuletzt fließt er in den Zemna. Mit zwey- oder vierspännigen Wagen ist fast nicht durchzukommen, wegen der sehr großen im Grunde befindlichen Steine, die den Lauf des Flusses unterbrechen.

Kleinere Flüsse sind: der Dessàn, der östlich an den Flecken Cotla fließt. Ferner der Beschän, der auch Attärganga heißet, an Tschetercot hinanfließt, und ohnweit Thoroa seinen lauf gen Abend fortsetzt. Er entspringt bey einem Orte, Namens Mazagni, 5 Meilen südlich von Tschetercot und führt sehr klares Wasser. Er lenkt sich zuletzt gen Norden und fließt bey Raypor in den Zemna. Bey Tschetercot macht er einen See; er nähret auch sehr große Fische: namentlich die wohlschmeckendsten Karpfen.

Der Cohn hat eine Ueberfahrt bey dem Flecken Garva, 6 Meilen nordöstlich von Thoroa. Eben so auch der Ghenta, bey einem gewissen Flecken, 4 Meilen nordöstlich von Garva.

Alle diese Flüsse haben ihren Ursprung in den südlichgelegenen Bergen und vereinigen sich mit dem Zemna.

Unter die vornehmsten Oerter gehören, Zetpor, Calinzär, Maomohobba, Tschaterpor.

Zetpor ist eine trefliche von Stein erbauete Festung, von einer Meile in die länge, und fünfhundert Schritte breit. Sie liegt auf einem gedoppelten nicht sehr hohen Berge. Der nördliche Berg ist von größerem Umfange wie der südliche, aber nicht so hoch. Zwischen beiden liegt ein Thal, das aber von unten bis oben mit einer Mauer verschlossen ist. Die Mauer ist mit Zinnen versehen, und besteht aus auf einander gelegten Steinen; an einigen Orten dienen abgerissene Felsen statt der Mauer. Sie erstreckt sich von Norden gen Süden; östlich ist keine Mauer, sondern ein großer tiefer See, aus welchem man einen Kanal abgeleitet hat, die anliegenden Felder zu wässern. Das Hauptthor liegt gen Norden, wohin auch, so wie gen Abend, drey kleine Städte liegen.

Fünf Meilen davon liegt Colpahàr, der Sitz eines Raja, an einem See, 12 Meilen von Bozkimao, 10 von Momohobba, 45 von Calinzar, 6 von Tschaterpor.

Momohobba, eine doppelte Stadt, an Hügeln und Klippen, die mit Mauern umgeben sind, um sowohl den Zugang zur Stadt als zu dem auf der Höhe gelegenen Kastell zu verwehren.

wehren. Der See Mao trennt von ihr die daneben gelegene kleinere Stadt, Mohobba: beide haben beynahe 2 indische Meilen im Umfange. Die Häuser sind von Thon mit Strohdächern: die der Reichen aber schön und bequem. In beiden Städten ist ein prächtiger Pallast des Raja. Berge erstrecken sich von N. N. Ost, gegen S. S. West, und sind rund um mit Mauern umgeben. Auf dem letzten steht gen Süden ein mäßiges Kastell, von welchem von oben bis unten eine niedrige Mauer herabgeht, so daß der Zugang dahin allenthalben gesperrt ist. Die Nordpolhöhe dieses Ortes ist, nach der im Februar 1765 angestellten Beobachtung 24 Gr. 41 M. Von Zétpor liegt er 10 Meilen, und 18 von Parna. Wo der Boden nicht steinigt ist, da ist er fruchtbar und wasserreich; welches letztere man wahrnimmt, wenn man nur drey oder vier Spannen tief gräbt.

Taf. XI. Calinzar, eine vortrefliche Vestung auf einem Berge. Sie erstreckt sich in einer länglichten Figur von Süden gen Norden, wo sie sich in die Enge zieht; das heißt, in zwey Hörner und zwey Klippen, auf welchen Thürme und Basteyen befindlich sind. Von da lenkt sie einwärts gegen die Morgenseite, wo ein enger Paß gleichsam zwischen zwey Wänden hinaufgeht, indem daselbst von oben bis unten zwey Mauern gezogen sind. Sie hat sieben Thore; an der Abendseite, unten am Berge ist ein See; ein wenig weiter hin fließt ein Bach, genannt Page, der sich auch, wegen der dortigen Hölungen, in einen Teich ausbreitet, daher die Vestung an der Westseite am stärksten, und schwer zu erobern ist; außer dieser und der Nordseite aber ist sie mit Bergen umgeben. Der untere Umfang der Vestung mag anderthalb italienische Meilen betragen. Sie wurde von dem Afganen Scherscha erobert, der durch in Brand gerathenes Pulver ums Leben kam. Zur Zeit des Muhammad, Königs zu Dehli, kam sie in die Hände des Raja von Dangaya. Unterhalb, gen Norden, liegt die stark bebauete und bewohnte Stadt. Gen Osten, vor der Stadt, trift man einige wohlangelegte Gärten und Gebäude an, und in der Vestung sind einige Götzentempel: unter den Götzen ist ein Bild zu merken, genannt Calbherün, 32 Spannen hoch, und beide Hände auf dem Kopf haltend. Die Nordpolhöhe dieses Ortes ist 24 Gr. 42 Min.

Dhamóni, eine in der Ebene gelegene Vestung, 24 Meilen südlich von Maomohobba. Tschätärpor, drey etwas starke Meilen östlich von Maomohobba, auf dem Wege nach Parna, unter dem 24 Gr. 38 Min. nördlicher Breite: eine Stadt und Handelsmarkt, woselbst allerley Waaren verkauft werden, und von da aus in andere Länder gehen. Die Häuser sind niedrig und von Thon: doch sind die der Reichen ganz artig gebauet. Die Gassen sind enge und die beiden Thore sehr hoch; eines liegt nordwestlich, das andere südwestlich; die ganze Stadt aber liegt an einem sehr tiefen See. Vor der Stadt wohnen die Saniassen und

Die Provinz Elahbad.

betragen, welche Handel und Wechsel treiben. Man sieht hier auch viele Götzentempel. Der Boden umher ist steinigt und wenig fruchtbar.

Aischorgans, ein Flecken, 7 Meilen O. S. östlich von **Tschatarpor,** auf dem Wege nach **Parna.**

Rajghar, ein Flecken von mit Rohr geflochtenen Hütten nebst einem schönen festen Kastell auf einem Hügel, so daß es einen vortreflichen Anblick giebt. Daneben liegt ein Berg, von dessen Fuß an bis zu dem andern eine Mauer, oder vielmehr ein Damm von zusammengehäuften Steinen, gegen feindliche Anfälle gezogen ist. Diese Stadt liegt drittehalb oder 3 Meilen O. S. östlich von **Aischorgans.**

Eine Meile weiter fließt der Kèn in den Zemna; er ist hier aber einem See ähnlicher als einem Flusse. Nach dem östlichen Ufer hin kömmt man an ein Dorf.

Zirna, eine Stadt unten an einem Berge, 5, nach andern 6 Meilen nordöstlich von **Rajghar.** Der Weg dahin ist so rauh und steinigt, daß er einem Fuhrwerk sehr beschwerlich wird. Der ganze Boden ist von gleicher Art; auch trift man die dichtesten Wälder an, die von Mahua= und anderen Bäumen voll sind. Südlich erstreckt sich eine Reihe von Bergen von **Razghar** bis **Calinzar;** und nördlich sind Wälder von allerley Arten Bäume.

Pârnâ, eine große volkreiche Stadt, der Sitz des Raja von **Dangaya,** 7 Meilen von der Ueberfahrt des Kèn und von dem am östlichen Ufer gelegenen Flecken. Der Weg geht über mäßige Berge und Thäler östlich oder O. N. östlich, welches man noch nicht gewiß weiß. Dieser Ort ist wegen der Diamantengruben berühmt, indem man in dessen zwey Meilen starken Distrikt einen rothfarbigen Sand an 4 bis 5 indische Ellen tief ausgräbt und in einen Haufen bringt; welchen Sand man hernach siebet, und die etwan angetroffenen hochrothen Steine, die sich durch ihren Glanz auszeichnen, heraus liefet, sie hernach polirt und aufhebt. Doch sind diese Art Diamanten weder an Glanz noch Härte mit den Oressanischen und Raulcundischen in Vergleich zu setzen.

Azéghar, ein Kastell auf einem Berge, dessen Rand mit einer festen steinernen Mauer umgeben ist; obgleich die Felsen selbst statt einer Mauer dienen. Es erstreckt sich von Süden gen Norden, und zwar mehr in die Länge als Breite: der schräge Aufgang desselben ist gen Süden und unterhalb liegt der Flecken. Das Gebiet gehört einem vom Stamm der **Bundelen.** Der Boden verbreitet sich hier in eine fruchtbare mit Obstbäumen versehene Ebene. Der Ort liegt 7 Meilen S. westlich von **Calinzar** und 6 N. östlich von **Zirna.**

Taf. XII. n. 4.

Marfa, ein Flecken mit einem Kastell, von einigen genannt **Mandesa,** an einem kleinen Fluß, der von S. S. Ost, gen N. N. Ost fließt. Das auf dem Berge gelegene Kastell ist

Die Provinz Elahbad.

ist von ziemlichen Umfange, größer wie das oben erwehnte Calinzar, aber nicht so fest. Es hat vier Thore: zwey gen Morgen und zwey gen Abend. Das Gebiet gehört einem vom Stamm derjenigen Razputen, welche Bhagélen und Rägbänsen genannt werden; übrigens steht es unter dem Raja von Dangaya, den sie in Feldzügen zu begleiten pflegen. Der Ort liegt 7 Meilen S. östlich von Calinzar, und 5 Meilen S. westlich von Tschetercot. Die den 1 Märj 1765 hier beobachtete Mittagshöhe der Sonne war 57 Gr. 57 Min. die daraus abgeleitete Nordpolhöhe ist 24 Gr. 49 Min.

Tschetercot, ein in Absicht des heidnischen Aberglaubens berühmter Ort, wo ganz Indien zusammenfließt; indem ihr Gott Ram mit seiner Gemallnn Sitha von der Stadt Ayudea hieher gezogen, und hier gewohnt haben soll. Man sieht hier eine Menge Götzentempel, in welchen zwey steinerne Bildsäulen verehrt werden: eine des Ram, die andere der Latschmani. Die Aufsicht haben die Berágen, die sich dem Einsiedler-leben gewidmet, jedoch viele Weiber haben. Was den Ort angenehm macht, ist der Fluß Beschni oder Attärganga, der mit klarem Wasser von den südlich gelegenen Bergen herströmt, und hier gleichsam einen Teich macht, den man durchwaden kann. An dem etwas hohen Ufer geht ein gepflasterter und mit Kalk belegter Weg; auch führen steinerne mit Kalk verbundene Stufen bis in den Fluß hinab, in welchem sich die Heiden waschen, in der abergläubigen Meynung, dadurch von allen Unreinigkeiten der Laster gereiniget zu werden. Der Ort liegt 5 Meilen N. östlich von Rassein und 1 Meile von Thoroa.

Eine Meile von Tschetercot steht ein Götzentempel der Göttin Calka, der vornehmsten von allen, mitten im Walde; auch sieht man noch einige andere. Hier halten sich heidnische Einsiedler auf, die sich mit einer bewundrungswürdigen Enthaltsamkeit und rauhen Lebensart martern. Einige sitzen auf einem etwas erhabnen vierecken Platz, in dessen vier Winkeln sie dürren Kuhmist anzünden, und so ihren Körper einer langsamen Flamme aussetzen. — Der Boden erstreckt sich hier in eine angenehme Ebene.

Thoroa ist eine große Stadt am östlichen Ufer des Beschan, 6 Meilen nordöstlich von Rassein. Hier beobachtete ich den 4ten März (1765) die Mittagshöhe der Sonne, und fand sie auf 58 Gr. 28 Min. Die verbesserte Abweichung der Sonne auf den Mittagskreis dieses Ortes zurückgeführt, betrug 6 Gr. 36'. Daher ist die Nordpolhöhe desselben 24 Gr. 56'.

Garva, ein Flecken, 6 Meilen N. östlich von Thoroa. Hier setzt man über den kleinen Fluß Cohn, der bis zum Zemna fortläuft.

Keróndi, ein Flecken, 7 Meilen N. östlich von Thoroa. Drey Meilen von da kömmt man an den kleinen Fluß Ghenta, der in den Zemna fließt. Von der Ueberfahrt an bis zum

Jemna sind 3 Meilen. Am westlichen Ufer liegt ein Flecken, dessen Name unbekannt ist. Der Zemna fließt bey diesem Orte, zwischen hohen Ufern in einer ansehnlichen Weite, gleich der Donau bey Ingolstadt und noch größer, aber mit weit geringerem Wasser. Dieser Flecken liegt N. östlich 6 etwas starke Meilen von Keronbi, 14 W. S. westlich von Elahbad. Er (der Zemna) fließt hier O. S. östlich.

Abálsaray, eine kleine Stadt, 4 Meilen vom jenseitigen Ufer des Zemna, 10 etwas starke W. S. westlich von Elahbad. Der ganze Distrikt ist mit Mahua- und Am-Bäume bepflanzt, die den Reisenden Schatten und anmuthige Augenweide verschaffen.

Folge der östlichen oder zonporischen mahometanischen Könige.

Nach den persischen Annalen hat Muhammad, Sohn des Königs Jeros zu Dehli, dem Mäläc-Sorùr, Oberaufsehern seines Harems, die oberste Stelle in der Regierung übertragen, mit dem Titel eines Choázazahan, welches einen Herrn der Welt andeutet: Mahmud aber, Jeros Enkel, habe ihm im Jahr 796 der Hezira, Zonpor, Canoz, Behar und Turhot geschenkt und ihm den königl. Titel beygelegt. Dieser nun machte sich viele länder unterwürfig, und sah seine Macht zunehmen, so daß seine Herrschaft von den gen Abend gelegenen Orten Käpärî nnd Tschandvar bis Turhot und Behar sich erstreckte. Er starb nach einer Regierung von 6 Jahren im Jahr 802 der Mahometan. Zeitrechnung.

Ihm folgte sein angenommener Sohn, der nach seinem Namen Geld münzen und sich Mobáräc Schah nennen ließ. Er fiel vom Könige zu Dehli ab, der ihn auch nicht wieder zum Gehorsam bringen konnte; regierte indessen nur 1 Jahr und einige Monate.

Ihm folgte sein jüngerer Bruder Ibrahim, der 40 Jahr und einige Monate regierte.

Diesem folgte sein Sohn Mahmud, der 20 Jahr und einige Monate regierte.

Muhammad, Sohn des vorigen, regierte nur 5 Monate, indem er wegen verübter Grausamkeit gegen seine Brüder getödtet wurde.

Hossen, Mahmud's Sohn, erhob sich seiner Macht und Gewalt, kündigte dem heidnischen Raja von Oressa den Krieg an; ließ sich jedoch durch Geschenke besänftigen und zum Rückzuge bewegen. Dann aber rückte er vor Dehli und lieferte dem dortigen Könige Belólscha bey Brana eine Schlacht; der aber, ohngeachtet seiner weit geringeren Stärke, den Aufrührer schlug, und bis nach Bengalen jagte, wo er ums Leben kam.

Nach Hossen kam Zonpor auf die Nachkommen des Belól im Jahr 881, bey welchen es so lange blieb, als die Macht der Lodier sich erhielt.

Als hierauf Bábor, Kaiser der Mogoln, den Jbrahim, Enkel des Königs Belól, bey Pániput schlug und tödtete: so blieb gleichwohl die Herrschaft dieser Länder bey den Afganen; worauf sie an Scherkhan und dessen Sohn Salim kam. Auch Humayon, der, nachdem er aus Persien zurückgekommen, Indien wieder eroberte, wurde durch den Tod von der Eroberung von Zonpor, und den östlichen Ländern abgehalten; daher die Afganen die Herrschaft noch so lange behielten, bis Akbar, Humayon's Sohn, im 4ten Jahr seiner Regierung oder 968 der mahom. Zeitr. die ganze Provinz durch Alikulikhan eroberte, und seiner Herrschaft unterwarf.

10. Die Provinz Avad.

Die Länge dieser Provinz erstreckt sich östlich von Gorekpor bis Schahabad an 140 Meilen; die Breite an 111, nemlich von den nördlich gelegenen Bergen, bis Siohpor, einem Gränzort der Provinz Elahbad.

Östlich gränzt Behar; nördlich, Gebirge, mit verschiedenen Namen; südlich Mánīcpor; westlich, Páli und Schahabad; S. westlich Canoz.

Unter den verschiednen Flüssen sind fünf von vorzüglicher Größe: nemlich, der Gágra, der Sárzu, der Gumati, der Tschoka, der Rabti; unter allen aber ist der Gágra der größte.

Der kleineren und kleinsten Flüsse giebt es weit mehrere, als: der Amml, der am meisten östlich fließt; der Cüán, Manuráma; der Theri, Caliani, Alahpornàla; der Cocràl; der Dehór; der Sumli, Ul, Gond, Saraya; der Thons; der Sei, Suketa; der Gela oder Caliani, welcher Bangarmo vorbeyfließt; der Cathra, Garra, Gambir. Unter diesen sind der Garra, der Dehór, der Ul, der Cathra und der Sei die größeren; es wird ihrer an einem andern Ort erwähnt, woselbst auch der Ursprung und Lauf derselben beschrieben wird.

Zu dieser Provinz gehören folgende Herrschaften, als:

Zum Lacnoischen Gebiete;

Ametti, m. e. Kast. v. B.	Bangvàn.	Cácori, m. e. K. v. B.
Amsàn.	Baraschocùr.	Catschändau.
Assuha.	Bári.	Cursi, m. e. K. v. B.
Bacráed, sonst Bári.	Behrimao.	Dádra.
Bähän.	Belgrami, gem Belgram.	Deva.
Bángàrmao, m. e. Kast. v. Backsteinen.	Bethóli.	Deùrath.
	Beznor.	Duihár.
		Esoli.

Die Provinz Avad. 179

Eſſöll.
Satepor, m. e. Kaſt. v.
  Bachſteluen.
Satepor; mit dem Beyna-
  men Zoráſſi.
Ghátämpor.
Härha.
Käzra.
Köränba.
Kunbi.
Lacnou.
Laſchcärpor.

Maiávan.
Malihabàd.
Mandianu.
Manüa.
Mohán.
Mohona.
Moràvan.
Onàm.
Pärſändän.
Pátan.
Rámcót.
Ränbirpor.

Saháli.
Saipor.
Sandíla.
Sänzbóti.
Saròn.
Saróſſi.
Saſſendi.
Sáttenpor.
Sidhporbehàr.
Syhhòr.
Untſchagao.
Zelótär.

Zum Gebiete Avad gehören:

Amodha, m. e. K. v. B.
Anhóna, m. e. K. v. B.
Badanu Bácta.
Beſódhi.
Bilheri, m. e. K. v. B.
Borni.
Dariabad, m. e. K. v. B.

Guarza.
Jbrahimabad.
Kiſchni.
Mangloſſi.
Páli Sarvá.
Pätſchämrâth.
Rudóli.

Sáttenpor, m. e. K. v.
  Backſt.
Séhlath.
Satäräk.
Sobeha.
Sultànpor,
Thána.

Zum Gebiete Gorecpor gehören:

Anhóla.
Bämänpára.
Benaecpor.
Bhauapára.
Cänhela.
Dariapára, m. e. K. v. B.
Devapára.
Dartänpor; m. e. K. v. B.

Gloſſi.
Gorecpor, m. e. K. v. B.
  am Fluſſe Rabti.
Góti.
Kelapára.
Korla.
Mäghär.
Mahóli.

Mandëla.
Mandua.
Ramghär.
Raſſülpor.
Róli.
Tilpor, m. e. K. v. B.
Tſchilupára.
Uróla, m. e. K. v. B.

Zum Gebiete Beraez gehören:

Beraez, m. e. K. v. B.
  am Fluſſe Sarzu.

Bhera.
Dángdun.

Sacherpor, ſonſt Pacär-
  por, m. e. K. v. B.
    Sero-

180   Die Provinz Avad.

Jerofabàd, m. e. K. v. B.	Heſſampor, m. e. K. v. B.	Rezhàt.
Gâránſa, m. e. K. v. B.	Nâvághar, ein Kaſtell.	Sultanpor.

Zum Gebiete Kerabad gehören:

Bardr Anzäna.	Aherighär, m. e. ſchönen	Péla.
Beſſara.	K. th. v. St. th. v. B.	Sâdänpor.
Beſſva, m. e. K. v. B.	Ahiri.	Sándi, mit einem Fort
Gopamao, m. e. K. v. B.	Ahorkéla.	von Backſteinen.
Hargao.	Labárpor.	Sara.
Kángáthmao.	Matſchreta.	Tſchitapor.
Kerabad, m. e. K. v. B.	Nimcár, m. e. K. v. B.	

Die jährlichen Einkünfte betragen, nach dem kaiſerlichen Regiſter: 321317119 Dam.
Die größte Summe: 9125651 Rup.
— kleinſte Summe: 4785771 Rup.

Unter den vornehmſten und alten Städten verdienen Avad und Lacnou vorzüglich bemerkt zu werden.

Avad, nach den indiſchen Gelehrten genannt Ajudea, iſt eine uralte Stadt, mit Häuſern von Thon, die theils mit Stroh, theils mit Ziegeln gedeckt ſind; viele ſind auch von Backſteinen. Die Hauptſtraße erſtreckt ſich etwa eine Meile von Süden gen Norden; die Breite der Stadt iſt etwas geringer; der weſtliche Theil der Stadt liegt auf einem Erdhügel; desgleichen auch der nördliche; ſüdöſtlich liegt ſie auf einigen Anhöhen: gen Bangla aber iſt ſie eben. Itzt iſt ſie nicht ſehr bewohnt; indem die meiſten nach der neuerbaueten Stadt Bangla oder Jeſabad, als dem gegenwärtigen Sitz des Befehlshabers, gezogen ſind.

Taf. XIII. Am ſüdlichen Ufer ſtehen verſchiedene zum Andenken des Ram von den Heiden erbauete Häuſer, die ſich vom Morgen gen Abend erſtrecken. Der vornehmſte Ort iſt der ſogenannte Sorgadoári, oder der Himmelstempel, woſelbſt der Ram alle Einwohner dieſer Stadt mit ſich gen Himmel genommen haben ſoll: eine Geſchichte, die mit der Himmelfahrt unſers Herrn einige entfernte Aehnlichkeit hat. Die leere Stadt hat der berühmte König von Uzen, Bikarmazit, wieder mit Einwohnern beſetzt, und ihre vorige Verfaſſung wieder hergeſtellt.

Auf einer Anhöhe des Ufers ſtand hier ehedem ein Götzentempel, den Aorangſeb, als ein eifriger Anhänger und Beförderer des Mahometismus, und Feind des Heidenthums, von Grund aus niederreiſſen, und eine Moſchee mit zween Obeliſken dahin bauen ließ, um das

Anden-

Die Proving Avad. 181

Andenken des heidnischen Aberglaubens zu vertilgen. Gegen Morgen sieht man noch eine andere von den Mahometanern erbauete Moschee.

Ganz nahe am Sorgadoári, ist ein Gebäude, welches sich in die Länge erstreckt, und vom Nabalray, einem ehemaligen heidnischen Statthalter dieser Provinz erbauet worden. Taf. XXV. n. 2.

Der berühmteste Ort aber ist der Sitha Rassói, oder sogenannte Tisch der Sitha, Gemahlin des Ram, an der Südseite der Stadt auf einem hohen Erdhügel.

Das Schloß, welches Ramcòt hieß, hat Kaiser Aorangseb, niedergerissen, und an dessen Stelle eine Moschee mit einer dreyfachen Kuppel erbauet; andere halten Bábor für den Erbauer. Man sieht noch 14 schwarze steinerne fünf Ellen hohe Säulen des alten Schlosses; zwölf tragen die innern Bögen der Moschee und zwey stehen am Eingange des Gebäudes; zwey andere sind an dem Grabe eines Mahometaners angebracht. Diese Säulen, oder vielmehr Säulenstücke, die sehr schön gearbeitet sind, soll der Affenkönig (Simiarum Rex) Hanuman von der Insel Lanca oder Sélendip, von den Europäern genannt Ceylon, hergebracht haben.

Links sieht man einen viereckten Kasten, der fünf Zoll hoch über der Erde steht, mit Kalk überzogen, an fünf Ellen lang und an vier breit ist. Die Indier nennen ihn Bedi, oder die Wiege; indem hier ehmals das Haus gestanden haben soll, worinn Beschán, in Gestalt des Ram erschienen und gebohren worden; auch sollen hier seine drey Brüder zur Welt gekommen seyn. Diesen Ort hat Aorangseb, nach andern Babor, der Erde gleich machen lassen, um den Heiden die Gelegenheit zur Uebung ihres Aberglaubens zu benehmen; dem ohnerachtet erzeigen sie beiden Orten ihre abergläubige Verehrung: denjenigen Ort aber, wo das Geburtshaus des Ram gestanden, umgehen sie dreymal, und verehren ihn alsdann, indem sie sich zur Erde niederwerfen. Beide Orte sind mit einer niedrigen mit Zinnen versehenen Mauer umgeben, und ein niedriges bogenförmiges Thor ist der Eingang zum Vorhof.

Nicht weit davon ist ein Ort, wo man schwarze in kleine Steinchen verwandelte Reißkörner ausgräbt, die von der Geburt des Ram an, sollen unter der Erde gelegen haben. Am 24sten des Monats Tschèt, wird hier der Geburtstag des Ram von einem großen Zusammenfluß des Volks gefeiert. Und dies ist eben der Ort, von welchem der durch ganz Indien berühmte Name des Ram erschollen ist.

Diese weitläuftige Stadt liegt 1 Meile östlich, etwas O. N. östlich von Bangla; daher auch die (nördliche) Breite derselben 1 Min. mehr betragen wird, als die von Bangla.

Das vierecte Kastell von Backsteinen auf dem südlichen hohen Ufer, hat runde niedrige Thürme; die Mauer ist verfallen, und das ganze Kastell außer allem Vertheidigungsstand und

Z 3 unbe-

unbewohnt. Es war vormals der Sitz des Statthalters der Provinz; allein Sabatkhan, den eine böse Vorbedeutung in Furcht setzte, verlegte ihn nach Bangla.

Zwey Meilen vom Platz des schweren Geschützes bis Avad fließt der Gagra östlich, und macht eine doppelte Krümmung: eine gegen den westlichen Theil der Stadt, und nicht weit von da eine gegen Abend; hierauf lenkt er sich N. O. ¼ östlich, und fließt westlich an die Stadt an, und sodann am nördlichen Theil derselben wieder nach Osten. Er verändert aber seinen Lauf fast jedes Jahr. Sein Bette gleicht dem der Donau bey Ingolstadt, faßt aber nicht so viel Wasser. Zur Regenzeit tritt er weit aus, so daß seine Breite an einigen Orten über anderthalb Meilen beträgt.

Bangla oder Jesabad, erbauet vor 40 und mehrern Jahren von Sábárkhan, einem Perser und Statthalter dieser Provinz, der von Avad wegzog, und hier den Pallast und über Taf. aus schönen Garten nach persischer Art anlegte und zu seinem Sitz bestimmte, wuchs bald zu einer Stadt an, deren Länge sich über 1 Meile erstreckt. Der gegenwärtige Statthalter, ein Enkel des vorigen, hat die Stadt, welche die Engländer nebst der ganzen Provinz im Jahr 1765 ihm wieder einräumeten, mit allerley Gebäuden und Gärten geschmückt, den engen Handelsmarkt erweitert, und das Schloß mit einem Wall und Graben und runden Thürmen befestigt, so daß der Ort ist wegen der großen Menge Menschen zu einer weitläuftigen Stadt angewachsen ist. Die 1767 beobachtete geographische Breite beträgt 26 Gr. 29 M.

Taf. 1 Meile von Bangla, liegt Goptárgath, ein mit Bäumen bepflanzter schattichter Ort XIV. auf einem sanften Hügel am südlichen Ufer des Gagra; an den vier Ecken sind kleine Thürme von Erde errichtet. In der Mitte sieht man eine Oefnung in der Erde, worüber ein kleines Gewölbe erbauet ist; daneben steht ein starker bejahrter Tamarinden Baum; umher sind bedeckte Gänge. In diese Grube soll Ram, nachdem er den Riesen Ravan erlegt, und von Lanka zurückgekommen, hinabgestiegen und verschwunden seyn; daher sie auch Guptár, oder die Verschwindung genannt wird. Hier wäre also eine Höllenfahrt, so wie bey Avad eine Himmelfahrt. Die Lage und Gestalt des Orts selbst wird man aus dem Risse deutlicher abnehmen.

Der Gagra macht hier eine doppelte Krümmung, indem er sich in zwey Arme theilt, von denen der größere gen N. ost, der andere sich nach Bangla lenkt; der Lauf des Flusses von Guptárgat bis zu dem Stand des schweren Geschützes, oder eine halbe Meile, geht von W. ⅞ N. westen nach O. ⅛ S. osten.

Taf. Lacno giebt an Alterthum Azudea nichts nach; und übertrift es noch an Größe, Gebäuden und Einwohnern. Erbauet ist es vom Latschman oder Lacman, dem Bruder des Ram, der ihm auch seinen Namen beylegte; wieder hergestellt ist es von Bikarmazit, König von

Die Provinz Avad.   183

von Uzen. Am dieſſeitigen Ufer des Gumati erhebt ſich ein Erdhügel, auf welchem Latſchman ſeinen Sitz gehabt hat. Das Andenken deſſelben zu vertilgen, hat Aorangſeb daſelbſt eine Moſchee, mit doppelten dünnen aber hohen Thürmen an den Seiten, daneben auch ein Gewölbe bauen laſſen, in welchem ein Mahometaner begraben liegt. Der Sitz des Latſchman aber wurde der Erde gleich gemacht.

Die länge der Stadt erſtreckt ſich anderthalb Meilen von Recabgans gen Süden, bis Iſſagans gen Norden: die Breite aber von Chodagans, oder von Abend gen Morgen, über 1 Meile: der ganze Umfang beträgt an 4 Meilen.

Die Stadt ſelbſt iſt ohne Mauern, wie Azudea und Bangla; ſie hat viele Häuſer von Backſteinen, die meiſten aber von Thon mit Ziegeldächern, auf hie und da zerſtreueten Erdhügeln; der gröſſere Theil gen Morgen, liegt hoch; der kleinere niedrig. Straßen und Plätze ſind enge und kothig, weil die Eingebohrnen allen Unflath auf die Straße werfen; wegen Ungleichheit der lage gehn die Straßen durch Umwege auf und ab.

Unter den Gebäuden iſt der ſogenannte fünffache Pallaſt ohnſtreitig das vornehmſte. Taf. Er liegt ein wenig vom ſüdlichen Ufer des Gumati ab, auf einer Anhöhe, und iſt gleich einem XV. Kaſtell mit einer Mauer und hohen Thürmen umgeben. Er hat ein hohes Thor und außerhalb einen geräumigen Platz, an welchem ein hohes auf Bogen ruhendes Gebäude ſteht, welches für die Muſikanten eingerichtet iſt (ad tympana pulſanda aptum). Der gegenwärtige Statthalter, Namens Schozárdola, hat viele Theile des Pallaſtes niederreiſſen und ſchöner aufführen laſſen. Man trift auch noch einige andere prächtige und ſchöne Gebäude in der Stadt Taf. an. Der enge Handelsmarkt hat nichts ſehenswürdiges. Die Häuſer der Kaufleute ſind von XVI. Backſteinen hoch und feſt. Der Gumati iſt nicht ſo tief als breit: er gleicht der Urs oder Rüß, die aus dem Lucerner See fließt, führt aber nicht ſo viel Waſſer. Er läuft ſüdöſtlich, und zu Sommerszeit kann man zu Fuß durch. Das nördliche Ufer iſt mit allerley Gebäuden und Häuſern geſchmückt. Die geogr. Breite hält, nach einer Beobachtung vom 7ten Apr. 1765, 26 Gr. und 34′.

Gorecpor, eine alte große Stadt am jenſeitigen Ufer des Rabti, deren Umfang die Taf. Einwohner auf 7 Meilen angeben: ich ſchätze deren aber nur 3. Die Hauptſtraße die erſt öſt- XVII. lich, dann nördlich geht, iſt eine Meile lang; am Ende derſelben iſt der vornehmſte Handelsmarkt; indem daſelbſt das Haus des Statthalters nebſt einigen Kauf- und Wechslerladen befindlich iſt. Von dort aus gehen 2 Straßen bis an den Fluß, eine ſüdlich, die andere weſtlich. Einige kleinere Märkte ſind durch die Stadt zerſtreut. Längs dem jenſeitigen Ufer erſtrecken ſich die Häuſer eine halbe Meile fort. Ohngefähr in der Mitte der Stadt ſteht eine alte Moſchee;

eine

eine andere bey der öffentlichen am Kastell gelegenen Herberge. Auch liegt noch ein Haufen Häuser, gleich einem Flecken oder Vorstadt von der Stadt abgesondert, neben der Ueberfahrt des Flusses.

Die Herrschaft dieser Stadt und des dazu gehörigen Strich Landes hatte vormals einer vom Geschlechte Tschirnur; sie wurde ihm aber von den Mahometanern genommen. Den Namen hat die Stadt von einem bey den Heiden in größtem Rufe stehenden Waldbruder, dem Gorecnàth; er war der Stifter der Sekte der Jogier, die sich das Ohrläpchen durchbohrten, und runde Steinchen, wie Ohrgehenke darinn tragen. Das gewölbte Grabmal dieses wegen seiner strengen Lebensart berühmten Gorecnàth ist anderthalb Meilen von der Stadt; man sieht darinn das Bildniß desselben in einer 3 Spannen hohen schwarzen Menschenfigur. Er soll sich hier selbst lebendig begraben haben, welches mit der Weise der Saniassen übereinkömmt. Neben diesem Monument sind noch 2 andere kleine Kapellen der Debbi und des Mahadeo. Am jenseitigen Ufer des Rabti liegt das Kastell, welches von Backsteinen, mit Mauern, Zinnen und Thürmen versehen ist. Es macht ein länglichtes Viereck und ist von mäßigem Umfange. Die Stadt, von welcher ein weitläufiger Strich Landes abhängt, hat jzt kaum die Hälfte Einwohner.

Ueber den Rabti geht eine Schiffbrücke (Ponto), hundert Schritte lang. Der Fluß schlängelt sich durch mancherley Krümmungen von N. N. West bis an die Ueberfahrt gen Süden; sodann lenkt er sich S. S. östlich. Er vereinigt sich mit dem Gagra bey dem Flecken Razpor, 20 Meilen von Gorecpor; zwischen beiden liegt Gàzpor gerade in der Mitte, nemlich 10 Meilen von jedem Orte ab. Der gedachte Flecken ist wegen des Zusammenflusses des Rabti und Gagra ein angesehener Ort; er liegt am jenseitigen Ufer des Rabti, aber Belgóra liegt am diesseitigen, und in der Nähe Parsia. Mehr kömmt hievon an einem andern Orte vor, zumal auf der Charte vom Laufe des Gagra.

Die den 11ten Märj 1770 beobachtete Mittagshöhe der Sonne betrug 59 Gr. 55 Min. Die Abweichung der Sonne war 3 Gr. 34 Min. folglich beträgt die Breite von Gorecpor 26 Gr. 30 M.

Von Gorecpor (bis Bithia O. N. östlich sind 53 Meilen, nemlich: von Gorecpor) bis Parrona 22; von da bis Pansi, am diesseitigen Ufer des Gandak 3; von da bis Razothia 7; von da bis Bankätta 6; von da bis Rehuanatri 5; von da bis Bithia 12 Meilen.

Beráez, eine alte weitläufige mehr lange als breite Stadt, mit Häusern von Thon und Strohdächern, außer den Grabmälern, Moscheen und Häusern der Kaufleute, welche von Backsteinen und Kalk erbauet sind. Die Stadt liegt in einer Ebene am Sarzu, anmuthig
und

Die Provinz Avad.

und schattigt, indem ein anderthalb Meilen langer Wald von Am- und Tschischon-Bäumen daran stößt. Sie liegt 40 gemeine und 35 große Meilen N. W. ¼ nördlich von Bangla. Ihre geogr. Breite beträgt 27 Gr. 19 Min. Es hängt ein weitläuftiger Strich Landes von ihr ab, der ihrem Oberhaupte (Praesidi) jährlich 1200000 Rupien einträgt; die Ländereyen würden noch mehr einbringen, wenn sie besser gebauet würden.

Anderthalb Meilen O. ¼ N. östlich von der Stadt ist das Grab eines gewissen Mahometaners, Namens Sayed Selàr vom Geschlechte des Ali, der um das Jahr Christi 1000, oder Mahomets 367, auf Befehl Königs Mahmud von Gasni in diese Gegend gedrungen ist, und die Heiden bekrieget hat, allein in einem Treffen geschlagen worden, wobey er selbst das Leben eingebüßet; daher die Mahometaner ihn als einen der größten mit Blut gefärbten Streiter verehren; indem er, gleichsam ein Gesandter des Mahomets, der erste von ihnen gewesen, der mit dem Säbel in der Faust und mit einer Armee in das Innerste von Indien gedrungen und die Heiden bekrieget hat. Des berühmten Grabes wegen, wo im Maymonat ein großer Zulauf ist, heißt der benachbarte Flecken, Groß-Beràez: die Stadt selbst aber, ohngeachtet sie ungleich stärker bebauet und bewohnt ist, Klein-Beràez. Der Boden jenseit dem Sarzu gen Norden, liegt niedrig, ist voller Schilfrohr, wild, mit dichtem Grase und mit Bäumen bewachsen, so wie der Erdstrich zwischen Tschoka und dem Gagra.

Der Sarzu entspringt in dem N. N. westlich gelegenen Gebirge, fließt von Norden gen Süden nach Beràez herab, ist ein Steinwurf breit, und im December war er zwey indische Ellen tief; oft nimmt er so ab, daß man hindurch waten kann. Unterhalb Beràez lenkt er S. S. östlich. Mehr von diesem Flusse kömmt an einem andern Orte vor. Die geographische Breite von Beràez hält 27 Gr. 20'.

Von Beràez liegt Ismaelgans 8 Meilen; Gangòl 10; Bagbèla 12; Gonda 20; Corassa vom letzteren Orte, 2; von Beràez bis Corassa geht es S. O. ¼ südlich.

Von Beràez bis Bangla sind 34 Meilen, nach andern 35; nemlich erst 20 bis Gonda; von da bis Mahadeva S. O. ¼ südlich, 7 Meilen; von da bis Navabgäns S. S. östlich 4; von da, nach eben der Gegend, 3 Meilen bis Bangla.

Cherabàd, ein volkreiches Städtchen mit vielen Häusern von Backsteinen, in einer weiten Ebene, und mit Teichen umgeben; man verfertigt daselbst sehr feines Baumwollenzeug. Der Ackerbau bringt jährlich 1200000 Rupien ein. Der Boden ist eben und trägt alle Arten Früchte; eine unzählige Menge Obstbäume sind nach der Reihe gepflanzt, welches dem Auge anmuthige und reizende Scenen darstellt. Der ächte und alte Name dieses Städtchens ist Kèr,

Tieffenth. Erdbeschreib.   A a   den

den die Mahometaner in Cherabád verwandelt haben. Die Polhöhe dieses Ortes ist 27 Gr. 17 Min.

Von Lacno bis Cherabab sind, nach einer geraden Linie gerechnet, 39 englische Meilen. Da aber der Weg viele Krümmungen macht, und 24 Meilen drauf gehen; so werden, hiernach gerechnet, mehr als 46 englische Meilen zurückgelegt.

Dies sind die vornehmsten Oerter dieser Provinz; nun zu den andern.

Mahadeva, ein Flecken, genannt nach einem dortigen kleinen Tempel des schändlichen Götzen Mahadeo, an einem 4 Meilen langen und tiefen, aber nicht sehr breiten Sumpf, der viele Fische, vorzüglich Karpfen nährt. Der Ort liegt 6 Meilen von Gobtargàth.

Bhadia, ein großer Flecken, 11 Meilen von Mahadeva.

Balrámpor, ein großer Ort mit Häusern von Thon und Strohdächern, in einer anmuthigen Ebene. Die Wohngebäude des Statthalters, von Backsteinen und Kalk, gleichen einem Kastell, und liegen nordöstlich vor der Stadt. Von der Stadt aus sieht man nördlich ein Gebirge, das sich gen Morgen und Abend ausbreitet. Zuerst erblickt man die schwarzen niedrigen Berge, die 20 Meilen von Balrámpor und Atrol entfernt seyn sollen, ohngeachtet sie näher zu seyn scheinen. Mit Bewunderung aber und Ergötzung sieht man die über 20 Meilen von Morgen gen Abend sich erstreckenden weißen Berge, denen die große Menge Schnee diese Farbe giebt. Ihre Entfernung von Balrámpor wird verschiedentlich angegeben, indem einige 150 Meilen, andere mehr rechnen. Im April und May kommen die Einwohner aus den Gebirgen mit allerley Waaren, als: wilde Nüsse, mit einer sehr harten Schaale; Cardamom; eine gelbe Wurzel, genannt Háldi; länglichte Zittwer (Zedoaria oblonga); Kuhschwänze, mit sehr weichem Haar; kleine fette aber starke Pferde. Die Bergbewohner gleichen nach Gesicht, Farbe und Statur den Málayen; sie gehen barfuß, in einem groben zottigten Gewande und etwas Leinewand um den Kopf.

Taf. XXIV. N. 1

Die Mittagshöhe der Sonne konnte den 4ten März 1770, wegen wolkichten Wetters, nicht beobachtet werden; allein aus der Meilenzahl, und der Himmelsgegend von Bangla aus zu schließen, mag die Breite dieses Ortes 27 Gr. 9 bis 10 Min. seyn.

Der Rabti fließt anderthalb Meilen davon nördlich; seine Breite beträgt an 60 Schritt; im May und Junius kann man zu Fuß durch.

Von Balrampor nach Pethàna, einem gebirgigten Distrikte, geht es über folgende Oerter:

Bey Bizlipor setzt man über den Rábti und kömmt 5 Meilen von da auf Bhagbanpor; sodann 4 Meilen N. östlich auf Debbipátan, ein Ort, der wegen eines Tempels der Göttin Debbi berühmt ist, und wo im März bey einem Baum Thiere, als: Ziegen, Böcke, wilde Ochsen, geopfert

geopfert worden; einige schneiden sich sogar die Spitze der Zunge ab, der Göttin zum Opfer, um entweder ihre Wünsche erfüllt zu sehen, oder auch um wegen erhaltener Wohlthat sich dankbar zu bezeigen, wobey sie sich zuweilen dadurch das Leben nehmen. Gewiß eine entsetzliche durch den Aberglauben bewirkte Grausamkeit, die diese Menschen gegen sich selbst verüben: sonst aber bestrafen die der wahren Religion unkundige Heiden, in der That die weiche und ausschweifende Lebensart vieler Europäer, und beschämen die Verehrer der wahren Religion.

Von Debbipátan geht es 23 Meilen nördlich durch eine Wüste, theils durch enge Pässe, theils über Berg und Thal, bis Matschigava, welches nördlich am Rabti liegt und zum Gebiet und dem waldigten Strich Deucär gehört. In diesem 23 Meilen langen Erdstriche trift man kein Dorf, kein Haus, keine Hütte an; man kann aber unter irgend einem Baum die Nacht ruhig zubringen; indem man daselbst keine wilden Thiere, ausser Bären bemerkt, die aber dem Menschen keinen Schaden zufügen.

Von Matschgava geht es 6 Meilen O. N. östlich bis Moria, ein kleines Dorf mit wenigen Hütten, ohnweit dem diesseitigen Ufer des Rabti.

Von da 4 Meilen nördlich; sodann wieder über den Rabti 24 Meilen N. N. westlich, theils durch fürchterliche Wälder, theils über rauhe Berge. Rechts fließt der Rabti fort; ohnweit dem Uebergange desselben ist die Mündung des Zemräk, den er aufnimmt. Von da kömmt man über 4 Berge weg, bis Bezvara, eine halbe Meile jenseit dem Rabti. Eine halbe Meile davon, oder 2 Meilen vom jenseitigen Ufer des Rabti, ist Pethana, der Sitz des Raja von Pethana, ein unerheblicher Ort; die Wohngebäude des Fürsten und die Hütten seiner Verwandten sind wie Sommerlauben gebauet, von dornichtem Rohr, mit Stroh bedeckt und liegen hie und da zerstreuet.

Aus dem obgedachten erhellet, daß Pethána von Balrampor an 53 Meilen weiter gen Norden gelegen sey; oder, 1 Meile wegen Krümmungen abgezogen, 52, die, nach dem oben bestimmten Maaß, 1 Gr. 40′ betragen; dies zur Breite von Balrampor gerechnet, setzt die von Pethana auf 28 Gr. 50′.

Es geht noch ein anderer Weg von Balrampor nach Pethana, über folgende Oerter: Zuerst über Serfi, ein Flecken am nördlichen Ufer des Rabti; sodann an 8 Meilen über Ramnagar, Rosselpor, Roleria, Róla, Aher: Rola bezeichnet enge Pässe zwischen zween Bergen; von da geht es an 20 Meilen durch Wälder und felsigte rauhe Gegenden bis Methna; von da drey Meilen bis Klein-Balrampor, einem kleinen Flecken; von da bis Matschgava, und der übrige Weg wie oben.

Die Provinz Avad.

Unter die größeren Bäume dieser waldigten und bergigten Gegend gehören die Lerchen- und Sal-Bäume, anderswo genannt Sáku und Coru; unter die kleineren der Tschischum- und der Bèl-Baum, die eine sehr schmackhafte Frucht mit einer harten Schaale tragen. Außer diesen giebt es noch andere Fruchtbäume, als, der Am, die Tamarinde, der Bèr- oder Caram- bolen-Baum, Myrobolanen.

Die Quelle des Rabti ist bey Muctnáth, einem dem Mahadeo geheiligten Ort, 12 Tagereisen oder an 90 Meilen von Pethana, jedoch die auf- und abgehenden ungerechnet. Der Weg geht N. westlich oder N. N. westlich, welches man nicht genau weiß. Es entstehen daselbst drey Flüsse, der Rabti, der Zemräk und der Tschimina; daher ist dieser Ort den Heyden heilig und geschehen häufige Wallfahrten dahin, indem man allen Quellen der Flüsse die größte Verehrung erweiset.

Atról, ein großer Flecken von einer langen Straße, einem gewissen Afganen zugehörig, der hier ein Wohngebäude von Backsteinen mit einem Garten hat; die übrigen sind von Thon. Der Ort liegt 1¼ Meile vom südlichen Ufer des Rabti und 7 S. ⅛ S. östlich von Balrámpor. Auch hier kommen die Bergwohner mit allerley Waaren her und vertauschen sie gegen andere.

Gandó, ein großer Flecken am südl. Ufer des Rabti, 6 Meilen S. S. östlich von Atról.

Dumbriagans, ein Schloß mit einem Wall, niedrigen Thürmen und dichtem stachlichten Rohrzaun umgeben; nördlich dienet der Rabti statt eines Grabens. Der ganze Erdstrich, von Balrampor bis Gorecpor, ist, ohngeachtet des herrlichen Bodens, nicht sehr gebauet.

Badóla, ein fast verfallener Flecken, eine halbe Meile von Dumbria. Am südlichen Ufer des Rabti liegt ein verfallenes Kastell, mit einem Wall und vier Eckthürmen.

Bansi, ein großer Flecken auf einer vom Rabti gebildeten Insel, indem aus diesem Fluß einiges Wasser vom Morgen gen Abend fließt, wodurch der Ort nördlich vom festen Lande getrennt wird. Man geht auf einer hölzernen Brücke hinüber und findet da nur einige wenige Hütten. Die Stadt selbst liegt auf einem fast allenthalben abschößigen Erdhügel; die Häuser derselben sind von Thon und mit Stroh oder Ziegeln gedeckt; nördlich geht, vom Abend gen Morgen, oder von einem Ufer zum andern ein Damm. An der äussersten Spitze des festen Landes steht westlich ein dicker Thurm am Damme, und nahe dabey eine Vorwehr von Erde, dergleichen noch zwey andere, südwestlich und südöstlich am Ufer des Flusses befindlich sind. Ueberhaupt wäre die Lage dieses Ortes zu einer Vestung sehr geschickt. Ehmals wurde dieser Ort nebst dessen Distrikt von einem vom Geschlechte der Tschirneten beherrscht, unter denen ehmals auch Gorecpor stand. Die Enfernung desselben von Dumbria beträgt 11 Meilen O. S. östlich, gen S. O. ¼ Ost.

Von

Die Provinz Avab.

Von Banſi bis Betól, ein unten am Gebirge gelegener Handelsmarkt, rechnen Sach-
verſtändige 28 Meilen; man reiſet erſt bis Sanoli 6 Meilen von Banſi; von da bis Nea-
cot 10; von da bis Betol 12. Der Weg geht nördlich; man ſehe, was hievon weiter unten
angemerkt wird.

Von Banſi bis Schumla, einem ſehr hohen Berge, ſollen 24 Tagereiſen ſeyn; von
Banſi geht es bis Sanoli; von da 15 Tagereiſen bis Benirſchor, von da braucht man
8 Tage bis Schumla: indeß verdient dies noch nähere Unterſuchung.

Bäcra, ein Flecken mit einem Zaun von Dornrohr, 9 Meilen S. O. ¼ S. von Banſi,
und 11 Meilen W. ¼ N. weſtlich von Gorecpor, an einem großen mit den ſchmackhafteſten
Fiſchen angefüllten See, der ſich von N. N. Weſt gen S. S. Oſt in einer Länge von 3 Meilen Taf.
erſtreckt; die Breite beträgt eine halbe Meile, an einigen Orten mehr. Eine halbe Meile XXXII.
weit zieht er ſich in die Enge und macht einen Buſen, der in die gedachte Länge von 3 Meilen n. 3.
mit eingerechnet iſt. Am Ufer liegen Dörfer umher. In dieſer Gegend wächſt viel (Bam-
bus- oder) Dornrohr, womit die Dörfer umzäunt ſind. Der Boden iſt eben, aber ungebauet;
die Dörfer ſind ohne Einwohner und Ackerbau. Tamarinden ſind hier ſelten, aber Am-Bäume
in großer Menge.

Maghär, ein großer Flecken, mit 2 öffentlichen Herbergen, am weſtlichen Ufer des
Ammi, eines wie ſtillſtehenden Baches, der an 2 Meilen von Gorecpor ſich in den Rabti
ergieſſet. Am weſtlichen Ufer auf einem Hügel iſt das Grab des Cabir, eines berüchtigten
Webers und Stifters der ſogenannten neuen Secte Cabirpánd; er lebte zur Zeit des Sicander Lod, Königs von Dehli um das Jahr 1500. Der Ort iſt mit einer Mauer von Backſteinen umgeben; in der Mitte ſteht ein niedriges Gewölbe von ungewöhnlicher Breite mit
einer viereckigen Einfaſſung von Kalk und Backſteinen, anderthalb Ellen hoch; in dem Gewölbe liegt der Leichnam des Cabir; bey dem Gewölbe rechts iſt das Grab ſeines Sohns Camàl;
der Haupteingang iſt gen Norden und gegenüber ein kleinerer. An der Abendſeite von Mag-
hàr erſtreckt ſich ein dichter Wald in einer Länge von zwey Meilen bis Chalilabad.

Mirgans, ein Flecken, 11 Meilen von Gorecpor.

Bäſti, ein ſtark bebauerter und bewohnter Flecken, mit einem auf beiden Seiten mit Pa-
liſaden verſehenen und mit dichtem Dornrohr bepflanzten Wall, ſtatt einer Mauer, oder anderen Befeſtigung, umgeben: alle Flecken dieſes Diſtrikts haben dergleichen Bewallung; nördlich liegt eine Vorwehr von Erde mit vier runden Thürmen an den Ecken; iſt aber izt faſt verfallen. Der Ort liegt 19 Meilen weſtlich von Gorecpor; 16 von Banſi; denn von Baſti
ſind es 8 Meilen bis Asnàr und eben ſo viel von da bis Banſi.

Zwey Meilen W. S. westlich von Basti ist der Fluß Cuána, der von Beraes kömmt und sich in den Gagra ergießet.

Anderthalb Meilen östlich von der Herberge, genannt Baniankisarai, nach dem Namen eines Kaufmanns, fließt ein anderer Fluß, Namens Mänuráma, der von Gonda her, ohnweit Barayapàra, 35 Meilen von Avad in den Gagra sich ergießet. Die gedachte Herberge liegt 12 M. von Basti, 7 von Avad, 8 von Bangla.

Betól, ein Marktflecken unten am Gebirge, wohin allerley Waaren geführt werden, 28 M. von Bansi. Man geht über Sohàs, ein Flecken, 8 M. von Bansi, und von da 20 M. bis Bitol, durch Wälder und Wüsteneyen, die wegen der Tiger sehr unsicher sind. 10 M. nördlich von Bitol, auf einem Berge, liegt Parbàs, und von da eben so weit, Pálpa, der Sitz des Raja dieses kleinen Berges.

Von Gorecpor bis Bitol sind 31 Meilen: denn erst hat man 8 Meilen bis Ambua; dann 6 bis Berl; 4 bis Sindria; 4 bis Nislor und endlich 9 bis Bitol.

Amsàna, ein Flecken mit einer Vorwehr von Erde, 10 M. S. O. von Bangla, dem Fürsten von Haffänpor gehörig.

Acbärpor, eine kleine Stadt, sieben Meilen S. östlich von Amsana, am südlichen Ufer des Thons, nebst einem mit starken Thürmen versehenen Kastell von Backsteinen. Ueber den Fluß geht eine gemauerte Brücke, welche die Stadt Schehsädpor mit Ac-bärpor verbindet. Der Ursprung des Flusses, der Asamghar vorbeyfließt, und in dem benachbarten Distrikte Rudoli, den Namen Marha bekömmt, ist anderswo angemerkt.

Nun zum Distrikte von Lacno.

Anderthalb Meilen östlich von Lacno kömmt ein Bach, Namens Cocràl, N. westlich herab, und fließt ohnweit der Furt in den Gumati.

Ismaelgäns, eine offentliche Herberge, drittehalb Meilen östlich von Lacno; von Schekisaray 5.

Alahpor, am westlichen Ufer des kleinen Flusses, achtehalb Meilen von Lacno.

Navàbgàns, ein Schloß mit einem Walle, 9 Meilen von Lacno; nahe dabey, östlich, zehn Meilen von Lacno liegt Cádergans, eine öffentliche Herberge.

Eine halbe Meile von Cádergans liegt Raffóli, ein großer Ort.

Partàbgans, ein starkes Fort in einer Ebene, an 3 Meilen von Navabgans. Es ist länglicht, hat mit Zinnen versehene Mauern von Backsteinen und ein schönes großes Thor.

Saftärgans, ein Flecken, nebst einem Schloß mit einem Walle, 14 M. von Lacno, am Bache Caliani, über welchen eine Brücke von Backsteinen führt.

Daria-

Die Provinz Abad.

Dariabad, ein großer Ort, deßen Hauptstraße von Abend gen Morgen eine halbe Meile lang sich erstreckt, aber enge und kothig ist. Vor der Stadt westlich liegt ein Fort von ziemlichem Umfange und mit einem tiefen Graben; Mauern und Thürme sind von Thon, außer einem viereckigen von Backsteinen. Zur Regenzeit ist dieser Ort eine Insel, die mit Gewäßern und Sümpfen umgeben ist. Ueber 9 Meilen weiter ist ein kleiner Fluß mit einer Brücke von Backsteinen.

Muhammadpor, eine Stadt, 10 Meilen von Dariabad und 9 von Bangla.

Norai, ein Flecken, 5 Meilen westl. von Bangla. Westlich ohnweit Norai, eine halbe Meile vom Königswege, zeigt sich der Gagra.

Rudóli, eine mit Sümpfen umgebene Stadt, den westlich gelegenen Theil ausgenommen; sie hat einige Häuser von Backsteinen, und mahometanische Grabmale von gleichem Gemäuer; liegt 7 Meilen von Dariabad und 3 etwas starke von Muhammadpor.

Der Weg von Dariabad hieher, geht erst zwey Meilen S. O. ¼ östl. bis zu dem Flecken Sarayan; sodann 1½ Meile, nach eben der Gegend, bis Eliabad. N. W. ¼ westlich bey diesem Flecken liegt ein mit Sandhügeln umgebener See. Ferner, nach eben der Gegend 2 Meilen bis Roza, und dann 1½ Meile S. O. ¼ südlich bis Rudoli.

Von Rudoli bis Muhammadpor geht man erst 2 Meilen O. N. östlich bis an einen Bach, und von da 1 Meile östlich bis Muhammadpor.

Von Norai bis Rudoli sind 7 Meilen. Der Weg geht W. S. westlich, erst 3 Meilen bis Caréru, ferner 1 M. bis Sorangham, ein großes Dorf, und dann 3 Meilen bis Rudoli.

Von Rudoli bis Besóri sind 4 Meilen W. S. westlich.

Viertehalb Meilen westlich von Lacno kömmt man nach Durgagans.

Malihabad, eine große von Afganen bewohnte Stadt, mit vielen Häusern von Backsteinen und Strohhütten. An der Mittagsseite fließt der kleine Fluß Betta, der aus einem großen Sumpfe bey Bereham, einem Flecken, 5 Meilen nördlich von Sandila, entspringt. Der Ausfluß deßelben ist 3 Meilen N. W. ¼ nördlich von Lacno, und ⅛ Meile östlich von dem Flecken Zet. Das von Erde aufgeworfene Kastell ist verfallen. Die Stadt liegt achtehalb Meilen W. ¼ N. W. von Lacno.

Rehimabad, ein Flecken mit einem Kastell von Thon, 4¼ Meile W. N. westlich von Maliabad.

Sandila, ein von Afganen bewohntes Städtchen, fast eine halbe Meile lang, in einer Ebene. Es hat viele Häuser von Backsteinen. Das von Erde aufgeführte Kastell ist von keiner Stärke. Der Ort liegt 9 M. N. W. ⅛ westl. von Malihabad und 16 von Lacno.

Naval-

Die Provinz Aoad.

Náválgans, 6 Meilen W. S. weſtlich von Lacno, eine Herberge und Schloß (Clauſtrum) von ſehr großem Umfange, allenthalben bis auf eine Seite mit einem erdenen Wall umgeben; öſtlich iſt ein großes prächtiges Thor, von wo eine lange Straße mit allerley Waaren weſtlich fortgeht. Eine Meile von da aus bis Mohàn geht eine breite an beiden Seiten mit Bäumen beſetzte Landſtraße.

Mohàn, ein großer Flecken, oder vielmehr ein Städtchen, worin die meiſten Häuſer von Backſteinen, am öſtlichen Ufer des Sei, über welchen eine ſchöne Brücke von Backſteinen, mit 15 Bögen und einem Geländer, führt; auch iſt ſie an beiden Enden mit zwey Thürmchen geſchmückt. Der Weg zur Brücke, iſt ſowohl nach der Stadt, als nach der Land-Seite mit einer niedrigen Mauer verſehen und mit Backſteinen gepflaſtert. Der Boden jenſeit des Fluſſes gen Abend iſt eben, aber niedrig; überhaupt iſt der ganze Diſtrikt bis an den Ganges niedriger, als der bis Lacno, von wo dies Städtchen 7 Meilen W. S. weſtlich entfernt iſt.

Acbarpor, ein Flecken mit einer Herberge, 4 Meilen weſt N. weſtlich von Mohàn.

Iſſibàn, ein großer Flecken, 3 Meilen W. S. weſtlich gen W. ¼ S. Weſt von Acbarpor, und 2 Meilen vom weſtlichen Ufer des Sei.

Takia, eine kleine Stadt, 4 mittelmäßige Meilen, W. ¼ N. weſtlich von Iſſiban, und vom weſtlichen Ufer des Sei. Von Iſſibàn bis Takia erſtreckt ſich ein aus Bäumen und Gebüſch beſtehender Wald.

Bángármao, ein großer über eine Viertelmeile langer Flecken, worin die meiſten Häuſer von Backſteinen auf Sandhügeln zerſtreut liegen: viele davon ſind verfallen, und die Einwohner anderswohin gezogen. Das von Erde aufgeführte viereckte, S. öſtlich gelegene Kaſtell iſt von keiner Stärke. Der Ort liegt 4 Meilen N. W. ¼ weſtlich von Takia, und 5 vom weſtlichen Ufer des Sei, am öſtlichen Ufer des kleinen Fluſſes Caliani, der bey Sonria, 3 Meilen von Belgram, aus einem Sumpf hervorbricht, und bey Ráda, dritthalb Meilen von Bangarmao in den Ganges fließt. Dieſer kleine Fluß bekömmt drey Namen: erſt heißet er Gargaria; ohngefähr 7 Meilen weiter, Gela, und bey Malávan, Caliáni.

Nánamao, eine Stadt, 3 Meilen W. ¼ N. weſtlich von Bángármao, am weſtlichen Ufer des Ganges; wer weſtwärts reiſet, ſetzt hier über den Fluß. Am 12ten Nov. 1769 beobachtete ich die Mittagshöhe der Sonne, am öſtlichen Ufer des Ganges, Nánamao gegenüber; da aber der Himmel mit dünnen Wolken überzogen war, ſo kann man nicht ſehr auf die Beobachtung bauen. In Erwägung des Weges und der Himmelsgegend mag die Breite dieſes Ortes 26 Gr. 37' betragen.

Mitten

Die Provinz Abad.

Mitten auf dem Wege von Bangarmaß bis Malávan, zwi. Malayah, liegt Morabábád, drittehalb Meilen von jedem Ort.

Almao, ein Flecken, 3 Meilen von Bangarmaß und über 2 Meilen N. N. westlich von Nánamao.

Süpapor, ein Flecken, 4 Meilen von Bangarmaß und 3 vom östlichen Ufer des Ganges. Czipor, ein Flecken, 1½ Meile S. westlich von Malávan, und ¼ Meile vom östlichen Ufer des Caliáni.

Malávan, ein großer Flecken oder ein Städtchen in einer Ebene; es hat viele Häuser von Backsteinen; ist stark bewohnt und mit Bäumen umpflanzt; liegt 8 Meilen von Caños, 15 von Sandi und 5 vom westlichen Ufer des Sei. Das Kastell, welches theils von Thon, theils von Backsteinen und mit Thürmen versehen ist, liegt S. östlich, 3 Meilen von Sultanpor; 9 von Catia; 7 von Beganigans; 4 von Mendigarh S. östlich; 5 nördlich, jedoch etwas westlich, von dem am östlichen Ufer des Sei gelegenen Flecken Góogahs.

Belgräm, eine mit vielen Obstbäumen umpflanzte Stadt mit engen Gassen und vielen Häusern von Backsteinen; nebst einer Vorwehr außerhalb derselben, von Thon, und mit 4 hohen runden Thürmen an den Ecken. Sie liegt 3 Meilen vom östlichen Ufer des Ganges; 5 von Canos und 3 N. N. westlich von Malávan.

Sandi, ein volkreicher Flecken, oder vielmehr Städtchen, von Morgen gen Abend gelegen, mit Gärten, und mit gewölbten Gebäuden geschmückt, in einer Ebene am östlichen Ufer des Garra; westlich ist sie mit Sümpfen umgeben. Am hohen Ufer des Flusses liegt ein Fort, dessen eine Hälfte, nach der Stadt hin, von Backsteinen, die andere von Thon ist. Der Ort liegt 5 Meilen N. N. westlich von Belgräm.

Von Sandi bis an den Sodbrunnen Brehmauökkt, ein Heiligthum des Indier, der mit einer gemauerten Einfassung und mit Stufen zum Wasserschöpfen versehen ist, sind anderthalb Meilen Nordöstlich. Der Brahma soll hier geopfert haben.

Cotschlai und Hempor, Flecken, 3 Meilen südlich von Sandi, am östlichen Ufer des Garra, und zwar da, wo die kleinen Flüsse Laturi und Gambiri in den Garra fließen. Der zweyte ist größer wie der erste; diesen erblickt man von Osten her; jenen mehr gen Abend: von ihrem Zusammenfluß an ist nur noch eine Meile bis zum Einfluß des Garra in den Ganges. Cotschlai gegenüber liegt der Flecken Mohrya; und Hempor gegenüber der Flecken Laturi.

Von Sandi bis Schahabad sind 13 Meilen; der Weg geht in mancherley Krümmungen, bald nordöstlich, bald N. N. östlich, bald nördlich, bald N. ¼ N. westlich, bald N. N. westlich.

Tieffenth. Erdbeschreib.   B b   Zwi

Zwischen den beiden Flecken Cásibári und Beta, welcher letztere 4 Meilen S. S. östlich von Schahabad liegt, setzt man über den kleinen Fluß Suléta, der von Norden her kömmt und unterhalb Sandi in den Garra fließt.

Schahabad, oder Königsstadt, erbauet von dem Afganen Diler Khàn, einem tapfern Heerführer zur Zeit Aorangsebs. Sie ist von großem Umfange; fast in der Mitte steht ein Pallast von Backsteinen, gleich einem Kastell mit Thürmen befestigt; mit einem Vorhof (Vestibulo) und großem bedeckten Säulengange; auch sind die meisten andern Häuser von Backsteinen, die übrigen aber von Thon; ferner sieht man eine prächtige mit einer Mauer umgebene Moschee von Backsteinen. Die Stadt erstreckt sich eine Meile lang von Norden gen Süden; ihre Breite ist etwas geringer; von ihrem ehmaligen Flor aber ist itzt wenig übrig. Sie liegt 2 Meilen vom östlichen Ufer des Garra, 7 von Schahzahanpor. Ihr erster Erbauer war Angàt, Sohn des Latschman; daher sie auch Angàtpor und Anghei heißet; damals war sie am größten und volkreichsten und mit zwölf Kastellen umgeben: ihre gegenwärtige Gestalt aber hat sie von Diler erhalten. Der Boden von Bángarmao bis hieher trägt viel Hirse und Weitzen.

Páli, ein ehmals volkreicher Flecken am westlichen Ufer des Garra, der von den Camauischen Gebirgen her, Pilibinth vorbey, bey Schahzahanpor den Candot aufnimmt, und sodann Páli vorbey, bey dem Flecken Bamroli in den Ganges fließt. Der Ort liegt 6 Meilen S. westlich von Schahabad; 13 von Schahzahanpor; 12 von Sarrochabad; der Weg ist, fast bis an das Ufer des Ganges, sehr sumpfig und beschwerlich.

Sai, ein Flecken, 5 Meilen S. westlich gen W.¼ S. West von Páli, am östlichen Ufer des Ramgänga.

Deuri, ein Flecken am westlichen Ufer desselben Flusses, viertehalb Meilen vom Ganges.

Der Ramganga heisset auch Bánganga; ist größer wie der Gumàti; fließt Moradabad vorbey; läßt Baréli vier Meilen östlich; fließt an Zalalabad, 14 Meilen von Sarrochabad an, und bey dem Flecken Kiria, 1 M. S. östl. von Bhospor in den Ganges.

Nun die Gegend am Gumàti.

Baraun, ein großer Flecken, fast eine Viertelmeile vom jenseitigen Ufer des Gumati und drittehalb Meilen W. N. westlich von Lacno. Baraun gegenüber, ein wenig nördlich liegt Sotóra, am jenseitigen Ufer des Gumati, fast 3 Meilen von Lacno.

Boramao, ein Flecken auf einem kleinen Sandberge, an welchem ein sumpfichter Bach (rivus palustris), in den Gumati fließt, der hier, wegen des kleinen Berges eine Biegung macht. Der Ort liegt an 4 Meilen von Lacno.

Cal=

Die Provinz Avad.

Calváta, ein Flecken, kaum eine Viertelmeile vom jenseitigen Ufer des Gumati, der hier eine Insel macht, indem er einen Theil seines Gewässers N. östlich ergießt, welches man einen Wasserbehälter des Gumati nennen kann, wodurch derselbe stets fließend erhalten wird *). Der Ort liegt 6 Meilen und darüber W. N. westlich von Lacno.

Nicráspor, ein Flecken am diesseitigen oder südlichen Ufer des Gumati, 6 Meilen östlich von Malihabad.

Birsenpor, ein Flecken am jenseitigen Ufer des Gumati, zwölf Meilen von Lacno.

Methua, ein Flecken am diesseitigen Ufer des Gumati, eine halbe Meile von Birsenpor. Der Gumati ergießt hier einen nicht geringen Theil seines Gewässers östlich und macht einen Teich.

Birzapor, ein Flecken am jenseitigen Ufer des Gumati, über 1 Meile von Manua.

Bárpor, ein großer Flecken, ¼ Meile W.N. westlich von Birzapor, am südlichen Ufer des Gumati.

Haróra, auch ein großer Flecken, am Zusammenfluß des Gumati und Sarayn, und gleichsam auf einer Halbinsel. Die Mündung des Sarayn ist so breit wie der Gumati (aequale est Gumati) und gegen S. W. gerichtet; er kömmt von N. Ost her und fließt 1 und ¼ Meile vor der Mündung an der Stadt Manua weg. Von Haróra bis Lacno zählt man 14 Meilen.

Pará, ein Flecken, 2⅛ M. N. westlich von Haróra, und ⅛ vom jenseitigen Ufer des Gumati. Am Ufer selbst, ⅛ Meile südlich von Para, liegt Ismaelgans, oder der Kornmarkt (horreum) des Ismael. Ferner Issagans, oder der Handelsmarkt (conditorium) der Gesellschaft Jesu, 5 Meilen westlich von Haróra. Ein gewisser Mahometaner hat jenem neuerbauten Flecken den Namen gegeben.

Aorangabad, eine kleine Stadt, 3 Meilen vom jenseitigen Ufer des Gumati; fünftehalb N. W. ¼ westlich von Issagans; zwey O. S. östlich von Nimcàr; erbauet von einem mahometanischen Házi Mahédi Messári, oder der Aegyptier, der er von Geburt war.

Nimcàr, eine alte Stadt, ehmals einem heidnischen Raja vom Geschlechte Gòr gehörig, hat eine ziemlich lange Straße und einige mit Ziegelsteinen untermauerte Häuser; ist aber sehr heruntergekommen. In alten Schriften heißt sie Nimsàr, wegen der umliegenden häufigen Sandhügel. Sie liegt am jenseitigen Ufer des Gumati, 24 Meilen von Lacno, 5 von

*) Ad hunc pagum Gumatis insulam efficit; nam aquam ex alveo emittit ad Borropheliotem. Haec aqua stagnans potest appellari hydrophylacium Gumatis, vi cujus alveus semper fluidus conservatur.

Taf. XVIII.
a. 1.
Matſchreta und 5 von **Kerabad**. Am Ufer ſelbſt, auf einem hohen Sandhügel, liegt ein Kaſtell von Ziegelſteinen von einer halben Meile im Umfange, und mit vier runden Thürmen an den Ecken, wovon aber drey verfallen und nur noch der ſüdöſtliche ganz iſt; auch das Thor iſt eingeſtürzt und das ganze Werk liegt izt wüſte. Der Erbauer deſſelben ſoll ein Mahomedaner, Namens **Sázicamál**, geweſen ſeyn. Am Haupthor gen Mitternacht ſieht man ein Viereck von dicken Ziegeln, genannt **Sitha Raſſoi**, oder der Tiſch der **Sitha**. Auch ſollen fünf Kuhmiſtkuchen, womit die Indier gewöhnlich kochen, verſtekwert ſeyn; und dieſe werden noch zum Andenken bey einem Brunnen am weſtlichen Ufer aufbewahrt. O. S. öſtlich, ohnweit der Stadt, iſt ein heiliger Teich, genannt **Tſchácät Tirát**. Die ſtuffenweiſe gemauerte Einfaſſung deſſelben iſt ein Achteck, deſſen äuſſerſter Umfang 170 Schritt beträgt, jeden zu ohngefähr drey Spannen gerechnet; der innerſte, aber der nächſte an der Fläche des Waſſers hält 130. Der Stufen ſind 10 bis 11; ſie ſind in der Rundung angelegt, um deſto bequemer hinabſteigen zu können. Der Grund iſt tief und das Waſſer himmelblau; es ſpringt aus der Erde hervor und die Heiden reinigen ihre Leiber damit. Auf der O. N. öſtlichen Seite der Einfaſſung, auf welcher man ſpatzieren kann, an drey Ellen über die Erde, ſteht eine dem **Bherun** geheiligte Kapelle; S. S. öſtlich iſt eine kleine Oefnung zum Abfluß des Waſſers.

Nicht weit von dieſem Teich oder Brunn, N. öſtlich, iſt ein bedeckter Säulengang, an welchem ein kleiner Teich befindlich; dieſer Ort heißet **Pántſch Prág** und iſt der Göttin **Láltavabanj** gewidmet. Oeſtlich, faſt eine halbe Meile von der Stadt iſt ein anderer Andachtsort, genannt **Cáſchi**, nebſt einem Teich mit einer Einfaſſung und einem Säulengange.

Noch ein anderer Ort liegt ohngefähr eine Meile weit, nach derſelben Gegend, und heißet **Béabár** oder **Budagea**; allda iſt ein hoher Baum, deſſen äuſſerſte Zweige ſich zur Erde biegen und daſelbſt Wurzel ſchlagen. Ein anderer heiliger Teich, über eine Viertelmeile S. S. öſtlich oder ſüdlich von der Stadt, nicht weit vom weſtlichen Ufer des **Gumati**, iſt nur klein, in der Größe eines Brunnen, mit einer Einfaſſung, in welchem das Waſſer aus der Erde quillt. Der Name deſſelben iſt **Bremauvártcund**, weil der Brehma hier geopfert haben ſoll. Das überfließende Waſſer rinnt in den **Gumati**.

Am Ufer, links dem Kaſtell, ſind fünf mit Waſſer und Rohr gefüllte Graben, die von einem Bach, der von **Pantſchpråg** und dem Teich **Tſchácät Tirát** kommt, herrühren. Das Waſſer derſelben, ſagt man, ſoll jedem der ſich hineinbegiebt, er mag groß oder klein ſeyn, gleich hoch an den Leib gehen; die Erfahrung aber widerlegt den Ungrund dieſer Behauptung.

Bey

Die Provinz Avad.

Bey dieser Stadt ist der Lauf des Gumati in einer Strecke von einer halben Meile gen Aorangabad sehr abwechselnd, indem er bald S. S. östlich, bald N. östlich, bald O. S. östlich, bald östlich, und bald wieder O. S. östlich sich lenkt.

Thálórgáns, am jenseitigen Ufer, eine halbe Meile N. N. westlich von Nimcar.

Maronda, ein Flecken, anderthalb Meilen von Nimcar und eine M. vom diesseit. Ufer.

Mefräk, ein Flecken, drey Meilen N. östlich. Daneben ist ein Teich, 60 Ellen lang und 40 breit, mit einer Einfassung von Backsteinen. Er ist den Indiern überaus heilig, indem alle ihre Götter und Halbgötter, von allen heidnischen Andachtsorten Wasser hieher gebracht und solches in den Teich gegossen haben sollen. Zu Anfang des Frühlings ist hier der größte Zusammenfluß von Menschen.

Cótóbnägár, ein Städtchen, fünf Meilen N. N. westlich von Nimcar und eben so weit von Gopamao; viertehalb Meilen vom jenseitigen Ufer des Gumati und zwey vom Cathna. N. westlich ausserhalb der Stadt liegt eine mit Thürmen versehene viereckte Vorwehr von Erde.

Die Mündung des mittelmäßigen Flusses Cathna ist bey Dabamao, am jenseitigen Ufer desselben, fünf Meilen N. N. westlich von Nimcar.

Zwey Meilen von Cótóbnägár liegt der kleine Flecken Romanpor, am diesseitigen Ufer des Cathna, und 2 Meilen davon S. S. östlich ist die Mündung desselben. Bey der Ueberfahrt geht dieser Fluß von N. N. Westen gen S. S, Ost, und fließt östlich Tschandor und westlich Tschitor vorbey.

Will man von Cherabad nach Aorangabad, so muß man über das kleine Flüßchen Peréhi, ohnweit einem fünftehalb Meilen westlich gelegenen Dorfe. Fünf Meilen von Tschitrapor ist die Mündung oder der Zusammenfluß desselben mit dem Sarayn, wo der Flecken Gaspor liegt.

Peffaun, ein großer stark bewohnter Flecken, 4 Meilen N. ⅓ N. westlich von Cotobnagar, zwey vom östl. Ufer des Gumati, und eben so weit vom westl. Ufer des Cathna.

Bärgam, ein Flecken, drittehalb Meilen N. N. westlich von Peffaun und anderthalb vom östlichen Ufer des Gumati.

Merania, ein Flecken nördlich von Bargam.

Mayärkéra, anderthalb Meilen nördlich von Merania.

Aorangabad, mit dem Beynamen Chòrròm, eine Stadt, drittehalb Meilen nördlich von Mayarkéra, 9 von Muhammadi und 3 vom östlichen Ufer des Gumati.

Der Pallast des Erbauers dieser Stadt ist von Ziegel und mit einer Mauer umgeben; dabey liegt auch von eben der Art ein länglicht vierecktes Kastell mit niedrigen sechseckigen Thürmen.

Dura, ein Flecken, sechs Meilen nördlich von Aorangabad; 1¼ Meile, W. ¼ N. westlich davon ist eine Furth (transitus) über den Gumati; sie wird Gersagath genannt; die Tiefe des Bettes daselbst ist im Frühling drittehalb Spannen, die Breite 20 gewöhnliche Wanderschritte. Der Lauf des Flusses geht hier von N. N. West gen S. S. Ost. Bald darauf lenkt er sich gen Abend und sodann südöstlich.

Muhammadi, eine große Stadt, mit Hütten von Thon und Strohdächern; sie hat Wall und Graben, und wurde von Muhammad Ali, zur Zeit Aorangsebs, erbauet, an der Stelle des ehmaligen Flecken Cohorni. Westlich liegt ein kleines Kastell, der Sitz des Ortsherrn; es ist von Backsteinen und an den 4 Ecken mit niedrigen achteckigen Thürmen versehen; man kann es eher einen Pallast als ein Kastell nennen. Am Thor dieses Pallastes stehen auch zwey Thürme an beiden Seiten, und an den drey übrigen Seiten steht zwischen beiden Thürmen noch einer in der Mitte. An der Hinterseite des Kastells ist ein von demselben abgesonderter Wall oder ein Außenwerk mit 4 bis 5 dicken Thürmen; östlich ist ein Teich: bey allem dem aber ist das Kastell nicht fähig irgend eine Belagerung auszuhalten. Die Polhöhe dieses Ortes beträgt, nach der den 11ten April 1769 angestellten Beobachtung der mittägl. Sonnenhöhe, 27 Gr. 37′.

Tab. XXXVIII. n. 1.

Fünf Meilen N. westl. von Muhammadi kömmt man an einen großen Sumpf, genannt Bholua, aus welchem der Fluß Sei entspringt, der westlich 1 Meile von Pehani, und eben so weit den großen Flecken Benseri vorbey und sodann auf Goegane fließt. Nach andern Sachverständigen aber, ist die Quelle des Flusses Sei eine halbe Meile westlich von dem Flecken Haryayan entfernt, wo er aus einem dortigen See entspringen soll: der Flecken liegt 4 Meilen N. westlich von Gopamao.

Von Muhammadi bis Schahjahanpor sind 12 Meilen, nach andern nur 10; bis Pilibinthi in gerader Linie 35, und 30 bis Aerighar.

Von Muhammadi bis zum Uebergange über den Gumati, genannt Sandurigath, ist nur 1 und ¼ Meile O. N. östlich: der Fluß ist dort tiefer als bey Gersagath; der Lauf desselben geht von N. ¼ N. West gen S. ¼ S. Ost.

Ohngefähr 2 Meilen östlich vom Zusammenfluß liegt ein starker Saku-Wald, wo man in tiefen mit Zweigen bedeckten Graben, Elephanten fängt. In diesem jenseit des Gumati gelegenen Erdstriche wächst zur Regenzeit Reis, und im Frühling Gerste und Erbsen.

Aorangabad, ein Flecken, 6 Meilen N. ¼ N. westlich von Muhammadi, 1 Meile vom östlichen Ufer des Gumati.

Die Provinz Avad.

Drittehalb Meilen von da, nördlich, liegt der kleine Flecken Malapor; 1¼ Meile vom östlichen Ufer des Gumati, und drittehalb vom westlichen des Cathna.

Gadáigath, oder der Zusammenfluß (Commeatus) des Gumati, der sich durch einen hohen Baum auszeichnet, 3 und ¼ Meile N. N. westlich von Malapor. Der Gumati wird daselbst stehend und bildet einen runden Teich, der im April bis an das Knie reicht. Umher, zumal nördlich und südlich, liegen mit Schlamm angefüllte Sümpfe zerstreuet. Diejenigen Sümpfe also, die nach der Angabe der Einwohner fünf Meilen vom östlichen Ufer bis Aorangabad sich erstrecken, unterhalten zugleich mit dem Sumpfe bey Gadaigath den Gumati mit Wasser, damit er nicht austrockne; welches gewiß von dem Teich Pulhar an, wo die Quelle desselben entspringt, auf viele Meilen weit geschehen würde, wenn nicht das in jenen tiefen schleimigen Graben versammelte Wasser dazu aufbehalten würde. Ueberhaupt darf man in diesem Erdstriche nur 8 bis 9 Spannen tief graben, so hat man Wasser; da es anderswo kaum auf 20 hervorquillt.

Von Gadaigath bis Alhámpor sind 2 Meilen N. ¼ N. westlich; und zwischen diesen beiden Orten am östlichen Ufer ist die Mündung des Baches Zugna, der von der Quelle an bis dahin 9 bis 10 indische Meilen durchläuft; an einigen Orten macht er tiefe Sümpfe. Die Mündung des Zugna ist 1 Meile O. S. östlich von Alhampor und ¼ Meilen vom Gumati.

Taduri, anderthalb Meilen von Alhámpor und 1 Meile vom westlichen Ufer des Gumáti. Von Gadaigath an nördlich trift man einige Meilen weit weder Dorf noch Acker an; sondern man sieht nichts als eine ungeheure mit Gras bewachsene baumleere Ebene.

Tánda, ein Flecken, 4 Meilen N. ¼ N. westlich von Taduri; über ¼ Meile vom westlichen Ufer des Gumati; vier Tagereisen von Baréli; 12 Meilen von Sabna; 18 von Muhammadi, und 9 vom See Pulhar. Im Junius, in welchem Monat eine große Dürre eintritt, und eine schreckliche Hitze die Felder sengt, trocknet der Gumati, vom Pulhar, als der Quelle desselben, an, bis zu diesem Dorfe aus, und es bleibt nur in einigen Graben Wasser zurück, so daß fast in einer Strecke von 8 Meilen kaum eine Spur dieses Flusses anzutreffen ist; bis daß zu Ende des Junius durch den häufigen Regen der See Pulhar wieder mit Wasser angefüllt wird und die Quelle wieder zu fliessen beginnt. Im April geht hier der Strohm: da man aber schon im Januar denselben, 3 bis 4 Meilen von Pulhar an trocken gefunden; so kann man daraus abnehmen, daß er im April, May und Junius mehrere Meilen weit austrockne.

Der See Pulhar ist kaum ¼ Meile lang und bey weitem nicht einmal so breit. Im März, April und May trocknet er fast ganz aus, und es bleibt nur einiges stehendes trübes Wasser in einem Graben übrig. Zur Regenzeit aber tritt der Gumati an dem östlichen Theile des

des Sees aus, lenkt sich südöstlich und strömt S. ⅓ S. östlich gen Muhammadi fort. Am See liegt eine dem Gantam gewidmete Kapelle. Der Ursprung dieses Flusses wird verschiedentlich angegeben, worüber man andere schriftlich ertheilte Nachrichten nachsehen kann. Nach der Meilenzahl und der Himmelsgegend von Muhammadi bis Pulhar, beträgt die geographische Breite dieses Sees 28 Gr. 20 '.

Bassantpor, ein Flecken, 9 Meilen S. ⅓ S. östlich von Tanda; 25 von Pilibinthi; 2 vom westlichen Ufer des Gumati: 10 N. ⅓ N. westlich von Muhammadi.

Kámpor, ein Flecken, 3 Meilen S. ⅓ S. östlich von Muhammadi. Man sieht hier einige Ueberreste einer Vorwehr von Backsteinen.

Baròr, eine Stadt, 6 Meilen S. ⅓ S. östlich von Muhammadi, eine und ⅓ Meile vom westlichen Ufer des Gumati.

Tschandráṣan, ein Flecken, 2 Meilen S. S. westlich von Baròr. Ehe man aber dahin kömmt, muß man über einen schmalen jedoch tiefen kleinen Fluß, den Tschuanala, der ohnweit Dandpor in den Gumati fließt. Die Quelle desselben ist in der von Muhammadi westlich gelegenen Gegend, von welcher er 15 bis 16 Meilen fortläuft.

Dandpor, ein Flecken am Tschuanala, 4 Meilen S. östlich von Baròr und über ½ Meile vom diesseitigen Ufer des Gumati. Diesem Orte gegenüber liegt Doláhpor, wo der Tschuanala in den Gumati fließet.

Pendrua, eine Stadt mit Mauern von Thon und einem Graben, 5 Meilen S. ⅓ S. östl. von Dandpor und anderthalb vom diesseitigen Ufer des Gumati.

Peháni, eine kleine Stadt, 1 Meile S. S. westlich von Pendrua; 3 von Gopamao, und über dritthalb Meilen vom Gumati. Eine Meile westlich von Penhani fließet der bescheidene Séi gen Gosgans.

Gopamao, eine große, von den Afganen erbauete Stadt in einer Ebene, mit vielen Häusern von Backsteinen und schönen Gärten ausserhalb derselben; 2 Meilen vom westlichen Ufer des Gumati. Sie ist itzt nicht mehr was sie war, da sie von Einwohnern entblößet ist. Südlich von Gopamao liegt ein dichter mit Gras und Gesträuchen bewachsener Wald, in welchem ein Flecken, nebst einer Vorwehr von Erde, genannt Benserl, ohngefähr 3 Meilen von Gopamao befindlich ist.

Lalpor, ein mit einem Wall umgebener Flecken, anderthalb Meilen von Gopamao. Ohnweit demselben, gen Gopamao, kömmt man über einen Bach, der in den Gumati fließt.

Peàn, ein Flecken, 3 Meilen N. ⅓ N. westlich von Benigans.

Die Provinz Avad.

Benigans, ein Flecken mit einem Wall und mit einem mit Thürmen und inwendig mit Gebäuden versehenen Kastell von Erde; 10 Meilen S. ¼ S. östlich von Gopamao, und eben so weit von Sandila; 3 von Nimcar, und drittehalb vom westl. Ufer des Gumati.

Bhengam, ein weitläuftiger allenthalben mit Sümpfen umgebener Flecken, 1 Meile vom westlichen Ufer des Gumati.

Kaum ¼ Meile W. S. westlich von Bhengam, liegt der wegen der heidnischen Wallfahrten berühmte Flecken Hathiaháran; westlich sieht man einen kleinen eingefaßten und mit Stufen versehenen Teich, worin die Heiden, wenn sie einen Mord begangen haben, sich reinigen.

Atroli, ein großer Flecken, 9 Meilen O. S. östlich von Benigans, und 3 vom westl. Ufer des Gumati.

Pipärgam, 3 Meilen S. S. östlich von Atroli, 10 S. ¼ S. östlich gen S. S. Ost von Lacno. Dieser Flecken hat eine länglichtviereckte Vorwehr von Erde, welche nach S. S. Ost mit Thürmen besetzt ist. Von hier bis an das jenseitige Ufer des Gumati rechnet man 2 etwas starke Meilen.

Sabna, eine Stadt mit Häusern von Thon und Strohdächern, 20 Meilen südlich von den Camaunischen Bergen; 21 von Aberighar und 3 vom jenseitigen Ufer des Tschoka, der bey dem, eine Tagereise von Sabna, am Fuß eines Berges gelegenen Flecken Bäkimiatschali entspringt: nach anderen Sachkundigeren aber aus dem ziemlich ansehnlichen Flusse Sárdha ausfließt. Südlich, vier Meilen von Sabna, läuft ein kleinerer Fluß, Namens Lághi, und ergießt sich in den Tschoka. Das Wasser beider Flüsse ist undienlich und zeugt Krankheiten. Bey diesen Flüssen ist ein dichter unwegsamer Wald, wegen des häufigen Rohrs, der vielen Saku-Bäume und Fichten, deren Holz gleich einer Fackel brennt; auch ist er voller wilden Thiere, als Tiger, Elephanten, Ochsen, Rhinoceroße, Bären und Hirsche.

Mohóna, eine 7 Meilen N. ¼ N. W. von Lacno, oder vielmehr vom jenseitigen Ufer des Gumati, gelegene Stadt.

Bári, eine Stadt, 2 Meilen von Manua; 7 N. N. westlich von Mohóna; 7 vom Deva und ¼ vom östlichen Ufer des Sarayn. Der Boden ist hier eben, trägt allerley Feldfrüchte und ist mit einer Menge Am-Bäumen reihenweise bepflanzt, welches einen sehr reizenden Anblick giebt.

Manua, eine Stadt, am östlichen Ufer des Sarayn, 2 Meilen von Bári und 13 von Lacno.

Pirnägär, ein Städtchen in einer anmuthigen Lage, mit Bäumen und einem Teich umgeben, am Zusammenfluß des Sarayn und Gondi, 6 M. N. N. westlich von Bári; fünf

Tieffenth. Erdbeschreib.   Cc   von

von Kherabad, nach andern 4, nach derselben Gegend. Der Sarayn fließt S. O. ¾ südlich am Ort vorbey, in einem nicht sehr breiten aber tiefen Bette.

Rehimabad, anderthalb Meilen von Cherabad, am östlichen Ufer des Sarayn, über welchen hier eine Brücke geht.

Beßva, eine Stadt, 8 Meilen von Cherabad, fünf vom östlichen Ufer des Gondi.

Ambóra, ein schattigter Ort, fünf Meilen N. N. östlich von Cherabad; von letzterem sind an 2 Meilen bis zum Zusammenfluß des Gondi, der hier Garia heißet, und nur ein geringes Flüßchen ist.

Laharpor, eine große stark bebauete Stadt, 8 Meilen N. N. östlich von Cherabad, und 3 von Ambóra; östlich trift man in einer Strecke von 2 Meilen viele Sümpfe an, und die ganze Gegend von Sirinagar und Laharpor gen Norden heisset Gánzer, oder die sumpfichte.

Sithapor oder Tschitapor, eine Stadt am diesseitigen Ufer des Sarayn, 3 Meilen von Cherabad; 5 Meilen davon liegt Hempor.

Tschandēra, ist eine Stadt, die von einem heidnischen Raja beherrscht wird, zwölf Meilen N. westlich von Cherabad, am diesseitigen Ufer des Cathna. Sechs Meilen davon liegt Aorangabad, mit dem Beynamen Chorrom, wovon an einem andern Orte schon Erwähnung geschehen.

Mohóli, 7 Meilen von Mohóli*) und eben so weit von Aorangabad.

Capra, ein Flecken, 9 Meilen von Muhammadi, auf dem Wege nach Sirinagar.

Sirinagar, eine Stadt mit einer Vorwehr, 2 Meilen vom westlichen Ufer des Tschoka.

Gócärän, ein Andachtsort, wegen des daselbst befindlichen schändlichen Götzenbildes des Mahadeo, 14 Meilen von Ahiri.

Pavayan, eine mit einer Vorwehr versehene Stadt, 6 M. nordwestl. von Muhammadi.

Aherighär, eine sowohl des Baues als des Umfanges wegen, ansehnliche Vestung, von 4 bis 5 Meilen im Bezirk; erbauet von einem gewissen Heerführer der Afganen, oder nach der gemeinen Meinung vom Schahabuddin. Sie ist vom Grunde aus von sehr großen Tuffsteinen und darüber von ungewöhnlich langen und dicken Backsteinen aufgeführt: liegt aber itzt wüste und ist ein Aufenthalt der Tieger und anderer wilden Thiere. Südlich an derselben fließt der Sardha, ein nicht geringer Fluß. Die Stadt liegt 2 Meilen N. östlich von der Vestung; umher erstreckt sich ein sehr dichter Wald voller Bäume, Gras und Stachelrohr, auch

---

*) Vielleicht Mohóna.

Die Provinz Avad.

auch wilder Thiere. Sie liegt ferner 21 Meilen östlich von Sabna, Abiri und Tambor, und 1½ M. vom diesseitigen Ufer des Ghagra, dort genannt Kēnàr, dessen Zusammenfluß mit dem Sardha 7 Meilen von der Vestung entfernt ist. Letzterer kömmt von Almóra her, geht nach Sabna und von da nach Aberighar; im Distrikte vom Almóra heißet er Sauvāl.

Bartapor, ein mit einem Wall umgebenes Schloß, 4 Meilen N. östlich von Aberighar, zwischen zwey Armen des Kēnàr, von welchen einem, nemlich dem kleineren, mehr westlich sich erstreckenden Arm es 3 Meilen, und 16 von Balzora entfernt ist.

Balzóra, ein Schloß (Claustrum) und Handelsplaß, welcher 2 Monate hindurch von den Bergwohnern und indischen Kaufleuten besucht wird. Aus den Gebirgen werden Pferde, länglichter Pfeffer, Falken und andere Waaren herbeygebracht. Von hier bis Bartapor sind 16 Meilen N. N. östlich, und 10 von denjenigen Bergen, aus welchen der Kēnàr mit großem Ungestüm und Getöse hervorbricht, so daß er sogar die größten Steine und Baumstämme fortreißt, der aber, sobald er die Ebene erreicht, sich in 2 Arme theilt, deren einer der westlich fließet, durch eine Trennung eine Insel bildet. Der Ort selbst ist vom östlichen Arm an 3 Meilen, vom westlichen aber 4 entfernt; die Trennung aber wird aus dem hieher gehörigen Risse deutlicher zu ersehen seyn. *)

Die Quellen des Kenar sind ferner (eigentlich) in einer zwischen den Bergen gelegenen Wüste, noch 20 Meilen von denjenigen Bergen, aus welchen er in die Ebene herabstürzt, und 30 nördlich von Balzóra: dort soll er aus einer großen und tiefen, mit Wasser angefüllten Grube hervorquillen. Nach andern soll der Kenar sich durch sieben Berge mit Gewalt einen Weg bahnen und mit großem Getöse von einem Felsen herabschließen: der Berg aber, in dessen Busen der See Dulusāgār liegt, aus welchem der Kenar hervorbricht, heißet Barein.

Abiri, acht Meilen von Sirinagar und eben so weit von Laharpor; 14 von Cherabad und eben so weit von Tambor und Gocarän; 21 von Aberighar und 23 von Muhammadi.

Mogolpor, ein großer Flecken am westlichen Ufer des Ul, fünftehalb Meilen O. ¼ N. östlich von Laharpor. Der Fluß gehört unter die kleineren und entspringt in dem N. N. westlich gelegenen Walde Belóabän; diesem Orte fließt er O. ¼ S. östlich vorbey. Im December kann man hier nicht zu Fuß durch; doch aber an andern Orten.

Bätpär, ein Flecken mit einem kleinen Fort von Erde, jenseits des Ul, fünf Meilen O. ¼ N. östlich von Mogolpor, ½ vom westlichen Ufer des Tschoka und 6 von Tambor;

---

*) S. die große Charte vom Laufe des Ganges und des Gagra im 2ten Band dieses Werkes.

4 Meilen davon N. westlich liegt der Flecken Maharászpor; und 3 Meilen S. S. östlich von da, der Flecken Alipor an einem großen Sumpfe, 2 Meilen vom östlichen Ufer des Tschoka und 5 von Tambór.

Bambéla, ein Flecken am westlichen Ufer des Dehór, 3 Meilen S. östlich von Alipor. Der Fluß geht bey diesem Orte von N. West gen Ost, lenkt sich aber sogleich S. östlich.

Der Dehor, ein mittelmäßiger Fluß, durch welchen man bey Bambéla zu Fuß gehen kann, entspringt 30 Meilen N. N. westlich von da, auf dem kleinen Berge Tschotipahár, und fließet 2 Meilen östlich von Tambór, und 1 N. ¼ N. westlich von Malapor, in den Ghagra.

Die ganze Strecke vom Tschoka bis an den Ghagra ist sumpfig, ungebauet, blos mit Gras bewachsen, ohne Bäume und ohne Dorfschaften.

Tambor eine Stadt mit einem Kastell in einer Ebene, 2 Meilen S. S. westlich von Bambela; 3 etwas starke W. ¼ N. westlich von Malapor; 2 vom östlichen Ufer des Tschoka; 15 von Bansóra und 12 von Dorera.

Malapor, ein großer Flecken, unter einem heidnischen Oberherrn, 3 Meilen O. ¼ S. östlich von Tambór, am westlichen Ufer des Ghagra, der dort eine Viertelmeile weit austritt und von N. N. West gen S. Ost fortfließt, bald darauf aber östlich und O. S. östlich einlenkt. Oestlich hat dieser Flecken einen dichten Wald von stachlichtem Rohrbusch, eine halbe Meile im Umfange, worinn sich viele Affen aufhalten. Ohngefehr 2 Meilen unterhalb Malapor O. S. östlich bricht ein kleiner Arm aus dem Ghagra hervor. Im Jahr 1770 nahm der Fluß seinen Lauf von Malapor östlich, so daß das Hauptbette desselben eine ganze Meile davon entfernt ist.

Tilkisarayan am westlichen Ufer des Ghagra, 8 Meilen N. N. westlich von Malapor. Der Fluß heißet hier Sárdha, weil er in den Kenar fließt, wie bereits angemerkt worden.

Patrassa, ein Flecken am diesseitigen Ufer des Ghagra, 5 Meilen S. S. östlich gen S. ¼ S. Ost von Malapor.

Cacréla, ein Flecken, 3 Meilen O. S. östlich von Patrassa, 6 W. S. westlich von Beraez, am diesseitigen Ufer des Ghagra, der bey diesem Ort eine Insel oder Sandbank bildet, und sodann unterhalb demselben sich in die Enge ziehet. Der Fluß mag hier wohl so breit wie die Donau beym Schlosse zu Ingolstadt seyn, wo sie am breitesten ist. Von Patrassa geht er O. S. östlich; von Cacréla S. östlich. Nach der am 6 Decembr. 1767 hier beobachteten Mittagshöhe der Sonne, ist die Polhöhe 27 Gr. 17 Min.

Dora=

Die Provinz Avad.

Dorania, ein kleiner Flecken, 10½ Meile N. ¼ N. westlich von Beraez. Anderthalb Meilen von da nach derselben Gegend, liegt ein dichter fast unwegsamer Wald von allerley Bäumen und voll sehr hohen Grases. Nach der am 12 Decembr. 1767 hier beobachteten Sonnenhöhe, hält die Breite dieses öden Ortes 27 Gr. 36'. Von dem Eingange dieses Waldes bis an den Berg Mahùn giebt man 20 Meilen an. Ein enger Fußweg führt durch den dichten Wald, den Tiger, wilde Ochsen und anderes Wild bewohnen.

Mahuncott, eine von der Natur gebildete Festung, indem im Kreis aneinanderhängende Hügel und kleine Berge gleichsam ein Amphitheater bilden und nur östlich mit Fleiß eine Oefnung gelassen zu haben scheinen; auch der Graben fehlt nicht: denn die aus den Bergen rinnende Bäche umgeben die Festung, welche 4 Meilen im Umfange hat. Umher sind Berge und Wälder voller Tiger und andrer wilden Thiere, die gleichsam innerhalb und außerhalb die Besatzung ausmachen, daher auch kein Fleck bewohnt ist.

Mándpára, ohngefähr 20 Meilen N. östlich von Mahun; ein berühmter Ort, 12 etwas starke Meilen N. ¼ N. westlich von Beraez und fast 2 Meilen vom östlichen Ufer des Sarzu der dort Mánd heißet und S. westlich fortströmt. Der Boden ist in diesem Strich sehr sumpfig und mit dichtem Rohr bewachsen, voll wilder Ochsen mit sehr großen Hörnern, und blutdürstiger Tiger, nebst Elephanten und Rhinoceroßen; auch einer Art kleiner Hirsche mit runden nicht sehr langen Hörnern, deren Fell sehr geschätzt wird, deren Fleisch aber unschmackhaft ist.

Noch ist zu merken, daß der ganze Erdstrich vom Gumati bis an den großen Gandak, der Hazipor ohnweit Patna, vorbeyfließt, ja die ganze am Fuß der Berge gelegene Gegend sehr niedrig und gleichsam ausgehölet sey, um das aus den Bergen fließende Wasser aufzunehmen.

Rehuá, fünf Meilen von Beraez gen Rampor, zwischen dem Sarzu und Ghagra, von dessen jenseitigen Ufer es 3 Meilen entfernt ist, und eben so weit von Bamnóti.

Bamnóti, mit einer Vorwehr, 8 Meilen W. S. westlich von Beraez, am diesseitigen Ufer des Ghagra, 5 Meilen O. N. östlich von Rampor.

Telócpor, ein großer Flecken, wo dem Mahadeo gedient wird, 14 Meilen von Lacno und 4 vom diesseitigen Ufer des Ghágra.

Cotba, 7 Meilen von Berampor gen Beraez; eben so weit liegt auch die Stadt Hessampor; nicht weit vom diesseitigen Ufer des Sarzu.

Pakārpor, 7 Meilen von Cotba und 6 von Beraez, woraus nun erhellet, daß Beraez 38 Meilen von Lacno entfernt ist.

Harárpor, ein großer Flecken, vier Meilen südlich von Beraez und anderthalb Meilen vom jenseitigen Ufer des Sarzu. Neben demselben ist ein Sumpf, aus welchem der kleine Fluß Theri hervorrinnt, der Paharpor, Paráß und Pátſchpor vorbeyfließt.

Sehóra, am diesseitigen Ufer des Ghagra, 1 Meile von Mobárácgans.

Pasta, ein großer Flecken, 1¼ Meile N. östlich von Heatnagar. Eine Viertelmeile davon liegt das Dörfchen Baréhi.

Réti, ein Flecken, 1 Meile N. östlich, liegt nebst Saranaſſar und Colauvar am diesseitigen Ufer des Ghágra.

Zalalpor, ein Flecken, 3 Meilen von Pasta; Saranaſſär zwey; beide N. ¼ N. westl.

Bhozpor, ein durch die Ueberschwemmungen des Ghagra ist zerstöhrter Flecken am westlichen Ufer, dicht am Zusammenfluß mit dem Sarzu, der N. ¼ N. westlich herkömmt, indeß der Ghagra bey dem großen Flecken Camyár, 3 Meilen N. ¼ N. W. von Bhozpor, N. westlich lenkt, östlich an dem Flecken Ghári wegfließt und ſich ſodann von W. S. Westen nach O. N. Osten krümmt. Der Zusammenfluß selbst geschieht N. N. westlich, das Gesicht nach Norden gerichtet; die Lage aber ist S. östlich in Abſicht der Erdſpitze wo beide Flüſſe zuſammentreffen. Zur Regenzeit geschieht der Zusammenfluß mehr N. N. westlich. Im J. 1770 wurde zur Regenzeit der Fluß, nicht weit vom Zuſammenfluß in zwey Bette getheilt; das größere zog ſich gen Pasca und das kleinere gen Lelálpor, wo ſie wieder zuſammentreffen; und ſo verändert der Fluß jährlich ſein Bette und ſpült Land und Oerter weg.

Pasca, ein großer Flecken, Bhozpor gegenüber am jenseitigen Ufer des Ghagra, der ſchon den Sarzu aufgenommen, eine halbe Meile vom Zusammenfluß; 6 Meilen von Heatnagar; 3 von Borigans, und 3 von Guarez.

Lelálpor, ein Flecken, 1 Meile S. östlich von Bhozpor, am diesseitigen Ufer des Ghagra.

Borigans, ein Flecken, am östlichen Ufer des Sarzu, 3 Meilen von Pasca gen Beraez, oder Guarez, welches einerley, und nur dem Namen nach verschieden ist.

Zerſéndi, ein Flecken, 3 Meilen nördlich von Pasca und 1 vom östlichen Ufer des Sarzu.

Guarez, ein vormals großer und volkreicher Ort am östlichen Ufer, der aber ist, nebst der Vormehr faſt ganz verfallen iſt. Er liegt 3 Meilen von Pasca und 18 von Avad. Der ganze Erdſtrich zwiſchen dem Sarzu und Ghagra und deren Zuſammenfluß, heißet der Guarezſche Diſtrikt.

Rutpor, ¼ Meile N. ¼ N. westlich von Bhozpor, am diesseitigen Ufer des Ghagra.

Ghári, anderthalb Meilen N. ¼ N. westlich von Rutpor und über ¼ Meile vom diesseitigen Ufer des Ghagra.

Camyár,

Die Provinz Abâd.

Cànıyàr, anderthalb Meilen N. ¼ N. weſtlich von Ghári; ein großer Flecken am hohen Ufer des Ghagra. Von hier bis Latſchmanpor, geht es N. W. ¼ weſtlich und ſodann W. N. weſtlich, oder zwiſchen Weſt und W. Nordweſt; dieſe Richtung hält auch der Ghagra, ohngeachtet er ſich faſt jede Meile nach verſchiednen Gegenden krümmt.

Latſchmanpor, ¼ Meile vom dieſſeitigen Ufer des Ghagra; dieſem Flecken gegenüber liegt Ghâtcunia. Von Camyar hieher ſind beide Ufer mit Dörfern und Am-Bäumen beſetzt. Von Latſchmanpor geht der Weg, zwiſchen W. ¼ N. Weſt und N. W. ¼ Weſt gerichtet, 4 Meilen am dieſſeitigen Ufer des Ghagra fort.

Raipor, ein Dörfgen, ½ Meile von Latſchmanpor, am dieſſeitigen Ufer, nach vorerwähnter Richtung.

Parſchadpurva, ein Dörfgen, 1¼ Meile in eben der Richtung von Latſchmanpor. Hier dehnt ſich der Fluß nördlich in einen Teich aus, das Bette aber geht nach oberwähnter Richtung fort; doch lenkt es ſich faſt bey jeder Meile nördlich oder N. N. öſtlich, auch S. S. weſtlich, ſetzt ſodann den gewöhnlichen Lauf fort. Weſtlich von Parſchadpurva theilt ſich der Fluß in drey Arme, die aber nach einer halben Meile wieder zuſammenflieſſen.

Sanâvän, ein Dorf, am dieſſeitigen Ufer, ohngefähr 2 Meilen von Latſchmanpor.

Belolpor, am dieſſeitigen Ufer, 2 Meilen nördlich und N. weſtlich von Haſratpor, und drittehalb Meilen von dem, Beramgat gegenübergelegenen, Flecken Ganeſipor.

Sardaha, ein großer Flecken, ¾ Meile vom dieſſeitigen Ufer und 2 Meilen N. öſtlich von Haſratpor.

Haſrâtpor, eine Stadt mit einem ſchönen und feſten Kaſtell, viertehalb Meilen von Beramgath und ⅓ von Badoſarai. Das Kaſtell macht ein länglichtes Viereck, iſt von Grund aus von ſehr großem und dicken Tuffſtein aufgeführt und mit Zinnen und viereckten Thürmen verſehen. Der Weg von Haſratpor bis Beramgath, geht erſt 2 Meilen N. N. weſtlich, und ſodann 1½ Meilen N. O. ¼ nördlich.

Berampor, ein Flecken am nördlichen Ufer des Ghagra, mit einer mit 4 Eckthürmen verſehenen Vorwehr von Erde, 18 Meilen in gerader Linie von Lacno. Bey dieſem Orte geht der Fluß von N. W. gen S. Oſt; bald hernach aber lenkt er ſich gen O. S. Oſt. Faſt alle Meilen krümmt er ſich von N. Weſt gen Weſt und macht einen Buſen, ſetzt aber ſodann den gewöhnlichen Lauf fort.

Von Beramgath bis Heſſampor ſind 6 Meilen; von da bis Jakatpor 7; von da bis Beraez 6.

Ramnagar, ein großer volkreicher Ort, 2 Meilen von Beramgath.

Hara-

Haraha; ein Flecken, drittehalb Meilen nördlich von Dariabad.

Ganesipor, am dießseitigen Ufer des Ghagra, Berampor gegenüber.

Eine halbe Meile von Ganesipor liegt Romaunpor; andertbalb Larera; zwey Danapor; drittehalb Belolpor: alle diese Flecken liegen am dießseitigen Ufer gen Camyar.

Janeta, 1 Meile von Berampor und 2 von Para: beide Flecken liegen am jenseitigen Ufer gen Morgen.

Sobehi, ein Flecken, am dießseitigen Ufer des Ghagra, 1 Meile theils westlich, theils N. W. ¼ nördlich von Ganesipor.

Rettenpor, ein Flecken am dießseitigen Ufer des Tschoka, ¼ Meile N. ¼ N. westlich von dessen Mündung und anderthalb Meilen N. N. westlich von Sobehi: welche Richtung auch der Ghagra nimmt, der aber bey dem ohngefähr ¼ Meilen von Rettenpor am westlichen Ufer gelegenen Flecken Cacrehi sich N. ¼ N. östlich lenkt, sodann südlich; von da S. S. östlich; dann 1¼ Meilen südlich bis an einen ¼ Meile von Berampor, Sobehi gegenüber liegenden Flecken; von hier endlich krümmt er sich O. S. östlich gen Berampor. Der Tschoka hingegen kömmt mit nord- und westlichen Krümmungen von N. ¼ N. Westen her zum südlich gerichteten Zusammenfluß, wo man Delphine spielen siehet.

Batóli, ein großer Flecken, eine halbe Meile N. N. westlich vom Zusammenfluß; er liegt zwischen beiden Flüssen, doch dem Tschoka näher.

Jeról, ein Flecken, 3 Meilen von Berampath und 3 jenseit des Ghagra.

Der Ghagra heisset in diesem Distrikt Gandák; der Tschoka aber Ghagra; welchen Namenwechsel man wohl merken muß, um nicht zu irren.

Cancarha, viertehalb Meilen N. W. ¼ nördlich von Rettenpor; 1¼ Meile auf diesem Wege von letzterem Ort, nach eben der Richtung, liegt der Flecken Jalalpor, 2¼ von Ramnagar und 2 von Lodeßör.

Sarsaván, 1 Meile von Jalalpor, am dießseitigen Ufer des Tschoka, gerade am Zusammenfluß der beiden Arme, wovon weiter unten. Gegenüber liegt

Berhámpor, ein Flecken, am jenseitigen Ufer des größeren Arms, nicht weit von der Vereinigung beider Arme des Tschoka. Der Flecken Cancarha hingegen liegt sehr nahe am dießseitigen Ufer des kleineren Arms, wo man zu Fuß durch kann, und in dessen westliche Seite daselbst, der aus dem benachbarten Sumpfe bey Beßna rinnende kleine Fluß Sumli hineinfließt.

Sálpor, am jenseitigen Ufer des Sumli, ¼ M. von Cancarha.

Balupor, am dießseitigen Arm des Tschoka, 1 Meile von Cancarha. Hier theilt sich der Tschoka in 2 Arme, wovon der kleinere Cancarha, und der größere Baßantpor, vorbey

Die Provinz Avad.

vorbeyfließt: beide aber kommen, nach einer Strecke von anderthalb Meilen, bey Berhampor und Sarsavan wieder zusammen. Vor fünf Jahren, nemlich 1762 floß der Tschoka noch ungetheilt Cancarha vorbey und eilte dem Zusammenfluß des Ghagra zu: häufige Regengüsse aber, und der weiche und abschüssige Boden haben diese Trennung verursacht, an welcher noch Goba, Balupor gegenüber, zu merken ist.

Am diesseitigen Ufer des Tschoka fort, kömmt man nach
Malmohara, 1 Meile von Balupor, wo man zu Fuß durch kann, ohngeachtet der Fluß hier seine ganze Wasserlast führt. Ferner:

Sélak, anderthalb Meilen von Malmohara, eine ehmals volkreiche, itzt aber fast ganz verfallene Stadt; welches Schicksal auch die beiden Kastelle, sowohl das von Backsteinen als das von Erde, erfahren haben. Uebrigens hängt ein großer Strich Landes davon ab. Sie liegt über ¼ Meile vom Ufer ab; 3 Meilen von Muhammadpor; 8 von Ramnagar; 5 von Satepor; 3½ von Cancraha. Ferner:

Zerampor, am diesseitigen Ufer, 1½ Meile von Sélak.

Bansóra, eine Stadt, anderthalb Meilen von Zerampor und 3 von Sélak, nordwestlich am Tschoka, in welchen hier der kleine Fluß Neya fließt; auch ist 5 Meilen von hier der Zusammenfluß des Tschoka und des Ul, der sich mit jenem nordwestlich vereiniget. Ferner:

Goria, ein Fischerdorf, gerade am Zusammenfluß, zwischen beiden Flüssen.

Därmpor, ¼ Meile südlich vom Zusammenfluß.

Bäzera, ein Dorf, am diesseitigen Ufer des Ul.

Raypor, am jenseitigen Ufer des Tschoka.

Von Goba aus, am jenseitigen Ufer des Tschoka nordwestlich fort, kömmt man nach
Lalpor, einem ansehnlichen Flecken mit einem kleinen Fort von Erde, 1 Meile von Goba, und 4, nach andern 5, vom diesseitigen Ufer des Ghagra. Ferner:

Gonda, 1 Meile von Lalpor, am jenseitigen Ufer des Tschoka.

Ghartschampa, 1 Meile von Gonda, auch am jenseitigen Ufer.

Rámpor, ein großer Flecken und Sitz des heidnischen Ortsherrn, nebst einer mit einem Dorn- und Rohrzaun umgebenen Vorwehr von Erde; 200 Schritt vom jenseitigen Ufer und 2½ Meile vom diesseitigen Ufer des Ghagra; 5 Meilen von Cancarha, 5 von Bamnoti und 12 von Beraez. Ferner:

Mothra, 3 Meilen von Rampor.

Tervа, ein Flecken, 2 Meilen von Mothra.

Razpor, 2 Meilen von Terva.

Tieffenth. Erdbischreib.

Sepoli, 2 Meilen von Razpor, und Vabanipor, 2 Meilen von Sepoli. Alle jenseits.

Raypor und Muhammadpor, zwey Städte neben einander, 4 Meilen von Cancarha, woher man erst 1 Meile S. westlich, und dann 3 W. ¼ N. westlich und W. N. westlich zu gehen hat.

Satepor, eine Stadt, mit einigen Häusern von Backsteinen, 2¼ Meile von Raypor und 15 von Beßva.

Deva, 5 Meilen, man rechnet auch 7, von Satepor; und zwar erst 1 Meile von daher S. westlich; dann 4 südlich, die zuweilen S. ⅛ S. westlich, oder S. ⅛ S. östlich lenken. Die Häuser der Stadt sind größtentheils verfallen, und das länglichte Kastell derselben, von Backsteinen mit vier Eckthürmen, ist itzt eine Herberge für Fremde.

Von hier bis Lacno sind 10 Meilen S. W. ¼ südlich; bis Telocpor 4; bis Beramgath 10; bis Jahangirabad 3; bis Dariabad 14; bis Cádergans 5; bis Cursi 5; bis Badonsaray 10? diese Herberge liegt 5 M. nördlich von Dariabad und 3 von Beramgath.

Die Stadt Cursi liegt 7½ M. von Lacno; 7 von Satepor und 2¼ von Muhammadpor.

Basréla, ein großer Flecken, 2 Meilen S. O. ¼ südlich von Jahagans, einer Vorstadt von Lacno, und 1 Meile vom diesseitigen Ufer des Gumati. Von hier hat man eine mäßige Strecke S. westlich bis

Rotbahabad, von welchem Flecken an der Weg erst S. östlich, dann östlich und O. ¼ S. östlich geht bis

Sarfarasnagar, einem großen Flecken, 5 Meilen von Lacno: überhaupt aber geht man von Rotbahabad O. S. östlich.

Gosseingans, 1½ Meile, in eben der Richtung, von Sarasnagar (oder Sarfarasnagar); 7 von Lacno; fast 1½ von Ametti; 2 von Tirgans am jenseitigen Ufer, und 6 von Cádergans. Vormals lag daselbst ein Flecken, und nicht weit davon, S. östlich gen Ametti, das Fort Carora, von Erde, welches die Pandvanischen Rajahs erbauet hatten und welches Gossein, da es verfallen war, wieder herstellte. Es ist rund, mit dicken Thürmen und einem Graben versehen. Südöstlich bey diesem liegt noch ein anderes länglichtes von Erde, ist aber weder so groß noch so fest als jenes.

Ametti, eine stark bebauete und bewohnte Stadt, fast 1½ Meile O. S. östlich von Gosseingans und 1 vom diesseitigen Ufer des Gumati. Die Hauptstraße der Stadt ist fast ½ Meile lang; aber die Breite der Stadt ist geringer.

Zoráb,

Die Provinz Avad.

Joråe, eine Stadt mit einigen Häusern von Backsteinen, 2 Meilen S. östlich von Ametti, und ¼ vom diesseitigen Ufer des Gumati.

Sateghar, auch genannt Hédärghar, eine Stadt mit einem Kastell, 3 Meilen vom diesseitigen Ufer des Gumati, und 1, O. ¼ S. östlich gen S. Ost von Joråe. Von Gosseingans bis hieher rechnet man 9 Meilen: es sind aber, wegen der Umwege mehr. Das Kastell liegt der Stadt nordwestlich, ist von Thon, mit Thürmen und einem Graben versehen. Die umliegende Gegend ist reizend und fruchtbar.

Samrota, ein großer stark bewohnter Flecken, 7 Meilen vom diesseitigen Ufer des Gumati und 5 von Sateghar. Man hat wegen der Wälder und Sümpfe viele Umwege zu machen; der gerade Weg geht S. ¼ S. östlich. Nördlich ist der Ort mit Sümpfen, und N. östlich, S. östlich, südlich und östlich, mit einem dicken Walde umgeben, so daß man an 4 bis 5 Meilen nichts als niedrige Bäume, Gebüsche, Rohr und Gras, hie und da mit kleinen Dörfern untermischt, antrift.

Mohngans, 4 Meilen von Samrota. Der Weg geht erst an 2 Meilen S. ¼ S. östlich, die übrigen 2 aber bald S. O. ¼ südlich, bald S. O. ¼ östlich, bald S. S. östlich, doch ist letztere die Hauptrichtung.

Mohnghår, 6 Meilen von Candunala, ein kleiner Flecken, mit einer N. N. westlich gelegenen länglichten, mit dicken Thürmen versehenen Vorwehr von Erde, welche ein heidnischer Raja, Mohnsing vom Canpurischen Geschlechte, gegen die Einfälle der Mahometaner, vorzüglich des Statthalters zu Avad, aufgeführt hat.

Telói, 1 Meile nördlich von Mohnghar, eine Stadt mit einem doppelten Kastell; ein uralter Sitz der Rajahs; das Hauptkastell heißet Telói; ist von Thon und mit Thürmen versehen: es enthält den Pallast des Raja und andere Gebäude von Backsteinen; das andere, genannt Loghår, ist kleiner; beide liegen in einem Walde voller Dornbüsche, Rohr, und anderer unfruchtbarer Bäume. Itzt, da man den Raja vertrieben hat, ist alles wüste: die Stadt, ein Aufenthalt der Tiger, und die Erde ungebauet, ob sie gleich eben und rein von Steinen ist.

Jåes, eine Stadt, 4 Meilen S. O. ¼ südlich von Mohnghår.

Jagadispor, eine Stadt, 5 Meilen östlich von Henóna, desgleichen auch von Herderghar, und 2 Meilen vom diesseitigen Ufer des Gumati.

Hässånpor, eine einem besondern Ortsherrn gehörige Stadt, 7 Meilen westlich von Påpårgath; 2 vom diesseitigen Ufer des Gumati; 5 östlich von Dandpor und ½ Meile südlich von Bandua.

Badår=

Die Provinz Avad.

Badârſa, 5 Meilen ſüdlich von Bangla; auch flieſſet ſüdlich der Marha, anderswo Thons genannt, vorbey. Man kömmt auf dieſen Flecken zu, wenn man nach Elahbad geht.

Rampor, ein Flecken, 7 Meilen von Bangla.

Sultanpor, eine Stadt, 10 Meilen von Rampor, nach andern 18 Meilen von Bangla. Das Kaſtell von Backſteinen, liegt am jenſeitigen Ufer des Gumati, der es faſt rund umflieſst.

Biléri, am jenſeitigen Ufer des Gumati, 20 Meilen von Bangla und 2 Meilen von dem Uebergange zum ſübl. Ufer, welcher Papargáth genannt wird. Am Ufer liegt ein Kaſtell.

Zwiſchen Bangla und Aſämghar liegen folgende Oerter:

Surâzcund und Réspor, Flecken, 3 Meilen links, S. öſtlich, wenn man von dem Erdwall, der Bangla umgiebt, ausgehet; dann zwar ¼ Meile O. S. öſtlich, bald aber wie der S. öſtlich bis:

Sarayn, einem Flecken, 4 Meilen von Bangla, an einem mäſsigen Arm des Ghagra, der ¼ Meile davon ausflieſst, wieder zurücklenkt, und dann weſtlich fortgeht. Zur Regenzeit ſteht von dieſem Arme bis zum jenſeitigen Ufer alles unter Waſſer.

Zalaluddin-nagar, 1 Meile S. Oſt ¼ öſtlich von Sarayn, oder 5 Meilen von Bangla. Ferner O. S. öſtlich bis:

Páli, einem Flecken am dieſſeitigen Ufer des Ghagra, der hier wieder zuſammenflieſst, nachdem er kurz vorher eine Inſel gebildet.

Mahbûbgans, 3 Meilen O. S. öſtlich von Pali.

Eltafatgans, 2 Meilen weiter, auch O. S. öſtlich.

Tanda, 4 Meilen weiter; ein anſehnliches Städtchen mit vielen Häuſern von Backſteinen; die Hauptſtraße erſtreckt ſich von den Gärten an, eine halbe Meile weit, und auf dem geräumigen Markte hat man allerley Waaren, vorzüglich die beſte Art Tuch, feil. Nördlich flieſst der Ghagra heran, der ſodann öſtlich fortſtrömt. Einige zählen von dem Mittelpunkte von Bangla bis hieher 10 Meilen.

Mobáracgans, ein lebhafter Ort mit einem anſehnlichen Waarenlager (Clauſtrum et Conditorium) am ſüdlichen Ufer des Ghagra, der aber dort zurückgetreten iſt und nur das bloſse Bette hinterlaſſen hat. Der Weg dahin beträgt nur 1 Meile O. S. öſtlich und iſt an beiden Seiten mit Bäumen beſetzt.

Pulpor, ein groſser Flecken, 1 Meile weiter, und 2 von Tanda; der Weg dahin geht öſtlich; der Ort ſelbſt aber liegt zwiſchen ſchattigen Bäumen am ſüdlichen Ufer.

Cozigans, eine Meile öſtlich von Pulpor.

Die Provinz Avad.

Tschohora, eine Stadt am südlichen hohen Ufer, mit einem Dornrohrzaun umgeben, 4 Meilen von Cozigans. Der Weg geht erst 1½ Meile östlich und O. ¼ S. östlich; dann ⅛ Meilen S. O. ¼ östlich; ferner ¼ Meile S. S. östlich, und endlich ¾ Meilen O. S. östlich und östlich. Ein wenig unterhalb der Stadt theilt sich der Ghagra in 2 Arme, den südlichen und den nördlichen, der ungleich stärker ist als jener; westlich bey der Stadt selbst vereinigt der Fluß sein zertheiltes Gewässer wieder und bildet gleichsam einen Teich. Dergleichen Zertheilung geschieht an vielen Orten, daher es sehr schwer ist, den Lauf desselben, der sich mit jedem Jahr abändert, genau zu entwerfen.

Säsipor, 1 Meile von Tschohora, der erste Flecken, der westlich am Ufer fort vorkömmt. Vormals lag er am südlichen Ufer, itzt aber, da der Fluß seinen Lauf geändert, ist er davon entfernt.

Mahendi, ein großer Flecken, zwey Meilen von Tschohora, am südlichen Ufer.

Belhär, ein Flecken, 1 Meile von Tschohora, östlich am Ufer fort.

Mansurgans, 2 Meilen weiter.

Tschandipor, 2 Meilen weiter, oder 5 von Tschohora, mit einem Fort von Erde am südlichen Ufer. Hier vereinigt der Fluß sein bey Tschohora zertheiltes Gewässer wieder.

Rehbanpor, 6 Meilen von Tschandipor.

Gopalpor, 4 Meilen weiter.

Dóri, 8 Meilen von da. Gegenüber liegt Bärél.

Táranágar, ¼ Meile von Mahendi, westlich am Ufer fort. Dann auf

Marcatta; ferner:

Norani, 2 Meilen von Mahendi.

Pirtschmipor, 1 Meile von Norani.

Pádschapor, ¼ Meile weiter. Auf diesen Flecken folgt Pulpor.

Razóza, 5 Meilen S. westlich von Tschohora, ein Flecken, der wegen des Grabes eines gewissen mahometanischen Heuchlers berühmt ist, bey welchem viele Wunderdinge vorgehen sollen.

Zahangirpor, ein itzt fast ganz verfallener Flecken, 4, nach andern 5 Meilen von Tschohora. Der Weg dahin geht 2 Meilen S. östlich, und 2 oder 3 S. S. östlich und S. O. ¼ südlich. Eine halbe Meile weiter setzt man über einen kleinen Fluß, genannt Pit, der aus einem gewissen Sumpf entspringt und nach einer kurzen Strecke in den Ghagra fließt.

Sultangans, 3½ Meile S. östlich vom Ufer, eine kleine Stadt mit einem dichten Dornzaun umgeben. Sie hat eine lange Straße, die sich von N. W. gen S. O. erstreckt.

Maharajgans, 2 etwas starke Meilen S. östlich von Sultanpor. Sobald man eine Meile zurückgelegt hat, muß man über einen schlammgründigen kleinen Fluß, genannt Sarzu, der aus einem gewissen See kömmt, und bis Copa fortgeht, wo er sich mit dem Thons vereinigt; ich halte ihn für den sogenannten Sarzünála. Reiset man aber mit einem Fuhrwerk, so muß man sich links halten, und sodann geht es bey der Stadt Maharazgans durch den Fluß selbst, der östlich heranfließt. Von hier bis Asamghar sind 7 etwas starke Meilen; der Boden bis dahin ist sumpficht und ungebauet. Vorher aber kömmt man noch erst über

Baunpor und Tschaunta, zwey nicht weit von einander liegende Flecken, 2¼ Meile von Maharazgans und 4½ von Asamghar. Ferner:

Beda, ein stark bebauter Flecken, zwey etwas starke Meilen von Asamghar. Der Weg geht in Krümmungen südlich.

Asamghar, ein schattiges Städtchen, mit vielen Häusern von Backsteinen, worüber vormals nebst dessen weitläuftigen Gebiet, ein reicher und mächtiger heidnischer Raja herrschte, der aber, um sich vor den Einfällen der Mahometaner zu sichern, zu ihrer Religion übergieng. Seine Nachkommen, denen man die Herrschaft genommen, beklagen ist ihr trauriges Schicksal. An der Nord- und Westseite der Stadt erstreckt sich eine Meile weit ein Wald von Dorn- und anderen Gebüschen. Vormals hatte sie einen mit Thürmen versehenen Wall von einigen Meilen im Umfange, wovon man aber izt kaum noch einige Spuren antrift. Nördlich bey der Stadt liegt der Pallast des Raja, umgeben mit einem Wall und vier dicken niedrigen Thürmen. Der Fluß Thons gleicht der Altmühl bey Eichstätt; er fließt westlich an der Stadt fort nach Mao und Copa, wo der Sarzu sich mit ihm verbindet, wie bereits gesagt worden; mit diesem Gewässer strömt er bis Báragam in den Ganges.

Von Balrampor bis zum Gebirge Schumla, gemeinhin genannt Zumla, geht es über folgende Oerter:

Von Balrampor bis Ambubássa, ein wüster Ort, 8 Meilen nördlich.

Von da bis an die engen Päße, genannt: Gánti Goror Bir, geht man 3 Meilen hinan; hier fehlen aber an 20 Meilen, denn der Berg Gororbir liegt gar nicht so nahe bey Balrampor.

Von da bis Matria am Rabti sind 3 Meilen, 1½ Berg an und eben so viel Berg hinab.

Von da 3 Meilen bis an die Päße des Berges Tschogra.

Von da bis Sontyár, einem zwischen den Bergen gelegenen Flecken, 8 Meilen.

Von da 9 Meilen bis Hát, ein Handelsplatz unten am Berge Pálabáng, einem heidnischen Herrn gehörig.

Die Provinz Avad.

Von da 10 Meilen bis Pálabáng oder Schneeberg: Ort und Berg haben diesen Namen.
Von da 10 Meilen bis Beaffi, ein wüster Ort unten am Berge Salian.
Von da 10 Meilen bis Baſſa, auch ein öder Ort.
Von da 10 Meilen bis Neacót, Gränzort der Herrschaft Salian.
Von da 10 Meilen bis Zäzärcott, Gränzort der Provinz Schumla.
Von da 8 Meilen bis Baſſa, ein wüster Ort.
Von da 9 M. bis an einen von Brahmanen bewohnten Flecken unten am Schneeberge.
Von da 10 Meilen bis Baſſa, genannt Nigalpáni. Man kömmt dahin durch einen Wald, durch Schnee, und zum Theil durch ein Thal.

Von da sind 11 Meilen bis Schumla; der Berg Schumla Iſſor, von welchem die Stadt den Namen hat, ist stets mit Schnee bedeckt. Das Kastell des Bergkönigs (Regis montani) mit Häusern umher, liegt auf dem Berge.

Aus diesen Ortslagen erhellet, daß Balrampor von Schumla 120 Meilen entfernt sey; die 20 oder 30 fehlenden ungerechnet.

Nach denen, die der Gegend kundig sind, muß man den Weg N. ⅓ N. westlich oder N. N. westlich nehmen; auch soll von da bis Nepal S. östlich, die Reise anderthalb Monate währen.

Oestlich von Schumla liegt Butánt oder Groß-Tibet; und bis an die Gränzen der zu Lamagrum gehörigen Landschaft soll man einen Monat zubringen.

Vierzig Meilen S. westlich von den Gränzorten von Schumla liegt die Provinz Dóti, worin die Vestung Dippael der Hauptort und Sitz des Raja ist.

Folge der heidnischen Könige, die ehmals zu Azudea und über den dies- und jenseit des Ghagra gelegenen Strich Landes herrschten, itzt aber Amber, Zénagar und die ganze Provinz unter sich haben.

Den ersten kennt man bis itzt noch so wenig wie den letzten der ehemaligen Könige von Azudea, der von den Mahometanern geschlagen, und verjagt worden, gen Abend floh und Amber erbauete. Uebrigens leiten sie ihren Ursprung vom Beſchän und Bhrama ab, als:

1. Beſchän,
2. Brahma,
3. Maritſch,
4. Caſchap,
5. Súráz,
6. Recabdeu,
7. Bokdeu,
8. Därmaräk,
9. Rotas,
10. Hartſchand,
11. Rotas,
12. Seur,
13. Santok,
14. Sobanſi,
15. Rabbant,
16. Cál-

Die Proving Avad.

16. Cálmůk,
17. Dondmar,
18. Ságár,
19. Asmánz,
20. Asmant, anderswo liest man Asmanz,
21. Pantsch Schivān,
22. Samast,
23. Baghirāt,
24. Santrāz,
25. Dilip,
26. Sangat,
27. Betschdeu,
28. Bod,
29. Carac,
30. Augat,
31. Brust,
32. Dilip,
33. Ragu,
34. As,
35. Sesrāt,
36. Ramtschand,
37. Rusch,
38. Art,
39. Nekad,
40. Näl,
41. Nāb,
42. Pundrik,
43. Tschemdan,
44. Devanik,
45. Abing,
46. Pärzät,
47. Däl,

48. Sal,
49. Unab,
50. Bázár,
51. Candan,
52. Sardazdam,
53. Bessarma,
54. Saranāb,
55. Causal,
56. Bremrak,
57. Pocapdeu,
58. Dusend,
59. Sodarsan,
60. Aganbaran,
61. Cúrām,
62. Cārsch,
63. Bedsaen,
64. Tschandsaen,
65. Raschamdeu,
66. Manzit,
67. Gautam,
68. Nal,
69. Dulc,
70. Bhār,
71. Karik,
72. Deugan,
73. Anangpāl,
74. Cáränpāl,
75. Mahapal,
76. Bhupal,
77. Pittipal,
78. Pocappal,
79. Darmpal,
80. Punpal,

81. Gangapal,
82. Bezepal,
83. Campal,
84. Siepal,
85. Sivanpal,
86. Bastpal,
87. Seepal,
88. Deupal,
89. Ratanpal,
90. Razpal,
91. Issesing,
92. Sod,
93. Duleray,
94. Kakl,
95. Sanuray,
96. Zandd,
97. Padschun,
98. Malaesi,
99. Bizal,
100. Nerapdeu,
101. Ril,
102. Kontal,
103. Zivansi,
104. Odecaran,
105. Narsingh,
106. Banbit,
107. Oberām,
108. Tschandsaen,
109. Pirthiraz,
110. Barmal,
111. Bagvantsingh,
112. Mansingh,
113. Zāgātsingh,

114. Ma-

Die Provinz Azmer.   217

114. Mahasingh,   116. Ramsingh,   118. Beschensingh,
115. Jesingh,   117. Kischensingh,   119. Seval Zesingh,

der zur Beförderung der Sternkunde im Jahr 1733 den würdigen Pater Boudier aus Bengalen berief, und 1736 die würdigen Väter Anton Gabelsperger und Andreas Strobel aus Deutschland auf seine Kosten nach seiner Residenz Jepor kommen ließ; ein Beweis seiner sehr großen Neigung zu dieser Wissenschaft.

Jesingh starb 1743; ihm folgte sein ältester Sohn Jssorsingh, und diesem der jüngere, Madosingh, der 1769 starb, und einen Sohn Pirthisingh zurück ließ.

11. Die Provinz Azmer.

Die länge dieser Provinz erstreckt sich von Bhakór und dem Gebiet Amber bis Bikanér und Jesselmer auf 168 Meilen; die Breite von den äußersten Gränzen von Azmer bis Banswára enthält 150. Oestlich liegt die Provinz Agra; nördlich Dehli; südlich Guzarat, und westlich Dippálpor.

Diese Provinz bestehet aus einigen kleinern, nämlich: Mevàr, Marvàr und Hábóti oder Haróti, wovon ein Geschlecht der Rajputen Zara genannt wird.

Mevàr nennt man die Provinz Odepor.

Marvàr ist 100 Meilen lang und 60 breit.

Der District Tschitor ist 40 Meilen lang und 30 Meilen breit.

Die ganze Provinz, welche sehr bergicht ist, enthält 11435940 Morgen. Eine Kette hoher und rauher Gebirge erhebt sich im Districte von Kantambor, und verbindet sich mit denen, in welchen die Vestung Candhar liegt. Ueberdieß erstrecken sich die Gebirge weit und breit in den Districten von Zepor, Amber, Jalor, und auf einem Striche der Provinz Odepor, bis in die Nachbarschaft von Azmer und Pokher. Die westlichen und südwestlichen Länder sind sandig und dürre, und folglich, wegen Mangel des Wassers und der Feuchtigkeit, nicht sonderlich fruchtbar.

Die Stadt Zamvàr im Gebiete Cócánd liefert Zinn, und die Stadt Tschenpor im Gebiete Mándel Kupfer.

Die Vogteyen dieser Provinz sind folgende:

Ambér, m. e. stein. Kast.	Bahacól.	Bäßránd.
Azmer, m. e. st. K. a. e. B.	Bándhán-Senderi.	Bharondn.
Arain.	Baval.	Bossina.
Tiessenh. Erdbeschreib.	E e	Ricti.

Die Provinz Ajmer.

Deucánor.
Harsor, m. e. K. v. B.
Keroa.
Kicri.
Máharòt.
Maſſaudabàd,

Monauvárabád.
Naraina.
Páhil.
Panhai.
Pärbär.
Roſchanpor.

Sámbhar, mit einer ſteinernen Vorwehr.
Sarvàr, m. e. K. v. B.
Sethila.
Solemanabád.
Zák. Zúnbära.

Zum Gebiete Tſchitor gehören:

Apärpal.
Artód.
Bacór.
Bahóra.
Báncòn.
Bholia, m. e. ſt. Vorw.
Budhanpor, m. e. ſt. K.
Coſſiána.
Eßlánipor, ſonſt Mumen.

Eßlampòr, ſonſt Rámpor.
Héran.
Madéria.
Mahn Sardr.
Mándël, m. e. K. v. B.
Mándëlghar, m. e. ſtein.
Fort a. e. Berge.
Nimáz.
Odepor, die Hauptſtadt des

Diſtrictes Odepor, und der Sitz des Rana.
Patti Hazipor.
Púr.
Samël.
Sándärl, m. e. ſt. Kaſtell.
Sánvàr.
Tſchitor, mit einem ſtarken Fort a. e. Berge.

Zum Gebiete Zodepor gehören:

Aſſòp..
Bahela.
Balara.
Bhódi.
Budäna, m. e. ſt. K.
Dotára, m. e. ſt. K.
Enderóli, m. e. K. v. B.
Keunſár, m. e. Vorwehr.

Aherva.
Kundóz, m. e. ſt. Fort.
Pali, m. e. kl. Kaſtell.
Palpära, m. e. ſt. K.
Sátëlmer, m. e. Kaſt. a. e. Berge.
Sevána, m. e. treſſ. K. a. e. Berge.

Súzät, m. e. ſtein. Kaſtell a. e. Berge.
Tahaurahun, m. e. ſtein. Kaſtell.
Zeràn, m. e. kl. Kaſt.
Zodepor, m. e. ſtein. Kaſt. a. e. Berge; der Sitz des Raja v. Zodepor.

Zum Gebiete Rantambor gehören:

Alhänpor.
Angrúa.
Antrua.
Arùn.
Balácathári.

Badlaun.
Baróda.
Barsor.
Barvára.
Biluna.

Bizeri.
Bólt, m. e. ſt. Kaſt.
Bundi, m. e. ſt. Kaſt. a. e. Berge.
Buripahári.

Buthia

Die Provinz Ajmer.

Burhia.
Candar, m. e. st. Veste a.
  e. Berge.
Chalzipor.
Deuanbána.
Dildana.
Dilvára.
Dimári.
Eßlampor.
Etáva.
Evàn.
Kadaud.
Kangra.
Karòr, m. e. Kast. a. e.
  Berge.

Ahalóti.
Ahárni.
Kóta, eine Stadt mit einer
  Mauer am östl. Ufer des
  Tschambal.
Lacri, m. e. st. Fort a. e.
  Berge.
Labádu.
Lohárvára.
Londa.
Lossamèr.
Malárna.
Mangròr.
Mumidána.
Nágàr.

Naváhi.
Paklaet.
Palaita.
Pátän.
Päràn.
Sahassári.
Sarhòt.
Sópor.
Súa.   Talàd.
Tonk. Tora.
Tschátän.
Tschelauva.
Tschartschu.
Uniara.
Zétpor.

Zum Gebiete Seróhi gehören:

Abughat, m.e. sehr starken
  stein. Veste.
Bánsvára.

Dungärpor.
Sánszòr.
Seróhi.

Zálòr, m. e. st. Veste a.
  e. Berge.

Zum Gebiete Nagòr gehören:

Amar Sarnain.
Badàdu.
Baróda.
Barodha.
Bhádána.
Chárëscatha, m. e. st. K.
Dúnpor.
Sátepor.
Indána.
Kainpára.
Káßli.

Ahaila.
Aheràn.
Koliva.
Kozúra.
Ladòn.
Makhári.
Manoharnagar.
Merta, m. e. st. Kast.
Nagòr, m. e. Kast. von
  Werkstücken.
Rassálpor.

Réni.
Rcvássa.
Révät.
Sadíla.
Sarvána, m. e. K. v. B.
  u. e. Salzwerk.
Tschácra, m. e. sandigen
  Boden umher.
Tscharóda.
Zael.
Zazün, m. e. st. Kast.

Zum Gebiete Bicanèr gehören:

Báhèrmél.	Bicāmpor.	Pókhàrān.
Bárkèl.	Deupádār.	Tschúnān.
Bärſelpor.	Kotra. Pókèl.	Zeſſèlmèr.

Die Einkünfte der Provinz sind:

Nach dem Manuzzi , , ,	21900000 Rup.
Nach dem Kaiserl. Regiſter , , ,	652345700 Dàm.
Die gröſte Summe , , , ,	10609798 Rup.
Die kleinſte ― , , , ,	6852898 Rup.

Nähere Beschreibung einiger Oerter.

Azmèr, die Hauptſtadt dieſer Provinz, iſt eine groſe berühmte Stadt, von anderthalb deutſchen Meilen im Umfange. Sie liegt weſtlich und nördlich an Bergen, öſtlich und ſüdlich aber davon ab, und eigentlich in einem anmuthigen, von lauter Bergen umſchloſſenen Thal. Die Mauern ſind hoch, von Steinen, aber mit Thon verbunden, und nur die Zinnen mit Kalk beworfen. Man zählt 5 hohe, ſchöne und feſte Thore; das Dehliſche iſt das vornehmſte, und alle ſtehen öſtlich und nördlich; denn weſtlich liegen Berge und ſteile unwegſame Felſen. Die Straßen ſind enge, die Gebäude feſt und ziemlich anſehnlich, von den Mogoln erbauet, und gleichen denen von Agra und Dehli; izt, ſeitdem der heidniſche König von Marvar den mogoliſchen Befehlshaber verjagt hat, ſind viele unbewohnt.

Außerhalb der Stadt, jenſeit eines Hügels, iſt ein Teich, an deſſen Spitze Kaiſer Schah-zahan einen ſchönen Garten und prächtige Gebäude von weißem Marmor errichten laſſen. Zu der öſtlichen Seite der Stadt hat Acbar, Indiens Bezwinger, einen mit vier Thürmen prangenden königlichen Pallaſt erbauet. Auſſerdem wird die mit Mauern und Thürmen ver-ſehene, und mit Bergen umgebene Stadt noch von einem ſehr feſten, auf einem hohen Berge gelegnen Kaſtell beſtrichen; es liegt nicht weit von der Stadt N. weſtlich; in demſelben iſt auch ein Grab eines gewiſſen mahometaniſchen Heuchlers befindlich, welches mit großem Aberglau-ben verehrt wird. Noch weit mehr aber verehrt man das Grab eines anderen mahometa-niſchen Einſiedlers, der durch ganz Indien berühmt iſt. Dies Grab befindet ſich am äuſ-ſerſten Ende der Hauptſtraße, der Stadt S. S. weſtlich. Ein hohes Thor führt in das In-nere des Platzes, wo man weſtlich eine gewölbte Moſchee, und ſüdlich das Grab ſelbſt erblickt, welches mit andern zu Dehli und Agra befindlichen viel Aehnlichkeit hat. Das ganze iſt mit

einer

Die Provinz Aźmer.

einer Mauer umgeben, und verdient wegen seiner Größe und Kunst alle Aufmerksamkeit. Der viereckte Platz des Grabes ist mit weißem Marmor gepflastert und mit einer doppelten Einfassung, einer von Silber und einer von Marmor versehen. Nicht nur Mahometaner, sondern auch Heiden kommen häufig herbey, und beeifern sich, das alte Gerippe eines mahometanischen Heuchlers zu verehren, und allerley einfältige Wunder eben so leicht zu erdichten als zu glauben. Selbst die neuerwählten mogolischen Kaiser, begaben sich vor ihrer Thronbesteigung dahin, legten, zu einer glücklichen Vorbedeutung, Bogen und Pfeil auf das Grab, gaben ansehnliche Geschenke, und kehrten sodann in ihre Residenz zurück. So viele Macht hat die Religion selbst über die Gemüther der Barbaren.

Die Berge um Aźmer enthalten allerley Marmorbrüche von weißer, schwarzer und grüner Farbe. Den weißen Marmor braucht man zu Gebäuden; den grünen stößt man zu Pulver und braucht ihn gegen Gift und Bauchflüsse; man führt auch mancherley aus demselben sehr künstlich und zierlich verfertigte Gefäße von hieraus in andere Länder.

Die Polhöhe von Aźmer beträgt nach einer am 14ten März 1751 angestellten Beobachtung, 26 Gr. und 24′. Die Länge ist nach Maaßgabe der Ortsentfernungen 92 Gr. 45 Min. von dem Mittagskreise der Insel Ferro; welches aber noch genauer untersucht werden muß.

Ohngefähr 3 Meilen W. N. W. von Aźmer ist der den Heiden heilige Teich Pókhár von 1 ital. Meile im Umfange. Er ist mit einem Steinwall eingefaßt und mit Bergen umgeben, auch mit verschiedenen Gebäuden ringsum geschmückt, und mit steinernen Stufen versehen, auf welchen man zum Baden hinabsteigt. Im October ist hier von allen Orten her ein großer Zusammenfluß von Menschen.

Armóra, 12 Meilen O. N. östlich und ein wenig N. östlich von Aźmer; ein wegen Menge der Brunnen und anderes Gewässers anmuthiges Städtchen (Municipium), mit Mauern von Thon und mit Thürmen versehen, in einer Ebene; links und rechts liegen Berge.

Sámbhár, eine große stark bewohnte Stadt ohne Mauern, in einer schönen Ebene, mit einer sehr langen von West nach Osten laufenden Straße. Oestlich liegt ein nach indischer Art erbautes Kastell. Schöne Gebäude sieht man wenig, aber viele Häuser von Thon, ohngeachtet die Salzwerke der Stadt große Einkünfte verschaffen. Sie rühren von einer ganz wunderbaren Beschaffenheit des Bodens her. Schon in der Ferne von Aźmer aus erblickt man ein weites gleichsam mit dem ersten Schnee bedecktes Feld; und näher heran einen Teich von 24 indischen Meilen im Umfange, der sich von Nordost nach Südost erstreckt, aber nicht allenthalben von gleicher Breite ist: indem sie an einigen Orten kaum $\frac{1}{4}$ ital. Meile, an andern eine ganze und mehr beträgt. Die ganze Länge des Sees oder vielmehr Salzmeeres erstreckt sich auf 10 bis 11 Meilen bis an die S. westlich sich erhebende Kette von Bergen. Der Anfang nimmt er ohnweit der Stadt, indem 1 Meile jenseits, N. östlich, die Salzgruben aufhören. Die größte Breite des Sees ist ohnweit der Stadt S. westlich, wo man auch die größte Menge Salzes antrift, welches auf folgende Art bereitet wird.

Man gräbt einen Platz aus von beliebiger Weite, und macht von der ausgegrabenen Erde einen Damm umher, den man mit Stecken und Binsen wohl verdichtet, damit das Wasser nicht herausfließe. Den Platz selbst aber theilt man in kleinere, anderthalb handbreite Tiefen, jede mit einem kleinen Damm versehen, so daß sie den Gartenbeeten gleichen. Sobald nun die niedere Erde um dem Hauptplatz herum mit Hacken und Spaten umgraben wird: so sammelt sich das Salzwasser in großer Menge, läuft durch bestimmte Gänge in den Platz, füllt die kleinen Beete an, wird darinn von der Sonnenhitze und von der Luft verdickt und endlich in Salz verwandelt, das zwar Anfangs roth ist, am Ende aber die schönste weiße Farbe und den besten Geschmack erhält, würflicht und klar wie Krystall ist.

Dergleichen Plätze nun sieht man in großer Menge und eben so viele große Salzhaufen (in jenem Salzmeer.) Man kauft dort dieß Product um einen geringen Preis, und verführt es auf Wagen und Lastthieren, Ochsen und Eseln, in verschiedene Länder.

Die Salzeinkünfte, die jährlich an 500000 Rupien betragen sollen, hatte sich vormals der Großmogol nebst der Stadt und deren Gebiet zugeeignet: itzt aber haben die beiden heidnischen Fürsten von Zodepor und Zepor dieselben unter sich zur Hälfte getheilt, und geben jenem nur noch einen sehr geringen Theil davon ab.

Noch ist bey diesem Salzmeere sehr zu bewundern, daß fast an eben diesem Ort, wo man Salzwasser erhält, auch süßes hervorquillt, welches man antrift, sobald man nur ein wenig von den Salzplätzen ab in die Erde gräbt. So reichlich hat die gütige Natur ihre süßen und salzigen Wasserschätze gleichsam in einem Behältniß unter der Erde versammelt, daß man Salz- und Getreidefelder fast nebeneinander erblickt, und man nach Wunsch und Gefallen salziges und süßes Wasser schöpfen kann.

Die Breite dieses Ortes haben wir mit einem meßingernen astronomischen Quadrant auf 26 Gr. 48' befunden: die Länge mag 93 Gr. 8' seyn.

Zogener, ein großer Flecken, 7 Meilen O. N. östlich von Sambhär.

Perschär, ein Flecken mit einer kleinen Veste auf einem Hügel, 4 M östl. von Zogener.

Zwischen Sambhar und Perschar fließt der kleine und klare Fluß Bandi, der unterschiedene Felder wässert, nach Keram fortrinnt, und sich in das Cambayische Meer ergießt. Von seiner Quelle an nimmt er fast nicht im geringsten zu, und man sezt an ohngefähr 6 bis 7 Orten über denselben.

Von

Die Provinz Azmer.

Von Patschar sind 9 Meilen bis Zepor: 3 östlich und 6 O. S. östlich. In diesem Districte wässert man die Felder mit Brunnenwasser, das man ohne viele Mühe und nicht sehr tief schöpft. Eine Stange an zwey Balken im Gleichgewicht, und einen Eimer daran gebunden, machen gleichsam eine Art von Stoßbrunnen. Denn sowohl hier als um Sambhar darf man nur 2 bis 3 Ellen tief graben, und man hat Wasser in Menge; so daß Eines Menschen Hand hinreicht, ganze Felder zu wässern, anstatt man anderswo das Vieh zu Hülfe nehmen muß, um nur den Wassereimer oder Schlauch aufzuziehen.

Zepor hat den Namen von seinem Erbauer, dem großen heidnischen Könige Zesing, wird auch Zenagar genannt, und ist von wenigen Hütten zu einer großen Stadt angewachsen. Sie liegt unten an einer Reihe von Bergen, die sich N. N. östlich und S. westlich erstrecken, und ist allenthalben von mit starken runden Thürmen umher versehenen Mauern umgeben. Der Boden aber ist zwey indische Meilen umher so voller Sand, daß er nicht nur den Füßen, sondern auch den Augen sehr beschwerlich wird; indem sich ganze Staub- und Sandwolken erheben, die alle Aecker bedecken; daher auch der Boden unfruchtbar, und die Einwohner genöthiget sind, außer den Früchten einiger S. westlich und N. östlich gelegenen Gärten, sich alle Lebensmittel zuzuführen zu lassen. Gleich vom ersten Zugange zum Berge an, der sich nach und nach immer höher erhebt, erstreckt sich längs der Reihe von Bergen, in einer Weite von 3 Meilen, bis Amber, eine mit Thürmen und anderen Befestigungen versehene Mauer. Oestlich hängt eine andere Bergkette, die sich südlich erstreckt, mit jener zusammen: so daß die Stadt allenthalben, bis auf die Mittagsseite, gleichsam mit natürlichen Mauern umgeben ist. An der Nordseite der Stadt, am Gebirge, liegt der prächtige Sitz des Königes, wenn irgend etwas in diesen Ländern prächtig zu nennen ist. Es ist ein geräumiges Viereck, nach allen Regeln der Baukunst und des Ebenmaaßes, nebst einem großen Garten, der sich bis an den, am Fuß des Berges befindlichen Teich erstreckt.

Eben so regelmäßig ist auch der Bau der Neustadt, der 1725 von diesem den europäischen Geschmack, die Ausländer und den Nachruhm liebenden Könige Zesing angefangen, und auch von ihm vollführt worden. Die Straßen sind breit und schnurgerade, und die Häuser und Kramläden in gleicher Weite von einander. Die Stadt übertrifft daher alle alten Städte Indiens, sowohl in Absicht der Neuheit, als der Länge, Breite und Regelmäßigkeit der Straßen. Die Hauptstraße, die zum Sarganerschen und südlichen Thor führt, ist die breiteste: so daß 6 bis 7 Wagen ganz bequem neben einander fahren können, ohne einander hindern oder ausweichen zu dürfen; für die längste Straße aber hält man diejenige, welche sich vom Samtharer zum Oehlischen Thor erstreckt.

Dem

Dem Wassermangel abzuhelfen, hat man einen Bach unter der Erde fort in die Stadt geleitet, und über die Kanäle Brunnen erbauet; auch hat man in der Stadt einen Teich gegraben, und mit Quaderstücken ausgesetzt: man geht 12 und mehr Stufen hinab, um Wasser daraus zu schöpfen. Noch andere Teiche giebt es außer der Stadt am Fuß des Gebirges; in einem derselben stehet mitten im Wasser ein schönes Gebäude, wohin man auf einem Schifchen fährt; und auf der Wasserseite erblickt man Taucher, Enten, und eine Menge anderer Wasservögel von verschiedener Gattung und Größe.

Den schönsten Prospect der Stadt hat man vom Berge herab, nicht weniger auch von der Mittagsseite her. Es giebt in derselben mehrere Götzentempel, davon einer dem Nakälänk, oder dem Beschän gewidmet ist, der gegen das Ende der Welt die Gestalt eines Sündenfreyen Menschen: denn das heißet Nakälänk, annehmen wird.

Ueber alles aber verdient derjenige Ort bemerkt zu werden, der zu astronomischen Beobachtungen bestimmt ist; ein Gebäude, dergleichen man hier zu Lande nie gesehen hatte, und das also wegen der Neuheit sowohl als der Menge von Instrumenten Bewunderung verdient. Es liegt neben dem Residenzschloß in einer freyen Ebene, ist groß und geräumig, auch mit Mauern umgeben, und zu Beobachtungen am Himmel eingerichtet. Zuerst beym Eingang erblickt man darinn die zwölf Zeichen des Thierkreises, die alle in große Zirkel vom reinsten Kalk getheilt sind. Ferner allerley astronomische Sphärenschnitte nach der Polhöhe des Ortes, von 12 und mehr Pariser Fuß im Durchmesser; dann große und kleine Nachtgleichenuhren und Astrolabien, auch in Kalk geformet; und endlich die Mittagslinie und eine in einen sehr großen Stein geschnittene Horizontal-Sonnenuhr. Vorzüglich aber stellt sich eine sehr hohe und dicke Weltare dar, von Backsteinen und Kalk, in der Mittagsfläche, und unter einem der Ortsbreite gleichen Winkel: die Höhe derselben mag 70 Pariser Fuß betragen. Oben auf dieser Are steht die Warte, von welcher man weit über die Stadt weg, und nicht ohne Schwindel herabsieht. Der Schatten dieser riesenmäßigen Are fällt auf einen ungeheuer großen astronomischen Quadranten (Halbcirkel), dessen Hörner und Bogenenden aufwärts gerichtet sind, und der in Grade und Minuten getheilt ist: eine sehr geschickte Arbeit vom weißesten Kalk oder Gyps. Des Morgens fällt der Schatten auf den Quadranten an der Abendseite, und Nachmittags auf der andern an der Morgenseite; so daß die Weltare zwischen beiden die Mitte hält, und jeden Augenblick die Sonnenhöhe gefunden werden kann. Neben diesem Quadranten sieht man einen doppelten Gnomon ebenfalls von Gyps; er ist in einem Zimmer eingeschlossen, worin er an beiden Seiten in die Höhe geht. Sobald es Mittag ist, so fällt der Sonnenstrahl durch zwey Löcher einer kupfernen Platte, und zeigt die Mittagshöhe an jedem Quadranten, und zwar

Die Provinz Ajmer.

zwar im Sommer unter der Mitte, und im Winter oberhalb derselben. Nicht weniger sind drey große an einem eisernen beweglichen Ringe hängende meßingerne Astrolabia zu merken, nebst einem meßingernen, mit einem Lineal versehenen und nach der Polhöhe errichteten Ringe, um die Abweichung der Sonne zu finden, welche man jederzeit wahrnehmen kann, sobald man nur das Instrument gegen die Sonne richtet. Kleinere Werkzeuge übergehe ich.

Zu den Unvollkommenheiten dieser Sternwarte aber, gehören nicht nur die niedrige Lage und die Mauern umher, indem man davor den Auf- und Untergang der Gestirne nicht beobachten kann; sondern auch dieß, daß der Gnomon, die Weltaxe und andere Werkzeuge von Gyps sind, und daher keine sehr genaue Beobachtung zu bewerkstelligen ist.

Auf dem Wege nach Amber kömmt man nach einem den Götzenopfern bestimmten Ort, und zu dem Tempel des Gobendeu, oder Krischen. Den vornehmsten Markt der Stadt hat Issoringh, Jesinghs Sohn, mit schönen Lustgebäuden und einem hohen, aber dünnen Thurm gezieret, in welchem eine Treppe hinaufgeht.

Die Breite von Zepor beträgt 26 Gr. 53 Min. die Länge 93 Gr. 43 Min.

Amber, eine Stadt von mäßigem Umfange, aber stark bewohnt, 3 indische Meilen nördlich von Zepor; mit Mauern von Thon, ein wenig von den Häusern ab, und mit Bergen umgeben. Das alte Residenzschloß der heidnischen Könige, die man nach diesem Ort Amberische nannte, ist sehenswürdig, indem es groß und prächtig auf einem Hügel liegt, und durch Kunst und Natur fest ist. Am Schlosse liegt ein Garten und Teich in einem wasserreichen anmuthigen runden Thal. Die neue Stadt Zepor und die dahin verlegte Residenz des Königs Jesing, haben die Volksmenge und den Glanz dieses Ortes sehr vermindert. Der Boden ist sandig und unfruchtbar; demohngeachtet trift man einige ganz artige Gärten bey der Stadt an, die theils auf einem beschwerlich zu ersteigenden Hügel, theils in der Ebene gelegen ist; auch der Weg dahin ist rauch und steinigt.

Tschandelai, ein großer Flecken, 7. Meilen S. S. östlich von Zepor.

Zela, eine mit Mauern umgebene Stadt, 10 Meilen S. S. östlich von Tschandelai; hat östlich zwey Kastelle, jedes auf einem Hügel, in einer mäßigen Entfernung von einander gelegen. An den Hügeln liegt der königliche Pallast nebst einem Garten.

Tschartschu, ein großer schattichter Ort, unter Bedeckung eines alten auf einer Anhöhe gelegenen Schlosses, das theils mit steinernen, theils mit Mauern von Thon umgeben ist; drey Meilen von Tschandelai, und 6 von Zela.

Nibal, eine S. S. westlich gelegene Stadt mit einem Kastell auf einem Berge.

Tiefenth. Erdbeschreib.   Ff   Der

Der fruchtbare Boden dieser Gegend trägt Weitzen und Reis; die Rinder und Kühe aber sind klein und mager, und kommen mit denen von Nagor, Guzarat und Malva in keine Vergleichung; was die Natur dem Boden giebt, nimmt sie dem Vieh wieder ab.

Bhaguntghar, eine Stadt am Fuß des Gebirges; 11 Meilen S. S. östlich von Zela. Die Häuser sind von Stein und Thon aufgeführt. Eine indische Meile westlich von da fließt von Abend gen Morgen der kleine Fluß Bands, mit wenigem aber klarem Gewässer, womit er den Tschambal verstärkt.

Scherpor, eine volkreiche Stadt, 5 Meilen O. S. östlich von Bhaguntghar. Ein Theil desselben liegt diesseits des Bettes eines ausgetrockneten Wildstrohms; der größte und beste Theil jenseits: überhaupt aber liegt die Stadt an einer Reihe sehr hoher Berge, die gute 15 Meilen von Norden gen Süden sich erstrecken, und an deren äußersten Ende nördlich die zu Zepor gehörige sehr starke Bestung Candhàr liegt. Die Breite dieser Gebirge ist noch nicht so bekannt, da sie sich nirgends gleich ist; die größte Breite aber, weiß man, erstreckt sich an 5 und mehr Meilen von Scherpor bis Tschán, die Thäler freylich mitgerechnet. Die Stadt liegt nach dem westlichen Theil der Berge hin, die Bestung nach dem östlichen. Seit 1750, da Scherpor nebst seinem Gebiete den Marhatten in die Hände gefallen, und der mahometanische Befehlshaber umgebracht worden, haben sehr viele Einwohner die Stadt verlassen, und ihre Wohnung anderswo gesucht. Scherpor hat keine Mauern, dagegen aber natürliche gegen Morgen, nemlich sehr hohe Felsen; auch hat es ziemlich schöne Gebäude, zu welchen die am Markte, die großen öffentlichen Herbergen und das Haus des Befehlshabers gehören.

Nach der am 28 März 1751 beobachteten Mittagshöhe der Sonne von 67° und deren Abweichung, beträgt die Polhöhe von Scherpor 26 Gr. Fast die gleiche hat

Taf. XX.
n. 2.

Rantambòr, 2 Meilen von Scherpor, eine in ganz Indien berühmte sehr starke Bestung, die zwischen fast unzugänglichen Bergklüften liegt; indem alle umherstehenden Felsen und Berge höher sind, als der, auf welchem sie gebauet ist. Sie wurde zu einer Zeit, da man die Kraft des Pulvers noch nicht kannte, von einem gewissen Razputen, Namens Rawhainir, vom Geschlechte Hára, aufgeführt; daher ist, von dem Donner irgend eines schweren Geschützes, das auf einen der umliegenden Berge gepflanzt würde, ihre Mauern leicht eingestürzt, und den Feinden Eingang verschaft werden könnte. Indessen bleibt sie, bey der hier zu Lande noch sehr unvollkommenen Anwendung der Canonen immer noch unüberwindlich, weil nur ein enger Paß hinaufführet, der an beiden Seiten östlich und westlich von hervorragenden Felsen gedeckt wird; so daß leicht ein zahlreiches indisches Heer durch einige Queermauern

Mauern gänzlich abgehalten werden kann; denn weder östlich noch westlich kann irgend ein Wagen oder ein Trupp Reuter eindringen.

Gegen die ärgsten Feinde aber, nemlich Hunger und Durst, haben Natur und Fleiß dadurch gesorgt, daß theils eine Art von Bach, der aus einem Felsen hervorbricht, zwischen den Hölen und Bergklüften bis Scherpor fortrinnt; theils in der Westung selbst, in gegrabenen Cisternen Regenwasser gesammelt wird. In den umliegenden Thälern aber zählt man zwölf Dörfer, von deren Erzeugnissen die Besatzung erhalten wird.

Die eigentliche Gestalt der Westung aber ist folgende: Eine sehr starke mit Thürmen und Bastenen versehene Mauer von Felssteinen umgiebt den höckrichten Rand des Berges, und selbst auf den umherstehenden Felsenspitzen liegen nach alter Art angebrachte Bastenen; jedoch an einer Seite erblickt man bloß natürliche Mauern, nemlich hervorragende Felsen, die mit der künstlichen gleiche Höhe haben. Zu dieser Westung geht man auf im Felsen gehauenen Stufen hinauf, und durch vier Thore hinein. Ihre Länge beträgt eine italienische Meile, und ihre Breite fast eben so viel. Inwendig sieht man das Gebäude des Befehlshabers; eine Moschee; ein Grabgebäude eines gewissen mahometanischen Lügenpredigers, und andere Häuser und Wohnungen der Besatzung. Alauvuddin, König zu Dehli, soll diese Westung einige Jahre lang belagert, und zuletzt erobert haben. Nach einer langen Reihe von Jahren ist sie den Mogoln in die Hände gerathen, und ist hat sie der König von Jepor in Besitz. Oestlich liegt eine Stadt, von welcher man auch durch einen engen Weg auf steinernen Stufen zur Westung hinauf kann, deren Höhe übrigens der von Narvar nicht gleich kömmt, indem sie, ohnerachtet der schroffen sie umgebenden Felsen nicht sehr hoch liegt. Der Zweck endlich, den die alten heidnischen Fürsten bey Erbauung solcher unzugänglichen und mit indischen Waffen fast unbezwinglichen Westungen haben konnten, ist leicht zu errathen. Sie dienten ihnen nemlich bey einbrechendem Feinde zum Zufluchtsort, wo sie ihre Schätze, und die ganze Schaar ihrer Weiber, Kinder und Hausgenossen vor der Gewaltthätigkeit des etwan siegenden Feindes in Sicherheit stellten.

Abhanpor, ein großer stark bewohnter Flecken am Fuß des Gebirges. Man kömmt S. S. westlich von Scherpor, durch Umwege von 7 Meilen dahin; denn da über die Felsen, zwischen welchen Rantambor liegt, kein Weg für zwey- und vierspännige Fuhrwerke zu finden ist: so muß man ihn zu Wagen um die Berge herum nehmen.

Pulódi, ein zum Gebiete von Jepor gehöriger Flecken, 7 Meilen S. S. östlich von Scherpor, nebst einem kleinen Kastell auf einer Anhöhe. Von da geht man nördlich bis zu einem, zwey Meilen westlich von der Stadt Tschán, zwischen Bergen gelegenen Flecken.

Tschán, eine zum Gebiete Jepor gehörige Stadt, an den Abgründen eines hohen und steilen Berges, die sich 5 Meilen weit erstrecken und zur Vestung Rantambor führen.

Drey Meilen S. O. ¼ O. von Tschan kömmt man an den Fluß Tschambal, der hier seicht ist, daß man nur zu Schiffe hinüber kann; übrigens sanft fortfließt, zwischen zwey hohen eine Viertelmeile von einander entfernten Usern: anderswo kann man dagegen zu Fuß durch. Jenseits erstreckt sich eine große mit Flecken und Dörfern besetzte Ebene.

Sopor, eine mittelmäßige aber volkreiche Stadt, ohngefähr 9 Meilen von Tschán. Ein Theil derselben liegt außerhalb den Mauern des Kastells, in welchem der übrige Theil, wie auch der in der That prächtige Pallast des Raja auf einem steilen Sandhügel liegt. Die übrigen Häuser empfehlen sich weder durch Größe noch Schönheit. Die Breite dieses Orts beträgt nach einer Beobachtung vom 31 May 1759, 25 Gr. 38 Min.

Der ißige Raja Endersingh hat ein mit starken Thürmen und Mauern versehenes Kastell, vorzüglich gegen die Einfälle der Marhatten erbauet; er steht auch in Allianz mit dem König von Jepor, den er mit seiner Kriegsmacht in Feldzügen begleitet.

Der District von Sopor enthält 250 Flecken, wozu noch zwey Städte, die beide den Namen Sui haben, nebst Calver, 4 Meilen O. S. östlich von Sopor gehören; und endlich:

Gór, welchen Namen auch der Raja und die Rajputen von Sopor führen, der letzte Flecken des Soporischen Gebietes, in einem dichten steinigten Mahuawalde. Drey starke Meilen von da, durch den fürchterlichen Wald kommt man zu der Stadt Caraèl, die nebst einem Kastell, zum Gebiete Narvar gehöret, 13 etwas starke Meilen von Sopor.

Zu Jepor gehören nun noch verschiedene Städte, als:

Monóarpor, eine artige Stadt mit einem Kastell, 15 Meilen nördlich von Jepor.

Cótputli, eine Stadt mit einem Kastell, 10 Meilen nördlich von Monoarpor.

Südlich liegt:

Ganganèr, 3 Meilen S. S. westlich von Jepor; ein Städtchen mit Mauern und Graben. Die Häuser sind von Mauerwerk und haben kleine Fenster und Thüren; die meisten sind verfallen und die wenigsten von Erheblichkeit, so wie man es in diesem Lande und bey dieser Nation gewöhnlich findet.

Pági, eine große mit Mauern und Thürmen von Thon befestigte Stadt, 20 gemeine Meilen S. S. westlich von Ganganèr.

Málpora, 20 Meilen S. S. westlich von Pagi, ein stark bewohntes Städtchen mit Wall und Thürmen, in einer Ebene. Die meisten Häuser sind von Thon und nur sehr wenige von Stein; die Götzentempel aber sind sehenswürdig, indem dies verblendete Volk die prächtigsten

Die Provinz Azmer.

tigsten Wohnungen den bösen Geistern, so wie den schönsten Theil der Erde und ethen Theil ihres eigenen Wesens widmet.

Zu dieser Provinz (Azmer) gehört auch der Distrikt Zadori oder Zaróti, in welchem Cotta und Bundi befindlich.

Die Stadt Bundi, 12 Meilen von Cotta, ist der Sitz des Fürsten der Zaraten, von einem alten Stamme; sie liegt zwischen Bergen und wird von einem kleinen Kastelle, auf einem Berge, gedeckt.

Von Zepor nach Bundi geht der Weg über Tschartschu, eine Stadt, deren bereits oben erwähnt worden; von da 14 Meilen bis Tonk; dann 10 bis Nenua, und endlich 10 bis Bundi.

Kotta, eine große schöne Stadt in einer steinichten Ebene, mit starken Mauern und Thürmen. Sie hat einen Umfang von einer Stunde, aber enge Straßen, und ist mit vielen Götzentempeln, deren der vornehmste Náth genannt wird, und mit Altären falscher Gottheiten geschmückt oder vielmehr befleckt. Ein Theil dieser Stadt nebst dem prächtigen Schloß des Raja liegt östlich am Tschambal, der hier einem stehenden Wasser gleicht. Neben dem östlichen Thor ist auch ein sehr großer Teich, an welchem ein schattigter Garten liegt. Der Raja ist von dem edlen Geschlechte der Zaraten und sehr reich und mächtig, indem er an 7 bis 8000 Reuter, das Fußvolk ungerechnet, ins Feld zu stellen pflegt.

Die Polhöhe dieses Orts beträgt, nach einer Beobachtung der mittäglichen Sonnenhöhe vom 8ten März 1759, 24 Gr. 46 Min. Der ganze Distrikt bestehet in einer ungeheuern Acker-Ebene, wo das Auge weit und breit keinen einzigen Baum bemerkt, sondern die ganze Aehren-Fläche einem wallenden Meere gleicht.

Kerli, ein Flecken, an 10 Meilen östlich von Kotta, und nicht weit vom westlichen Ufer des Cáli Sindh, oder schwarzen Flusses, der von Süden gen Norden fließt und sich in den Tschambal ergießet.

Cocla, ein stark bewohnter Flecken, ohngefähr 20 Meilen von Kotta; ohnweit davon schlängelt sich ein kleiner Fluß von Süden gen Norden.

Kerávänt, ein Flecken, an dessen östlichen Seite der kleine Fluß Kul hinanfließt, der von Süden gen Norden, mit klarem Gewässer über Wacken rieselt.

Von Kerávänt und Candéla bis zum Flecken Bherun ist, ohngeachtet der Berge und fruchtlosen Wälder, der Boden doch nicht allenthalben so ungebauet, daß er ganz ohne Dorf und Acker seyn sollte; indem man vor Schahabad und dem Flecken Candéla große Aecker ebenen erblickt. Zwischen diesen beiden Orten aber liegt ein ungebaueter dürrer Wald, in welchem man wegen des Wassermangels weder vierfüßige Thiere noch Vögel antrift.

Schahabad, in der Einwohner Sprache Séra genannt, ohngefähr 35 Meilen von Narvar, und 37 von Kotra, eine Stadt am Fuß eines Berges, auf welchem ein sehr festes steinernes Kastell liegt. Die Stadt ist wegen einer Moschee berühmt, die aus sehr künstlich verarbeiteten Schiefersteinen (lapide sectili) mit großen Kosten aufgeführt worden; es ist ein hohes, prächtiges und in der That sehenswürdiges Gebäude. Das Kastell soll von einem gewissen Kottischen Raja am Raube des Berges, der gleich einem Amphitheater sich erhebt, erbauet worden seyn, um die Besteigung des Gebirges und den Zugang in das Innere des Landes zu verhindern. Der eine Theil dieses Kastells steht an dem jähen Rande des Berges, der andere auf der obern Fläche desselben: beide aber sind mit starken Mauern und Thürmen versehen; nicht weit davon liegt ein Flecken, bey welchem ein großer See befindlich ist. An der östlichen Seite des Berges geht ein enger steiler Weg zum Kastell hinauf, wohin auch ein anderer über den rauhen steinigten Rücken des Berges führt. Auch die Ebene am Fuß des Berges ist mit einer Mauer umgeben, so daß aller Zugang zur Vestung verwehrt ist. In die Ebene kömmt man durch ein hohes prächtiges Thor hinein.

Bherun, ein Flecken, 12 Meilen östlich und ein wenig N. östlich von Schahabad: auch liegt fast eben so weit davon gen N. O. das Städtchen Scheopor, dessen anderswo Erwähnung geschieht; denn von Scheopor bis zu diesem Flecken geht man bald S. S. westlich, bald S. westlich, bald westlich.

Odepor, eine ziemlich große, stark bewohnte und bebauete Stadt, wo der Fürst, der Rana genennt wird, einen schönen getürmten Sitz hat: denn sein Pallast bestehet aus einem Haufen kleiner nicht weit von einander stehender und mit einander verbundener Thürme mit Kuppeln. Diese Stadt hat auch unterschiedene ansehnliche und schöne Tempel; ist übrigens mit Bergen umgeben, von denen die nächsten von oben bis unten mit Mauern und Thürmen besetzt sind. Die Zinnen der Mauern sind, wie bey allen Indischen Vestungen, bogenförmig und voller Löcher, um den Feind daraus zu beschießen. Der abscheuliche Götzendienst wird hier vorzüglich getrieben, und man siehet sehr kostbare und kunstreiche Tempel für allerley Götzen, deren scheußliche und fürchterliche mit Oel, Butter und rother Kreide beschmierte Bilder hier angebetet werden. Der Pallast liegt an einem großen See, Namens Raisagär, mit einer steinernen Einfassung; an beiden Seiten des Sees siehet man Götzentempel, und in der Mitte desselben schöne Gebäude, nach welchen man auf einem kleinen Fahrzeuge hinkömmt. Die Länge des Sees beträgt ohngefähr 2 Meilen, und die Breite 200 Schritt. An beiden Seiten
des

des Ufers erstrecken sich Reihen von Häusern. Die geographische Breite der Stadt beträgt, nach einer Beobachtung vom 23sten November 1744, 25 Grade.

Ein anderer See, Namens Odesägär, 3 Meilen westlich von jenem, hat an 2 Meilen im Umfange, und ist mit einem Wall umgeben; am Ufer stehen prächtige Gebäude.

Nach Odepor führt kein anderer Weg als ein sehr enger Paß, den man von Surate aus bey dem Flecken Revêra antrift, der aber durch eine von einem Berggipfel zum andern gezogene Mauer verschlossen ist; alles übrige ist unwegsam, und wo ja noch ein Zugang seyn möchte, da steht auch ein Fort oder sonstige Vorwehr im Wege.

Bey dem Flecken Dariba ist eine Kupfergrube, und im Distrikte von Odepor soll auch ein Silberbergwerk seyn.

Im Kastell Cumbalmêr liegt der Schatz des Rana verwahret.

Nach Jepor hin führen gleichfalls sehr enge Pässe, die von zwey Bergen beengt und mit Mauern und Thürmen, genannt Debári, besetzt sind.

Gölöri, ein Flecken, 6 Meilen von Odepor, auf dem Wege nach Jepor.

Mauli, ein Städtchen in einer Ebene, die sich von Golori aus erstreckt, wovon es 12 Meilen nördlich und N. östlich entfernt ist.

Zäsmän, ein Flecken, 14 Meilen N. östlich von Mauli. Der Boden dieses Distrikts ist eben, mit Hirse und Reis besäet; die Bäume, ausser dem Am-Baum, tragen keine Früchte; dagegen trift man klein und großes Vieh in Menge an, auch Schweine. Allenthalben siehet man sehr viele Götzentempel; Flüsse aber sind selten, indem man von Lunavara her über einen einzigen Bach kommt. Man wässert die Aecker mit Brunnenwasser, und zum Trinken bedient man sich des in Sümpfen versammelten Regenwassers. Die öffentlichen Brunnen bauet man übrigens sehr schön und mit vielen Kosten von Steinen oder Ziegeln, von Grund aus, nebst steinernen Stufen, damit ein jeder bis an die Quelle zum Schöpfen hinabsteigen kann, und sie sind daher mehr Wasserbehälter als Brunnen zu nennen, da eine so geräumige und bequeme Treppe hinabführt.

Bauna, ein Flecken, 14 Meilen N. östlich von Zesman, dessen Acker Hirse und Baumwolle trägt, wenig Bäume und Brunnen hat, und an einigen Stellen hüglicht ist.

Bilära, eine Stadt, 17 Meilen von Bauna.

Cadihêra, ein wegen eines alten Kastells berühmter Flecken, 13 M. N. östl. von Bilära.

Schahpor, eine Stadt mit Mauern von Thon und mit Thürmen von Backsteinen, ohngefähr 9 Meilen N. östlich von Cadihera. Kein einziges Haus ragt über die Mauern hervor, ausgenommen dasjenige, welches der heidnische Raja bewohnt. Nur ein einziges Thor ist für Fuhrwerk; die übrigen sind so enge und niedrig, daß man sich bücken muß, wenn man hindurch geht.

Koa, ein geringer Ort (obscurus), 1½ Meilen von Cabihera.

Cosseri, 10 Meilen von ebengedachtem Ort, ein Städtchen mit einem Fort auf einem Hügel; die Mauern und Thürme desselben sind von Thon mit Spreu vermischt.

Tschosla, ein Flecken, 16 Meilen von Koa. In diesem Distrikt erstrecken sich Berge vom Morgen gen Abend; einige auch von Süden gen Norden; machen aber nie eine sonderlich lange Kette aus.

Nialpor, 24 Meilen von Tschosla: es ist aber zu merken, daß zwey solche Meilen in den östlichen Ländern auf eine gehen.

Südlich oder S. S. westlich von Odepor bis Gudara, zur Provinz Guzarat gehörig, kommen folgende Oerter vor:

Revera, eine Tagereise von Odepor, ein kleiner Flecken auf dem Gipfel des Gebirges, fast von allen menschlichen Bedürfnissen entblößt. Sechs Meilen reiset man zwischen mäßig hohen Bergen wie zwischen zwo Wänden, bis man in eine Ebene und dann bis Odepor kommt. Ein so rauher Weg zwischen einer ausschweifenden Kette von Bergen geht auch bis Sagvara.

Zalor, eine Stadt, an 12 Meilen S. westlich von Revara.

Bamankera, ein kleiner Ort, 9 bis 10 Meilen von Zalor.

Aspor, ein Flecken, 7 Meilen von Bamankera, mit einem dreyfachen Götzentempel.

Gora, ein kleiner Flecken, 8 Meilen S. westlich von Aspor.

Sagvara, 6 Meilen S. S. westlich von Gora, ein Städtchen, mit geräumigen und wirklich prächtigen mit Götzenbildern geschmückten Tempeln von Stein, die sich in Pyramidenspitzen endigen; daneben liegt ein unförmlicher Stein, der stark mit rother Farbe, Butter und Oel beschmiert ist, indem man diesem steinernen Gott (damit ein) Opfer bringt, und ihm für seine Wohlthaten dankt. Zwey andere kleinere Tempel stehen auf den Hügeln, und sind von einer Collekte von Kaufleuten und anderen Einwohnern erbauet worden. Auch auf den Dörfern sieht man hin und wieder Steine und Götzentempel errichtet. Dieser Ort gehöret einem heidnischen Raja, der zu Dungarpor, 24 Meilen von Sagvara residirt.

Kua, ein unbedeutender Ort (obscurus), 14 Meilen S. westlich von Sagvara. Eine Kette von Bergen von mäßiger Höhe und Fruchtbarkeit erstreckt sich von Norden gen Süden in die Gegend von Sagvara: eine andere vom Abend gen Morgen scheint sich mit andern zu verbinden.

Dingäl-

Die Proving Ajmer.

Dingälbara, ein Flecken, 11 Meilen S. westlich von Rua.

Cánpor, ein Flecken, 5 Meilen S. westlich von Dingalbara.

Lunavera, 6 Meilen S. westlich von Dingalbara, eine Stadt mit sehr starken Mauern, und mit einem runden Thurm am südlichen Thor. Ein Theil der Stadt liegt auf einem Hügel; die meisten Häuser sind von Thon und mit Dornzäunen umgeben, so daß die Stadtmauern eine ansehnliche Stadt ankündigen: die Stadt selbst aber ein bloßes Dorf darstellt. In der Süderseite vor der Stadt steht ein ziemlich prächtiger Götzentempel mit mancherley in Stein gehauenen Verzierungen. Die geographische Breite dieses Orts ist 23 Grad.

Sehra, ein Flecken, 9 Meilen S. westlich von Lunavera und 7 N. östlich von Gudara, zu dessen Gebiet er gehört. Von diesem Flecken an bis Gudara erstreckt sich ein dichter Wald von unfruchtbaren Bäumen und voller Tiger. Auch der Boden von Gudara bis Sagvara ist ungebauet, waldig und bergicht.

Salómbär, eine Stadt, über welche ein heidnischer Raja herrscht, der mit dem Rana sehr nahe verwandt, und mit ihm von einem Geschlecht ist.

Tschitor, 5 Tagereisen oder 60 Meilen von Odepor, eine der vornehmsten Vestungen in Indien, und der ehmalige Sitz des Rana, der itzt zu Odepor residirt. Die Vestung liegt in einer weiten Ebene, auf einem sehr hohen steilen Berge, der nach einigen Europäern, 7 Meilen; nach andern 8, und nach einigen Persischen Schriftstellern 10 Meilen im Umfange haben soll. Vom Fuß des Berges bis an die Spitze rechnet man 5 Meilen, nach andern nur drittehalb. Der Ort ist mit Thürmen und andern Befestigungen umgeben, und vom Fuß des Berges bis an die Mauern zählt man sieben Thore, wovon eines Lakhota, ein anderes Hárvänt heißet. Oben wird Reis gebauet, der theils durch Regenwasser, theils durch solches, was aus den Bergklüften fließt, unterhalten wird. Eine solche Vestung also, der es weder an Speise noch Trank fehlt, kann wohl für unbezwinglich gehalten werden; und sie war es auch in der That, so lange ihr Beherrscher Rettensen lebte; indem Alauvuddin, König von Dehli, sie lange vergeblich belagert hatte; nach jenes Tode aber zurückkehrte und sie eroberte. Nach vielen Jahren ist sie den Nachfolgern des Rana wieder abgetreten worden, denen sie aber Kaiser Acbar wieder nahm, sie nach einer großen Niederlage schleifte, die Thürme in die Luft sprengen, die ganze Besatzung niedermachen und die Thore aus ihren Angeln heben und nach Agra bringen ließ. Hernach wurden die Mogoln doch vom Rana aufs neue vertrieben, die Vestung eingenommen und wieder hergestellt; sie hat aber nie ihren vorigen Glanz wiederum erreichet, und überdies hat die mogolische Armee unterm Schabzahan, die Arbeit des Rana nochmals zerstöhret.

Diese alte und starke Vestung ist der Göttin Debi gewidmet, daher kein Helde irgend etwas Achtungswidriges oder Waffen dagegen blicken lassen oder sonst etwas feindseliges dagegen zu unternehmen wagen wird. Ein Beyspiel, das den christlichen Kriegern zur ewigen Schande gereicht, welche die dem Höchsten Wesen geheiligten Tempel auf eine ruchlose Art verletzen, mit unersättlichem Geitze über das geweihete Geräth herstürzen, und es mit kirchenräuberischer Hand entwenden, ja die Gotteshäuser selbst zerstören und der Erde gleich machen.

Itzt ist die Vestung fast ganz verfallen und ein dichter Wald und Aufenthalt der Tiger und anderer wilden Thiere worden; indem die Mauern zwar an einigen Stellen ganz, an andern aber eingestürzt sind. Indeß wird die Debi, die vornehmste der Göttiunen dort verehrt, deshalb ein Haufen Zogier unten am Berge wohnen; auch einige von ihnen in der Vestung selbst als Einsiedler unter den wilden Thieren leben.

Nach einem englischen Schriftsteller beträgt die Breite dieses Orts 23 Gr. Die Länge 75, vermuthlich nach dem Meridian von London; welches aber noch genauer zu untersuchen ist.

Zur Provinz Marvar, deren vornehmsten Theil der Raja von Zodepor, einen andern der von Nagar, und einen Theil der von Bicaner, alle vom Rättorischen Geschlecht der Razputen, besitzt, gehören folgende Oerter; und zwar, erstlich dem Raja von Zodepor.

Sanzor, ein stark bewohnter Flecken, nebst seinem Gebiete und dem 5 Meilen S. S. westlich davon gelegenen Flecken Majàl. Die nördliche Breite beträgt 24 Gr. 42 Min. An der Morgenseite liegen Berge. Der Boden ist zwar eben, aber sandicht und sehr ermüdend, läßt auch keine Fußtapfen der Menschen und Thiere unterscheiden: er ist so dürre und wasserleer, daß man 150 Spannen tief graben muß, ehe man eine Quelle antrift. Man sieht auch überall keine Fruchtbäume, noch Tamarinden oder andere schattichte Bäume, sondern blos den sogenannten Nim=Baum mit bittern Blättern und Früchten. In diesem Gebiete ist nicht nur jeder Flecken, sondern jede Hütte in demselben mit einem Dornzaun umgeben.

Zalòär, eine große Stadt, ohngefähr 50 Meilen N. N. östlich von Sanzor. Der Weg ist zwar so eben, daß man kaum ein Steinchen bemerket, aber dagegen äußerst sandig und ermüdend. Die nördliche Breite beträgt, nach einer Beobachtung vom 1 Märj 1751, 25 Gr. 22 Min. Berechnet man daher die ganze Strecke von Guzarat bis Zaloar, so wird man sie gute 150 Meilen lang finden; über Cari aber, Sanfi, Ràdhànpor, Babor, Cotterbàra, Terad, Pàdàr, Sanzor, Hariàla, Puna, Rettara, hat man 30 Meilen mehr; der kürzeste Weg hingegen, über Pàtän, Palhanpor, Bilmàl, Zalor, beträgt nur 120 indische Meilen.

Der

Die Provinz Ajmer.

Der ganze Diſtrict von Terad, Tantibara, Jodepor bis an den Indus iſt unfruchtbar, da er ſandig und waſſerleer iſt; übrigens iſt die Gegend um Jalor gen Abend und Nordoſt, eben, auch ziemlich fruchtbar, wenn er Regen bekömmt.

Die Stadt ſelbſt iſt mit ſteinernen Mauern und Thürmen umgeben, hat über 1 italieniſche Meile im Umfange, und erſtreckt ſich vom Morgen gen Abend am Fuß eines hohen Berges, der gemach in die Höhe geht, voller Klippen iſt, ſich in einer ungleichen Linie und mäſſiger Weite vom Morgen gen S. S. Weſt erſtreckt, und in verſchiedenen Gipfeln endiget: doch ſo, daß er ganz oben eine abſchüßige Fläche bekömmt, deren äußerſter Rand mit Mauern, Thürmen und andern Veſtungswerken beſetzt iſt, die auf unerſteiglichen Felſen liegen, ſo daß aller Zugang zu den Klippen, und zu denen noch auf denſelben aufgeführten Außenwerken, die gleichſam aus der Mitte des Berges entſtanden ſcheinen, gehemmt iſt. Dieſe unüberwindliche Veſtung iſt vor 700 Jahren von einem berühmten Fürſten erbauet worden. Der einzige Fußweg dahin, der rauh und enge genug iſt, kann von einigen bewehrten Leuten gegen ein ganzes Heer behauptet werden, indem man es auch von oben herab mit Steinen aufreiben kann. Es fehlt dieſem Ort auch ſonſt an nichts, als an Victualien, indem ſolche der felſichte unfruchtbare Boden nicht hervorbringen kann; denn Waſſer geben ſelbſt die Felſen; auch hat man Waſſerbehälter für den Regen.

Von Guzarat bis Jalor ſind 90 Meilen; nemlich: 12 bis Pethapor; 12 bis Meſana; 20 bis Sirhapor; 6 bis Palhanpor, oder 50 von Guzarat; 20 bis Bilmàl, und endlich 20 bis Jalor.

Odepor ſoll 60 Meilen von Jalor O. S. O. gen Süden (Euro-auſtrum); die Stadt und Veſtung aber 35, O. N. öſtlich, und Méla auch 35, öſtlich, entfernt ſeyn.

Das Land zeugt treflliche Kameele und Dromedare, Thiere, die dem Verkehr ſehr nützlich ſind, da ihre Natur dem dortigen Erdſtrich gemäß iſt; denn, wo man gleichſam ganze Sandmeere zu durchwandern hat, da iſt ein langbeiniges Thier unentbehrlich; und wo Mangel an Waſſern und andern Lebensmitteln herrſcht, da iſt ein Thier das Hunger und Durſt ertragen kann, eben ſo ſehr. Und dieß vermag das Kameel; indem es nicht nur den Durſt erträgt, ſondern auch den Hunger mit bittern Blättern, Dornen und Diſteln zu ſtillen weiß. Es iſt auch ungemein folgſam: will man aufſitzen, ſo zieht man den Maulkorb gegen die Erde, bis es kniet, und ſo, bey vielem Brummen, gleich einem Bär, den Reuter auf den Rücken läßt. Gehen viele hintereinander, ſo ſind jedesmal die Schwanzhaare des einen an den durch die durchgebohrten Naſenlöcher gezognen Maulkorb des anderen geknüpft, und ſo geht es die ganze Reiſe fort.

Mocla, ein Flecken, 3 Meilen N. N. östlich gen Nord (in Aquilo-boream) von Zalor. Candáp, 7 Meilen N. N. westlich von Mocla. Die Meilen dieser Gegend sind aber länger als die von Guzarat.

In diesen Distrikten lebt eine rohe Art von Menschen, die zwar heidnischer Religion, aber von den übrigen Helden unterschieden sind; indem sie Kuhfleisch essen und von fremden Trinkwasser annehmen, welches beides von den übrigen für eine schwere Sünde gehalten wird. Sie haben jedoch Götzen, die sie verehren, und leben dabey vom Raube, indem sie Reisende unvermuthet anfallen, ihnen ihre Habseligkeiten und oft das Leben selbst nehmen. Daher nimmt man sie auch zu Begleitern auf Reisen; indem sie einander als Kameraden mit den bey sich habenden Fremden ungestört gehen lassen.

Die übrigen Einwohner dieser bis Teráb, Cantibara, Azmer und Bicaner sich erstreckenden Landschaft, sind groß und stark von Leibe, roher Lebensart, abgehärtet, kennen keine Leckerey, und leben von Hirse und Erbsen. Ihre Sprache geht auch von der gemeinen Indischen ab, wenn sie gleich in Rücksicht des grammatischen mit derselben einerley ist.

Den schändlichen Götzen Mahadeo sieht man beym Eingange in die Stadt, von einem langen Stücke Holz; an andern Orten ist er von Stein; er ist zu schändlich, um ihn näher zu beschreiben. Ueberdieß noch stehen an den Landstraßen auf Anhöhen, Elephanten zur Ehre des Ganes: ein Götze mit einem Elephantenkopf; auch unterlassen sie nicht den Hanumán mit einem Affenkopf und Affenschwanze, aus Stein zu hauen und zu verehren.

Mansel, ein Flecken, 6 Meilen von Candap, gen Thrascia; östlich und westlich erblickt man Berge. Jene große Kette von Bergen und Felsen, welche von Padar aus, oder an 60 Meilen von Zalor, östlich erscheint, erstreckt sich an 20 Meilen nördlich jenseits Cantibára und Zalor. Wie weit sie sich östlich erstrecke ist nicht bekannt; vermuthlich bis Odepor und weiter hinaus.

Bundu, ein Flecken der Mangel an Wasser hat, 11 Meilen N. N. östlich gen Nord von Mansel.

Zodepor, eine berühmte und ansehnliche Stadt, an Bergen gelegen, die sich an 3 Meilen von N. Ost gen Abend erstrecken; einer von ihnen ist oben platt, und giebt ein schönes Echo. Diese Stadt, die Residenz des heidnischen Königes von Zodepor oder Marvar, ist von Zoda erbauet, von dem die Stadt den Namen hat. Sie ist stark bewohnt, hat viele Kaufs und Bergleute und einen starken Verkehr. Die Straßen sind enge, die Thore niedrig; die Häuser aber fest und schön von kastanienbraunen Steinen. Der Umfang der Stadt ist nicht sehr groß; sie liegt am Fuß eines Berges in Gestalt eines halben Mondes, auf einem sandigen un-

Die Provinz Ajmer.

fruchtbaren Boden, der weder Brunnen noch Quellen zeigt, außer einem großen und tiefen künstlichen Sodbrunnen, wie ein Teich, den der König mit großen Kosten im Felsen aushauen lassen, und sich übrigens mit Fleiß hier seinen Sitz gewählt zu haben scheint, dem sich keine Armee nähern, ich will nicht sagen ihn besetzen oder belagern kann; indem der Wassermangel alle feindliche Anfälle weit zurückhält.

Das Kastell liegt auf einem platten Berge von mäßiger Höhe und niedriger wie der von Narvar; es giebt einen schönen Anblick, da es allenthalben mit Thürmen und andern Befestigungen versehen ist, und eine italienische Meile im Umfange hat. Hier ist auch der eigentliche Aufenthalt des Königs nebst einer starken Besatzung. Ein noch weit angenehmeres, Namens Mandor, liegt 2 Meilen von der Stadt, wohin der König zur Erholung sich zu begeben pflegt. Bey jenem sind übrigens Mauern und Thürme von Stein und Kalk aufgeführt, und zeigen daher eine Festigkeit und Schönheit, die man an andern Kastellen nicht wahrnimmt. Merkwürdig aber ist, daß oben und in der Mitte des Kastells eine Moschee, so wie eine andere mitten in der Stadt sich erhebt; welches doch sonst die Heiden in ihren Städten und anderen ihnen unterworfenen Ortschaften nicht erlauben. Da aber die Könige von Marvar ihre Töchter oder Schwestern mit den mogolischen Kaisern vermählten; bald freywillig, bald aus Furcht, bald in Hofnung großer Vortheile: so ist es kein Wunder, wenn sie auch solche ihnen verhaßte Gebäude Mahomets in ihrer Stadt und Gebiet zu erbauen zugegeben, und ihren Abscheu vor selbigen verheimlichet haben. Nach einer Beobachtung vom 6 März 1751, ist die geographische Breite dieses Orts 26 Gr. 16 Min.

Entspräche die Fruchtbarkeit dieses Landes der Größe desselben: so wäre der König von Marvar ohnstreitig einer der reichsten und mächtigsten. Denn vom östlichen Sámbar erstreckt es sich westlich bis an das Gebiet von Zesselmer; und nördlich von Bicaner bis Terad und Ranebao, eine 5 Meilen von Terad gelegene Stadt, und endlich südlich bis Bilmál und Tantibara. Auch ist das ganze Land unter sechs Fürsten vertheilt, unter denen der vornehmste der von Zodepor ist; sodann folgen, die von Nagor, von Bicaner, von Rupnagar, von Rischenghar und von Zesselmer, der auch ein Rajpute ist, aber von einem andern Geschlechte, nemlich vom Báthischen.

Die Tracht der Rajputen von Marvar stimmt mit der der übrigen überein. Sie tragen nemlich einen hohen spitzigen Turban, und die Frauenzimmer tragen Pantoffeln, an deren Spitze viele baumwollene Fäden mit kleinen Kugeln herabhangen, welcher Zierrath aber Staub erreget und den Gang aufhält.

Mahometaner, diese gewöhnlichen Soldaten der heidnischen Fürsten, giebt es hier, in Rücksicht der Menge die man anderswo antrift, wenige; indem der unfruchtbare dürre Boden den Ausländer mehr abschreckt als anlockt, um sich hier niederzulassen.

Cúär, ein Flecken, 10 starke Meilen von Zodepor.

Pipär, eine Stadt ohne Mauern, die aber mit einem Kastell versehen und wegen der Menge Kaufleute, mahometanischer Gräber, und Götzentempel merkwürdig ist, liegt 16 Meilen O. N. östlich gen Osten von Zodepor. Der östliche Boden trägt häufigen Weitzen und ist auch milder als der westliche und südliche, auf welchen man nur Sand, Dornen und Disteln antrift. Fällt aber häufiger Regen, den die gerechte Vorsehung diesen Götzendienern auch zuweilen versagt; so wachsen kleine Hirse und Erbsen; und so wie dann das Land eine schönere Gestalt hat, so ist auch der Weg besser, so daß Menschen und Vieh festen Boden fassen, sich auch des Hungers besser wehren können, der diese Gegend oft drückt; auch sind die Augen vom Sande frey, der die Ebene deckt; denn die kleinen hie und da zerstreueten seltenen Sandberge liegen östlich und nördlich weit ab.

Baronda, ein Flecken, 8 Meilen O. N. östlich von Pipär; der Weg geht bald N. östlich, bald O. N. östlich, bald östlich.

Merta, eine volkreiche Stadt; Thor und Mauern sind westlich von Thon, östlich von Kalk und Steinen. Die Straßen sind, wie gewöhnlich, sehr enge, und die meisten Häuser von Thon. Mitten auf dem Markt steht eine mit großen Kosten erbauete prächtige Moschee von rothem Stein, welche auf Bögen und sehr großen steinernen Pfeilern ruhet; an beiden Seiten sind zwey hohe aber dünne Thürme, die man in weiter Ferne sieht. Das Kastell oder kleine Fort ist viereckig, mit vier runden Thürmen an den Ecken, und liegt südlich vor der Stadt, 9 Meilen südlich von Baronda. Die Polhöhe ist 26° 34′.

Bikēn, ein Flecken, 9 Meilen O. N. östlich von Merta.

Pelloa, ein zwischen Bergen gelegener Flecken, 10 Meilen O. ¼ N. östlich von Bikēn und 11 S. S. östlich von Azmer. In diesem Distrikt erblickt man Berge, die sich 15 Meilen von Norden gen S. S. Ost erstrecken, innerhalb welchen der durch den heidnischen Aberglauben berühmte See Pökhär liegt.

Nagòr, die Hauptstadt des Landes, 18 indische Meilen N. westlich von Merta, ist eine große berühmte Stadt mit steinernen Mauern; sie ist von einem gewissen mahometanischen Magnaten verschönert und erweitert worden; liegt übrigens auf einem sandigen wasserleeren Boden, dem jedoch drey sehr große Teiche, Namens Kedálitaláb, Schamstaláb, und Cokärtál, zu Hülfe kommen. Man zählt sechs Thore: das Máhi- oder Fischthor, weil ein

Fisch

Die Provinz Azmer.

sich an selbigem eingegraben ist, liegt N. westlich und führt nach Zessár und Lahor; das zweyte Thor, Navàn, eine halbe Meile von jenem, N. N. westlich; das 3te, Nachàs, ¼ Meile vom 2ten, westlich, führt nach Catta, Bácar, Bicaner und Multan; das 4te, Cumbhári, führt nach Guzarat und liegt ¼ Meile vom 5ten Thor, Scharfa, welches südlich liegt und nach Merta führt; das 6te liegt östlich. Dieser Distrikt zeugt sehr große starke Ochsen, die statt der Pferde vor die vierspännigen Wagen der Reichen gespannt werden.

Rupnagar, eine Stadt, 11 Meilen von Sambhar und 30 von Merta; ihr Gebiet erstreckt sich bis an die Gränzen der Distrikte Odepor und Zepor. Sie steht unter dem Befehl eines Raja vom Rathorischen Geschlechte.

Kischenghar, eine Stadt mit einem Kastell, 13 Meilen östlich von Azmer; der Raja, der sie beherrscht, ist von dem ebengenannten Geschlechte.

Bicanèr, die Hauptstadt des Landes, an 70 Meilen N. westlich von Merta und 50 von Nagor, liegt auf einem sandichten, unfruchtbaren und wasserleeren Boden, wo die Brunnen sehr sparsam und tief sind. Der Raja ist von Rathorischen Geschlechte.

Zessèlmer, eine Stadt und Sitz eines Raja, über 100 indische Meilen westlich von Merta, liegt in einem sandichten Lande, wo es an allem mangelt. Von Azmer, dem es westlich liegt, ist es auch 100 Meilen entfernt.

Abughar, ein sehr festes Fort auf einem Berge, um welchen herum zwölf Dörfer befindlich, und wo viel Heu wächst.

Amàrcòtt, ein Kastell auf einem Berge, an welchem unten eine Stadt liegt, 4 Tagereisen von Bicanèr und 6 von Zesselmer. Die Gerichtsbarkeit haben die Ziunzischen Kazputen, die unter dem Tribut der jenseits des Indus wohnenden mahometanischen Lätten stehen.

Folge der Fürsten von Odepor.

In dem sogenannten Ayn Acbàrì, lieset man, daß die Rajahs von Odepor von dem persischen Könige Noschervàn, mit dem Beynamen, der Gerechte, abstammen. Die Sache, sagen sie, verhält sich so: Einer von den Vorfahren des jetzigen Raja, der insgemein Rana genannt wird, floh aus Persien nach Indien, und nahm seinen Sitz im Kastell Parnála in der Provinz Varàr. Daß dies aber eine Fabel sey, erhellet daraus, daß die Indier keinen Ausländer von anderer Religion und Lebensart in ihre Gemeinschaft aufnehmen; noch irgend eine Freundschaft, gottesdienstliche Handlung oder Ehebündniß mit ihm eingehen. Da nun die Perser in Absicht ihrer Sitten und Religion sehr von den Indiern abgehen, so können die Nachkommen den Stamm des Rana nicht von einem persischen Könige Noschervan, der von

einer

einer ganz andern Sekte und Sitte war, herleiten. Man kann daher dem oberwähnten Buche in diesem Stück keinen Glauben beymessen; da ohnehin die mahometanischen Scribenten mehr Dinge von Indien erdichtet haben.

Nach einer langen Reihe von Jahren wurde Parnala erobert, und der größte Theil der Mannschaft aufgerieben; daher nur wenige von jenem Stamm übrig blieben, unter denen einer von noch zartem Alter, Namens Bana, von seiner Mutter zu dem damaligen Befehlshaber von Mevar, einem Waldbewohner, Namens Mandalik, vom Geschlechte Bhil, in Schutz gebracht wurde. Sobald er erwachsen war, trat er in Kriegsdienste, und wurde einer der vertrautesten des Raja, nach dessen Tode man ihm, da die vier Brudersöhne desselben wegen der Nachfolge in Zwist geriethen, die Regierung antrug, die er aber ausschlug, und das Privatleben wählte. Indeß geschah es, daß einem von jenen von ohngefähr Blut tropfenweise aus dem Finger floß, womit er nach indischer Weise die Stirn bestrich, und sich selbst auf den Thron schwang; daher man ist, wenn man jemand in die Stelle eines verstorbenen Raja einsetzt, ihm die Stirn mit Menschenblut bestreicht. Jener aber, der sich auf diese Art zum Regenten aufgedrungen hatte, ließ die übrigen alle hinrichten, weil er nur dann den Thron recht fest gegründet hielt, wenn er ihn mit dem Blut seiner Verwandten befleckte; und da hierauf die Nachkommenschaft des Sessoda, die Hauptstadt des Landes zum beständigen Sitz wählte, wurde sie Sessodia genannt.

Unter andern ist auch Rettensen berühmt, der sich über das Meer in das Reich Siam begab, um die Padmäni, eine Tochter und Thronerbin des Königs von Siam zu ehelichen. Die Geschichte dieses Raja und die eheliche Treue der Padmäni ist durch ein persisches Gedicht verbreitet worden.

Nach Rettersen, ist Arsen, einer von dessen Verwandten zum Raja erwählt worden; welchem der König von Dehli, Alavuddin, mit dem Beynamen Chälzi, die ansehnliche und berühmte Vestung Tschitor, nicht mit gewafneter Hand, sondern mit List entriß. Arsen aber ließ nach Landesart die meisten seiner Gemahlinnen, um sie nicht in des Feindes Hand gerathen zu lassen, auf einem Scheiterhaufen verbrennen, und nahm auch selbst sein Ende.

Seine Nachfolger sind: sein Sohn Hamir, Kêta, Lákha, Mókäl, Kunbha, Raymâl, Sanga, Odesing, Partàb, Amra.

Hamir setzte sich im dortigen Gebirge, bis Maldev, Fürst von Jalor, welchem Muhammad mit dem Beynamen Chuni, oder Mörder, König der Afganen, Tschitor übergeben hatte, den Hamir aus jenen Wüsteneyen hervorrief und ihm den Distrikt von Tschitor zum Anbau übergab.

Die Provinz Ajmer.

Geschichte der Rattoren, die itzt die Provinz Marvar beherrschen.

Nachdem Moasuddin, mit dem Beynamen Sám, den heidnischen König Pethora von Dehli geschlagen hatte, grif er den Jézänd, König von Canoz an, der ebenfalls geschlagen, und da er über den Ganges setzen wollte, von dem Strohm verschlungen wurde. Sein Bruders Sohn, der zu Mao residirte, blieb mit vielen andern im Treffen, und seine Söhne Sunìk, Astutmän und Az, flohen in die Provinz Ajmer, und setzten sich in Sózät; entrissen hierauf den Minen oder heidnischen Einwohnern von Ajmer ihr Land und vertrieben die Cóhëlischen Rajputen aus Aherár.

Az gieng nach Baglana, wo noch itzt seine Nachkommen wohnen; und Astutmän blieb in der Provinz Marvar, unterjochte die dortigen Völker und verbreitete seine Macht und Herrschaft: von ihm schreiben sich die heutigen Könige von Zodepor her.

12. Die Provinz Malva.

Diese erstreckt sich von Gáramandel bis Bansvara in einer länge von 245 Meilen: die Breite beträgt, von Tschandèr bis Nadarbàr, 230 Meilen. Oestlich begränzt sie der Distrikt Bandho; nördlich die Provinz Narvar; südlich der Distrikt Baglàna, und westlich die Provinzen Guzarat und Ajmer. Sie enthält 4266221 Morgen.

Die Flüsse dieser Provinz sind: Narbada, Sepra, Cáli Sindh, Betba oder Bágbanti, Tschambäl. Sie ist sehr fruchtbar, erzeugt viel Weitzen, Opium und Lein, aus dessen Saamen man Oel preßt.

Vormals herrschten in dieser Provinz die mächtigsten heidnischen Könige vom Geschlechte Paunvar, als: Bikarmázit, zu Uzen; und Bhoz, der im Kastelle Dhár seinen Sitz hatte.

Der letzte König von Malva war Básbahador, der von Acbar überwunden, des Reichs entsetzt und dem Kaiser der Mogoln dienstbar wurde. In der Folge ist die ganze Provinz den Marhaten unterwürfig worden, nachdem diese den mogolischen Statthalter vertrieben und die Hauptstadt Uzen erobert hatten. Sie besteht aus zwölf weitläuftigen Vogteyen (praefecturis), deren jede sehr viele Städte und Flecken enthält. Die Bäume sind hier mit denen in Narvar völlig einerley.

Die Vogteyen dieser Provinz sind folgende:

Zum Gebiete Uzén gehören:

Uzen, eine Stadt mit Mauern und einem Kastell, welches unten von Steinen und oben von Backsteinen aufgeführt ist.

Die Provinz Malva.

Anbēl.
Badnaur, m. e. fl. Kaſt.
Cátſchrúa.
Deálpor.

Zum Gebiete Raiſen gehören:
Aſſanóri.
Balábhit.
Bélſa.
Bhónráſſa.
Bozpor.
Camláſſa.
Chalzipor.
Deurod.

Zum Gebiete Garhá (oder Garah) gehören:
Amódghar, m. e. Kaſt.
  a. e. Berge.
Arbäl, m. e. ſtein. Kaſt.
Asgär.
Bálhru.
Bängär.
Bárha.
Bári.
Bárhgam.
Beáru.
Benágär.
Bezeli.
Birághär, m. e. feſten
  Vorwehr.
Caróla.

Zum Gebiete Tſchandéri gehören:
Arón, m. e. kl. Fort von
  Stein.

Kébl, m. e. Kaſt. th. v. St.,
  th. v. Backſt.
Noláï, m. e. K. v. B., am
  Ufer des Tſchämbäl.

Dhamóni.
Dikvár.
Dinaréna.
Rámghär.
Kéthóra.
Ahéra.
Korai.
Láhärpor.

Deugam.
Deuhär, m. e. Kaſtell auf
  einem Berge.
Deughár.
Dimära.
Diinári.
Dungaróla.
Garáh, m. e. ſ. feſt. Kaſt.
  von Werkſtücken.
Haraia.
Katóli.
Kedárpor.
Laizi.
Mándána.
Péi.

Araua.
Azäk.

Panbehär;
Ketlám.
Sanvèr.

Mah Sämund.
Raiſen.
Sarſena.
Schahpor.
Seváni.
Thána Mirchán.
Tſchatnávi.
Zaloda. Zäzul.

Rámghir.
Ránghär.
Raſſulia.
Kettenpor.
Saberbár.
Sána.
Sárängpor.
Schahpor.
Sitälpor.
Tſchandéri.
Tſchándpor.
Tſchetia.
Tſchuràghar, m. e. ſ. K.
Zälnähär.
Zehtghar. Zúta.

Badarvás.
Bandär Zela.

Bára.

Die Provinz Malva.

Bára.
Bariar.
Batſchàr, m. e. K. v. B.
Béli.
Bhoraſſa, m. e. ſt. Kaſt.
   am Betba.
Cadróla, m. e. ſt. Kaſt.
Cangra, m. e. ſtein. Vor-
   wehr am Sindh.
Caranzia, m. e. ſt. Kaſt.
   am Betba.
Carvála, auch am Fluß
   Betba.
Corvái, m. e. ſtein. Kaſt.
Cozàn, am Fluß Betba.
Groß Deuhári.

Klein Deuhári.
Dúbzákār, m. e. ſt. Kaſt.
Dudhána.
Erän.
Gólacòt, m. e. Kaſt. auf
   einem Berge.
Kāna, m. e. K. v. Backſt.
Kálátpor, m. e. ſt. Kaſt.
Mähēdpor.
Miana, 3 Meilen davon
   liegt ein ſehr hoher Berg.
Mongauli, m. e. Kaſtell
   von Backſteinen.
Odepor, m. e. ſt. Kaſt.
Panau.
Rádēhi, m. e. ſt. Kaſt.

Ráka, m. e. ſt. Vorwehr.
Rándd.
Sadhóra.
Saròn3, eine Stadt mit
   Mauern, am kleinen Fluß
   Ker.
Tàlbaróda.
Tathvára.
Sätſchän.
Tomùn.
Tſchandéri, m. e. ſt. K.
Tſchánzhòn.
Tſchercòn.
Tſchór Sängär.
Zoáſſa.

Zum Gebiete Sárängpor gehören:

Acbarpor.
Agär.
Aſta.
Bázlpor.
Bäzör.
Beauvra.
Behàr bába házi.
Bhoraſſa.

Caità.
Cathári.
Carhéll.
Chalzipor.
Kánhär.
Muhammädpor.
Nogam.
Paniàn.

Pilòn.
Sárängpor, m. e. Kaſtell
   von Backſt.
Sirapor.
Schozàtpor.
Sundreſſi.
Suſnèr.
Talèn.

Zum Gebiete Bezaghar gehören:

Ablaha.
Angängam, wo edle Pfer-
   de gezogen werden.
Anódan, mit einem Tempel
   des Mahadev.

Antſcherl, ohnweit dem
   Narbada.
Babròr.
Badria.
Balgvára.

Balſia.
Bámhangam.
Bangbári.
Bärkhel, ohnweit dem
   Narbada,

Baro-

Die Provinz Malva.

Barodára.
Bélla, in dem nahen Walde sind Elephanten.
Deúla Cotania.
Deúla Nahár.
Ránapor.
Rassráda, am Narbada.
Rercól. Ahorgani.
Lohërpor.

Mandauvara.
Mohóni, ohnweit dem Narbada.
Muràna, m. e. st. Rast.
Nádári, m. e. st. Rast.
Navàicoh.
Nékëlvári.
Sanádár.
Sangóri.

Seurána.
Silváta, m. e. K. v. B.
Sindhua, wo Elephanten gezogen werden, (stabulantur).
Tschamári, mit einem Götzentempel, ohnweit dem Narbada.
Jalalabád, m. e. st. K.

Zum Gebiete Mandoa gehören:

Amzëra.
Baroda.
Bimán.
Däringam.
Dektán.
Dhár, m. e. ansehnl. Fort.

Hasselpor, wo der Wein 2mal im Jahre reifet.
Kótra. Mahessór.
Mandóa, eine sehr große alte Stadt und Sitz der Maluanischen Könige.

Manauvára.
Náltscha.
Naváni.
Sangór.
Sanársi.
Zóli.

Zum Gebiete Handia gehören:

Amónda.
Antschód.
Beassa.
Bilhéri.
Devás.
Eßlámpor.
Handa.

Hándia, m. e. stein. Fort am Narbada.
Randhúa.
Mardánpor.
Módi. Nimán.
Nimauvár.
Nogam.

Olgam. Pantschbóla.
Razóra.
Sámárni.
Siámghár.
Seóli. Sevás.
Tschampanér.
Tschekóda.

Zum Gebiete Nädärbar gehören:

Bhálnér.
Ahayár.

Nadarbár.
Namói.

Nér.
Sultanpor.

Zum Gebiete Mandessor gehören:

Aknór.
Baraud.

Bärlëth.
Bessáhára.

Bhenapor.
Bhenpor.

Bóoh.

Die Provinz Malva.

Bóbh.	Mandeſſòr, m. e. Raſt.,	Tál.
Geaspor.	welches th. von Steinen	Telbàròd.
Reàmpor.	th. von Backſt. iſt.	Uzènvàß.
Kunri.	Sèwär Ahèra.	Zàmianvàra.

Zum Gebiete Racròn gehören:

Acbarpor.	Ghátí.	Sónhèl.
Bezébahádor.	Nimthòr.	Tſchetſchàt.
Cacròn.	Raipor.	Udaimàl.
Cherabàd.	Sendàr.	

Zum Gebiete Kunri, genannt Paràna, gehören:

Ahòr.	Baròd.	Ghóſſi.
Aſſòp;	Cánàcràr.	Kunri.
Azégbär.	Dakdohália.	Paràna. Sómàr.

Die jährlichen Einkünfte dieſer Provinz ſind:

Nach dem Manuzzi . . . . 9906250 Rup.
Bald darauf ſagt er, die Einkünfte der Provinz Uzen belaufen ſich auf 20,000000 Rup.

Da aber Uzen und Malva eine und dieſelbe Provinz iſt, ſo muß auch die Summe der Einkünfte einerley ſeyn.

Nach dem Königl. Regiſter betragen die Einkünfte von Malva 456543248 Dam.
Die größte Summe . . . . 8472291 Rup.
Die kleinſte — . . . . 4513283 Rup.

Nähere Beſchreibung einiger Oerter dieſer Provinz.

Uzen, die Hauptſtadt von Malva, iſt eine ſehr große, ſtark bewohnte und bebauete Stadt in einer großen Ebene; ſie iſt mit Thürmen und niedrigen Mauern umgeben, die öſtlich auf Hügeln ſtehen. Die Vorſtädte auſſerhalb den Mauern ſind häßlich; aber innerhalb iſt es deſto ſchöner: denn die Gebäude an dem Hauptmarkt ſind hoch und feſt und die Kaufladen voller Waaren. Es ſtanden hier ſonſt viele Moſcheen, die aber von den Marathen in Götzentempel verwandelt worden; einer dieſer Götze heiſſet Angpàr; man zählt 84 dergleichen in Geſtalt einer gewölbten Pyramide aufgeführten Tempel.

Die Provinz Malva.

Es führen nur wenige Thore in die Stadt; inwendig aber sind deren desto mehr, indem vor jeder ansehnlichen Straße (vicus) ein Thor sich erhebt.

Die öffentliche Herberge ruhet auf einer dreyfachen Säulenreihe; ist aber vor kurzem sehr geborsten. Der Kaufmarkt ist geräumig und mit lauter schönen und festen Häusern geschmückt. Von Ferne erscheint die Stadt wie ein Wald; weil fast vor jedem Haus ein Baum steht, um gegen die, in diesem Lande gewöhnliche, große Hitze zu schützen. Auch sind zwey sehr große Teiche in der Stadt; einer am Ochsenmarkt; der andere, Namens Harsathi, liegt südwestlich, sehr anmuthig, ist voller Wasservögel und macht verschiedene Busen.

Nicht weit davon liegt die vom König Jesing, ehemaligen Statthalter dieser Provinz, erbauete Vorstadt nebst einer Sternwarte und anderen von Mörtel verfertigten Maschinen, als: zwey Nachtgleichen-Uhren, eine obere und eine untere; eine nach der Polhöhe dieses Orts errichtete und auf die Mittagslinie gestellte Weltaxe, mit einem geometrischen Quadrant an beiden Seiten; ferner ein von Kalch verfertigter Gnomon und eine in Stein gegrabene Mittagslinie.

Südlich fließt, zwischen hohen Ufern, der kleine Fluß Sepra, in welchem sich die Helden zur Reinigung von ihren Lastern waschen. Er ist sehr fischreich; man fängt aber keine, aus Furcht vor den Brahmanen, die es für unrecht halten, Thiere zu tödten.

Nicht weit von Uzen liegt Calliada, ein sehr anmuthiger Ort am Sepra, der Sitz der Könige von Malva.

Die geographische Breite dieser Hauptstadt beträgt, nach einer den 6ten März 1750 angestellten Beobachtung, 23 Gr. 12 Min. Die Länge wird anderswo angezeigt werden.

Saronz, eine ziemlich große und schöne Stadt, die sich von N. Ost, wo sie spitz zuläuft, bis S. West erstreckt, wo sie sich am meisten ausdehnt. Westlich liegt ein kleiner Berg, an welchem ein mäßiger Bach, Namens Ketten, fließt. Diesem Hügel haben die Mahometaner, von der Persischen Sekte, einen von Ali abgeleiteten vorzüglichen Namen gegeben. Man sieht daselbst ein Grab, nebst einer Moschee; dem Grabe giebt man den Namen der Fatema, Tochter des Mahomet, weil es demjenigen Grabe ganz ähnlich seyn soll, worin sie, der Erzählung nach, begraben ist. Durch eine weiße Fahne die dabey aufgesteckt ist, wollen die erzscheinheiligen Mahometaner die Heiligkeit dieses Ortes andeuten.

Die Stadt ist mit sehr niedrigen Mauern und runden Thürmen, die schon den Einsturz drohen, umgeben. Die Thore sind zwar hoch und von Stein, aber enge; eines derselben steht nördlich, das andere südlich. Der Grund der Gebäude ist bis zu einiger Höhe von Werkstücken, das obere von Backsteinen; die Verdachung aber ist entweder von Holzwerk oder von

Schie-

Die Provinz Malva.

Schiefer mit Kalch verbunden, damit kein Regen durchbringe. Der gemeine Mann deckt seine Hütte mit Stroh, oder mit Ziegeln, die an der Sonne gebrannt sind. Der länge nach durch die Stadt, braucht man eine Viertelstunde, indem sie eine italienische Meile beträgt. Die Breite ist geringer und kömmt mit jener in keinen Vergleich. Die Hauptstraße mit den Kaufläden, ist schön und geräumig und hat ansehnliche feste Gebäude. Südlich liegt ein sehr großer Teich.

Das westlich gelegene Kastell ist von mäßigem Umfange, mit 4 viereckten nicht sehr hohen Thürmen an den Ecken. Hier wohnt der Statthalter des Marhatischen Fürsten, der den ganzen Erdstrich von Brahmpor bis Daulpor erobert, und sich alle Rajahs vom Zemna bis an den Indus zinsbar gemacht hat. Vordem war hier ein Mahometaner der Statthalter des Großmogols; daher die vielen Moscheen in und um der Stadt. Denn diese Sekte treibt allenthalben viele Heucheley mit Frömmigkeit und Religion, und rühmt sich allein des ächten Glaubens, mit Verachtung anderer.

In der Stadt selbst sieht man keinen Götzentempel; nicht weit davon aber, westlich, sind deren zwey, und auf dem oberwähnten Hügel steht ein schwarzer ungeheurer Kopf eines gewissen Götzen, den die Heiden mit Oel und Butter beschmieren.

Ein anderer kleiner Berg bey der Stadt, genannt Jäta Schäncär, ist oben mit Bäumen bepflanzt, unter deren Schatten mahometanische Einsiedler bey dem Grabe eines gewissen Aftetheiligen ihres Ordens wachen.

Ueberdies sind hier zwey öffentliche Herbergen für Fremde. Das Wasser in der Stadt ist salzicht, außer derselben aber süß und trinkbar. Man verfertigt hier auch allerley buntfarbige und geblümte Tücher zu Bettdecken, und führt sie in fremde länder. Die geographische Breite dieses Orts ist 24 Gr. 15 '.

Von Narvar bis Saronj sind 56 bis 57 Meilen, nemlich: 12 bis Schropor; 6 von da bis Coláres; 6 von da bis Buradungär; 8 von da bis Neisaray oder Neueherberge; 7 von da bis Sadóra; 11 von da bis zur Herberge der Mogoln und 6 von da bis Saronj.

Badóra, eine Stadt unter den edlen Sisodischen Razputen, auf einem sanften Hügel, mit einem ansehnlichen mit Mauern umgebenen steinernen Kastell. Von Badarvas hieher hat man rechts Hügel, und links eine mit Erbsen, Kichern und Weitzen, Flachs, Bohnen und Linsen besetzte Ebene. Reis bauet man gewöhnlich nicht, obgleich der Boden dazu tauglich wäre. Der Ort liegt an 9 Meilen S. S. westlich von Badarvas: die Malvanischen Meilen sind aber ein wenig länger wie andere.

Arôn,

Die Provinz Malva.

Aròn, 12 Meilen von Badòra, eine stark bewohnte Stadt, mit einem neuen sowohl als einem alten Kastell, die aber beide unbedeutend sind. Die Häuser sind bloße Hütten, mit Wänden von Spreu und Leimerde, und mit Strohdächern. Der Weg von Badòra hieher ist eben; rechts erblickt man kleine Berge und Hügel.

Der Boden trägt häufigen Weitzen, Senf, Erbsen, Flachs, Kichern; dabey sieht man eine Menge Dörfer. Reis trift man hier nicht an, weil die Teiche hier nicht so häufig sind als in andern Gegenden: denn Reis wächst nur an Seen und sumpfichten Orten, indem er viele Nässe braucht; Gerste ist hier auch selten. Uebrigens giebt es hier schöne, wohlgewachsene starke Ochsen, die auch auswärts getrieben werden.

Tschercòn, eine Stadt, ohngefähr 6 Meilen von Badòra gen Aròn auf einem Felshügel, ist einem heidnischen Raja und Fürsten der Kitschlbáren vom Tschohanischen Geschlechte zuständig, der zu

Ghára seinen Sitz hat; eine volkreiche Stadt mit einem Kastell, und zugleich die Hauptstadt desselben Distrikts.

Sarèl Barèl, ein Flecken an der nördl. Seite eines Hügels, auf dem Wege nach Doràh.

Careia, ein weitläuftiger Flecken, ohngefähr 8 Meilen südlich oder vielmehr S. S. westlich von Saronz. Oestlich erblickt man Hügel.

Bersia, 16 Meilen, oder 20 gemeine Meilen S. S. westlich von Saronz; eine Stadt, die zwar Thore hat, aber nur Häuser von Leimerde und sehr kothige Gassen. Oestlich liegen kleine Berge und Hügel, und westlich derjenige Strich, den die Umatvalischen Razputen bewohnen; weiterhin trift man Hárasische Razputen an.

Doràh, 13 Meilen S. S. westlich von Bersia; eine ehmals stark bewohnte Stadt; sie hat den Namen daher, weil zwey Wege von da nach dem Decàn oder den südlichen Gegenden führen; indem einer nach Uzèn, der andere aber gerade nach Brahmpor, über den Tumbri und Sandiagàth führt: welches letzte eine beschwerliche und mißliche Ueberfahrt andeutet. Der Boden dieses Distrikts besteht theils aus Hügeln theils aus anmuthigen Thälern, in welchen viele aber unfruchtbare Palmen wachsen.

Cucra, 5 Meilen S. westlich von Doràh; eine ehmals volkreiche Stadt, mit einem Kastell von Backsteinen. Zwischen Doràh und Cucta fließt ein kleiner Fluß, Namens Pàr.

Beraul, ein Flecken, ohngefähr 11 Meilen S. westlich von Doràh.

Vor den Marhaten machten die Sonden, ein Razputen-Stamm, die Wege dieser Länder durch Räubereyen sehr unsicher.

Oestlich liegen, der Distrikt Bonpal, Belsa, Sihor und andere Dorfschaften.

Saràng-

Die Provinz Malva.

Sarángpor, ohngefähr 14 Meilen von Beraul; eine mittelmäßige mit Mauern umgebene Stadt. Sie war ehmals sehr blühend, ist aber itzt fast ganz im Verfall, jedoch stark bewohnt, sowohl von Heiden als Mahometanern, die sich von Handarbeit, mit weben und sticken, zum Theil auch vom Handel nähren. Sie hat eine lange Straße, wo man mancherley Waaren in offenen mit Säulen gestützten Buden feil hat.

Das Kastell ist itzt ganz zerstöhrt; auch die auf einem geräumigen vierecktem Platz stehende Moschee von vortreflicher Bauart ist nur noch an der Seite ganz, wo die Mahometaner ihr Gebet verrichten, welches, wie gewöhnlich mit dem Gesichte nach Mecca, geschieht. Die ganze Strecke von Beraul bis Sarángpor, besteht in einer großen mit Getreide bedeckten Ebene. Der Fluß Cáli Sindh, der ohnweit der Stadt langsam südlich fließt, ist ziemlich breit aber nicht tief, und führt schwärzliches Wasser.

Die Breite dieses Orts beträgt, nach einer Beobachtung vom 3ten Märj 1750, 23 Gr. 30 Min.

Schahzahánpor, 7 Meilen von Sarángpor; eine Stadt, die ihr Daseyn und ihren Namen vom Mogolischen Kaiser Schahzahan erhalten hat und itzt in den Händen der Marhaten ist, die in allen großen und kleinen Städten einen Brahmanen zur Eintreibung der Zölle und Einkünfte bestellt haben. Außer dem Kastell, oder vielmehr mit Mauern umgebenen Schloß (Claustrum), sieht man hier auch einen mit starken Mauern eingeschlossenen Garten, und einen Platz mit vier ansehnlichen Thoren. Der Weg von Sarangpor hieher geht südlich und nur zuweilen ein wenig westlich. Alle Ebenen dieses Distrikts liegen östlich und alle Hügel westlich.

Terána, 9 Meilen von Schahzahanpor und 10 S. westlich von Uzen; ein ziemlich großer von Malarao, einem Heerführer der Marhaten erbauter Ort. Die Häuser sind von Leimerde, wie durchgehends von Saronj bis Uzen: überhaupt trift man in den indischen (kleinen) Städten (oppidis) kein Verhältniß, Ebenmaaß, Geschmack und Schönheit der Bauart an.

Sanbèr, 7 Meilen südlich von Uzen; eine offene Stadt. Sie gehörte vordem einem Rajputen vom Sondischen Geschlecht, ist aber itzt in den Händen der Marhaten, die ihn verjagten.

Indòr, 9 Meilen von Samber und 16 südlich von Uzen; eine ziemlich große Stadt mit Häusern von Leimerde, in einer allenthalben mit kleinen Bergen und Hügeln umgebenen Ebene.

Samberòl, 6 Meilen südlich von Indòr; eine auf einer Anhöhe gelegene Stadt, ohnweit von Bergschlünden, die in Tiefen führen.

Bábi, 3 Meilen von Samberôl, ein am Abhange der Berge liegender Flecken.

Balvára, 8 bis 9 Meilen von Samberôl; ein Flecken in einer Ebene, ohnweit denjenigen Bergen, zwischen welchen man in die Tiefe hinabgeht. Man kömmt über den Gipfel eines Berges und über den Abhang zweyer anderen in unfruchtbare, wasserleere, ungebauete Thäler hinab, die mit mancherley wilden unbekannten Bäumen angefüllt sind. Der übrige Weg geht in Krümmungen von einer Reihe von Thälern, in welchen Waldleute, genannt Bil, in hie und da zerstreuten Hütten wohnen. Die Höhe der Berge kömmt mit denen in Tyrol und in der Schweiz in keinen Vergleich; auch sind die Thäler in Absicht der Fruchtbarkeit gerade das Gegentheil von diesen.

Banvá, 1 Meile vom nördlichen Ufer des Narbada; ein mit Mauern und einem Kastell versehenes und von einem Sonnerischen Razputen erbauetes Städtchen, welches ebenfalls von den Marhaten, sammt der dazu gehörigen Feldmark, erobert worden. Der Boden ist eben und nur an einigen Orten hüglicht.

Der Narbada ist einer der vornehmsten Flüsse von Indien; das nördliche Ufer desselben ist niedrig, das südliche hoch und mit Hügeln besetzt. Sein Gewässer ist klar und strömmt mit einem Getöse zwischen Steinen fort. Man kann übrigens zu Fuß hindurch: nur nicht wo er sich stemmt (stagnat), denn da ist er so tief, daß man sich eines Schiffes bedienen muß.

Ahanôr, ein im Gebiete Lakhéra gelegenes Fort, das mit hohen Mauern und Thürmen umgeben und durch Natur und Kunst fest ist.

Mándo, ohngefähr 60 Meilen von Brahmpor und 30 von Uzen; eine alte sehr große Stadt, die mit den Mauern 12 Meilen im Umfange hat; auch hat sie Obelisken von ansehnlicher Höhe und auf den Bergen stehen unterschiedene Kastelle. Der heidnische König Mandan ist der Erbauer dieser Stadt; er soll von einem Schmidt den Stein der Weisen erhalten haben, der alles Eisen, was er berührte, in Gold verwandelte. Die Stadt war nachher die Residenz der mahometanischen Könige von Malva. Die alte Stadt ist, ausser einigen Gebäuden, ganz verfallen; die neue ist sehr viel kleiner. Nach einem persischen Buche soll Mándo vom Dilauvar mit steinernen Mauern umgeben und zur Hauptstadt von Malva gemacht worden seyn.

Damóni, eine große starke vom Birzendeu, Raja von Untsch, erbauete Vestung auf einem kleinen Berge. Sie hat einen breiten 20 Ellen tiefen Graben und starke Mauern und Thürme.

Dhâr, eine sehr starke Stadt und Vestung am Flusse Narbada; der Sitz des heidnischen Königes Bhoz, vom Paunvarischen Stamme.

Cor=

Die Provinz Malva. 251

Corvai, 28 Meilen von Tschandéri und 16 von Saronz; eine Stadt mit einem Kastell; westlich fließt der Betba oder Bagbanti vorbey, an dessen jenseitigem Ufer die Stadt und das Kastell Bhorassa liegt.

Tomùn, auch eine Stadt am Betba.

Tschandéri, 6 Tagereisen S. S. östlich von Narvar und 28 Meilen nördlich von Corvai; eine ehmalige sehr große Stadt, die 14000 steinerne Häuser, 376 Märkte, 360 Herbergen und 12000 Moscheen zählte: welches aber sehr übertrieben scheint; itzt ist sie wenigstens um vieles kleiner. Hier wird sehr feines baumwollenes Zeug gewebt und ausgeführt.

Bhèd, 12 Meilen von Tschandéri; ein sehr schönes und festes Kastell, in welchem der Raja von Tschandéri sich aufhält. Innerhalb ist es mit einer steinernen Mauer umringet, und ausserhalb mit einer von Lehmerde.

Ghára, eine östlich mit Felsen und Hügeln umgebene und mit einem steinernen Kastell versehene Stadt.

Mandèl, eine Stadt mit einem starken Kastell, welches im Flusse Narbada erbauet ist, der sich daselbst ausbreitet, und es, bis auf einen einzigen Fußsteig, allenthalben umgiebt. Die Mauern des Kastells sind von Stein aber ohne Kalkverbindung, und der Umgang desselben beträgt ohngefähr eine halbe französische Meile. Die Stadt liegt längs dem Ufer und ist offen. Der Boden ist an den Orten, wo er nicht steinicht ist, sehr fruchtbar, von schwarzer Farbe, und trägt Weitzen, woran die Provinz Malva einen Ueberfluß hat. Der Sitz des Raja ist ein (oder das) auf einigen aus dem Narbada hervorragenden mäßig hohen Felsen erbautes Kastell, dessen von der Stadt gekehrte Seite vom Strohm beflossen wird.

Noch ein anderes Kastell, Namens Tschauraghar, 5 Tagereisen von Mandèl, auf einem Berge, ist wegen des dortigen wasserleeren Distrikts, der 5 Meilen umfasset, schwer zu erobern. Diese Landschaft wird von einem reichen und mächtigen heidnischen Raja beherrscht.

Bonpàl, 9 Tagereisen von Narvar; die Stadt hat mit den Vorstädten 2 Meilen im Umfang und ist mit steinernen Mauern und einem doppelten Kastell versehen, wovon das neue, genannt Sateghar, noch nicht gar lange von einem Afgán, auf einer Anhöhe, nicht weit von der Stadt erbauet worden: das alte liegt in der Stadt selbst, welche 4 oder 5 Thore hat.

Bey der Stadt liegt ein 3 Meilen langer, schmaler See, der an einigen Orten nur ¼ Meile breit, an anderen noch schmäler ist. Er nährt eine große Menge Fische und viele Krokodile, auch entspringen 2 Bäche aus demselben. Der Boden von Bonpal trägt häufig Erbsen und Hirse.

Diese Stadt nebst ihrem Gebiete hat ein gewisser Afgán dem heidnischen Raja vom Gondaischen Geschlecht, unter dessen Fahnen er als Anführer fochte, auf eine treulose Art entrissen und in seine Gewalt gebracht, indem er seinen Herrn hinterlistiger Weise ums Leben brachte: itzt aber hat er nur noch die eine Hälfte des Bezirks; denn die andere haben die Marhaten sich zugeeignet.

Uebrigens gehören zu diesem Gebiete noch die Städte Caraia, Betsia, Belsa, nebst den Kastellen und Schlössern Tschokighar; Gonòr; Bári; Ràdghar; Sevans; Rassen, auf einem Berge, 12 Meilen von Bonpal.

Hoschangabàd am Narbada, die vormalige Residenz der Könige von Malva. Der Erbauer derselben war der mahometanische König Hoschang von Malva.

Eßlàmnägär, eine von den Afganen neu erbauete Stadt, 3 Meilen nördlich von Bonpal. An das Kastell fließen Bäche an, die aus dem See bey Bonpal kommen.

Sämäzghär, 6 Meilen südlich von Bonpal.

Tschikel Dei, 12 Meilen davon.

Tschipanèr, ein Flecken am Narbada.

Tschipavàr, 12 Meilen jenseits des Narbada.

Von Bonpal bis an den Narbada sind 45 Meilen: nemlich, 9 bis Gasighar gegen Brahmpor; von da 7 bis Domandèlli; von da 9 bis Zelnim; von da 10 bis Ningam; von da bis Tschipaner, am Narbada, auch 10.

Retlàmnägär, 24 Meilen von Uzen, eine Stadt unter einem heidnischen Raja vom Stamme Rathòr.

Zabua, ein weitläuftiger Wald, 6 Tagereisen von Uzen, nach Surat hin. Der vornehmste Ort dieses waldigen Striches ist Thanla, über welche einer vom Geschlechte der Colier oder Waldbewohner zu gebieten hat.

Nolái, eine Stadt, 14 Meilen S. westl. von Uzen.

Petlabàd, 32 Meilen von Nolái, nach ebengedachter Gegend, nemlich gen Gudàra.

Dahòd, 17 Meilen von Petlabad; eine Stadt an der Gränze von Guzarate, wo der mogolische Kaiser Aorangseb geboren seyn soll.

Gudàra, dessen bey der Provinz Guzarate erwähnt wird, liegt 25 M. von Petlabad.

Namen der heidnischen Könige von Malva.

Dhánánzé, soll auf eine wunderbare Weise aus einem vom Mahaba wie gewöhnlich angerichteten Brandopfer hervorgetreten und von den südlichen Gegenden, aus Decan, nach

Die Provinz Malva.

Malva gekommen seyn und sich die ganze Provinz unterwürfig gemacht haben. Er regierte , , 100 Jahr. Narbhàn, reg. , 100 Jahr.
Zitschandàr, reg. , 78 — Bhansràz, reg. , 100 —
Salbhàn, reg. nur , 1 —

Vom Geschlechte Pauvàr:

Adàt Pauvàr, regierte , 86 Jahr. Sederu Singh, reg. , 80 Jahr.
Behràm Ràz reg. , 30 — Hemràt, reg. , 100 —
At Behram, reg. , 90 — Gandaràp, reg. , 35 —

Diesen hat einer von den Sängern des Endèr, wegen einer lasterhaften Handlung vermaledeyet und ihn in einen Esel verwandelt: doch war er nur des Tags ein Esel; denn des Nachts erhielt er seine Menschengestalt wieder. Dem ohngeachtet gab Hemrat diesem Unmenschen seine Tochter zur Ehe, die den Bikarmàzit gebahr; von einer Sclavin aber zeugte er den Bàrtàrí, der der Regierung entsagte und das Einsiedler-Leben wählte.

Bikarmàzit, mit welchem die Indische Zeitrechnung anfängt, residirte zu Uzen. König Salbhan von Pàtàn überwand ihn im Treffen und brachte ihn ums Leben. Er hatte regiert 100 Jahr.
Tschàndarsèn, reg. , 86 —
Kàrgsen, regierte , 85 —
Tschetàrcòt, reg. , 1 —

Rànecsen, reg. , , 86 Jahr.
Tschandarmàl, reg. , 100 —
Carmtschand, reg. , 1 —
Bezénànd, reg. , 60 —
Mànòz, reg. , , — —
Bhoz kam zur Regierung im J. 541 der Bikarmazitschen Zeitrechnung und reg. , 100 —
Zetschand, reg. , 10 —

Vom Geschlechte Tauvàr:

Zetpàl Tauvàr, reg. , 5 Jahr. Rana Màcmàl, reg. , 5 Jahr.
Ràna Ràzu, reg. , 5 — Ray Sögànpàl, reg. , 5 —
Rana Batschu, reg. , 1 — Ray Kiràtpàl, reg. , 5 —
Rana Tschatschu, reg. , 20 — Ray Anècpàl, reg. , 60 —
Rana Tschandàr, reg. , 30 — Cuarpàl, reg. , , 1 —
Rana Bahador, reg. , 5 —

Die Provinz Malva.

Vom Geschlechte Tschohán:

Raza Zägätdeu, reg.	10 Jahr.	
Zaggrnath, Bruders Sohn des vorigen, reg.	10 —	
Zärdeu, reg.	15 —	
Bäßdeu, reg.	16 —	
Siridcu, reg.	15 —	
Därmdeu, reg.	14 —	
Bildeu, reg.	10 —	
Náildeu, reg.	9 —	
Tiretdeu, reg.	11 —	
Pethóra, reg.	20 —	
Máldeu, reg.	9 —	
Schechschah, reg.	70 —	
Darmráz, vom Geschlechte der Razputen, genannt Sud, reg.	20 —	
Alauvuddin, Sohn des Schechschah, reg.	20 —	
Camáluddin, ein Mahometaner, reg.	12 —	
Hartschánd, ein Heide, reg.	20 —	
Zetpál, vom Geschlechte Tschohán, reg.	20 —	
Kirarschand, reg.	2 —	
Agarsen, reg.	13 —	
Súráz Nánd, reg.	12 —	
Birsen, reg.	10 —	
Zalaluddin, ein Mahometaner, reg.	22 Jahr.	
Alam Schah, ein Mahometaner, reg.	24 Jahr.	
Kärg, ein Sohn des Birsen, reg.	8 —	
Narbáhn, reg.	20 —	
Berisal, reg.	18 —	
Púránmal, rez.	39 —	
Härnánd, reg.	69 —	
Säcätsingh kam von Süden her und blieb in dem Treffen zwischen dem Pethora und Schahabuddin. Er reg.	60 —	
Dilauvär Chan Góri, ein Mahometaner, nahm seinen Sitz in Dhár, und reg.	20 —	
Hoschangschah, reg.	30 —	
Muhammadschah, reg.	1 —	
Sultan Mahmud, reg.	34 —	
Geasuddin, reg.	32 —	
Naseruddin, reg.	11 —	
Sultan Mahmud, reg.	20 —	
Bahadorschah von Guzarate regierte einige Monate.		
Ráderschah, reg.	6 —	
Schozátschah, reg.	12 —	
Básbahador, der letzte, der von Akbar überwunden wurde.		

13. Die Provinz Barár.

Diese Provinz erstreckt sich von Paniála bis Parághar auf 200 Meilen; und von Nander bis Handia auf 170: ihre Länge beträgt also 30 Meilen mehr als die Breite. Ihre Gränzen sind östlich Parághar; nördlich Handia; südlich Talangána, und westlich Brampor.

Sie

Die Provinz Barar.

Sie hat auch den Namen Zárcānd, wegen des häufigen Gebüsches und Staubenwerkes. Uebrigens liefert sie Getreide, Reis, Mohn und allerley Hülsenfrüchte. In Gondván giebt es viele Elephanten; und in der Landschaft Talangána eine Art Ziegen, in Wäldern und auf Gebirgen, die von heilsamen Kräutern leben, und in deren Blase man den Bezoarstein antrift, der sich aus vielen Hülsen zusammenballt, und wovon ich in einem andern Buch rede. Die Schaafe und Widder unterscheiden sich hier auch von denen in andern Gegenden: indem sie einen langen Hals, glatte Zotten, lange Ohren und einen kurzen Schwanz haben; sonst sind die Widder in Absicht des Felles und der Hörner andern ähnlich: nach der Landessprache heissen sie Zúndu.

Die Flüsse dieser Provinz sind:
Der Ganga, mit dem Beynamen Gautām oder Godauvär, der durch Nassek und Trembāk, an Ahmadnagar weg, nach Barat und Talangana fortfließt. Ferner der Parna, der von Devälgam herkömmt, und der Punia, der bey Devalgam entspringt.

Zu dieser Provinz gehören folgende Herrschaften:

Und zwar zum Gebiete Ravèl;

Anzángam.	Cáränza Madhona.	Mänèr.
Anzi.	Cáränzgam.	Mänzär Fhèr.
Arón.	Cärnicúräm.	Marzhèi.
Aschti.	Córha.	Nänd.
Bábèl.	Dahámóri.	Nändgam.
Bála.	Dariapor.	Netagam.
Báligam.	Platschpor, m. e. theils von Steinen, tþ. von Ziegelstei- nen erbaueten Kastell in ei- ner Ebene.	Nèr.
Bári.		Päti Cäränza.
Barór.		Ridhpor.
Barnèr apni.		Salór.
Barófsa.	Hàtgam.	Sarsón.
Bessróli.	Äher.	Scherpor.
Bhahaucäli.	Äholapor.	Seräla.
Bifshèr.	Mäglór.	Siregam.
Bufsnä.	Mal Fhèr.	Thugam.
Cämärgam.	Mána.	Zeghéti.

Die Provinz Barar.

Zum Gebiete Punar gehören:
Bárhacánt. Bárha Sévan. Kilzĕri. Mándgam Cărăr. Punar, mit einem steinernen auf einer Anhöhe gelegenen Fort. Silu.

Zum Gebiete Kerná gehören:
Amnèr.	Durga.	Sáthèr Athèr.
Aschta.	Kanaur.	Seva.
Athèr Sátăn.	Kherna.	Sirai.
Bari.	Malátèl.	Tánĕcbári.
Barôr.	Malói.	Válāda.
Bássăd.	Mandóli.	Zám Thèr.
Bélvăli.	Mánga.	Zámnapor.
Bhens Dehli.	Multani.	Zánăk.
Bóri.	Pătăn.	Záncăli.
Daigam.	Kăm Tschók.	Zarôr.
Déuthána.	Salói.	Zomár.

Zum Gebiete Parnala gehören:
Adgam.	Ghèr. m. e. stein. Fort auf einem Berge.	Pantschissor.
Amnèr.		Pátăr Schéch Nábu.
Ancôt.	Gotèli.	Pátăra Pánhèr.
Angóla.	Gothel.	Pipălgam.
Bálápor.	Mádărodra.	Kámăn.
Bárigam.	Malcapor.	Rázor.
Bärnera Ganga.	Mángam.	Rázùr.
Bortschi.	Melghăr.	Scherpor.
Cărănd Thèr.	Mohèn.	Senóla.
Daharôr.	Nirgam.	Tschandôr.
Denda.	Pána Bäkli.	Zèlgam.

Im Gebiete Ghelam zählt man folgende Vogteyen:
Amrauvăti.	Dungăr. Eni.	Kerlau.
Anlôdri.	Ghelăin.	Málpor.
Bela.	Ghelapor.	Naigam.
Daigam.	Ghórhar.	Nárĕctschănd.

Năt-

Die Provinz Barar.

| Nätschängam. | Púna. | Raigam. | Tschandor. |
| Mobär Lohär Komai. | Salor. | Ciligam. | Tschntu. |

Das Gebiet Bássäm enthält diese:
Bássäm.	Calnanóri.	Närssi.
Báthi.	Khari.	Tschártäna.
Bhimni.	Maglor.	Undh.

Zum Gebiete Báhor rechnet man:
Amärther.	Dahoróra.	Navápor.
Anfänga.	Haldänd Nuna.	Seväla.
Báhor.	Karóli.	Sóra. Sorli.
Bassa.	Korta.	Tamsa. Tschekli.
Dahánghi.	Matissa.	Zazůni.

Das Gebiet Manecburg enthält:
| Bahán. | Korta. | Tschándor. |
| Bahauväl. | Rázor. | Záer. |

Zum Gebiete Pátheri gehören;
Ardahapor.	Belhor.	Pátheri.
Báncäli.	Hára.	Seväl.
Bánzelgam.	Logam.	Cárgam.
Bär. Barai.	Mander.	Tschetor.
Bäßmät.	Muctamädther.	Vassa. Zeheri.

Zum Gebiete Calangana gehören:
Bálcända.	Cobávand Chani, die	Mädsül.
Banóra.	Dörfer.	Mára.
Bhánsa.	Dethvár.	Nermäl.
Bhássär.	Endor.	Ola.
Bimcäl.	Gohäm.	Pūther.
Búdän.	Kerga.	Rázur.
Cärcót.	Lunigam.	Samurni.

Zum Gebiete Rämther gehören:
| Bélgarib. | Ränbhau. | Mergmůl. | Ramther. | Tschinor. |

Tieffenth. Erdbeschreib. K k Zum

Zum Gebiete Makar gehören:
Devâlgam. Schämärli. Schokät Kher.
Zum Gebiete Paniala rechnet man:
Abavàn.   Dahâ.   Salvàr. Sevia.
Abòngam.   Dahâdâr.   Tschekli.
Bâra.   Paniala Bâri.   Zandòr.

Die jährlichen Einkünfte betragen:
Nach dem Manuzzi, bis   ,   ,   ,   10587500 Rup.
Nach dem Register,   ,   ,   ,   814025000 Dâm.
Die größte Summe hält   ,   ,   ,   9026909 Rup.
Die kleinste — —   ,   ,   ,   7589219 Rup.

Nähere Beschreibung einiger Oerter.

Macrabàd, zwischen zween südlich gelegenen Bergen, deren einer Bânda genannt wird, auf welchem Cavèl, Parnála, Mèlghär und Barôba liegen; der andere heisset Sahia, auf welchem Mahaur und Râmghär befindlich; aus diesem Berge entspringen unterschiedene Flüsse.

Klätschpor, die Hauptstadt dieser Provinz, liegt in einer Ebene und ist mit Mauern umgeben.

Cavèl, mit einem starken Fort auf einem Berge; 10 Meilen, nach andern nur 7, von Klatschpor.

Punàr, ein starkes Kastell von Stein, auf einem Berge: es ist, bis auf eine Seite, mit zween Flüssen umgeben.

Rherna, 10 Meilen von Paniala, ein Kastell von Stein in einer Ebene.

Parnála, ein Kastell auf einem Berge. Wahrscheinlich das, Taf. XXI. vorgestellte.

Bálapor, im Gundvánischen; bey diesem Ort hat Moràd, Akbars Sohn eine Stadt erbauet, die er Schahpor oder Königsstadt genannt hat.

Thûraghär, ein schwer zu eroberndes Fort auf einem Berge, 2 Meilen von Schahpor.

Tschanda, eine starke Vestung in Gondvána; in der Nachbarschaft liegt auch die Vestung Mânècburg auf einem Berge. Tschanda ist zugleich der Name des Distrikts.

Mandòra, ein Gränzort von Tschanda.

Ghelâm, vordem eine Stadt, und ist alt.

Parâghar, ein Fort, wo man Diamanten gräbt.

Mahaur,

Die Provinz Barar.

Mahaur, ein Kastell auf einem Berge.

Pathäritschetòr, ein Handelsort (emporium).

Talangana, (ein Distrikt), ehmals zur Stadt Bágnagar oder Hederabad gehörig, ist nun der Provinz Barar einverleibet.

Rámghar, eine Vestung auf einem Berge.

Lunàrghar, auch Beschängéa, eine Stadt und Wallfahrtsort der Heiden.

Paniala, eine starke Vestung auf einem Berge, 20 Meilen von Aherna; am Fuß des Berges, ohnweit Bhopalnagar, sieht man 24 Götzentempel.

In den Flecken Endòr und Narmal ist eine Eisengrube.

Deughar, eine Stadt und Gränzvestung von Tschanda.

Bholi, ein Fort an der Gränze des Gebietes von Deughar.

Colapor, 45 Meilen von Aherna.

Tschandòr, eine Vestung auf einem hohen Berge, 2 Meilen vom Narbada.

Folge der Könige von Barar, mit dem Beynamen Omadscha.

Der erste derselben war Fatulla, mit dem Beynamen Omàdulmölük, ein Helde, von Bezanagar gebürtig. Die Mahometaner nahmen ihn gefangen und so wurde er ein Freygelaß seiner des Statthalters Zàn Chan von Barar; nach dessen Tode er sich zum Muhammad Behmän, König vom Decan, begab und die Statthalterschaft der Provinz Barar erhielt. Im Jahr der Hejira 892 ließ er unter seinem Namen Geld münzen und sich als König erkennen; er hat auch viele Jahre die Regierung behauptet.

Ihm folgte sein Sohn Alauvuddin Omàdscha; dieser nahm seinen Sitz in Cavel, einer starken schwer zu erobernden Vestung.

Ihm folgte sein Sohn Daria Omadscha, der viele Jahre regierte.

Borhàn Omàdscha folgte seinem Vater Daria; Nokàl Chan aber warf ihn vom Thron, steckte ihn in die Vestung Parnala und übernahm die Regierung. Doch genoß Nokàlchan sein Glück nicht lange, in dem Mortàsa, König von Ahmadnagar, ihm die Regierung nahm und die ganze Provinz Barar in seine Gewalt brachte. Dies geschah im Jahr 982 der mahometanischen Zeitrechnung; und so nahm diese Geschlechtsfolge ein Ende, welche 90 Jahr über Barar geherrscht hatte.

14. Die

14. Die Provinz Chándeß.

Diesen Namen hat die Provinz vom Naffiruddin Chan, dem Sohn des Maläc råza erhalten, der dies Land zuerst unterjochte. Man nanute sie auch Dándéß, nach dem Sohn des mogolischen Kaisers Akbar, Namens Daniel, nachdem er die durch Natur und Kunst starke Vestung Assèr erobert hatte.

Ihre länge erstreckt sich von Purgam, einem Gränzort von Handia, bis Täläng, (nach andern Leläng) welches mit der Provinz Ahmadnagar gränzt, auf 75 Meilen; ihre Breite aber von Zamód das mit Berår gränzt, bis Pàl, an der Gränze von Malva, auf 50 Meilen; an andern Stellen 25. Oestlich liegt die Provinz Barår; nördlich Malva; südlich Kelna und westlich das Malwanische Gebirge. Sie trägt eine Menge Hirse und Weißen; Opium weniger; Reis erhält man dreymal im Jahr.

Die Flüsse dieser Provinz sind:

Der Täpti, der aus dem zwischen Barar und Gondvána gelegenen Distrikte herkömmt.

Der Fluß Cärni, der bey Tschopra entspringt, und

Der Parna, von andern genannt Purna, welcher Adelabad vorbeyfließt.

Zu dieser Provinz gehören folgende Herrschaften:

Adelabad, zwischen Ost und Süd.	Beauväd, südl.	Neauväda, südl.
Anmalra, südlich.	Borhànpor, gemeinhin Brahmpor, eine große Stadt mit Mauern.	Rånvèr, westl.
Åråndrèl, Ost gen Süd.		Rettenpor, östl.
Assèrghär, eine vortreffliche Vestung, nördl.		Sondärti, zwischen Ost und Süd.
	Bórpal, westl.	
Arràl, südlich.	Búdbär, südöstl.	Thánéssor, südwestl.
Båhèl, südlich.	Dängri, westl.	Tschander, südl.
Båncädgam, südlich.	Lohára, südl.	Zamèr, südwestl.
Banzora, westlich.	Manzeròd, östl.	Zamód, östl.
Barangam, südl.	Måtär, südwestl.	Zelód, südl.
	Nassirabåd, südl.	

Die angezeigten Himmelsgegenden bedürfen aber noch einer genaueren Prüfung.

In dieser Provinz liegen folgende Vestungen und Wehrplätze:

Aorängghär.	Aorängbär.	Assèrghär.

Bhaleß

Die Provinz Chandeß.   261

Bhaleſſor.   Maol.   Paniagoli.
Borhanpor.   Margbår.   Paniála.
Golcunda.   Móra.   Mulér.   Parnala.
Ravel.   Rhelna.   Narabád.   Punda, oder Sonda.
Mánda und Sámghár gehören zur Provinz Barar.

Die Einkünfte betragen:
Nach dem Manuzzi, bis   ,   ,   ,   10115000 Rup.
Nach dem Finanz-Regiſter: ,   ,   ,   348630200 Dam.
Die größte Summe: ,   ,   ,   4096010 Rup.
Die kleinſte —   ,   ,   ,   ,   3119017 Rup.
und alſo eine weit kleinere Summe als jene. Vielleicht gehörten ehmals Ravel, Rhelna *)
und andere Diſtrikte zu dieſer Provinz; daher denn die Einkünfte größer waren.

Nähere Beſchreibung einiger Oerter.

Borhanpor oder Brampor, 15 Tagereiſen oder 150 indiſche Meilen öſtlich von Su- Taf.
rat, und unterm 21° 19' N. Breite; eine ſehr große Stadt in einer Ebene, mit Bergen XXII.
umgeben, auſſer der nach Südweſt gelegenen Seite. Von weitem gleicht ſie, wegen der Menge
Bäume, einem Walde, der ſich vom Morgen gen Abend erſtreckt. Sie iſt die Hauptſtadt und
der Sitz des Statthalters dieſer Provinz; iſt ſtark bebauet und enthält eine Menge Kaufläden,
die theils mit baumwollenen Zeugen angefüllt, theils mit Wechslern beſetzt ſind; eine unzählige
Menge Buden (tecta propatula) mit Mehl, Erbſen, Linſen, Salz und anderen Eßwaaren ungerechnet. Auch ſieht man ein Gedränge von Mahometanern und Heiden auf den Straßen, zumal des Abends, wann Kauf und Verkauf am meiſten getrieben wird.

In- und auſſerhalb der Stadt erblickt man eine Menge Moſcheen; die vornehmſte ſteht
mitten auf dem Markte: ſie iſt zwar von keinem großen Umfange, hat aber zwey ſehr hohe obgleich dünne Thürme, die vor allen übrigen hervorragen, und ſehr weit geſehen werden.
Dieſe Moſchee, ſo wie das am Tapti gelegene Kaſtell, nebſt andern Gebäuden und Häuſern,
wodurch die Stadt erweitert und verſchönert worden, hat Naſſir, der Sohn des Malác ráza,
vom Geſchlechte des Omár Jarúk, im Jahr Chriſti 1400 erbauen laſſen. Der in Indien
berühmte kleine Fluß Tapti wäſſert die Gegend und führt ſein klares Gewäſſer unterhalb Surat
ins Meer. Die Stadt iſt von großem Umfange; ja die nördlichen Vorſtädte ſind faſt größer
                                    Kk 3   wie

---

*) Nämlich die bey Barar angezeigten Diſtrikte dieſes Namens; vermuthlich auch Mánda und Samghar.

wie die Stadt selbst. Alitschkan, Statthalter der Provinz Aorangabad, hat die Stadt mit starken aber nicht sehr hohen Mauern umgeben lassen, da die alten fast verfallen waren: die Vorstädte aber sind offen.

Die Gerichtsbarkeit dieser Stadt und der Provinz gehört den Mogoln, seitdem Akbar den letzten König besiegte, die starke Vestung Assèr eroberte und die ganze Provinz in seine Gewalt brachte.

Dieß Assèr, eine der vornehmsten Vestungen in Indien, liegt 5 Meilen von Borhanpor auf einem Berge, wohin ein beschwerlicher steiler Weg zwischen lauter Bergschlünden führet. Es ist ein Viereck, dessen Ost- und Süd-Seite nach der Gestalt des Felsen einen halben Mond bilden, und dessen Umfang kaum eine indische Meile beträgt. Die süd- und westliche Seite ist mit einer dreyfachen mit runden Thürmen versehenen Mauer befestigt: so daß man nur durch diesen dreyfachen Wall ganz herauf zur Vestung gelangen kann, die fast allenthalben auf einem steilen Felsen liegt, den eine starke mit Zinnen versehene Mauer umgiebt. Auf der Oberfläche trift man drey Teiche an, die gewöhnlich im Sommer austrocknen; auch läßt der felsichte Boden die Besatzung keine lange Belagerung aushalten; ob man gleich dem leichtgläubigen Volk, das alles vergrößert, das Gegentheil beybringt. Ueberdies liegt sowohl östlich als westlich ein Hügel, von welchen beiden man die Vestung gut beschießen kann.

Der westlich unterhalb der Vestung gelegene Flecken zeugt die schmackhaftesten Weintrauben, die schon im März reif sind; woraus sich die gewaltige Hitze beurtheilen läßt, da sie in Spanien erst zu Ende des Julius, und an andern Orten, als zu Trident und in dessen Nachbarschaft erst zu Ende des August reifen.

Diese starke Vestung hat Nassir Jaruk dem heidnischen Besitzer Assa abir, von welchem sie Assèr genannt worden, mit List entrissen. Der ganze Distrikt vom südlichen Ufer des Narbada bis Assèr, eine Strecke von ohngefähr 30 indischen Meilen, von Norden gen Süden, heißet Nibàr: die Breite vom Morgen gen Abend kann man mit keiner Gewißheit angeben.

Diese kleine Provinz ist nicht so fruchtbar wie Malva, zeugt auch keine so trefliche Rinder und Kühe.

Drey Meilen vom südlichen Ufer des Narbada kommt man an den Flecken Sonaubèr; und von da bis Zergam, die vornehmste Stadt dieses Distrikts, sind 20 Meilen südwestlich. Man steigt immer höher.

Deßgam, ein Flecken, an 10 Meilen südlich und ein wenig südöstlich von Sonauber.

Carva, ein kleiner Flecken, nach eben der Richtung, an 6 Meilen von Deßgam.

Die Provinz Chandeß.

Zwischen diesen 2 Flecken liegen Wälder und Hügel, die von einer wilden Art (sylvestre genus) Menschen bewohnt werden.

Kéri, ein Flecken am Fuß der Berge, 4 Meilen südlich von **Carva.**

Dulcòt, ein großer zwischen Bergen gelegener Flecken, 4 Meilen südlich von **Kerí;** der Weg geht beständig über beschwerliche Berge.

Auch von **Dulcòt** bis **Brampor** geht es über lauter steile und gebrochene Berge, Felsen und Klippen, bis man in die Ebene herabkömmt.

Tschánëldéu, ein Flecken, bey welchem sich der **Parna** mit dem **Tapti** vereinigt, und der Ort des Zusammenflusses heisset **Tscheklitírèt.**

Tschopra, eine Stadt, bey welcher man eine Pagode des Götzen **Rámissor** antrift, weil daselbst der **Cární** in den **Tapti** fließt.

Bhalnèr, eine starke, in einer Ebene gelegene Vestung, die 32 kleine Vogteyen unter sich hat. Sie war der Sitz der Rajahs, aus dem Geschlechte **Saruk's,** die diese Provinz verwalteten.

Thanissor, eine Stadt und Vestung, in welcher der erste Raja von **Brampor,** **Mäläc Ráza** vom Geschlechte des **Omär Saruk,** begraben liegt. In diesem Distrikte werden Tiger von den Waldbewohnern zahm gemacht.

Bubärli, eine fast ganz verfallene öffentliche Herberge, nebst einer Moschee, 7 Meilen südlich von **Brampor.**

Adelabád, eine mit zum Theil steinernen Mauern umgebene Stadt, nebst einem kleinen sehr alten Kastell auf einem Hügel am **Párna.**

Bárängam, ein Flecken, 10 oder 11 Meilen südlich von **Baubärli.**

Zamnéra, 12 Meilen südlich von **Barangam,** an einem Bache, nebst einem gemauerten Kastell, dessen Mauern und Thürme annoch unverletzt sind.

Sardapor, ohngefähr 10 Meilen südlich von **Zamnera,** ein Flecken in einer Ebene, dicht am Uebergange des Decanischen Gebirges, wo der **Decan,** oder die mittägige Gegend sich anhebt.

In dem Distrikte **Zamod** ist ein Fort auf einem Berge, Namens **Pipäldól.**

Folge der Bramporischen oder Chandeßischen Rajahs, mit dem Beynamen Faruk.

Der erste war **Mäläc Ráza,** dessen Vater **Chánzahán** am Hofe des **Alauvuddin** mit dem Beynamen **Chälzi** und des **Muhammad Toglak** eine hohe Stelle hatte. Seine Abkunft leitete er vom **Omär** her, mit dem Beynamen **Saruk,** dem Zweyten, nach dem ersten

Nachfolger Mahomets. König Feros zu Dehli schenkte ihm die Distrikte Thanessor und Cacronda, und machte ihn zum Statthalter von Chandeß. Er starb im Kastell Thanessor, wo er auch begraben wurde, im Jahr der Hejira 801.

Naffir Khan Faruk, Sohn des vorigen, erweiterte Brampor, und nahm das Fort Asser dem Kuhhirten Assa ahir weg; er regierte über 40 Jahr.

Miran Faruk, Sohn des Naffiruddin, wurde erschlagen; er regierte nur 3 Jahr und 9 Monate.

Miran Mobárák Chán, Sohn des vorigen, reg. 17 Jahr, 6 Monate.

Diesem folgte Adel Chan Faruk, Sohn des Mobárák Chan. Er zog eine neue Mauer um Asser, bauete das ansehnliche Schloß am Ufer des Taptí bey Brampor, und verschönerte die Stadt mit prächtigen Gebäuden. Er reg. 46 Jahr, 8 Monate.

Ihm folgte Miran Daud Chán, Sohn des Mobárák Chán, Bruder des vorigen und reg. 8 Jahr.

Adel Chan, Sohn des Naffir Chan, ließ sich, sobald er zur Regierung kam, Assam Chán Humayun nennen.

Miran Muhammad Scha Faruk, Sohn des Adelchan, folgte dem Vater in der Regierung von Chandeß; und da seine Mutter eine Schwester des Königs Babádor von Guzarat war, so erhielt er nach seines erbenlosen Oheims Hintritt auch das Reich Guzarat. Er starb im Jahr der Hejira 942.

Ihm folgte sein Bruder Miran Mobárák, der im Jahr der Hejira 974 starb.

Sein Nachfolger war Miran Muhammad, Sohn des Mobarak; er starb im Jahr der Hejira 984.

Hossen Chan folgte seinem Vater sehr jung: allein die Großen seines Hofes hatten kaum 3 Tage in seinem Namen das Reich verwaltet, als sie seinen Vetter Raza Ali Chan, Sohn des Miran Mobárak zum Könige wählten, welcher 21 Jahr regierte.

Diesem folgte sein Sohn Babádor Chan, der letzte der Rajahs von Chandeß. Er wurde, im Jahr 1008 der Hejira, vom Akbar, Kaiser der Mogoln, der Asser eroberte, des Reichs und der königlichen Würde entsetzt.

15. Die Provinz Gujarat.

Die Länge dieser Provinz beträgt, von Borhanpor bis Zägät, genannt Doárca, 302 Meilen; die Breite aber von Zalor bis Daman, einem portugiesischen Seehafen, 260 Meilen. Von Eder, auch genannt Jdel, bis Cambáhat zählt man 70 Meilen.

Ihre Gränzen sind, östlich, die Provinz Chandeß, nördlich die Distrikte Zalor und Jdel; südlich der Haven Daman und die Stadt Cambahat, und westl. das am Meer gelegene Zagat.

Die Flüsse dieser Provinz sind: der Säbärmóti, der Matröt, der Mahandári, gemeinhin genannt Máhi; ferner der Narbada, der Tapti, der Sarsóti und zwey Bäche, genannt Ganga und Zemna.

Sie besteht endlich aus 9 großen Gouvernements, zu welchen 198 Städte gehören, die dieser weitläuftige Strich Landes umfaßt; wie aus folgendem erhellet.

Vogteyen dieser Provinz.

Zum Gebiete Sorët, genannt Neu-Sorët gehören:

Abänd.	Kandolna.	Sultanpor.
Bahantór.	Mahandra.	Zórarantór.
Hansavár.	Maxra.	Zunagar.
Hästzeni.	Sarva.	

Zu Alt-Soret, genannt Bákhár, gehören:

Auna.	Corinár. von der Eingebohrnen	Mulmahadeu.
Dilvara.	aber Dip genannt.	Pattän Sumnárh.
Diu, so von den Europäern,	Maglór.	Zorvár.

Zum Gebiete Cohlbára gehören:

Bhimrau.	Mandoa.	Ráthi.
Buliana.	Masdehun.	Sahór. Sarai.

Zum Gebiete Valák gehören:

Mahúa. Páli Thána, eine Stadt und Veſtung auf einem Hügel. Taláza.

Zum Gebiete Madehel gehören:

Dahári. Rámrai und Zägät, genannt Doárca.

Zum Gebiete Barra gehören:

Barra. Bumli.

Zum Gebiete der Bághelaren, vom Geschlechte der Rasputen, gehören die vier Vogteyen: Dahang. Rundél. Rayät. Sorbahár.

Zum Gebiete Guzarat rechnet man:

Ahmädnägar, mit einem Kastell van Backsteinen.
Armärmátér, am Barón.
Báraséva.
Bhil.
Boréssor, m. e. Kast. von Stein, am Mahandár.

Edér oder Jdél.
Harsór.
Mahmúdabád, mit einer Pagode des indisch.Priapus Mahadeo.
Massáúdabád, m.e.Kast. von Backst.

Mangréz, m. e. Kastell von Stein.
Múrassa, m. e. Vorwehr von Backst.
Narnód.
Párassi.
Pilód.

Zum Gebiete Pattan gehören:

Bändärsúla.
Barnägär, m. e. Kastell von Stein.
Bezapor.
Bissélnägär.
Cambáhat, eine große Stadt, von den Europäern genannt Cambaya, wo Schiffe anlegen (Statio navium).
Cáncréz.
Cári, e. Stadt m.e.Mauer.

Coparbänz, m. e. stein. K.
Dahólca, nicht weit davon fließt der Sabärmóti.
Dandúka, m. e. stein. Kast.
Dassía, m. e. K. v. B.
Mandha.
Morvára.
Muntschpor.
Palhänpor.
Pattan, mit zwey Kast.
Petlád.
Rádhän, ein Fort v. B.

Sämin, mit einer Pagode.
Sátélpor.
Sarnál.
Sothraun.
Tahámna.
Tahärár, m. e. Kast. von Backsteinen.
Carvára, desgleichen.
Zahálábárha, mit einer Vorwehr von Backst.
Zahalavára, m. e. steinernen Kastell.

Zu dem nördlich gelegenen Gebiete Nadot gehören:

Amróti.
Bassral.
Reár.
Mändän.

Marádära.
Nadot.
Pádal.
Schérnák.

Tahlía.
Telkvára.
Ildaha.
Zämugam.

Zum Gebiete Baroda gehören:

Bahádorpor, m. e. Kast. von Backsteinen.

Baróda;

Die Provinz Gujarat.

Baróda, eine große mit Mauern umgebene Stadt.
Dabhói, mit einem Kastell von Stein.
Satnór, am Narbada.

Zum Gebiete Barotsch gehören:

Barontsch, gemeinhin Barótsch, eine Stadt mit Mauern und Thürmen am jenf. Ufer des Narbada.
Bacóra. Bhabóth.

Dehérsch Bárha.
Gork, an der Küste.
Hansôt, ein Haven.
Jtleffor.
Kalacanbâr, ein Haven.
Kauvi.

Orpár.
Makbulabàd, am Meer, mit einem Salzwerk.
Uklesor.
Tarkia.
Jhermanbui.

Zum Gebiete Tschampaner gehören:

Arauvâra. Damlól.
Damòd, m. e. Vorwehr von Stein.
Delauvara.

Sanúns, m. e. Kast. von Stein.
Sonkhéra.
Tschampaner, mit zwey

Forts von Stein auf einem Berge.
Tschandavára.
Tschoráffi.

Zum Gebiete Surat werden gerechnet:

Anaul, m. e. Kast. v. Stein.
Babrôt.
Balôr.
Balfâr, am Meer.
Balvara, m. e. Kastell; auch ist hier ein warmes Bad.
Barnau, am Meer.
Barnèr.
Barzól.
Batlauvári.

Beauvâra, am Tapti, mit einem Kastell von Stein; auch ist daselbst eine warme Quelle.
Bhonsar.
Cámrétsch.
Dehór, am Tapti.
Karka, am Tapti.
Karoda.
Kóß, m. e. K. v. Stein.
Lohári.

Mahua, am Meer.
Marauli, desgleichen.
Natóli.
Nossári.
Paléfa.
Pulner.
Rakèr. Supa.
Supa Kandévi.
Teleffia.
Zankháli, am Meer, mit einer Eisengrube.

Zum Gebiete Gudara gehören:

Atlauvára.
Danòd.
Beßra.

Gohána.
Gudara.
Madvára.

Miràl. Sehra.
Tschandnagar.
Ubha. Zalòd.

Zum Gebiete Vazi, ein Distrikt der von Waldleuten bewohnt ist, gehöret die Vogtey Zahánzèr.

Auch gehören zum Gebiete Súd-Soret:

Amréli.	Dahantorór.	Medára.
Arthetſcha.	Dahári.	Miana.
Auna.	Dáng.	Nakeſſëri.
Bahauvëli.	Darvàr.	Páli Nimána.
Balſàr.	Dehërri.	Pättändeu.
Bända.	Dolátabád.	Rálcan.
Bändär Góga, ein See-	Dúngàr.	Ramòt.
haven.	Eltehad.	Ratpor.
Bandòr.	Gandolna.	Roa.
Bandoára.	Górinàt.	Sarſſi.
Bärär.	Kärri.	Syòr.
Barvára.	Kotiana.	Sórëth.
Baſſänti.	Kundràl.	Sultanpor.
Baxära.	Láthi.	Taláza.
Bhimtára.	Lemur atabúa.	Tſchoca.
Bilkia.	Luliana.	Tſchúra.
Biſſäri.	Maheſſua.	Zagatpor.
Cänhär.	Malcapor.	Zeſſërbhòn.
Canlàn Hayra.	Mandoi.	Zetpor.
Carihadahàr.	Manglor.	Zetri.

Im Gebiete Zalavár, genannt Groß-Zalavár, sind begriffen:

Balòd.	Dángdära.	Sahála.
Baróda.	Deúcär. Goha.	Schechána.
Bazána.	Mandël.	Tátäri.
Budvàn.	Pärnigam.	Tſchentſchuvára.

Zum Gebiete Mäzucant gehören:

Amról.	Daneßra.	Morbi.
Cánzria.	Gärvär.	Rampor.
Chánpor.	Lemri. Málna.	Seáni. Tekára.

Zum

Die Provinz Gujarat.

Zum Gebiete der Pårháren gehören die zwey Orte Muli und Tschotila.
Die jährlichen Einkünfte dieser weitläuftigen Provinz sind:
Nach dem Manuzzi,   23195000 Rup.
Nach dem Kaiserl. Regifter,   454749135 Dám;
  welche, zu Rupien gerechnet, jene Summe nicht erreichen.
Die größte Summe beträgt: 8935803 Rup.
Die kleinste — —   7184650 Rup.

Nähere Beschreibung einiger Oerter.

Gujaràt, persisch Ahmadabàd, nach dessen Erbauer Ahmad, ist eine der größten Städte in Indien. Ich bin um die Stadtmauer gefahren und habe sie 6 Meilen im Umfange den ich gemessen, befunden; und mit den südlich, östlich und nördlich gelegenen Vorstädten wird sie leicht 9 betragen.

Von dieser Hauptstadt ist vielerley anzumerken. Erst der Markt, wo man dort verfertigte baumwollene und seidene Zeuge feil hat, die mit allerley Blumen von Silber- und Goldfäden auf eine zierliche und kunstreiche Art durchwebt sind. Der Markt ist viereckig und hat an den vier Seiten 4 mit einer Mauer verbundene Thore von ansehnlicher Höhe; eines davon, das westliche, führt zum Schloß oder Pallast, der mit einer starken Mauer umgeben ist: außer am Flusse, wo sie niedrig und leicht zu ersteigen ist. Innerhalb sind prächtige Gebäude und ein freyer Platz, in dessen Mitte ein kleines auf steinernen Säulen ruhendes vierecktes offenes Gebäude steht, wo der Stadtrichter Gericht hält. So fest übrigens das Schloß nach der Stadt hin seyn mag, so ist es doch nicht so beschaffen, daß es eine lange Belagerung aushalten könnte. Dies Residenzschloß der Könige von Gujarat heißet Bhádár.

Man sieht hier drey prächtige Gebäude, die aber den Pallästen zu Agra nicht gleich kommen. Links stehen das Zeug- und das Zollhaus, zwey feste und ziemlich schöne Gebäude. Der kleine Fluß Sabärmoti fließt westlich am Schloß; er entspringt in dem großen Odeporischen See Raisägar, und fließt gleich dem Arethusa unter der Erde fort; man sagt, er verliehre sein Wasser, indem es vom Sande oder von einer gewissen Grube verschlungen wird: so viel ist gewiß, daß das Wasser desselben zur Baumwollen- und Seidenfärberey ungemein dienlich ist.

Mitten auf dem Markte steht eine hölzerne Halle (pergula), wo der Richter Prozesse entscheidet und Verbrecher mit Leibes- oder Lebensstrafe züchtiget; welches überhaupt bey den Mahometanern auf dem vornehmsten Markte gebräuchlich ist.

Die Provinz Gujarat.

Vor dem Hause des Stadtrichters stehen einige Kanonen, größtentheils von kleinem Caliber, auf Wagen, zur Abwehrung irgend eines plötzlichen Anfalles. An der östlichen Seite des Marktes stehen drey Bögen, durch welche man zu demselben hinaufgeht und nicht weit davon ist die Haupt-Moschee von Kalk und Backsteinen, von Ahmad, dem Erbauer der Stadt, aufgeführt, die in keinem Stück von den übrigen, als nur darin unterschieden ist, daß an dem mittleren Bogen zwey dünne hohe Thürme, nach mahometanischer Art befindlich sind, wie zu Sicandra bey Agra am Grabe Acbars. An beiden Seiten und der Moschee gegenüber gehen andere gewölbte Bogengänge fort, die einen Platz einschliessen, wo die Mahometaner in einem Wasserbehälter Hände und Füße zu reinigen pflegen, ehe sie zum Gebete schreiten. Nahe dabey ist das Grab des Ahmad, den nicht nur das gemeine Volk der Mahometaner, sondern auch der Helden in großen Ehren hält; es hat eine dreyfache Kuppel und ist mit Bögen und Säulen geschmückt. Diesem gegenüber, nemlich nördlich, ist die holländische Faktorey, eines der festesten und schönsten Gebäude der Stadt.

Man weiß nicht gewiß, wann diese Stadt erbauet worden; nach den bewährtesten Geschichtskundigen geschah es vor 550 Jahren. Denn so viel ist bekannt, daß der Erbauer Ahmad, zugleich mit drey andern gleiches Namens, nemlich dem Gans-Ahmad, dessen prächtiges gewölbtes Grab bey drey Meilen von der Stadt gelegenen Flecken Sarkès berühmt gemacht hat; dem Ahmad Corräbi und dem Ahmad Hellori, (daß diese vier, sage ich) Afganen vom Geschlechte Tânk gewesen, und, bey dem Einfall der Afganen in Judien, diese Provinz erobert und der Stadt den Namen Ahmadabâd gegeben haben. Ihrer zwölfe waren die vornehmsten Heerführer, welche die zwölf Thore der Stadt und an jedem derselben eine Moschee von Quadersteinen erbauet haben.

Die Thore heissen:

1. Das Thor Astori;
2. das Raiporische;
3. das Sarangporische;
4. das Caluporische;
5. das Dariaporische;
6. das Schahporische;
7. Jdèr Tschecla;
8. das Canporische;
9. Bári;
10. Kâkâr;
11. Canscha;
12. das Zamalporische.

Noch zwey andere sind kleiner, und zwey sind verschlossen, weil ein Mogolischer Kaiser durch dieselbe in die Stadt entweder hinein oder herausgegangen: in beiden Fällen darf kein anderer weiter durch ein solches Thor gehen.

In einem Persischen Buche lieset man, daß in dieser Stadt tausend Moscheen, mit kleinen Thürmen an beiden Seiten gestanden; auch daß sie 360 Vorstädte gehabt habe; so daß die Häuser bis Mahmudabad, 10 Meilen davon, gereicht und beide Städte in Eine verbunden hätten.

Ahmad,

Die Provinz Guzarat.

Ahmåd, König von Guzarat, hat im Jahr Mahomets 820 die Mauern vollendet und die Stadt erweitert; sie ist auf eben der Stelle aufgeführt, wo vormals die Stadt Assaul stand.

Die geographische Breite der Stadt beträgt, nach einer im Jahr 1751 den 27sten Jan. im holländischen Hause angestellten Beobachtung, 22°, 55'.

Der gegenwärtige Zustand dieser ehmals blühendsten Stadt ist äusserst elend; da ein Drittheil derselben im Schutte liegt und der Handel stockt, indem Kauf- und Handwerksleute wegen Tyranney, Beraubung ihrer Waaren auf den Landstraßen und anderen Ungemachs, nebst den meisten Einwohnern sich anderswohin begeben haben.

Unter die starkriechenden Früchte und Gewürz-Pflanzen dieser Provinz gehört der Cardomom, der Ingwer, der sogenannte Teufelsdreck oder Laser, wovon an einem andern Ort.

Einen possierlichen Anblick geben die Affen, die allenthalben auf den Dächern und Bäumen herumspringen und zumal die jungen, die sich mit ihren Klauen so fest an den Leib und die Schultern der Mutter hängen, daß sie nie herunterfallen, wenn gleich jene in weiten Sprüngen von einem Dach zum andern und von einem Baum zum andern fortschiesset.

Drey Meilen von Guzarat liegt der Flecken Sarkès mit dem vom Könige Gans-Ahmad von Guzarat mit großen Kosten errichteten Grabmal zur Ruhe seines zu Staub und Asche bestimmten Körpers; denn zum Heil der Seele verwenden die Mahometaner nicht das geringste. Das ganze Gebäude ist ein Viereck mit Bögen, Säulen, Lauben und wohl 300 gewölbten Kuppeln, die an den vier Ecken zusammenlaufen. In der Mitte steht das Grab selbst unter einem weiten Gewölbe, nebst noch zwey anderen an beiden Seiten. Auch schließt der Umfang dieses Gebäudes eine Moschee ein, die an Bauart und Größe der in der Stadt gleich ist; ausserhalb aber sind zwey tiefe mit Mauern umgebene Teiche.

Ferner liegt 3 Meilen südlich von der Stadt das Städtchen Batúa mit mehreren Mausoleen Afganischer Fürsten.

Auch hat diese Provinz, zumal der Distrikt zwischen Cambahat und Guzarat eine große Menge Bäume mit länglichten gelben Früchten ohne Steine, von süßem Geschmack, mit einem dicken Milchsaft angefüllt: die Einwohner nennen sie Kirni. In den Wäldern von dieser Art Bäumen trift man ganze Heerden Pfauen und Affen an.

Eine Meile nordöstlich von der Stadt, am Wege, liegt der Begräbnißplatz der Holländer und Armenier. Die Gestalt der Begräbnisse ist mannigfach und ganz artig. Ueber einige erhebt sich eine Spitzsäule, andere haben die Form eines Kastens und sind mit erhabener Arbeit geschmückt, und noch andere zeigen eine auf Säulen ruhende Kuppel; kurz, der Pinsel würde hier

hier mehr ausdrücken wie die Feder. Das Zeichen des heiligen Kreutzes findet man an den Gräbern der Holländer nirgends; wohl aber an denen der Armenier, die sich auch die Stirn mit einem Kreuz als einem Merkmal der christlichen Religion zeichnen.

Einige Schritte weiter, nach eben der Richtung, erblickt man einen großen Teich, genannt Cancria, der an Größe und Bauart kaum seines gleichen haben mag, itzt aber ganz vertrocknet ist. König Latif Schah soll ihn erbauet haben; er ist mit einer niedrigen Mauer und mit steinernen Stufen rund umher eingefaßt, die bis zur Tiefe herabgehen, um Wasser schöpfen zu können. Auch sind umher gewölbte Bogengänge herumgeführt, unter welchen man sitzen und frische Luft schöpfen kann. In der Mitte des Teiches ist ein mit Bäumen besetzter Garten, zu welchem eine Brücke von 40 Bögen führt, die nach dem Rande und der Gartenthür hin allgemach kleiner werden.

Vor den Thoren der Stadt waren vormals viele Gärten, von welchen man nur noch die Thüren und andere Ueberreste sieht. Denn sobald die Marhaten sich Guzarat bemeisterten und die Mogoln und Afganen vertrieben, so wurden die schönsten Gärten wüste: und so wie das in den Dörfern umher wohnende Waldvolk zunahm und die Reisenden ausplünderte, so wurde endlich auch die volkreichste Stadt eine Einöde.

Von Nordost nach Nord hin kömmt man an den von Schahzaban angelegten königlichen Garten; er ist mit einer Mauer eingefaßt und an der nördlichen Seite steht der königliche Pallast; er kömmt aber der Pracht und Schönheit der Gärten von Agra, ohngeachtet er größer ist, nicht gleich. Indessen macht der mäßige Sábarmoti die Lage desselben anmuthig und reizend genug, zumal da beide Ufer des Flusses mit Getreide, Melonen und andern Früchten besetzt sind.

Von Norden nach Westen erblickt man an beiden Seiten des Flusses eine Menge Gärten und Begräbnißplätze, als so viel Denkmale des vorigen Wohlstandes der Mahometaner, aber auch zugleich als Kennzeichen ihrer gesunkenen Macht und ihres itzt geschwächten Ansehens. Am westlichen Ufer des Flusses ist alles weit und breit voller Ruinen von Gebäuden und Gärten.

Von Cambaya nach Guzarat sind zwey Wege gewöhnlich; der kürzere geht über Barsola und Dolka nach Guzarat; der längere und sicherere über Petlaet, Baffo, Kera und Batúa. Fast der ganze Distrikt ist von Cóliern, einem ungesitteten Volk besetzt, denen schwer anzukommen ist,*) indem die Räuber von den dicht mit Bäumen bewachsenen Feldern geschützt werden. Ueber Dolka, dessen Boden Weizen, Hirse, indische Feigen und andere Pflanzen und

---

*) Quorum vicos exurere difficile.

Die Provinz Gujarat.

und eßbare Kräuter hervorbringt, üben itzt die Marhaten, so wie über Petláet und andere Ortschaften die Gerichtsbarkeit aus.

Petláet, 10 Meilen von Cambaya, auf der Straße nach Guzarat; eine stark bebauete und bewohnte Stadt; aber fast eine Wüste, seitdem die Marhaten die Mogoln verjagt, die Einwohner ausgeplündert, und die Vestung geschleift haben. Ganze Heerden Pfauen ziehen in den Flecken, Wäldern und auf den Aeckern umher, und so sehr ihre mannigfarbnen Federn das Auge ergötzen, so widrig ist dagegen ihr kreischendes Geschrey.

Basso, 10 Meilen von Petláet, eine scheußliche Stadt mit Mauern von Leimen und vielen verfallenen Häusern; sie steht unter dem Gebiete der Marhaten, und die von ihr entlegneren Dörfer haben die Waldleute im Besitz.

Rera, 5 Meilen von Basso, auf einem etwas erhabenen Ort oder Erdhügel; war ehmals nur ein Flecken: allein die Pattanen oder Afganen haben eine Stadt daraus gemacht, sie mit Mauern, Thürmen, Graben und Geschütz versehen; und so thun sie in voller Rüstung Ausfälle auf die benachbarten Dörfer, die sie sich zueignen und das Getreide mit fortnehmen. An der östlichen Seite der Stadt fließt ein Bach von Norden gen Süden; und ein anderer an der westlichen ströhmt von derselben Gegend gen Süden.

Fast eine Guzaratische Meile N. N. westlich von Rera, setzt man über diese Bäche, Matrók und Messua genannt, die schon vorher ihr Gewässer vereinigt haben.

Ausserhalb der Stadt fließen sie vereinigt dem Cambayischen Meerbusen zu, in welchen sie ihr mäßiges Gewässer ergiessen; denn ihr Bette ist klein und fast ausgetrocknet. Doch dergleichen Bäche verdienen kaum genannt zu werden, (als in so fern) deren man nur wenige in diesem sandigen Strich Landes antrift.

Batúa, 10 M. von Rera und eben so viel von Guzarat; der Weg geht N. N. westlich.

Cambahat, von den Europäern, wie oben erwähnt worden, Cambaya genannt, 40 Meilen N. westlich von Brodara oder Baroda, und 38 S. $\frac{1}{4}$ S. östlich von Guzarat, verdient gleich nach Guzarat bemerkt zu werden. Die Stadt hat über 1 deutsche Meile im Umfange, und ist mit Mauern und runden Thürmen befestigt. Die Häuser sind von Kalk und Backsteinen, hoch, aber schwarz und finster; die Regengüsse verderben sie noch mehr, so daß die meisten den Einsturz drohen; so wie sie nach den Ringmauern hin schon größtentheils zusammengefallen sind. Die Gassen sind enge, stinkend, voller Koth und Unflath. Der Marktplatz ist ziemlich klein, und nimmt sich durch gar nichts prächtiges aus. Man sieht auch nirgends eine erhebliche Moschee, ausser einer einzigen von Quaderstücken, ein zierliches Gebäude, das sich

Tieffenth. Erdbeschreib.   M m   der

der länge nach S. S. östlich erstreckt und an dessen Eingange ein hoher dünner Thurm, nach mahometanischer Weise mit 2 Hallen sich erhebt. Nicht weit davon südlich steht eine andere schon verfallene, mit einem vierecktem Thurm von sinesischer Bauart. Man kann inwendig bis zur Spitze hinauf, von welcher man das Meer nebst dessen Küsten von weitem sehen kann. Dieser Thurm soll noch von den Heiden erbauet und die Pagode in eine Moschee verwandelt worden seyn. Auch zeigt die Figur selbst, daß das Gebäude nicht von Mahometanern, sondern von Indiern herrührt.

Nach derselben Gegend oder etwas östlicher liegt das Wohngebäude des Statthalters; es ist an die Stadtmauern angebauet, so daß ein Theil von diesen zugleich Mauern des Kastells sind. Uebrigens hat es gar nichts erhebliches oder sehenswerthes; vier runde Thürme stehen an den Ecken und in der Mitte das Wohngebäude, das inwendig ausgeschmückt ist.

In eben der Nachbarschaft ist auch die englische Faktorey. Die Engländer führen hier allerhand Waaren von Bombay ein, und vorzüglich baumwollene Zeuge wieder aus. Die von mir am 14ten Jan. 1751 hier beobachtete Polhöhe beträgt 22°, 7'.

N. N. östlich, oder vor dem Thor das nach Petläet führt, liegt eine Vorstadt mit einem großen Thor; die Häuser aber sind verfallen und fast ohne Einwohner. Sie ist mit Mauern umgeben, die auf einer Strecke von ohngefähr 500 Schritt sich mit den Mauern der Stadt verbinden.

Diese wegen der Größe des Handels und der Schiffahrt berühmte Stadt, ist gegenwärtig sehr heruntergekommen. Die Einwohner derselben sind größtentheils Heiden, und nur zum Theil Mahometaner. Der Parsen, eine Art Heiden aus Persien, zählt man an 200.

S. westlich vor der Stadt liegt ein Dorf, wo viele Fischer und Lastträger wohnen; und ein wenig weiterhin kömmt man zu den Salzwerken, die folgendermaßen betrieben werden:

Man wählt einen mehr langen als breiten Platz, gräbt die Erde aus und häuft sie zusammen, damit bey Annäherung der Fluth kein Seewasser eindringe, und das bereits gekochte Salz feucht mache. Die ausgegrabene Erde wird in anderthalb Palmen hohe Beete, gleich den Gartenbeeten eingetheilt. An beiden Seiten wird ein Teich mit Seewasser angefüllt, um dasselbe von da auf die Beete abzuleiten. Sobald nun das Wasser von der Sonnenhitze kocht und sich verdickt, erhält es eine rothe Farbe: wann aber die Oberfläche völlig hart worden, so wird sie weiß; worauf man das beste und weißeste Salz oben abnimmt; das untere ist schon schlechter, und das letzte schwarz und folglich das schlechteste. Uebrigens ist hier das Salz so wohlfeil, daß man 20 indische Pfund für 3 oder 4 Pfennige erhält.

Die Provinz Gujarat.

So groß die Menge des Salzes ist, die man an den Seeküsten zeugt; so stark ist auch die Baumwollen-Weberey in den benachbarten Flecken von Cambaya, und die Zeuge werden ihrer Vorzüglichkeit wegen in andere Länder und sogar nach Europa versendet.

Die Schiffe legten vormals fast dicht an den Mauern vor Anker. Seitdem aber die Fluth nicht mehr so hoch wird: so bleiben sie itzt ¼ Meile weit von der Stadt ab. Es wird der Mühe werth seyn, die Ursachen dieser Abnahme der Fluth anzuführen.

Es ist bekannt, daß noch vor 7 Jahren die Fluth so schnell zum Ufer drang, daß man ihr kaum mit hängendem Zügel entrinnen konnte. Itzt aber, nemlich 1750, da ich diesen Haven gesehen, kommt dieselbe so ruhig und langsam heran, daß sie weder die vor Anker liegenden Schiffe noch die Mauern der Stadt, als nur in sehr heftigen Fluthen, oder etwa zur Regenzeit, mit einiger Macht beströhmt.

Die Ursache aber dieser wunderbaren Veränderung der Fluth liegt wohl in der Menge des Sandes, die sie an diese Küste geworfen hat. Denn da vormals am Eingange des Busens der Sand gehäuft lag, das Ufer von Cambaya aber weit niedriger war: so fuhr das Gewässer, das von Süden gen Norden drang, wenn es endlich mit Gewalt durchbrach, mit vollem Ungestüm zum Ufer, wie in eine leere Vertiefung. Allein durch den von der Fluth nach und nach herbeygeführten Sand, ist auch der Busen nach und nach angefüllt und ebener worden; daher itzt die Fluth ruhiger anschwellt; ob sie gleich desto reissender an das östliche Ufer des Busens schlägt. Die Gestalt dieses Busens wird an einem andern Orte vorkommen. Taf. XXXII. n. 2.

Die Stadt, die etwas erhaben liegt, hat nach dem Busen hin, der von ihr den Namen hat, einen fruchtbaren Boden; der aber das Gegentheil ist, wann ihm der Regen fehlt. Der Grund des Busens ist sehr leimig, auch da wo die Schiffe liegen, so daß er kaum den Anker hält.

Im Januar 1751 lagen hier an 70 einmastige Schiffe vor Anker; denn größere kann der Haven nicht einnehmen.

Die Gerichtsbarkeit der Stadt ist unter dem Marhaten Däma, und einem Mogol getheilt: allein dieser schickt dem Kaiser nicht die geringste Summe zum Zeugniß seiner Abhängigkeit, da er kaum sich und seine Besatzung erhalten kann; denn die umliegenden Feldfrüchte holen sich entweder die Marhaten oder die rohen Colier.

Von Brodara bis Cambaya geht man über folgende Oerter:

Ometta, 7 Meilen W. ¼ N. W. von Brodara und eine starke halbe italienische Meile vom westlichen Ufer des Mahi, eine mit Mauern und Thürmen versehene Stadt. So gut sie aber noch irgend von aussen scheint, so scheußlich ist sie inwendig wegen der engen und niedrigen

Häuser, die den Schweinställen gleichen. Ein Heide vom Geschlechte Coli hat über sie zu gebieten.

Die Stärke des Mahi hängt von der Ebbe und Fluth ab: man glaubt, er komme vom Maluanischen Gebirge her; übrigens fließt er von Norden gen Süden und ergießt sich in den Busen von Cambaya.

Uncláo, ein Flecken, 3 Meilen W. ¼ N. westl. von Ometta.

Bursät, 5 Meilen von Uncláo und eben so viel west: ein wenig nördlich von Petlaet, ist eine mit Mauern, Thürmen und einem Graben versehene Stadt von einer italienischen Meile im Umfange, unter dem Gebiete der Marhaten.

Von Petlaet bis Cambaya sind 10 Meilen S. S. westlich, wenn es gleich zuweilen von dieser Richtung abgeht.

Von Cambaya hat man 40 Meilen bis Barontsch, nemlich: 10 bis Devàn, wo man über den Mahi setzt; 10 bis Zanbuffòr, ein großer Ort; 10 bis Paz, und von da eben so viel bis Barontsch.

Tansära, eine Stadt, 40 Meilen östlich von Guzarat. Hier quillt ein Wasser aus der Erde hervor, das an einigen Stellen heiß, an andern laulicht und an noch anderen kalt ist. Ueber dieser Quelle, die man durch Töpfe mit zerbrochenem Boden hervorsprudeln läßt, ist ein Zelt errichtet, unter welchem das abergläubige Volk dem Elemente des Wassers göttliche Ehre erzeigt.

Der Boden von Cambahat bis Brodara trägt weder Reis noch Getreide, sondern große und kleine Hirse und verschiedene Arten Bohnen und andere Hülsenfrüchte, die selbst Europäern unbekannt sind. Wenn es wenig oder gar nicht regnet, so tritt Hungersnoth ein, wie im Jahr 1751. Getreide wird aus der Provinz Malva eingeführt. So karg sich hier aber die Natur in diesem Produkte gezeigt hat, so freygebig ist sie in Absicht der Bäume gewesen; indem der ganze Distrikt von Brodara bis Cambahat oder Cambaya, mit Am-Zämän-Kirni-Mahua-Tamarinden- und anderen fruchtlosen Bäumen besetzt ist, deren an einem andern Ort erwähnet wird. Die Erde aber ist so weich, daß man mit allem Fleiß auch nicht ein einziges Steinchen darin finden kann.

Pättän, 20 Meilen von Rádhanpor und 40 nord- ein wenig westlich von Guzarat, eine uralte noch vor Guzarat erbauete, mit Mauern umgebene Stadt, von gleicher Größe mit Cambaya; liegt aber itzt wüste, weil die Einwohner wegen der Plündereyen der Räuber und Waldleute, sich anderswohin begeben haben. Der alte Name der Stadt ist Nehrvála; sie hat zwey Kastelle, eines von Stein und das andere von Backsteinen. Von Guzarat geht man dahin über Cári, Catassòn und Tschandsoma.

Can-

Die Provinz Gujarat.

Cancrès, ein an Pattan gränzender Distrikt von ohngefähr 20 Meilen im Umfang. Der vornehmste Flecken desselben steckt voller Räuber, und heißet Bacaura. Dieser sandige und graslose Boden zeugt die größesten und stärksten Ochsen von ganz Indien, die im Gespann so schnell wie ein Pferd forttraben.

Von Gujarat bis Jalor kommt man über folgende Städte und Flecken:

Cäri, 20 Meilen nordwestlich von Gujarate, eine nicht sehr bebauete Stadt mit Mauern und Thürmen von Backsteinen.

Cucbau, ein Flecken, 6 Meilen von Cäri. Von Cambahat bis zu diesem Flecken erstreckt sich ein sehr dichter Wald nach allen vier Weltgegenden. Bey dem Flecken selbst aber sieht man eine mit Korn und Gerste besetzte weite Feldebene; und nur bey Cucbau erheben sich zwey mäßige Sandhügel, dergleichen man hier sonst nicht, auch nicht einen Stein antrift.

Die drey bis vier Meilen von der Landstraße abgelegenen Flecken sind von räuberischen Waldleuten bewohnt; daher nur zwey, bis dreyhundert Reisende zugleich und selbst nur in Begleitung solcher Waldleute sich auf den Weg machen, um nicht in den dichten Büschen und Waldungen geplündert zu werden. Die Straße ist auch nicht sehr bewandert, da man beständigen Räubereyen ausgesetzt ist, und wenig Dörfer und Wasser in der dürren sandigen Gegend antrift. Auch Götzenbilder sieht man hier wenig, und an der Landstraße gar nicht.

Decabára, ein stark bewohnter Flecken, 12 Meilen nordwestlich von Cari.

Baród, an 8 Meilen von Decabára, nach eben der Gegend; ein Flecken mit Mauern von Thon und einem kleinen Kastell.

Padála, ein auf einer Anhöhe gelegener Flecken zwischen Baród und Muntschpor.

Muntschpor, 4 Meilen von Padala, wo der abergläubische heidnische Pöbel eine Wasserquelle verehret.

Samin, 3 oder 4 Meilen von Muntschpor, eine vormals von Afganen bewohnte Stadt, die aber, seit der Herrschaft der Marhaten ihren vorigen Flor verlohren hat.

Rhádänpor, 4 Meilen N. N. westlich von Samin, eine große Stadt, mit Mauern und Thürmen von Backsteinen, einem Graben und einem starken Kastell, in einer mit Korn und Hirse besetzten Ebene. Sie liegt 62 Meilen westlich von Buz, nemlich, 20 bis Satelpor, 12 bis Cattaria, und 30 bis Buz. Die Gegend erstreckt sich in einer großen Ebene; ist aber dürre, sandicht und hat weder Flüsse noch Bäche. Nach einer im Februar 1751 angestellten Beobachtung, beträgt die nördliche Breite 23°, 45'.

Bábor, 9 Meilen N. N. östlich von Rhadanpor, ein den Bilen, einem sehr rohen Volke zuständiger Flecken mit vielen Hütten.

Auf dem Wege, 7 Meilen von Rádhanpor, kömmt man an einen Sumpf, aus welchem eine klare Wasserquelle hervorquillt. Daneben steht ein Gözentempel mit häufigen Malereyen und steinernen Bildnissen von Kühen, auch des Hanuman und Mahadeo beschmitzt.

Dèl, auch ein Flecken, 12 Meilen N. N. östlich von Babor.

Teràd, 4 Meilen N. N. westlich von Dèl, eine Stadt mit einem Dornzaun und gegen Norden mit einem Kastelle versehen, unter 24° 20′ nördlicher Breite. Der Boden ist eben und hat nur hie und da mäßige Hügel, auch fast an allen Sachen Mangel, zumal wenn kein Regen fällt.

Pádár, ein Flecken zum Gebiete von Teràd gehörig, und ohngefähr 9 Meilen N. N. westlich von dieser Stadt entfernt.

Die Wälder sind mit allerley unfruchtbaren Bäumen, Gesträuchen und Dornhecken angefüllt, bringen nichts wie Heu und Schilf hervor und haben überdies Mangel an Wasser. Man hat aller Orten einen traurigen Anblick und überall herrscht eine melancholische Stille; denn man sieht selten Vögel und andere Thiere, da der Boden so dürre ist, da kein Bach rauscht, keine Quelle rieselt und kein Fluß zu sehen ist. Es ist eine ungeheure Steppe, ein Aufenthalt von Räubern die mit Bogen, Pfeilen und eisernen Stangen einhergehen: Menschen, die in Sprache und Sitten gleichweit von den ordentlichen Einwohnern dieser Gegend abweichen.

Die Kleidung der Einwohner ist hier von der in andern Provinzen üblichen nicht unterschieden; nur sind die Schuhe der Guzarater nicht so spitz wie die der Decaner oder Marharen, und schliessen besser am Fuß, wie der Dehlier und Agraner ihre.

Ueberdies tragen die Helden männlichen Geschlechts, zu Rádhanpor und Teràd, ausser den gewöhnlichen Ohrgehängen auch noch andere, indem sie den obern Ohrknorpel durchbohren und einen goldnen oder silbernen Ring daran hängen; auch tragen die Rasputen oder die Kriegsleute, wie auch die Ackerleute eine Art Turban, der nach der Stirn oder dem Ohr hin eine mäßige Spitze hat. Auch pflegen sie auf dem Scheitel und unter der Mütze gleich den Frauenspersonen, einen in verschiednen Knoten und Flechten gedrehten Zopf zu tragen.

Dieses ist der Unterschied der Tracht bey diesen Einwohnern; einen andern sieht man in den Hütten, die gleich einer runden Kuppel gebauet, inwendig aber mit Wänden, von Rohr und Spreu und mit Stricken verbundenem Holzwerk, abgetheilt sind.

Der Boden trägt Hirse und allerley Erbsen, aber wenig Getreide.

Die Provinz Gujarat.

Beschreibung derjenigen Städte und Flecken die in dem von **Surat bis Barontsch,** **Brodara** und **Gudara** sich erstreckenden Distrikte, und auf der Königsstraße vorkommen.

Bariao, ein großer Flecken, 3 Meilen N. N. östlich von Surat, am jenseitigen Ufer des Tapti, der auf den jenseit Brahmipor östlich gelegenen Bergen entspringt, von dort an 220 Meilen westlich fortläuft, unterschiedene Oerter berührt und unterhalb Surat ins indische Meer fließt. Nördlich hat er hohe Ufer; er schwellt bey der Fluth an; fällt aber bey der Ebbe so sehr, daß man zu Fuß durch kann.

Die Felder tragen Hirse, Linsen, Bohnen, Reis und Weitzen; der Boden ist so eben, daß man, so weit das Auge reicht, nicht den kleinsten Hügel erblickt. Auſſer den gedachten Hülsenfrüchten wächst in dieser Provinz eine große Menge Baumwollen-Stauden, deren Beschreibung an einem andern Orte vorkömmt.

Catódéra, 10 Meilen N. N. östlich von Bariao, ein Flecken mit einer sehr geräumigen öffentlichen Herberge, die jedem Wanderer offen steht.

Ohngefähr 3 Meilen von Catobera nach Barontsch hin, erblickt man Berge von mäßiger Höhe, ohngeachtet sie an 15 Meilen von da entfernt sind. In diesem Gebirge wohnt eine wilde Art Menschen, die nackend gehen und nur die Hüften bedeckt haben. Ihre Wohnplätze heissen Raspipla und Rettenpor, deren jeder seinen Oberherrn hat; ersteres liegt 40 Meilen, letzteres 15, nordöstlich von Barontsch. Der Boden trägt Reis und kleine Hirse. Man gräbt auch daselbst im Gebirge den besten und mannichfarbensten Achat, aus welchem in Barontsch und Cambahat allerley Geschirr, kleine Teller, Schüsseln und andere Dinge verfertigt und in Surat verkauft und nach Europa geführt werden.

Baróntsch, gemeinhin **Barotsch**, eine berühmte volkreiche Stadt, an dem hohen Ufer des Narbada, von ziemlich großem Umfange und, die Vorstädte ausgenommen, mit Mauern umgeben; sie ist eine der vornehmsten Vestungen in Indien, und schwer zu erobern. Am Fluß ist sie mit 15 runden, in die alten Mauern eingeschalteten Thürmen befestigt. Statt des Grabens hat sie nördlich den Fluß; die Lage ist anmuthig, aber steil und daher zu einer starken Befestigung geschickt. Oestlich, westlich und nördlich stehen Mauern und Thürme auf einer Anhöhe.

Die Stadt erstreckt sich eine italienische Meile lang von Osten nach Westen und wird in die östliche und westliche getheilt. Die östliche ist mit Mauern umgeben und die westliche von ihr getrennt und ohne Mauern. Südlich erheben sich von unten herauf mit Thürmen versehene Mauern nach alter Bauart. Höher folgen dann nach und nach auch die Häuser. Die Breite

Die Provinz Gujarat.

Breite kömmt mit der Länge in keinen Vergleich; indem eine sehr lange an beiden Seiten schön bebauete Straße von Morgen gen Abend fortgeht. Am Rande des Flusses liegt das Wohngebäude des Stadtrichters (praetoris urbani), und an der nördlichen Seite der Stadt erstreckt sich, fast so lang wie die Hauptstraße, die Vorstadt, wo allerley Lebensmittel feil sind.

Die Gerichtsbarkeit ist sehr eingeschränkt, indem der mahometanische Statthalter (Praefectus urbis) dem Oberhaupt der Marhaten Tribut entrichten muß; auch werden am nördl. Ufer alle Waaren, die entweder von da weg oder anders woher gebracht werden, untersucht.

Das Ackerfeld bey der Vorstadt, das gen Abend am fruchtbarsten ist, erstreckt sich an 8 deutsche oder 18 indische Meilen bis an die See.

Ohnweit der Vorstadt, am Ufer des Flusses ist der Begräbnißplatz der Holländer, und gegen demselben über ein von den Parsen (Parthis) erbaueter Brunnen von Kalk und Backsteinen, in welchem sie Leichen absetzen, sie von Krähen und anderen Vögeln verzehren lassen, und sodann (die Gebeine) in eine Grube werfen.

Die Holländer haben hier eine Faktorey in der Stadt, und noch eine andere mit einem Garten vor der Stadt am Flusse.

Im Haven liegen 2 kleine Schiffe. Ueberhaupt geht es mit allem sehr zurück, seitdem die Marhaten sich fast alle (diese) Länder unterworfen haben. Es leben hier nur zwey Holländer die mit blauem baumwollenen Zeuge, in der Muttersprache Nil genannt, und mit roher Baumwolle handeln, da sonst ihrer fünfe dort gewesen sind. Alle 3 Wochen kömmt ein Schif von Surat mit Geld hier an. Zuweilen, aber selten, kommen von Bombay und andern Orten auf kleinen Fahrzeugen allerley Waaren. Als ich im Jahr 1751 in der Wohnung der Holländer mich 2 Tage aufhielt, lagen 6 Kauffahrer unter englischer Flagge vor Anker; die übrigen kleinen Boote liegen bereit, um Menschen, Vieh und Waaren fortzubringen.

Nördlich an der Stadt fließt der Narbada, dessen Ufer daselbst hoch und gleichsam mit Fleiß abgeschnitten ist: das südliche ist niedriger. Die Breite des Bettes hält ohngefähr 500 Schritt. Er fließt vom Morgen gen Abend mit dem ruhigsten Laufe, ohngeachtet er an andern Orten wo Steine im Grunde liegen, mit großem Geräusche fortströhmt. Er nimmt auch die Fluth auf, ohngeachtet seine Mündung 8 deutsche Meilen von Barontsch ab ist.

Im Jahr 1744 am 2ten Novembr. ist in dem holländischen Hause die Abweichung der Magnetnadel 3° und 30' westlich befunden worden. Und in eben dem Monat desselben Jahrs; auch den 5ten Jan. 1751 hat man die nördliche Breite der Stadt auf 21° 30' gefunden.

Die Bäume dieser Gegend sind, der Mangéra, dessen Frucht die Einwohner Am nennen; beide Gattungen Palmen, nemlich die stachlichte, die einen trinkbaren Saft und die wilde Dattel

Die Provinz Gujarat.

Dattel giebt; und dann die höhere, mit breiten Blättern, die eine der fruchttragenden Palme gleiche, aber härtere und unbrauchbare Frucht, dagegen aber einen trinkbaren Saft giebt, der auch zu Eßig und Sauerteig angewandt wird.

Ausserhalb dem Distrikte von Surat findet man keine fruchttragende Palme, welche indische Nüsse hervorbringt, aber die Suratschen Palmennüsse sind kleiner als die Bombayischen. Sonst aber wächst hier eine Menge des Stachelbaums, genannt Baběl, mit sehr kleinen krausen Blättern, aus dessen Rinde man, nebst der Zuckermasse, durchs Feuer einen scharfen brennenden Saft zieht.

Zehn Meilen von Barontsch gräbt man weißen Achat, der mit Muschelschaalen ins Feuer gethan, eine rothe Farbe annimmt. Eine andere Art Achat gräbt man bey der Stadt Căpărbāno, 30 Meilen nordöstlich von Gujarat, und zu Cambaya verarbeitet man ihn zu allerley kleinem Geschirre, Tellern, Schüsselchen u. d. gl.

Das Gebirge bey Catobera ohnweit Brobara sieht man auf 40 Meilen. Jene Berge aber, die an der östlichen Seite des Narbada, an 18 deutsche Meilen von N. N. Ost gen Süden sich erstrecken, sind 6 Meilen vom Ufer entfernt.

Samlot, ein Flecken, 7 Meilen von Barontsch, wo ein Zoll ist und die Waaren durchsucht werden.

Säräng, ein weitläuftiger Flecken, 3 M. von Samlot und 10 M. östl. von Barontsch.

Drey Meilen von Säräng ist ein tiefer und breiter Brunnen, genannt Tschorum Alibauli, oder der Räuberbrunnen, weil er von einer Summe Geldes erbauet ist, welches die Räuber den Reisenden abgenommen, jenen aber wieder entrissen worden. Es ist ein sehr schönes Werk, dergleichen man kaum in Indien weiter antreffen mag. Zu diesem Brunnen oder Wasserbehälter steigt man 360 Stufen hinab. Auf diesen stehen zehn Reihen Säulen mit Bögen. Die erste Reihe ist nicht sehr hoch, indem sie von ebener Erde nur an 4 indische Ellen in die Höhe geht. Die zweyte ist höher wie jene, die dritte höher wie die zweyte, und die vierte höher wie die dritte, so daß die letzte die höchste ist, und aus 14 Bögen über einander besteht. Die Säulen und Bögen aber haben den Zweck, daß die von beiden Seiten in die Höhe aufgeführte Mauer, die zugleich mit den Bögen nach der Oefnung des Brunnen gerichtet ist, nicht einstürze.

Candári, ein Flecken, mit einem nach dortiger Art von Leimen und Stroh erbaueten Kastell.

Intola, auch ein Flecken, 12 Meilen von Sarang. In diesem Distrikte sieht man eine große Menge Federvieh, zumal Rebhüner und Pfauen auf den Bäumen, und es ist nicht erlaubt nur ein einziges Stück zu würgen.

Zambu, eine Stadt mit Mauern und Thürmen die aber nicht sonderlich zusammenhängen, wie fast alle Städte und Kastelle in Indien itzt beschaffen sind; viel besser ist auch die aus ohngefähr 10 Bögen bestehende Brücke nicht.

Brodära oder Baroda, eine volkreiche Stadt, an drey italienischen Meilen im Umfange, mit einer doppelten Mauer. Die innere stand schon unter der Mogolischen Herrschaft; die äussere haben die Marhaten aufgeführt als sie 1725 die Stadt den Mogoln entrissen. Die Mauern sind nur 12 Pariser Fuß hoch von der Erde. An beiden Reihen stehet alle 30 Schritt ein runder niedriger Thurm mit schwerem Geschütz. Auf den Zinnen liegen Balken, spitzige Pfäle und grosse Steine, um solche auf die Belagerer herabzuwerfen. Graben sieht man nicht; dagegen aber liegen Seen und Sümpfe um die Stadt herum. Vor den äussersten Mauern, zumal westlich liegen viele Häuser, Gärten und Brunnen. Das Wasser in der Stadt ist nicht trinkbar. Innerhalb den ersten Ringmauern stehen neu erbauete Moscheen und Pagoden, und innerhalb der Stadt selbst ist eine grosse leere Strecke wo gepflügt und gesäet wird. Man treibt hier Handel mit baumwollenen Zeugen und roher Baumwolle, die hier herum wächst.

Die regierende Gewalt hat hier der Marhate Dama, der südlich von Bilimora, 10 portugiesische Meilen von Damän, bis Gujarat nördlich; und östlich von Neapor, 40 Meilen östlich von Surat, bis Cambaya westlich, im Namen der Omobaya, Gemalin des Marhatischen Feldherrn Canderao, herrschet.

Das Wohngebäude des Statthalters hängt nördlich mit der Stadtmauer zusammen; man kann es, wenn man will, ein Kastell nennen, indem vier Thürme das Gebäude zieren und schützen. Nicht weit davon steht ein anderes kleines aber hohes Gebäude, auf welchem noch eine Laube oder Warte angebracht ist, von welcher man die ganze weite Ebene umher übersehen kann.

Die Häuser der Stadt sind von Backsteinen, Bögen und Säulen aber von Holz, da man weder Berge noch Steine umher hat. Uebrigens aber sollte man in der That eine so zierliche Stadt in diesem Erdstrich nicht erwarten.

An der Abendseite der Stadt stehen die Ueberreste des alten Brodara, noch itzt genannt Zuna Brodara; von da geht der Weg nach Cambaya, nachdem man erst auf einer Brücke über einen Fluß setzt, der zwischen hohen und engen Ufern fliesst.

Die Besatzung der Stadt besteht aus Heiden und Mahometanern, und 5 oder 6 Christen beym schweren Geschütz. Die geographische Breite betrug den 10ten Jan. 1751, 22° 4'.

Tschampanèr, 17 oder 18 Meilen N. östlich von Brodara, eine Stadt am Fuß eines hohen, von den übrigen abgesonderten, Berges; auf dem 2¼ Meilen hohen Gipfel desselben
liegt

Die Provinz Gujarat.

liegt das zur Stadt gehörige Kastell Pauaghar. Man bereitet hier Tuch, das in andere Länder ausgeführt wird. Die Stadt wurde vom Könige Mahmud von Gujarat mit neuen Gebäuden und Gärten vermehrt und verschönert, nachdem er das Kastell eingenommen und den Raja ums Leben gebracht hatte. Er nannte sie nun Muhammadabad und hatte eine Zeitlang seinen Sitz daselbst. Die Länge des Distriktes von Tschampaner beträgt 60; die Breite 40 M.

Der kleine Fluß, oder vielmehr Bach, der nahe bey Brodara fließt, heisset Bescàr. Er würde gänzlich austrocknen, wenn er nicht seinen Ursprung in einem gewissen See Biabilia hätte, der neben dem Berge von Tschampaner liegt. Er ströhmt westl. fort in den Fluß Mahi.

Affod, ein Flecken, 11 Meilen O. N. östlich von Brodara.

Haldl, eine alte Stadt, welches man schon an den Mauern, Thürmen und den bereits verfallenen Thoren sehen kann. Sie liegt am Fuß eines Berges, der nebst andern seinen Rücken von Norden gen Süden fast bis Barontsch ausdehnt. Er ist hoch und gleichet in der Ferne einem Kastell. Auf dem Gipfel steht eine Pagode, deren im Felsen gehauenen einer menschlichen Gestalt gleichenden Götzen, das abgöttische blinde Volk, das sonst im Handel und anderen Dingen hellsehend genug ist, Oel, Butter und andere Geschenke opfert.

Der Boden dieses Distriktes ist nicht sehr fruchtbar; man sieht keinen fruchttragenden Baum als nur den Amas, von den Europäern genannt Manga. Die weite Feldebene ist mit kleiner Hirse besäet.

Calòl, eine nicht gar große Stadt, 9 Meilen östlich gen N. Ost von Affod.

Besselpor, 6 Meilen östlich von Calòl, eine Stadt mit Mauern und Thürmen nach Art eines Forts (propugnaculi). Denn hier zu Lande nennt man schon das ein Fort (munimentum) was nur irgend einen Wall und runde niedrige Thürme hat.

Gudara, 10 Meilen östlich von Calòl, eine hoch und am Eintritt eines Waldes gelegene Stadt, deren innerer Theil mit Mauern umgeben ist. Sie hat auch einen großen Teich, den die Einwohner für sich und ihr Vieh nutzen.

Sanóli, eine Stadt, 10 Meilen von Tschampanèr.

Oerter der Provinz Soreth und deren Halbinsel.

Diu oder Dip, 60 portugiesische Meilen westlich von Surat, eine kleine Insel, in der Halbinsel von Soreth, mit einer den Portugiesen zuständigen Stadt und sehr festen Kastell, nebst einem mäßigen Stück Landes. Die Stadt ist vom Kastell vermöge eines im Felsen gehauenen Kanals getrennt, und beide sind mit einer hölzernen Brücke verbunden. Ferner hat sie einen bequemen Haven, aus welchem jährlich ein Schif mit indischen Waaren nach Mosambik ausduft, und von da wieder sehr große Elephantenzähne, Gold und andere aus Afrika geholte Waaren mitbringt.

Pârmdeu, ein heidnischer Fürst, war der erste Erbauer dieses bewundernswürdigen Kastells; der zweyte soll Säfär Aga, oder Chodavand Chân, ein Freygelassener Mahmuds, Königs von Guzarat, gewesen seyn. Die Portugiesen suchten zwar den Bau zu hindern, richteten aber nichts aus. Die Mauern sind 15 Ellen breit und 20 hoch. Die Steine sind mit eisernen Klammern verbunden und die Löcher mit Bley vergossen.

Goga, ein berühmter stark besuchter Seehaven auf eben der Halbinsel.

Mangalòr, 20 Meilen von Zunagbar, eine Stadt und Vestung auf eben der Halbinsel, am Meere.

Die Länge der Provinz Catsch beträgt 250 Meilen; die Breite 100: sie ist größtentheils sandig und waldig. Die Einwohner sind Rajputen vom Zadunischen Stamm, mit dem gemeinen Namen Tscharitscha.

Bhúz, die Hauptstadt der Provinz Catsch, ist groß und mit einem doppelten Kastell versehen. Sie liegt auf einem sandigen Boden an dem Sorethischen Meerbusen. Geld wird hier unter des Rajas Namen und Gerechtsame gemünzt; und der Name des Orts rührt von einer Schlange her: denn viele sagen, und es ist auch gewiß, daß man hier eine Schlange verehrt, und ihr täglich Reis und Milch vorsetzt. Sie heisset Bhuzbávän, oder die 52 Ellen lange Schlange.

Von Guzarate bis Bhuz geht man über folgende Oerter: Erst 3 Meilen bis Sarkês, ein wegen eines Mausoleums berühmter Flecken. Von da bis Samin, Birangam und Pâtetäri, 10 Meilen weit von einander liegende Oerter; von da bis Trangdara; von da bis Helvât, 15 Meilen von Trangdara, und von da bis Morvi eben so viel.

Von Morvi bis zur Stadt Amron sind 10 Meilen, und von da 20 Meilen bis Bhuz. Man geht nemlich von der am Meerbusen gelegenen Stadt Amron 12 Meilen zu Wasser nach Mandól am jenseitigen Ufer; drey Meilen von da setzt man über einen Fluß, von dessen Ufer ab man ebenfalls noch 3 Meilen bis Bhuz hat.

Mohu, ein zum Distrikte Catsch gehöriger Haven, über den unterschiedne Rajahs zu gebieten haben, die mit einander verwandt sind. Der vornehmste ist der von Bhuz, nach ihm folgen die von Helvat und Morvi; sie stammen vom Zadunischen Geschlechte ab und heissen gemeinhin Cártscha's. In diesem Distrikte liegen verschiedene Kastelle und Schlösser; auch trift man hier schöne rasche Pferde, starke Ochsen und Kameele an.

Nava=

Die Provinz Gujarat. 285

Navanagar, 20 Meilen von Amron, ein großer Ort, über welchen ein Raja zu gebieten hat. Zwanzig Meilen von da liegt Camalia, und eben so weit von diesem Ramra, eine am Meer gelegene Stadt. Nahe dabey liegt die Insel Doarca, auf welcher der Canaya, oder nach dem gemeinen Namen Krischen, verehrt wird.

Die Insel Doárca ist 3 Meilen lang, und wird von den Helden stark besucht, weil ihr Canaya von Mathra hieher gereiset seyn und sich auf dieser Insel aufgehalten haben soll. Man hat daher ihm zu Ehren einen Tempel erbauet, den man wie ein Kastell mit einer Mauer umzogen hat. In demselben verehrt man den Canaya unter der Gestalt eines Kindes, das einen zuckernen Krausel in der Hand hält: in andern Gegenden heisset er zwar Canaya, hier aber Räntschor.

Auf dieser Insel liegt ein Flecken, Namens Benth, 3 Tagereisen westlich von Zunaghar und nur 3 Meilen von Ramta.

Alle Helden die hieher wallfahrten, lassen sich mit glühendem Eisen vier Merkmale auf die Arme einbrennen, nemlich: die Figuren einer Lotusblume, eines Kranzes, einer Muschel und den Zepter des Krischen. Ausser der großen Pagode sind noch 7 andere den vornehmsten Gemalinnen des Canaya, Töchtern heidnischer Rajahs geweihet.

Zunaghar, die Hauptstadt der Provinz Soreth, hat 5 Meilen im Umkreis und 5 Thore. Der innere Raum ist nicht nur mit Häusern, sondern auch mit Gärten besetzt. Sie liegt am Fuß eines Berges, aus welchem der Fluß Sonráka quillt. Der Berg, genannt Ghirnàl oder Ghirnár, ist nicht sehr hoch; oben ist ein festes Kastell; der Weg dahin ist so geschlängelt, daß man 7 Meilen darauf zubringt. Auch stehen auf dem Gipfel des Berges Pagoden der Helden und Parsen (Seraugii) und dabey leben hier viele von den Saniassen, Jogen, Beiragen, Seuren und Tundiern in unterirdischen Hölen. Auf eben diesem Berge hat auch der Halbgott Nimnath ein sehr strenges Einsiedlerleben geführt. Wider die Natur des dortigen Klima trägt der Berg Aepfel, Birnen und Pfirschen.

Von Gujarat bis Zunaghar geht man westlich, und zwar erst 12 Meilen bis Dolka; dann nach Limbri, 45 Meilen von Gujarat; ferner 35 Meilen von da bis Tschitäl und endlich 45 bis Zunaghar, von wo noch 30 bis ans Meer sind. Andere setzen wenigere Meilen für diese Reiseroute an.

Die Provinz Soreth ist von großem Umfange, waldig und bergicht, fruchtbar und einträglich. Sie bringt das jährlich dreymal hervor, was Malva, Chandéß, Gujarat jährlich nur zweymal hervorbringen. In den Haven werden mancherley und kostbare Waaren eingeführt; auch ist sie mit starken Vestungen versehen, so daß zu einem ruhigen und behaglichen

lichen Leben nichts fehlt; und wenn man hiernächst die wunderbare Beschaffenheit und Fruchtbarkeit des Bodens erwägt, so muß man über die Allmacht und Güte Gottes erstaunen.

Die Länge vom Haven Goga bis zum Haven Rámrà beträgt 125 Meilen: die Breite von Sárdhàr bis Diu 72. Oestlich gränzt Guzarat; nördlich Catsch, südlich und westlich das Meer. Vordem unterhielt sie 50000 Mann zu Pferde und 100,000 zu Fuß vom Geschlechte Gheloth.

Der Berg Ghirnàl ist, eine Seite ausgenommen, allenthalben mit Bergen umgeben: nördlich liegen sie nahe, und südlich entfernt. Er hat 12 Meilen im Umkreise, in dessen Mitte ein dicker Wald ist, wo kein Pferd durch kann, und die Schlünde sind so tief, daß sie nur den wilden Thieren zum Aufenthalt dienen. Indessen wohnen doch am Fuß des Berges Waldleute, genannt Abànt. In diesen Waldungen und bergichten Gegenden wachsen Am- und Kirn-Bäume, Tamarinden, Zàm-Bäume (Zamnae), Myrobolanen und eine Menge gänzlich unbekannter Bäume.

Nicht weit vom Fuß des Berges Ghirnàl befindet sich ein Grundpflaster (pavimentum), das in einem persischen Buche eine Brücke genannt wird, und nur aus einem einzigen Stein bestehet, auf welchem das Kastell Zunaghar mit starken Thürmen und Mauern gebauet ist. Dieses hat drey Thore, zwey westlich und eines östlich. Dem westlichen Thor gegenüber ist noch ein anderes nördlich gelegenes, als der eigentliche Eingang, wo man zum südlichen Thor und in das Innerste des Kastells kömmt.

Dies merkwürdige Kastell heisset Zunaghar oder das alte, weil es lange im dicken Walde versteckt lag, bis es von einem Menschen, der Holzfällen gieng, entdeckt wurde. Der Erbauer desselben aber ist noch bis izt unbekannt.

Im Kastelle selbst sind zwey Brunnen, einer genannt Nocän, der andere Pccolia. Ausser diesen sind zwey, zu denen man auf Stufen hinabsteigt, einer davon heisset Ari, der andere Tscheri.

Als König Mahmud von Guzarat das Schloß und die Stadt erobert und erweitert hatte, gab er demselben den Namen Mustafabad.

Von der Entdeckung dieses Kastells bis zum Mandalik, dem Mahmud die ganze Provinz Soreth nebst den Schlössern Zunaghar und Ghirnàl nahm, sollen 1500 Jahre verflossen seyn. Mandalik aber lebte um das Jahr 1400. In das (bereits oben erwähnte) nach dem Berge Ghirnal benannte viel höhere Kastell flüchtete die vom Mahmud in dem Kastell Zunaghar belagerte Mannschaft, weil jenes der Lage wegen dem Feinde mehr Mühe machte. Dies ist aus der Geschichte der Könige von Guzarat gezogen.

Mahá-

Die Provinz Gujarat.

Mahábála, nahe bey Junaghar, ein zwischen engen Pässen gelegener, von Waldleuten bewohnter Ort.

Berühmt ist auch ein anderer Ort, Namens Hinglás, der aber wegen des beschwerlichen Weges, der Menge Sandes, des Mangels an Wasser und der sparsamen Dörfer, wenig besucht wird.

Man hat (heißt es) von Tatta bis Caraitschi 40 Meilen und von da westlich bis Hinglaz 60. Allein diese Angabe ist unrichtig; besser ist folgende von Sachkundigen ertheilte Angabe der Meilenzahl von Tatta bis Hinglas. Man hat nemlich erst drey Tagereisen oder 48 Meilen westlich von Tatta bis Rambág; von da 3 Tagereisen oder 49 Meilen nordwestlich bis Sonméni, und von da endlich drey Tagereisen oder 54 Meilen W. ⅓ N. westlich bis Hinglas.

Dieser Ort liegt am persischen Meerbusen, wo in runden Pagoden die vierarmige Göttin Dabáni verehrt wird; indeß soll, nach andern, die genauer davon berichtet sind, dies abergläubige Volk 15 oder 20 Sitze (sedilia) verehren, die, nach ihrer Lehre, vom Himmel gefallen seyn sollen.

Bhántáli, ein ehmaliger Sitz der Rajahs von Soreth, vor der Entdeckung von Junaghar, von wo es 5 Meilen westlich entfernt ist.

Reóli, eine Stadt, 15 Meilen von Junaghar.

Sangubár, eine Insel am indischen Meer, drey Meilen vom Ufer.

Samea Pattan, auch genannt Sumnát Pattan und Pattandeu, eine Stadt, wo der Mahadeo verehrt wird, und wo man den Pilgrimmen die 10 Kennzeichen der Menschwerdung in den Arm brennt. Das Bild des Mahadeo haben die Mahometaner einst weggenommen. Die Stadt hat überdies auch ein Fort von Stein, und nicht weit davon ist die Quelle des Sarsoti, in welchem sich die Heiden zu waschen pflegen.

In den persischen Jahrbüchern, die von der Geschichte der Gasnaviden handeln, wird Sumnath als ein berühmter Wallfahrtsort der Indier angegeben, wo vordem viele Götzentempel gestanden, deren einer, in welchem man den Rámnáth verehrt habe, der vornehmste gewesen. Dies Bild, sagen einige, sey aus dem Meer gezogen, nach andern aber soll es vom Himmel gefallen seyn. Die Brahmanen behaupten, es sey schon zu des Krischen Zeit hieher gebracht worden. Es war von Stein, fünf Ellen hoch und zwey Ellen tief in die Erde gegraben. Der Tempel, in welchem es stand, war groß und ruhete auf 56 großen Säulen, die mit kostbaren Steinen ausgelegt waren. Das Bild wurde täglich mit frischem hieher gebrachten Wasser des Ganges abgewaschen. Um den Tempel waren zehntausend Dörfer; und zwanzigtausend Brahmanen hielten Wache. Allein König Mahmud von Gasni überwand im

418ten

418ten Jahr der Hejira das Oberhaupt dieses Landes, tödtete 50000 Helden, zerschlug das Götzenbild und nahm ein Stück davon mit nach seiner Residenz Gasni, und ließ es vor dem Eingange einer Moschee in den Fußboden pflastern. Vom Gewölbe des Tempels hieng eine 80 indische Pfund schwere goldene Kette herab, und das Pfund machi beynahe zwey europäische. An der Kette waren kleine Glöckgen angebracht, womit man das Volk zum Tempel rief, wor=aus erhellet, daß der vornehmste Dienst dem Ram und nicht dem Mahadeo erwiesen worden.

Wahrscheinlicher aber ist folgendes, was in einem andern persischen Buche bemerkt wird: Sumnath war der Name eines Götzen, und aus den zwey Wörtern Súm und Nath zusammengesetzt. Sum war der Name eines heidnischen Königes, der den Tempel und das Bild errichtete, und Nath war der Name des Bildes, bey dem über 1000 Brahmanen den Dienst verrichteten; 500 Weiber sangen das Lob des Götzen und 300 Musikanten begleiteten es mit ihren Instrumenten.

Ferner sagt der Verfasser dieses Buches, daß um Sumnath 2000 Dörfer gewesen, deren Einkünfte auf den Tempel verwendet worden; auch erwähnt er, daß in der Schlacht, die Mahmud dem heidnischen Könige geliefert, nur 5000 Helden geblieben, viele aber im Wasser ersäuft wären.

Cānda, 40 Meilen von Sumnath, ein starkes Kastell, daß gleich einer Insel mit Was=ser umflossen ist, wo man jedoch an einigen Stellen zu Fuß durch kann.

Jām, ein Distrikt, der da, wo er sich mit dem festen Lande verbindet, an die Provinz Soreth gränzt; die drey übrigen Seiten desselben sind vom Meer umflossen.

Kahivara, eine mit dem Distrikte Jām gränzende Landschaft; sie ist voll dichter Wälder und hat ein Kastell, Namens Schahpor.

Bahára, ein Strich Landes, der, eine Seite ausgenommen, vom Meer umflossen ist.

Sidhpor, eine Stadt am Sorsáti, wohin sich viele Heiden begeben, um bey dem Fluß ihre Andacht zu halten und ihn zu verehren.

Tschandnagar, eine uralte Stadt mit 300 Pagoden.

Gand Adsöm, anderswo auch genannt Ossöm, eine Vestung auf einem Berge, von 8 Meilen im Umkreise; ist gegenwärtig verfallen.

Sialgoga, eine hinter Zunaghat gelegene Insel von 4 Meilen im Umkreise; sie stößt an einen 30 Meilen langen Wald, Namens Navanagar.

Tucagoscha, ein Ort, bey welchem der Fluß Bahāndār ins Meer fließt.

Birām, eine Insel die auf einem aus dem Meere hervorragenden Hügel liegt.

Zahánamèr, ein Seehaven.

Zala=

Die Provinz Gujarat.   289

Jakwára, ein Strich Landes der 90 Meilen lang und 30 breit ist; er heisset Rän, wegen seiner niedrigen Lage, indem er zur Regenzeit unter Wasser steht.

Ein anderer Distrikt heisset Klein=Jalavára, und war vordem eine besondere Provinz, die 2200 Ortschaften (pagi) enthielt. Die Länge betrug 70, die Breite 40 Meilen.

Súrât, eine große volkreiche und berühmte Handels=Stadt, mit Mauern von Backsteinen, die Flußseite ausgenommen; sie hat auch ein zwar nicht großes aber starkes Kastell, das mit einem Graben und einer dreyfachen Reihe schweren Geschützes versehen ist. Die Stadt liegt am östlichen Ufer des Tapti, 5 französische Meilen vom Meer; sie ist schön gebauet und ein Sammelplatz fremder Nationen. Man braucht 3 Stunden sie zu umgehen. Holländer, Engländer und Franzosen haben hier Faktoreyen, und der große Markt, wo man alle Waaren antrift, liegt vor dem Kastell am Ufer des Flusses.

Der vornehmsten Thore sind drey: eines nördlich gen Baroktsch; das andere südlich, gen Nauffari, und das dritte östlich gen Brahmpor.

Katholiken und Armenier haben hier Kirchen. Ueber die der ersteren ist ein Kapuziner gesetzt.

Vor der Stadt nördlich liegen die Begräbnißplätze der Christen, und östlich, nicht weit von den Mauern sieht man einige mit Mauern eingefaßte Grüften, 5 bis 6 Ellen über der Erde und mit einer kleinen Seitenthür, um einen Sarg hineinzulassen.

Die Parsen oder alten Perser die das Feuer verehren, setzen hier ihre Leichen bey, indem sie solche weder verbrennen, wie die Heiden, noch begraben, wie die Mahometaner; sondern sie legen die Leiche an die Mauer der Gruft, bis sie von den Raben und andern Vögeln oder von dem Wetter verzehrt wird und zerfließt und die Gebeine endlich in eine daneben gemachte Grube fallen. *)

Die nördliche Breite der Stadt beträgt 21° 5', die Landcharten bestimmen weniger; so wie auch die Steuermänner, welche die Sonnenhöhe an der Mündung des Flusses, 5 Meilen südlich von der Stadt zu messen pflegen.

Die Differenz des Bolognesischen und des Suratischen Meridians ist 4 St. 2 Min. nach dem am 2ten Febr. 1744 zu Surat beobachteten Eintritt des Jupiters hinter die Mondscheibe; dieser Zeitraum aber zu Graden gerechnet, macht 60 Gr. 8 Min.

Ist die Länge von Bologna nach den vom Melchior Briga von der Ges. Jesu herausgegebenen neuen Tafeln, 28 Gr. 30 Min.: so wird die Suratische 88 Gr. 32 Min. seyn. Giebt

man

---

*) Richtiger und deutlicher wird die Sache in Anquetil's Zendavesta III. B. vorgestellt.

man aber jener 30 Gr. 8 Min., so wird diese 90° 10' betragen. Diese Differenz rührt vom ersten Meridian her, den einige durch die Insel Ferro, andere durch die Insel Palma, und andere wieder durch die Insel Teneriffa ziehen.

An der Mündung des Flusses, wo das Wasser wegen der Meeresfluth trübe ist, liegen Sandbänke und seichte Stellen, welche die Einfahrt großen und kleinen Schiffen gleich beschwerlich machen. Jene legen an der Mündung vor Anker, wo sie löschen, und die Waaren auf kleinen Gefäßen durch mancherley Krümmungen zur Stadt führen, und sodann selbst den Strohm hinauf bis an die Mauern der Stadt segeln. Der Grund des Meeres ist leimig, und vor der Mündung sind die Schiffe den tobenden Winden ausgesetzt.

Nauffári, 5 französ. Meilen südlich von Surát, ein Haven, wo die Parsen ein immerwährendes Feuer unterhalten.

Bilimóra, eben so weit von Nauffári, ein Seeräubernest, aus welchem diese Kaper auf den Raub in See gehen. Es kann auch nicht leicht ausgerottet werden, da bey der Ebbe die Schiffe auf dem Sande fest sitzen.

Unbarfáli, eben so weit von Bilimora, nach eben der Gegend.

Balfár, ein Seehaven und Rheede, zwischen Bilimora und Unbarfáli.

Coieleck, ein Flecken nebst einem Bach, die nördliche Gränze des Gebietes von Daman.

Dämän, eine Stadt mit 10 Bollwerken nach neuer Befestigungsart, den Portugiesen zuständig. Sie ist von mäßigem Umfange und liegt am indischen Meere diesseits des Ganges, auf einem sandigen aber fruchtbaren Boden, in einer anmuthigen Gegend und unter einem gesunden Himmelsstrich. Im Oktober, November, December, Januar, März, April, kömmt der Wind Vormittags gemeiniglich aus N. Ost; um Mittagszeit aber aus N. West. Im May, Junius, Julius, August, September weht entweder der Südwind oder der S. West oder S. S. West, welche häufigen Regen bringen; so daß die 6 bis 7 Monate lang dürre gelegene Erde gleichsam wieder auflebt, Früchte zum Nutzen des Menschen und Gras und Kraut für das Vieh hervortreibt.

Die Einwohner bedienen sich des Regenwassers, das sich des Sommers in den Sümpfen sammelt, welche Fische, Frösche, Eidexe und Blutigel enthalten. Sind die Teiche ausgetrocknet, so schöpfen sie aus Brunnen, deren Wasser mit Meersalz vermischt ist und welches Fieber und allerley Magenbeschwerden verursacht; wenn gleich die Luft gesund ist, so zeugt das Wasser Krankheiten.

Der Fluß der sich an den Mauern der Stadt ins Meer ergießt, trennt die Altstadt von der Neuen, die mit einem Fort nach europäischer Art befestigt ist, das den Feind zu Wasser und

zu

Die Provinz Gujarat.

zu Lande abwehren kann. Es heißet das Fort des heil. Hieronymus. Die großen Schiffe bleiben zwey portugiesische Meilen von der Stadt ab, indem der Fluß nur Schiffe von zwey Masten hinzu läßt.

Die Stadt hat 2 Thore, eins gen Norden und eins gen Süden. In ihrem engen Bezirke stehen 9 Tempel und die christliche Religion blühet hier, wie in den cultivirtesten europäischen Ländern. Auch der Handel blühete vordem; itzt aber liegt alles, indem er fast ganz verschwunden ist. Nur ein einziges Schif läuft hier zu Anfang des Januar oder Februar aus dem Haven; ist mit indischen Waaren von Cambaya und Surat beladen, die es nach Mosambik, einer portugiesischen Colonie in Afrika, führt, und von da eine Menge Elfenbein, Gold und andere kostbare Waaren mitbringt, die man zu Surat sehr theuer absetzt.

Die Anzahl der Christen steigt auf 4500, diejenigen mitgerechnet, die dies- und jenseits des Flusses und in der Nähe der Stadt wohnen.

Die geographische Breite dieses Ortes ist oft am Mittage nach der Sonnenhöhe beobachtet und 20° 6′ befunden worden. Vom Parisischen Mittagskreise ist Daman 4 Stunden und 40 Min. entfernt, nach der am 26sten April 1744 beobachteten Mondfinsterniß. In eben dem Jahr, am 20sten May, hatte man hier die Sonne gerade auf dem Scheitel, und die folgenden Tage lenkte sich der Schatten gen Mittag, so wie er vorher gen Norden stand: ein mir angenehmes und wunderbares Schauspiel, da ich es bisher noch nie gesehen hatte.

Im Jahr 1559 kam die Stadt in die Hände der Portugiesen, nachdem man die Araber und andere Mahometaner aus einem alten mit vier Thürmen versehenen Fort verjagt hatte, indem sie sich darin auf keine Weise gegen die damals fürchterliche Macht der Portugiesen halten konnten.

Den Ort zum (Jesuiter) Kollegiumsgebäude hat Constantin von Braganza, der damals als Statthalter des Königs von Portugal in Indien herrschte und das von den Mahometanern besetzte Schloß erobert hatte, angewiesen. Denn da er vermöge seiner ausnehmenden Frömmigkeit dem Höchsten eine feyerliche Danksagung wegen des erhaltenen Sieges durch eine öffentliche Messe abstatten wollte: so war kein einziger Geistlicher zugegen der nicht schon Speise zu sich genommen hatte, weil man das Ende des Treffens nicht sobald vermuthete, und konnte daher keiner die heilige Handlung verrichten, als Gundisalvo Sylveira, von der Gesellsch. Jesu, und von vornehmen Adel, der nach Indien gereiset war und Constantin bey dieser glorreichen Expedition begleitet hatte. Dieser Mann war der erste, der in einer zum christlichen Tempel geweiheten Moschee in Daman dem Höchsten ein blutfreyes Opfer brachte: in Monomotapa aber brachte er ein blutiges, da er einen ruhmwürdigen Tod für den Glauben an Christum erlitte.

Die Besatzung ist an 700 Mann stark; die meisten sind einheimische Christen, die übrigen Portugiesen.

Tarapor liegt 5 französische Meilen südlich von Daman; Kelmi 7, und Agasi 10, nach eben der Gegend. Alle diese Oerter liegen am Meer und gehörten ehmals den Portugiesen; itzt haben die Marhaten solche in Besitz.

Bassain, von den Einwohnern Bassahi genannt, eine ehmals volkreiche und begüterte, ist aber größtentheils zerstreute und verarmte Stadt, die den Portugiesen gehörte. Sie liegt ausserhalb des Busens von Cambaya, an der Gränze von Guzarat, unter dem 19° 20′ nördl. Breite, und 72 portugiesische Meilen von Goa. Sie ist allenthalben mit sehr starken Mauern versehen; doch hat sie an zwey Seiten Wasser und ist also eine Halbinsel, indem sie auf einem mäßigen Stück Landes zwischen dem Meer und einem Austritt der Fluth (aestuarium) liegt. Sie zählte (nur) 3500 Einwohner, ohngeachtet die Gegend umher von mehr als 30000 theils Christen theils Heiden bewohnt wird. In der Stadt sieht man ansehnliche Denkmale der Frömmigkeit der Portugiesen, als, das Augustiner- Dominicaner- Francisca- ner- Sanct Johannis- und Jesuiter-Kloster, nebst andern Kirchen und Kapellen.

Diese edle Stadt wurde 1739 zu Ende des Maymonats von den Marhaten erobert. Der portugiesische Adel und die Ordensgeistlichen begaben sich nach Goa; die übrigen Einwohner blieben daselbst, indem ein eingebohrner Geistlicher die christliche Seelsorge mit Genehmigung des heidnischen Siegers fortsetzte. Doch haben sich die meisten Familien nach Bombay, einer englischen Colonie, begeben.

Die Ebbe und Fluth ist an dieser Küste so heftig, daß sie den Schiffen nicht nur in ihrer Fahrt hinderlich ist, sondern solche auch mit vieler Gewalt mit sich fortreisset.

Tána, ein schattiges Städtchen, in einer fruchtbaren und anmuthigen Gegend; eine ehmalige portugiesische, itzt marhatische Colonie am Batèn, der in einem steinichten Bette fließt, und bey der Stadt, zur Zeit der Ebbe kann durchgewatet werden.

An der Flußseite hat die Stadt niedrige Mauern, nördlich aber ist sie mit einem nach europäischer Art gebaueten Kastelle versehen, in dessen Mitte die Kirche des heil. Dominicus sammt dem Kloster noch unbeschädigt steht; die übrigen, die des heil. Franciscus, in welcher Gottesdienst gehalten wird, ausgenommen, sind entweder verfallen, oder zerstöhrt. Die christliche Seelsorge hat ein eingebohrner Geistlicher, wie in den übrigen von den Marhaten eroberten Städten und Flecken der Halbinsel Salsette. In dieser Kirche habe ich im April 1750, auf der Reise von Agra nach Goa, die heil. Messe gelesen.

Die Provinz Gujarat.

Der Baten fließt der Stadt Caliana westlich vorbey, und nicht weit davon fließen zwey andere, Aàl und Ulà in denselben; er läuft zwischen Bergen und an beyden Ufern liegenden Dörfern fort, bis er sich endlich bey Bombay in das Meer ergießt.

Tana gegenüber liegt der Flecken Colua am östlichen Ufer des Flusses, wo noch am Fuße des Berges eine halb zerstörte Kirche steht.

Südlich von Tana kömmt man an den Flecken Trumba mit zwey Kirchen; eine liegt am Meerbusen, die andere auf einem Berge; beide sind halb zerstöret; dem Flecken haben die Portugiesen den Namen der heiligen Dreyfaltigkeit beygelegt. Der Ort liegt 3 bis 4 indische Meilen von Bombay. Die ganze Gegend ist hier sehr fruchtbar an Palmen, Reis, indischen Feigen und anderen Früchten; und der Meerbusen ist voll von allerley Fischen, Austern und Krebsen, die zur Zeit der Ebbe auf trockenem Grunde liegen bleiben.

Von dem auf der Bombayischen Insel gelegenen Flecken Mahi kömmt man über den Fluß auf die Halbinsel Salsette, genannt die nördliche, zum Unterschiede der südlichen, die an Goa gränzt. Sie ist 7 portugiesische Meilen lang und 5 breit, und reich an Reis und allerley Früchten. Die Halbinsel entsteht theils vom Meerwasser, das bis Tana und Caliana eindringt, theils von dem Flusse der sich bey Bimbri in zwey Arme theilt, deren einer bis Bassain, die Hauptstadt der nördlichen Provinz, und der andere bis Tana fortströhmt. Tana ist die Hauptstadt der Halbinsel, auf welcher die übrigen Flecken zerstreuet liegen.

Die Insel Bombay liegt, nach den englischen Seekarten unter 19° nördlicher Breite. Sie ist reich an Palmen und Reis, trägt auch mancherley Gartenfrüchte und liegt von den benachbarten Inseln, als Caranza, Salsette, und der kleinen Elephanten-Insel, die den Namen von einer steinernen Bildsäule eines Elephanten hat, abgesondert.

Carl der IIte, König von England, bekam diese Insel vom Könige von Portugal, dem sie damals zuständig war, zum Brautschatz, als er 1662 die portugiesische Prinzeßin zur Gemahlin nahm. Die Insel ist niedrig, 2 portugiesische Meilen lang und nur eine breit. Der Ort, wo die Schiffe vor Anker legen, ist sicher und zum Wasserschöpfen bequem, indem man bis zu den Quellen reichen kann.

Der Zugang zur Insel ist gut befestigt, und zumal mit einer Vorwehr, gleich einem Wartthurm, versehen; auch hat die Landseite der Stadt 8 bis 9 Bastenen nach europäischer Art, mit einem tiefen und breiten Graben, jedoch ohne Aussenwerke, nemlich kein Horn- oder Kronwerk, keine Raveline (parmulae). Die Besatzung besteht theils aus Engländern, die mit Deutschen untermischt sind, theils aus Eingebohrnen. Das übrige Volk sowohl Heiden als Mahometaper wohnen außerhalb der Vestung in den Vorstädten. Der Umkreis der befestigten Stadt, in welcher die Europäer wohnen, und wo der vornehmste Markt ist, wird kaum 1 Meile betragen. Unter den Gebäuden ist die englische Kirche das vornehmste, die auf einem geräumigen Platze stehet. Sie ist inwendig gewölbt und länglicht. Man bauete an einem hohen Thurm als ich im Jahr 1743 dort ankam, der 1750, als ich zum zweytenmale mit einem portugiesischen Schiffe daselbst anlangte, bereits fertig war. Nach der Dicke ist er zu niedrig; er hat auch keine Spitze, sondern nur eine platte Decke mit einem Gesimse, (laqueari constrata et lorica circumstructa.)

Die Katholiken haben hier 2 Kirchen: eine kleine U. L. F. innerhalb, und eine größere ausserhalb den Mauern, die von den Christen häufig besucht wird; den Gottesdienst haben die Carmeliter-Barfüßer. Zur Hauptkirche gehören noch drey Pfarrkirchen.

Mahi, ein Flecken mit einer katholischen Kirche, an einem Flusse, an dessen jenseitigen Ufer man die Ruinen der ehmaligen den Jesuiten zuständigen Kirche zu Bandora sieht: die Ländereyen umher hat itzt der Mathate im Besitz.

Ein anderes der Stadt näher gelegene Gut nebst einer Kirche heißt Paréla; die Einkünfte davon gehörten dem Collegium zu Agra. Diese Ländereyen ist den Engländern zu Theil worden.

Die Anzahl der Katholiken in der Stadt, die in den Flecken ungerechnet, erstreckt sich über 1000. — Iit sind deren noch mehr.

Die katholische Kirche wird selbst von Heiden besucht; auch bringen sie der heil. Jungfrau, die daselbst Patronin ist (propitia est), Geschenke, und bewundern den Glanz und die Majestät der christlichen Religion.

Hier ist auch eine Pagode mit Gemälden von abscheulichen Ungeheuern, einem hundertfüßigen (centimanum) Ochsen und einem halbochsenen Menschen, so daß man von dem Eintritt in den Aufenthalt solcher Götzen mehr abgeschreckt als angelockt wird.

Der Wind kömmt auf diese Insel des Morgens gemeiniglich aus Osten und des Nachmittags aus N.West, welches gewöhnlich vom Herbst an bis zu Ende des Frühlings so fortwähret.

Den Sonntag feyern nicht nur die Engländer, sondern auch ihre Werkleute, und selbst die heidnischen Kaufleute dürfen ihre Waaren nicht aussetzen.

Verbrechen werden, wie in England, mit dem Strange bestraft. Man fährt nemlich die Delinquenten auf einem Wagen nach dem Gerichtsplatz, wo ihnen sogleich der Strick vom Scharfrichter um den Hals geschnürt und der Wagen weggezogen wird, und so hängen sie.

Schiffet man von Bombay gegen Süden an der Küste fort, so kömmt man an die kleine Insel Candóri; sodann erreicht man die Stadt Tschaul, nebst ihrer Vestung auf einem

Berge:

Die Provinz Gujarat.

Berge: eine ehmalige ansehnliche portugiesische Colonie, die 1739 in die Hände der Marhaten kam. Weiterhin an der Küste zeigt sich ein anderer Distrikt unter dem Gebiete des Sidi eines äthiopischen Mahometaners; doch hat die Hälfte davon der Marhate abgerissen.

Die vorzüglichsten Oerter dieses Distriktes sind: Dand, Razpor, Sanzira, Sifferdän, an der Spitze eines mäßigen, aber anmuthigen und mit einer Menge fruchtbarer Bäume besetzten Meerbusens, in welchen unser nach Goa bestimmtes Fahrzeug einlief. An dieser Küste liegt auch das feste Kastell Angria, nach andern genannt Ghiria, nebst dem dazu gehörigen Distrikte, der sich auf einige Meilen erstreckt.

Hierauf folgt das Schloß Molendi (castrum Molendinum) nebst der dem Bonsolo gehörigen Provinz, die ihm im Jahr 1746 und den folgenden 2 Jahren, der portugiesische Vicekönig Petrus Michael Almayda genommen, und den Seeräuber bis in das Innerste des Landes jagte. Doch dies wird unten umständlicher vorkommen.

Folge der heidnischen Könige von Gujarat.

Vom Zadonischen Stamme:

Birz Zádon, reg.	:	60 Jahr.	Bezesingh, reg. :	25 Jahr.
Zogràz, reg. :	:	35 —	Ra Scháhäd, reg. :	15 —
Bhimraz, reg.	:	25 —	Sámnät, reg. :	7 —
Bhòr, reg.	:	29 —		

Vom Solongischen Stamme:

Mulràz Solongi, reg.	56 Jahr.	Karän, reg. :	31 Jahr.
Zámänd, reg. :	13 —	Zesing, gen. Pändät Raz, reg.	50 —
Biplah, reg. :	6 Mon.	Kumarpàl, ein Vetters Sohn	
Durbassa, sein Bruders Sohn, reg. : :	11½ Jahr.	von jenem, reg. :	29 —
		Azepal, Bruders Sohn des vor. reg.	3 —
Bhim, ebenfalls, reg. :	42 —	Lacmàl, reg. :	20 —

Vom Geschlechte der Bhagelen:

Hárdòhn Bhagela, reg.	12 Jahr.	Arzondeu, reg. :	10 Jahr.
Baldeu, reg. :	34 —	Sárängdeu, reg. :	21 —
Bhim, dessen Bruders Sohn, reg.	42 —	Karän, reg. :	6 —

Die Provinz Gujarat.

Folge der Mahometanischen Könige von Gujarat.

Der erste war Säfär Khan, der im Jahr der Hezira 797, nachdem er den Statthalter von Gujarat, Namens Jar Smoluk geschlagen hatte, die Regierung dieser Provinz erhielt. Er starb im Jahr 814 der Hezira, im 70sten seines Alters, nachdem er 20 Jahr regiert hatte.

Ahmad, Sohn des Tatar Khan, der Safar-Khan's Sohn war, bauete Gujarat, oder erweiterte es vielmehr und umzog es mit Mauern, und nannte es nach seinem Namen.

Muhammad, Sohn des Ahmad, wurde von seiner Gemalin vergiftet, nachdem er 8 Jahr regiert hatte.

Kotob uddin, Sohn des vorigen, regiert 7 Jahr.

Daud oder David, Vetter des Kotob uddin, wurde wegen seines rauhen Betragens, nach der Regierung von einer Woche, von den Großen abgesetzt.

Mahmud, mit dem Beynamen Bekra, Sohn des Muhammad, war wegen seiner Freygebigkeit berühmt. Er eroberte zwo starke Vestungen, Tschampanèr und entweder Ghirnàl oder Zunagbàr, und starb im Jahr der Hezira 917.

Mosäfär, Sohn des Mahmud, nahm den Razputen die ansehnliche Stadt Mando, nachdem er deren 20000 in einem Tage erschlagen hatte. Er reg. 14 Jahr.

Sicander, oder Alexander, Sohn des vorigen, wurde nach einer dreymonatlichen Regierung von den Großen ermordet.

Mahmud, der zweyte Sohn des Mosafar, hat nur 4 Monate regiert. Man setzte an dessen Stelle den

Bahador, Sohn des Mosafar, im Jahr der Hezira 932. Er ertrank bey der Insel Diu, von den Einwohnern genannt Bàndàr Dip, und reg. 15 Jahr.

Dem Bahador folgte Muhammad Jaruk, seiner Schwester Sohn, der nach einer Regierung von anderthalb Monaten starb.

Diesem folgte Mahmud, Sohn des Latif-Khan, des Königs Mosafar von Gujarat, Sohns. Er bestieg den Thron im J. d. Hez. 944 und reg. 47 Jahr.

Ihm folgte Ahmad, der kaum aus dem Knabenalter getreten war; er stammte von demjenigen Ahmad ab, der Ahmadabad, oder Gujarat erweitert hatte. Er wurde vom Etmad Khan erschlagen, nachdem er 8 Jahr unter vielen Widerwärtigkeiten wegen der Unruhen unter den Großen, regiert hatte.

Mosafar, genannt Nathu, wurde noch als Knabe vom Etmàd Khan auf den Thron gesetzt, im J. d. Hez. 969. Er war ein Sohn Königs Mahmud.

Im Jahr 980 brachte Kaiser Acbar die ganze Provinz in seine Gewalt, und hiermit hatte die Herrschaft der Gujaratischen Könige ein Ende.

Die Provinz Gujarat.

Mofafar kam demüthig zu Acbar, und wurde unter die Großen des mogolischen Hofes aufgenommen, auch mit dem obersten Heerführer nach Bengalen abgesandt. Bald darauf wurde er wegen Verdachts gefangen gesetzt; er entwich aber glücklich, und erhob einen Krieg gegen den Statthalter von Guzarat, den er auch schlug, worauf er sein väterliches Erbe wieder in Besitz nahm, und die Regierung einige Jahre hindurch behauptete.

Allein im Jahr der Hej. 991, sandte Acbar den vortreflichen Feldherrn Mirsa Khan mit einem starken Heer ab, der sofort den Mofafar aus Guzarate vertrieb, welcher nach Junágbar floh, sich, da er in der äußersten Enge war, mit einem Scheermesser in die Gurgel fuhr, und eines schimpflichen Todes starb. Die Mogolen bekamen also die ganze Provinz in ihre Gewalt.

16. Die Provinz Behar.

Die Länge dieser Provinz erstreckt sich von Ghär bis Rotasghar auf 120 Meilen; die Breite, von Türhot bis an die nördlichen Berge auf 102. Eigentlich aber muß man die Breite von Gea bis an gedachte Berge nehmen. Die Gränzen sind: östlich, Bengálen; westlich, Elahbad; N. N. westl. Avad; nördlich, Nepal und Morang; südlich die Decanischen Berge und der Fluß Són. Der Boden trägt Korn, Reis, Erbsen, Kichern und andere Hülsenfrüchte.

Sie besteht aus 7 großen und 200 kleinen Vogteyen oder Statthalterschaften und enthält 2444120 Morgen.

In dem zur Herrschaft Behar gehörigen Distrikte Razpor, findet man eine Art Alabaster, oder weißen Marmor, aus welchem Wasserkrüge und andere Gefäße gemacht werden.

Brehingea ist ein berühmter Ort, wo man aus andern Ländern herbeygebrachte Perlen und Edelsteine feil hat.

Im Distrikte von Tschetara wächst der Saamen, so wie man ihn auf die Erde wirft, zur Reife und Erndte auf.

Vor diesem gieng ein Wall oder eine Mauer von dem am Ganges gelegenen Monger bis an die südwestl. Berge, um den Eintritt in Bengalen zu hindern.

Die Flüsse dieser Provinz sind: der Ganga, der Són, der Gaudäk und der Deva, an andern Orten genannt Ghagra. Kleinere Flüsse sind: der Carmnássa, der Durgauvati, der Mähi, der Punpün, der Palgo und der Ruanála.

Eleffenth. Erdbeschreib.   P p   Vom

Die Provinz Behar.

Vom Son will ich sogleich hier einiges anführen; und da der Narbada und der kleine Fluß Zuhála, mit dem Son einerley Quelle haben, so wird auch von diesen die Rede seyn.

Nach einem Buche das die Beschreibung von Indien enthält, entspringen der Narbada, der Son und der Zuhala aus einem Stachel-Rohrgebüsch, wie aus einer Quelle, auf den südlichen Bergen der Provinz Gundvana.

Der Narbada nimmt seinen Lauf westlich und ergießt sich ins indische Meer. Der Son lenkt sich N. N. östlich und vereinigt sich mit dem Ganges; und der Zuhala, ein mäßiger unbedeutender Bach, hat einen unbekannten Lauf.

Nach einem englischen Ingenieur, der von Elahbad bis zu den Quellen drang, entspringen die 3 Flüsse aus einem 8 engl. Ellen langen und 6 breiten Teich, mit einer Einfassung von Backsteinen. Dieser Teich befindet sich in der Mitte eines Fleckens, genannt Amätcäntäl, der auf einem 50 engl. Ellen hohen Hügel liegt, und von Brahmanen bewohnt wird. Der Ort liegt 20 Meilen nördlich von der großen Stadt Rettenpor und 30 östlich von Mandèl. Der Narbada fließt von gedachtem Teich aus anderthalb Meilen östlich; sodann stürzt er mit großer Gewalt über eine Anhöhe 26 Ellen herab und eilt zum Flecken Capèldára; von da durchlauft er einen weiten Wald und lenkt sich westlich nach Garamandel. Aus dem Teich kommt der Fluß 1 Elle breit hervor.

Den Son sieht man nur erst ⅓ engl. Meile vom Teich ab; von da stürzt er in einem sehr engen Bette 25 Ellen hoch vom Hügel herab und wird 5 Meilen von da vom Sande verschlungen. Hernach aber sammelt er sich wieder, wächst zu einem gehörigen Fluß an, und setzt seinen Lauf nach Rotas fort.

Den Zuhála wird man erst drey Meilen vom Teiche gewahr, wo er in einem sehr schmalen Bette vom Hügel herab zu fließen anfängt, aber in einer Entfernung von zwey Meilen nicht mehr zu sehen ist, bis er wie ein kleiner Fluß mit mäßigem Gewässer fortfließt.

Vogteyen dieser Provinz.

Zum Creise Behar gehören:

Aikl.	Balia.	Dábăr.
Amretu.	Balz.	Dhecnèr.
Anèlo.	Behăr.	Gathi péhera.
Anzäna.	Besòg.	Gathi Sehàr.
Arvăl.	Bhalaur.	Gea.
Attri.	Bhimpor.	Geaspor.

Gho-

Die Provinz Behar.

Ghogri.	Maner.	Rós. Samal.
Goh.	Manróa.	Sánda.
Kápär.	Mubha.	Sandt.
Karanpor.	Närhôt.	Sehra.
Konédhupor, m. e. st. K.	Pandol.	Seôr, m. e. stein. Rast.
auf einem Berge zwischen	Patna. Pera.	Taláda.
zween andern.	Pulvári.	Tschärgam.
Maheffor.	Rampor.	Tschetai.
Málba.	Rásghär.	Zärfad.

Zum Distrikte Monger gehören:

Abépor.	Abelgam.	Sakhära Sáli.
Angu.	Aherki.	Salhóli.
Anilu.	Korra.	Saróhl.
Balia.	Lakanpor.	Setlári.
Bassi.	Maszádpor.	Sukvára.
Bhaghelpor.	Mißri.	Suräzghär.
Dänd.	Monghèr.	Taharára.
Darmpor.	Oßla.	Tanvára.
Ghäri.	Pörghir.	Tschandói.
Hafártaki.	Runhi.	Tschéi.
Hendói.	Sakdára.	

Zum Gebiete Haffáran gehören drey:
Maheffi. Mazhóra. Samrôn.

Zum Gebiete Hazipor gehören:

Akbárpor.	Házipor.	Reti.
Bálakatsch.	Népor.	Sareffa.
Baffára.	Omádpor.	Tigáta.
Gätsind.	Possauvi.	

Zum Gebiete Sárän gehören:

Bahrän.	Calianpor.	Dekeffi.
Bara.	Caschmèr.	Endèr.
Barái.	Cuda.	Kankatschi.
		Makèr.

Die Provinz Behar.

Makér.	Pàl. Saba.	Tschonára.
Mandél.	Tscherbänd.	Tschunia.

Zum Gebiete Turhot gehören:

Alapor.	Birbàl.	Palvára.
Alvàr.	Bithùr.	Pandráza.
Amsanpor.	Bossávi.	Pandvàr.
Atahäne.	Bozhavàr.	Parhàrpor.
Badri.	Därbänga.	Parhàr ragho.
Bagdà.	Deròr.	Parhàr Zassai.
Bahadorpor.	Sakirabàd.	Pera.
Baki.	Ghar tschavante.	Rämtschünd.
Bála.	Godànhänd.	Salimabàd.
Bànpor.	Hathi.	Salimpor.
Banva.	Hátl.	Sarésta.
Barhi.	Herni.	Sàrzóli tädra.
Barsáni.	Ratòli.	Tanda.
Barvára.	Koràdi.	Tarsòn.
Basséri.	Mahela.	Tázpor.
Bassotra.	Malhi.	Telòk Zavänd.
Batschi.	Manda.	Turhòt. Ubbé.
Bávi.	Merga.	Utarcänd.
Bhágu patschäm.	Morùa.	Zägmani.
Bhagu púräb.	Nóram.	Zákär.
Bhora.	Notan.	Zäkl.
Bhora (bis).	Oghara.	Zändi. Zerael.

Zum Distrikte Noràs gehören:

Agar.	Ròt.	Rothäs.
Bargam.	Rotra.	Sàrsi.
Bhozpor.	Mangròr.	Sehesraun.
Danvàr.	Natòr.	Tschandär.
Desàr.	Panvàr.	Tschúnd.
Satepor Bhatia.	Rettenpor, m. e. Fort.	

Die Einkünfte dieser Provinz betragen:

Nach dem Manuzzi bis	,	,	,	121500000 Rup.
Nach dem Kaiserl. Register an	,	,	,	407181000 Däm.
Die größte Summe:	,	,	,	9305431 Rup.
Die kleinste ——	,	,	,	5714873 Rup.

Nähere Beschreibung einiger Oerter.

Patna, eine herrliche große Stadt, wo Handel und Schiffahrt blühen, und letztere häufig von Bengalen hieher getrieben wird. Ihre Länge beträgt nebst den Vorstädten an 3 Meilen, die Breite eine. Die Handelshäuser der Europäer, nemlich der Engländer und Holländer und anderer Vornehmen, am dieseitigen Ufer des Ganges, sind prächtig und nach europäischer Art von Stein und Kalk erbauet. Die meisten in der Stadt sind von Leimen. Die Hauptstraße, die mitten durch die Stadt und zum öffentlichen Markte führt, erstreckt sich fast eine Meile lang, hat aber wenige schöne Häuser. Die übrigen Straßen sind enge und schmutzig. Die Landseite der Stadt ist mit einer Mauer von Backsteinen umgeben, welche den südlichen Theil der Stadt einschließt und vom westlichen bis östlichen Thor fortgeht, als den beiden großen Hauptthoren der Stadt; von welchen dieses ohnweit dem am Ufer des Ganges gelegenen Kastell, jenes ohnweit einem meist verfallenen Kastelle befindlich ist. Auffer diesen sind südlich noch 2 bis 3 niedrige und enge Thore. Nach dem Flusse hin hat die Stadt ein recht schönes Ansehen; indem man die Häuser in einer langen Reihe vom Morgen gen Abend auf einem hohen Ufer, und längs demselben eine große Menge Schiffe angebunden erblickt. Das von Backsteinen erbauete und mit runden Thürmen versehene Fort liegt S. S. östlich am äußersten Ende der Stadt, dicht am Ganges. Dieser Fluß theilt sich bey dieser Stadt in drey Arme, deren einer westlich jenseits Bakipor, die übrigen aber östlich fortströhmen. Zur Regenzeit tritt der Fluß weit über das jenseitige Ufer aus.

Die nördliche Breite dieses Orts beträgt nach dem P. Claudius Boudier 25° 38'; die Länge vom Parisischen Mittagskreise, 83° 15'.

Behàr, wovon diese Provinz den Namen hat, ist eine große Stadt, ist aber wenig bewohnt. Sie war sonst die Hauptstadt dieser Provinz und zeichnet sich noch durch ihre prächtigen mahometanischen Grabmale aus. Sie ist gerades Weges 17 Meilen von Patna entfernt. Denn von Patna bis Helsa sind 10 Meilen und von da bis Behàr 7. Von Ranisarai liegt sie 6 Meilen, und eben so weit vom dieseitigen Ufer des Ganges.

Màgh, eine alte Stadt, wovon auch der benachbarte Distrikt den Namen hat.

Der Distrikt **Mägh** begreift **Behar** und **Gea**; es wächst in demselben mehr Reis als Korn. Ihm stehet ein Raja vor, der vordem ein Heide war, der aber, zur Zeit der Herrschaft der Afganen, die Religion Mahomets angenommen hat.

Darbang, die Hauptstadt des **Turhotischen** Creises, 12 Meilen südlich von der Stadt **Turhot**, und 48 M. östlich von **Zenäcpor**; eine große aus Häusern mit Strohdächern bestehende Stadt, die sich jenseits des Flusses über 1 Meile lang erstreckt.

Von **Patna** bis hieher geht man erst 7 Meilen bis **Mahua**, ein Flecken an einem Flusse, dessen Name unbekannt ist. Von da 5 Meilen bis **Suki**, auch ein Flecken an dem uns bekannten Flusse. Von da ferner 5 Meilen bis **Pusa**, ohnweit welchem Ort ein anderer Fluß angetroffen wird, vielleicht der, der gegen **Sithacund** über, in den Ganges fließt. Von **Pusa** hat man 4 Meilen bis **Sandigath** und von da eben so viel bis **Darbang**. Diese Meilen, welche größer als die gemeinen sind, betragen zusammen 25; die man in drey Tagen, wo ich nicht irre O. S. östlich, zurücklegt.

Turhot, eine Stadt von 2 Meilen im Umkreise, am diesseitigen Ufer des **Bhagmäthi**.

Zenacpor, ein berühmter Ort und ehmaliger Aufenthalt des **Zenäk**, Raja und Herrn der Landschaft **Turhot** und Vater der **Sitha** die mit dem **Ram** vermählt war: sein Wohnsitz ist noch vorhanden. Es ist eine große Stadt, 2 Meilen lang und breit, und mit Sümpfen umgeben; übrigens sieht man hier keinen Fluß und kein Kastell. Der Raja dieses Distriktes ist vom Geschlechte der Brahmanen. Bey feindlichen Einfällen flieht er in die nördlichen Gebirgen zu den Rhinoceroßen, Hirschen und Waldeseln. Der Boden trägt allerley Arten Früchte, Korn, Reis, Erbsen, Kichern und andere, den Europäern unbekannte Gewächse. Der Name dieses Distrikts ist zwiefach: **Turhot** und **Metlabéß**.

Gea, ein berühmter indischer Andachtsort, mit einer dem vierarmigen **Ram** geweiheten Pagode. Nahe dabey ist der kleine Fluß **Pálgo**, in welchem sie sich den Leib reinigen. Im Sommer aber trocknet er aus, und dann ziehet man das Wasser aus einer gemachten Vertiefung und benetzt sich damit.

Die Fremden die aus den entferntesten Gegenden hieher kommen, um ihre Vorfahren von den Sünden zu befreyen und sie der Freuden des Paradieses theilhaft zu machen, müssen sich auf Geheiß der Brahmanen in den **Pálgo** begeben. Ein solcher Pilger nun steht, die Hände mit einem Blumenkranz gebunden, im Flusse und überreicht einem Brahmanen einen Mehlkloß, während dessen ein anderer lieset, und die Namen der Vorfahren hersagt; jener aber wirft den Mehlkloß in den Strohm. Diese Ceremonie wird sechszehnmal wiederholt, jedesmal an einem anderen Ort, und wann alles vorbey ist, so bekömmt der Brahmane ein gewißes Geld, der denn dabey

Die Provinz Behar.

dabey die Versicherung giebt, daß den Vorfahren ihre Sünden erlassen sind. Man sieht hier ferner noch unterschiedene ganz artige Pagoden und Gebäude.

Nahe dabey liegt Manpor, eine vom Mánsing, Könige von Ambèr erbauete Stadt, 30 Meilen südlich von Patna.

Zemanian, eine Stadt am diesseitigen Ufer des Ganges, 17 Meilen von Banáres.

Bhozpor, eine große Stadt, 10 Meilen von Zossa, steht nebst dem umliegenden Distrikte unter einem heidnischen Oberherrn.

Ara, eine Stadt, 20 Meilen von Bhozpor und eben so weit von Patna.

Tikári, 22 Meilen von Patna und 8 von Gea, eine Stadt, die nebst ihrem Distrikte von einem Raja beherrscht wird.

Daudnagar, oder Davidsstadt, 16 Meilen von Tikári, 2 vom östlichen Ufer des Són und anderthalb von Gotholi.

Baxār, 36 Meilen von Patna und 12 von Gasipor, eine Stadt am diesseitigen Ufer des Ganges. Rechts steht ein viereckter mit Thürmen und einem Graben versehenes Kastell von Leimen und Erde.

Im October 1764 fiel bey dieser Stadt ein Treffen vor zwischen den Engländern und dem Statthalter der Provinz Avad, in welchem jene, ohngeachtet ihrer weit geringeren Anzahl das Feld behaupteten und reiche Beute machten. Von Bhozpor liegt der Ort 5 etwas starke Meilen nördlich.

Tschápra, eine aus Häusern mit Strohdächern bestehende Stadt, eine halbe Meile lang, am jenseitigen Ufer des Ganges, 17 Meilen von Patna. Engländer, Franzosen und Holländer haben hier Faktoreyen.

Mánèr, eine am diesseitigen Ufer gelegene nicht unerhebliche Stadt, 4 Meilen westlich von Scherpor. Die am Ufer gelegenen Felder sind mit wilden unfruchtbaren Palmen besetzt.

Scherpor, auch eine Stadt am jenseitigen Ufer, 6 Meilen von Patna.

Die Mündung des Flusses Son ist zwischen Mánèr westlich und Scherpor östlich, oder drittehalb Meilen von diesem und anderthalb von jenem Ort; sie ist gen O. N. O. gerichtet.

Hazipor, drittehalb Meilen von Patna, eine große volkreiche Stadt und ehmaliger Sitz des Befehlshabers dieser Provinz. Das Kastell von Backsteinen, dessen Thor nach dem Gandák sieht, liegt am östlichen Ufer dieses Flusses, der sich hier in den Ganges ergießt. Er entspringt an den westlichen Gränzen der Landschaft Lamtèri und an den östlichen des Distriktes Gorka, welcher der Provinz Nepal westlich gegenüber liegt. Dieser Fluß, der größer ist als der Gumati und kleiner als der Gagra, ist den Indiern sehr verhaßt, weil man einen Stein, genannt

Sálá-

Sálágrá, der die Gestalt einer in Stein verwandelten Schnecke hat, in demselben findet. Daher die Heiden ihn für einen Unglücksfluß halten, auch in demselben sich nicht zu waschen pflegen.

Singhia, eine Stadt am östlichen Ufer des Gandak, 9 Meilen N. N. westlich von Patna. Die Engländer und Holländer haben hier Faktoreyen.

Schahpor, ein Flecken am westlichen Ufer eines kleinen Flusses, Namens Bea, 12 M. von Singhia.

Carnol, ein Flecken am Bea, 3 Meilen von Schahpor.

Terpári, ein Flecken am östl. Ufer des Gandak, 10 Meilen von Singhia.

Bárharba, ein Flecken, auch am östl. Ufer des Gandak, 12 Meilen von Terpári gen Bithia, wovon er 8 Meilen entfernt ist.

Sangranipor, ein Flecken am östl. Ufer des Gandak, 8 Meilen von Carnol und 12 von Bithia.

Lohyar, ein Flecken, 8 Meilen von Bithia und 5 von Bárharba und vom östl. Ufer des Gandak.

Man weiß noch nicht, nach welcher Gegend man von Patna auf Bithia zu gehen hat; die englische Charte nimmt Bithia zwar nördlich an; allein eine andere noch ungedruckte und nur erst gezeichnete setzt sie N. W. ¼ nördlich; und da die Polhöhe von Bithia noch nicht festgesetzt ist: so kann man auch die Gegend derselben noch nicht angeben.

Taf. XXIII. n. 1. Bithia, eine volkreiche Stadt und große Vestung mit Leimmauren, Graben und Thürmen; die mit Stroh gedeckten Häuser der Einheimischen stehen zwar von den Mauern ab, jedoch innerhalb derselben.

Die Stadt hat 4 Thore und ohngefähr 1 Meile im Umkreise, auch hat sie einige Teiche, in denen das Regenwasser sich sammlet. Das Wohngebäude des Raja ist zierlich und neben demselben steht die Kirche und das Haus der Franciscaner-Mißionarien. Vom östlichen Ufer des Gandak liegt die Stadt 7 Meilen, auch an einigen Orten nur 6 und 5, und von dem kleinen Flusse Män 1 Meile, von welchem man einen schifbaren Canal nach Mongher abgeleitet hat. Itzt, da der Raja flüchtig worden, ist Bithia nebst seinem Distrikt in den Händen der Engländer, die eine Besatzung in die Vestung gelegt haben.

Von Bithia bis Nepal geht man, nach denen die der Gegend kundig sind, erst 10 Meilen bis zum Flecken Morla und von da eben so weit bis Mahua. Sodann hat man 40 Meilen oder 4 Tagereisen über den Rücken eines Berges durch Wälder und Wüsteneyen, bis Lorinepál, von wo man bis Pátan noch 7 Meilen zu machen hat.

Ein

Die Provinz Behar.

Ein anderer bekannterer Weg von Bithia nach Nepal geht erst 19 Meilen bis Zetpor; dann 9 Meilen bis Parsa; von da 14 bis Ethonda; von Ethonda hat man 19 Meilen bis Tschissapáni, welches auf einem Berge liegt; und von da bis Bhimpári auch 10 Meilen. Von Bhimpári hat man 10 Meilen bis Tambacáni, wo eine Erzgrube ist, und von da 10 Meilen bis Lorinepàl; dann 5 bis Ritipor und 2 bis Pátän.

Zwischen Pátän und Cátamándu ist 1 Meile; beide Orte trennt der Bágmäthi, der, wo ich nicht irre, ohnweit Mongher oder vielmehr gegen Sithacund über in den Ganges fließt. Die Quelle desselben ist 9 Tagereisen nördlich von Catamandu. Er rinnt aus einem Felsen der die Gestalt eines Tigers hat; daher ihm auch der Name Bágmathi gegeben worden. Batgam, der Sitz eines mindern Raja, 4 Meilen östlich von Catamandu.

Ostnordöstlich von Bithia, nach der engl. Charte; N. N. östlich aber, nach einer andern, liegt die Provinz Nepàl; und vielleicht haben sie beide unrecht, da man den Weg ohne Magnetnadel gemacht hat. Die Himmelsgegend ist also noch nicht bekannt, auch die nördliche Breite nicht, in Absicht des Hauptortes dieses Landes. Man hat eine achttägige beschwerliche Reise dahin über Berge und Thäler; auch muß man sehr oft über den Fluß Cansi, der eine Menge Krümmungen macht. Man reiset auch, ausser in den Wintermonaten, nicht ohne Gefahr des Lebens; weil in den übrigen Jahreszeiten das Wasser ungesund ist.

Das Land ist übrigens sehr bergicht und die drey vornehmsten Orte darin sind: Pátän, Catamándu, der Sitz des Raja und Bätgam, die nicht weit von einander liegen. Jeder Ort hat eine Kirche und Wohnung der Franciscaner-Missionarien.

Pátän liegt südlich und Catamandu N. N. westlich, welchem Bätgam O. N. östlich gegenüber liegt: wenn anders die Charte richtig ist.

Als der Raja von Gorka im J. 1767 das Land Nepal überfiel, den Raja desselben tödtete und es in seine Gewalt brachte: so mußten die Mißionarien fort und wurden nach Bithia gewiesen.

Der Boden trägt Reis, Korn und andere Früchte.

Das Stachelrohr, genannt Bhans, hat in dieser Gegend keine Stacheln, und wächst sehr dick, so daß man aus demselben kleine Fäßchen und Körbchen macht. Die Sprache geht hier von der gewöhnlichen indischen ab, obgleich die Schrift mit der Sansghirtschen übereinkömmt.

Der Raja, der niemand unterworfen ist, indem keine Armee in sein Land eindringen kann, läßt selbst und in seinem Namen Geld münzen.

Die Religion ist dieselbe die man in andern indischen Ländern antrift. Am meisten aber verehrt man hier den Mahadeo, unter dem Namen Pätschpätnát.

Die Einwohner dieses Landes haben, wie alle Bergbewohner, häßliche Gesichter, eine ungeschickte Leibesgestalt und sind schlecht gekleidet.

Von Nepal bis Lassa, die Hauptstadt von Bütänt oder Groß-Tibet, hat man 46 Tagereisen. Man geht über Berg und Thal und Wildströhme die mit Seilbrücken versehen sind; auch schiffet man über den großen berühmten Fluß Brahmaputär, oder Sohn des Brahma, dessen östliches Ufer 4 Tagereisen von Lassa gen Nepal entfernt ist; er geht durch den Distrikt Aschám und fließt zugleich mit dem Lakia, bey Rädäm Rassül, sechs Meilen östlich von Dacca in den Ganges.

Taf. XXIII. n. 2. Das Schloß, in welchem der Lama gru, das heißt, der Oberlehrer oder Obermeister (magnus magister) und Fürst von Tibet seinen Sitz hat, heisset Patala, nach andern Patära. Die Lage dieses Landes, die Einwohner, Thiere, Früchte, Religion, Götzen wird man anderswo beschrieben finden. Die vornehmsten Götzen, die sie verehren, sind der Tschóramutti, der Schakatuba und der Urghèn, die meiner Meynung nach die selbigen sind, die von den Indiern Brahma, Beschän und Mahès genannt werden.

Monghèr, eine Stadt mit Häusern von Leimen und Strohdächern, erstreckt sich vom Hauptthore des Kastells gen Sithacund. Das Kastell liegt nordwestlich und ist mit runden Thürmen befestigt. Die Mauern sind niedrig und mit Zinnen versehen. Die eine Ecke nach dem Ganges hin hat zwey Thürme und steht hart am Flusse. Das ganze Kastell liegt auf einer Anhöhe und hat einen breiten tiefen Graben. Erbauet hat es nach alter Befestigungsart Schoza, zweyter Prinz des Kaisers Schahzahan. Der Pallast steht nach dem Ganges hin; es ist ein großes, geräumiges, schönes Gebäude, dessen Gallerien und Zimmer sehenswerth sind.

Das ganze Kastell hat 2 Hauptthore: eines führt nach dem Arm des Ganges, der sich fast bis an die nach den Bergen stehende Ecke desselben erstreckt; das andere steht O. S. östlich. Ein kleineres Thor führt nach dem Ufer und dem Haven. Die nördliche Breite beträgt nach dem P. Boudier 25° 20'; die Länge, vom Parisischen Mittagskreise, 84° 31'.

Taf. XXIV. n. 2. Ohngefähr 1 Meile S. westlich von Monghèr erblickt man große Klippen im Ganges, jedoch ausserhalb dem Strohm, am Ende des Bettes und am diesseitigen Ufer. Der größte dieser Felsen ist immer sichtbar; die übrigen aber stehen zur Regenzeit, oder im May und Junius, wenn im Norden der Schnee schmilzt und der Fluß anschwillt, unter Wasser.

Als

Die Provinz Behar.

Als die Afganen sich dieser Gegend bemächtigten, so zogen sie einen steinernen Wall von den, 1 Meile entlegenen Bergen bis Safiapor ohnweit Mongher, den Schoja wieder hergestellt und mit Thürmen versehen hat.

Auf dem Wege von Patna bis Mongher kommt man durch Sarua, eine Stadt am diesseitigen Ufer des Ganges, 3 Meilen von Patna: sie wird durch den kleinen Fluß Punpun in 2 Theile getheilt.

Naváda, eine Stadt am diesseitigen Ufer des Ganges, 5¼ Meile von Ranipor, und nur ⅝ von Bár. Die Europäer haben hier Faktoreyen und treiben ihren Handel.

Bár, eine Stadt mit vielen Strohdächern, am diesseitigen Ufer, 16 etwas starke Meilen von Patna gen Mongher.

Dariapor, am diesseitigen Ufer, 6 M. N. N. westl. von dem Ausflusse des Ruanála. Der Ruanala ist ein kleiner Fluß zwischen hohen Ufern, und bey den Indiern sehr in Ruf, aber von einer bösen Seite, daher man nicht gewohnt ist, sich in demselben zu reinigen. Nicht weit von seinem Ausflusse ist ein Flecken und eine kleine hölzerne Brücke: ein sicherer Beweis seiner geringen Breite.

Navábgans, oder die Kornniederlage, 10 Meilen von Mongher.

Súrázghar, oder das Haus der Sonne, 8 Meilen von Mongher.

Die Mündung des kleinen Gandak ist am jenseitigen Ufer des Ganges, Sithacund gegenüber, 2¼ Meilen von Mongher.

Vorzüglich merkwürdig aber ist eine heisse Quelle, die man fast einen kleinen Teich nennen kann, 1 indische Meile vom Ganges und 2½ O. S. östlich von Mongher. Nahe dabey sind 4 andere kleine Teiche mit kaltem Wasser. Jener aber ist mit einer Mauer umgeben und von sonderbarer Beschaffenheit. Das aus dem innersten hervorquellende Wasser ist so brennend heiß, daß man keine Hand darin halten kann, sondern sie sogleich wieder zurückziehen muß; es schmeckt weder nach Schwefel noch irgend einem Metall, sondern es ist so süß und wohlschmeckend wie Brunnenwasser. Seitwärts ist eine gemauerte Rinne, ohngefähr 3 Spannen breit, durch welche das heisse Wasser aufs Feld und in einem nahe da befindlichen Sumpf fließt. Auch ist so viel gewiß, daß dieses Wasser aus einem leimichten Boden, aus welchem man auch Wasserblasen aufsteigen sieht, hervorquillt; obschon nach der Aussage eines glaubwürdigen von Europäischen Eltern abstammenden Menschen diese heisse Quelle ehmals aus einem Erdriß hervorgeströmt und in den Teich geflossen seyn soll. Durch die in der Folge aufgeführte Mauer haben die Heiden nur die Quelle zu verbergen gesucht, um ihrem erdichteten Wunder mehr Glauben zu verschaffen. Die brennende Hitze behält das Wasser ohngefähr 8 Monate hindurch,

Taf. VIII. n. 3.

308   Die Provinz Behar.

durch, indem es beynahe nur von der Frühlings Nachtgleiche bis zur Sonnenwende im Sommer, als in welchem Zeitraum hier die stärkste Hitze ist, ein wenig nachläßt und laulicht wird. Der Boden umher ist eben und mit vielen Bäumen besetzt. Die Hügel liegen eine halbe Meile davon; die Berge weiter, an anderthalb Meilen. Die Ursache der Hitze dieser Quelle und woher sie den Namen erhalten, steht anderswo angemerkt.

Von Mongher bis Sultangans, oder den königlichen Kornboden, sind 8 Meilen. Bey dieser Stadt steht mitten im Ganges ein hoher Felsen mit der Wohnung eines heidnischen Einsiedlers nebst einem Götzentempel. Auch ragt ein kleines Stück Land mit einer Moschee, gleich einem Vorgebirge aus dem Flusse hervor.

Beznār, eine Pagode mit einer Kuppel in einer Einöde; inwendig ist der aus Stein gehauene scheußliche Götze Mahadeo. Am 14ten des Monats Pāgon, der mit dem März übereinstimmt, ist hier ein Zusammenfluß von einer unzähligen Menge Menschen, um diesem äusserst unzüchtigen Götzen zu opfern, über welchen an diesem Tage mehr als hunderttausend gläserne Flaschen mit Gangeswasser ausgegossen werden, um die Brunst eines ehmals schändlichsten Menschen zu löschen, deren Unersättlichkeit jedoch, ohngeachtet der so grossen Menge Wassers, im geringsten nicht vermindert wird. Man muß in der That über den abscheulichen Dienst dieses indischen Priaps und über den Unsinn der Heiden erstaunen. Dieser infame Ort liegt beyläufig 40 Meilen S. ¼ S. östlich von Mongher.

Von Geamānpor geht ein weit kürzerer Weg dahin; nemlich erst 14 Meilen bis Hansua; von da 15 Meilen bis Navaghar, eine grosse vortreffliche Vestung von Stein mit 52 Thürmen, und endlich von da 15 Meilen bis Beznār.

Zu dieser Provinz gehöret auch der Distrikt Palaun. Die Stadt und Vestung gleiches Namens liegt an dem grossen Fluß Damódar, 60 Meilen südlich von Patna, und ist allenthalben mit Wäldern und Steinklippen umgeben. Von Palaun bis an die Gränzen dieser Provinz sind 25 Meilen, und 15 bis an die Residenz des Raja dieses Distrikts, welche Tágyporpalaun genannt wird. Zwey Meilen von Palaun, in eben dieser Provinz, liegen zwey Forts; eines auf einem Berge, das andere in der Ebene, und beide am Damódar, welcher bey dem, 1 Meile S. S. östlich gelegenen Barbbán vorbeyfließt, und weiterhin dem Meere zuströmt. Ausser diesen festen Plätzen sind noch 3 andere an der Gränze, nemlich: Rhoti, welches von Stein erbauet und 20 M. von Palaun entfernt ist. Randa, welches auch von Stein und durch Natur und Kunst fest ist, da es auf einem Berge liegt, 7 Meilen N. östl. von Rhoti. Das dritte, auch 7 Meilen von Rhoti, aber südlich, heisset Deucān.

Tarhaffi, ist ein Flecken, 7 Meilen von Palaun.

                                                                 Rotās-

Die Provinz Behar.

Rotàsghar, eine der vornehmsten Vestungen in Indien, sowohl wegen ihrer Höhe, als ihres Umfanges. Sie liegt nemlich auf einem Berge, zu dessen Besteigung man fast eine Stunde nöthig hat, und welcher von den übrigen Bergen abgeschnitten ist, ausser gen Abend, wo er mit einer Bergkette verbunden ist, die sich sehr weit südlich fortzieht. Scherscha, König der Afganen, hat diesen Berg von den übrigen abschneiden lassen: und Mansing, König von Ambèr, hat überdies noch eine sehr starke Mauer aufführen lassen, wodurch aller Zugang gehemmt worden; daher die Vestung ihres Gleichen nicht hat, indem sie alle an Größe und Stärke übertrift. Die Mauer oder der Wall, der am Rande des Berges herumgeführt ist, besteht aus übereinander gelegten großen Steinen, ohne einige Verbindung noch Kalk. Der Umkreis beträgt 12 Meilen und an den 4 Ecken stehen Thürme. Die Mauern sind ohne Zinnen; es stehen aber auf denselben 360 Kanonen. Der länge nach erstreckt sich die Vestung von Osten nach Westen; die Breite von Süden nach Norden ist geringer. Sie hat 14 Thore, von denen aber nur 4 offen sind. Vor jedem derselben liegt ein Flecken, nemlich: Razgáth, südöstlich, wohin eine breite Straße führt; Maràna, nordöstlich; Bhensa, östlich; und Colassi, westlich; an jedem Thor liegt ein Theil der Besatzung. Innerhalb der Vestung trift man recht schöne Gebäude von Stein an: als besonders das Haus des Befehlshabers, das gleich einem Kastell 4 Eckthürme und 2 Thore hat. Diese und die Häuser der mittleren Klasse der Einwohner, machen nebst dem Handelsmarkt die Stadt aus. An Wasser ist auch kein Mangel, indem man 9 Teiche und Brunnen innerhalb der Vestung antrift; es ist aber nicht gesund. Der felsichte Boden ist dem Ackerbau nicht zuträglich, ohngeachtet vordem die Aecker und Felder fruchtbar gewesen sind. Der Erbauer dieser trefflichen Vestung war Retàs, Sohn des Königs Bhoz; sein in Stein gehauenes Bild steht in einer kleinen Capelle am Maranischen Thor. Am Fuße des Berges liegen 12 bis 14 Flecken umher, deren Einkünfte zur Unterhaltung der Besatzung angewiesen sind.

Eine halbe Meile östlich von dieser Vestung ist ein kleiner aus dem Son ausgetretener Fluß, der sich mit demselben wieder vereinigt. Der berühmte Sòn ist weiter, nemlich 3 M. östlich, nach andern 2, davon entfernt. In diesem Distrikte wächst Korn und Reis.

Acbärpor, ein Flecken, 1 Meile vom Fuße des Berges.

Bis Sesraun, eine Stadt, 3 Meilen vom westl. Ufer des Son, hat man 14 von jener Vestung.

Von Banares sind es 50 Meilen bis zu der Vestung, nemlich 10 bis Sedràze; von da 10 bis Mohonia; von da 8 bis Zahanabad; ferner 7 bis Sesraun; von da 7 bis Ukrèl, am westlichen Ufer des Son; und endlich 7 von da bis Rotasghar.

Die Provinz Behar.

Sommelpor, ein Ort, wo man häufig Diamanten findet, 30 Meilen S. S. westlich von Rotas. In den dortigen Hügeln am kleinen Flusse Gouel werden die besten Diamante gegraben.

Cazua, ein Flecken am jenseitigen Ufer des Carmnassa, 2 Meilen östlich von Sedraze.

Säväth, ein Flecken am jenseitigen Ufer des Durgauvati, 5 Meilen von Cazua.

Mohnia, ein Flecken am jenseitigen Ufer des Durgauvati, 4 Meilen von Sauvath.

Bakarabad, 4 Meilen von Mohnia.

Zahanabad, eine Herberge am jenseitigen Ufer des Durgauvati, 4 Meilen von Bakarabad.

Sesraun, eine Stadt, 7 Meilen von Zahanabad. Hier ist ein herrliches Grabmal des berühmten Afgauischen Königes Scherscha und dessen Sohnes Salim. Es steht mitten in einem Teich und man geht über eine aus mehreren Bögen bestehenden Brücke dahin.

Zwey andere prächtige Grabmale sind ausserhalb der Stadt: eines des Alauvelkhän, das andere des Tschandän, eines gewissen Mahometaners, welches 1 Meile östlich von der Stadt auf einem Berge liegt.

Gothóli, 5 Meilen von Sesraun, über ¼ Meile vom jenseitigen Ufer des Son, der in dieser Gegend zur Regenzeit 2 Meilen weit austreten soll.

Acódi, 6 Meilen von Sesraun.

Harielgans, ein Getreide- und Frucht-Markt, 5 Meilen von Acódi, am diesseitigen Ufer des Son, über welchen man hier gewöhnlich übersährt; jenseits kömmt man nach Daudnägar, 1 Meile von Harielgans.

Daudnägar, ist eine stark bewohnte Stadt, 30 Meilen von Patna.

Schamschér nägar, 3 Meilen von Daudnägar, über ¼ M. vom jenseit. Ufer des Son.

Arôl, oder Arväl, eine Stadt, wo Papier gemacht wird, 7 Meilen von Schamschernagar am jenseitigen Ufer des Son.

Mohoblipor, eine Stadt, 3 Meilen von Arol am jenseitigen Ufer des Son.

Sosägar, ein Flecken, bey welchem ein großer See ist, 3 Meilen von Mohoblipor.

Bicrämpor, ein Flecken, 7 Meilen von Mohoblipor und 4 von Sosägar.

Nobatpor, ein Flecken, 3 Meilen von Bicrampor, und über 2 vom jenseitigen Ufer des Son.

Pulveria, ein Flecken, 2 Meilen von Nobatpor, und 4 von Patna.

Tschossa, eine Stadt, am diesseitigen Ufer des Ganges, die itzt nicht sehr in Aufnahme ist, 1 Meile vom östlichen Ufer des Carmnassa und 3 von Baxar.

Kärc-

Die Provinz Behar.

Kárepor, eine zwischen Bergen gelegene Stadt und Residenz eines Raja, 5 oder 6 M. von Mongher.

Beálapor, ohngefähr 20 Meilen von Mongher, 3 südlich von Schahabad und 15 von Acbarnagar oder Razmahal.

Rangámáti, 33 Meilen von Mongher und ohngefähr 15 von Acbarnagar.

Turtschól, ein Fluß zwischen Patna und Mongher; man weiß aber nicht wo er entspringt; *) vielleicht ist es ein Arm des Ganges.

Sipgans, eine Stadt mit zerstreueten Häusern; ist ein Reis- und Salzmarkt, 8 Meilen von Sultangans; die Schifslandung ist am jenseitigen Ufer des Ganges.

Gegenüber liegt **Bhágbélpor**, wo sehr gute baumwollene Zeuge gemacht werden; es ist ohngefähr 1 Meile vom westlichen Ufer entfernt; zur Regenzeit aber geht der Fluß dicht vorbey.

Caschti, oder **Pattargátta**, denn es hat 2 Namen; ist ein am dießseitigen Ufer gelegener Flecken am Fuß eines buschreichen schattigen Berges, 5 Meilen von Bagelpor und 6 von Penti. Zu Wasser ist es weiter, weil der Ganges sehr große Krümmungen macht.

Auf dem Gipfel eines kleinen Berges steht ein altes vierecktes Gebäude nach dem Flusse hin, unter welchem ein sehr langer unterirdischer Gang ist, von welchem die Indier vorgeben, daß er bis zum Reich der Todten (inferorum sedes) gehe. Südöstlich macht der Ganges einen mäßigen Busen, an dessen Zugange sehr große Felsen hervorragen und den Schiffern Gefahr androhen.

Kehlgam, an einem spitzigen Hügel, ein wenig vom Ufer gelegen, 10 Meilen S. östlich von Bághelpor, 3 von Penti, und 8 N. westlich von Schahabad.

Penti, eine am dießseitigen Ufer auf einer Anhöhe gelegene Stadt. Der Fluß macht S. westlich einen kleinen Busen, in welchem Schiffe anzulegen pflegen. [Tas. XXVIII. n. 1.]

Zwischen Caschti und Penti macht der Ganges N. östlich eine Insel, auf welcher Caragóla liegt, und von wo man in die Landschaft Morang kömmt.

Schahabad liegt zwischen Bergen, ein wenig vom dießseitigen Ufer ab, über 1 Meile von Tiliaghar. Dieser Stadt gegenüber, erstreckt sich ein Arm des Ganges nördlich, auf welchem man nach Caragóla schiffet, welches 12 Meilen von der Mündung dieses Arms entfernt ist. 2½ Meile von Caragóla ist die Mündung des Coß, eines schnellen Flusses, der von der Landschaft Morang aus in diesen Arm des Ganges sich ergießt. Man weiß nicht, ob diese beiden Arme zusammenfließen.

Die

*) Sed in quo tractu sit, nescitur. Nach sit soll vermuthlich fons oder origo stehen.

Die übrigen Oerter an beiden Ufern des Ganges, von der Gränze der Provinz Elahhbad an bis Tillaghar findet man an einem andern Ort, nebst den Mündungen der kleinen Flüsse und den Reihen von Bergen, nicht nur beschrieben, sondern auch abgezeichnet.

Es giebt auch noch einige Orte in der Nachbarschaft von Behar, oder in dessen Distrikte selbst, die zwar nicht groß, aber durch den Aberglauben der Saraugischen Sekte, von welcher an einem andern Orte mehr gesagt wird, berühmt sind.

Pauapör, ein Flecken, 3 Meilen S. östlich von Behàr, wo man 2 Saraugische Denkmale des Mahabir, eines wegen seiner strengen Lebensart berühmten Mannes, nebst dessen beiden Fußtapfen darauf, antrift. Eines ist in dem Flecken selbst, das andere mitten in einem Teiche, wohin man über eine Brücke geht. In diesem Flecken hat gedachter Mahabir selbst sich einige Zeit aufgehalten und ist daselbst gestorben.

Rázghír, 6 Meilen südlich von Behar und 3 M. S. westlich von Pauapor. Man trift hier 5 Berge mit Saraugischen Denkmälern an; weil Mahabir auf diesen Bergen ein strenges Leben führte. Unten an den Bergen, aus welchen Wasser fließt, sind 30 Quellen, von denen 10 heiß sind.

Retricünd, ein zwischen Bergen gelegener Flecken, 16 Meilen südlich von Rázghír.

Sämêd Sicär, ein sehr hoher Berg, 60 Meilen von Patna, 32 von Behar, 40 von Retricund, und 56 von Birbum. Vom Fuße bis an den Gipfel sind 4 steile beschwerliche Meilen. Auf diesen Gebirgen trift man 20 Saraugische Denkmale an, weil 20 Beförderer dieser Sekte, deren einer Namens Parashnát der vornehmste und berühmteste war, daselbst insgesammt ein strenges Leben geführt haben. Jenen aber, dessen Bildniß auch dort angetroffen wird, verehren die Saraugier vorzüglich.

Um diesen Berg, der noch von andern umgeben ist, weht ein so scharfer Wind, daß die Haut davon aufgerissen wird, daher auch niemand daselbst lange ausdauern kann.

Unten am Berge liegt der Flecken Mädban, der dem Oberherrn von Pálgánsa angehört.

17. Die Provinz Bengalen.

Die Länge dieser Provinz erstreckt sich von Tschatigam östlich, bis Tiliaghär westlich, auf 400 Meilen; die Breite, von den nördlich gelegenen Bergen bis an die Gränze von Madáran auf 200 Meilen.

Ihre Gränzen sind östlich, das Meer; nördlich und südlich, Berge, und westlich die Provinz Behar. Auch liegt östlich der Distrikt Behâti, und südöstlich die weitläuftige Landschaft Archäng, von den Europäern genannt Arracan.

Ohuwelt Käsibâthí trennt sich der Ganges, und man nennt den einen Arm Baghirthi, oder gemeinhin Baghirethi, den gröſeren aber, der nach Dacca fließt, Padda oder Paddauvâti.

Diese Provinz ist sehr weitläuftig und hat Ueberfluß an allem, an Korn, Reis und allerley Getreide, auch an Früchten, als: indischen Birnen, Ananasse, Kätèlen und länglichten Feigen (Opunzien?). Es wachsen hier auch sehr viele Maulbeerbäume, deren Blätter den Seidenwürmern zur Nahrung dienen; daher hier eine große Menge seidene Zeuge und noch mehr baumwollene verfertigt werden.

Der Boden ist eben, nur nördlich und S. westlich nicht, und das ganze Land enthält eine Menge Städte, Flecken und Dörfer. Der größte Fluß Indiens, der Ganges fließt durch daſſelbe, erleichtert durch seine Krümmungen die Schiffahrt und macht den Handel blühend.

Vogteyen dieser Provinz.

Zur Vogtey Udnèr, genannt Tánda, gehören folgende Städte und Flecken:

Amcät Schahí.	Catschla.	Ibrahimpor.
Aschrafbhâl.	Chánpor.	Kánaghar.
Azepàlgáthí.	Dakatschél.	Kának Sôk.
Azial. Azla.	Därsän.	Manglpor.
Báber rai.	Daud Schahí.	Mulessor.
Bahadorpor.	Deviapor.	Näsäbpor.
Bahador Schahí.	Donáva.	Navanagar.
Bhónbâl.	Serospor.	Rampor.
Búbälvarll.	Gondrpartâb.	Rúpäspor.
Cafur daria.	Hazipor.	Salimabád.
Cangra.	Hoſſenabad.	Salimpor.
Tieffenth. Erdbeschreib.	R r	Sanila.

Sanila.
Schäms Aháni.
Scherpor.
Scher Schahi.

Soleman Schahi.
Sultanpor.
Tákáti.
Tanda. Tanóli.

Tazpor.
Tschandpor.
Tschumagáthi.
Zonknadia.

Zum Gebiete Zēnātabad gehören:

Acbarpor.
Agra.
Azári.
Azor.
Badmëhli.
Balèr.
Barári Banzra.
Bàr ghora.
Barikpor.
Basàr Joseph.
Basàr Kadim, oder der alte Markt.
Basàr Jadid, oder der neue Markt.
Bathia.
Bèl bábi.
Chána.
Chederpor.
Dämicòt.
Dehlgam.
Devia.
Derpor.
Dhánpor.
Fatepor.

Garhi.
Geaspor.
Ghēghēlpor.
Hást gäzpor.
Kalgra.
Kánázpápòv.
Karhänd.
Keßáltär.
Kotváli.
Macrain.
Madnavi.
Mahibazar.
Mahúa mähäl.
Málda.
Mánecpor.
Mátigam.
Matanda.
Moasuddinpor.
Modihát.
Módi mahal.
Modipor.
Nagòr.
Nähät.
Namäla.

Pardiar.
Ramóti.
Ramóti Zavàr.
Rangamáti.
Sáblghiria.
Sabràr.
Sálkesseri. Sänäk.
Sänäc Davar.
Sankatodia.
Sarsabad.
Sarzapor.
Schabáspor.
Schahabad.
Schahmandol.
Schahsädepor.
Scherpor.
Schaleri.
Sirapor.
Sorma Dehlpor.
Sujapor.
Zavàr.
Zavàr Damicòt.
Zavàr Málda.
Zavàr Sarsa.

Zum Gebiete Sateabad gehören:

Bàrhádia.
Belòr.

Bhaghelpor.
Bholiapil.

Sateabad.
Gossa.

Hasàr-

Die Provinz Bengalen.

Hafàrhati.	Kól Sadhàr.	Raffulpor.
Hafrarpor.	Làkhi Zeran.	Sadhua.
Herdia.	Magorgam.	Sarfáni.
Josephpor.	Maibèl.	Savael, gem. Zalalpor.
Jſſóra zátáz.	Mafnàdpor.	Schahbaspor.
Raſſodla.	Miranpor.	Sondip.
Khàrcpor.	Neamatpor.	

Zum Gebiete Mahmudabad gehören:

Adina.	Dakáſſi.	Mahmud Schahi.
Amada.	Dehelèt.	Malhia.
Anótanıpor.	Dehóli.	Maldi.
Arnian.	Dethiapàn.	Mehmàn Schahi.
Aſlipor.	Deurà.	Mirpor.
Aſmätpor.	Dúmarhàt.	Muſſapor.
Azepàlpor.	Durlàbpor.	Nagarbalka.
Bagórhia.	Endercäll.	Naſchipor, auch genannt
Bahanàn.	Sarhatpor.	Azèn.
Báman Kerla.	Sarepor.	Naſtat Schahi.
Bandaul.	Golbaria.	Padainpor.
Bangabári.	Gonia, gem. Sontára.	Paràrıpor.
Bánka.	Halda.	Pati Camála.
Banvàlgathi.	Hémtànpor.	Pipàl Barla.
Baràdi.	Kali.	Púncohàl.
Bäränzela.	Ràndinoi.	Sadki Zalcota.
Bàſu ráſt.	Kandlia.	Sákibaria.
Baſu tſchäp.	Káſipor.	Salimpor.
Bèlcàſchi.	Rauda.	Sarotia.
Beleſſi.	Kelianpor.	Sarsaria.
Belvari.	Kèlpáti.	Satòr.
Berbaria.	Kotobpór.	Schahazepal.
Chalespor.	Madhodia.	Schäncärde.
Cheſèr azóti.	Magar zàlcota.	Scherpor bári.
Chorrompor.	Maheſpor.	Seruppor.

Tára

Die Provinz Bengalen.

Tára Azepal.
Taraghina.
Tiagáthi.

Tschabuia.
Tschandia.
Tschandibaria.

Zagnátpor.
Zalalpor. Ziabarkl.
Zitännárdha.

Zum Gebiete Chalifabad gehören:

Adëlpor.
Baliana.
Bhadeß.
Bhágbára.
Bhàl.
Bhalka.
Bhanda.
Bula.
Chalespor.
Chalifabad.
Dania.
Gangeß.
Jsmailpor bacla.

Karáz.
Kaſſiata.
Kocràl.
Madharia.
Mahreſſa.
Malacpor.
Mandel.
Mángorgàth.
Munda cärſcha.
Omàdpor.
Parhänd.
Pulnagar.
Punga.

Rángdia.
Sáleſſori.
Sánpäß.
Schaſádapor.
Schespor.
Siri rampor.
Siri Sarang.
Solemanabad.
Sónhatána.
Tàla.
Zerdála.
Zelra.
Zir, gem. Raſſulpor.

In dem Gebiete Purania sind folgende:

Aſſonzar.
Cathári.
Dàlbálpor.
Garvàn.

Herna.
Purania.
Sabràr.
Salon.

Siripor.
Sultanpor.
Zérampor.

Zum Gebiete Tazpor gehören:

Badanga.
Badócar.
Bahadorpor.
Bäncàt.
Bandol.
Bangam.
Bargam.
Baſſigam.
Bhanagar.

Boli.
Búnhära.
Cothra.
Caſſàrgam.
Debhät.
Dilawärpor.
Gopàlnägar.
Joſephpor.
Koarpor.

Mahòn.
Nilnagar.
Nilòn.
Schahpor.
Sihära.
Suzapor.
Táldoàr.
Tàzpor.
Zábàrtàl.

Die Provinz Bengalen. 317

Zum Gebiete Choragath gehören:

Alahdàdpor.	Cándibári.	Nebavákar háfer.
Alhàt.	Cherabádi.	Nópárá.
Ahmadabad.	Cothitári.	Pantsch Botáca.
Anbála Cátschi.	Cúa Cátschi.	Patáldia.
Anbora.	Endhär.	Pulvári.
Andálgam.	Satepor.	Rokánpor.
Angam.	Gadhia.	Sághàt.
Anórbàn.	Geapor.	Sakär Rátäk.
Anvär mäläk.	Gobändpor-Acänd.	Sakmálan.
Bagdavàr.	Gókèl.	Sänkha.
Balka.	Gokrän.	Schahipor.
Baltana.	Rábül.	Scherpor-Coináti.
Bámänpor.	Ránièlpor.	Sidi.
Banvárcázär.	Rancändi.	Siratha.
Bári chàß.	Reschor.	Siriacándi.
Bári káti.	Rhatál.	Sitpor.
Barikpor.	Rheàri.	Sonvàn.
Bári Sank Bála.	Rókánpára.	Sultanpor.
Barselá.	Rora arsaiar.	Tázèl.
Bafár Zitagath.	Malayar.	Tázteári.
Basu foelád Schahi.	Mäszád-Andär Zánì.	Tulsigath.
Basu säfär Schahi.	Mäszád-Hossen-Schahi.	Udua.
Belásbári.	Mohobbätpor.	Vábärpäk.
Belgherti.	Nägärgath.	Vazhi.
Bholi.	Nandhára.	Zánia.
Brendpor.	Nastatabad.	Zuntapor.

Zum Gebiete Bézára gehören:

Anbari.	Bahrnagar.	Bezanägar.
Angotscha.	Bakar bári.	Bezára.
Anmèl.	Barikpor.	Deura.
Bacáffi.	Basidpor.	Digha.

Rr 3

Rebab-

Die Provinz Bengalen.

Aedabrai.	Saktia.	Sultanpor.
Ahetia.	Sáspár.	Zabòn.
Sädhärbári.	Solenignabad.	

Zum Gebiete Baricabad gehören:

Amról.	Daudpor.	Naharaun.
Baltapor.	Gobändpor.	Sankaról, gemeinh. Nu=
Bangam.	Gusárhát.	sámpor.
Barbaria.	Kásipáti.	Scherpor.
Basdòl.	Aharàl.	Schicárpor.
Bassòl.	Kháß.	Tábèrpor.
Cáligai.	Kúdunagar.	Tschandlal.
Caligaicotha.	Mahmudpor.	Tschoka.
Carúha.	Malzipor.	Vasirpor.
Caschärpor.	Mänbän máli.	Zássid.
Dámän.	Márha.	Zediabasu. Zura.

Zum Gebiete Basu gehören:

Bhoria básu.	Mehinàn Schahi.	Sankhän Menma nass=
Danka basu.	Nasratbàr Schahi.	rat.
Däßkarhá basu.	Pakhär basu.	Sarec Azial.
Hossen Schahi.	Parràb basu.	Sayar tschälcär.
Joseph Schahi.	Sàblbärß.	Schahazial basu.
Katárbäl basu.	Safar azial basu.	Sona basu.
Làt Schahi.	Salim parráb basu.	Sonagáthi basu.
Mädbàr.		

Zum Gebiete Sanárgam gehören:

Alzàt.	Bhalva Zavàr.	Ghátideai.
Arär Schahpor.	Bicrampor.	Hatgáthi.
Baldakàl.	Cheserpor.	Kátakpor.
Bardia.	Dadhàr.	Khándi.
Batacára.	Dándára.	Kirapor.
Bavalia.	Delapor.	Kotri.
Belaßkhati.	Gardi.	Lárpor.

Mahi=

Die Provinz Bengalen.

Mahızal.	Puletí.	Sikri. Sozál.
Manóhärpor.	Raipor.	Tarki.
Mehefàr. Mehtcòl.	Saghergam.	Tóra.
Moafampor.	Sakàbla.	Tschandbázēr.
Naluacot.	Sakhua.	Tschandpor.
Narainpor.	Salimari.	Zalgar.
Osmanpor.	Salimpor.	Zavàrandär.
Osmànpor-Decan.	Schämspor.	Zógidea.
Pànbáta.	Schabpor-Děcän.	Zokhandi.

Im Distrikte Silhet sind begriffen:

Beazia Beasu.	Partàbghär.	Tschena.
Härnagar.	Sätärcundel.	Zenäk Banian.
Làdu.	Silhēt.	

Im Distrikte Tschátigam sind begriffen:

Deugam.	Sanhua.	Talgam.
Navápára.	Solemànpor.	Tschátgam.

Zum Gebiete Scharifabad gehören:

Acbär Schahi.	Bhàt Sila.	Mähänd.
Asmät Schahi.	Dhanian.	Manóhär-Schahi.
Attái.	Fatefäng.	Mosafat-Schahi.
Báka.	Hoffèn Aziàl.	Nafäk.
Bändvàn.	Rankha.	Natràn.
Baricfel.	Rargam.	Scherpor.
Baròr.	Rhänd.	Sümärän Schahi.
Bäfàr Ibrahimpor.	Rirätpor.	Sunia.
Bercund.	Rodäla.	Zunki.

Zum Distrikte Solemanabad gehören:

Adäla.	Bebua.	Enderain.
Alampor.	Bhänga.	Hoffènpor.
Aneta.	Bórfàt.	Ismailpor.
Baffändhärk.	Cubända.	Rabàspor.
Báspor.	Dárfa.	Muhámadpor.

Muh

Die Provinz Bengalen.

Mulkhèr.	Omarpor.	Solemanabad.
Nagìn.	Pàll.	Sultanpor.
Nàra.	Sacótl.	Zepor.
Nassèk.	Sàt Sika.	Zolipor.
Nibla.	Sespor.	Zumha.

Im Distrikte Sàrgam sind begriffen:

Agarpor.	Bllca.	Mosäfärpor.
Anórpàr.	Deliapor.	Mundcàtscha.
Assànváli.	Satepor.	Ogra.
Baclia.	Háti Abéda.	Purva-Patnièhr.
Bágvàn.	Hossènpor.	Pilgam.
Baléssa.	Hugli.	Ránihàt.
Bálnàba.	Ahàr.	Sacóta.
Bancabàri.	Macarva.	Sàghàt.
Banua cotuáli.	Macóra.	Sálughàt.
Barandmáti.	Macu.	Sátänpor.
Baricpor.	Mahi hätti.	Sàtghàti.
Bavàn Salimpor.	Mánècné.	Siri razpor.
Belhor.	Matiari.	Turtària. Jazpor.

Im Distrikte Babàtän sind begriffen:

Anpàtti.	Gitpor.	Sànàtsàß.
Babàràn.	Hesóli.	Schahpor.
Bálgàri.	Magòr.	Scherghàr.
Banál bhum.	Mándèlghàt.	Sèn bhum.
Bir bhum.	Mànsapàt.	Tschintanàgàri.

Zur Provinz Oressa gehören folgende Vogteyen.

Im Distrikte Zelessor sind begriffen:

Bàgdi, m. e. Rast.	Bali Scháhi.	Bhocrai, m. e. Rast.
Balcótti.	Balsàr.	Sàrcòl, m. e. Kastell im
Balia Bàra, gemeinhin	Bàmän bhum.	Walde.
Dhàrsòr.	Béll.	Gherg Sùr, m. e. stark. K.

Kal-

Die Provinz Bengalen.

Kalnapor.	Mázethia.	Ramna, mit 3 Kast.
Karai.	Medinipor, eine Stadt	Rettén, an der Gränze von
Karói.	mit 2 Kastellen, einem	Oressa; mit 3 Kast.
Kássizurva.	alten und einem neuen.	Séng, m. e. Kast.
Kedàrcánd, m. e. drey	Narainpor, gem.Cúndúr.	Siàri,
sachen Kastell.	Parenda, m. e. Schloß.	Tàrcól, m. e. Kastell in
Mahacàngbàr, m. e. Kast.	Raipor, eine Stadt mit	einem Walde.
von Stein.	einem treflichen Kast.	Zelessor, m. e. K. v. B.

Zum Distrikte Bädräk gehören:

Bädräk, m. e. Kastell, ge-	Gärsänu, m. 3 dergl.	Sensu, m. 2 Kastellen.
nannt Dhám nágär.	Katmàn, m. e. Fort von	Zeucäzri.
Barvia, m. 2 Kast.	Stein.	

Zum Gebiete Cätäk gehören:

Al. Asäk.	Cathära, m. e. Schloß.	Púráb Dik, m. 4 Kast.
Assärghar, m. e. st. Kast.	Cordéß, mit 3 Forts.	Schabràn.
Baréc, m. e. Kast.	Mánecpatan, eine Stadt	Scherghar.
Bassaideupor.	und Salzmarkt.	Zéß, gem. Zázpor, mit
Behár. Bezu.	Parsóräm.	einem Kastell.
Boznagar, m. e. Kast.	Patschäm Dik.	Zumáscôt, m. 4 Kast.

Die Angabe der Einkünfte dieser Provinz (verstehe Bengalen) ist verschieden.
Nach dem Manuzzi betrugen sie:
Unterm Schahzahan, an , , , , 40000000 Rup.
Gegenwärtig, an , , , , - , 20000000 Rup.
Nach dem alten Register der Krone, unter Acbar: , 520263622 Dam.
oder , 13006590 Rup.
Nach dem Register: , , , , 8621200 Rup.
Welche Verschiedenheit! Vielleicht hob man diese Summe damals, als man noch nicht die ganze Provinz im Besitz hatte, nemlich ohne Dacca und andere Distrikte jenseit des Ganges.

Nähere Beschreibung einiger Oerter.

Es gab unterschiedene Hauptstädte dieser Provinz. Die erste war Nadia, am Zusammenfluß des kleinen Ganges und des Nadia, von welchem sie den Namen hat. Nachdem

Die Provinz Bengalen.

diese Stadt von den Mahometanern erobert und zerstöhrt war, so wurde Laknòr jenseit des Ganges die Residenz des Eroberers, und die Sieger nannten sie Sarhabad und Zenatabad. Ueberhaupt ist Lacnot der alte Name, der neuere aber Gòr.

Als die Mogolen Bengalen in Besitz nahmen, so wurde Ràzmahal unterm Acbar der Sitz des Statthalters, und erhielt den Namen Acbarnagar. Sein Sohn Zahangir wählte Dàka, das man daher Zahangirnagar nannte.

Die Statthalter, die in dieser Stadt ihren Sitz hatten, sind folgende:
1. Chánchánam, gemeinhin Moasām Chàn.
2. Amirulumra Schaesta Chan, mütterlicher Oheim des Aorangseb.
3. Salim Navàb Chan Zahàn Bahàdor.
4. Ajam tàra, Sohn des Aorangseb.
5. Ibrahim Chàn.
6. Asim Schan, Sohn Bahadors, Kaisers der Mogolen.
7. Sarochsiar, Sohn des vorigen.
8. Baschàrat Chan.
9. Sepahdàr Chan.
10. Zafàr Chàn Noschéri.

Die gegenwärtige Hauptstadt von Bengalen ist Morschèdabad oder Maxudabad; deren Bau unterm Acbar anhub, der hier einen Commandant ansetzte.

Càrtàláb Chàn war unterm Kaiser Bahador der erste Statthalter von Bengalen; er verdrängte den Sepahdàr und riß die Regierung an sich. Der Kaiser beehrte ihn mit einem größeren Titel und nannte ihn Morschèdculichan, nach welchem Namen dieser auch die neue Stadt benannte.

In der Folge ward er Statthalter der ganzen Provinz und bekam auch einen höheren Titel, nemlich Zafàr Chan Noschéri und starb nach einer Regierung von 25 Jahren.

Ihm folgte sein Eidam Schozardola, der 12 Jahr über diese Provinz herrschte.

Diesem folgte sein Sohn Sarfaràs Chan, den der Allverdi im Treffen erlegte und dessen Posten in Besitz nahm. Er herrschte 18 Jahr.

Diesem folgte Soràzdola, seiner Tochter Sohn, den die Engländer, nach Eroberung von Calcotta angriffen, in die Flucht jagten und beide Provinzen, Bengalen und Behar in Besitz nahmen.

Itzt wollen wir die vornehmsten Orte längs dem Ufer des Ganges von Tiliaghar an bis an die Gränzen von Bengalen näher betrachten.

Tiliag-

Die Provinz Bengalen.

Tiliaghar, ein vierecktes Fort mit 4 Thürmen an den Ecken, am diesseitigen Ufer des Ganges, 5 Meilen östlich von Pentl, und 8 westlich von Sacrigäll. Noch weiter ist es auf dem gewöhnlichen Weg um die Krümmungen der Berge herum.

Sacrigäll, ein Flecken am diesseitigen Ufer des Ganges, hat den Namen von einem dortigen engen Fußwege. Dieser enge Paß erstreckt sich eine halbe Meile nordwestlich zwischen zween mit Busch und Hecken bewachsenen Hügeln, nemlich von einem verfallenen Thor an, bis an den Wildstrohm, der sich in dem benachbarten Gebirge sammelt und in den Ganges ergießt. Allein von dem Flecken bis an die Brücke des Wildstrohms beträgt die ganze Strecke eine Meile. Rechts dem engen Passe, in einer Entfernung von mehr als einer halben Meile, ist eine Bergkette, und ⅓ Meile links, das Ufer des Flusses. Der Flecken hat auf der einen Seite hohe Ufer, und auf der andern einen dicken fast undurchdringlichen Wald; er ist auch wegen der nahen Räuber wenig bewohnt. (Taf. XXV.)

Dieser Paß von Bengalen gleicht dem von Caspien und Cilicien, indem er das Thor der Provinz ist. Und wenn von den Bergen bis an das Ufer eine Mauer gezogen würde: so würde der Zugang gänzlich gesperrt und ein ganzes Heer von einer geringen Besatzung abgewehret werden können. Die Bergkette hebt sich N. N. westlich von Sacrigali an und krümmt sich westlich, S. westlich und südlich fort, in einer Strecke von mehr als 20 Meilen.

Razmähäl, eine weitläuftige Stadt und ehmalige Residenz des Statthalters von Bengalen, anderthalb Meilen lang und ⅓ breit. Die vom Kaiser Acbar erbaueten ist aber verfallenen Palläste liegen N. östlich am diesseitigen hohen Ufer. Die geräumige öffentliche Herberge ist von Backsteinen, und der Pallast des gegenwärtigen Statthalters der Provinz steht östlich. Von der Vorstadt bis an die Herberge geht eine lange Straße. Die meisten Häuser sind von Thon und mit Strohdächern; viele aber auch von Backsteinen und Kalk. In den Persischen Geschichtsbüchern heisset diese Stadt Acbärnagar. (Taf. XXVII.)

Der Ganges macht westlich an der Stadt einen halben Zirkel, lenkt sich nachher südlich; macht hierauf eine andere Krümmung westlich; lenkt sich wieder S. östlich; verläßt endlich die Stadt und nimmt seine Richtung südlich. Die nördliche Breite dieser Stadt beträgt nach dem P. Boudier 25 Gr. 1 Min. Die Länge vom Pariser Mittagskreise an, 85 Gr. 55 Min.

Gerade an der Stadt an liegt eine vom Ganges verursachte Halbinsel und der Flecken Samba; und dies ist der dritte Arm des Ganges von Caschti bis Razmahal.

Udúa, ein Flecken am diesseitigen Ufer, 2 etwas starke Meilen von Razmahal.

Uduanála, ein kleiner Fluß, genannt nach jenem Flecken, fließt vom benachbarten Gebirge herab an ein zerstörtes Kastell und zwischen engen Ufern in einem tiefen Bette fort, über welches eine Brücke geht.

Bákárpor, ein Ort am jenseitigen Ufer.

Donapor, auch am jenseitigen Ufer, 6 Meilen östlich von Bakarpor.

Jenseits des Ganges liegt auch der Puranische Distrikt, der einen fruchtbaren, baumreichen Boden und viele stark bewohnte Ortschaften hat.

Purania, die sehr große Hauptstadt dieses Distrikts; sie besteht aus der alten und neuen, welche Séf Chan erbauet hat. Das am Flusse Sonra gelegene Kastell, die Residenz des Statthalters, ist von Backsteinen. Von Sipgans soll diese Stadt 30 Meilen N. östlich entfernt seyn, und von Caragóla 14 nördlich, nach andern 18. Von Sipgans bis Bavánipor sind 12 Meilen; von da bis Puránia 18. Zwischen Bavanipor und Purania setzt man über den Fluß Coffi. Die Länge von Purania erstreckt sich, nebst den Vorstädten und anliegenden Flecken, längs dem Ufer des Sonra auf dritthalb Meilen; die Breite auf anderthalb. Durch die Stadt fließt der Bumra und beide Flüsse entspringen in dem Morangischen Gebirge. An diesen Distrikt gränzt die bergichte, von den Einwohnern sogenannte Landschaft Moráng.

Von Purania bis dahin geht man erst 10 Meilen bis Baséti; von da 10 bis Songhar; von da auch 10 bis Acbarpor, und von da eben so weit bis an einen Flecken, dessen Name nicht bekannt ist. Von da bis Candhàr, einem Handelsmarkt und Sitz eines Kriegsobersten sind 15 Meilen.

Von Acbarpor bis Candhar geht es durch dicke Wälder voller Saku- und Tschischombdume.

Von Candhar bis Bezepor sind 14 M.; der Weg geht über Berge und ist sehr beschwerlich.

Bezepor, ein Flecken, dessen Häuser von Rohr mit schwanken Reisern durchflochten und mit Stroh gedeckt sind. Die Residenz des Raja ist mit einem stachlichten Rohrzaun umgeben und liegt auf einem schwer zu ersteigenden Berge.

Die Einwohner dieser Landschaft sind ein rohes Volk. Ihr Haupt bedecken sie mit einem Stück Tuch und ihren Leib mit einem zottichten Gewande, und übrigens gehen sie barfuß. Gegen den Feind bedienen sie sich eines aus dem Felle des Rhinoceros verfertigten Schildes, in welches sie einen Dolch stecken.

Der Raja von Morang ist vom Sisodischen Stamme; er floh hieher in das Gebirge und nahm seinen Sitz hieselbst, als Acbar das Kastell Tschitor eroberte. Das Land gränzt übrigens mit Tibet oder Butänt.

Amárpor, ein anderer westlich gelegener zu Morang gehöriger Ort, wo ein anderer Raja von demselben Stamme herrscht. Von Purania bis hieher sollen 8 Tagereisen seyn; welches aber noch genauer zu untersuchen ist.

Gorag=

Die Provinz Bengalen. 325

Goraghât, der Sitz eines Kriegsobersten und dabey eine blühende stark bewohnte Stadt jenseit des Ganges, 25 Meilen von Razgans, und dieses 6 Tagereisen nördlich von Ghiria, welches 2¼ Meile von Mohána Goti entfernt ist. Etwas zuverläßigeres werde ich zu einer anderen Zeit hievon aufführen.

Mahándi, ein Fluß, der von den Morangischen Bergen herabkömmt und ohnweit Samdam, Razmahal gegenüber, in den dritten Arm des Ganges fließt, der daselbst eine Insel bildet. Allein ¼ Meile vom Samba rechts, oder südlich, bricht er aus dem Arm des Ganges wieder hervor und strömt nach Malda und weiter fort, bis er zwischen Scherpor und Hozrapor sich mit dem Ganges vereinigt. Der gedachte dritte Arm aber, vereinigt sich mit einem anderen Arme, ohnweit Tschandpor, Razmahal gegenüber. — Dies ist aus einem Persischen Schriftsteller gezogen.

Bhagbànpor, ein weitläuftiger Flecken, ½ Meile vom Ganges und 12 von Razmahal.

Gòr oder das alte Lacnoti, welches Alexander Tschohata, König von Bengalen erweitert und mit dicken Mauern von Erde umzogen hat, liegt 8 Meilen vom jenseitigen Ufer des Ganges, Bhagbànpor gegenüber. Die Höhe der Mauern soll 20 indische Ellen betragen und die Breite eben so viel, so daß Pferde, Wagen und Elephanten dieselben bequem betreten können.

Der Umkreis der Stadt betrug vormals 12 Meilen. Izt liegen sie wüste, und wo sonst Häuser standen, liegen izt Saaten oder wohnen Tiger.

Innerhalb den Mauern der Stadt stehet der Pallast und die Residenz, wovon aber nur noch eine Moschee und ein prächtiges Grab übrig ist, in welchem der Erbauer der Stadt liegen soll. Anderswo heisset der angebliche Erbauer der Stadt, Belálfen.

Sobald sie den Mahometanern in die Hände gerieth, bekam sie den Namen Zärhäbad, ein lustiger Ort, und Zenätabad, das Paradies. Kaiser Humayun nannte sie so aus Spott, weil dort die ungesunde Luft Menschen und Vieh tödtete.

Tánda, auch genannt Udenèr, eine vormalige berühmte Stadt, mit Mauern umgeben. Sie lag 1 Meile weit vom jenseitigen Ufer; izt aber strömt das Wasser so nahe heran, daß fast alle Häuser davon eingestürzt sind.

Beym Flecken Duláhpor, ¼ Meile vom diesseitigen Ufer, oder 3 N. westlich von den beiden Mündungen, trennt sich ein Arm vom Ganges, der sich bey Mohana Goti mit einem andern, von den Einländern genannt Baghirethi, von den Europäern aber der kleine Ganges, verbindet. Ausser der Regenzeit ist er trocken, oder enthält etwa nur ohnweit Mohana Goti

Taf. XXVIII. n. 2.

Ss 3 eini-

einiges stehendes Wasser, womit man jedoch den großen Ganges nicht erreichen kann, weil der Sand an der Mündung eine Untiefe macht.

Beym Flecken Sadigans, drittehalb Meilen von Mohana Soti, am dießseitigen Ufer des großen Ganges, trennt die große Menge der Gewässer diesen Strohm auseinander, und beide Theile bringen in das Innere des Landes; der eine ströhmt S. östlich, wo man nach Daka hinübersetzt, eine große berühmte Handelsstadt und alte Residenz des Statthalters von Bengalen; der andere N. östlich, wo man nach Razmahal überschift; denn von dieser Mündung aus segeln die Schiffe N. östlich gegen den Strohm.

Mohána Sóti, eine Stadt am dießseitigen Ufer des kleinen Ganges, drittehalb Meilen von der Theilung des großen Ganges und anderthalb von der Herberge Aorangabad, und endlich 14 etwas starke Meilen von Maxudabad. Hier vereinigen sich die beiden obgedachten Arme des Ganges, deren einer S. westlich, der andere N. westlich herankömmt.

Der große Ganges also, von den Einländern genannt Padda und Paddauvati, ströhmt nördlich an Bhagbangóla und Zalanghi; von da fort nach Daka und Tschatigam, und theilt sich in viele Arme, so daß er mit mehr als zwanzig Ausflüssen ins Meer sich ergießt.

Der kleine Ganges, genannt Bhaghirthi oder gewöhnlicher Bhaghirethi, fließt bey Maxudabad, Nadia, Hugli, Calcotta herab, und Inzili gegenüber, ins Meer.

Ghiria, ein Flecken am jenseitigen Ufer des kleinen Ganges, 2¼ Meile von Mohana, gen Maxudabad.

Balgätta, ein Flecken am dießseitigen Ufer, ½ Meile von Ghiria.

Ein wenig oberhalb diesem Flecken N. westlich, tritt der kleine Fluß Pahàr in den kleinen Ganges.

Rámpor, am jenseitigen Ufer, 9 Meilen von Maxudabad. Von da geht man nach Zangipor, ein Flecken mit einer Herberge, auch am jenseitigen Ufer, 7 Meilen von Maxudabad. Von da 1 Meile bis

Balia, am dießseitigen Ufer.

Maxudabad, auch genannt Morschedabad, die gegenwärtige Hauptstadt von Bengalen, wie bereits angemerkt worden, ist eine sehr große Stadt am jenseitigen Ufer des kleinen Ganges: denn ihre Länge erstreckt sich von Baminian bis Lálbag, oder den rothen Garten, fünf Meilen; die Breite ist kleiner, indem einige vom Ufer an bis Acbarpor 2, andere 3 Meilen rechnen. Ihr gegenüber, am dießseitigen Ufer liegt

Mahinagar, deren Länge von der Vorstadt Asimgans, bis an das Grab des Suràzdola, Statthalters von Bengalen, sich erstreckt, der von den Engländern geschlagen und von einem

Die Provinz Bengalen.

einem gewissen Mahometaner gefangen und getödtet wurde. Die Breite wird kaum anderthalb Meilen betragen.

Beide Städte enthalten eine große Anzahl Häuser von Kalk und Backsteinen, und sind mit vielen Gärten und prächtigen Gebäuden gezieret; doch sind sie auch sehr mit Hütten von Leimen und Strohdächern untermischt, deren Anzahl jene weit übertrift. Beide Städte sind in unterschiedene Vorstädte getheilt, deren jede ihren besondern Namen hat; und zwischen beiden fließt ruhig der Ganges, den unzählige Fahrzeuge und Kähne von allen Seiten durchkreuzen.

Die Charte des Engländers Bartholom. Plaisted setzt Maxudabad zwischen zwey gleich großen Flüssen, da doch nur ein einziger beide Städte durchschneidet, die dicht an seinen Ufern liegen. Zudem ist dieser Arm ungleich kleiner als der Ganges und gleichsam nur ein Sumpf, dessen Gewässer mit dem Caria sich vermischt.

Die Residenz des Statthalters von Bengalen heißet Coleria, und liegt am äussersten Ende der Stadt. Ohngefähr 1 Meile links davon steht der große prächtige mit einem Sumpf umgebene Pallast, Motizil. Ein anderer, genannt Hirazil, steht am diesseitigen Ufer. Die Holländer haben zu Maxudabad ein großes, nicht weit vom jenseitigen Ufer entferntes Gebäude (Faktorey). Die N. Breite beträgt nach dem P. Boudier 24° 11'; die Länge 86° 41'. Taf. XXX.

Drey Meilen S. östlich von Maxudabad, am jenseitigen Ufer liegt die Handelsstadt Cássembasär, wo die Engländer ein nach europäischer Art angelegtes Kastell haben, in welchem ihre Waaren befindlich sind. Taf. XXXI.

Weiterhin liegt Calcapor, mit großen und prächtigen Gebäuden der Holländer, die hier ihren Handel treiben.

Oestlich von hier liegt Saidabad, wo viele Armenische Kaufleute in prächtigen Gebäuden wohnen und ihrem Handel obliegen. Auch die Franzosen haben hier Comtore am Ufer. Alle drey Städte aber liegen in einer Nachbarschaft beysammen.

Die N. Breite beträgt nach dem P. Boudier 24 Gr. 8 Min. Die Länge, vom Par. Mitt. Kreise 86 Gr. 40 Min. Doch sowohl diese als jene Länge ist fehlerhaft, wie an einem andern Orte gezeigt wird.

Cámnagár, ein Flecken am diesseitigen Ufer, 7 Meilen von Maxudabad.

Paláßi, am jenseitigen Ufer. Hier liegt ein Garten nebst Gebäuden dicht am Ufer.

Catúa, eine stark bewohnte Stadt, wo eine große Menge baumwollener und seidener Zeuge verfertigt wird. Sie liegt 10 Meilen von Paláßi und 30 von Hugli.

Agär=

Agárdip, eine Stadt am jenseitigen Ufer, 3 Meilen von Catua gen Nabia, mit einer Pagode des schändlichen Mahadeo.

Belpuctia, ein weitläuftiger Flecken am jenseitigen Ufer, 15 Meilen von Catua.

Nabia, eine Stadt am diesseitigen Ufer, eine halbe Meile lang. Sie war ehmals blühend und von Brahmanen bewohnt; itzt aber ist sie gefallen.

Taf. XXXII. f. 1.

Hier ergießt sich der Arm des großen Ganges, von den dortigen Einwohnern genannt **Caria**, S. östlich in den kleinen Ganges und erweitert das Bett desselben.

Auf diesem Arm schift man im Februar, März und April von Razmahal nach Hugli, wann nemlich der kleine Ganges bey Mohana Goti, wegen des geringen Wassers nicht schifbar ist.

Ein anderer kleinerer Arm fließt ½ Meile von Nabia gen **Cássembasar**; man weiß aber bis itzt noch nicht, ob er vom Caria, oder vom kleinen Ganges, oder von stehenden Gewässern kömmt: daher ist es auch ungewiß, ob der, Nabia gegenüber liegende Distrikt, eine Insel oder Halbinsel sey. Der Arm kömmt wahrscheinlich vom kleinen Ganges und geht nicht weit ins feste Land.

Eine umständlichere Beschreibung verdient der Arm des großen Ganges.

Nach dem Berichte der Schiffer geht bey **Bhagbangola**, 8 Meilen von Marudabad, ein Arm des Ganges, genannt **Calcáli**, westlich vom diesseitigen Ufer aus und östlich ins feste Land, in einer Strecke von 18 indischen Meilen bis **Zalängi**, welches noch vor wenig Jahren an 3 Meilen vom großen Ganges entfernt war, itzt aber fast von demselben weggespült wird. Hier vereinigt sich der Arm wieder mit dem Ganges; bricht aber bald wieder durchs Ufer ins Innere des Landes und fließt unter dem Namen Caria, in mäßiger Stärke S. östlich bis Nabia.

Sobald der kleine Ganges seine Gewässer mit jenem gesammelt hat: so fließt er langsam und ruhig südlich fort, und lenkt sich hernach S. östlich.

Ohngefähr 2 Meilen weiter von Nabia, am westlichen Ufer, kömmt man an die Mündung eines Flusses, dessen Namen nicht bekannt ist und der westlich her, in den kleinen Ganges fließt.

Cálna, eine Stadt und Schifs-Lände am diesseit. Ufer, wo der Ganges einen Busen macht.

Tilia cämálpor, ein Flecken mit vielen Strohhütten, am diesseitigen Ufer, 9 Meilen von Calna und 3 von Hugli.

Schahgans, oder der königl. Kornmarkt am diesseitigen Ufer, ohngefähr 1 indische Meile N. N. westlich von Hugli. Am Ufer steht eine Pagode mit einer Kuppel.

Die Provinz Bengalen.

An beiden Ufern sieht man in einer Strecke von mehr als 10 Meilen bis Calcotta, eine Menge Ortschaften, Gärten, Häuser, Aecker, fruchttragende Palmen und andere Bäume, welches den Vorüberschiffenden den reizendsten Anblick verursacht.

Hugli Bändär, oder Schif-lände, am diesseitigen hohen Ufer, war ehmals eine volkreiche Stadt, vorzüglich von Portugiesen bewohnt, und hatte schöne Gebäude und Palläste; ist aber ist sie fast wüste. Das ziemlich große Kastell, welches ein länglichtes Viereck, und nach alter Befestigungsart erbauet ist, steht leer und ohne Besatzung. *Taf. XXXIII. n. 1.*

N. westlich dicht am Ufer des Flusses erblickt man ein St. Augustiner-Kloster und Kirche; und weiterhin ein wenig westlich eine fast ganz verfallene Kirche U. L. Fr. Von den Jesuiter-Gebäuden ist fast nichts mehr übrig.

Die Ebbe und Fluth geht zwar bis Hugli, ist aber fast nicht merklich. Bey Tschunzura und Tschandernagor ist sie stärker. Die N. Breite beträgt 22 Gr. 56 Min., die Länge 106°.

Sátgam, mit einem nicht geringen Distrikte, liegt 4 Meilen westlich von Hugli.

An Hugli stößt Tschunzura, eine holländische Colonie und Schiflände. Die Häuser sind nach europäischer Art, und der Handel unterhält dort eine Menge Einwohner. Das Kastell ist auch nach europäischer Art aufgeführt, mit vier Basteyen und einem Graben versehen. Dicht am Flusse steht eine Batterie von 24 Kanonen, um feindliche Segel abzuhalten. Der Pallast des holländischen Statthalters ist groß und prächtig; er liegt im Kastell und hat seitwärts, nach dem Flusse hin, einen mit schönen Gebäuden geschmückten geräumigen Lustgarten. Die Straßen sind nach dortiger Art ziemlich breit, zumal die, welche nach dem Kaufmarkt führt. Tschunzura gegenüber liegt Luncagola, oder das Salzmagazin. Die N. Breite beträgt 22 Gr. 54 Min.; die Länge 105 Gr. 57 Min. Von Tschunzura bis Tschandarnagor fließt der Ganges S. westlich, da er vorher gewöhnlich östlich und S. östlich gieng. *Taf. XXXIV.*

Tschandnagar, von den Franzosen genannt Schandarnagor, indem sie diesen fremden Namen nach ihrer Mundart bequemen, ist eine französische Colonie, die ehmals sehr blühend war und prächtige Gebäude und Palläste hatte, wovon aber die meisten verfallen sind, da die Einwohner sich anderswohin begeben haben. Man sieht hier zwo schöne Jesuiter- und Capuziner-Kirchen. Die Häuser und Hütten der Einländer liegen nördlich, südlich und westlich zerstreuet. *Taf. XXXV. n. 2.*

Das N. westlich gelegene Kastell hatte 4 spitzige Basteyen und einen Graben nach der Landseite; itzt zeigt es bloße Ruinen als traurige Ueberreste des Krieges. Es pflegen hier

Tieffenth. Erdbeschreib.   T t   auch

auch größere dreymastige Schiffe mit Waaren anzulegen. Die N. Breite beträgt 22 Gr. 51 Min. Die Länge 105° 56'. Gegenüber liegt der Flecken Zagattàl.

Der französische Garten liegt anderthalb Meilen von der Kolonie, am dießeitigen Ufer, aber wüste.

Dem Garten gegenüber ein wenig S. östlich liegt Bánkibasàr, wo ehmals die Ostendische Kolonie war, wovon aber keine Spuren mehr übrig sind.

Sirampor, eine dänische Stadt und Kolonie am dießeitigen Ufer, ohngefähr 5 Meilen von Tschandarnagor. Das Wohngebäude des Statthalters liegt in einer geräumigen Ebene, und ist bequem, obgleich nicht sonderlich schön. Man sieht hier große Schiffe vor Anker. Gegenüber liegt der Flecken Sandälpor.

Calcotta, eine sehr blühende englische Kolonie, deren Beschreibung überflüßig seyn würde, ohngefähr 9 Meilen S. S. westlich oder S. westl. von Tschandnagar; nicht aber O. S. östlich oder S. S. östlich, wie man es auf den Charten antrift. Die N. Breite beträgt nach dem P. Boudier 22 Gr. 33 Min. Die Länge vom Par. Mitt. Kreise 85 Gr. 55 Min.

Vom April bis October pflegt hier der Südwind, die übrige Zeit des Jahrs aber der Nordwind zu wehen; der Ostwind ist ansteckend.

Bardbàn, eine große Stadt mit einem weitläuftigen Distrikte, welche jährlich 5500000 Rupien einbrachte, itzt aber kaum die Hälfte leistet. Sie liegt 14 Meilen von Tschandnagar und eben so weit von Catua; denn Balkischen cátra liegt 7 Meilen von Catua, und von da bis Bardban sind es eben so viel.

Rádanagar, eine Stadt die Handel mit seidenen Zeugen treibt, 15 Meilen von Bardban und ohngefähr 60 von Marudabad.

Ganga Ságar, eine Insel, wo der kleine Ganges vom Meere verschlungen wird.

Inseit des großen Ganges am nördlichen Ufer liegt Daka, auch genannt Zahangbirnagar, eine sehr große berühmte Handelsstadt, wo sehr schöne und feine baumwollene Zeuge verfertigt und in die entferntesten Länder versandt werden. Die Häuser erstrecken sich längs dem Ufer des Ganges, genannt Bhuriganga, in einer Länge von 6 Meilen.

Es wohnen hier viele zum christlichen Glauben bekehrte Einländer, und das Gotteshaus liegt in einiger Entfernung von der Stadt. Auch die Armenier haben eine Kirche zu ihrem Gottesdienste.

Von Razmahal bis Daka, geht die Reise über folgende Oerter:

Erst

Die Provinz Bengalen.

Erst hat man 2 Meilen zu Wasser bis Totipor; ferner 25 M. bis Hazrapor, am nördlichen Ufer des Ganges; sodann 17 M. bis Duladia; von da 16 M. bis Dampor; hiernächst 35 M. bis Zatrapor, am Anfange eines nach Daka fließenden Arms: denn der große Ganges theilt sich hier in 3 Arme. Von Zatrapor 11 M. bis Rasiata, und endlich von hier 9 Meilen bis Daka.

In allem 115 Meilen von Razmahal bis Daka.

Bavàl, 7 Meilen von Daka, und 3 vom Ufer des Laki, eine Stadt mit einer Kirche für die christliche Gemeine in Bengalen.

Tschatigam, eine auf kleinen Bergen gelegene, ehmals unter der Herrschaft der Portugiesen gestandene Stadt, an dem östlichsten Arme des großen Ganges, von den Einwohnern genannt Cáränpúla. Die Länge der Stadt schätzt man auf 5 Meilen. In der Mitte derselben auf einer Anhöhe liegt ein ansehnliches Kastell, welches der Statthalter von Bengalen unterm Aorangseb, dem damaligen Raja von Arracan, entriß.

Silhēt, eine Stadt am nördl. Ufer des Sorma, über 60 Meilen O.N. östlich von Daka.

Rangamáti, eine ehmals volkreiche Stadt mit einer Kirche, am nördl. Ufer des Lakia, 2 Meilen vom Bremaputär, in der Nachbarschaft der Ueberfahrt Kuntagàt: doch erreichen die Häuser die sich gerade Nordwärts 5 Meilen weit erstrecken, beynahe das Ufer des Bremaputars. Die Breite der Stadt beträgt 2 Meilen. Sie liegt auf Sandhügeln und in den Thälern die diese bilden, 20 Meilen von Goháthi, einem Gränzorte zwischen dem Distrikte von Daka und dem Reiche Aschàm.

Navagáthi, der Insel Sondip gegenüber.

Singarà, eine Vestung, und Bhelua erreicht man auf dem Wege von Daka nach Tschatigam.

Zugdia, eine Insel nahe am Meer, an der Nordseite der Insel Sondip.

Siripor, 21 Meilen von Siriramghar gen Tschatigam.

Penti, ein Fluß, über welchen man hinüber muß, wenn man von Daka nach Tschatigam will.

Talápi, 10 Meilen von Tschatigam gen Daka.

Dumbria, ein zu Tschatigam gehöriger Flecken.

Ranéu, ein Fort auf einem Berge zwischen Tschatigam und dem Königreich Arracan, 4 Tagereisen von Tschatigam.

Mundapára, ein Flecken am jenseitigen Ufer des Bhuriganga und

Srangibasára, am diesseitigen, da wo der Lakia in den Ganges fließt.

Dicht am Zusammenflusse steht eine Moschee, ohngefähr 6 Meilen östlich von Daka.

18. Die

18. Die Provinz Oressa.

Sie ist voller Berge und Wälder, trägt Reis und eine Art Hülsenfrüchte, die man dort Urd nennt. Weitzen wächst hier nicht.

Die Anzahl der Vestungen dieser Provinz schätzt man überhaupt auf 120.

In den Wäldern und auf den Bergen trift man Ziegen an, in deren Blase der Bezoarstein gefunden wird. Auch werden hier die schönsten Diamanten gegraben.

Die Schaafe und Hammel haben hier einen sehr langen Leib, kurze Ohren und dergleichen Schwanz. Die Hörner der Hammel sind spitzig und kaum einen Finger lang.

Die Einwohner dieses Landes heissen Gäz päti, oder, Elephantenbändiger.

Der letzte König von Oressa hieß Mocänd; er hatte 400 Gemalinnen und war ausserordentlich freygebig gegen Fremde.

Die zu dieser Provinz gehörigen Herrschaften sind bereits oben (S. 320 u. ff.) angemerkt worden.

Die öffentlichen Einkünfte betragen, nach dem Manuzzi: 5707500 Rupien.
Nach dem kaiserl. Register: 142821000 Däin,
oder: 1657800 Rupien.

Es kömmt aber eine noch größere Summe heraus, wenn man die Dam zu Rupien berechnet.

Nähere Beschreibung einiger Oerter.

Medinipor, eine Gränzstadt. Das neue Kastell ist die Residenz eines Kriegsobersten. Der Ort liegt 6 Meilen von Rädanagar gen Catak und 6 Tagereisen von Tschandnagar.

Kärcpor, eine Stadt auf dem Wege nach Catak, 7 Meilen von Medinipor.

Narainpor, eine Stadt mit einem Stachelrohrzaun und einem Wall. In der Stadt selbst liegt ein vierecktes Kastell von Stein, mit 4 Thürmen an den Ecken.

Daton, eine Stadt, 7 Meilen von Naraingbar.

Zelessor, eine große Stadt, 1 Meile von Daton gen Catak.

Eine ¼ Meile von Zelessor ist ein Ueberfahrt eines großen Strohms. Vom Ufer an gehört der Distrikt einem Raja, mit Namen Morbäns.

Rämtschändargbar, ein Fort von Stein in einer Ebene, 8 Meilen von Zelessor.

Balessor, von den Europäern genannt Balasor, ein See- und Schifshaven, wo Europäische Lootsen wohnen (Navarchi), welche die großen Schiffe zwischen den gefährlichen und seichten

Die Provinz Oreſſa.

ten Stellen des Ganges durch nach Bengalen führen. Dieſer Haven liegt 8 Meilen von Ránitſchandar.

Garòn, eine kleine Stadt, 10 Meilen S. weſtlich von Baleſſor oder Balaſor.

Bàbràk, eine große Stadt, 10 Meilen von Garòn.

Sázpor, eine Stadt und Veſtung von Stein an einem Fluſſe, deſſen Name unbekannt iſt.

Lakànpor, ein Flecken, 7 Meilen von Sazpor.

Pàdàmpor, ein Flecken, 6 Meilen von Lakanpor. Von da bis Catak ſind 3 Meilen.

Cátàk, eine große Stadt mit vielen Häuſern von Stein und kleineren mit Strohdächern. In der Stadt ſelbſt iſt ein feſtes Kaſtell mit Thürmen, von Stein und mit Kalk beworfen, von ziemlich großem Umfange. Es iſt die Reſidenz des Statthalters der Provinz.

Der Fluß Mahnàdda, der hier vorbeyfließt, ſtößt an eine ſteinerne Wehr, an der weſtlichen Ecke der Stadt, ſo daß ein nicht geringer Theil deſſelben ſüdlich fließt, und den Namen Catſchóri bekömmt.

Von eben dieſer Ecke erſtreckt ſich ein Steindamm 1 Meile weit an beiden Ströhmen fort; und öſtlich wird die Stadt von einem Walle vor feindlichen Anfällen geſichert.

Catàk heiſſet in Oreſſa ein Heer, welchen Namen die Stadt daher erhalten, weil Ram in dieſer Gegend ein Heer verſammelt hat, mit welchem er nach Lanka vorgerückt iſt, um ſeine Gemalin Sitha dem Rieſen Ravàn zu entreiſſen.

Cámrup, genannt Cuzbahàr, gemeinhin Caunru, hat S. öſtlich Bengalen; öſtlich Aſchàm; weſtlich Morang, und nördlich Butant oder Groß-Tibet.

Die Länge beträgt 55 Land-Meilen; die Breite 50. Das dortige Waſſer iſt geſund und von reinem Geſchmack. Es fehlt dem Lande nicht an ſchattigen Wäldern, noch an blumenreichen Gärten, noch an Früchten mancherley Art, als: Indiſchen Feigen, Ananas, Pomeranzen; und überhaupt übertrift dieſes Land alle übrigen öſtlichen Länder an Reiz und Anmuth. Auch wächſt hier der lange und ſchwarze Pfeffer ſehr häufig.

Der Weg in dieſes Land geht auf einem hohen, breiten und 24 Meilen langen Damm, der zugleich Cuzbahàr und einen Theil deſſelben umgiebt.

Auf dieſem Damme liegen einige mit einem Graben verſehene Vorwehre, deren die vornehmſte Pecdoàr heiſſet, oder der in den Diſtrikt Camrup führende enge Paß. Der Diſtrikt innerhalb dem Damm heiſſet Bithàrbànd, der auſſerhalb, Bahàrbànd.

Innerhalb dem Damm ſind 2 Flüſſe und noch 2 kleinere, die ſich mit dem, aus dem angränzenden Reiche Aſcham herabfließenden Strohme Sangòſch, verbinden.

Außerhalb dem Damm liegen 5 große Herrschaften, zu welchen 77 Flecken gehören. Innerhalb aber sind deren nur 12, aus welchen insgesammt 100000 Rupien Einkünfte gezogen werden.

Die Einwohner erscheinen auch unter zweyerley Namen. Denn diejenigen, die innerhalb dem Damme wohnen, heißen Mezi, die andern, Cúz; daher das Land den Namen Cuzbahàr erhalten hat.

Auch Aschàm hat den Namen Cúz Aschàm, weil viele aus Cuzbahàr ausgewandert sind und sich dort niedergelassen haben. Man verehrt dort einen Götzen Narain, nach welchem man auch eine ehmals dort geprägte Silbermünze Naraini nannte.

Cuzbahàr, ist eine blühende, schöne und volkreiche Stadt. Die Straßen sind häufig mit schönen schattichten Bäumen, genannt Catschenàl, besetzt, die mit Blumenbeeten abwechseln.

Die Einwohner haben eine häßliche Gestalt, indem sie grün und weißenfarben aussehen; einige der Mezi sind weiß.

Der Ackersmann hinter dem Pfluge, ist wie der Soldat mit einem Schwerdt umgürtet, und mit einem eisernen Bogen und einem Pfeil versehen, der gewöhnlich vergiftet ist und den Verwundeten zugleich tödtet. Das Gegenmittel dafür ist eine runde Frucht, mit weißem Kern und einer schwarzen rauhen Haut, die aus der Erde gegraben wird; die Einwohner nennen sie Cassèru.

Caribári, ein Distrikt, den der Fluß Benàs wässert, 5 Tagereisen von Daka.

Häst Silhèt, ein Ort in der Nachbarschaft von Caribári.

Catālbári, ein zum Gebiete Camrup gehöriger Flecken.

Bäritēla, ein zum Gebiete Daka gehöriger, gen Cúzbahar gelegener Ort.

Die Berge von Tibet liegen 15 Meilen nördlich von Cuzbahar. Die Schneeberge aber, die man im Distrikte Cuzbahar erblickt, sind 3 Tagereisen entfernt.

Die Einwohner von Camrup sind bey den übrigen Völkerschaften als schändliche Giftmischer berüchtigt; indem sie das Wasser bezaubern sollen, daß jemand der es trinkt, daran sterben muß.

Von Cuzbahar bis an den Bremapurār sind 5 Tagereisen.

In diesem Lande wird jährlich ein Fest zur Ehre des Devay gefeyert, an welchem allerley Thiere, auch unterschiedene Menschen geopfert werden, die sich freywillig dazu darbieten. Auch ist denjenigen, die zu diesem grausamen Opfer bestimmt sind, aller Muthwille und alle Unzucht erlaubt. Ein in der That erbärmliches Schicksal und eine beweinenswürdige Blindheit der Menschen, die sich so von dem bösen Geist betrügen lassen, und freywillig ins ewige Verderben rennen.

Das

Das Land Aschám.

Diese große Landschaft gränzt N. östlich an Bengalen; nordl. oder N. N. östl. an den District von Daka.

Man theilt sie in 2 Theile, in den nördlichen und in den südlichen. Der nördliche heisset Uttárgól; der südliche, Dakangól. Jener wird von einem Gebirge begränzt, das von den Mirimähnien bewohnt wird, und welches sich von Góhäti, der Gränze von Bengalen, gen Norden erstreckt. Dieser, der südliche, gränzt an der einen Seite mit Sidia, an der andern mit dem Berge Sirinagar.

Unter den Bergen der nördlichen Hälfte sind der Dola und der Landa berühmt; in der südlichen Hälfte aber der Námrúp, 40 Tagereisen von Kargaum, der Residenz des Königs von Aschám.

Ausserdem giebt es noch Gebirge die von einer Völkerschaft, genannt Náneki, bewohnt werden, weil sie sich zu der Sekte des Nanek bekennet. Diese Leute führen ein elendes Leben, weil sie bloß von dem Gewinn der dort wachsenden wohlriechenden Hölzer leben, die sie bey den Aschamern absetzen. Sie gehen nackend und sind nur um die Lenden mit einem Stücke Tuch bedeckt. Sie essen alles, und verzehren, wegen Mangels ordentlicher Lebensmittel, die scheußlichsten Thiere und Insekten.

Die Länge von Aschám beträgt 200 große, nach Morgen gerechnete Meilen; die Breite beträgt ohngefähr 80: denn von den nördlichen Bergen bis zu den südlichen sind 8 Tagereisen. Von Ghohati, der Gränze von Bengalen bis Kargaum rechnet man 75 etwas starke Meilen, und von Kargaum bis Ava 15 Tagereisen.

In den Wäldern dieses Landes halten sich viele Elephanten auf, so daß jährlich 5,600 gefangen werden.

An beiden Ufern des Flusses Dehingh ist eine mit allerley Getreide, Baumfrüchten und anmuthigen Gärten versehene Insel, genannt Däcän gól. Sie liegt zwischen dem Kastell Schemla und Kargaum, welcher Zwischenraum 50 indische Meilen beträgt. Der ganze Distrikt ist mit Gärten, Bäumen und schönen Gebäuden besetzt. Auch trift man hier Pommeranzen, Limonien, Granatäpfel, Pfirschen und andere indische Früchte, als Ananas, Catèl, indische Feigen im Ueberfluß an. Ferner eine große Menge länglichten schwarzen Pfeffers, Ingwer ohne Fasern, das inpische Blatt von beissendem Geschmack, und Zucker.

Um Kargaum giebt es Bäume, welche braungelbe Pfirschen, Pflaumen und Granatäpfel tragen. Vorzüglich aber trägt dieser Boden Reis und die Art Hülsenfrüchte, welche die Einländer Urd nennen. Getreide und Gerste wächst dort nicht, und Linsen wachsen nur sparsam. An Seide fehlt es auch nicht, indem allerhand Arbeiten davon verfertigt werden.

Aus dem aus Bächen gegrabenen und durchgeseigten Sande wäschet man Gold: eine Arbeit, womit sich viele tausend Menschen beschäftigen und ernähren.

An Salz ist ein großer Mangel; man findet es nur unten an einigen Bergen und es ist nicht einmal etwas nuz. Man bereitet daher, aus Noth, aus der indischen Feige Salz, welches aber bitter ist und den Geschmack der Speisen mehr widerlich als würzhaft macht.

In den Namrupischen Gebirgen, in den Distrikten Sidia und Gälughar wächst auch wohlriechendes Holz. Und in eben den Gebirgen halten sich die kleinen Ziegen auf, von denen der Bisam kömmt.

Der nördliche Distrikt, am nördlichen Ufer des Bremaputar ist sehr fruchtbar und stark bewohnt. An einigen Orten erstreckt er sich auf 15, an andern auf 40 Meilen; und es kömmt daselbst alles hervor, was in kalten Gegenden zu wachsen pflegt.

Die Einländer sind stark, weiß und roth von Farbe. Sie binden sich an keine gewisse Religion, ohngeachtet sie die der Brahmanen üben und Götzen dienen: übrigens nehmen sie an was ihnen gefällt; essen auch, gegen die Sitte der übrigen Heiden, Fleisch, sogar Kuhfleisch; sie scheuen sich auch nicht mit Leuten von anderen Religionen, z. B. mit den Mahometanern zu essen. Indeß haben sie doch einen Abscheu für mit Butter zubereitete Speisen, rühren solche auch nicht an.

Sie theilen sich in Aschamer und Galtaner, und diese übertreffen jene an kriegerischen Eigenschaften und in andern Stücken. Sie haben gewöhnlich 4 oder 5 Frauen, die sie entweder durch Geld oder Tausch an sich bringen. Sie scheeren Haar und Bart ab, und verachten diejenigen, die solche wachsen lassen. Ihre Sprache ist von der Bengalischen unterschieden. Sie sind kühn und unerschrocken, welches schon aus ihrem Gesichte hervorleuchtet. Sie sind zu schweren Arbeiten und Ermüdungen gewöhnt, gehen barfuß, den Kopf mit einem kleinen Hut, die Schultern mit Leinewandbedeckt und die Lenden mit Tuch umwunden. Ihre Häuser bauen sie von Holz und Rohr und decken sie mit Gras. Die Pagoden und Thore von Kargaum sind von Backsteinen oder Steinen erbauet und mit Kalk beworfen.

Der König von Ascham heißet Sörg Raza, oder der himmlische König; indem der erste König auf einer goldenen Leiter vom Himmel herab in dies Land gestiegen seyn soll, und da es ihm ausserordentlich gefallen, so habe er sich daselbst niedergelassen, sey mit den Einwohnern

Das Land Ascham.

nern in Umgang getreten und habe Nachkommen hinterlassen, die über dies Land geherrscht hätten. Ein Bild des zur Erde herabgekommenen göttlichen Wortes.

Der König wird gewöhnlich von 6 bis 700 Mann begleitet, deren Waffen aus Bogen, Pfeil und Säbel bestehen.

In der südlichen Nachbarschaft von Tschandära ist das Morangbische Gebirge und von daher erhält man Bisam und schöne Pferde.

Durch Ascham fließen unterschiedne Ströhme, von welchen der Brehmapútär der vornehmste ist, der, nach einem Geschichtschreiber der Regierung Aorangseb's, im nördlichen Sina entspringt. Wahrscheinlich aber entspringt er in Tibet. Die Ueberfahrt desselben ist 4 Tagereisen von Lassa, der Hauptstadt von Tibet, gen Nepál. Er fließt sehr schnell, ohngeachtet sein Bette ½ Meile breit ist. Von da ströhmt er in das Land Ascham zwischen zwey hohen Bergen fort, mit dicken Wäldern am Ufer, wo Morast und Sümpfe die Ueberfahrt sehr erschweren. Von da geht er nach Bengalen, wo er 2 Meilen von Rangamati vorbeyfließt und endlich mit dem Ganges sich vereiniget.

Der Dehing ist sehr wasserreich und das Erdreich an beiden Ufern ist von der besten Art. Er kömmt vom südlichen Gebirge her und vereinigt sich ohnweit Lakhughar mit dem Brehmaputar.

Der Dekhu, kleiner wie der Dehingh, geht mitten durch Rargaum und fließt bey Turmáni, 8 Meilen von Rargaum in den Dehing.

Beschreibung einiger Oerter.

Rargaum, die Hauptstadt und Residenz dieser Provinz ist groß und volkreich. Sie hat 4 von Steinen erbauete Thore; von zweyen derselben bis an den königlichen Pallast, am Ufer des Dekhu, sind es 3 Meilen. Sie ist mit einem Wall umgeben, den der Fluß durchschneidet*). An beiden Ufern stehen Häuser, die von Holzrohr und Stroh erbauet sind.

Die königliche Burg hat Wall und Graben: dieser mit Holz- und Stachelrohr, statt einer Mauer, umzogen. Der Umkreis beträgt 7 Meilen und 14 indische Morgen. Die Halle, in welcher der König Audienz giebt, ist 150 Ellen lang, 40 breit, und mit 66 hölzernen Säulen umgeben.

Namrup, ein Berg im südlichen Distrikte, zwischen zwey andern Bergen, 4 Tagereisen von Rargaum. Da Luft und Wasser dort sehr ungesund sind: so pflegt man Verbrecher und die

---

*) Cincta est aggere, per cujus fluvius transit. Nach cujus fehlet etwas.

Tieffenth. Erdbeschreib.

die das Leben verwirkt haben dorthin zu verweisen. Allenthalben umher sind hohe Wälder und die Straße geht durch ein steinichtes Thal voller Wasser, welches von beyden Seiten von Bergen eingeschlossen ist.

Patàm, ein Ort zwischen Kargaum und Namrup.

Mathrapor, ein anmuthiger großer Ort, 3⅞ Meilen S. östlich von Kargaum.

Salpáni, ein Flecken am Fuß eines Berges, südlich gegen Kargaum.

Deupáni, zwischen Kargaum und Salpáni.

Auch sind in Aschám viele veste Plätze, zu welchen folgende gehören:

Jogicúpa, ein hoher Berg am diesseitigen Ufer des Brehmaputar. Er hat den Namen von einem indischen Einsiedler, der in einer Höle dieses Berges sein Leben zubrachte. Von hier bis Gohathi, dem Gränzort von Bengalen, sind 40 Meilen; bis Kargaum aber kömmt man in Monatsfrist.

Am Fuße dieses Berges, der am Brehmaputar liegt, ist eine sehr starke Vestung. Die Mauern sind unten 9 Ellen dick, oben 5; der innere Umkreis beträgt 1¼ Meile und an den Mauern stehen sehr feste Thürme. Westlich erstrecken sich die Mauern vom Fuß bis zum Gipfel des Berges; südlich längs dem breiten und tiefen Brehmaputar. Oestlich vereinigt sich der aus dem Fuße des Gebirges rinnende Fluß Benàs mit dem Brehmaputar. Nördlich ist ein Graben, der Berg und ein dicker Wald. Dem Jogicupa gegenüber am jenseit. Ufer, erhebt sich ein anderer Berg, genannt Pautschrètten, auf welchem ein anderer fester Platz befindlich ist.

Der Boden ist wasserreich, indem es, wenn man nur 2 Palmen tief gräbt, hervorquillt.

Sirigàth, am diesseitigen Ufer des Brehmaputar, y Tagereisen von Jogicupa, eine Vestung, deren Mauern fünf Berge einschließen.

Eine andere Vestung liegt auf dem Berge Pando, am diesseitigen Ufer, der Stadt Kohathi oder Gohati gegenüber, an welcher ein hoher aber eben nicht schwer zu ersteigender Berg liegt: indem man auf 1000 im Felsen gehauenen Stufen hinaufsteigt. Auf dem Gipfel des Berges steht die berühmte dem Khamkia, Luna Tschamar und Ismail Zog gewidmete Pagode.

Carschli, eine Vestung, 7 Meilen nördlich vom Berge Pando, von welcher auch der benachbarte Wald den Namen hat.

Dumbria, ein Distrikt am diesseitigen Ufer des Bremaputar.

Eine der vornehmsten Vestungen ist die auf einem Berge gelegene Vestung Tschambara. Sie besteht aus einer dreyfachen vom Gipfel bis zum Fuß des Berges gezogenen starken Mauer. Alle Seiten des Berges sind so steil, daß sie wie abgeschnitten scheinen.

Das Land Ascham.

An der einen Seite der Vestung fließt der Bremaputar; an den andern Seiten sind tiefe und größtentheils eines Pfeilschusses breite Abgründe. Ohnweit dieser Vestung fließt auch der Alibarâr.

Gegenüber, am östlichen Ufer des Bremaputar, liegt eine andere große und hohe Vestung, Namens Schemlaghar, mit einer doppelten, mit Zinnen versehenen hohen und dicken Mauer. Eine derselben erstreckt sich 4 Meilen südlich bis an den hinter der Vestung gelegenen Berg; die andere 3 Meilen nördlich bis an den Bremaputar. Beide Mauern sind mit 5 sehr großen Thürmen, jeder von 430 Ellen im Umfange, versehen; und in jedem Zwischenraum von 50 Ellen sind kleinere Thürme angebracht. Die Mauern haben überdies noch inwendig und auswendig einen doppelten Graben.

Coliábâr, ein doppeltes von der Mauer der Vestung Schemla umgebenes Kastell, jenseit des Flusses. Von dort erstreckt sich nördlich eine Bergkette längs dem östlichen Ufer auf 2 Tagereisen weit.

Lakughar, ist der Ort wo der Fluß Dehing sich mit dem Bremaputar vereinigt, in welchen von da bis Rargaum noch andere Ströhme fließen.

Von Lakughar kömmt man auf Devälgam, welches an einem großen Flusse liegt.

Catschpor, ein Flecken, 10 Meilen von Rargaum.

Turmáni, ein Flecken am Zusammenflusse des Diku und des Dehing, 8 Meilen von Rargaum.

Lámohâng, zwischen Turmani und Rargaum, an einem unbekannten Flusse.

Folge der ehmaligen heidnischen Könige von Bengalen.

Bhâgdânt Retri, vom Stamme der Rajputen, rückte vor 4050 Jahren mit Hülfstruppen vor Dehli, und blieb im Treffen ohnweit Cortschêtêr, nebst dem Zôrjodân, dem er zu Hülfe gekommen war.

Er regierte	218 Jahr.	Benot Singh, reg.	97 Jahr.
Anän Bhim, reg.	155 —	Schänkärfen, reg.	96 —
Rän Bhim, reg.	108 —	Schatarjit, reg.	101 —
Gäz Bhim, reg.	82 —	Bhopät Singh, reg.	90 —
Deudät, reg.	95 —	Bhodrik, reg.	91 —
Zägät Singh, reg.	106 —	Zedirk, reg.	102 —
Bheram Singh, reg.	98 —	Ude Singh, reg.	85 —
Mohndät, reg.	102 —	Baffu Singh, reg.	88 —

Simàth,

Das Land Ascham.

Simàth, reg.	81 Jahr.	Caludānd, reg.	85 Jahr.
Rikdeo, reg.	83 —	Camdeo, reg.	90 —
Räkpend, reg.	79 —	Bezacārān, reg.	71 —
Jāgzivan, reg.	108 —	Säth Sing, reg.	89 —

Vom Stamme Goria.

Rája Bhoz, reg.	75 Jahr.	Pirtha Raja, reg.	52 Jahr.
Lalsèn, reg.	70 —	Raja Gŏrŏr, reg.	45 —
Raza Mahdo, reg.	68 —	Raja Lākān, reg.	50 —
Sāmāt Bhoz, reg.	48 —	Raja Ghirdār, reg.	53 —
Raja Amrud, reg.	60 —		

Vom Stamme der Rayeten, oder Schreiber (Scribarum.)

Rája Adsùr, reg.	75 Jahr.	Raja Bhoz, reg.	70 Jahr.
Zámni Bhàn, reg.	73 —	Raja Birbhadar, reg.	68 —
Raja Zespāt, reg.	76 —	Raja Scheschdar, reg.	58 —
Partàb Rudder, reg.	65 —	Raja Parbhácar, reg.	63 —
Raja Bhoádāt, reg.	69 —	Raja Zédhār, reg.	23 —
Raja Rikdeo, reg.	62 —		

Von einem anderen Stamme.

Raja Bonpàl, reg.	55 Jahr.	Raja Bikanpàl, reg.	75 Jahr.
Raja Dirpal, reg.	95 —	Raja Zépàl, reg.	98 —
Raja Deupal, reg.	83 —	Azepàl, reg.	98 —
Raja Bhopātpàl, reg.	70 —	Bhogpal, Bruder des vor. reg.	5 —
Raja Dalpātpàl, reg.	45 —	Zogatpàl, Enkel des Azepal, reg.	74 —

Von einem anderen Stamme.

Suk Singh, reg.	3 Jahr.	Mahdo Sen, reg.	10 Jahr.
Belàl Sèn, reg.	50 —	Rescho Sen, reg.	15 —
Er bauete die Stadt und Westung		Sada Sen, reg.	18 —
Gòr.		Raja Noza, reg.	3 —
Lakan Sèn, reg.	7 —		

Diesen folgten 7 andere heidnische Könige, deren Namen unbekannt sind. Ihre Regierung beträgt einen Zeitraum von 106 Jahren.

Folge

Das Land Afchaut.

Folge der mahometanischen Könige von Bengalen.

Muhammad, mit dem Beynamen Bachtyàr, einer der vornehmsten Minister des Königs Cotubuddin zu Dehli, war der erste mahometanische Regent, der Bengalen eigenmächtig besaß und die alte Stadt Lacnoti eroberte.

Nachdem Jacharuddin den Käbär Chàn, Bengalischen Statthalter des Königs Muhammad, mit dem Beynamen Töglök zu Dehli, um das Leben gebracht hatte, riß er die Regierung an sich und behauptete dieselbe 2 Jahr.

Ihm folgte Mobárák, ein Kriegsoberster, der ihm zugleich Thron und Leben raubte, im Jahr Mahomets 741. Er nahm hierauf den königlichen Titel und den Namen Alauvuddin an und regierte 1 Jahr 5 Monate, worauf

Elias Ala ihn tödtete, Lacnoti und Bengalen eroberte und den Namen Schamsuddin Bängra annahm. Dem König Jeros zu Dehli sandte er jährlich Geschenke, zum Zeichen seiner Abhängigkeit, und starb im Jahr Mahomets 759; nachdem er 16 Jahr regiert hatte.

Sicander, Sohn des vorigen, reg. 9 Jahr und einige Monate.

Geàs uddin, Sohn Sicanders, starb nach einer Regierung von 7 Jahren.

Sultan Salacin, Sohn des vorigen, regierte 10 Jahr. Diesem setzten die Großen des Reichs zum Nachfolger den

Schamsuddin, der im Jahr Mahomets 783 starb. Nach diesem kam die Regierung wieder an einen Heiden, Namens

Cáns, der sie 7 Jahr führte. Sein Sohn, der die mahomet. Religion und den Namen Jalaluddin annahm, beherrschte Bengalen 17 Jahr. Ihm folgte sein Sohn

Ahmad, der 13 Jahr regierte; und diesem:

Näfer, ein Freygelassener des Ahmad, der aber nach Verlauf von 7 Tagen von den Großen umgebracht wurde, und einen von den Brüdern des Schamsuddin Bangra zum Nachfolger erhielt, der aber nur 2 Jahr regierte.

Ihm folgte Barik Scha, Sohn des vorigen, und reg. 15 Jahr. Auf diesen folgte

Joseph, der 7½ Jahr regierte. Ihm folgte sein ältester Sohn:

Sicandar, den die Großen wegen seiner Blödsinnigkeit absetzten, und seinen Bruder Fate Schah wählten; den aber der Vorgesetzte des Harams ins Gefängniß brachte und tödtete, und zwar im Jahr der Hej. 896; nach einer Regierung von 7 Jahren und 5 Mon.

Der Vorsteher des Harams riß hierauf die Regierung und den königl. Titel an sich, welche Freude aber nicht länger als 2½ Monat währte, indem ein gewisser Mohr (Aethiops) von einem der Vornehmsten des Reichs diesen Wütrich vom Thron warf und ums Leben brachte: sich selbst aber, unter dem Namen

Jeros

Feros Schah, die Regierung anmaaßte. Er starb im J. d. H. 899. Ihm folgte sein Sohn Mahmud, der aber ein Jahr darauf von einem Mohren, Namens Siribadar getödtet wurde.

Der Mohr Mosafär, dessen kurz vorher erwähnt worden, erhielt die Regierung durch einen Vatermord; und da seine Tyranney ihn beym Volk verhaßt machte: so wurde er vermöge einer Verschwörung desselben ums Leben gebracht. An seine Stelle setzten die Großen den Scharif, mit dem Beynamen Mäki. Er nahm mit der Regierung zugleich den Namen Alauvuddin an und starb im J. d. H. 927. Ihm folgte sein Sohn Nasib Scha, der sich mit der Tochter des Königs Ibrahim Lodi zu Dehli vermählte. Er begann Tyranney zu üben, starb sodann aber bald im J. d. Hej. 933. Nach ihm erhielt einer seiner vornehmsten Minister

Mahmud, ein Bengaler, die Regierung. Den aber Scherkan im Treffen schlug und aus Bengalen verjagte; worauf er zum Kaiser Humayun floh und um ein Heer desselben nach Bengalen anhielt. Humayun begab sich selbst dahin, und setzte sich bey Gor, welches er aus Spott Jenatabád (Paradies) nannte. Er wurde aber vom Scher Khán geschlagen und nach Persien gejagt.

Scher Khán setzte den Afganen Muhammad über Bengalen; dessen Sohn aber, der ihm folgte, widersetzte sich dem Salim, Sohn und Nachfolger des Scherkhan; indem er den Namen Bazádor Scha annahm, und Münze in seinem Namen prägen ließ. Allein Salim jagte ihn fort und setzte den Soleman mit dem Beynamen Carsan, einen Afgan zum Statthalter von Bengalen. Dieser entriß auch die Provinz Oressa den heidnischen Rajahs und verband sie mit Bengalen. Er starb im J. d. H. 981, nach einer Regierung von 25 Jahren.

Bajasid, Sohn des vorigen, wurde umgebracht, da er nur 1 Monat regiert hatte. Ihm folgte sein jüngerer Bruder

Daudkhan, ein edelmüthiger tapfrer Herr, der es mit dem Acbar aufzunehmen wagte: er zog sich aber geschlagen nach Oressa zurück, wo er noch ein heftiges Gefechte mit der mogolischen Armee hatte, bis er endlich in der Ebene zwischen Tanda und Gari völlig geschlagen wurde und umkam. Auch sein Sohn, der verwundet aus der Schlacht kam, starb nach 3 Tagen. Daher Bengalen zugleich mit Oressa dem Acbar zu Theil wurde.

19. Die

19. Die Provinz Aorangabad.

Sie ist von großem Umfange und vom Aorangseb, Acbars Urenkel, zum mogolischen Reich gebracht worden. Sie enthält die Landschaft Cocàn am indischen Meer, wo man viele Haven antrift, unter andern, Tschaul, Dabul, Sifferdàn, Dingorla. Uebrigens besteht sie zum Theil aus Bergen und Wäldern. Der mit der Provinz Bezapor gränzende Distrikt gehörte vordem dem Adelchan, doch war das meiste dem Nisam moluk zuständig.

Diese Provinz besteht aus 14 großen Herrschaften, welche 140 kleinere enthalten.

Die Hauptstadt derselben ist Aorangabad, eine der größten und volkreichsten Städte in Indien, indem sie von Mahometanern und Heiden wimmelt. Sie liegt in einer Ebene und ist fast allenthalben mit Bergen umgeben. Ihr Erbauer ist Aorangseb, der sie auch zu ihrer Größe und Pracht erhoben, sie zur Residenz erwählt, mit Mauern und Bollwerken befestigt, ihren alten Namen, denn sie hieß sonst Kirki, verdrängt, und ihr den seinigen beygelegt hat.

Er bauete auch einen herrlichen Pallast und umgab ihn mit Mauern, so daß man durch vier Thore hineingeht. Der Pallast selbst aber besteht aus einem Säulengange von einer vierfachen Reihe sehr großer Säulen und Bögen, in deren Mitte eine Art von Thron angebracht ist, auf welchem der Groß-Mogol nach Landesart, mit kreuzweise zusammengelegten Beinen, und umherstehenden Vornehmen des Hofes, zu sitzen pflegt.

Aus diesem Säulengange geht man in den itzt wildliegenden Garten über, wo das Haram ist. Allein alle diese Gebäude kommen in keinen Vergleich mit der Pracht und Schönheit derer, die zu Agra und Dehli von den Mogolischen Kaisern erbauet worden.

Die Länge und Breite der Stadt ist schwer zu messen. Man braucht von einem Ende zum andern gewiß eine Stunde. In der Mitte sind die Kaufläden, nebst einer Moschee, die aber im Verhältniß mit einer so großen Stadt von mittelmäßiger Größe ist.

Die Häuser zeichnen sich weder an Zierde noch an Festigkeit noch Höhe aus, ohngeachtet das Innere bequem und schön ist. Ausserhalb den Ringmauern ist alles von Lehmen und mit Stroh oder Ziegeln gedeckt. Auch sind die Gebäude des Statthalters, deren es unterschiedne giebt, weder prächtig noch zierlich, ohngeachtet es inwendig daran nicht fehlt. Dies ist aber so die Landesart: das Aeussere der Gebäude und Pallaste fällt nie so in die Augen, als das Innere prächtig und bequem ist.

Wasser schöpft man hier theils aus Brunnen, theils aus einem, durch gewölbte Kanäle unter der Erde abgeleiteten Bache, an welchem in gewisser Entfernung Thürme als so viele Wasserbehälter, stehen.

Die

Die Provinz Aorangabad.

Die Einwohner sind mit denen anderer Orten einerley, auſſer daß sie sich etwa durch ihre sehr stark gespitzten Schuhe auszeichnen.

Die Lebensmittel für Menschen und Vieh sind sehr theuer; ohngeachtet der Boden umher Hirſe, Korn und anderes Getreide hervorbringt. Allein dieſe Nahrungsmittel reichen zu der unzähligen Menge Menschen und gemeinen Volks nicht hin.

In den Gärten trift man allerley Arten Früchte an: ſowohl indiſche als europäiſche Feigen, wohlſchmeckende Trauben, mancherley Arten Melonen und andere Wurzeln und Kräuter; kurz, was nur der Gaumen verlangt, keimt hier hervor.

Auſſerhalb der Stadt trift man mahometaniſche in Gärten erbauete Grabmale an, deren einige ſich vorzüglich auszeichnen. Beſonders aber glänzt ein marmornes Grabmal einer königlichen Prinzeßin hervor, welches ein ſehr prächtiges und koſtbares Werk iſt.

Sieben Meilen von der Stadt ſteht das Grabmal des Aorangſeb, den man für vergöttert hält, ein prächtiges ſehenswürdiges Werk, in Verbindung mit einem anderen eines mahometaniſchen Einſiedlers. Noch mehr aber erſtaunt man über den Aberglauben, der Betrügern und laſterhaften Menſchen ſolche Denkmale errichtete.

Nach einer Beobachtung vom 26ſten März 1750, beträgt die nördliche Breite dieſer prächtigen Stadt, 19 Gr. 50 Min.

Die jährlichen Einkünfte betragen:

Nach dem Regiſter:	1030049000 Dam;
Nach einem anderen:	1004965000 Dam;
Nach dem Manuzzi:	10624750 Rup.
Die größte Summe beträgt:	10051000 Rup.
Die kleinſte — —	9699000 Rup.

Die Kaſtelle und Veſtungen der Provinz Aorangabad ſind folgende:

Ahmädnagar.	Aondbäri.	Barbäda.
Alfaghar.	Aroghir.	Bäſſi.
Aling.	Aſumghär, gem. Mör.	Baváni Songhar.
Amóra.	Aſſe evàt.	Begämpor.
Anbèr.	Atſchäla.	Beli.
Anzerai.	Attki pätki.	Betälghar.
Aobdürg.	Bahadorpor, gemeinſ.	Bhencära.
Aoghar.	Nandayam.	Bherìnghär.
Aonda.	Bandèka.	Calaya.

Caléſ=

Die Provinz Aorangabad. 345

Caléſſóra.	Kalólgbär.	Mánĕcgans.
Cántdúrg.	Kalzegbar.	Mánĕcgbar.
Catóra.	Kámóri.	Mángbar.
Cócändeh.	Kandána.	Mänränzän.
Dāl.	Kandbär.	Máränd.
Darſſona.	Känzärgbar.	Marcandeu.
Déra.	Känzärmänzar.	Märmärdarái.
Derp.	Karód.	Märſĕl.
Deutéra, gem. Deutána.	Käſmärí.	Mäſſändgbar.
Dhán Bavára.	Keläß.	Maſſudal.
Didangbar.	Khandéri.	Maſuóna.
Dilcána.	Khandti.	Merggbär.
Dola.	Khätängbar.	Mĕrgbar.
Dolatabád.	Khevälgbar.	Moſtahul-Satúh.
Dürggbär.	Koáränd.	Muctári=Sevai.
Eſlamabad, gemeinhin Tſchakſa.	Kórand.	Nälburg.
	Kúntſch.	Oſſèr.
Eſlámgbar, gemeinh. Käpári.	Lohgbar.	Pädämgbar.
	Loſſiara.	Paniala.
Satrabad, gem. Dhátgbar.	Lúngbär.	Pärli.
	Mácündgbär.	Partábgbar.
Gangána.	Mädgbär.	Pemgbär.
Gohóra.	Madhórdurg.	Pend.
Gopála.	Mädmácünd.	Portugál Bári, oder der Portug. Garten.
Górĕktſchänd.	Magagbar.	
Górgbär.	Mahóli.	Rámgbär.
Goſſála.	Mahór.	Rámſez.
Gundána.	Mäkrändgbar.	Raſſĕf.
Härbäns.	Maläkgbär.	Rázcótt.
Hartſchandgbar.	Mälgbär.	Razdurg.
Hédergbar.	Mälgbir.	Rázĕnd.
Kälbärga.	Mändängbar.	Rázgbar.
Kalián.	Manĕk.	Rázóri.

Tieffenth. Erdbeſchreib. X ͒ Rĕn=

Réngbär.	Góränburg.	Tschéval.
Rettèngbar.	Sorvàti.	Torna.
Sågargbar.	Súngbar.	Turia.
Saráburg.	Súrgbar.	Udegbar.
Sårfaráſi.	Tſchändängbar.	Zavandőőr.
Sevapor.	Tſchandérí.	Zóbbi. Zuna.

Auſſer dieſen ſind noch:

Angóla.	Eſſagbar.	Párki. Róbera.
Bácärgbär.	Mamúni.	Rúpgbar.
Bändárburg.	Närburg.	Serupgbar.
Cändagála.	Pältz Kból.	Tacóta.

Nähere Beſchreibung einiger Oerter.

Taf. XXXVI. Unter den veſten Plätzen iſt Dolatabád der vornehmſte; deſſen alter Name Deugbír oder Dharagbär iſt. Muhammad Maläc Tſchuna ließ es Doltabad nennen. Es liegt 5 Meilen N. N. W. von Aorangabad, auf einem Berge der einem Kegel oder Markſtein gleichet und von den übrigen abgeſondert ſteht. Dieſer Fels iſt nicht, wie gewöhnlich, mit mäßigen weichen Abſchüſſen bis zum Gipfel verſehen, ſondern geht völlig wie ein Kegel in die Höhe, der nach unten breit iſt, aber je höher je ſchmäler wird und endlich ſpitz zugeht. Dieſe trefliche Veſtung iſt von ſchwarzen Steinen ſehr kunſtreich aufgeführt, indem man keine Verbindung und Fugen gewahr wird. Sie iſt mit einer achtfachen Mauer umgeben: vier Reihen umgeben den Gipfel des Berges, und vier den Fuß deſſelben. Die 1te von unten hat den Namen Ambärcótt, weil ſie von dem Mohren Ambár, einem Freygelaſſenen des Niſammoluk erbauet iſt. Die 2te heiſſet Mábacott oder die große Veſte, und die 3te Cálacótt, die ſchwarze Veſtung. Der ganze Berg hat 5000 Ellen im Umfange. Vom Fuß an iſt er bis zu einer Höhe von 140 Ellen gleich und eben behauen; höher hinauf aber iſt er rauh und ungleich. Man ſieht auch einen in dem Fels ausgehauenen Graben, 40 Ellen breit und 30 tief. Vom Fuße bis zu den oberen Veſtungswerken, geht man auf engen und dunklen gleich groß ausgehauenen Stufen hinauf, ſo daß niemand ohne Fackel den Weg antreten noch verfolgen kann. Den Eingang dieſes Weges verſchließt eine eiſerne Thür, und das Ende deſſelben iſt mit eiſernen Stangen vermacht, die man durch Feuer in Gluth ſetzt (accenduntur), um den Feind, ſobald er die unteren Veſtungswerke erobert hat, von den oberen abzuhalten. Der Thore ſind

vier:

Die Provinz Aorangabad.

vier: Catschéri, das Nisamporsche, das Patānsche und Cágāsi, und die Stadt selbst ist innerhalb den Ringmauern. Diese unüberwindliche Vestung hat zuerst der König zu Dehli mit dem Beynamen Tögläk erobert; und erst nach Verlauf vieler Jahre ist sie in die Hände der Mogolen gekommen.

Von der Gränze dieser Provinz bis Aorangabad kömmt man durch folgende Oerter: Azenta, eine auf der Fläche eines Berges gelegene Stadt, die von einem Statthalter der Provinz, Namens Alirsch Ahan, mit einer Mauer umzogen worden. Dieser hat auch eine öffentliche Herberge bauen lassen, bequem und geräumig wie irgend eine, indem sie wenigstens 100 Gemächer enthält, von Stein und Kalk erbauet ist und die Figur eines Achtecks hat, mit eben so viel Thürmen; doch sind die Seiten ungleich. Sie hat zwey Eingänge oder Thore, eines südlich, das andere nördlich. In der Mitte ist ein geräumiger Platz, auf welchem Wagen und anderes Fuhrwerk der Fremden hingestellt werden. Der Ort selbst liegt 14 Meilen südlich von dem zum Gebiete von Borhampor gehörigen Flecken Zamnera. Nicht weit von der Stadt werden zwey Hügel von einer auf Bögen ruhenden Brücke verbunden.

Silóri, ein Flecken in einer fruchtbaren Ebene, 10 Meilen südlich von Azenta.

Pulmēri, 14 Meilen südlich von Silori, und 8 Meilen südlich von Aorangabad.

Von Aorangabad ins Cocanische hat man folgende Oerter:

Pecburza, ein kleiner Flecken, 7 Meilen westlich von Aorangabad.

Bezapor, eine mit Mauern theils von Stein theils von Leimen umgebene Stadt in einer weiten Ebene, 13 Meilen westlich von Pecburza.

Sucna, ein doppelter Flecken, ohngefähr 17 Meilen westlich von Bezapor, nicht weit von den S. westlich sich erstreckenden Bergen. In der Nachbarschaft südlich, auf einem Berge, liegt die starke Vestung Trembāk, am Ganga, genannt Godauvāri.

Nāssēk, eine weitläuftige Stadt auf einem Berge, ohne Mauern, mit Dächern von Leimen, und engen Straßen. Sie liegt nicht weit von den Bergen ab, und östlich fließt der kleine Fluß Ganga mit dem Beynamen Godauvāri, der sehr klares, gesundes Wasser führt, vorbey. Die am 1sten April 1750 beobachtete geographische Breite beträgt 19. Gr. 42 Min.

Mokena, ein zwischen kahlen, unfruchtbaren Bergen gelegener Flecken, 9 Meilen S. westlich von Nāssēk. Die Gebirge haben ein wunderbares Ansehen, indem einige Felsstücke wie Säulen erscheinen, andere einer Vestung, einer Stadt, einem Schloß und andern Gegenständen gleichen. Der Boden liegt ungebaut, ohngeachtet er fruchtbar ist, indem es an Dörfern und Ackerleuten fehlt.

Pipri,

Pipri, ein kleiner Flecken auf einem Hügel. Er besteht aus Hütten von Rohr, deren Fugen mit Leimen verstrichen, und deren Dächer von Stroh sind. Der Weg dahin geht zwischen Bergen und Felsen, und auf diesem Striche wächst Reis. Der Flecken liegt ohngefähr 6 Meilen S. westlich von Mokena, an engen Pässen, die jähe in ein tiefes Thal hinabführen.

Von diesem Flecken bis an das Meer erstreckt sich ein großer Strich Landes, Namens Rökän, von den Portugiesen genannt Cuncàm; er ist voller Berge, Wälder, Hügel und Thäler. Alle zwey, auch zuweilen 4 Meilen trift man ein Dorf an, wo es viele Hüner und Küchlein giebt, die man um einen sehr geringen Preis kauft; indem daselbst der beste Reis wächst, und eine Menge Körner auf dem Acker zurückbleiben. Die Menschen sind roh, wie man sie in dicken Wäldern erwarten kann; von schwarzer Farbe und nackend: nur mit einem kleinen Stück Tuch ist die Schaam bedeckt. Gegen die Kälte oder Hitze bedienen sie sich eines schwarzen zottichten Tuches, das wie eine Kappe geformt ist: bedecken sich damit den Kopf, und lassen das übrige den Rücken herabhängen. Das Haupt scheeren sie ab, und lassen nur auf dem Wirbel einen Zopf stehen: ein Zeichen der Abgötterey, die auch in diesem obgleich öden ungebauten Strich Landes herrscht; indem sie am Eingange eines jeden Dorfes entweder ein steinernes Bild des Mahadeo oder ein hölzernes des Ram oder Latschman, unter einer aus Baumblättern verfertigten Hütte aufstellen. Die Mundart ist von der an andern Orten, und in den nördlichen Ländern gewöhnlichen unterschieden.

Schahpor, ein in einem tiefen Thal gelegener Flecken mit Rohrhütten.

Titvála, eine Stadt in einer anmuthigen Ebene, 14 Meilen von Mokena und 5 von Caliani; von Mokena aus geht es durch dicke mit Bergen umgebene Wälder, wo kein Fuhrwerk durch kann.

Caliàni, eine große volkreiche Stadt, mit Häusern von Rohr und mit Strohdächern: sie besteht aus einer langen von Kaufleuten belebten Straße. In diesem Distrikte trift man häufig unächte Palmen an, deren Frucht untauglich ist und aus Fasern besteht. Reis bauet man dort auf ausgegrabenen und mit einem niedrigen Damm eingeschlossenen Feldern, damit das Wasser nicht abfließe, ohne dessen hinreichenden Menge der Reis nicht gedeihen kann. Der ganze Boden besteht aus Hügeln und mit häufigem Reis besetzten Thälern. Nach einer am 6ten April 1750 beobachteten Mittagshöhe der Sonne, beträgt die nördliche Breite dieses Ortes 19 Gr. 5 Min.

Purandhär und Lohghàr, zwey nicht weit von einander gelegene Vestungen auf einem Berge.

Rudarmàl, ein Fort, zwey Kanonenschüsse von Purandhar.

Puna,

Die Provinz Aorangabad.

Puna, eine volkreiche, aus Häusern theils von Backsteinen, theils von Leimen bestehende Stadt und Residenz eines Marhatischen Fürsten von der Kaste der Brahmanen. Das mit Mauern umgebene Schloß bewohnt der erste Befehlshaber, Namens Bájirau; der Ort liegt 7 Tagereisen von Aorangabad und 30 Meilen von Bombay.

Luni, ein Flecken, 5 Meilen von Puna.

Gasòr, ein Kastell auf einem Berge, 10 Meilen von Purandhar.

Die Herrschaft Gopàn gehört mit zur Landschaft Cocan.

Supa, ein mit einem Erdwall umgebener Ort.

Vahàl, ein am Meer gelegenes, zum Gebiete von Puna gehöriges Kastell.

Saròl, eine 8 Meilen von Sevapor gelegene Stadt.

Rásghār, ein starkes Kastell, 10 Meilen von Saról, in dessen Nachbarschaft 4 bis 5 Schanzen liegen.

Caràba, ein Flecken in der Nachbarschaft eines zwischen Sevapor und Puna gelegenen Berges, 3½ Meile von Sevapor.

Razúra, ein auf dem Wege nach Puna gelegener Flecken.

Beunra, ein Gränzfluß der Gebiete von Puna und Aorangabad.

Baglána,

Ein dem Gebiete von Aorangabad westlich gelegener Strich Landes, der 60 Meilen oder 100 gemeine Meilen lang und 40, oder 70 gem. Meilen breit ist.

Man zählt in demselben 34 Vogteyen, die zusammen 1000 Ortschaften enthalten.

Luft und Wasser ist hier gesund; auch trift man viele fruchttragende Bäume und viele Seen und Teiche daselbst an.

Oestlich gränzt Tschandóra; westlich der Haven von Surat; nördlich Sultanpor Náderbár; südlich Naffek und Tremak.

Die vesten Plätze dieses Distriktes sind folgende:

Bádána.	Hárghar.	Salèr.
Bálból.	Mulèr.	Salu.
Hànghár.	Muráb.	Zórbál.

Die stärksten derselben sind Muler und Saler; beide erstrecken sich in einer beträchtlichen Länge. Saler liegt auf dem Gipfel eines Berges, und Mulèr an dessen Mitte; beide sind sehr künstlich aus Felsenstücken erbauet; so wie auch zu beiden im Felsen gehauene Stu-

Valluddin, Sohn des Mahmud Bhemani, der im Haram gleichsam gefangen war, reg. 3 Jahr.

Kalimulla, Sohn des Mahmud Bhemani, hatte blos den Namen eines Königes. Er floh zu seinem Oheim Ismael, König von Bezapor; von da gieng er nach Ahmadnagar, wo er mit Gift umgebracht wurde.

20. Die Provinz Balaghat.

Sie heisset auch Ahmadnagar, nach ihrer Hauptstadt und hatte vordem ihre eigenen Könige. Sie wurde mit zu Aorangabad gerechnet, nachdem sie vom Mogolischen Kaiser Aorangseb erobert worden.

Ahmadnagar, eine berühmte Stadt in einer anmuthigen Lage, wegen der Berge, Wälder und häufigen Gärten, unter welchen einer Namens Sarahbäkschi der vornehmste ist, indem man daselbst ein mit besonderer Kunst aufgeführtes Gebäude antrift. An der Seite der Stadt ist ein Fort und ein wohlbevestigtes Kastell, das schwer zu erobern ist, und vordem von den Statthaltern der Provinz bewohnt wurde. Die Einwohner dieser Stadt sind vortrefliche Künstler und geschickte Weber.

Dies wenige ist aus einem alten Persischen Buch gezogen, welches die Beschreibung der Welt (orbis) enthält. Etwas umständlicheres findet man davon in dem Buche von den Thaten des Aorangseb, wie folget:

Ahmadnagar, eine ansehnliche Stadt, genannt nach Ahmad, König des südlichen Indiens, hat prächtige Gebäude, ist reich an Wasser, welches durch Kanäle in die Häuser geleitet wird, ist stark bewohnt und hat eine anmuthige Lage, wegen der Berge, Wälder und häufigen Gärten, deren vornehmster, Namens Sarabakschi, 2000 Ellen im Umkreise hat. In der Mitte ist ein Teich von 528 Ellen im Umkreise. Das Wasser ist vom Gebirge herab unter der Erde dahin abgeleitet, und im Teiche selbst steht ein sehr großes schönes Gebäude mit einer hohen Kuppel und 320 Zimmern.

Ein anderer Garten, genannt das Paradies, 612 Ellen lang, hat einen schönen achteckichten Teich, in dessen Mitte ein prächtiges Gebäude steht.

Die Stadt hat drittehalb Meilen im Umkreise, liegt 5 Tagereisen von Aorangabad und eben so weit von Setára.

Eine italienische Viertelmeile von der Stadt, liegt ein schönes Fort in einer Ebene, welches einen tiefen Grund hat, von Steinen aufgeführt, und schwer einzunehmen ist. Es gleicht einem

Die Provinz Balaghat.

einem Berge, wegen der Höhe und Festigkeit der Mauern, die mit einem tiefen Graben umgeben sind, der stets voll Wasser ist, welches durch zwey Kanäle herbey geleitet wird.

Diese Vestung wurde den Königen von Balagat erst vom Aorangseb genommen, und im Jahr 1760 fiel sie den Marhaten in die Hände.

Der Name Balagat rührt eigentlich von dem Gebirge her und bezeichnet den beschwerlichen Uebergang derselben: denn Bhala heisset im Indischen ein hoher Ort, und Gàt, der Uebergang. Am Fuße des Gebirges liegt Ahmadnagar.

Die öffentlichen Einkünfte dieser Provinz betragen: 656500000 Dam; oder diese zu Rupien gerechnet: 16412500 Rup.

Folge der Könige von Ahmadnagar.

Humayon Nisàm ul mölük, mit dem Beynamen Behri, von der Brahmanischen Kaste, wurde als ein Jüngling in einem Treffen gefangen und ward aus einem Heiden ein Mahometaner. Nach Zerstöhrung des Reichs Decan wurde er König von Bhalaghat.

Sein Sohn Ahmad starb im J. d. Hez. 914.

Borhàn, Sohn des Ahmad, reg. 47 Jahr.

Hossèn, Sohn des Borhàn, reg. 13 Jahr.

Mortasa, Sohn des Hossèn, reg. 24 Jahr. Er wurde von seinem Sohn umgebracht.

Hossèn II., Sohn des Mortasa, wurde wegen des Vatermordes von seinen Bedienten umgebracht, nachdem er 1 Jahr regiert hatte.

Ismael, Sohn Borhan's II. der nach dem Sohn die Regierung antrat.

Borhàn Nisam, Sohn Hossen's, des Sohns Ahmads, starb im J. d. Hez. 1003, zur Zeit Acbar's, nachdem er 4 Jahr und 16 Tage regiert hatte.

Ibrahim, Sohn Borhan's II., reg. nur 4 Mon.

Ahmad, Sohn des Schahtái, von einem anderen Stamme, gelangte aus dem Gefängniß zum Thron: allein nach einer Regierung von 8 Monaten trat er in Dienste des Königs von Bezapor.

Bahádor, Sohn Jbrahim's, von den Nachkommen des Nisàm, reg. 3 Jahr. Er wurde bey der Eroberung von Ahmadnagar gefangen und nach Gualiar gebracht.

Mortasa Nisàm, Sohn des Ali, Sohns des Borhan I., kam an die Stelle des Bahádor.

Obgleich der mogolische Kaiser Acbàr, die Stadt und Vestung Ahmadnagar, nebst deren Gebiet erobert hatte, so haben doch der Mohr Ambàr und Razu, zwey der vornehmsten

354 Die Provinz Balaghat.

Generale, den ansehnlichsten Theil dieser Provinz dem Mortasa untergeben; den aber Sarekhan, Sohn des Ambar in der Vestung Dolatabad strangulirt, und den zehnjährigen Sohn des Ermordeten, Namens Hossèn, auf den Thron gesetzt hat. Mortasa reg. 3 oder 4 Jahr. Hossen Nisàm wurde unter Schahzahan, nach Eroberung von Dolatabad, gefangen nach Gualiar gebracht. Es erlosch also dieser Stamm im Jahr der Hej. 1045 und wurde hier mit der ganze Distrikt zu einer Provinz gemacht.

21. Die Provinz Säfarabad oder Bedor.

Zu dieser Provinz gehören folgende Vestungen und Kastelle:
Muhammadabad, gemeinhln Bédor.
Ramghïr. Serosghär. Kaliàn.
Mósä färnägär, gemeinhln Bälighir, hat 54 kleinere Vogteyen unter sich und gränzt an das Talanganische.

Cundènpor, war die Residenz des heidnischen Königes Bhicäm, Vaters der Rocmäni, die dem Krischèn zur Gemalin gegeben wurde.

Bédòr, eine Stadt mit einer Mauer, von großem Umfange: innerhalb sind schöne Gebäude; außerhalb ist eine Vorstadt. Die Vestung hat 4500 Ellen im Umkreise und 3 von Stein erbauete Graben, die 25 Ellen breit und 15 tief sind.

Dem Statthalter dieser Provinz waren vordem der König von Talangana und der von Carnatäk unterthänig.

Candhàr, eine trefliche Vestung mit einem 48 Ellen breiten Graben.
Ossa, ein Kastell.
Die jährlichen Einkünfte betragen nach dem Register: 372974970 Dam
oder nach eben dem Register: 4242732 Rup.
Nach der eigentlichen Berechnung aber kömmt eine weit größere Summe heraus.

Folge der Könige von Bedor, mit dem Beynamen Borid.

Der erste war Kassëm Borid, einer von den Freygelassenen der Könige des Decan. Die Statthalterschaft von Bedor hat er sich durch seine rühmliche Thaten erworben, indem er sich in dem Kriege mit den Marhaten sehr gut gehalten. Nach Johann de Laet soll er ein Ungar von Geburt und ein Christ gewesen seyn.

Amir

Die Provinz Safarabad oder Bedor.

Amir Borid, folgte seinem Vater und setzte Ahmad, König vom Decan auf den Thron von Bédor; er stürzte ihn aber bald wieder und setzte den Halimulla, vom Bhemanischen oder königlichen Decanischen Stamm ein; aber auch diesen schafte er mit Gift aus dem Wege, und setzte den Kalimulla an dessen Stelle. Dieser, als der letzte von den Bhemaniern, flüchtete nach Ahmadnagar, weil ihm übel begegnet wurde, und starb daselbst. Amir Borid hat seine unrechtmäßige Regierung viele Jahre geführet; ihm folgte sein Sohn Ali Borid, der 45 Jahr friedlich regierete. Nach ihm kam Ibrahim Borid, der 7 Jahr regierete. Diesem folgte Kassem Borid II., welcher 3 Jahr regierete. Ihm folgte Mirsa Ali Borid, Sohn des vorigen. Dieser wurde von einem anderen des Boribischen Geschlechts, Namens Amir Borid, aus dem Lande gejagt; worauf er nach Bhágnagar floh, und daselbst Schutz suchte: daher denn Amir Borid die Landschaft Bedor in seine Gewalt brachte. Allein im Jahr der Hejira 1028, wurde ihm ein Theil derselben vom Adelkan, und der andere vom Nisam moluk entrissen, und hiemit der Name Borid gänzlich vertilget.

22. Die Provinz Hederabad.

Zu dieser Provinz gehören folgende Kastelle und Vestungen:

Abdullaghär, gemeinh.	Darnökl.	Kalva.
Urdghär.	Devär.	Kärängbar.
Alighirpätän.	Devärghär.	Karóda.
Ardha cämla.	Diräz Räm.	Karór.
Bansidher.	Doroddär.	Katila däm.
Bärnála.	Ghirbáncáli.	Khelna.
Bärsapor.	Gopálghar.	Kitschiössänd.
Bezila.	Gópi.	Kóläß.
Cäläncór.	Ghóra.	Kóli.
Cärdäd.	Héderghar.	Lágain.
Dánbág.	Hétbáläm.	Lodäm.
Däncündär.	Kádërnäl.	Lokibáläm.
Dandoros.	Kalandr.	Londämbär.
Darán.	Kalól.	Luliaunt.

Män-

Die Provinz Hederabad.

Mändäk.   Muſtäfarnagar Ghá-   Ciligbar.
Manwär.   mēli.   Zämēli.
Meſſi mäca.   Ranór.   Zänglbär.
Mortaſanagar.   Scheunagar.   Zētpät.
Muhammadabád, gem.   Sevär.   Zezēla.
Golconda.   Sidhän.

Die jährlichen Einkünfte betragen nach dem Regiſter 111130000 Dam, oder: 27782500 Rup. Nach einer genauen Berechnung wird eine weit gröſſere Summe herauskommen.

Taf. XXXVIII. n. 2. A. Hēdērabád, iſt eine ſehr weitläuftige Stadt in einer anmuthigen Ebene. Sie iſt mit Mauern und Thürmen beveſtigt, hat ſchöne Gebäude, iſt reich an Waſſer und gleicht einem Garten. Ihr Erbauer iſt Muhámmadkūli, der ſie Bhágnägär nannte, nach dem Namen einer Frauensperſon Bhágmäti, die er ſehr liebte. Nachher aber änderte er den Namen, und ließ ſie Hēdērabad nennen. Durch die Stadt fließt der Fluß Muſi.

Taf. XXXVIII. n. 2. B. Golconda, 3 Meilen von Hederabad, eine Veſtung von Stein, von mehr als 5 Meilen im Umfange, indem er 3 Landmeilen (jugeralia) enthält: ſie hat auſſerordentlich ſtarke und hohe Mauern und ſoll 84 Thürme haben. Sie liegt auf ſchroffen Felſen in Geſtalt einer Fuß-ſohle; in der Mitte ragt ein kleiner Berg mit einem Gebäude hervor. Vormals hieß ſie Mäc-bäl, auch Arancäl. Der ehmalige Beſitzer dieſer berühmten Veſtung hieß Deuray. Nachher kam ſie in die Hände des Königes vom Decan, deſſen Nachkommen ſehr herunter kamen und das Reich verloren; denn als Mahmud bey dem König von Bezapor Schutz ſuchte: ſo hat unterdeſſen ſein Freygelaſſener, Namens Kuli, und mit dem Beynamen Cótobul moluk, damaliger Befehlshaber dieſer anſehnlichen Veſtung, ſich dieſelbe zugeeignet; ſie iſt auch bey ſeinen Nachkommen geblieben, bis Aorangſeb dieſelbe eroberte, den letzten Beſitzer Abuhaſ-ſan vom Thron warf und ihn ſich unterthänig machte.

Saidabad, eine Herberge, 8 Meilen von Hederabad.

Folge der mahometaniſchen Könige von Talangana.

Der erſte war Kuli, mit dem Beynamen Cotobulmoluk oder Cotob Scha, ein Türk aus Hamad, und Freygelaſſener des Mahmud Bheimani, Königs von Decan, der ihn über Golconda geſetzt hatte.

Da das Reich immer mehr in Verfall gerieth und jeder ein Stück davon abriß: ſo eignete ſich auch der türkiſche Freygelaſſene den ihm anvertrauten Diſtrikt zu, und nannte ſich König

von

Die Provinz Hederabad.

von Golconda. Nach einer Regierung von 30 Jahren, wurde er, auf Anstiften seines ältesten Sohnes, von einem türkischen Freygelassenen ermordet.

Jämschéd bestieg, nach verübtem Vatermord, den Thron, war aber wegen seiner Tyrannen bey seinen Unterthanen verhaßt und regierte nur 7 Jahr.

Ibrahim, jüngster Sohn des Cotob Kuli, reg. 32 Jahr. Ihm folgte sein Sohn Muhammad Kuli, der Hederabad bauete und mit schönen Gebäuden schmückte.

Diesem folgte sein Bruders Sohn Muhammad; und dann kam Abdulla, mit dem Beynamen Cotobulmoluk, der nach einer vieljährigen Regierung im 2ten Jahr der Regierung des Kaisers Aorangseb, ohne Söhne starb. Endlich folgte Abu Hassan von Hamad, Eidam des Abdulla, indem er mit der dritten Tochter desselben vermählt war. Diesen den Wollüsten und Lustbarkeiten ergebenen Fürst nahm Aorangseb, im J. d. H. 1098, zu Golconda gefangen und warf ihn vom Thron; und auf die Art kam dieser ganze Strich Landes in die Hände der Mogolen.

---

23. Die Provinz Bezapor.

Zu dieser gehören folgende Kastelle und Vestungen:

Aländ.	Bezedürg.	Dévárdurg.
Ambárghar Rudoli.	Bezerázdürg.	Endor.
Amelghiri.	Bezóli.	Eßlámghär.
Amëlpor.	Bhau.	Eßlámghar.
Ancaläng.	Bhëmärghar.	Gádák.
Anóli.	Bhimburg.	Gandhárpghar.
Assádnägátaklóz.	Bhimghár.	Haklmcota.
Badlor.	Bhubáli.	Härbäneghar.
Báiboráni.	Bhum Schänkär.	Hargovánd.
Bälándghar.	Birpálghar.	Holia.
Báldághar.	Bübándbürg.	Holipor.
Bánghär.	Bundárghar.	Kälänki.
Bánsi.	Calanedbghar.	Kalóra.
Bärzitghar.	Dádhärsa.	Kámärnagar carnun.
Belizál.	Darughar.	Ránburg.
Bezapor.	Delpor.	Kapálghar.

Die Provinz Bezapor.

Ratschandärghar.
Kólàr.
Rúdiloya.
Kündänghar.
Lakmer.
Lálcundi.
Lálghar.
Langba.
Leſſúbän.
Lolpor.
Londicòt.
Lópärghar.
Luſſighar.
Mädänghar.
Mábēli.
Mabóra.
Makábäläd.
Malápor.
Malcau.
Mändäk.
Mandänbóra.
Mándärghar.
Mangälcotta.
Märänd.
Mardànghar.
Márdhani.
Märgälghar.
Märvi.
Maſchàn, ob. Manzàn.

Maſnädghar.
Matſchandärghar.
Mehmànghar.
Mohibghar.
Mortaſabad, gemeinhin Mertſch.
Múkel.
Múkighar.
Mulighar.
Murka.
Múſſelzēra.
Nädērghar.
Nahàlghar.
Näkporghar.
Nändighar.
Nändpàl.
Nändpàl. (bis.)
Naſirabàd, gemeinhin Därbàr.
Naſratabàd Bängär.
Núrgöl.
Pendála.
Púbärghar.
Rábēli.
Rámkha.
Rauli.
Razhur, gemeinh. Jeros=
nägär.
Rázſißghar.

Rehimghar.
Rehli.
Rehughar.
Roinghar.
Sádabändär.
Sahódärghar.
Sakághär.
Sáldürg.
Samànghar.
Sänkäli.
Sangóla.
Savái.
Schabdurg Sarnála.
Schérghar.
Sera.
Sibhghar.
Sibhpor.
Siriniäſtghar.
Sitadurg.
Sóbänsghar.
Sódánändlaka.
Sundicòt.
Tſchandaghar.
Valavätghar.
Vaſirghär.
Zäncári.
Zēlda.
Zēricoh.

Die Länge dieſer Provinz erſtrecke ſich von dem Fluſſe Camira bis zu dem Ceylon gegen=
über gelegenen Sètbandrameſſor; die Breite, von Tſchaul und Dabul bis an die Gränze
von Oreſſa.

Beza=

Die Provinz Bezapor.

Bezapor, eine der größten Städte des südlichen Indiens, mit hohen und starken Mauern, war vordem stark bewohnt und sehr blühend, auch der Siß der Könige dieser Provinz. Sie soll 5 Meilen im Umkreise haben, und liegt am Flusse Mandoa, 40 Meilen von Dabul und 60 von Goa.

Die jährl. Einkünfte betragen: 995000000 Dam.
Nach dem kaiserl. Register: 2355500000 Dam
oder   98868500 Rup.

welche Summe aber mit der genauen Berechnung nicht übereinstimmt.

Nähere Anzeige einiger Oerter.

Pältän, ein Kastell an den Gränzen der Provinz Bezapor.

Nerämähl ist ein Fluß, den man auf dem Wege von Paltan gegen Bezapor antrift.

Mängälbéda, ein altes Kastell, 16 Meilen von Bejapor; es ist sehr vest, von Stein und Kalk aufgeführt und hat einen tiefen Graben.

Tathúra, ein Kastell, 7 Meilen von Paltan.

Tira, ein Fluß, den man auf dem Wege von Mangalbeda nach Bezapor antrift.

Khaun, ein Ort im Distrikte von Bezapor.

Talzápor, desgleichen.

Calini, ein Kastell, desgleichen.

Niläng, ein Kastell, 6¼ Meile von Calian und 10 von Ossa.

Sátfòr und Dudän, zwey zum Ossanischen Distrikte gehörige Oerter.

Tir, ein kleines Fort der Herrschaft Deughi.

Manzéra, ein Fluß, 10 Meilen von Sateabad oder Dhár.

Beunra und Sèn, zwey Flüsse in den Distrikten von Scholapor und Dhár.

Sikhär, ein Strich Landes zwischen Bezapor und Hederabad, den die Mänêcpänder bewohnen. Zur Zeit des Aorangseb konnten sie 12000 Mann zu Pferde und 100,000 zu Fuß ins Feld stellen. Aorangseb hat sich diese ganze Landschaft unterworfen.

Bälgam, ein starkes Fort.

Pärle, ein Kastell auf einem Berge; die Mauern sind an einigen Orten 15, an andern 10 Ellen hoch. Ibrahim, König von Bezapor nannte es Núráschtára.

Rassulpor, ein Ort, 3 Meilen von Bezapor.

Hosàn, ein Kastell auf einem Berge.

Púnghar, ein Kastell von Stein auf einem Berge, nahe bey Parnála.

Ahel-

Die Provinz Bezapor.

Ahelna, eine überaus starke Vestung auf einem Berge, an der Gränze von Calcöcän und Balagàr. Sie enthält schöne Gebäude und anmuthige Gärten. Diese Beschreibung zeigt die Verschiedenheit derselben von der in der Provinz Barar gelegenen Vestung gleiches Namens.

Rázghar, ein Kastell auf einem hohen Berge, von 12 Meilen im Umkreise. Seva hat es fast allentalben mit neuen Aussenwerken versehen, demohngeachtet aber ist es vom mogolischen Kaiser Aorangseb eingenommen worden.

Dácänghir, eine Stadt und Vestung.

Dévapor, ein Kastell, nicht weit vom Flusse Kischna, 3 Meilen von Dacänghir.

Nassitghär, ein starkes Fort auf einem Berge, 1 Meile vom Kischna.

Odeghir, ein Kastell auf einem kleinen Berge; es ist von unförmlichen Steinen aufgeführt, aber gut befestigt; der südliche Thurm hat 100 Ellen im Umkreise. Das Hauptthor ist südlich, das kleinere S. westlich, auch geht ein Graben um die Mauer. Man weiß nicht zu welcher Provinz dieser Platz gehöret: vielleicht zu Bédor, weil er 3 Tagereisen nördlich von der Stadt dieses Namens entfernt ist.

Báncápor, ein überaus starkes Fort.

Adóni, ein trefliches Fort, über welches einer von den Söhnen des itzt verstorbenen Befehlshabers Nisam moluk von Aorangabad, zu gebieten hat.

Veste Plätze der Provinz Bezapor, jenseit des Flusses Kischna.

Gädäk, ein auf einer Anhöhe gelegenes, wohlbevestigtes, von Kalk und Steinen erbauetes Fort. Die Höhe der Mauer ist nach Beschaffenheit des Orts verschieden. Die alte Mauer ist 6¼ Ellen hoch, die neue von dem Sohne des Königes erbauete ist ¼ Elle niedriger. Der innere Umkreis beträgt 1534 Ellen; auch zählt man 21 Thürme. Im Fort ist ein sehr großer mit Regenwasser angefüllter Teich. Ferner zwey, gleich einem Teiche ausgegrabene Brunnen, zu welchen man auf Stufen hinabsteiget; nebst noch drey Ziehbrunnen. Der Ort liegt 6 Meilen N. westlich von Dunbäl; 9 nördlich von Sirimästghar; 12 S. westlich von Catschandar; 15 südlich von Badánii; 20 östlich von Nasirabad, gemeinh. Davär; 16 N. westlich von Cunbäl; fünf südlich von Bezapor, und 16 Meilen von Närgóla.

Dunbäl, ein Kastell von Stein, mit einem Graben, zwischen welchem und der Mauer noch ein Erdwall von einiger Höhe befindlich ist.

Catschandärghar, liegt auf einem Berge, ist mehr lang als breit, und hat nur an zwo Seiten eine Mauer; neunlich dem Thor gegenüber und rechts; links ist ein schroffer Berg, der

Die Provinz Bejapor.

der so steil ist wie eine Wand; westlich ist das Kastell nicht bewohnt. In demselben ist eine Wasserquelle, und ein breiter Brunnen oder Cisterne, zu welcher man auf Stufen hinabsteigt; nebst noch zwey Teichen. Der Umkreis des Ortes beträgt 5290 Ellen; der Mauern aber nur 1760, und zwar ist ein Theil derselben, nemlich 520 Ellen, von Stein und Kalk; ein anderer von 580 Ellen, von Stein und Leimen, und der dritte Theil, oder 680 Ellen, blos von Steinen aufgeführt. Die vierte Seite des Orts, wo keine Mauer ist, hält 3530 Ellen. Die Höhe der Mauern ist unterschieden, indem sie bald 10, bald 9, 8, 6 oder 5 Ellen hoch ist. Die Bergwand ist an einigen Stellen 40, an anderen 30, auch 20 Ellen hoch. Der Berg aber, auf welchem das Kastell liegt, hat an 250 Ellen Höhe. Die der inneren Brustwehr der Mauer ist an einigen Stellen 5, am anderen 4, auch 3 Ellen. Der Ort liegt 8 Meilen S. S. westlich von Badám; 14 östlich von Gádák; 12 nördlich von Nárgónd; 6 nördl. von Cunbál und 8 von Racór.

Gadánand, ein Kastell auf einem kleinen Berge, hinter demjenigen Berge, auf welchem die Veste Carscandar liegt. Der Umkreis desselben beträgt 390 Ellen; die Höhe, 30. Die länge erstreckt sich an 130 Ellen; die Breite, an 136, 63, auch 17 Ellen. Die innere Brustwehr der Mauer erstreckt sich südlich von dem am Thore befindlichen Thurm, bis zu dem anderen, in einer länge von 30 Ellen: die Breite beträgt 1½ Ellen, und die Höhe desgleichen.

Sirimástghar, ein in der Herrschaft Lacmèr gelegenes Fort auf einem Berge; die Mauern sind von Stein und Leimen aufgeführt; die Höhe derselben beträgt 12, 10 auch 8 Ellen. Das Haupthor liegt östlich, auch sieht man noch 4 andere, hie und da zerstreuete kleine Aussenwerke, und links und rechts liegen Berge, in einer Entfernung von 2, 3 bis 4 Meilen; auch liegen rechts noch 2 bis 3 kleine Berge; ein anderer ist nur ¼ Meile von dem Kastell entfernt. Westlich erhebt sich eine von Grund aus von Stein errichtete Mauer in einer Höhe von 160 Ellen. Die innere Brustwehr der Mauer erstreckt sich auf 46 Ellen, und ist mit Steinen gepflastert; auch hat die Mauer keine Zinnen, sondern Löcher, aus welchen man herausschießet. Ferner ist auf dieser Seite der Berg hoch und steil, und wenn man daselbst auch eine Mauer gezogen hätte: so würde das ganze Fort damit umgeben werden seyn. Der Umkreis der Mauern beträgt 1650 Ellen; die Breite an einigen Orten 5, 6, auch 2 Ellen; überhaupt aber ist dieser Ort ungleich länger als breit, indem letzteres nur 90 Ellen beträgt. Der innere Umfang der Mauer hält 600 Ellen. Der Platz, den die Häuser im Fort einnehmen, enthält 16 indische Morgen, deren jeder 60 Ellen lang, und eben so viel breit ist. Derjenige aber den sie ausserhalb einnehmen, hält 850 Ellen. Am Fuße des Berges sind keine Häuser; aber anderthalb Meilen davon liegen 2 oder 3 Dörfer. Im Fort ist eine Brunnenquelle nebst

Tieffenth. Erdbeschreib.   3 i   3 Cb

3 Cisternen, und ausserhalb demselben ist noch ein anderer Brunn am Haupttbore. Uebrigens liegt dieser veste Platz 13 Meilen nördlich von Bancapor; 9 südlich von Gâdâk; 12 westlich von Cunbal, 18 nördlich von Nârgóla, und 15 gemeine Meilen von Lakmer.

Lacnòr, eine alte verfallene Vestung, von 1260 Ellen im Umkreise; die Höhe der Mauer ist an einigen Orten 8, an anderen 7, 4, auch 3 Ellen; die Höhe der inwendigen Brustwehr ist an einigen Stellen 3, an anderen anderthalb Ellen. Sie hat 2 Thore, ein Haupttbor östlich und ein kleineres nördlich. Der Graben ist an einigen Orten 20, an anderen 9 Ellen breit; überhaupt aber 2 Ellen tief. In der Vestung ist eine breite Cisterne, zu welcher man auf Stufen hinabsteigt; daneben ist auch ein Teich. Uebrigens liegt Lacnor, 16 Meilen N. östlich von Dumbal, dem Hauptort der Herrschaft Gadak; von Gadak aber 10 östlich; 5 südlich von Catschandar und eben so weit von Cunbal.

Nagarcòt liegt auf einer Anhöhe an den Gränzen von Carnâtâk, von den Europäern genannt Carnâte, am jenseitigen Ufer des Flusses Râhâtî. Es hat zwey Thore, eines S. östlich, das andere nördlich nach dem Flusse hin. Der Graben erstreckt sich östlich bis an den Rand eines Teiches. Zwey Cisternen sind hier, zu welchen man auf Stufen hinabsteigt. Die Mauer ist von rohen mit Leimen zusammengefügten Steinen aufgeführt. Der Umfang der Mauern beträgt 1475 Ellen und hat 1422 Zinnen. Links und rechts ist ein Thor; auch zählt man in allem 18 Thürme. Der Graben ist trocken, bey dem Thor 14 Ellen breit, und überhaupt an 7 Ellen tief. Die innere Brustwehr enthält an einigen Orten 3 Ellen, an anderen 1½.

Von hier nach Bezapor, muß man über die Flüsse Rischna und Rahati. Von Bezapor hieher, wenn man bey Badâr über den Rischna setzt, sind es 30 Meilen; bey Gulâr aber nur 24.

Carór, ein Kastell von Stein, und stärker als Nagarcòt, von 1395 Ellen im Umfange, hat 2 Thore, eines nördlich, und eines südlich, und 24 Thürme. Die innere Brustwehr, eine Art von Spatziergang, ist von Stein, 5 Ellen, auch zuweilen nur 4, breit. Der Wall, oder die äußere Mauer ist weit niedriger als die innere, geht am äußeren Rande des Grabens um das Kastell herum und ist an einigen Stellen eine, an anderen anderthalb Ellen breit. Er dient zur Vormauer statt der Pfähle, die man gewöhnlich um den Rand des Grabens herum pflanzt. Der Graben ist trocken, hat 989 Ellen im Umfange, ist 9 breit und 5 tief. Das Wasser des Brunnen ist salzicht. Dies Kastell liegt 5 Meilen westlich von Badâm; 6 südlich von Nagarcòt; 13 westlich von dem auf einem Berge gelegenen Kastell Latschmanzdurg; 6 S. S. westlich von Sargûnd; 10 westlich von Bhózbál, gem. Rindurg, und 13 südlich von Balcând.

Cun=

Die Provinz Bezapor.

Cunbäl, ein Fort von Stein auf einem Berge. Die Stadt hat König Ali von Bezapor mit Mauern umzogen. Hinter dem Kastelle westlich liegt ein Berg. Von Sirimästghar liegt es 20 Meilen östlich; 16 östlich von Gabak; 12 südlich von Catschandar; 16 M. westlich von Cakor; 26 westlich von Nargola; 60 von Bezapor, wenn man nemlich den Weg durch die mit Dörfern besetzte Gegend nimmt: geht man aber durch die Wüste, oder Mundgónda, so sind es nur 50 Meilen. Ferner 8 Meilen südlich von Härbändäli: auf welchem Wege der Fluß Longbadāra vorkömmt; 12 Meilen N. östlich von Gangessor, und nur ¼ Meilen S. östlich von Bahadorbānd.

Bahádörband ist ein in einer Ebene gelegenes Fort, welches nach seinem Erbauer benannt worden.

Kótcalór, ein zum Gebiete Balsar gehöriger Flecken mit einem Kastell.

Róhangbār, ein zum Gebiete Badām gehöriger Flecken mit einem Kastell von Erde.

Rika, ein zum Gebiete Lakmèr gehöriger Flecken mit einem Fort von Erde.

Städte und Flecken im Distrikte Cocan, die ehmals dem Nisam moluk zuständig waren, nachher aber vom Aorangseb zur Provinz Aorangabad gezogen wurden.

Caliani oder **Caliàn**, eine Stadt, zu welcher 499 Flecken oder Dörfer gehören. Die jährlichen Einkünfte betragen an 94253 Rupien.

Bimbri, eine Stadt, zu welcher 463 Flecken gehören, und die eine Summe von 1018380 Rupien jährlicher Einkünfte einbringt.

Janòl, eine Stadt mit einem Distrikte von 170 Flecken, und mit 107053 Rup. jährlicher Einkünfte.

Aminabad, mit 180 Flecken, die jährlich 28549 Rupien einbringen.

Ránti, ein Distrikt mit 654 Flecken, und 63170 Rupien jährlicher Einkünfte.

Carnála, ein Distrikt von 123 Flecken, und 9900 Rupien jährlicher Einkünfte.

Cunbhāl, ein Distrikt mit 22 Ortschaften, und 2088 Rupien jährlicher Einkünfte.

Nagina, mit 249 Flecken und 17726 Rupien jährlicher Einkünfte.

Goffála, ein Distrikt mit 63 Ortschaften und 70528 Rupien jährlicher Einkünfte.

Cuntsch, ein Distrikt von 2806 Rupien jährlicher Einkünfte.

Vergorna, in der Nachbarschaft des Distriktes von Goa, enthält 116 Flecken und hat jährlich 20916 Rupien Einkünfte. Die Europäer nennen es **Vingorla**.

Nasrapor, ein Distrikt von 50 Flecken und einer Summe von 2435 Rup. Einkünfte.

Dángás, hat nur 15 Flecken, die aber 2345 Rup. einbringen.

Dabra hat 31 Flecken, aber nur 825 Rup. jährlicher Einkünfte.

Sabläk, ein Distrikt mit 151 Flecken und 11597 Rup. jährlicher Einkünfte.

Städte und Flecken im Distrikte Cocan, die ehmals dem Könige von Bezapor angehöreten.

Cóta, gemeinhin Punda, gränzt an das Goanische, und enthält 749 Flecken, die 491812 Rup. einbringen.

Khelna hat 92 Flecken, deren jährliche Einkünfte 81226 Rupien betragen.

Aus dem Distrikte Turghòd hebt man jährlich 18125 Rupien.

Der Distrikt Solvála enthält 50 Flecken, die jährlich 72500 Rup. einbringen.

Die Herrschaft Patschaibèn enthält 50 Flecken mit 71332 Rup. jährl. Einkünfte.

Die Vogtey Rágná enthält 100 Flecken mit 33750 Rup. jährl. Einkünfte.

Barsapor, 235 Flecken von 186875 Rup. Einkünfte.

Zur Herrschaft Sári gehören 72 Flecken, aus welchen 45000 Rup. gehoben werden.

Zur Provinz Bezapor gehören ferner noch Goa, die südliche Halbinsel Salsete, Alorna, Tschapora, das Kastell Satarèn, Nári, Neuti, das Kastell Molenbi, und Tiracòl, von welchen allen hier noch einiges zu merken ist.

G o a.

Gleichsam in der Mitte von Jndien diesseits des Ganges liegt das Reich Canará, welches die Stadt und Insel Goa, von den Einwohnern genannt Tissoári, enthält.

Die geographische Breite derselben erstreckt sich, nach den Beobachtungen bewährter Sternkundigen auf 15 Grad 30 Min. nördlich; und den Goauern gehen die Gestirne 4 Stunden 9 Min. eher auf als den Bononiern.

Die Insel entsteht vermöge 2 kleiner Arme des Meeres, deren einer nördlich, der andere südlich eindringt, der zugleich die Halbinsel Salsete von der Insel Goa abschneidet.

Die Länge derselben erstreckt sich fast auf 3 portugiesische Meilen; die Breite, von Norden gen Süden, beträgt kaum mehr als eine Meile, und der ganze Umfang 6½ Meile.

In den nördlichen Meerbusen stürzen von den benachbarten Bergen Flüsse herab, die das Land in unterschiedene Inseln theilen, vorzüglich in die Insel Divàr und in die Inselstadt Tschoràn, einen anmuthigen mit schattichten Palmen bepflanzten und mit zerstreueten Häusern bebaueten Ort. Vorzüglich erblickt man eine Kirche der gen Himmel gefahrnen heiligen

Jung-

Die Provinz Bezapor.

Jungfrau Maria, und ein Collegium, wo neue in die Gesellschaft Jesu aufgenommene Mitglieder (Novitzen) die erste Probe ihres gottesdienstlichen Lebens ablegen.

Sonst besteht die ganze Insel aus kahlen unfruchtbaren Bergen, aber anmuthigen, fruchtbaren, mit Palmen und anderen fruchttragenden Bäumen besetzten Thälern. Sie hat eine Menge schmackhafter Fische und Austern: zur Viehweide aber reichet der mit Gras und Kräutern sparsam bewachsene Boden nicht hin.

Die Größe und ehmalige Pracht der Stadt kann man aus den Ruinen der verfallenen Kirchen und Häuser abnehmen. Von der Mündung des Flusses lieget sie wenigstens zwey portugiesische Meilen ab. Sie ist, die Meerseite ausgenommen, von Bergen eingeschlossen; daher sie nur von der See her vom Winde wohl durchstrichen werden kann.

Sie ist fruchtbar an Reis, Feigen, Cocosnüssen, und anderen, von den europäischen unterschiedenen, Früchten. Auch zeuget sie allerley, den europäischen ähnliche, Thiere: als, Kühe und Ochsen mit Höckern auf dem Rücken nach dem Kopfe hin; ferner Ziegen, Schaafe und Hammel, jedoch nur wenige und dazu mit einem Hundeskopf und an beiden Seiten herabhangenden Ohren. Sie enthält aber auch eine Menge Schlangen, deren Biß tödtlich ist, wenn man nicht gleich ein Gegenmittel brauchet. Auch zeuget sie viele den Menschen und Thieren beschwerliche Gewürme. Die Luft ist ungesund, und vornemlich Neuankommenden lästig; zur Regenzeit ist sie warm und feucht, sonst aber trocken: daher die Einwohner, zur Vermeidung der ansteckenden Luft, und um reinere zu schöpfen, ihre Wohnungen ausserhalb der Stadt an beiden Ufern des Flusses genommen haben. Dagegen denn auch die Stadt fast einer Einöde gleichet, oder einem wilden Palmenwalde; indem die Straßen, gleich den Feldern, mit Gras bewachsen sind.

Unter den Gebäuden sind die Cathedralkirche, das St. Augustinerkloster, das Nonnenkloster, das Collegium der Gesellschaft Jesu und das Professhaus mit der prächtigen Erlöserskirche, und die nach italienischer Bauart aufgeführte Kapelle der Theatiner.

Die Kirche der heil. Maria, in der Nähe des Collegii, war die erste, welche die Portugiesen dem Allerhöchsten gewidmet haben und in welcher der heil. Franz Xaver seine geistlichen Reden an die Portugiesen gehalten haben soll. Ich kann nicht unterlassen, hiebey einige Denkwürdigkeiten von dem heiligen Körper dieses wegen seines Eifers für die Ausbreitung der christlichen Religion und wegen seiner sauern Arbeiten für die Christenheit, unsterblich verdienten Mannes, anzuführen.

Als man, bey Zurückung der barbarischen Marhaten auf die Insel Goa, eben im Begrif war dies heilige Pfand auf einer Bahre nach einem sichern Orte fortzuschaffen, so sah man

man in dem offenen Behältniß den Körper noch ganz vollkommen und unverweset: zumal hatten die Füße noch eine lebhafte Farbe, nach dem Ausspruch des Esaias: Wie lieblich sind die Füße derer die den Frieden verkündigen. Kurz der ganze Körper, von mittler Mannes-länge, war unversehret; jedoch fehlte der eine Arm, der nach Rom gebracht worden; auch waren die Augen, Wangen und Kinnbacken gleichlaufend; vermuthlich war in den Höhlungen derselben der Staub und Kalk zurückgeblieben, womit der Körper auf der Insel Sanciano war überschüttet worden. Auch waren die Eingeweide herausgenommen, die man theils andächtigen Personen geschenkt, theils aufbewahret hat. Die Bahre steht mitten in einem marmornen in Italien verfertigten Mausoleum, welches der Groß-Herzog von Toscana, zum Beweise seiner ehrfurchtsvollen Empfindung gegen den Heiligen, dahin geschenkt hat; und im Jahr 1743 hat die fromme und gottesfürchtige Königin von Portugal noch einen Schmuck dazu geschenkt, der in 14, mit Edelsteinen, Amethysten, Topasen, Türkissen und anderen Steinen, schön und mit Wahl besetzten Blumen-Pyramiden bestand, die mir in einem Kasten zugestellet und von mir nach Goa gebracht wurden, um das Grab dieses Heiligen damit zu schmücken.

Dies wenige mag von der Stadt Goa, deren Flor und Handel gefallen ist, genug seyn; da man mehr davon hin und wieder in anderen Büchern antrift.

Die südliche Halbinsel Salsete.

Unter diesem Namen kommen zwey Halbinseln vor: eine nördliche, in der Gegend von Basain und Tana; und eine südliche, die in der Nähe von Goa liegt.

Diese letztere Halbinsel ist an ihrer völlig nördlichen Seite, wo ein Fort den Zugang bestreicht, von dem Vorgebirge von Goa, das sich westlich erhebt, durch eine sehr schmale Meer-enge getrennet.

Ihre Länge erstreckt sich auf fünf portugiesische Meilen, nemlich von dem N. westlich gelegenen Fort Mormugam, bis zu dem S. westlich gelegenen Flecken Cuculi, wo fünf Glieder der Gesellschaft Jesu einen rühmlichen Tod für den christlichen Glauben erlitten haben. Ihr Vorgänger war Rudolph Aquaviva, ehmaliger Mißionär am mogolischen Hofe, um dem Kaiser Acbar Unterricht in dem Christenthum zu ertheilen.

Die Breite soll nur zwey portugiesische Meilen betragen, nemlich östlich, von wo der Fluß Tschandor herfließt, bis westlich an das Ufer des Meeres.

Westlich neiget sich der Boden zu einer anmuthigen Küste am Meere herab, welches zwey Austritte in dem festen Land hat, deren einer nördlich in mancherley Krümmungen bis zum Tschandor und Cauri sich erstreckt; der andere, der Salzfluß genannt, anfangs östlich fließt, nachher nördlich einen Arm ausdehnet, und bis Cuculi fortströhmet. Dar-

Die Provinz Bezapor.

Da die Betten dieser Flüsse fast gleich weit von einander entfernt sind, und die Vereinigung der Gewässer durch ein kleines, beynahe eine ganze französische Meile betragendes, Stückchen Landes verhindert wird: so kann Salsete keinesweges unter die Zahl der Inseln gerechnet werden: freylich leider, zur größten Unbequemlichkeit der Portugiesen und zum größten Nachtheil der öffentlichen Ruhe und Sicherheit, indem der Eingang in das Land den wilden Marhaten offen stehet, die Land-Enge auch nicht durchgeschnitten werden kann, da sie zu einem fremden Gebiete gehöret.

Durch die Länge dieser Halbinsel erstreckt sich eine Kette von Bergen, die weder sehr rauh noch ganz unfruchtbar sind. Die Ebene ist theils mit Reis besetzt, der aber zum Unterhalt der Einwohner nicht hinreichet, theils mit einer Menge Palmen die sehr große indische Nüsse tragen; auch erhält man Fische aus den Flüssen; an den übrigen aber zum Lebens-Unterhalt nöthigen Dingen fehlet es: übrigens hat das Land eine gesunde Luft und viele Wasserquellen.

Die Anzahl der Christen belief sich hier sonst auf 80000: jzt aber mag sie kaum 70 betragen.

Das Collegium der Gesellschaft Jesu ist zu Ratscholi, einem, gegen feindliche Anfälle, durch ein Kastell, Mauern, Wall und Graben geschützten Ort. Hier ist überdies die Kirche U. L. Fr. sehenswürdig. Die Hauptkirche dieser Stadt liegt am jenseitigen Ufer des Flusses. Die Häuser sind, wie an andern Oertern dieser Halbinsel hie und da zerstreuet.

Die geographische Breite dieses Ortes habe ich auf 15 Gr. 10 Min. befunden.

Im Jahr 1743, den 4ten Nov. gegen 2 Uhr Nachmittags habe ich den Durchgang des Mercurius, der einer glühenden Kohle glich, durch die Sonnenscheibe, beobachtet: ich habe aber wegen Mangels astronomischer Werkzeuge weder den Anfang noch das Ende beobachten können; daher für das astronomische Fach kein Nutzen daraus entstehet.

Die im Jahr 1733 zu Nürnberg herausgekommenen Homannischen Charten zeigen zwar die geographische Breite dieser Halbinsel genau an; stellen sie aber als gänzlich von dem vesten Lande getrennet dar.

Ich gestehe übrigens auch, daß beides, sowol das nördliche als das südliche Salsete, von den Portugiesen hin und wieder Inseln genannt werden.

(Es folgen nun noch:)

Alorna, an einem Flusse, der an den Ortschaften des Gebietes Rári fort, Colluäl nahe vorbeyfließet, davon er auch den Namen hat; hernach aber durch den langen Erdstrich herab, bey Tschapora in das Meer sich ergießt. Der Stadt Alorna dient dieser Fluß zum äusseren Graben: den Uebergang des inneren verhindern Mauern und Thürme. Diese Vestung liegt

368 Die Provinz Bezapor.

in einer großen Ebene, so daß man rund umher eine weite Aussicht hat. Auch hat sie einen breiten, tiefen Graben. Inwendig an der Mauer geht ein dichtes und hohes Gebüsch herum, von der Pflanze welche die Einwohner Bàns, die Portugiesen aber Bambu nennen. Der Zugang führt nur durch einen einzigen engen Fußweg, wo kaum 2 Leute neben einander gehen können; überdies ist auch das Thor inwendig und auswendig wohl verwahret. Das Kastell raget vor den übrigen Vestungswerken hervor; es ist mit einer Mauer umher, mit fünf Thürmen und einem Graben versehen. Diese Vestung ist nebst dem Kastell im Jahr 1746, im Maymonat, von den Portugiesen erobert und unter ihre Jurisdiktion gebracht worden. Eine nähere Beschreibung von dieser und anderer Oerter Eroberung ist anderswo anzutreffen.

Tschapora, an einem Flusse, der aus den mittleren Gegenden des Landes herkommt, nur kleinere Fahrzeuge trägt und bis Alorna fortfließt.

Sataréu, ein in einem Felsen gehauenes Kastell, wohin nur ein einziger Fußweg führet, daher den von oben herabkommenden der Zugang leicht abgeschnitten werden kann.

Ràri, eine starke dem heidnischen Raja Bonsolo gehörige Vestung. Das Kastell, das eine weite Gegend umher bestreicht, sowohl landwärts als seewärts, ist mit eilf Thürmen und mit einem aus dem Felsen gehauenen Graben versehen. Südlich ist der Meerbusen Arandes. Der nördliche Theil der Vorstadt wird von dem Rari bespühlt, der nur Kähne und andere kleinere Fahrzeuge trägt. Dieser Ort ist zur Seeräuberey sehr gelegen, denn indem die Schiffe von Süden und Norden her diese Küste berühren, ihr Steuer auf die verbrannten Inseln (von den Portugiesen genannt Ilheos quemados) als auf ein bekanntes Vorgebirge richten, und so das Meer durchsegeln, sind sie den Nachstellungen der Seeräuber ausgesetzt. Die Stadt und Vestung ist gegen das Ende des Jahrs 1746 von den Portugiesen erobert worden.

Neuti, am Ufer des Meeres, auf einem schroffen und steilen Felsen, mit 7 Thürmen und einem Graben landwärts; von der See her ist es unzugänglich. Auch der mäßige Umfang des Kastells ist mit einem Graben umgeben. Es ist ohngefähr ½ portugiesische Meile nördlich von den verbrannten Inseln entfernt; auch fließet eben so weit von Neuti der Fluß Carli, der die Gränzscheidung des Molendinischen und Bonsolischen Gebietes macht.

Molendi, ein Kastell am Ufer des Meeres, einem vom Geschlechte der Marhaten zuständig.

Vergorna, oder nach den Portugiesen, Vingorla, liegt zwischen Neuti und Rari. Hier hatten die Holländer ehmals eine Faktorey. Das kleine Fort liegt ein wenig vom Ufer ab.

Südlich von Goa aus liegen Onor, Batecala, Bassalor und Mangalor, welche Oerter dem König von Canara unterworfen sind, der seine Residenz zu Bednúr hat und zu der schändlichen Sekte Lingam gehöret, die in dem ganzen mittäglichen Indien diesseits des

Gan-

Die Provinz Bejapor.

Ganges ausgebreitet ist und das schamhafte (veronda) des Mahadeo an dem Halse zu tragen pflegt.

Im Inneren liegt das Reich Masuria, das westlich von Canara, und südlich von Madéri, nach den Portugiesen Maduré, begränzt wird. Die Residenz des heidnischen Königes, von dem Geschlechte der Töpfer, ist Tschitangapátän.

An der östlichen Küste des indischen Meeres liegt die kleine Insel Manàr, und zwar zwischen Ceylon und der Fischerküste; jedoch näher an jener. Westlich erstrecken sich spitzige Felsen an zehn portugiesische Meilen weit, welche großen Schiffen die Durchfahrt verhindern, so daß sie um Ceylon herumsegeln müssen, wenn sie nach der Küste Coromandel wollen: kleinere Fahrzeuge kommen nur mit der Fluth (Aestuarium) durch, die zwischen Ramanacor und dem Lande der Maravaren eindringt.

Ramanacor ist eine Insel, welche die Einwohner Ramanancoyl, oder den Tempel des Ram, andere Ramananda Puram oder die Stadt des Ram nennen. Sie liegt einen Steinwurf vom vesten Lande. Der am meisten südliche Theil derselben erreicht ohngefähr den 9ten Grad nördlicher Breite: übrigens ist sie eine Meile breit und 1½ lang. In der Mitte derselben und der Seeküste ist eine schmale Meerenge, genannt Uddiaru oder der Affenfluß, vermuthlich zum Andenken des Sieges den Ram mit Beyhülfe des Hanumann, Heerführers der Affen (simiarum antesignani) erhalten hat, als er seine Gemalin Sita in Freyheit setzte, die von einem ungeheuren Riesen Ravan entführt worden, den er aber, ohngeachtet seiner zehn Köpfe, erschlug.

Einige nennen diese Enge Pambuaru, oder den Schlangenfluß, nicht wegen der dortigen Schlangen, sondern wegen seiner geschlängelten Krümmungen. Die Insel aber hat den Namen von einem südöstlich gelegenen Götzentempel erhalten. Ram, oder Vischnu, oder Beschän, welches einerley ist, war ein Gott, der Menschengestalt annahm; sein Vater hieß Teraderan und seine Mutter Canuschul: von den nördlichen Indiern wird jener genannt Gesêtär oder Dastar, und diese Conselia.

Zu eben der östlichen Küste gehöret auch das Land Carnatak, nach den Europäern Carnáte, welches 150 Meilen lang und nur 30 breit ist. Es hat viele und starke Vestungen, auch Diamantengruben.

Zinsi hat 7 Vorwehre auf einem Berge. Es ist die vornehmste Vestung von Carnatak, und wurde von Aorangseb erobert; hat aber eine sehr ungesunde Luft.

Bezanagar, auch genannt Carnátäk, ist ein großer Strich Landes an der Küste Coromandel. Gleichen Namen hat auch die Residenz des Raja, die mit einer siebenfachen

Mauer umgeben ist. Die erste besteht aus sehr großen Steinen, die halb in der Erde und halb über derselben stehen und so untereinander gestellt sind, daß weder Fußvolk noch Reuterey durch kann; überdies ist sie 50 indische Ellen breit. Auf diese folgt die zweyte, dann die dritte und so die übrigen Mauern. Die siebende umschließt die Residenz des Königes, der ehmals diese Stadt nebst deren Gebiet beherrschte, bis Aorangseb nebst Bezapor auch diese Provinz sich unterwarf. Der erste und zweyte Umfang der Mauern enthält viele Häuser, Baumgärten und Kornfelder. Zwischen dem 3ten, 4ten, 5ten und 6ten bis an die Residenz haben die Kaufleute ihre Läden. An den vier Seiten der Residenz sind vier große geräumige Marktplätze, wo man allerley Waaren, unter andern Perlen, Diamanten, Smaragden und Rubinen feil hat. Zu jedem führet ein Thor, das wie ein Triumphbogen gebauet ist. Rechts dem Pallast steht ein auf 40 Säulen ruhendes Gebäude, welches 30 Ellen lang und 6 breit, und unter dessen Gewölbe die Schreiber und Einnehmer des Königes sitzen. Wie die Stadt gegenwärtig beschaffen sey, ist nicht bekannt.

Zum Schreiben bedienet man sich, statt des Papiers, der Palmblätter, und statt der Feder eines eisernen, spitzigen Griffels.

Folge der Könige von Bezapor.

Joseph, mit dem Beynamen Adel Scha, so viel als gerechter König, von Geburt ein Türk und Freygelassener des Decanischen Königes Muhammad Bhemän, wurde König, im Jahr der Hej. 895 und starb im J. 916.

Ihm folgte sein Sohn Ismael, der 28 Jahr reg.

Malu Scha, Sohn des Ismael, regierte nur wenige Tage.

Ibrahim, ältester Sohn des Ismael, verbreitete die Hanifianische Sekte in dieser Provinz und regierte 24 Jahr.

Ali, Sohn des Ibrahim, reg. 23 Jahr.

Ibrahim, zweyter Sohn des Thamàsp, der ein Sohn des Ibrahim I. war, reg. 47 J.

Muhammàd, Sohn des Ibrahim II., starb im Jahr der Hej. 1071.

Ali, Sohn des Muhammad.

Sicander, letzter Sohn des Ali, wurde von dem mogolischen Kaiser Aorangseb, der die ganze Provinz eroberte, unterwürfig gemacht.

Ad Tieffenthaler Descr. Indiæ